Rechtsgrundsätze

der

neuesten Entscheidungen

des

Königlichen Ober-Tribunals.

Geordnet

nach dem Systeme der Gesetzbücher

und herausgegeben

von

Theodor Striethorst,
Stadtgerichts-Rath.

Siebenter Band.

Berlin.
Verlag von J. Guttentag (D. Collin).
1877.

Wilhelm Gronau's Buchdruckerei in Berlin.

Vorwort.

Der vorliegende siebente Band der Rechtsgrundsätze enthält die Rechtsgrundsätze derjenigen Ober-Tribunals-Entscheidungen, welche in den achtzehn Bänden der ersten vier Jahrgänge und den ersten beiden Bänden des fünften Jahrganges der Dritten Folge (Band 73—90) des Archivs für Rechtsfälle Aufnahme gefunden haben.

Berlin, im April 1877.

Theodor Striethorst.

Allgemeines Landrecht.

Publikations-Patent vom 5. Februar 1794.

---

§ 7. Gewohnheitsrecht und Observanz:
A. Begriff von Ortsgewohnheit, Herkommen. — Vergl. A. L. R. II. **11.** § 710.

Rechtsgr. **1.** — I. Senat. 16. Dezember 1870. (**LXXX.** 179.)

a) Die Ortsgewohnheit bildet eine Rechtsregel für einen gewissen örtlichen Bezirk, welche daraus, daß innerhalb desselben gewisse Rechtsangelegenheiten stets ununterbrochen auf dieselbe Weise in dem gemeinsamen Bewußtsein der Bewohner, daß dadurch dem geltenden Rechte genügt werde, opinione necessitatis (juris), erledigt worden, erkannt wird, und als solche wirksam ist, dahin, daß auch fernerhin die von ihm betroffenen Rechtsangelegenheiten nach derselben Regel beurtheilt und erledigt werden müssen.

b) Diese Rechtsquelle kommt auch unter der Bezeichnung „Herkommen" vor.

B. Entstehung und Natur von Gewohnheitsrechten und Observanzen. — Vergl. Einleitung zum A. L. R. §§ 4. 60.

Rechtsgr. **2.** — II. Senat. 18. April 1871. (**LXXXI.** 285.)

a) Mit der Einführung des Allgem. Landrechts ist das allgemeine Gewohnheitsrecht beseitigt, und dasselbe nur noch als partikuläres oder örtliches fortbestehend.

b) Nach Inhalt des § 7. des Publikations-Patents vom 5. Februar 1794 ist als feststehend anzunehmen, daß die Eigenschaft einer rechtsgültigen Observanz nach den damals geltenden gemeinrechtlichen Prinzipien beurtheilt werden muß.

c) Die Voraussetzung der örtlichen Observanz oder Gewohnheit besteht in der Rechtsüberzeugung, welche sich unter den Theilnehmern einer gewissen Gemeinheit, einer bestimmten Klasse, eines bestimmten Inbegriffs von Personen an einem bestimmten Orte oder in einem größeren Distrikt gebildet hat. Auch im Laufe der Zeit ist hierin eine wesentliche Aenderung nicht eingetreten. Maaßgebend bleibt immer ein bestimmter durch gemeinsame Zustände unter verschiedenen Personen hervorgerufener Verband, eine gewisse Gemeinsamkeit thatsächlicher Verhältnisse unter den Bewohnern eines gewissen Umkreises oder bei gewissen Klassen derselben.

C. Bildung einer Observanz in Ansehung der, Reparaturen und Neubauten umfassenden, Pflicht zur Unterhaltung .der Kirchen und Pfarrgebäude. — Vergl. A. L. R. II. **11**. § 710.

Rechtsgr. **3**. — **I**. Senat. 17. Februar 1871. (**LXXXI**. 158.)

Die Entscheidung der Frage, ob gleichmäßiges Handeln der zur Unterhaltung der Kirchen- und Pfarrgebäude u. s. w. verpflichteten Interessenten (Patrone und Eingepfarrten) in Reparaturbaufällen geeignet sei, die Bildung einer Observanz in Ansehung der Reparaturen und Neubauten umfassenden Pflicht zur Unterhaltung der gedachten Gebäude erkennbar zu machen, ist in jedem einzelnen Falle von der Beschaffenheit der Handlungen der Betheiligten und den dabei mitwirkenden individuellen Umständen, also wesentlich von den thatsächlichen Umständen, abhängig.

D. Bildung neuer Parochieen: Kirchen und Pfarrbaulast; Herkommen.

Rechtsgr. **4**. — I. Senat. 12. September 1873. (LXXXIX. 231.)

Bei der Neubildung von Parochieen aus abgezweigten Theilen bereits bestehender Parochieen und damit verbundener Theilung der geistlichen Jurisdiktion ist die Annahme eines sich von selbst vollziehenden Ueberganges des Herkommens und der aus demselben herrührenden Lasten aus dem früheren Parochieverbande auf die neubegründete Pfarre durchaus unbegründet.

E. Observanz.

Rechtsgr. **4a**. — I. Senat. 24. und 28. Juni 1872. (XC. 1.)

Soweit der Inhalt einer observanzmäßigen Rechtsnorm durch Vertrag oder durch das geschriebene Gesetz sanktionirt wird, verliert sie als Observanz ihre Bedeutung.

§ **8**. Rückwirkende Kraft der Gesetze — Vergl. A. L. R. Einleitung § 14.

Rechtsgr. **5**. — II. Senat 16. Mai 1872. (LXXXV. 155.)

Im Gegensatze zu Gesetzen, welche den Erwerb von Rechten betreffen, ist solchen neuen Gesetzen, welche nur das Dasein eines Rechtsinstituts oder die Art und Weise seines Daseins berühren, regelmäßig rückwirkende Kraft beizulegen; es treten also neue Gesetze, wenn sie ein Rechtsinstitut nicht mehr anerkennen oder umbilden, namentlich also auch Bestimmungen über Einschränkungen der Freiheit der Person und des Eigenthums, grundsätzlich sogleich in Wirkung.

Einleitung.

§ **14**. ff. Anwendung der Gesetze:

A. Rechtliche Folgen der Schichtung. — Vergl. A. L. R. II. **1**. § 639., Gesetz vom 16. April 1860 §§ 7—22. (Ges.-Samml. S. 165.)

Rechtsgr. **6**. — I. Senat. 20. September 1869. (LXXVI. 116.)

Die Schichtung ist in ihren rechtlichen Folgen, namentlich in Beziehung auf die künftige Erbfolge in den

Nachlaß des Schichtgebers, nach den zur Zeit der Eheschließung geltenden Gesetzen zu beurtheilen.

B. Rückwirkende Kraft der Gesetze, namentlich des Gesetzes vom 8. April 1868, betreffend das Expropriationsverfahren im Bezirk des Justiz-Senats Ehrenbreitstein. — Vergl. Gesetz vom 8. April 1868 (Ges.-Samml. S. 333.).

Rechtsgr. 7. — V. Senat. 2. November 1869. (LXXVI. 271.)

a) Von den Gesetzen, welche in die Kategorie derjenigen zu rechnen sind, wodurch den Staatsbewohnern eine Wohlthat erwiesen wird, gilt der Grundsatz, daß sie selbst für die Vergangenheit wirken können, soweit ein Rechtsverhältniß in derselben noch nicht abgeschlossen ist, und Niemandem ein Schaden dadurch erwächst.

b) Das Gesetz vom 8. April 1868, betreffend das Expropriationsverfahren im Bezirk des Justiz-Senats Ehreubreitstein, hat rückwirkende Kraft.

C. Entschädigungsansprüche für bergbauliche Sicherheitsanlagen derjenigen Bergbautreibenden, welche schon vor Eintritt der Gesetzeskraft des Berggesetzes zum Bergbaubetrieb berechtigt waren. — Vergl. Allg. Berggesetz vom 24. Juni 1865 §§ 153—155.

Rechtsgr. 8. — III. Senat. 6. Dezember 1869. (LXXVII. 94.)

Die Anwendung des § 155. des Berggesetzes setzt voraus, daß die staatliche Genehmigung der öffentlichen Verkehrsanstalt, beziehentlich deren Einrichtungs- und Betriebsplans, dessen Ausführung bergbauliche Sicherheitsanlagen nothwendig gemacht hat, erst nach dem Zeitpunkt der Gesetzeskraft des Berggesetzes ertheilt ist.

§ 17. Zeitliche Anwendung der Gesetze; nicht rückwirkende Kraft des Gesetzes vom 1. Dezember 1869 wegen die Bürgschaften der Frauen. — Vergl. letzteres Gesetz § 1. (Ges.-Samml. S. 1169.)

Rechtsgr. 9. — III. Senat. 10. März 1873. (LXXXVIII. 269.)

a) Der § 17. der Einleitung znm Allgemeinen Landrecht findet auf die Form von Verträgen keine Anwendung.

b) Die älteren die Intercessionen der Frauen erschwerenden Vorschriften haben nicht bloße Förmlichkeiten zum Gegenstande, und hat schon deshalb das Gesetz vom 1. Dezember 1869 keine rückwirkende Kraft.

§ **23**. ff. Verbindende Kraft der Gesetze:
A. Wohnsitz des Mannes als maßgebend für das eheliche Güterrecht; Bedeutung des § 23. der Einl. zum A. L. R. — Vergl. A. L. R. II. **1**. §§ 87. 351.; A. G. O. **I**. **2**. § 9.

Rechtsgr. **10**. — I. Senat. 5. Februar 1872. (LXXXVI. 46.)

a) Für das eheliche Güterrecht entscheidet in Ansehung beider Eheleute schlechthin und allein der erste Wohnsitz des Mannes dergestalt, daß eine Veränderung desselben an sich eine Wandelung der ehelichen Güterrechte nicht nach sich zieht.

b) Unter dem „eigentlichen Wohnsitz" im § 23. der Einleitung zum Allgem. Landrecht ist nicht schon der Ort zu verstehen, wo Jemand eine Wohnung hat, sondern der Ort, an welchem er seinen beständigen Wohnsitz aufgeschlagen hat.

B. Oertliche Anwendung der Gesetze auf die Gründe der Anfechtung eines Vertrages.

Rechtsgr. **11**. — IV. Senat. 28. Juni 1870. (LXXIX. 122.)

Hinsichtlich der Anfechtungsgründe, denen ein Vertrag unterworfen ist, greifen dieselben Gesetze Platz, nach denen die Gültigkeit desselben, der Inhalt und die Wirkungen desselben zu beurtheilen sind.

§ **28**. Beurtheilung des beweglichen Vermögens eines Menschen nach dem ordentlichen Gerichtsstande desselben.

Rechtsgr. **12**. — III. Senat. 13. November 1868. (LXXIII. 72.)

Der § 28. der Einleitung zum Allgem. Landrecht handelt nur von dem Zustande des beweglichen Vermögens an sich, d. h. von den damit verbundenen Besitz-, „Gebrauchs- und Verfügungsrechten; er läßt sich nicht auf Verhältnisse ausdehnen, bei welchen es sich um eine Veränderung von Eigenthum, um den Uebergang einer beweglichen Sache aus dem Vermögen des Einen in dasjenige des Andern handelt.

§ 46.:

A. Interpretation der Privilegien. — Vergl. A. L. R. Einl. §§ 5. 59. ff. 63. ff.

Rechtsgr. 13. — I. Senat. 13. Juni 1870. (LXXVII. 356.)

Eine unrichtige Interpretation der Privilegien ist im Wege der Nichtigkeitsbeschwerde wie die unrichtige Gesetzinterpretation anfechtbar.

B. Feststellung eines Begriffs im Landrecht und Gebrauch desselben in einem spätern Gesetz.

Rechtsgr. 14. — IV. Senat. 13. Juli 1869. (LXXV. 309.)

Für einen Begriff, den das Landrecht bestimmt abgrenzt, und ein neueres Gesetz aus seinem Rechtsgebiet ohne jede Erläuterung gebraucht, ist es nicht statthaft, den Sinn aus dem Gebrauche des alltäglichen Lebens zu entlehnen.

§ 59. Aufhebung der Gesetze. Bedeutung des Wortes „ausdrücklich" im § 59 der Einleitung zum Allgem. Landrechts, Nichtaufhebung der Preußischen Medizinaltaxe durch die Reichsgewerbeordnung. — Vergl. Reichsgewerbeordnung vom 21. Juni 1869 § 80.

Rechtsgr. 15. — IV. Senat. 11. März 1873. (XC. 101.)

a) Das Wort „ausdrücklich" im § 59. der Einleitung zum Allgem. Landrecht hat nicht die Bedeutung, daß in dem neuen Gesetze wörtlich gesagt sein müsse, das ältere Gesetz sei aufgehoben; vielmehr genügt es zur Außerkraftsetzung des letzteren, wenn entweder die Vorschriften des neueren Gesetzes mit dem älteren unvereinbar sind, oder doch aus seinem Inhalte die Absicht, das ältere nicht fortbestehen zu lassen, klar erhellt.

b) Die Preußische Medizinaltaxe vom 21. Juni 1815 ist durch den § 80. der Reichs-Gewerbe-Ordnung nicht aufgehoben.

§ 74. ff. Verhältniß des Staats gegen seine Bürger:
A. Entschädigungspflicht des Staats bei Aufopferung von Einzelrechten zum Wohle des gemeinen Wesens. — Vergl. Kabinets-Order vom 4. Dezember 1831 (Ges.-Samml. S. 255.).

Rechtsgr. 16. — I. Senat. 6. Mai 1872. LXXXVI. 97.)

Nicht ein jeder durch den Akt eines Beamten bewirkte beschädigende Eingriff in die durch das Gesetz anerkannte Rechtssphäre eines Einzelnen legt dem Staat die Pflicht zur Entschädigung auf. Der hierüber in den §§ 74. 75. der Einleitung zum Allg. Landrecht ausgedrückte Grundsatz, wie er in der Kabinets-Order vom 4. Dezember 1831 näher erläutert ist, läßt eine Entschädigung des Einzelnen durch den Staat nur alsdann eintreten, wenn das Gesammt-Interesse der Staatseinwohner eine das Privateigenthum gefährdende Einrichtung in der Verwaltung erfordert, und es wird daher für diesen Fall vorausgesetzt, daß das Staatswohl und die Beschädigung des Einzelnen in einem Kausalzusammenhang zu einander stehen, und daß ersteres die letztere nöthig gemacht hat.

B. Die Expropriation als Veräußerungsakt; Uebergabe der expropriirten Sache an den Expropriante; Wechsel der Gesetzgebung zwischen der Emanation und Ausführung des Expropriationsbeschlusses; Umfang der Entscheidungsbefugniß der Verwaltungsbehörden über Zulässigkeit der Expropriation; Täuschung der Verwaltungsbehörden durch den Exproprianten und Rechte des Expropriaten auf Grund dessen. — Vergl. A. L. R. I. 11. § 3. ff. A. G. O. Einl. § 1.; Berggesetz vom 24. Juni 1865 §§ 142. ff. 241. ff. (Ges.-Samml. S. 705); Deklaration vom 27. Oktober 1804 (Rabe, Samml. Bd. 8. S. 202.); Kabinets-Order vom 14. November 1838 (Ges.-Samml. für 1839 S. 2.).

Rechtsgr. 17. — III. Senat. 4. Juni 1869. (LXXV. 130.)

a) Der Expropriationsakt vertritt die Stelle des Veräußerungsvertrages zwischen den Interessenten und erlangt mit ihm das Expropriationsgeschäft seinen Abschluß.

b) Dieser Expropriationsakt besteht in dem endgültigen Beschluß der kompetenten Staatsbehörde, worin die Verpflichtung des Expropriaten zur Abtretung des Expropriationsobjekts ausgesprochen ist.

c) Bedarf es für die Besitznahme Seitens des Exproprianten einer zwangsweisen Besitzerledigung auf Seiten des Expropriaten, so ist diese von der Staatsbehörde zu bewirken; das Verfahren ist jedoch nur der exekutiven Herbeiführung der Vertragserfüllung gleichzustellen und sonach als Ausfluß der, vermöge des Expropriationsbeschlusses festgestellten, Rechte des Exproprianten zu betrachten.

d) Ein Wechsel der Gesetzgebung zwischen der Emanation und der Ausführung des Expropriationsbeschlusses ist auf die aus diesem herstammenden Rechte und Pflichten der Betheiligten ohne Einfluß.

e) Den Verwaltungsbehörden steht nicht allein die Entscheidung über die objektive Zulässigkeit der Expropriation zu. Denselben ist die Entscheidung über den Antrag auf Expropriation in völlig unbeschränkter Weise anvertraut, so daß sie sich auf alle Voraussetzungen der Ausübung des Expropriationsrechts, einschließlich der subjektiven Berechtigung zu erstrecken hat.

f) Ueber die Frage: ob der Expropriant nicht expropriationsbrrechtigt sei und den Expropriationsbeschluß durch Täuschung der Verwaltungsbehörden erschlichen habe, ist der Rechtsweg ausgeschlossen.

Haben sich letztere bei der Fassung des Beschlusses im Irrthum befunden — gleichviel, ob dieser von dem Exproprianten erregt war oder einen anderen Grund hatte, und ob er sich auf das Bergwerkseigenthum des Exproprianten oder auf andere gesetzliche Bedingungen der Expropriation bezog — so kann vom Expropriaten hierauf ein Anspruch nicht gestützt werden.

C. Der Allerhöchst genehmigte Bebauungsplan für Berlin als eine Sammlung ortspolizeilicher Vorschriften; Rechtsweg gegen polizeiliche Verfügungen; allgemeines Interesse; Entschädigungspflicht beim Eingriff in Privatrechte durch polizeiliche Verfügungen. — Vergl. A. L. R. I. 8. §§ 29—31., 9. 262.; Gesetze vom 5. November 1811 §§ 11. 15. (Ges.-Samml. S. 352) und vom 11. Mai 1842 § 4. (Ges.-Samml. S. 192.)

Rechtsgr. 18. — II. Senat. 1. Juli 1869. (LXXV. 217.)

a) Der von dem Polizei-Präsidium zu Berlin festgestellte, Allerhöchst genehmigte Bebauungsplan für die Stadt Berlin ist eine Sammlung ortspolizeilicher Anordnungen, durch welche festgesetzt wird, welche auf dem Weichbilde der Stadt Berlin belegenen Grundstücke mit Gebäuden besetzt werden können, und welche Grundstücke, als zu öffentlichen Straßen und Plätzen bestimmt, unbebaut gelassen werden sollen.

b) Der Ausdruck im § 4. des Gesetzes vom 11. Mai 1842 über die Zulässigkeit des Rechtsweges in Beziehung auf polizeiliche Verfügungen „im Interesse des Allgemeinen" ist nicht identisch mit dem unmittelbaren Interesse des Staats oder aller Einwohner desselben; demselben liegt vielmehr der Gedanke zu Grunde, daß der Staat einen Eingriff in fremdes Privatrecht durch polizeiliche Verfügung nicht anders anordnen kann, als wenn — mittelbar oder unmittelbar — das Interesse des Allgemeinen und nicht lediglich das Interesse einer Privatperson die Nothwendigkeit oder Zweckmäßigkeit der polizeilichen Maaßregel rechtfertigt.

c) Die Ausübung des Hoheitrechtes der Polizeigewalt kann den Staat nicht zur Entschädigung verpflichten, vielmehr hat im Fall des Eingriffs in Privatrechte durch eine Verfügung der Polizeigewalt derjenige den Eigenthümer zu entschädigen, dem in Folge der polizeilichen Anordnung ein Schade abgewendet oder ein Vortheil zugewendet wird.

D. Expropriation des Staates; Umfang der Entschädigungspflicht. — Vergl. A. L. R. I. 6. §§ 36—38., 8. §§ 26—28. 31.

Rechtsgr. 19. — III. Senat. 22. Dezember 1873. (XC. 345.)

Aus der Vorschrift des § 75. der Einleitung zum Allgem. Landrecht ist der Staat zum Ersatze des Schadens, welcher dem Einzelnen durch eine zum Gemeinwohle bestimmte Einrichtung verursacht worden, nicht in allen durch besondere Gesetze nicht ausgeschlossenen Fällen, namentlich dann nicht verpflichtet, wenn die Befugniß zur Anlage schon aus den Bestimmungen der §§ 36—38. I. 6. und der §§ 26—28. I. 8. daselbst hergeleitet werden kann.

E. Entschädigungsanspruch des Miethers für Entziehung des Miethswerths durch Expropriation der Sache. — Vergl. A. L. R. I. 11. §§ 8—11., 21. §§ 420. 421.

Rechtsgr. 20. — III. Senat. 3. Mai 1872. (LXXXIV. 325.)

Der Anspruch des Miethers auf Entschädigung für den Verlust, welchen er dadurch erleidet, daß ihm die gemiethete Sache vor Ablauf der Miethszeit entzogen wird, fällt nach keiner Richtung zusammen mit dem Expropriationspreise im Sinne der §§ 8. ff. I. 11. des Allg. Landrechts, sondern geht neben demselben her.

§ 86.:

A. Klage auf Erfüllung der Verträge überhaupt, namentlich über Handlungen und Sachen Dritter. — Vergl. A. L. R. I. 5. §§ 40. ff. 270.

Rechtsgr. 21. — III. Senat. 27. Oktober 1871. (LXXXIV. 127.)

a) Verträge sind ihrem ganzen Inhalte nach zu erfüllen, und es kann auf Erfüllung jeder Stipulation geklagt werden, die gesetzlich nicht unstatthaft ist.

b) Dies gilt auch bei Verträgen über Handlungen und Sachen Dritter.

B. Naturalobligation im Preußischen Recht. — Vergl. A. L. R. I. **16.** §§ 178. 189.

Rechtsgr. 22. — IV. Senat. 4. Juli 1870. **(LXXVII. 366.)**

Unter der im § 178. I. 16. des Allgem. Landrechts gedachten „blos moralischen Verbindlichkeit" hat Nichts Anderes gemeint sein sollen, als das, was im Gemeinen Rechte eine natürliche Verbindlichkeit, eine naturalis obligatio genannt wird, deren Wesen darin besteht, daß ihr durch die Gesetze die Klagbarkeit entzogen ist, daß sie aber vermittelst einer Einrede geltend gemacht werden kann, und namentlich eine soluti retentio begründet.

§ 91. Dingliches und persönliches Klagerecht. — Vergl. A. L. R. I. **2.** §§ 122. ff. 125. ff.

Rechtsgr. 23. — III. Senat. 6. Oktober 1871. **(LXXXIV. 27.)**

Das dingliche und persönliche Klagerecht sind in ihrem Grunde, ihrer Wirkung und ihrer prozessualischen Geltendmachung durchaus verschieden, und verhalten sich nicht wie das Größere oder Mehrere zu dem Geringeren oder Wenigeren gleicher Art.

§ 99. Uebertragung der Rechte. — Vergl. A. L. R. I. **11.** § 382.

Rechtsgr. 24. — III. Senat. 12. Juni 1871. **(LXXXIII. 48.)**

Wenn es sich um Erfüllung eines blos vorbereitenden Vertrages über Abschließung eines Geschäfts handelt, durch welches Verpflichtungen und Berechtigungen der Kontrahenten gegen einander begründet werden sollen, also um die definitive Konstituirung des beiderseitigen obligatorischen Verhältnisses, so kann nicht mittelst Cession dem andern Theile ein neuer Mitkontrahent, ein anderer Verpflichteter, aufgedrungen werden.

§ 100. Nichtanwendbarkeit des § 100. der Einleitung und des § 402.

I. 11. des Allgem. Landrechts auf das Rechtsverhältniß zwischen dem weiteren Cessionar und dem ersten Cedenten. — Vergl. A. L. R. I. 11. § 402.

Rechtsgr. 25. — IV. Senat. 28. November 1871. (LXXXIII. 159.)

Die Vermuthung des § 100. der Einleitung zum Allg. Landrecht, daß, wer einem Andern sein Recht überträgt, zugleich alle damit verbundenen Vortheile übertrage, und der § 402. I. 11. a. a. O., wonach der Cessionar in alle abgetretenen Rechte und Pflichten des Cedenten eintritt, betreffen das Rechtsverhältniß zwischen Cedenten und Cessionar, nicht das Rechtsverhältniß zwischen dem weiteren Cessionar und dem ersten Cedenten.

§ 101. Aufrufung des vom Ehemanne über ein Grundstück der Ehefrau geschlossenen Pachtvertrages Seitens der letzteren; Retentionsrecht des Pächters wegen der an den Ehemann vorausbezahlten Pacht. — Vergl. A. L. R. I. 4. § 15., 21. §§ 388. 389.

Rechtsgr. 26. — III. Senat. 20. Juni 1870. (LXXVIII. 305.)

Das Recht der Ehefrau, den vom Ehemann über ihr Grundstück abgeschlossenen Pachtvertrag, namentlich nach durch Richterspruch getrennter Ehe, aufzurufen, kann nicht durch eine an den Ehemann erfolgte Pränumerandozahlung der Pacht in der Art beschränkt werden, daß dem Pächter bis zur Befriedigung wegen der pränumerirten Pacht ein Retentionsrecht gegen die Ehefrau zustände.

§ 105. Annahme der nachherigen Erfüllung ohne Vorbehalt durch einen mit Vollmacht zu Verzichtleistungen nicht versehenen Vertreter einer juridischen Person. — Vergl. A. L. R. I. 5. § 307., 13. § 103.

Rechtsgr. 27. — IV. Senat. 23. November 1869. (LXXVII. 53.)

Ist die verspätete Erfüllung eines mit einer juridischen Person, einer Stadtgemeinde, abgeschlossenen Vertrages durch einen Vertreter derselben angenommen, so treffen rücksichtlich der verabredeten Konventionalstrafe die Folgen dieser Annahme, sofern sie nicht mit Vorbehalt stattfand, die juridische Person, ohne daß hierin durch den Mangel einer auf Verzichtleistung lautenden Spezialvollmacht etwas geändert wird.

Theil I.

Titel 1. Von Personen und deren Rechten überhaupt.

§§ 10—12. Befugniß des mütterlichen Großvaters eines außerehelichen Kindes zur Wahrnehmung der Rechte desselben vor der Geburt, namentlich rücksichtlich eines Vergleiches mit dem außerehelichen Vater über die aus der Schwängerung entstehenden Ansprüche. — Vergl. A. L. R. Einl. § 82., I. **1.** § 1., II. **2.** Anhang § 95. zu § 614., II. **18.** §§ 962 ff.; Dig. **1.** 5. Lex 7.

Rechtsgr. **28.** — I. Senat. 5. Juli 1869. (LXXV. 243.)

a) Der Großvater des von einer in väterlicher Gewalt stehenden Tochter außerehelich zu gebärenden Kindes ist zur Wahrnehmung der dem Kinde vor dessen Geburt zukommenden Fürsorge und Rechte verpflichtet und befugt.

b) Namentlich ist derselbe berechtigt, vor der Geburt des Kindes über die demselben zu gewährenden Alimente mit dem außerehelichen Schwängerer einen für das Kind nach seiner Geburt verbindlichen Vergleich zu schließen.

§§ 27. ff.:

A. Beweis, daß Jemand zur Zeit der Abgabe einer Willenserklärung im Zustande des Blödsinns, der physischen Willensunfähigkeit, sich befunden habe.

Rechtsgr. **29.** — III. Senat. 31. Mai 1869. (LXXV. 96.)

Die Einrede und der Beweis, daß Jemand zur Zeit, als er eine Willenserklärung abgegeben, im Zustande des Blödsinns, der physischen Willensunfähigkeit, sich befunden habe, ist statthaft.

B. Richterliche Beurtheilung der Frage, ob Wahnsinn oder Blödsinn.

Rechtsgr. 30. — I. Senat. 18. November 1872. (LXXXVII. 67.)

Bei der Beurtheilung, ob ein Geisteskranker wahn- oder blödsinnig sei, hat der Richter sich an die Begriffsbestimmungen der §§ 27. 28. I. 1. des Allg. Landrechts zu halten, wenn dieselben auch vom medizinisch-wissenschaftlichen Standpunkte aus für unzutreffend erachtet werden.

Titel 2. Von Sachen und deren Rechten überhaupt.

§§ 1. 2. 7. Bedeutung von Sachen in den §§ 22. 44. der Konkurs-Ordnung. — Vergl. Konkurs-Ordnung vom 8. Mai 1855 §§ 22. 44.

Rechtsgr. 31. — IV. Senat. 23. März 1869. (LXXIV. 158.)

Unter den in den §§ 22. 44. der Konkurs-Ordnung gedachten „Sachen" sind nur körperliche Sachen zu verstehen.

§§ 1. ff. 33. 35. Erbschaft als Sache. — Vergl. A. L. R. I. 9. § 350.

Rechtsgr. 32. — III. Senat. 4. Juni 1869. (LXXV. 120.)

Die Erbschaft fällt unter den allgemeinen Begriff einer Sache.

§ 3. Banknoten, Pfandbriefe und Inhaberpapiere als Sachen; Uebertragung derselben, namentlich auch der außer Kurs gesetzten Inhaberpapiere durch Kauf. — Vergl. A. L. R. I. 15. § 47.; Einführungsgesetz zum Allg. Deutschen Handelsgesetzbuch Art. 15.; Allg. Deutsches Handelsgesetzbuch Art. 306. 307.; Gesetze vom 16. Juni 1835 (Ges.-Samml. S. 133.), vom 4. Mai 1843 (Ges.-Samml. S. 177.) und vom 4. Mai 1843 (Ges.-Samml. S. 179.); Verordnung vom 16. August 1867 (Ges.-Samml. S. 1457.).

Rechtsgr. 33. — IV. Senat. 8. September 1870. (LXXIX. 179.)

a) Banknoten, Pfandbriefe und andere unter öffentlicher Autorität ausgegebene Inhaberpapiere sind für Sachen im engeren Sinne zu erachten, und daher nicht durch Cession, sondern nur durch Kauf veräußerbar.

b) Die rechtliche Natur des Inhaberpapiers als einer Sache im engeren Sinne — im Gegensatz zu einem bloßen Forderungsrecht — wird durch die einstweilige Außerkurssetzung und die mit dieser in Betreff der Vindikation verknüpften rechtlichen Folgen nicht alterirt.

§ 5. Verwaltungsrecht des gütergemeinschaftlichen Ehemannes, insbesondere Betreffs der Ausbeutung von Kies und Steinen aus dem Grundstücke. — Vergl. A. L. R. II. 1. §§ 377. 378. 380.

Rechtsgr. 34. — III. Senat. 2. September 1870. (LXXVIII. 344.)

Die Ungültigkeit der von dem Ehemanne vorgenommenen Veräußerung von Kies, Steinen, Erde, Lehm, Torf und derartigen Substanztheilen eines gütergemeinschaftlichen Grundstücks folgt daraus noch nicht, daß diese Veräußerung eine Substanzverringerung in sich schließt.

Vielmehr bleibt der Ehemann sicherlich in den Schranken seines Verwaltungsrechts, wenn er die in dem gemeinschaftlichen Grundstück vorhandenen Kies-, Stein-, Lehm- oder Torflager ausbeutet und die Ausbeute verkauft, obschon damit eine Substanzverringerung verbunden ist.

§ 6. Berechnung des Stempels bei Verträgen über noch nicht geerndtete Saatfrüchte; Natur der letzteren als bewegliche oder unbewegliche Sachen.

Rechtsgr. 35. — I. Senat. 25. März 1872. (LXXXIII. 347.)

a) Die Frage, ob auf dem Halme stehende Saaten als eine bewegliche oder unbewegliche Sache anzusehen sind, kann nicht allgemein aufgestellt und beantwortet werden; vielmehr kommt es auf die Umstände des einzelnen Falles an.

b) Sind aber die zum Theil bereits abgeerndteten Früchte reif, zur Aberndtung bestimmt und geeignet, so sind sie für eine bewegliche Sache im Sinne des § 6. I. 2. des Allgem. Landrechts zu erachten, und unterliegen beim Verkauf nicht dem Immobiliar-, sondern dem Mobiliarstempel.

§§ 36. 39. Eigenthumserwerb durch Einverleibung in eine Heerde. — Vergl. A. L. R. I. 9. §§ 298. ff.

Rechtsgr. 36. — III. Senat. 28. Februar 1870. (LXXIX. 64.)

Ist das Eigenthum an Schafen einem Dritten zuständig, und werden dieselben von einem Andern in seine Heerde einverleibt, so geht das Eigenthum durch die Einverleibung nur dann unter, wenn die Absonderung unmöglich ist, und der frühere Eigenthümer es nicht weiter geltend machen kann.

§§ 42. ff.:

A. Hypothekendokument als Träger der Forderung. — Vergl A. L. R. I. 11. § 394.

Rechtsgr. 37. — III. Senat. 14. Februar 1870. (LXXVII. 242.)

Das Hypothekendokument ist nicht blos Beweismittel für die Forderung, sondern Träger derselben.

B. Pertinenzqualität; nur beispielsweise Bedeutung der §§ 48. ff. I. 2. des A. L. R. — Vergl. A. L. R. I. 2. §§ 76—79. 90.

Rechtsgr. 38. — III. Senat. 20. Januar 1873. (LXXXVII. 337.)

Den Vorschriften der §§ 42. ff. I. 2. des Allgem. Landrechts kann eine gesetzliche Bedeutung nur dahin beigelegt werden, daß zwar in den besonders normirten Fällen die Pertinenzqualität anzunehmen, daß es aber nicht ausgeschlossen ist, daß auch noch außerdem, wenn sonst die grundsätzlichen Voraussetzungen vorhanden sind, ein Pertinenzverhältniß begründet werden könne.

§ 43. Inseln in einem Landsee. — Vergl. A. L. R. I. 9. § 267.

Rechtsgr. 39. — III. Senat. 12. Juli 1869. (LXXV. 296.)

Die in einem See belegene Insel bildet nicht mit dem sie umgebenden Wasserbette eine Substanz.

§ 46. Zubehörigkeit des Wassers im Mühlengraben, nicht aber des Mühlengrabens selbst, zur Mühle.

Rechtsgr. **40.** — II. Senat. 29. April 1873. (LXXXIX. 61.)

a) Das Wasser in dem Mühlengraben, durch welches die Mühle getrieben wird, oder vielmehr das Recht auf die Benutzung dieses Wassers ist als Zubehör der Mühle im Sinne des § 46. I. 2. des Allgem. Landrechts anzusehen.

b) Aus dieser Zubehörigkeit des Wassers folgt noch keineswegs auch die Zubehörigkeit des Grabens, durch welchen das Wasser der Mühle zugeleitet wird.

c) Vielmehr muß die Frage nach dieser Zubehörigkeit des Mühlengrabens aus den thatsächlichen Verhältnissen des einzelnen Falles, insbesondere aus der Oertlichkeit entnommen werden, ob der Wasserlauf namentlich den Zwecken einer bestimmten Mühle ausschließlich dient oder nicht, beziehungsweise ob er innerhalb der Grenzen des Mühlengrundstücks selbst liegt, oder ob er sich auch noch über dieselben hinaus erstreckt.

§§ 48. ff. **107.** Rückgewähr der Inventarstücke eines Landguts nach der Taxe oder der Stückzahl. — Vergl. A. L. R. I. **7.** §§ 188. 223. 246., **18.** §§ 5. 11. ff., **21.** §§ 111. 112. 119. 120. ff. 597. ff.

Rechtsgr. **41.** — I. Senat. 11. Januar 1869. (LXXIII. 222.)

Ist ein Landgut mit dem Vieh- und Feld-Inventarium zurückzugeben, so ist derjenige, an welchen die Rückgewähr erfolgt, nicht verpflichtet, sich wegen Ersatzes der fehlenden Stückzahl auf den höhern Taxwerth des der Zahl nach geringeren Beilasses verweisen zu lassen. Der Rückgewährende ist vielmehr zum Ersatz des fehlenden Inventars nach der Stückzahl verpflichtet.

§ 60. Anspruch des Adjudikatars auf das zur Zeit der Einleitung der Subhastation verkaufte aber räumlich nicht getrennte Inventar. — Vergl. A. L. R. I. **2.** § 60., **11.** §§ 81. 83. 194., **20.** §§ 443. 445. 446.; A. G. O. I. **52.** § 12.

Rechtsgr. 43. — III. Senat. 9. September 1870. (LXXIX. 186.)

Der Adjudikatar kann das zur Zeit der Einleitung der Subhastation wenngleich verkaufte aber räumlich nicht getrennte Inventar, welches erst später entfernt worden ist, zurückfordern.

§ 105. Unzulässigkeit der besonderen Exekution in bewegliche Pertinenzien unbeweglicher Sachen. — Vergl. A. G. O. I. 24. §§ 68. 74. 97.

Rechtsgr. 43. — III. Senat. 7. März 1873. (LXXXVIII. 253.)

Bewegliche Pertinenzstücke unbeweglicher Sachen unterliegen nicht der besondern Beschlagnahme und Abpfändung.

Titel 3. Von Handlungen und den daraus entstehenden Rechten.

§ 19. Entschädigungsanspruch des Kuranden gegen den Vormund; grobes Versehen. — Vergl. A. L. R. I. 6. § 10., II. 18. § 896.

Rechtsgr. 44. — I. Senat. 14. November 1873. (XC. 292.)

a) Aus § 19. I. 3. und § 10. I. 6. des Allgem. Landrechts kann nicht gefolgert werden, daß in allen Fällen, in welchen das Gesetz für eine vorsätzliche Beschädigung verantwortlich macht, auch eine Verantwortlichkeit eintrete, wenn die Beschädigung nur die Folge eines groben Versehens ist.

b) Die Vorschrift des § 896. II. 18. des Allgem. Landrechts macht den Vormund nicht auch für eine aus grobem Versehen herrührende Verkürzung des Vermögens seines Kuranden verantwortlich.

§ 45. ff. Berechnung der Frist von 24 Stunden in den §§ 202. 203. I. 11. des Allgem. Landrechts, ferner zur Abgabe einer Erklärung oder Leistung einer Handlung; Berechnung des Jahres im Art. 1. des Gesetzes vom 21. Mai 1855. — Vergl. Dig. 2. 12. Lex. 8., 4. 4. Lex. 3. § 3.; Armenpflegegesetz vom 31. Dezember 1842 § 1. No. 2.,

§ 33. (Ges.-Samml. für 1843 S. 11.); Gesetz vom 21. Mai 1855 Art. 1. (Ges.-Samml. S. 311.).

Rechtsgr. 45. — I. Senat. 6. Mai 1870. (LXXVIII. 213.)

a) Die Frist von 24 Stunden nach der Uebergabe, binnen welcher die Vermuthung gilt, daß ein erkranktes Vieh schon bei der Uebergabe krank gewesen, endet mit dem Momente, in welchem sie am vorhergehenden Tage zu laufen angefangen hat.

b) Die in den Gesetzen zur Abgabe einer Erklärung oder zur Leistung einer Handlung bestimmte Frist „binnen 24 Stunden" ist für eingehalten anzusehen, wenn die Erklärung oder Handlung im Laufe des nächsten Tages erfolgt.

c) Bei Berechnung des Jahres des Wohnsitzes im Art. 1. des Gesetzes vom 21. Mai 1855 ist an der Regel des § 45. I. 3. des Allgem. Landrechts festzuhalten, und handelt es sich hierbei nicht um den Erwerb eines Rechts.

§§ **46**. **47**. Civil-Computation. — Vergl. Dig. **41**. 3. Lex 6., **50**. 16. Lex. 134.

Rechtsgr. 46. — I. Senat. 21. April 1871. (LXXXII. 26.)

Hinsichtlich des Anfangspunktes einer längeren gesetzlichen Frist ist die Fiktion, welche den Tag, auf welchen dieser Anfangspunkt fällt, mitzählt, nicht gerechtfertigt.

Titel 4. Von Willenserklärungen.

§§ **2**—**4**. Erfordernisse rechtsgültiger Willenserklärungen. Form der Einwilligung des Ehemannes zu der von der Ehefrau gemachten Schuld; einseitige Willenserklärungen über 50 Thlr. — Vergl. A. L. R. I. **4**. § 94., **5**. § 133. und II. **1**. § 320.

Rechtsgr. 47. — III. Senat. 27. Januar 1871. (LXXX. 276.)

a) Die zur Gültigkeit der Schuld einer Ehefrau erforderliche Bewilligung des Mannes bedarf auch bei

Gegenständen über 50 Rthlr. nicht unbedingt der schriftlichen Form.

b) Der § 133. I. 5. des Allgem. Landrechts:

„Auch andere blos einseitige Willenserklärungen müssen bei Gegenständen über Funfzig Thaler, sobald ihre Folgen sich auf die Zukunft erstrecken sollen, schriftlich abgefaßt werden",

ist auf die einseitigen Verträge, die contractus unilaterales, woraus eine unmittelbare Verpflichtung für den Erklärenden hervorgehen soll, zu beschränken; sonstige einseitige Erklärungen sind nach den Vorschriften des Titel 4. zu behandeln.

§ 6. Gegenstände. Verbotsgesetz im § 30. I. 20. des Allg. Landrechts.

Rechtsgr. 48. — III. Senat. 13. Mai 1872. (LXXXIV. 351.)

Der § 30. I. 20. des Allgem. Landrechts enthält ein absolutes Verbotsgesetz, so daß Kontrakte, welche wider diese Vorschrift verstoßen, nicht zu Recht beständig sind.

§ 15. Enterbung aus guter Absicht; gänzliche Ausschließung des Exekutionsrechts der Gläubiger. — Vergl. A. L. R. II. 2. §§ 424. 425. und 429.

Rechtsgr. 49. — I. Senat. 17. Juni 1872. (LXXXV. 249.)

Aus den §§ 424. 425. und 429. II. 2. des Allgem. Landrechts folgt keineswegs, daß die Eltern die gänzliche Ausschließung der Gläubiger nicht sollten anordnen dürfen, wenn sie dem Kinde nicht blos den Nießbrauch des Pflichttheils, sondern den vollen Erbtheil, beziehentlich den Nießbrauch des vollen Erbtheils, hinterlassen.

§ 19.:

A. Oeffentlicher Glauben des Hypothekenbuches Dritten gegenüber in seiner Wirkung auf den Inhalt eines Vertrages.

Rechtsgr. 50. — III. Senat. 7. Juli 1871. (LXXXII. 262.)

Der § 19. I. 4. des Allgem. Landrechts, wonach sich

Niemand mit der Unwissenheit einer in das Hypothekenbuch eingetragenen Verfügung entschuldigen kann, soll dritte Personen schützen, welche auf Grund des Glaubens des Hypothekenbuchs gehandelt haben, nicht aber denjenigen Personen, welche mit einander kontrahirt haben, andere Rechte verschaffen, als die Verträge ihnen nach gesetzlicher Regel gewähren können.

B. Publizität des Hypothekenbuchs. — Vergl. Allgem. Hypotheken-Ordnung II. §§ 55. 92. 100. 103. 181. 298.

Rechtsgr. 51. — II. Senat. 24. Oktober 1871. (LXXXIV. 102.)

a) Bereits in der Hypotheken-Ordnung von 1783 ist der Grundsatz des § 19. I. 4. des Allgem. Landrechts begründet, daß sich Niemand mit der Unwissenheit einer in das Hypothekenbuch eingetragenen Verfügung entschuldigen dürfe.

b) Der § 19. I. 4. des Allgem. Landrechts setzt nicht ein nach der Hypotheken-Ordnung von 1783 regulirtes Hypothekenbuch voraus, vielmehr genügt es, daß aus dem Hypothekenbuch, wie es bereits früher vorhanden war, die Beschränkung des Besitzers, über das Gut zu verfügen, ersichtlich ist.

§§ 45. ff. Freiheit des Willens.

Rechtsgr. 52. — III. Senat. 25. Oktober 1872. (LXXXVI. 304.)

Durch § 45. I. 4. des Allgem. Landrechts:

Wer eine sonst rechtsbeständige Willenserklärung wegen erlittenen Zwanges anfechten will, muß dieses, sobald als er einen Richter hat antreten können, spätestens aber binnen acht Tagen nach diesem Zeitpunkte gerichtlich anzeigen,

und § 49. a. a. O.:

Ist die vorläufige Anzeige nach § 45. nicht geschehen, so verliert der angeblich Gezwungene dadurch das Recht, sich des Eidesantrages zum Beweise zu bedienen, und muß den Einwand auf andere Art vollständig darthun, ist nicht ausgesprochen, daß der freiwillige Parteieneid überhaupt ein unzulässiges Beweismittel über die den Zwang enthaltende Thatsache sei.

§ 52. Zulässigkeit der Einrede der Simulation gegenüber der gesetzlichen Vermuthung der Ernstlichkeit der Willenserklärungen.

Rechtsgr. 52a. — IV. Senat. 21. März 1872. (LXXXV. 69.)

a) Wenn auch die gesetzliche Vermuthung gegen die Annahme einer Scheinerklärung und für die Ernstlichkeit des Willens spricht, so ist die Einrede der Simulation doch zulässig und wohlgeeignet, dem nicht gewollten, zum Schein erklärten Geschäfte die Wirksamkeit des Gesetzes zu entziehen.

§§ 58—60.:

A. Stillschweigende Willenserklärungen; Annahme weiterer Miethszahlung als solche.

Rechtsgr. 53. — III. Senat. 3. Juli 1871. (LXXXII. 245.)

Die Annahme weiterer Miethszahlung für künftige Kontraktszeit durch den Vermiether gilt als Erklärung, bei dem Vertrage stehen zu bleiben, und ein entgegengesetzter Vorbehalt in der Quittung ist wirkungslos.

B. Stillschweigende Willenserklärung bei vorgeschriebener Schriftform. — Vergl. A. L. R. I. 5. § 81.

Rechtsgr. 54. — III. Senat. 14. März 1873. (LXXXVIII. 289.)

In den Fällen, wo die Verbindlichkeit eines Rechtsgeschäftes durch die Schriftform bedingt wird, kann eine stillschweigende Willenserklärung mit Wirkung selbst da nicht eintreten, wo die konkludente Handlung selbst in einem unterschriebenen Schriftstücke ihren Ausgangspunkt hat.

§ 75. Irrthum im Wesentlichen des Geschäfts.

Rechtsgr. 55. — III. Senat. 20. März 1871. (LXXXI. 242.)

Bei einem Kaufkontrakte über Immobilien ist die dingliche Belastung derselben nicht zu dem Wesentlichen des Geschäftes oder dem Hauptgegenstande desselben zu rechnen.

§§ 75. 78. Irrthum bei Vergleichen. — Vergl. A. L. R. I. 5. § 1., 16. § 418.

Rechtsgr. 56. — III. Senat. 10. Oktober 1870. (LXXIX. 267.)

a) Ein Vergleich kann nicht wegen Irrthums in solchen Punkten angefochten werden, welche den eigentlichen Gegenstand des Vergleiches als eines solchen bilden, deren Ungewißheit eben der Anlaß und Grund des Vergleiches war. Der § 418. I. 16. des Allgem. Landrechts schließt aber nicht die Berufung auf einen Irrthum aus, der sich auf irgend ein Faktum bezieht, von dem als einem unzweifelhaften die Transigenten ausgegangen sind, mag dasselbe auch mit dem Gegenstande des Zweifels, mit der eigentlichen Vergleichsursache, in näherem oder entfernterem Zusammenhange stehen.

b) Der einmal wegen eines wesentlichen Irrthums ungültige Vergleich kann nicht von dem Irrenden blos zum Theile widerrufen, zum andern Theile aber aufrecht erhalten werden.

§ 77. Irrthum in ausdrücklich vorausgesetzten Eigenschaften; Größe eines Grundstücks als eine ausdrücklich vorausgesetzte Eigenschaft.

Rechtsgr. 57. — III. Senat. 22. Mai 1871. (LXXXIII. 28.)

Auch die Größe einer Sache kann eine ausdrücklich vorausgesetzte Eigenschaft sein.

§ 78. Unabsichtliche Erregung eines wesentlichen Irrthums; wissentliches, wennschon nicht doloses Verschweigen von Umständen bei gewagten Geschäften. — Vergl. A. L. R. I. 11. §§ 540. 541.

Rechtsgr. 58. — IV. Senat. 29. September 1870. (LXXIX. 215.)

a) Auch die unabsichtliche Erzeugung eines wesentlichen Irrthums macht den Vertrag ungültig.

b) Der § 540. I. 11. des Allg. Landrechts setzt ein wissentliches, wenn schon kein doloses, Verschweigen voraus.

§ 81. Irrthum bei Willenserklärungen; Zahlungsunfähigkeit des Bestellers keine Eigenschaft im Sinne des § 81. I. 4. des Allgemeinen Landrechts.

Rechtsgr. 59. — IV. Senat. 2. März 1871. (LXXX. 304.)

Der Besitz oder Nichtbesitz von Zahlungsmitteln ist überhaupt keine Eigenschaft, sondern eine außerhalb der Person liegende Thatsache, welche aus dem Gesichtspunkte des Betruges oder der ausdrücklichen Vereinbarung, niemals aber als blos stillschweigend vorausgesetzt, zur Anfechtung oder Aufhebung des Kontraktes führen kann.

§ 84. Bloße Wortbrüchigkeit kein Irrthum. — Vergl. A. L. R. I. 4. §§ 148—150., 5. § 349.

Rechtsgr. 60. — III. Senat. 16. Mai 1870. (LXXVIII. 240.)

Die getäuschte Erwartung, daß der Andere ein für die Zukunft gegebenes Versprechen halten werde, stellt keinen zur Zeit der abgegebenen Willenserklärung vorhanden gewesenen Irrthum dar und enthält auch keine Simulation des Vertrages.

§§ 84. ff. Betrug durch Benutzung von Rechtsunkenntniß und Unaufmerksamkeit. — Vergl. A. L. R. I. 5. §§ 349. ff.

Rechtsgr. 61. — IV. Senat. 18. Januar 1872. (LXXXIV. 176.)

Auch dadurch kann ein Betrug verübt werden, daß der Betrügende die Rechtsunkenntniß und Unaufmerksamkeit des zu Betrügenden benutzt.

§§ 100. 102. 115. Zeitbestimmung für das Eintreten einer kasuellen Bedingung. — Vergl. A. L. R. I. 5. §§ 230. 231.

Rechtsgr. 62. — IV. Senat. 20. Oktober 1870. (LXXVIII. 368.)

Daß einer kasuellen Bedingung nur eine ausdrücklich ausgesprochene Zeitbestimmung mit Rechtswirkung hinzugefügt werden könne, ist eine durch das Gesetz nicht gerechtfertigte Ansicht.

§§ 102. 115. Kündbarkeit der Hypothek bei nicht pünktlicher Zinszahlung; Bedingung, Nebenrecht oder Konventionalstrafe? — Vergl. A. L. R. I. 5. § 307., 16. § 8.

Rechtsgr. 63. — III. Senat. 7. März 1873. (LXXXVIII. 258.)

Die Festsetzung, daß die an sich nicht kündbare Hypothek bei nicht pünktlicher Zinszahlung kündbar sein solle, enthält kein Nebenrecht im Sinne des § 8. I. 16. des Allgem. Landrechts, noch eine Konventionalstrafe, sondern lediglich eine Bedingung.

§ 163. Zeitbestimmung oder Bedingung? Bedeutung des § 163. I. 4. des Allgem. Landrechts.

Rechtsgr. 64. — IV. Senat. 25. April 1872. (LXXXV. 112.)

Die Bestimmung des § 163. I. 4. des Allgemeinen Landrechts:

„Eine der Willenserklärung beigefügte ungewisse Zeit, wo das Recht aus derselben entweder entstehen, oder aufhören soll, wird einer aufschiebenden oder auflösenden Bedingung gleich geachtet",

spricht nur von dem Fall, daß das Recht selbst (nicht blos die Erfüllung) von einer dergestalt ungewissen Zeit abhängig gemacht wird, daß es unsicher ist, ob dieselbe überhaupt eintreten wird.

§ 166. Klage aus betagten Rechten; Bestreiten derselben als Rechtsverletzung.

Rechtsgr. 65. — I. Senat. 3. Mai 1872. (LXXXV. 129.)

Bei betagten Rechten enthält das Bestreiten des Rechts durch den Verpflichteten eine Rechtsschmälerung, welche den Berechtigten zur Klage auf Anerkennung berechtigt.

Titel 5. Von Verträgen.

§ 1. Begriff des Vertrages. Vertragsofferte; Annahme derselben. — Vergl. §§ 103—105.

Rechtsgr. 66. — I. Senat. 10. Oktober 1873. (XC. 252.)

a) Auch bei der Acceptation einer Offerte ist es, wie bei der Offerte selbst, zur Perfektion des Vertrages erforderlich, daß sie zur Kenntniß des Offerenten gelangt ist.

b) Diese Acceptation ist nicht in der Aufnahme der Genehmigung durch den Gerichts-Deputirten zu finden.

§§ 2—4. Verkaufsversprechen und pactum de vendendo. — Vergl. §§ 79. 91.

Rechtsgr. 67. — III. Senat. 14. März 1873. (LXXXVIII. 283.)

Das Anerbieten, eine bestimmte Sache innerhalb einer bestimmten Zeit gegen einen gewissen Preis zur Disposition zu stellen, ist kein pactum de vendendo, sondern ein Verkaufsversprechen mit Bestimmung einer gewissen Zeit zur Erklärung über den Antrag.

§ 39. Gegenstände des Vertrages. Gültigkeit der Verträge, bei denen das Interesse nicht in Gelde zu schätzen. — Vergl. § 70.; Cod. 2. 4. Lex 2.

Rechtsgr. 68. — IV. Senat. 29. Oktober 1872. (LXXXVI. 307.)

Das Erforderniß der Abschätzbarkeit des Vertrags-Interesse in Gelde ist dem Preußischen wie dem heutigen Gemeinen Rechte fremd.

§ 71. Von unbestimmten Verträgen. Unbestimmte Verträge nach § 71 I. 5 des Allgem. Landrechts.

Rechtsgr. 69. — IV. Senat. 6. Juni 1871. (LXXXII. 184.)

Der § 71. I. 5. des Allgem. Landrechts greift Platz, wo rücksichtlich des Hauptgegenstandes des Vertrages die Erfüllung der Willkür des einen Theils überlassen ist.

§§ 74. 75. Verträge über den Vortheil eines Dritten. Erwerbung einer Zuwendung der Eltern an die Kinder. — Vergl. A. L. R. II. 2. §§ 168. ff.

Rechtsgr. 70. — IV. Senat. 15. März 1870. (LXXVIII. 102.)

Der Vater kann Namens seiner in väterlicher Gewalt stehenden Kinder einen Vortheil erwerben, der diesen von ihren Eltern zugewendet wird, und bedarf es nicht einer besondern Vertretung der Kinder oder einer ausdrücklichen Annahme Seitens derselben.

§§ 74. ff. Uebertragung des unvollständigen Besitzes einer Sache oder eines Rechts durch den vollständigen Besitzer; Anfang der Verjährung einer Grundgerechtigkeit durch Besitz Seitens des Pächters für den Eigenthümer. — Vergl. A. L. R. I. 7. § 124., 13. §§ 2—5. 228. 270. 433. 434. 437. 438.

Rechtsgr. 71. — II. Senat. 23. Mai 1871. (LXXXII. 159.)

a) Die von dem vollständigen Besitzer einer Sache oder eines Rechtes bewirkte bloße Uebertragung des unvollständigen Besitzes an den Dritten ist kein solches Verhältniß, welches seiner Natur nach eine weitere Stellvertretung des vollständigen Besitzers, als der Bereich der Grenzen des übertragenen unvollständigen Besitzes geht, begründen kann.

b) Der Pächter eines Grundstücks kann lediglich auf Grund seiner Eigenschaft als Pächter, d. i. ohne vorherigen Auftrag, beziehungsweise ohne nachträgliche Genehmigung des Eigenthümers, die Verjährung durch Besitz einer Grundgerechtigkeit für den Eigenthümer nicht anfangen.

§§ 74. 75. Verträge zum Vortheile Dritter; Vertretung der Kinder durch den Vater bei Gutsüberlassungsverträgen.

Rechtsgr. 72. — IV. Senat. 6. März 1873. (XC. 92.)

Das Präjudiz vom 25. Februar 1846:

Wenn ein Vater in einem mit dem Einen seiner Kinder geschlossenen Gutsüberlassungsvertrage einem andern Kinde eine Abfindung ausgesetzt hat, so kann der Gutsannehmer dem die Abfindung einklagenden Kinde die

Vorschriften der §§ 74. 75. I. 5. des Allg. Landrechts — nach welchem der Dritte, zu dessen Vortheil ein Vertrag geschlossen ist, Rechte aus demselben erst herleiten kann, wenn er ihm mit Bewilligung der Parteien beigetreten ist — nicht entgegensetzen,

setzt zu seiner Anwendbarkeit voraus, daß der Vater in dem Gutsüberlassungsvertrage seinem nicht dabei zugezogenen Kinde eine „Abfindung" ausgesetzt, d. h. demselben Vortheile, die ihm der Gutsübernehmer gewähren soll, ausgesetzt habe.

§ 75. Beitritt eines Dritten, welcher in einem Erbvertrage bedacht ist. — Vergl. A. L. R. I. 12. § 646.

Rechtsgr. 73. — I. Senat. 22. April 1872. (LXXIII. 357.)

Der im § 646. I. 12. des Allg. Landrechts erforderte Beitritt des Dritten, welcher in einem Erbvertrage bedacht ist, braucht nicht ein persönlicher und unmittelbarer zu sein; es genügt vielmehr, wenn der Dritte an der Schließung eines solchen Vertrages auch nur mittelbar Theil genommen hat; er erlangt alsdann und dadurch auf die in jenem Vertrage für ihn ausbedungenen Vortheile und auf die ihm verheißenen Zuwendungen sofort ein unmittelbares und selbstständiges Recht, das der Willensänderung der Kontrahenten nicht weiter unterworfen ist, und also durch einen einseitigen Widerruf des Promittenten auch nicht mehr vereitelt werden kann.

§§ 75. 76. Unzulässigkeit der exekutivischen Beschlagnahme einer Kaufgelderforderung für Sachen des Exekutionsschuldners, die ein Dritter eigenmächtig verkauft hat. — Vergl. § 1. und Anfechtungsgesetz vom 9. Mai 1855.

Rechtsgr. 74. — III. Senat. 22. November 1872. (LXXXVII. 93.)

Die Kaufgelderforderung, welche ein Dritter gegen den Käufer daraus erlangt hat, daß er demselben eigenmächtig Sachen des Schuldners verkauft hat, kann nicht ohne Weiteres von den Gläubigern des Schuldners im Wege der Exekution in Anspruch genommen werden.

§ 104. 105. Bestimmung der Zeit der Annahme. Wirkung der vom Promissar innerhalb der Annahmefrist verabsäumten Benachrichtung an den Promittenten.

Rechtsgr. 85. — IV. Senat. 7. März 1872. (LXXXIV. 262.)

Der § 104. I. 5. des Allgem. Landrechts ist nicht dahin aufzufassen, daß der Promittent, ungeachtet der Verabsäumung der Annahmefrist Seitens des Promissars, an sein Versprechen dann gebunden bleibt, wenn er dem letzteren nicht sofort nach dem Ablaufe der Frist von seinem Rücktritte Nachricht gegeben hat, vielmehr dahin, daß die Verabsäumung dieser Benachrichtigung des Promissars keine andere Folge hat, als daß der Promittent dem Promissar denjenigen Schaden ersetzen muß, welcher demselben etwa in der Zwischenzeit aus Vorbereitungen zur Kontrakts-Erfüllung erwachsen ist.

§ 109. ff. Form der Verträge. Schriftlichkeit der Verträge. — Vergl. §§ 129. ff. 131. ff.

Rechtsgr. 76. — IV. Senat. 4. Mai 1871. (LXXXII. 60.)

Wo die Gesetze zur Gültigkeit eines Vertrages die Schriftform erfordern, bezieht sich die Nothwendigkeit der Form auf den gesammten Inhalt des Vertrages, und muß derselbe die wesentlichen Theile des Geschäfts zum Ausdruck bringen, dafern selbige nicht in die Kategorie der im § 129. I. 5. des Allg. Landrechts bezeichneten Nebenbestimmungen gehören.

Giebt die Schrift über ein die materielle Rechtsbeständigkeit des Geschäfts bedingendes wesentliches Moment keine Auskunft, so ist überhaupt ein rechtsverbindlicher schriftlicher Vertrag nicht vorhanden.

§ 111. 115. Internationales Recht über die Form, den Inhalt und die Wirkung der Verträge über Immobilien.

Rechtsgr. 77. — III. Senat. 26. Februar 1872. (LXXXIV. 231.)

Der im § 115. I. 5. des Allg. Landrechts enthaltene Grundsatz des internationalen Rechts:

Daß in allen Fällen, wo unbewegliche Sachen, deren Eigenthum, Besitz oder Nutzung der Gegenstand eines Vertrages sind, wegen der Form die Gesetze des Orts, wo die Sache liegt, beobachtet werden müssen,

ist für die im Rechtsgebiete des Allgem. Landrechts belegenen Immobilien unbedenklich zur Anwendung zu bringen, wenn es sich um den materiellen Inhalt und die Wirkung eines solchen Vertrages handelt.

§§ 116. 117. Schriftlichkeit der Verträge. — Vergl. Cod. 4. 21. Lex. 17.

Rechtsgr. 78. — IV. Senat. 7. September 1871. (LXXXII. 282.)

Die §§ 116. 117. I. 5. des Allg. Landrechts bleiben außer Anwendung, wenn ein Vertrag durch Briefwechsel zu Stande gekommen ist.

§ 116. Form der von den Gemeindebehörden als Vertretern eines Jagdbezirkes über Jagdangelegenheiten auszustellenden Urkunden. — Vergl. § 185. und Jagdpolizeigesetz vom 7. März 1850 §§ 2a. 9. (Ges.-Samml. S. 165.); Landgemeinde-Ordnung für die Provinz Westphalen vom 19. März 1856 §§ 23. 65. (Ges.-Samml. S. 265.).

Rechtsgr. 79. — II. Senat. 3. Dezember 1868. (LXXVI. 3.)

Wenn die Gemeindebehörde als Vertreterin eines Jagdbezirkes Urkunden über Jagdangelegenheiten ausstellt, welche die Jagdbezirksgenossen verpflichten sollen, so muß dabei dieselbe Form beobachtet werden, welche der Gemeindebehörde in Gemeinde-Angelegenheiten vorgeschrieben ist.

§ 116. Wirkung der Unterschrift einer Urkunde in Bezug auf alle darin enthaltenen Leistungen.

Rechtsgr. 80. — III. Senat. 3. Februar 1871. (LXXXI. 115.)

Eine unterschriebene Urkunde gilt in allen ihren Theilen

für unterschrieben, sie erhält durch die Unterschrift ihrem ganzen Inhalte nach verbindliche Kraft, sofern derselbe sonst nicht dem Gesetz zuwiderläuft. Es macht in Bezug auf die Wirksamkeit der Unterschrift keinen Unterschied, daß ein Theil der Abreden früher niedergeschrieben als der andere, wie es bei einem Rechtsakt regelmäßig der Fall sein wird; die schließliche Vollziehung der Urkunde bezieht sich auf den Gesammtinhalt, auf alle darin enthaltene Abreden.

§ 116. Schriftlichkeit der Verträge; Annahmeform; Annahme der überreichten schriftlichen Erklärung des andern Kontrahenten. — Vergl. §§ 131. 135. 187. 188.

Rechtsgr. 81. — II. Senat. 30. Januar 1873. (LXXXVIII. 78.)

a) Bei Verträgen, für welche die schriftliche Form vorgeschrieben ist, bedarf auch die Annahme des schriftlichen Vertragsanerbietens an sich der Schriftlichkeit.

b) Derjenige aber, welcher die über einen abgeschlossenen, vermöge des Gesetzes schriftlich zu errichtenden Vertrag aufgenommene schriftliche Urkunde durch seine Unterschrift vollzogen und dem andern Kontrahenten behändigt hat, darf den Mangel der Unterschrift des letztern nicht vorschützen.

§§ 117. 120. ff. Schriftlichkeit der Verträge; Verabredung der notariellen Form bei blos schriftlichen Verträgen.

Rechtsgr. 82. — III. Senat. 12. Februar 1872. (LXXXIII. 306.)

Die Vorschrift des § 117. I. 5. des Allg. Landrechts:

In allen Fällen, wo die Parteien den Vertrag schriftlich zu schließen verabredet haben, wird vermuthet, daß nicht blos der Beweis, sondern selbst die verbindliche Kraft des Vertrages von der schriftlichen Abfassung desselben abhängen solle —

läßt sich nicht im Wege der Analogie auf Fälle ausdehnen, in welchen die schriftliche Form von den Kontrahenten be=

reits gewahrt ist, und nebenher noch eine weitere den Vertrag bestärkende Form verabredet ist.

§ 122. Punktationen. Klage auf Errichtung eines förmlichen Vertrages; Einwand der Verletzung über die Hälfte. — Vergl. A. L. R. I. **10.** § 17., **11.** §§ 59. 60.

Rechtsgr. **83.** — III. Senat. 6. Oktober 1873. (LXXXIX. 313.)

Gegen die Klage auf Errichtung eines förmlichen Kaufkontrakts über ein Grundstück auf Grund einer Punktation sind alle gegen die Gültigkeit des Rechtsgeschäfts zulässigen peremtorischen Einreden — insbesondere die Einrede der Verletzung über die Hälfte — zulässig.

§ 125. Punktation oder Vertrag?

Rechtsgr. **84.** — III. Senat. 1. März 1872. (LXXXV. 43.)

Der § 125. I. 5. des Allgem. Landrechts:

„Fehlen aber in der Punktation wesentliche Bedingungen, oder haben die Parteien die Verabredung gewisser Nebenbedingungen sich darin ausdrücklich vorbehalten, so sind dergleichen Punktationen nur als Traktate anzusehen“,

kommt auch da zur Anwendung, wo die Vorunterhandlungen in der Form eines förmlichen Kontrakts geführt worden sind. Es kommt auch für die Rechtsverbindlichkeit einer derartigen Vereinbarung nicht darauf an, ob sich die Kontrahenten der mangelhaften Wirkung derselben bewußt gewesen sind, oder Bestimmungen getroffen haben, die sich nur für ein völlig zu Stande gekommenes Geschäft eignen, oder ob das Geschäft zum Theil ausgeführt ist, oder endlich, in welchem Grade die der Einigung vorbehaltene Bedingung zum Wesentlichen des Geschäfts gehört oder nicht.

§§ 127—144. Von mündlichen Nebenabreden. Ergänzung der in einem die Schriftform erfordernden Vertrage nicht enthaltenen oder undeutlich ausgedrückten Essentialien durch den Beweis der mündlichen Uebereinkunft.

Rechtsgr. 85. — IV. Senat. 27. Mai 1869. (LXXV. 86.)

a) Soweit das Gesetz zur Rechtsgültigkeit des Vertrages schriftliche Form erfordert, kann, sofern die Essentialien desselben in dem schriftlichen Vertrage nicht enthalten sind, dieser Mangel durch den anderweit zu führenden Beweis, daß die Parteien bezüglich der fehlenden Bestimmung in bestimmter Weise einig geworden seien, nicht ersetzt werden.

b) Nur soweit es sich um Nebenbestimmungen handelt, können die §§ 129. 130. I. 5. des Allg. Landrechts Anwendung finden.

§§ 127—129. Mündliche Nebenabreden bei schriftlichen Verträgen.

Rechtsgr. 86. — III. Senat. 16. Dezember 1872. (LXXXVII. 247.)

Nicht jede Abrede ist schon deshalb eine wesentliche, weil sie sich auf den Hauptgegenstand des Vertrages bezieht. Dies gilt insbesondere auch von versprochenen Eigenschaften, welche im Sinne des § 129. I. 5. des Allgem. Landrechts denjenigen Nebenbestimmungen zuzurechnen sind, welche „andere dabei vorkommende Maaßgaben betreffen."

§ 128. Mündliche Abrede bei schriftlicher Cession. — Vergl. A. L. R. I. 11. §§ 376. 377.

Rechtsgr. 87. — III. Senat. 13. Mai 1872. (LXXXV. 138.)

Die schriftliche Cession ist nicht das Instrument über den Abtretungsvertrag, und § 128. I. 5. des Allg. Landrechts findet selbst bei schriftlicher Cession keine Anwendung auf solche Abreden, welche zu dem voraufgegangenen Abtretungsvertrage gehören.

§§ 128. ff. Schriftlichkeit der Verträge; mündliche Nebenabrede.

Rechtsgr. 88. — III. Senat. 24. Januar 1873. (LXXXVIII. 24.)

Es gehört wesentlich zur rechtlichen Wirksamkeit einer

ohne Vorbehalt in öffentlich glaubhafter Form ertheilten Cession einer Hypothekenforderung:

daß der Cessionar dieselbe in das Hypothekenbuch eintragen lassen kann.

§ 129. Vertrag; mündliche Verabredung der Zulässigkeit des Rücktritts. — Vergl. A. L. R. I. **11.** § 331.

Rechtsgr. **89.** — III. Senat. 4. Dezember 1872. (LXXXVII. 147.)

Die vor der Unterschreibung der Punktation mündlich getroffene Verabredung, daß jeder Kontrahent bis zu einem bestimmten Zeitpunkte vom Vertrage solle zurücktreten können, kann nicht als Abrede über einen Nebenpunkt im Sinne des § 129. I. 5. des Allg. Landrechts angesehen werden.

§§ 131. 133. 134. 136. Gegenseitige Abrechnung; Form derselben; einseitige Willenserklärungen nach § 133. I. **5.** des Allgem. Landrechts; Kompensation. — Vergl. A. L. R. I. **16.** §§ 150. ff. 300. ff. 405.

Rechtsgr. **90.** — III. Senat. 19. Januar 1872. (LXXXIV. 180.)

a) Der gegenseitigen Abrechnung ist an und für sich ein vertragsmäßiger Charakter nicht beizulegen.

b) Hierin wird auch dadurch nichts geändert, daß bei der gegenseitigen Abrechnung von Forderungen und Gegenforderungen früher bereits erfolgte Baarzahlungen mit hineingezogen, und daß etwa noch Feststellungen darüber erfolgt sind, welche aus einer größeren Reihe bestehender Forderungen und Gegenforderungen von der erlöschenden Wirksamkeit eines solchen Rechtsakts betroffen worden sind.

c) Auf das Rechtsgeschäft der gegenseitigen Abrechnung finden auch, wenn bei demselben Baarzahlungen und Gegenforderungen zusammengeworfen, und im Sinne der §§ 150. ff. I. 16. des Allg. Landrechts Feststellungen getroffen worden, die Vorschriften des Tit. 5. Thl. I. des Allg. Landrechts, insbesondere diejenigen über die Form der Verträge (§§ 131. 146. I. 5. des Allg. Landrechts) keine Anwendung.

d) Im § 133. I. 5. des Allgem. Landrechts:

„Auch andere blos einseitige Willenserklärungen müssen bei Gegenständen über fünfzig Thaler, sobald sich ihre Folgen auf die Zukunft hinaus erstrecken sollen, schriftlich abgefaßt werden",

hat das Gesetz nur solche einseitige Erklärungen im Auge, welche einen konstitutiven, d. h. einen neue Rechte schaffenden, oder bestehende Rechte aufhebenden oder übertragenden Charakter haben, nicht aber nur die Geltendmachung bereits eingetretener Rechte konstatiren.

e) Wo also eine Willenserklärung den Charakter einer Thatsache, im Gegensatze zu demjenigen einer rechtschaffenden Wirksamkeit an sich trägt, und insbesondere bei solchen Erklärungen, welche neben anderen Ereignissen die Erfüllung einer Verbindlichkeit ins Werk setzen, ist keine besondere Form erforderlich.

f) Im § 134. I. 5. des Allgem. Landrechts:

„Zu Entsagungen und Verzichtleistungen, nicht aber zum Beweise der erfolgten Zahlung oder sonstigen Erfüllung einer Verbindlichkeit sind schriftliche Urkunden erforderlich",

ist unter den Worten „sonstigen Erfüllung einer Verbindlichkeit" auch die Kompensation und die bei derselben erforderliche Willenserklärung einbegriffen.

§§ 134. 146. Sofortige Erfüllung mündlicher Verträge über bewegliche Sachen. — Vergl. A. L. R. I. 16. § 405

Rechtsgr. 91. — I. Senat. 27. Mai 1872. (LXXXV. 176.)

Die Erklärung, durch das Empfangene wegen eines Anspruchs befriedigt zu sein und auf weitere Ansprüche dieserhalb zu verzichten, enthält die Bestimmung der Vereinbarung, aber noch nicht ihre wirkliche Erfüllung.

§ 134. Quittung als Schriftform für den Erlaß. — Vergl. A. L. R. I. 16. § 387.

Rechtsgr. 93. — III. Senat. 7. Oktober 1872. (LXXXVI. 227.)

Der mündlich ausgesprochene Erlaß einer Schuld von über 50 Rthlrn. ist gültig, wenn derselbe in Form einer schriftlichen Quittung Ausdruck gefunden hat.

§§ 135. 155. ff. Mündliche durch Uebergabe vollzogene Verträge über ein Grundstück; Vindikation des Grundstücks.

Rechtsgr. 93. — III. Senat. 15. März 1869. (LXXIV. 122.)

a) Wenn in dem Erkenntniß des Ober-Tribunals vom 12. August 1836 (Entscheidungen Bd. 1. S. 336.) ausgeführt ist:

Schon durch das Edikt vom 13. Mai 1766 und 8. Februar 1770, durch das Gutachten der Gesetz-Kommission vom 30. November und das darauf ergangene Reskript vom 27. Dezember 1791 sei festgestellt, daß über Grundstücke nur schriftlich kontrahirt werden könne, und daß beim Mangel dieser Form der Verkäufer das Grundstück vindiziren dürfe, selbst wenn neben der vollständigen Uebergabe auch vollständige Zahlung des Kaufpreises erfolgt sei,

so ist damit lediglich die Nothwendigkeit der schriftlichen Form für Verträge über Grundstücke, nicht aber die eventuelle Zulässigkeit der Vindikation angedeutet.

b) Derjenige, welcher auf Grund eines mündlichen Vertrages über ein Grundstück, sofern der Vertrag nicht gerade ein nichtiger war, das Grundstück übergeben hat, kann dasselbe nicht einfach vindiziren, sondern er darf nur von der Kontraktsklage durch Rescission des Vertrages Gebrauch machen.

§§ 135. 146. 155. ff. Nothwendigkeit der schriftlichen Form bei Verträgen über Grundstücke; Nichtanwendbarkeit des § 146. I. 5 des Allgem. Landrechts auf Verträge über Grundstücke; Rückforderung eines auf Grund mündlichen Vertrages verkauften und übergebenen Grundstücks. — Vergl. A. L. R. I. **10.** §§ 15—17.

Rechtsgr. **94.** — III. Senat. 15. März 1869. (LXXV. 26.)

a) Für Verträge über Grundstücke ist die schriftliche Form nothwendig. Der § 146. I. 5. des Allgem. Landrechts ist auf Grundstücke nicht auszudehnen.

b) Fordert der Ueberlasser eines Grundstücks dasselbe auf Grund der Unverbindlichkeit des mündlichen Abkommens zurück, so darf er nicht vindiziren, sondern nur von der Kontraktsklage durch Rescission des Vertrages Gebrauch machen.

§§ **135. 155. 156.** Anwendbarkeit der §§ 155. 156. I. **5.** des Allgem. Landrechts überhaupt und namentlich auf Grundgerechtigkeiten; Aufrechterhaltung einer durch beiderseits erfüllten mündlichen Vertrag errichteten Grundgerechtigkeit. — Vergl. A. L. R. I. **22.** § 12.

Rechtsgr. **95.** — II. Senat. 3. Mai 1870. (LXXVIII. 206.)

a) Die §§ 155. 156. I. 5. des Allgem. Landrechts finden auf alle Fälle Anwendung, wofür keine besonderen Vorschriften gegeben sind, was namentlich auch von Grundgerechtigkeiten gilt.

b) Zur Aufrechthaltung einer durch mündlichen, beiderseits erfüllten Vertrag errichteten Grundgerechtigkeit ist es nicht erforderlich, daß derjenige, welcher das Bestehen der Grundgerechtigkeit behauptet, Rechtsnachfolger des Vorbesitzers, welcher den mündlichen Vertrag geschlossen hat, geworden ist.

§ **146.** Anwendbarkeit des § 146. I. **5.** des Allgem. Landrechts auch bei Verträgen über fortdauernde Leistungen.

Rechtsgr. **96.** — III. Senat. 12. Mai 1871. (LXXXIII. 24.)

Der § 146. I. 5. des Allg. Landrechts ist auch auf Verträge anzuwenden, deren Erfüllung in fortdauernden Leistungen besteht, vorausgesetzt, daß für dieselben ein Ende gesetzt ist.

§§ 155—157. Mündliche Verträge über Grundstücke und Grundgerechtigkeiten; Klage auf Aufhebung eines mündlichen, von beiden Seiten erfüllten der Schriftform bedürfenden Vertrages.

Rechtsgr. 97. — II. Senat. 9. November 1869. (LXXVII. 35.)

a) Die §§ 155—157. I. 5. des Allgem. Landrechts finden auch auf Grundstücke und Grundgerechtigkeiten Anwendung.

b) Die §§ 156. 157. I. 5. des Allgem. Landrechts legen lediglich demjenigen, welcher die Aufhebung eines mündlichen, bereits von beiden Seiten erfüllten, aber der Schriftform bedürfenden Vertrages prätendirt, die Pflicht der Klageführung auf, nicht aber dem, welcher an dem Vertrage festhalten will.

§§ 155. 156. 165—168. 408—411. Mündlich abgeschlossener Lehrvertrag; Klage aus demselben wegen nicht vollständiger Erfüllung.

Rechtsgr. 98. — IV. Senat. 17. Juni 1873. (LXXXIX. 94.)

Die Klage des Lehrherrn aus dem Vertragsbruche des Mitkontrahenten auf Vergütung für die dem Lehrlinge gewährte Kost ist nicht als ein Schadens- und Interesse-Anspruch im Sinne des § 168. I. 5. des Allgem. Landrechts aufzufassen, sondern als condictio ob causam datorum, gerichtet auf verhältnißmäßige Vergütung der auf Grund des Vertrages geleisteten Handlungen, im Sinne des § 408. I. 5. des Allgem. Landrechts.

§§ 156. 157. Gewährung der mündlich versprochenen Gegenleistung bei einem schriftlich geschlossenen, der Schriftform bedürfenden Vertrage.

Rechtsgr. 99. — III. Senat. 6. Mai 1870. (LXXVIII. 220.)

Derjenige, welcher die Erfüllung eines der Schriftform bedürfenden und schriftlich geschlossenen Vertrages annimmt, muß auch den bei Abschluß des Vertrages mündlich versprochenen Theil der Gegenleistung gewähren, sofern er nicht vom Vertrage zurücktritt.

§§ 156. ff. Rechtliche Folgen, wenn die vorgeschriebene schriftliche Abfassung des Vertrages unterblieben ist, namentlich bei Verträgen über Grundstücke.

Rechtsgr. 100. — III. Senat. 13. Januar 1871. (LXXX. 216.)

Die §§ 156. ff. I. 5. des Allg. Landrechts enthalten Vorschriften ganz allgemeiner Natur für alle Fälle, in denen nur mündlich kontrahirt ist, obgleich es der Schriftform bedurft hätte.

Die §§ 156. ff. I. 5. des Allgem. Landrechts finden deshalb auch auf Grundstücks-Verträge Anwendung.

§§ 156—163. Rücktritt von mündlichen, der Schriftform bedürfenden Verträgen.

Rechtsgr. 101. — III. Senat. 24. Oktober 1870. (LXXXI. 13.)

Ist im Falle des § 156. I. 5. des Allg. Landrechts der Rücktritt des einen Kontrahenten in seinem vertraglichen Rechte zu suchen, nicht in der ihn gesetzlich berechtigenden Unverbindlichkeit des formlosen Vertrages, so kommen rücksichtlich der die Kontrahenten treffenden Nachtheile und Vortheile die §§ 156—163. I. 5. des Allg. Landrechts nicht in Anwendung.

§ 165. Außergerichtliche Parzellirungsverträge; mündliches Versprechen der Uebereignung einer ländlichen Parzelle als Gegenleistung für Handlungen. — Vergl. A. L. R. I. 11. § 875; Gesetz vom 24 Mai 1853 §§ 2. 3. (Ges.-Samml. S. 241.)

Rechtsgr. 102. — IV. Senat. 2. Februar 1871. (LXXXI. 102.)

a) In den §§ 2. 3. des Parzellirungsgesetzes vom 24. Mai 1853 sind ausdrücklich nur die Kauf- und Veräußerungsverträge über Grundstücksparzellen, wenn dieselben nicht in der dort vorgeschriebenen Form abgeschlossen worden, für nichtig und wirkungslos erklärt; keineswegs ist solches in Betreff aller anderen sich auf dergleichen Grundstücke beziehenden Verträge geschehen, und ist namentlich nicht ausgesprochen, daß Verträge, welche einem Kauf- oder anderen Veräußerungsvertrage über Grundstücksparzellen vorangehen und denselben vorbereiten, nichtig sein sollen, wenn sie nicht in jener Form abgeschlossen worden.

b) Ist in einem mündlichen Vertrage über Handlungen als Gegenleistung die Abtretung einer Parzelle zugesagt, und sind die Handlungen geleistet, so steht der § 3. des Gesetzes vom 24. Mai 1853 der Gültigkeit des Vertrages nicht entgegen.

§§ 165. 168. Versprechen einer Mitgift für den Fall der Heirath; Verzögerungszinsen aus einem mündlichen Vertrage, welcher Handlungen zum Hauptgegenstande hat.

Rechtsgr. 103. — I. Senat. 19. Februar 1872. (LXXXIII. 308.)

a) Das vom Verklagten gegebene Versprechen, dem Kläger für den Fall und unter der Bedingung, daß er seine Tochter heirathen würde, eine bestimmte Mitgift zahlen zu wollen, und die Erklärung des Klägers, dies alsdann thun zu wollen, stehen sich in dem Verhältniß von wechselseitiger Leistung und Gegenleistung gegenüber.

b) Im Falle des § 165. I. 5. des Allg. Landrechts:

„Hat der mündliche Vertrag Handlungen zum Hauptgegenstande gehabt, und sind diese sämmtlich geleistet worden, so muß die Vergütung nach der mündlichen Abrede erfolgen",

ist durch § 168. a. a. O. die Forderung von Verzögerungszinsen ausgeschlossen.

§ 165. Mündliches Versprechen einer Provision.

Rechtsgr. 104. — IV. Senat. 9. September 1873. (LXXXIX. 214.)

Die Anwendung des § 165. I. 5. des Allgem. Landrechts ist ausgeschlossen, wenn für die Handlung nicht von Hause aus ein fester Miethspreis oder eine sonstige feste Vergütung ausbedungen worden, die Parteien vielmehr erst nach erfolgter Leistung der Handlung sich geeinigt haben.

§ 168. Bedeutung der Worte „wegen verweigerter Erfüllung" des § 168. I. 5. des Allgem. Landrechts.

Rechtsgr. 105. — III. Senat. 22. Dezember 1871. (LXXXIII. 254.)

Die Worte des § 168. I. 5. des Allgem. Landrechts:

„wegen verweigerter Erfüllung"

heben recht deutlich die auf Nichterfüllung gerichtete Absicht hervor, mithin kann von einer Beschränkung dieser Bestimmung auf eine blos kulpose Nichterfüllung nicht die Rede sein.

§§ 172. 179. Unkenntniß der betreffenden Schriftsprache als Voraussetzung des Analphabetenthums.

Rechtsgr. 106. — III. Senat. 16. September 1872. (LXXXVI. 183.)

Jeder ist Analphabet bezüglich derjenigen Sprache, deren Schriftzeichen ihm nicht verständlich sind, mag er dieselbe auch mit Geläufigkeit zu sprechen, oder die Schriftzeichen anderer Sprachen zu lesen oder zu schreiben im Stande sein.

Allgem. Landrecht Anhang § 5. Unterschriftsbeistand Schreibensunkundiger bei gerichtlichen Verhandlungen. — Vergl. A. G. O. Anhang § 68. 70. 421., II. § 44.; Kabinetsorder vom 20. Juni 1816 (Ges.-Samml. S. 208.).

Rechtsgr. 107. — I. Senat. 26. November 1869. (LXXVI. 307.)

Die Plenarbeschlüsse vom 6. November 1848 resp. 7. Mai 1855:

Die von einer einzelnen Gerichtsperson mit einer des Schreibens unkundigen Partei aufgenommene Verhandlung ist aus dem Grunde, weil das Protokoll keine Angabe darüber enthält, daß und wie der zugezogene Unterschriftsbeistand der Unterkreuzung und Genehmigung desselben beigewohnt hat, für die schreibensunkundige Partei nicht unverbindlich,

und:

Bei einer von einem Richter ohne Zuziehung eines

Protokollführers mit einem Schreibensunerfahrenen aufgenommenen Verhandlung ist es nicht erforderlich, daß der zugezogene Unterschriftsbeistand den Namen des Schreibensunerfahrenen oder irgend einen Theil desjenigen Vermerkes selbst schreibt, der die Handzeichen des Schreibensunerfahrenen betrifft; es genügt vielmehr die bloße Unterschrift des Beistandes,

setzen immer voraus, daß der Dritte auch wirklich als Unterschriftsbeistand der des Schreibens unerfahrenen Partei zugezogen und der Unterkreuzung und Genehmigung des Protokolles von Seiten der letzteren beigewohnt habe.

§ 179. Form der Verträge in fremden Sprachen.

Rechtsgr. 108. — III. Senat. 27. März 1871. (LXXX. 342.)

Wer deutsch Geschriebenes lesen kann, und die deutsch geschriebene Urkunde mit allgemein verständlichen Schriftzeichen, deren Bedeutung ihm selbst nicht zweifelhaft ist, zu unterschreiben vermag, der kann nach richtigem Verständnisse des § 179. I. 5. des Allgem. Landrechts nicht für einen der deutschen Schriftsprache Unkundigen erachtet werden.

§§ 185—191. Wirkung der mündlichen Genehmigung eines durch einen Dritten geschlossenen Vertrages; exceptio doli. — Vergl. A. L. R. I. 13. §§ 142—146.

Rechtsgr. 109. — IV. Senat. 2. Mai 1871. (LXXXII. 41.)

a) Die Rechtswirksamkeit der nur mündlichen Ratihabition eines von einem Dritten geschlossenen Vertrages beruht darauf, daß der Ratihabirende dolose handelt, wenn er trotz ertheilter Genehmigung das Geschäft nicht gelten lassen will.

b) Der Plenarbeschluß vom 22. April 1850 (Entscheidungen Bd. 19. S. 88.) bezieht sich nur auf den Fall der Ratihabition des Geschäfts, nicht auf die eine Vollmacht anerkennende Erklärung des Machtgebers.

§§ 185. ff. Nichtexistenz des Constitutum Debiti proprii im Preußischen Rechte.

Rechtsgr. 110. — IV. Senat. 9. November 1871. (LXXXVI. 12.)

Nach Preußischem Landrecht hat die Schuldanerkennung ohne Anführung eines selbstständigen Verpflichtungsgrundes keine Bedeutung.

§ 186. Anwendbarkeit des § 186. I. 5. des Allg. Landrechts auf den Einwand der Simulation.

Rechtsgr. 111. — III. Senat. 28. April 1871. (LXXXI. 338.)

Der § 186. I. 5. des Allgem. Landrechts:

Durch das Anerkenntniß eines seiner Form nach rechtsbeständigen Vertrages werden diejenigen Einwendungen gehoben, welche sich auf den Mangel einer freien und ernstlichen Einwilligung beziehen,

bezieht sich auch auf die Einrede der Simulation.

§ § 252. ff. Auslegungsregeln. Beurtheilung der Vertragsmäßigkeit einer Waare durch den Richter ohne Rücksicht auf etwaige Gebräuche und Usancen im Handelverkehr; Auslegung der Verträge über Handelsgeschäfte; Inhalt des Art. 279. des Allgem. Deutschen Handelsgesetzbuchs. — Vergl. Allg. Deutsches Handelsgesetzbuch Art. 1. 278. 279. 346. 347.

Rechtsgr. 112. — IV. Senat. 29. Juni 1869. (LXXV. 190.)

a) Darüber, ob eine gekaufte Waare vertragsmäßig, das heißt den beim Vertragsabschlusse unter den Kontrahenten getroffenen Verabredungen entsprechend geliefert ist, hat der Richter allein auf Grund der Gesetze nach dem Inhalte des Vertrages zu entscheiden, und können in solcher Hinsicht auch im Handelsverkehr etwaige Gebräuche und Usancen keine Entscheidungsnorm abgeben.

b) Bei Auslegung der Verträge über Handelsgeschäfte ist nicht auf die im Handelsverkehr geltenden Gewohnheiten und Gebräuche Rücksicht zu nehmen; für die Interpretation gelten vielmehr lediglich die auch sonst zur Anwendung kommenden allgemeinen Auslegungsregeln unter

specieller Berücksichtigung der Bestimmungen des Art. 278. des Allgem. Deutschen Handelsgesetzbuchs.

c) Auf die den beim Vertragsabschluß gebrauchten Ausdrücken beizulegende Bedeutung bezieht sich der Art. 279. des Allgem. Deutschen Handelsgesetzbuchs nicht; dieser Artikel hat nur Bezug auf Bedeutung und Wirkung von Handlungen und Unterlassungen.

§§ 264. 265. Verhältniß der Punktation zum Vertrag; Rechtsgrundsätze in den §§ 264. 265 I. 5. des Allgem. Landrechts.

Rechtsgr. 113. — III. Senat. 17. Juni 1872. (LXXXV. 267.)

Die §§ 264. 265. I. 5. des Allgem Landrechts, als bestimmte Vorschriften über das rechtliche Verhältniß des jüngeren Vertrages zu dem älteren, und beziehungsweise des förmlichen Vertrages zu der voraufgegangenen Punktation, enthalten nicht blos Auslegungsregeln, sondern Rechtsgrundsätze.

§§ 271. 317. Beweislast bei dem Verkauf nach Probe. — Vergl. Allg. Deutsches Handelsgesetzbuch Art. 340.

Rechtsgr. 114. — IV. Senat. 19. Mai 1870. (LXXVIII. 259.)

Weigert der Käufer die Annahme der nach Probe verkauften Waare wegen Fehlerhaftigkeit, so hat der Verkäufer den Beweis der Probemäßigkeit der Waare zu führen.

§§ 285. ff. Interesse. Stellung des Vormundes als Bevollmächtigten des Staats; Abschluß von Verträgen für die Pflegebefohlenen durch den Vormund; Haftung der Pflegebefohlenen bei nicht gehörig geleisteter Erfüllung, namentlich im Falle des groben Versehens oder des Vorsatzes des Vormundes. — Vergl. A. L. R. II. 18. §§ 3. 235. 241.

Rechtsgr. 115. — III. Senat. 26. Oktober 1868. (LXXV. 8.)

a) Der Vormund ist nur in seinem Verhältniß zum Staat auf den Grund, aus welchem er ermächtigt ist, die Person des Pflegebefohlenen zu vertreten, als Bevollmächtigter des Staats anzusehen.

b) in Beziehung auf den Pflegebefohlenen vertritt er die Stelle der Eltern, vorzugsweise des Vaters, und erscheint bei Abschluß von Verträgen für den Pflegebefohlenen als der eigentliche Kontrahent, welcher aber durch den abgeschlossenen Vertrag den Pflegebefohlenen bindet.

c) Bei nicht gehörig geleisteter Erfüllung hat der Pflegebefohlene dem anderen Kontrahenten das Interesse zu gewähren, auch wenn Seitens des Vormundes ein grobes Versehen oder Vorsatz vorliegt.

§ 285. Zahlung der vertretenden Geldsumme zum gerichtlichen Depositum. Vergl. A. L. R. I. 6. §§ 7. 10. 79. 80. Exekutionsordnung vom 4. März 1834 § 9.

Rechtsgr. 116. — IV. Senat. 28. November 1871. (LXXXIII. 164.)

Ist im Urtheil dem Exequenden die Hergabe einer vertretbaren Geldsumme nicht zur Zahlung an den Executionssucher, sondern zu Niederlegung beim Gericht auferlegt, so steht dies nicht im Widerspruch mit dem Gesetze, wonach das Interesse in einer Geldsumme liquidirt werden muß.

§ 286. Begriff von Interesse überhaupt und namentlich bei zu leistenden Handlungen.

Rechtsgr. 117. — III. Senat. 30. Oktober 1871. (LXXXIV. 132.)

a) Die im § 286. I. 5. des Allgem. Landrechts gegebene Begriffsbestimmung von Interesse bezieht sich zwar zunächst auf das Interesse bei Abschließung oder Erfüllung von Verträgen, kann aber auch analog auf das Interesse bei Erfüllung von Obligationen überhaupt und und der Obligation aus einem Judikat insbesondere angewendet werden.

b) Ist Jemand berechtigt, die Leistung einer Handlung zu fordern, welche überhaupt einen vermögensrechtlichen Werth hat, so liegt schon allein in der Nichtleistung der Handlung ein Vermögensnachtheil für ihn, und die Beseitigung des Nachtheils ist sein erstes und nächstes Interesse.

§§ 292. 293. Vergl. A. L. R. I. **11** § 827. **16**. § 65.

Rechtsgr. **118**. — IV. Senat. 2. Mai 1871. (LXXXII. 44.)

Ist für den Fall, daß eine Forderung nicht pünktlich bezahlt werden sollte, eine Konventionalstrafe verabredet, so können nicht noch Zögerungszinsen von der Hauptforderung verlangt werden.

§§ 292—295. Unzulässigkeit der Forderung von Verzugszinsen und Konventionalstrafe auch nach dem Bundesgesetz vom 14. November 1867. — Vergl. A. L. R. I. **16**. §§ 16. 28. 64. 251. 454; Bundesgesetz, betreffend die vertragsmäßigen Zinsen, vom 14. November 1867.

Rechtsgr. **119**. — III. Senat. 13. September 1872. (LXXXVI. 180.)

Der Grundsatz, daß neben einer für den Fall der Verzögerung der Kapitalszahlung bedungenen Konventionalstrafe nicht noch Verzugszinsen vom Kapital gefordert werden können, ist durch das Bundesgesetz vom 14. November 1867 nicht alterirt worden.

§ 307. Schadensanspruch wegen Fehlerhaftigkeit eines verbungenen Werks trotz Wegfalls der Konventionalstrafe. — Vergl. A. L. R. I. **11**. § 946.

Rechtsgr. **120**. — IV. Senat. 20. April 1871. (LXXXIII. 15.)

Handelt es sich lediglich um die Fehlerhaftigkeit des Werkes, so bedingt der Wegfall der für verzögerte Ablieferung stipulirten Konventionalstrafe nicht auch den Wegfall der Schadensliquidation.

§§ 310. 408. 409. Konventionalstrafen bei Verträgen über Handlungen.

Rechtsgr. **121**. — IV. Senat. 18. April 1871. (LXXXI. 311.)

Der § 310. I. 5. des Allgem. Landrechts:

„In allen Fällen, wo auf Erfüllung des Vertrages nicht geklagt werden kann, findet auch die Forderung einer Konventionalstrafe nicht statt",

steht die Festsetzung und Einklagung von Konventionalstrafen bei Verträgen über Handlungen nicht entgegen.

§§ 314. 315. Festsetzung einer Konventionalstrafe für beide Theile; Beginn der Erfüllung von einem Theil und Rücktritt des andern; Anspruch auf Konventionalstrafe.

Rechtsgr. 123. — III. Senat. 27. Mai 1872. (LXXXIV. 357.)

Sobald bei einer für beide Kontrahenten festgesetzten Wandelpön der eine, welcher noch gar nicht erfüllt hat, sich für den Rücktritt entscheidet, wird auch der andere, welcher seinerseits mit der Erfüllung begonnen hat, vom Vertrage wieder frei und hat die Wandelpön zu fordern.

§§ 317. ff. 343—345. Gewährleistung.

Rechtsgr. 128. — III. Senat. 22. April 1872. (LXXXIV. 302.)

a) Unter die Rubrik Gewährleistung fallen nur diejenigen Ansprüche, welche wegen einer nicht gewährten ausdrücklich zugesicherten oder selbstverständlichen Beschaffenheit — natürlicher oder rechtlicher — der Sache, welche Gegenstand des Vertrages gewesen, dem Uebernehmer auf nachträgliche Gewährung der bezüglichen Beschaffenheit oder auf Vergütung dafür, oder auf Rücktritt vom Vertrage aus diesem Grunde nach den Gesetzen zustehen.

b) Unter den Begriff fallen jedoch diejenigen besonderen kontraktlichen Zusicherungen nicht, welche entweder über den Kreis dieser Ansprüche hinausgehende Festsetzungen begründen, oder die Folgen der Nichtgewährung der versprochenen Beschaffenheit der Sache (sei dies nun eine natürliche, oder juridische) besonders gestalten.

§ 319. Gewöhnlich vorausgesetzte Eigenschaften einer Sache. — Vergl. A. L. R. I. 11. § 193.

Rechtsgr. 124. — IV. Senat. 21. Januar 1869. (LXXIII. 251.)

Unter gewöhnlich vorausgesetzten Eigenschaften einer Sache sind nicht solche Eigenschaften zu verstehen, unter denen die Sache nur nach den speciellen Verhältnissen des Käufers und seines Wohnortes besonders leicht und gut zu gebrauchen ist, sondern solche Eigenschaften, welche bei einer jeden Sache derselben Art vorausgesetzt werden.

§ 322. Kauf; rechtlicher Effekt der früheren Uebergabe bei erst späterer Vereinbarung über den Kaufpreis.

Rechtsgr. 125. — III. Senat. 1. November 1872. (LXXXVI. 315.)

Ist die Uebergabe der Sache unter Vorbehalt einer späteren Vereinbarung des Kaufpreises geschehen, so ist nach dieser erfolgten Vereinbarung die frühere Uebergabe rückwärts als eine schon zur Zeit ihrer wirklichen Realisirung rechtlich geschehene zu betrachten.

§§ 326—328. Fähigkeit des Wandelungsklägers zur Zurückgabe der übernommenen Sache.

Rechtsgr. 126. — IV. Senat. 22. April 1869. (LXXIV. 250.)

Der Wandelungskläger braucht nicht schon während des Prozesses zur Zurückgabe der Sache im Stande zu sein, vielmehr ist es grundsätzlich genügend, daß er seine Pflicht der Rückgabe aldann zu erfüllen vermag, wenn ihm das Recht des Rücktritts vor dem Vertrage aus einem die redhibitorische Klage begründenden Fundamente zugesprochen ist, und es auf Realisirung dieses Ausspruches gegen Erfüllung jener Pflicht ankommt.

§§ 327. 337. Anspruch auf Erstattung der Erhaltungskosten eines völlig unbrauchbaren Nutzthieres im Falle der Redhibition; Sequestration des Nutzthieres. — Vergl. A. L. R. I. 7. §§ 204. ff., 14. §§ 107. 108., 16. §§ 213. ff.; vergl. Gesetz vom 5. Juni 1863 Art. 3. (Ges.-Samml. S. 447.)

Rechtsgr. 127. – IV. Senat. 20. Oktober 1870. (LXXIX. 311.)

a) Ist ein Nutzthier völlig unbrauchbar, und muß der Verkäufer dasselbe zurücknehmen, so hat der Käufer keinen Anspruch auf Erstattung der zur Erhaltung des Thieres aufgewendeten Kosten.

b) Der Käufer, welcher sich wegen seiner möglichen Restitutionsverpflichtung sichern will, hat das verkaufte völlig unbrauchbare Nutzthier zur gerichtlichen Deposition respektive Sequestration zu offeriren und zu bringen.

§ 328. Berechnung der Differenz bei der Minderungsklage. – Vergl. A. L. R. I. 11. §§ 206. 951.

Rechtsgr. 128. – IV. Senat. 2. Mai 1871. (LXXXII. 38.)

Daraus, daß der Besteller (Käufer) für die bedungene fehlerlose Sache einen höheren Preis verspricht, als dieselbe werth ist, kann nicht gefolgert werden, daß er nun auch die gelieferte fehlerhafte Sache über den Werth bezahlen müßte. Dem Leistenden (Verklagten) geschieht jedenfalls Genüge, wenn er die gelieferte fehlerhafte Sache zu ihrem vollen Werthe bezahlt erhält.

§§ 337. 338. Wandlungsklage (actio redhibitoria); Ort und Kosten der Zurücknahme der Sache; Kosten der einstweiligen Aufbewahrung durch den beanstandenden Kaufmann; Ersatz der Assekuranz-Prämie. – Vergl. Allg. Deutsches Handelsgesetzbuch Art. 343.

Rechtsgr. 129. – IV. Senat. 23. April 1871. (LXXXI. 325.)

a) Wird in Folge der Wandelklage der Vertrag aufgehoben, so ist es so anzusehen, als sei zwischen den Parteien gar kein Vertrag abgeschlossen, und muß die Restitution ohne alle Rücksicht auf die im Vertrage gewesenen Stipulationen, insbesondere auch auf den Erfüllungsort des Vertrages erfolgen.

b) Hat der empfangende Kaufmann die beanstandete Waare zur einstweiligen Aufbewahrung in sein eigenes Lager oder Magazin aufgenommen, so hat er für den

Fall der Aufhebung des Vertrages nicht nöthig, die Waare unentgeltlich bei sich aufzubewahren, und ist auch berechtigt, den für die An- und Aufnahme gezahlten Arbeitslohn ersetzt zu verlangen.

c) Unter Kaufleuten ist auch anzunehmen, daß durch die Versicherung der zur einstweiligen Aufbewahrung übernommenen Sache der Vortheil des Eigenthümers dergestalt befördert worden, daß dieser zum Ersatze der Assekuranz-Prämie für verpflichtet anzusehen.

§§ 343—345. Verjährung der Gewährleistung bei Cessionen. — Vergl. A. L. R. I. **11.** §§ 420—441., **17.** §§ 97. 98.

Rechtsgr. **130.** — IV. Senat. 6. Dezember 1870. (LXXX. 138.)

Die §§ 343—345 I. 5. des Allgem. Landrechts treffen auf den Gewährleistungsanspruch bei Cessionen nicht zu.

§§ 343—345. Verjährung der Ansprüche gegen denjenigen, welcher die Herstellung eines Baues übernommen hat, wegen mangelhafter Eigenschaften des Materials. -- Vergl. A. L. R. I. **11.** § 969.

Rechtsgr. **131.** — IV. Senat. 6. Juli 1871. (LXXXII. 248.)

Die §§ 343. 345. I. 5. des Allg. Landrechts beziehen sich auf den Fall der Uebertragung des Eigenthums einer Sache und betreffen die natürlichen Fehler der Sache oder (§ 344.) die äußeren Eigenschaften, Befugnisse oder Lasten derselben, sie können aber keine Anwendung finden, wenn Jemand die Herstellung eines Baues übernimmt. Denn in einem derartigen Falle liegt ein Vertrag über Handlungen vor, und der Umstand, daß dabei der Uebernehmer auch die Lieferung von Material übernimmt, und demnächst der Bau in das Eigenthum des Bauherrn übergeht, rechtfertigt die Anwendbarkeit gedachter Paragraphen nicht.

§§ 349. ff.

A. Aufhebung der Verträge wegen Betruges. Zum Begriff der Arglist.

Rechtsgr. **132**. — IV. Senat. 15. Dezember 1868. (LXXIII. 170.)

Derjenige, welcher sich dessen bewußt ist, daß er das Recht zu einem ihm zuständig gewesenen Anspruch verloren habe, handelt arglistig, wenn er dennoch den durch die ihm entgegenstehende Einrede beseitigten Anspruch weiter verfolgt.

§§ **349—351. 359**. Haftung des Machtgebers für den Betrug des Stellvertreters. — Vergl. A. L. R. I. **13** §§ 85. 153.

Rechtsgr. **133**. — IV. Senat. 9. Januar 1872. (LXXXIII. 268.)

Der Vertretene, Machtgeber, muß, wenn sich der Stellvertreter bei dem Abschlusse des Vertrages einen Betrug zu Schulden kommen läßt, die rechtlichen Folgen davon tragen; es ist auch in dieser Beziehung das Verhalten des Bevollmächtigten als das des Machtgebers anzusehen.

§ **349**. Nichterlöschen der Hypothekenrechte durch Konfusion. — Vergl. A. L. R. I. 16.; Anhang § 52. zu § 484.; Konkurs-Ordnung vom 8. Mai 1855 § 392.

Rechtsgr. **134**. — III. Senat. 17. November 1871. (LXXXIII. 133.)

Das Erlöschen einer Hypothekenforderung durch Konfusion bleibt nicht nur im Falle des Erlasses, sondern auch alsdann ausgeschlossen, wenn durch etwaige dem Erlasse analoge Vorgänge, z. B. durch die Wiederaufhebung des Kaufgeschäfts und Rückgewährung des Kaufobjekts, die Kaufgelderforderung im Verhältnisse der Kontrahenten zu einander hinterher wieder in Wegfall gekommen ist.

§ **364**.

B. Wegen Unmöglichkeit der Erfüllung. Verzug des Käufers oder Verkäufers beim Handelskauf; Untergang der verkauften Sache. — Vergl. Allgem. Deutsches Handelsgesetzbuch Art. 354—357.

Rechtsgr. **135**. — IV. Senat. 4. Februar 1869. (LXXIII. 311.)

a) Die Bestimmung des § 364. I. 5. des Allgem. Landrechts, welcher vorschreibt:

daß, wenn die Unmöglichkeit, den geschlossenen Vertrag zu erfüllen, durch einen Zufall oder durch unabwendbare Gewalt und Uebermacht entstehe, der Vertrag für aufgehoben angesehen werde,

findet auch bei den im Handelsverkehr abgeschlossenen Kaufverträgen Anwendung.

b) Im Handelsverkehr kann ein durch Untergang des Kaufobjekts herbeigeführte Unmöglichkeit der Erfüllung nur da anerkannt werden, wo der Inhalt des Kontrakts außer Zweifel stellt, daß nach der Absicht der Parteien in der That eine spezielle Sache den Gegenstand des Kaufes hat bilden sollen.

§ 364. Genus und Spezieskauf im Handelsverkehr; Unmöglichkeit der Erfüllung eines Kaufvertrages wegen Untergang des Kaufobjekts. — Vergl. Allgem. Deutsches Handelsgesetzbuch Art. 335. 354—357.

Rechtsgr. **126**. — IV. Senat. 26. Oktober 1869. (LXXVI. 253.)

Eine durch den Untergang des Kaufobjekts oder in sonstiger Weise herbeigeführte Unmöglichkeit der Erfüllung eines Kaufvertrages kann nur da anerkannt werden, wo der Inhalt des Kontraktes es außer Zweifel stellt, daß nach der Absicht der Parteien in der That eine spezielle Sache (species) den Gegenstand des Kaufes hat bilden sollen.

Daß dies klar aus dem Vertrage hervortrete, ist um so nothwendiger, als, der Regel nach, kaufmännische Kaufkontrakte auf ein in mittlerer Art und Güte zu gewährendes genus gerichtet sind.

§ 364. Aufhebung eines Vertrages wegen Unmöglichkeit der Erfüllung; Zufall.

Rechtsgr. **127**. — I. Senat. 19. September 1873. (LXXXIX. 263.)

Soweit es sich um die Erfüllung von Verträgen handelt, ist jedes Ereigniß, welches unabhängig von dem Willen der Kontrahenten eintritt, ein Zufall. Es begründet keinen Unterschied, ob dies Ereigniß die Folge einer Naturgewalt oder eines Aktes der Gesetzgebung ist.

§ 369. Anwendung des § 369 I. 5. des Allg. Landrechts auf Altentheilsverträge.

Rechtsgr. **138.** — II. Senat. 27. März 1873. (LXXXVIII. 337.)

Bei Anwendung des § 369. I. 5. des Allgem. Landrechts auf Ausgedingeverträge handelt es sich nicht um eine absolute Unmöglichkeit, sondern um eine für den Berechtigten entstandene und nur von diesem geltend zu machende.

§§ 369. ff. Rechte auf fremde Sachen; anderweite Erfüllungsart bei Untergang der Sache: Altentheilswohnung. — Vergl. A. L. R. I. **19.** §§ 17. ff.

Rechtsgr. **139.** — II. Senat. 10. Dezember 1872. (LXXXVII. 183.)

Ist das Auszugsgebäude gänzlich untergegangen, so ist der Auszügler nicht ohne Weiteres berechtigt, zu verlangen, daß ihm das neue Auszugsgebäude gerade auf derselben Stelle erbaut werde.

§§ 385. ff.

C. Durch wechselseitige Einwilligung. Nichtanwendbarkeit der §§ 385. bis 387. I. 5. des Allgem. Landrechts.

Rechtsgr. **140.** — III. Senat. 11. Dezember 1871. (LXXXIII. 203.)

Die §§ 385—387. I. 5. des Allgem. Landrechts, — betreffend die Aufhebung der Verträge durch wechselseitige Einwilligung, finden keine Anwendung, wenn auch nur ein Kontrahent nur zum Theil erfüllt hat.

§§ 393. ff.

D. Rücktritt vom Vertrage wegen Nichterfüllung des Andern. — Vergl. A. L. R. I. **11.** § 230.

Rechtsgr. **141.** — III. Senat. 19. Januar 1874. (XC. 367.)

Das Recht des Verkäufers, gemäß § 230. I. 11. des Allgem. Landrechts die Uebergabe der Sache zu verweigern und vom Vertrage zurückzutreten, wenn Käufer das bei der Uebergabe baar zu zahlende Kaufgeld nicht zahlt, besteht nicht dann, wenn Käufer bereits vor dem Eintreten der Uebergabefrist einen Theil des Kaufgeldes an ihn gezahlt hatte.

§§ **393. 394.** Anspruch des Ausgedingers auf nachträgliche Gewährung der nicht gewährten Naturalleistungen. — Vergl. A. L. R. I. **11.** § 602.

Rechtsgr. **142.** — II. Senat. 18. April 1871. (LXXXII. 20.)

Sind die dem Ausgedinger ausgesetzten Naturalleistungen demselben nicht gewährt worden, so ist er berechtigt, nachträgliche Erfüllung oder den Ersatz des Werthes zu verlangen.

§ **408.** Rücktritt von Verträgen über Handlungen.

Rechtsgr. **143.** — IV. Senat. 16. Mai 1871. (LXXXII. 126.)

Im § 408. I. 5. des Allgem. Landrechts trifft das Rücktrittsprinzip auch bei solchen Handlungen zu, die nur eine einzige Leistung zum Gegenstande haben.

§ **408.** Verträge über Handlungen.

Rechtsgr. **144.** — III. Senat. 5. September 1870. (LXXVIII. 353.)

Ein Vertrag auf Erwerb eines zur Subhastation stehenden Grundstückes für gemeinschaftliche Rechnung, oder auf theilweisen Verkauf des erstandenen Grundstückes an den Andern hat nicht Handlungen zum Hauptgegenstande.

§§ **408. 409.** Verträge über Handlungen; Entschädigungsanspruch beim Vertragsbruch.

Rechtsgr. **145.** — IV. Senat. 3. April 1873. (LXXXIX. 22.)

Auch bei Verträgen über Handlungen ist bei Feststellung des Schadens und Berechnung des Interesse für den Fall des Vertragsbruches in erster Reihe als Faktor die

Höhe der stipulirten und nicht gewährten Gegenleistung anzunehmen.

§ 424. Von Korrealverträgen. Schuldschein von mehreren Personen ausgestellt und Zahlung der Valuta an einen der Aussteller.

Rechtsgr. 146. — IV. Senat. 17. Januar 1871. (LXXX. 233.)

Ein von mehreren Personen ausgestellter Schuldschein begründet aus der Schrift eine Solidarverbindlichkeit der sämmtlichen Aussteller für das verschriebene Darlehn auch in dem Falle, wenn die Valuta desselben nicht an sie gemeinschaftlich, sondern an Einen oder Einige von ihnen ohne Zuziehung der Uebrigen gezahlt ist.

§§ 424. ff. Solidarverbindlichkeit und Entstehung derselben aus denselben oder verschiedenen Rechtsgründen.

Rechtsgr. 147. — IV. Senat. 10. Februar 1870. (LXXVIII. 15.)

Solidarisch verhaftet sind mehrere Personen, wenn jede derselben dem Gläubiger für das Ganze (in solidum) zu haften hat, mit der Maaßgabe, daß, was der eine Schuldner zur Erfüllung der Verbindlichkeit geleistet hat, dem andern als Schuldbefreiung zu Statten kommt.

Eine Solidarverbindlichkeit ist demnach vorhanden, wenn mehrere Personen einem Dritten aus einem und demselben Rechtsgrunde verhaftet sind; sie kann aber auch dann vorhanden sein, wenn die mehreren Personen nicht aus einem und demselben Rechtsgrunde verpflichtet sind.

§§ 424. 450. Aktivlegitimation bei mehreren Berechtigten. — Vergl. A. L. R. I. 13. §§ 65. 210. 211., 17. §§ 2. 4.

Rechtsgr. 148. — III. Senat. 10. Januar 1873. (LXXXVII. 301.)

a) Zur Verfolgung der aus Korrealverträgen, aus gemeinschaftlichem Eigenthume überhaupt und aus gemeinschaftlichem Erbrechte insbesondere entspringenden gemeinschaftlichen Rechte sind nur die mehreren Berechtigten zusammen aktiv legitimirt.

b) Eine Ausnahme von der obigen Regel über die Aktivlegitimation kann aber jedenfalls nicht schon dadurch begründet werden, daß Einer oder Einige von den Mitberechtigten gegen den angeblichen Verpflichteten auf die Erfüllung seiner behaupteten Verpflichtung an die sämmtlichen Berechtigten klagen.

§ 430. Nichtsolidarische Verpflichtung unter den Erbtheilenden gegen einander bei der Auseinandersetzung des Ehegatten und der Kinder über das gütergemeinschaftliche Vermögen und den Nachlaß des verstorbenen Ehegatten; Ausgleichung neuer Nachlaßpassiva nach erfolgter Erbtheilung und Klage gegen Einen der Erbinteressenten. — Vergl. A. L. R. I. **16**. §§ 417. 418. 426. ff. 436 ff., **17**. §§ 114. 128. 147. ff.

Rechtsgr. **149**. — III. Senat. 17. Dezember 1869. (**LXXVI**. 336.)

a) Die Auseinandersetzung des Ehegatten und der Kinder über das gemeinschaftliche Vermögen und den Nachlaß des verstorbenen Ehegatten begründet keine solidarische Verpflichtung der Theilenden unter einander.

b) Kommen nach der Erbtheilung noch neue Passiva zur Sprache, so kann die Art der Ausgleichung nur in Folge einer nachträglichen Entscheidung oder Regulirung im Theilungsverfahren festgestellt werden, und zwar nicht blos gegen einen Mittheilnehmer allein.

§ 435. Servituten bei Theilung der dienenden Sache. — Vergl. A. L. R. I. **17**. § 106., **22**. § 43.

Rechtsgr. **150**. — II. Senat. 31. Januar 1871. (**LXXX**. 285.)

Die Theilung der dienenden Sache theilt die Servitut nicht. Es kann der Servitutberechtigte, auch wenn die dienende Sache in Natur getheilt worden, an jeden Theil für das Ganze sich halten, im Falle nicht durch die Beschaffenheit der Servitut mit Rücksicht auf das Objekt ein besonderer Theil der Sache als eigentlich dienend sich darstellt.

§§ 450. 453. Gemeinschaftlicher Anspruch auf **Rechnungslegung** und Geltendmachung durch einen Einzelnen; **Kündigung** eines gemeinschaftlichen Kapitals durch einen der Mitberechtigten. — Vergl. A. L. R. I. **17**. §§ 4. 10. 151.

Rechtsgr. **151**. — III. Senat. 6. November 1868. (LXXIII. 35.)

a) In dem Falle, in welchem Mehreren das ihnen gemeinschaftliche Recht zusteht, von einem Dritten Rechnungslegung zu fordern, gehört es auch zu den Individualrechten des einzelnen Mitberechtigten: von dem Verpflichteten die Rechnungslegung an die Gesammtheit der Berechtigten zu verlangen.

b) Das Recht mehrerer Gläubiger, ein auf Kündigung stehendes Kapital zu kündigen, kann nicht von einzelnen Mitkontrahenten, sondern nur von allen gemeinschaftlich ausgeübt werden.

Titel 6. Von den Pflichten und Rechten, die aus unerlaubten Handlungen entstehen.

§§ 5. 6. Begründung der Klage auf Schadensersatz wegen nicht erfüllten Kaufvertrages Seitens des Verkäufers. — Vergl. Allg. Deutsches Handelsgesetzbuch Art. 283. 355.

Rechtsgr. **152**. — IV. Senat. 29. Juni 1869. (LXXIV. 351.)

Zur Begründung der Klage auf Schadensersatz wegen nicht erfüllten Kaufvertrages aus Art. 355. des Allgem. Deutschen Handelsgesetzbuchs braucht der Kläger (Käufer) nur nachzuweisen, daß er die zu liefernde Waare zu einem höheren als dem verabredeten Kaufpreise hätte verkaufen können, nicht aber, daß er keine Gelegenheit zum gleich billigen anderweiten Einkaufe gehabt habe.

§§ 6. 13. Bedeutung der im § 6. I. 6. des Allg. Landrechts erwähnten „Vortheile."

Rechtsgr. **153**. — I. Senat. 11. Dezember 1871. (LXXXIV. 152.)

Die im § 6. I. 6. des Allgem. Landrechts erwähnten

Vortheile, welche nach dem gewöhnlichen Laufe der Dinge und der Geschäfte des bürgerlichen Lebens vernünftigerweise erwartet werden konnten, haben keine andere Bedeutung, als der im § 13. ebenda bezeichnete Gewinn, welchen der Beschädigte durch den gewöhnlichen Gebrauch desjenigen, woran er gekränkt worden, erlangt haben würde, wenn die Kränkung nicht vorgefallen wäre; erstere stehen in demselben Kausalnexus zu dem beschädigten Gegenstande, wie letzterer, und es liegt nur eine Verschiedenheit im Ausdruck für eine und dieselbe Kategorie des entgangenen Gewinnes vor. Der § 6. enthält gegenüber dem § 13. eine Erweiterung der Begriffsbestimmung des entgangenen Gewinnes nur dadurch, daß noch diejenigen Vortheile dazu gerechnet werden, welche vermöge gewisser schon getroffener Anstalten und Vorkehrungen erwartet werden konnten, und nur diese Art von Vortheilen wird vom § 13. nicht betroffen.

§§ 10. ff. 36. 137. Haftung des Extrahenten eines hiernächst nicht für gerechtfertigt erachteten **Bau-Inhibitorii** für den entstandenen Schaden. — **Vergl.** A. L. R. Einl. § 94.

Rechtsgr. **154.** — I. Senat. 13. November 1868. (**LXXIII.** 86.)

Derjenige, welcher einen richterlichen Befehl auf Einstellung eines Baues veranlaßt hat, haftet, wenn das Inhibitorium für nicht gerechtfertigt erachtet worden, nicht unbedingt, sondern nur nach Maaßgabe des ihm zur Last fallenden bösen Vorsatzes oder schuldbaren Versehens.

§§ 10—17. Regreß der Partei gegen einen Zeugen, welcher sein Zeugniß ohne rechtlichen Grund verweigert hat. — **Vergl.** Strafgesetzbuch **§** 155.; A. G. O. I. **10.** **§§** 185—187., **III. 7. §** 23.

Rechtsgr. **155.** — I. Senat. 7. Dezember 1868. (**LXXIII.** 148.)

Mit der rechtlichen Verwerfung des Weigerungsgrundes eines Zeugen, ein Zeugniß abzulegen, ist noch nicht die civilrechtliche Verantwortlichkeit für die Folgen der unbegründeten Weigerung dargethan; es kommt vielmehr auf den Grad dieser Verantwortlichkeit im Sinne der §§ 10. bis 17. I. 6. des Allgem. Landrechts an.

§§ **15**—**21**. Prüfung der Gültigkeit der Protesturkunde; Regreßklage gegen den Notar wegen des bei Aufnahme des Wechselprotestes begangenen Versehens. — Vergl. A. L. R. II. **10**. §§ 80 ff.; Allgem. Deutsche Wechsel-Ordnung Art. 41. 54.

Rechtsgr. **156**. — I. Senat. 12. Juli 1869. (**LXXV**. 291.)

Der Wechselregreßpflichtige ist zur Prüfung der Gültigkeit des Protestes verpflichtet; löst er den Wechsel ein, und ist er des Regresses gegen seine Vormänner wegen Ungültigkeit der Protest-Urkunde verlustig, so kann er gegen den protestirenden Notar einen Schadensersatzanspruch nicht erheben.

§§ **18**. **19**. **26**. Vernachlässigung eines auf Schadensverhütung abzielenden Polizeigesetzes; unmittelbarer und mittelbarer Schaden.

Rechtsgr. **157**. — I. Senat. 15. Mai 1871. (**LXXXII**. 112.)

In den Fällen des § 6. I. 6. des Allg. Landrechts kommt es auf den Unterschied zwischen unmittelbarem und mittelbarem Schaden nicht weiter an, vielmehr wird alsdann jeder Schaden, welcher durch Beobachtung des Gesetzes hätte vermieden werden können, als unmittelbarer Schaden angesehen, so daß in einem solchen Falle stets die Vorschrift des § 18. I. 6. des Allg. Landrechts eintritt, der § 19. aber von der Anwendung ausgeschlossen bleibt.

§§ **18**. ff. **26**. Verhaftung der Stadtgemeinde wegen vernachlässigter Unterhaltung von Straßen, Brücken und Wegen; Beschädigung des Fiskus bei eintretender Schuld der fiskalischen Beamten; Haftung der Eisenbahngesellschaften für den Schaden, welcher durch die unterlassene Anlage und Erhaltung der zur öffentlichen Sicherheit erforderlichen Bauanlagen und Einrichtungen entstanden ist. — Vergl. A. L. R. II. **6**. § 82., **15**. §§ 138 ff.; Eisenbahngesetz vom 3. November 1838 §§ 14. 25. (Ges.-Samml. S. 510.)

Rechtsgr. 158. — I. Senat. 13. Dezember 1869. (LXXVII. 103.)

a) Plenarbeschluß vom 21. Juni 1847:
Wenn einer Stadtgemeinde die Unterhaltung einer Straße, Brücke oder eines Weges gesetzlich obliegt, kann wegen des durch die Vernachlässigung dieser Unterhaltung entstandenen Schadens der Beschädigte sich an die Stadt selbst halten und darf nicht an die Beamten, welche das Versehen begangen haben, verwiesen werden.

b) Derjenige, welcher den Fiscus beschädigt hat, ist nicht berechtigt, sich auf die eintretende Verschuldung des das Staatsvermögen verwaltenden Beamten zur Aufhebung seiner Entschädigungspflicht gegen den Fiskus zu berufen.

c) Die Eisenbahngesellschaften, welche die zur öffentlichen Sicherheit nothwendigen Bau-Anlagen und Einrichtungen anlegen und unterhalten müssen, müssen für den aus Unterlassung dieser Pflicht erwachsenen Schaden dem Beschädigten selbst aufkommen und dürfen diesen nicht an den Beamten verweisen, dem ein Versehen zur Last fällt.

§ 19. Haftung des Referenten für seinen Vortrag in öffentlicher Sitzung. — Vergl. A. L. R. II. 10. § 89.; Verordnungen vom 1. Juni 1833 §§ 42. 49. und 2. Januar 1849 § 32. (Ges.-Samml. von 1833 S. 37. und von 1849 S. 1.)

Rechtsgr. 159. — I. Senat. 16. April 1869. (LXXIV. 233.)

Hat in dem Audienztermine der Referent eine erhebliche Thatsache unerwähnt gelassen, so liegt es der Partei ob, sie in ihrem Vortrage zur Kenntniß des Gerichtshofes zu bringen, und findet daher ein Schadensanspruch an den Referenten nicht statt.

§ 25. Zulässigkeit des Gegenbeweises gegen die Vermuthung des § 25. I. 6. des Allgem. Landrechts.

Rechtsgr. 160. — I. Senat. 21. November 1870. (LXXX. 84.)

Die im § 25 I. 6. des Allgem. Landrechts angestellte Vermuthung ist keine umumstößliche und kann in jedem konkreten Fall durch einen zu führenden Gegenbeweis und die obwaltenden Umstände entkräftet werden.

§§ 25. 26. Schadensersatzanspruch des Armenverbandes gegen denjenigen, welcher die Anmeldung des später Verarmten unterlassen hat. — Vergl. Heimathsgesetz vom 31. Dezember 1842 § 11. (Ges.-Samml. für 1843 S. 5.)

Rechtsgr. 161. — I. Senat. 20. September 1869. (LXXVI. 121.)

Im § 11. des Heimathsgesetzes vom 31. Dezember 1842:

> Hat der Neuanziehende die im § 9. vorgeschriebene Meldung unterlassen, so kann er einen Wohnsitz im Sinne des Gesetzes vom heutigen Tage über die Verpflichtung zur Armenpflege (§ 1. No. 2.) nicht erwerben. Ist aber in einem solchen Falle durch den fortgesetzten Aufenthalt (§ 1. No. 3. des angeführten Gesetzes) eine Fürsorge der Gemeinde oder Gutsherrschaft für den Verarmten nothwendig geworden, so bleibt ihr der Anspruch auf Schadloshaltung gegen denjenigen, welcher nach § 9. für die Meldung zu sorgen verpflichtet war, nach den allgemeinen Rechtsgrundsätzen vorbehalten,

gehören zu den allgemeinen Gesetzen auch die §§ 25. 26. I. 6. des Allgem. Landrechts.

§ 26. Anspruch auf Schadloshaltung wegen vernachlässigter Anmeldung des Verarmten. — Vergl. Gesetz No. 2317. vom 31. Dezember 1842 §§ 8. 11. (Ges.-Samml. für 1843 S. 5.); Gesetz No. 2318. vom 31. Dezember 1842 § 1. No. 3. (Ges.-Samml. für 1843 S. 8.)

Rechtsgr. 162. — I. Senat. 25. März 1870. (LXXVIII. 128.)

Die Vernachlässigung der in den §§ 8. 11. des Gesetzes über die Aufnahme neu anziehender Personen vom 31. Dezember 1842 vorgeschriebenen Anmeldung begründet nur einen Anspruch auf Schadloshaltung für diejenige

Gemeinde oder Gutsherrschaft, welche bei fortgesetztem Aufenthalt des Verarmten nach § 1. No. 3. des Armenpflegegesetzes vom 31. Dezember 1842 für diesen eine Fürsorge hat übernehmen müssen.

Die Gutsherrschaft oder Gemeinde, welche durch eine erfolgte Anmeldung von der Verpflichtung zur Armenpflege etwa frei geworden wäre, kann aus dem Unterbleiben der Anmeldung einen Schadensersatzanspruch nicht herleiten.

§ 26. Bedeutung des § 26. I. 6. des Allgem. Landrechts.

Rechtsgr. **163.** — I. Senat. 28. Oktober 1870. (LXXXI. 34.)

Wenn eine Haftbarkeit für den Schaden aus § 26. I. 6. des Allgem. Landrechts angenommen werden soll, so muß ein Kausalnexus zwischen der Uebertretung der Polizei-Verordnung und dem erwachsenden Schaden vorhanden sein.

§§ 29. 30. Haftung mehrerer Beschädiger. — Vergl. A. L. R. I. 3. §§ 17. 18.

Rechtsgr. **164.** — I. Senat. 3. März 1873. (LXXXVIII. 229.)

Die §§ 29. 30. I. 6. des Allgem. Landrechts erfordern nur, daß es ein und derselbe Schade ist, welcher durch den Vorsatz oder das grobe Versehen Mehrer, welche bei der Zufügung mitwirken, herbeigeführt ist.

Ein gleichzeitiges oder ein vereinigtes Handeln der mehren Beschädiger ist nicht erfordert.

§§ 45. ff. Besitzstörungsklage gegen einen Bevollmächtigten; Besitzstörungsklage gegen den Besitzer des Grundstücks aus der Handlung seines Verwalters. — Vergl. A. L. R. I. 7. §§ 146—150.

Rechtsgr. **165.** — III. Senat. 20. Dezember 1869. (LXXVII. 133.)

a) Plenarbeschluß vom 2. April 1849:

Derjenige, welcher im Auftrag eines Dritten und für denselben eine besitzstörende Handlung unternommen hat, kann sich von der gegen seine Person angestellten Besitzstörungsklage durch den mit Beweis gehörig unterstützten Einwand befreien, daß ein solcher Auftrag zu Grunde gelegen habe.

b) Hat der Besitzer eines Grundstücks erst durch die Klage von der besitzstörenden Handlung seines Vertreters Kenntniß erhalten, so ist der Umstand, daß er demnächst keine Mißbilligung ausgesprochen und in der Klagebeantwortung zu seiner Vertheidigung gegen den in der Klage erhobenen Anspruch den fehlerfreien jüngsten Besitz des Klägers bestritten hat, nicht geeignet, die eigene persönliche Verantwortlichkeit zu begründen.

§ **54**. Verjährung der Klage auf Schadensersatz außerhalb des Falles eines Vertrages bei sich erneuernden Schäden; Wissenschaft von dem Dasein und dem Urheber einer außerkontraktlichen Schadenszufügung.

Rechtsgr. **166**. — III. Senat. 10. September 1869. (**LXXVI. 46.**)

a) Das Erforderniß des Plenarbeschlusses vom 20. März 1846:

„Die dreijährige Verjährung des Anspruchs auf Ersatz eines außerhalb des Falles eines Kontrakts erlittenen Schadens trifft auch in den Fällen das ganze Recht, wo der aus einer Handlung entstehende, dem Beschädigten bekannt gewordene Schaden so beschaffen ist, daß er, obwohl im wechselnden Umfange, sich auch in der Zukunft erneuert",

besteht in derartiger Beschaffenheit des entstandenen Schadens, daß die Erneuerung vorausgesehen werden kann und muß.

b) Die im § 54. I. 6. des Allgem. Landrechts erforderliche Wissenschaft von dem Dasein und dem Urheber eines Schadens ist keineswegs der Ueberzeugung von der Unmöglichkeit, daß sich die Sache anders verhalten könne, gleichzustellen. Namentlich in Bezug auf den Kausalzusammenhang zwischen den Umständen, welche als die Ursachen eines Schadens erscheinen, und den Thatsachen, welche den Schaden selbst nach Intensität, Umfang und Dauer kennzeichnen, muß die Wissenschaft auf Seiten des Beschädigten im Sinne des zitirten Gesetzes auch dann als vorhanden angesehen werden, wenn der Beschädigte Gewißheit zu haben glaubt, ohne gerade von der Unmöglichkeit eines Irrthums überzeugt zu sein.

§ 59. 26. 123. 124. Anwendbarkeit des § 59. I. **6**. des A. L. R. Vergl. Polizeiverordnung vom 15. Januar 1856.

Rechtsgr. **167**. — I. Senat. 17. November 1871. (**LXXXIII**. 138.)

Die Bestimmung des § 59. I. 6. des Allgem. Landrechts paßt auch auf den Fall, wo Jemand in seiner Wirthschaft eine Maschine gebrauchen läßt, von der er weiß, daß sie den damit Arbeitenden Schaden zufügen kann.

§ 79. Bedeutung des § 79. I. **6**. des Allgem. Landrechts; Vermögensbeschädigung und bloße Besitzentziehung.

Rechtsgr. **168**. — I. Senat. 21. März 1873. (**LXXXVIII**. 313.)

Der § 79. I. 6. des Allgem. Landrechts setzt den Nachweis eines Schadens am Vermögen voraus; die bloße Besitzentziehung bringt eine Schädigung oder Minderung des Vermögens noch nicht hervor.

§§ 79. 89. 90 Anwendbarkeit der §§ 89. und 90. I. **6**. des Allgem. Landrechts.

Rechtsgr. **169**. — II. Senat. 12. Dezember 1871. (**LXXXIII**. 206.)

Die §§ 89. und 90. I. 6. des Allgem. Landrechts können nur zur Anwendung kommen, wenn eine dauernde und nicht blos vorübergehende Beschädigung der Substanz des Grundstücks vorliegt.

§ 116. Schadensersatzforderung des Käufers für unterbliebene rechtzeitige Lieferung der Waare Seitens des Käufers. — **Vergl. A. L. R.**

I. 11. § 54.; Allgem. Deutsches Handelsgesetzbuch Art. 353. 357. 612. 713.

Rechtsgr. 170. — IV. Senat. 1. März 1870. (LXXVIII. 45.)

Hat der Verkäufer die Waare, welche einen Markt- oder Börsenpreis im Sinne des Art. 357. des Allgem. Deutschen Handelsgesetzbuches nicht hat, dem Käufer rechtzeitig zu liefern unterlassen, so ist letzterer als Schadensersatz die Differenz zwischen dem verabredeten Kaufpreise und dem Durchschnittspreise, zu welchem die Waare nach dem Gutachten von Sachverständigen verkäuflich gewesen wäre, zu fordern berechtigt.

Titel 7. Vom Gewahrsam und Besitz.

§§ 9. 10. 77. Dingliche Natur des Austorfungsrechtes nach erfolgter Uebergabe des Grundstücks.

Rechtsgr. 171. — III. Senat. 17. Juni 1872. (LXXXV. 257.)

Durch Einräumung und Ergreifung des Besitzes des Grundstückes zum Zwecke der Ausbeutung des darin befindlichen Torfs wird der vollständige Besitz des Austorfungsrechtes erworben.

§§ 11. 228. Besitz auf Grund zerschlagener Kaufsunterhandlungen als unredlicher.

Rechtsgr. 172. — III. Senat. 12. September 1870. (LXXVIII. 356.)

Ist auf Grund beabsichtigten aber nicht zu Stande gekommenen Verkaufes der Naturalbesitz der Sache eingeräumt, und hat der Besitzer die Sache genutzt, so hat er als unredlicher Besitzer vollständigen Besitz ausgeübt.

§§ 13. 14. Unrechtfertiger Besitzer.

Rechtsgr. 173. — III. Senat. 17. September 1869. (LXXV. 368.)

a) Eine Partei, welche auf die unbestrittene Thatsache einer getroffenen Vertragsbestimmung das Recht nicht richtig angewendet, irrt nicht in Thatsachen, sondern rechtlich.

b) Derjenige, welcher mit diesem Irrthum seinen Besitz schützen will, ist ein unrechtfertiger Besitzer.

§ 14. Unrechtfertiger Besitz bei Erklärung der Parteien, den mündlichen Parzellirungsvertrag später gerichtlich zu errichten. — Vergl. Gesetz vom 24. Mai 1853, betreffend Zerstückelung der Grundstücke § 3.

Rechtsgr. 174. — III. Senat. 9. Dezember 1872. (LXXXVII. 179.)

Mit dem beim Abschluß des mündlichen Parzellirungsvertrages von den Parteien erklärten Entschluß, den Vertrag später in gerichtlicher Form zu errichten, ist die Annahme eines Rechtsirrthums bezüglich der Wirkungen des mündlichen Abkommens und der zu dessen Erfüllung geschehenen Leistungen wohl vereinbar.

§ 15. Einflußlosigkeit der Kenntniß von einer bevorstehenden Dispositionsbeschränkung auf die Gültigkeit des Erwerbes.

Rechtsgr. 175. — IV. Senat. 5. Dezember 1872. (LXXXVII. 149.)

Die Kenntniß von einer bevorstehenden Dispositionsbeschränkung, wie sie in der Kenntniß von der erlassenen aber nicht behändigten Arrestverfügung liegen würde, hindert rechtlich den Erwerb nicht und ist nicht geeignet, mala fides, Zweifel an der Gültigkeit des Besitztitels, hervorzurufen.

§§ 26. 32. 34. 35. 45. Besitzstörung; Ausübung des Besitzes an öffentlichen Straßen durch das Publikum.

Rechtsgr. 176. — III. Senat. 28. März 1873. (LXXXVIII. 341.)

Eine Straße gehört zu derjenigen Art des Gemeindevermögens, dessen Gebrauch dem Publikum — Einwohnern und Fremden — freisteht. Bei Gegenständen dieser Art ist der öffentliche Gebrauch die Weise, wie sie genutzt werden, und mithin die Ausübung des Besitzes an ihnen, und zwar seitens der städtischen Korporation selbst, welche die Straßen der öffentlichen Benutzung wegen hat und unterhält.

§§ 43. ff. Hütungsgerechtigkeit; Besitzerwerb durch Gemeindehirten.

Rechtsgr. 177. — III. Senat. 3. Februar 1873. (LXXXVIII. 89.)

Es ist auch für das Preußische Recht anzunehmen, daß zum Erwerb eines Hütungsrechtes für eine Gemeinde durch Ausübung der Hütung von Seiten des Gemeindehirten es weder eines besonderen Auftrages, außer dem Gemeindehirtenamt, noch des Beweises der Wissenschaft von dieser Ausübung oder der ausdrücklichen Genehmigung Seitens der Gemeinde bedürfe.

§§ 50. 51. 1. 3. Besitzerwerb durch Handlungen, welche nicht alle Theile der Sache treffen.

Rechtsgr. 178. — II. Senat. 27. Februar 1873. (LXXXVIII. 191.)

a) Die Erlangung des Besitzes in objektiver Beziehung setzt nicht die objektive Bethätigung der Herrschaft nach ihrem ganzen möglichen Umfange voraus, sondern es reicht schon das Vermögen, jenes totale Machtverhältniß über die Sache jederzeit und in jeder Art beliebig zu reproduziren, aus; der Beweis kann daher auch durch einzelne Handlungen geführt werden, die weder alle Theile der Sache treffen, noch an sich die vollendete Omnipotenz der Herrschaft in sich fassen, aus denen sich aber doch die Fähigkeit des Handelnden ergiebt, über das Objekt ausschließlich zu verfügen.

b) Dies kann jedoch nur von solchen Handlungen gelten, mit denen das physische Vermögen, über die ganze Sache ausschließlich zu verfügen, verbunden ist, und durch welche die dauernde Möglichkeit herbeigeführt wird, jede Einwirkung einer dritten Person auf die Sache auszuschließen, und selbst auf sie einwirken zu können.

§§ 51. 59. 66. 70. Besitzübertragung an einer in Gewahrsam eines Dritten befindlichen Sache durch Willenserklärung. — Vergl. A. L. R. I. 4. § 94.

Rechtsgr. 179. — III. Senat. 7. Juni 1872. (LXXXV. 210.)

a) Hat der bisherige Besitzer den Besitz durch einen Dritten ausgeübt, in dessen Gewahrsam sich die Sache befand, so kann die Uebergabe auch dadurch bewirkt werden, daß der bisherige Besitzer erklärt, wie nach seinem Willen der Besitz auf den Erwerber übergehen solle, und dieser dann entweder die Sache vom Inhaber sich herausgeben läßt, oder der Inhaber durch ein neues Abkommen mit dem Erwerber sich von dem letzteren die fernere Belassung der Sache erbittet.

b) Für diese Abrede zwischen dem neuen Besitzer und dem Inhaber bedarf es nicht der Schriftform.

§§ 52. 81. 82. 113. 130. 146. 150. 154. Subjektiv persönliche Natur der Rechte aus Besitzhandlungen. — Vergl. A. G. O. I. **31.** §§ 1. 4.

Rechtsgr. 180. — III. Senat. 7. Januar 1874. (XC. 361.)

Das durch Ausübung von Besitzhandlungen erlangte Recht des Besitzes ist subjektiv persönlich und wird durch Uebertragung eines Grundstücks, zu dessen Vortheil es zeitweise ausgeübt worden, auf den neuen Besitzer des Grundstücks nicht mit übertragen.

§§ 58. 59. 61. Uebergabe vermietheter Häuser an den Käufer derselben. — Vergl. A. L. R. I. **10.** § 1.

Rechtsgr. 181. — III. Senat. 16. Januar 1871. (LXXX. 221.)

Bei dem Verkaufe vermietheter Häuser ist die Uebergabe durch Anweisung keineswegs die ausschließlich zulässige. Es ist die körperliche Uebergabe ebenso zulässig, wie die durch constitutum.

§§ 59. 61—64. Symbolische Uebergabe. — Vergl. A. L. R. I. **9.** § 3.

Rechtsgr. 182. — III. Senat. 20. Oktober 1873. (LXXXIX. 344.)

In dem bloßen Vorzeigen der verkauften Sache Seitens des Verkäufers, ohne daß der Käufer die Absicht zu erkennen giebt, den Besitz zu ergreifen, ist eine symbolische Uebergabe nicht enthalten.

§ 66. Uebergabe durch Anweisung an den Sequester.

Rechtsgr. 183. — III. Senat. 28. Mai 1869. (LXXIV. 337.)

Durch eine an den Sequester im Sinue des § 66. I. 7. des Allg. Landrechts erfolgte Anweisung kann die Uebergabe mit rechtlicher Wirkung vollzogen werden.

§ 66. Vertragsnatur der Uebergabe durch Anweisung.

Rechtsgr. 184. — III. Senat. 29. September 1871. (LXXXII. 349.)

Die Uebergabe durch Anweisung nach § 66. I. 7. des Allgem. Landrechts hat die Natur eines Vertrages, und ist zur Gültigkeit derselben bei einem Objekte von mehr als 50 Rthlrn. die Schriftform erforderlich.

§ 71. Wirkungslosigkeit des constitutum possessorium beim Mangel der thatsächlichen Herrschaft des Erklärenden über die Sache. — Vergl. A. L. R. I. 9. § 16., 10. § 1., 11. §§ 76. 77.

Rechtsgr. 185. — IV. Senat. 8. März 1870. (LXXVI. 368.)

Das constitutum possessorium hat nicht die Wirkung der Uebergabe des Besitzes, wenn demjenigen, welcher die Erklärung abgiebt, die volle thatsächliche Herrschaft über die Sache fehlt.

§§ 80. 86. 87. Besitzstörung am Besitz der Wassernutzung. — Vergl. A. L. R. II. 15. § 246.

Rechtsgr. 186. — III. Senat. 3. Juli 1871. (LXXXII. 235.)

Der Mitbesitz der Wassernutzung schließt nicht nothwendig den Besitz des Rechtes ein, von dem Mitbesitzer den permanenten Verschluß seiner Stau-Anlagen zu verlangen.

§§ 77. 78. 81. 86. Erwerb der Untersagungsrechte.

Rechtsgr. 187. — III. Senat. 19. Februar 1872. (LXXXIII. 315.)

a) Untersagungsrechte können rücksichtlich ihres Besitzerwerbes nicht unter den § 77. I. 7. des Allgem. Landrechts:

Rechte, welche mit dem Besitze einer Sache verbunden sind, werden mit der Sache zugleich übergeben, gestellt werden. Sie gehören vielmehr zu denjenigen Rechten, die — gegen fremde Sachen gerichtet — nach § 78. daselbst durch Ausübung in Besitz genommen werden.

b) Durch das ein negatives Recht absprechende Judikat gelangt der Obsiegende, wie durch eine Willenserklärung, in den Besitz des entgegenstehenden Untersagungsrechts.

§§ 81. 83—85. Fensterrecht als negatives Recht. — Vergl. A. L. R. I. 8. §§ 137. ff. 145.

Rechtsgr. **188.** — III. Senat. 4. April 1870. (LXXVIII. 153.)

a) Wer Fenster in einer unmittelbar an des Nachbars Grundstück stoßenden Wand anlegt, unternimmt in dieser Anlage nicht blos eine unmittelbar auf die Oeffnung gerichtete, sondern mittelbar auch die davon untrennbare Handlung, durch welche der Handelnde aus der Luft- und Lichtsäule über dem nachbarlichen Grundstück das Licht in seine betreffenden Räume hineinzieht.

b) Wer also den Besitz des Rechts erworben hat, in seinem Gebäude unmittelbar auf das Grundstück des Nachbars hinausgehende Fenster zu haben, hat damit gleichzeitig den Besitz des Rechts auf jene Lichteinziehung erlangt, und der Nachbar ist demzufolge verbunden, die letztere auch fernerhin zu dulden.

§ 81. Besitzerwerb negativer Rechte.

Rechtsgr. **189.** — III. Senat. 6. Dezember 1872. (LXXXVII. 159.)

Für den Besitzerwerb negativer Rechte verlangt das Gesetz nicht den direkten Beweis, daß der Andre von der Ausübung der bezüglichen Handlung Kenntniß gehabt;

vielmehr liegt es dem Richter ob, die behaupteten Thatsachen darauf hin zu prüfen, ob aus ihnen die Kenntniß des Andern zu entnehmen ist.

§§ **81**. **83**—**85**. Vor der ersten Besitzhandlung erklärtes Verbot.

Rechtsgr. **190**. — III. Senat. 11. Januar 1871. (**LXXX**. 210.)

Ein früheres, vor jeder Besitzhandlung erklärtes Verbot macht die fehlerfreie Besitzergreifung von vornherein unmöglich.

§§ **81**. **82**. **146**. Besitzstörungsklage des Miethers gegen den Hauseigenthümer. – Vergl. A. G. O. I. **31**. § 4.

Rechtsgr. **191**. — III. Senat. 18. Dezember 1871. (**LXXXIII**. 235.)

Das Possessorium des Miethers gegen den Hauseigenthümer kann nur auf Handlungen des letzteren gegründet werden, welche in den Rechtsbesitz des Miethers, wie er denselben als ein ihm für die Dauer seines Mitbenutzungsrechtes gebührendes Recht thatsächlich und fehlerfrei ausgeübt hat, unmittelbar eingreifen.

§ **82**. Erwerbung eines selbstständigen Rechts an einem öffentlichen Wege.

Rechtsgr. **192**. -- III. Senat. 11. Januar 1871. (**LXXX**. 204.)

Durch die Eigenschaft eines Weges als eines öffentlichen wird die rechtliche Möglichkeit nicht ausgeschlossen, daß Jemand, der sich des Weges ebenfalls bedient, ein selbstständiges Recht zu dessen fortdauernder Benutzung vermöge eines speziellen Titels erwerben, beziehungsweise, sofern er die Voraussetzungen des § 82. I. 7. des Allg. Landrechts nachzuweisen vermag, den Besitz eines solchen Rechts erlangen kann.

§ **82**. Besitzerwerb bei negativen Rechten.

Rechtsgr. **193**. — III. Senat. 10. Juli 1871. (**LXXXII**. 265.)

Oeffentlichkeit und allgemeine Benutzung eines Durchgangs ist ein Umstand, welcher das Vorhandensein der Meinung von einer zustehenden besondern Berechtigung ausschließt, falls letztere nicht aus andern Umständen besonders nachgewiesen wird.

§§ 86. 87. Erwerb einer Firma, welche dem Verkäufer nur bedingungsweise zustand. — Vergl. A. L. R. I. 11. § 264., 19. §§ 3. 5.; Allgem. Deutsches Handelsgesetzbuch Art. 22. 27.

Rechtsgr. **194.** — IV. Senat. 19. Oktober 1869. (LXXVI. 237.)

Der die bisherige Firma fortführende Uebernehmer einer Handlung ist, abgesehen von dem Falle eines ihm zur Last fallenden civilrechtlichen dolus, in dem Besitz der Firma zu schützen, wenn ihm deren Fortführung durch den bisherigen Geschäftsinhaber ausdrücklich bewilligt worden ist. Eine Prüfung der Befugniß des letztern zur Ertheilung dieser Erlaubniß liegt ihm nicht ob.

§§ 86. 127. Unterbrechung der Verjährung durch Erwerb eines Untersagungsrechts.

Rechtsgr. **195.** — II. Senat. 30. Oktober 1873. (LXXXIX. 345.)

Eine Unterbrechung der begonnenen Verjährung tritt ein, wenn und soweit derjenige, gegen welchen ein Recht erworben werden sollte, den Besitz eines demselben entgegenstehenden Untersagungsrechtes erworben hat.

§ 116. Possessorienprozeß; Störung im Grundstücksbesitz durch Abbruch von Gebäuden.

Rechtsgr. **196.** — III. Senat. 4. November 1872. (LXXXVI. 337.)

Derjenige, welcher im Besitze eines Grundstückes dadurch gestört ist, daß ein Andrer vitiös ein auf dem Grundstücke errichtetes Gebäude ganz oder zum Theil abgebrochen hat, kann im Possessorium auf Wiederherstellung des Gebäudes in seinem früheren Zustande klagen.

§ 137. Verpflichtung des Eigenthümers einer Sache, dem Inhaber derselben die Erhaltungskosten zu erstatten. — Vergl. A. L. R. I. **13.** §§ 234. 235. 268. 270.

Rechtsgr. **197.** — IV. Senat. 1. April 1869. (LXXIV. 168.)

Der Inhaber einer Sache kann ohne alle Rücksicht auf den Werth der von ihm dem Eigenthümer erhaltenen Sache die auf dieselben verwendeten Erhaltungskosten von dem Eigenthümer erstattet verlangen, insofern die Voraussetzungen der Geschäftsführung ohne Auftrag und der nützlichen Verwendung vorliegen.

§§ **146. 147. 150—153.** Gegenstand der Besitzstörungsklage, namentlich rücksichtlich der Wiederherstellung des bis zur Störung bestandenen Besitzstandes.

Rechtsgr. **198.** — III. Senat. 29. Januar 1869. (LXXIII. 281.)

Der durch das Possessorium zu gewährende Schutz beschränkt sich nicht auf das gegen den Störer zu erlassende Verbot seiner Beeinträchtigungen und auf die für gewisse Fälle angeordnete Sicherheitsbestellung; vielmehr geht die Besitzklage zugleich zunächst auf Wiederherstellung des bisherigen Besitzstandes, und zwar bei Besitzentsetzungen auf Wiedergabe der entnommenen Gewahrsam oder des entnommenen Besitzes, bei bloßen Störungen im Besitz auf Wiederherstellung des bis zur Störung bestandenen Besitzstandes, soweit derselbe durch die Besitzstörung beeinträchtigt worden ist.

§§ **146—148. 150. 151.** Besitzstörungsklage des Pächters gegen den Verpächter wegen einer besitzstörenden Handlung des Generalbevollmächtigten des Verpächters. — Vergl. A. L. R. I. **13.** §§ 20. 125.; A. G. O. I. **31.** § 3.

Rechtsgr. **199.** — III. Senat. 12. Januar 1870. (LXXVII. 169.)

Der Machtgeber ist auch dann als der Auktor der Besitzstörung anzusehen, wenn der wirkliche Störer als sein Generalbevollmächtigter ohne speziellen Auftrag und ohne spezielle Genehmigung gehandelt hat.

§§ 146. ff. Ableiten des Wassers in oder auf des Nachbars Grundstück in Umgehung des in den §§ 15. ff. des Vorfluth-Edikts vorgeschriebenen Verfahrens; Besitzstörungs- oder Negatorienklage deswegen. — Vergl. A. L. R. I. 8 § 102.; A. G. O. I. 31. §§ 1—3.; Edikt vom 15. November 1811 §§ 11—19. (Ges.-Samml. S. 352.)

Rechtsgr. 200. — III. Senat. 2. Dezember 1870. (LXXX. 117.)

Jedes mit Umgehung des in den §§ 15. ff. des Vorfluth-Edikts vom 15. November 1811 vorgeschriebenen Verfahrens bewerkstelligte eigenmächtige Ableiten des Wassers in oder auf des Nachbars Grundstück ist ein an sich unberechtigtes, und beruht darin ein unbefugter Eingriff in des Nachbars Besitzrechte.

Der Nachbar kann solchen Eingriff auch im petitorischen Verfahren mit der Negatorienklage abweisen.

§§ 146—150. Wiederherstellung des frühern Zustandes im Besitzstörungsproceß. Vergl. A. G. O. I. 31. § 16.

Rechtsgr. 201. — III. Senat. 11. Januar 1871. (LXXX. 207.)

Im Besitzstörungsprozeß ist der Antrag auf Wiederherstellung des früheren Zustandes auch dann statthaft, wenn nicht über Besitzentsetzung, sondern nur über Besitzstörung beschwert ist.

§§ 146—154. Besitzstörungsklage, insbesondere bei einem Inbegriff von Sachen. — Vergl. A. G. O. I. 31. §§ 1—4.

Rechtsgr. 202. — III. Senat. 31. März 1871. (LXXX. 363.)

a) Das possessorium summarissimum findet nicht Statt, wo die Feststellung des jüngsten Besitzes von der vorherigen Feststellung des Rechtes zum Besitze abhängig ist.

b) Im possessorischen Verfahren bezüglich eines Inbegriffs von Sachen ist es unzulässig, zuvor den unter den Parteien streitigen räumlichen oder quantitativen Umfang dieses Inbegriffs von einem rein petitorischen Standpunkte aus festzustellen, und lediglich auf der Grundlage des auf diesem Wege gewonnenen Resultates einen jüngsten Besitz zu konstatiren.

§§ 146—150. 154. Begriff der Besitzstörung; Absicht des Störenden; Besitzstörungsprozeß bei Neubauten; Feststellung der Grenzlinie dabei; Wiederherstellung des früheren Zustandes. — Vergl. A. L. R. I. 9. § 341.; A. G. O. I. 13. §§ 1. 3. 4. 16. 17.

Rechtsgr. **203.** — III. Senat. 27. März 1871. (LXXXI. 253.)

a) In jedem eigenmächtigen, unbefugten Eingriff in das Eigenthum eines Anderen durch Ausübung der darin liegenden Befugnisse liegt eine Besitzstörung im Sinne der §§ 146. 150. I. 7. des Allg. Landrechts.

Eine Handlung, welche sich äußerlich als Besitzstörung darstellt, muß auch ihrem Wesen nach als solche angesehen werden und den possessorischen Schutz begründen.

b) Der Richter ist an sich weder befugt, noch schuldig, zu erforschen, ob der Turbation, ihres äußerlich sich kundgebenden Charakters ungeachtet, die Absicht einer Entsetzung oder Besitzstörung nicht zum Grunde liegt. Nur wenn der Verklagte einwendet und durch besondere Umstände nachzuweisen sucht, daß die äußerlich als Turbation erscheinende Handlung ihrer Richtung und ihrem Wesen nach keine solche sei, dem Turbanten die Absicht gefehlt habe, den Besitz des Gegners sich anzueignen, einzuschränken, oder zu beunruhigen, hat der Richter diese Umstände zu prüfen.

c) Auch wegen Ueberschreitens der Grenze bei Neubauten ist das Possessorium und die Verurtheilung zur Wiederherstellung des frühern Besitzstandes an sich zulässig.

Soweit es dabei auf die Feststellung der Grenzlinie, des Umfanges des Besitzes, ankommt, ist diese im Possessorium keineswegs ausgeschlossen.

d) Eine Verurtheilung im Possessorienprocesse darf

nicht weiter als auf Wegschaffung der vorgenommenen Störung, auf Schutz in dem beunruhigten Besitz, oder Wiedereinräumung des entzogenen Besitzes, gehen.

§§ 146. 150. 151. Richterliche Prüfung der Absicht zu stören bei der Besitzstörungsklage.

Rechtsgr. **204.** — III. Senat. 4. Dezember 1871. (LXXXIII. 177.)

Der Richter hat von Amtswegen nicht zu erörtern, ob einer Handlung, die sich äußerlich als Turbation darstellt, die Absicht einer Besitzstörung nicht zu Grunde liege.

Wenn aber der Verklagte besondere Umstände beibringt, welcher der Handlung den Charakter der Turbation zu benehmen geeignet sind, dann hat der Richter diese Umstände zu prüfen und darnach zu entscheiden, ob eine Turbation wirklich vorliegt.

§§ 146—154. Besitzstörungsklage gegen Einen von mehreren Störenden.

Rechtsgr. **205.** — III. Senat. 4. Dezember 1871. (LXXXIII. 172.)

Die Thatsache, daß eine Störung von Mehreren ausgegangen, verpflichtet den Gestörten nicht, die Besitzstörungsklage gegen die Gesammtheit zu richten.

§§ 146—150. Passivlegitimation des mit einer besitzstörenden Handlung Beauftragten. — Vergl. A. G. O. I. **31.** §§ 1—4.

Rechtsgr. **206.** — III. Senat. 10. November 1871. (LXXXIII. 116.)

Weder aus den Vorschriften der §§ 146—150. I. 7. des Allg. Landrechts und der §§ 1—4. I. 31. der Allg. Gerichts-Ordnung, noch aus dem Plenarbeschlusse vom 2. April 1849 läßt sich der Satz ableiten, daß Jemand, welcher im Auftrage eines Anderen eine besitzstörende Handlung gegen Vergütung vorgenommen, oder derjenige, welcher sich bei Ausführung solchen Auftrages irgendwie betheiligt hat, als der Störer anzusehen und zu verklagen sei, weil er bei Ausführung der Handlung ein eigenes Interesse hat.

§§ 146. 150. Besitzstörung; Nichterforderlichkeit einer körperlichen Handlung.

Rechtsgr. 207. — III. Senat. 13. Januar 1873. (LXXXVII. 307.)

Eine körperliche Handlung ist nicht nothwendige Voraussetzung einer zur Besitzstörungsklage berechtigenden Turbation.

§§ 146—154. Possessorienklage während der Dauer des Petitorienprozesses; Unzulässigkeit des Einwandes der Unrechtmäßigkeit des Besitzes wegen Formlosigkeit des Parzellirungsvertrages für den Possessorienprozeß. — Vergl. A. G. O. I. 5. § 27., 31. § 1 18.

Rechtsgr. 208. — III. Senat. 24. März 1873. (LXXXVIII. 328.)

a) Es ist im preußischen Rechte nirgends vorgeschrieben, daß ein schwebender Petitorienprozeß über das Eigenthum einer Sache vor seiner Beendigung der Anstellung einer possessorischen Klage und die Verhandlung und Entscheidung darüber ausschließe, so lange in demselben noch nicht erkannt worden ist.

b) Die Frage über die Richtigkeit eines Parzellirungsvertrages mit seinen Konsequenzen für die Rechtmäßigkeit des Besitzes betrifft immer lediglich das Recht zum Besitze und kann daher im possessorischen Verfahren die Entscheidung nicht beeinflussen.

§§ 146—150. Besitzstörungsklage gegen eine Aktiengesellschaft; Haftung der Gesellschaft aus der besitzstörenden Handlung ihres Vorstandes. — Vergl. A. L. R. I. 13. §§ 142—144.; Allgem. Deutsches Handelsgesetzbuch Art. 227. 230.

Rechtsgr. 209. — III. Senat. 5. Dezember 1873. (LXXXIX. 371.)

Eine im Namen einer Gesellschaft Seitens des Gesammtvorstandes derselben vorgenommene besitzstörende Handlung gilt als Handlung der Gesellschaft und ist von derselben zu verantworten, ohne daß es dazu dem

Verletzten gegenüber eines Beschlusses der Gesellschaft bedarf.

§§ 146. 150. Besitzstörungsklage gegen den Machtgeber aus der Handlung des Bevollmächtigten. — Vergl. A. L. R. I. **6.** § 59., **11.** §§ 869 ff. 925., **13.** §§ 142. ff.

Rechtsgr. **210.** — III. Senat. 6. Oktober 1873. (**LXXXIX.** 317.)

Wenn nicht die Person des Besitzstörers, sondern ein Anderer auf Beseitigung der Störung und Untersagung derselben für die Zukunft in Anspruch genommen worden ist, weil er zu jenem in einem Verhältnisse steht, vermöge dessen ihm die besitzstörende Handlung zugerechnet werden kann; so hängt die Beurtheilung der von dem Verklagten erhobenen Einrede mangelnder Passivlegitimation davon ab, ob derjenige, welcher die besitzstörende Handlung ausgeführt, einen Auftrag zu derselben vom Verklagten gehabt hat oder sonst in einem Verhältnisse zu ihm steht, welches letzteren für seine Handlungen wie für seine eigenen verantwortlich macht, oder ob der Verklagte die in seinem Interesse vorgenommene Handlung hinterher genehmigt hat.

Liegt erweislich ein solches Verhältniß zwischen dem Verklagten und dem eigentlichen Besitzstörer und der turbirenden Handlung nicht vor, so greift die Einrede der mangelnden Passivlegitimation durch.

§ 146. Besitzstörung; exceptio vitiosae possessionis.

Rechtsgr. **211.** — III. Senat. 22. September 1873. (**LXXXIX.** 297.)

Ein Dritter, gegen welchen der Besitz nicht vi, clam vel precario ergriffen worden, kann dem Besitzer den Einwand der fehlerhaften Besitzergreifung nicht entgegensetzen.

§§ 146—150. Störung im Besitze eines Aushängeschildes durch Verdecken desselben.

Rechtsgr. 212. — III. Senat. 26. September 1873. (LXXXIX. 286.)

Wenn Jemand ein an einem Hause befindliches Aushängeschild derartig verdeckt, daß das Schild unsichtbar oder unlesbar, und damit den Zweck desselben — das Publikum mit dem Betriebe eines Gewerbes in jenem Hause bekannt zu machen — illusorisch gemacht wird, so liegt darin eine Störung des Schildinhabers in dem Besitze des Rechts, an der betreffenden Stelle das angebrachte Schild zu haben.

§§ 146. 148. Besitzklage; Unzulässigkeit des Einwandes der mangelnden Passivlegitimation Seitens des wegen Besitzentsetzung Verklagten.

Rechtsgr. 213. — III. Senat. 12. September 1873. (LXXXIX. 218.)

Der wegen Besitzentsetzung in possessorio summariissimo Verklagte kann sich der Klage mit der Einrede der mangelnden Passivlegitimation, weil er sich des Besitzes wieder entäußert oder denselben sonst verloren hat, nicht entziehen.

§§ 146—150. Expropriation; eigenmächtige Besitzergreifung des expropriirten Grundstücks. — Vergl. Gesetz über die Eisenbahn-Unternehmungen vom 3. November 1838 § 11. (Ges.-Samml. S. 505.)

Rechtsgr. 214. — III. Senat. 23. Mai 1873. (XC. 197.)

Auch nach der gerichtlichen Deposition des Expropriationspreises ist der expropriirenden Eisenbahngesellschaft eine eigenmächtige Besitzergreifung des expropriirten Grundstücks wider den Willen des bisherigen Eigenthümers nicht gestattet.

So lange der Expropriat Besitzer, stehen ihm auch die possessorischen Rechtsmittel zu.

§§ 146. 150. ff. Verstopfung des Wasserabflusses als Besitzstörung.

Rechtsgr. 215. — III. Senat. 15. September 1873. (XC. 218.)

a) Eine den Wasserabfluß hindernde Verstopfung, Seitens einer Person herbeigeführt, ist eine Besitzstörung.

b) Wer diese Handlung eines Dritten hinterher **ausdrücklich** genehmigt hat, ist einem Auftraggeber völlig gleich und als Störer des Besitzes zu achten.

§§ 146—150. 154. Besitzstörungsklage; Unzulässigkeit derselben gegen Verfügungen der zuständigen Polizeibehörde. — Vergl. A. G. O. I. **31**. §§ 1—4.; Gesetz über die Zulässigkeit des Rechtsweges in Beziehung auf polizeiliche Verfügungen vom 11. Mai 1842 §§ 1. 2. 4. 5. (Ges.-Samml. S. 191.)

Rechtsgr. **216**. — III. Senat. 8. Dezember 1873. (XC. 325.)

a) In allen Fällen, wo gegen polizeiliche Verfügungen an sich der Rechtsweg zulässig ist, kann die Beseitigung der angeordneten Maaßregeln niemals im Wege des possessorischen, sondern nur des petitorischen Prozesses gefordert werden.

a) Zur Ausschließung des Possessoriums bedarf es eines schriftlichen Polizei-Erlasses nicht, vielmehr entscheidet allein der Umstand, daß eine Anordnung überhaupt als Ausfluß der Polizeigewalt erlassen worden ist.

§§ 146. 150. 154. 6. 106. 107. Besitzstörung; Erheblichkeit des Besitztitels. — Vergl. A. L. R. I. **21**. §§ 230—233. 258.; A. G. O. I. **31**. §§ 1. ff.

Rechtsgr. **217**. — III. Senat. 16. Januar 1874. (XC. 364.)

Der Titel, auf Grund dessen Jemand besitzt, kommt je nach den Umständen nur mittelbar insofern in Betracht, als sich daraus ein Rückschluß auf den animus possidendi überhaupt, auf die Qualification des Besitzes, herleiten läßt.

§§ 146. 150. 154. Zulässigkeit der Besitzstörungsklage unter Mitbesitzern.

Rechtsgr. **218**. — III. Senat. 13. Oktober 1873. (LXXXIX. 338.)

Die Besitzstörungsklage eines Mitbesitzers gegen den andern ist unzulässig, wo es sich nur um die Grenzen der Befugnisse jedes einzelnen Mitbesitzers gegenüber denen des andern handelt. Die Frage, ob und inwiefern durch eine vorgenommene Handlung diese Grenzen überschritten worden sind, kann nur in einem petitorischen Verfahren zum Austrage gebracht werden.

§ 150. Besitzstörung im Miethsbesitze der Wohnung.

Rechtsgr. **219.** — III. Senat. 17. Januar 1873. (LXXXVII. 323.)

Der Miether ist in seinem Miethsbesitze nicht zur Ungebühr gestört, wenn der Eigenthümer nur in der Absicht gehandelt hat, einen gesundheitsgefährlichen Zustand zu beseitigen, und die Lage des Miethers selbst hinsichtlich der in dessen Miethsbesitz befindlichen Wohnung wesenlich zu verbessern, sollte er dabei auch objektiv über das absolut Nothwendige hinausgegriffen haben.

§ 150. Besitzstörungsklage des Expropriationsberechtigten. — Vergl. A. L. R. I. **11.** §§ 4—11., II. **15.** §§ 18. 19.; A. G. O. I. **31.** §§ 1—4.; Eisenbahngesetz vom 3. November 1838 §§ 8—11. 13. 19. (Ges.-Samml. S. 605.); Verfassungs-Urkunde vom 31. Januar 1850 Art. 9. (Ges.-Samml. S. 17.); Cirkular-Reskript des Handelsministers vom 25. Mai 1858.

Rechtsgr. **220.** — III. Senat. 19. November 1869. (LXXVII. 40.)

So lange dem Expropriationsberechtigten nicht durch die kompetente Verwaltungsbehörde das bestimmte Grundstück zur Abtretung, oder die Ueberlassung einzelner Bestandtheile, sowie die nur vorübergehende Benutzung eines Grundstückes angewiesen ist, steht dem Eigenthümer gegen den Expropriationsberechtigten wegen Eingriffes in sein Eigenthum die Besitzstörungsklage zu.

§§ 150. 151. 154. Denunziation und strafrechtliche Verurtheilung in ihrer Wirkung auf die Alteration des ruhigen Besitzes für die Possessorienklage. — Vergl. A. G. O. I. **31.** § 3.; Gesetz über das Verfahren in Wald-, Feld-, und Jagdfrevelsachen bei Civil-Einreden vom 31. Januar 1845 (Ges.-Samml. S. 95.).

Rechtsgr. **221.** — III. Senat. 22. April 1872. (LXXXV. 109.)

Wenn auch nicht jede Denunziation an sich genügt,

einen bisherigen Besitzstand des Denunziaten zu alteriren, so ist doch der Besitzer durch die darauf folgende strafrechtliche Verurtheilung rechtlich behindert, sich ferner in dem Besitze des prätendirten Rechtes zu behaupten, und nachfolgende einseitige Besitzhandlungen können in dem Verhältnisse derselben Personen zu einander den alterirten Besitzstand mit der für die Possessorienklage erforderlichen Qualification eines ruhigen nicht wiederherstellen.

§ 151. Strafandrohung und Festsetzung durch den Prozeßrichter bei wiederholten thatsächlichen Eingriffen in das Eigenthum. — Vergl. A. G. O. I. **24**. § 54.; Verordnung über die Exekution in Civilsachen vom 4. März 1834 § 10.

Rechtsgr. **222**. — II. Senat. 20. Februar 1873. (LXXXVIII. 159.)

Bei wiederholten thatsächlichen Eingriffen in das Eigenthum ist nicht nur die Negatorienklage begründet, sondern auch die Androhung und Festsetzung von Strafen gegen fernere Turbation durch den Prozeßrichter gerechtfertigt.

§ 154. Besitzstörung; Bedeutung des Wortes „neuerlich" im § 1. I. 31. der Allgem. Gerichts-Ordnung. — Vergl. A. G. O. I. **31**. § 1.

Rechtsgr. **223**. — III. Senat. 15. September 1873. (LXXXIX. 243.)

Die Possessorienklage ist nur wegen solcher Besitzstörungen und Entsetzungen zulässig, welche innerhalb einer der Bezeichnung „neuerlich" entsprechenden, in jedem einzelnen Falle nach den Umständen zu bestimmenden Zeitfrist, von Anstellung der Klage zurückgerechnet, vorgefallen sind.

§§ 155—160. Besitzstörung; freiere Stellung des Spruchrichters in den Fällen der §§ 155—160. I. 7. des Allgem. Landrechts. — Vergl. A. G. O. I. **31**. § 16.

Rechtsgr. **224**. — III. Senat. 27. Januar 1873. (LXXXVII. 363.)

Die Bestimmungen der §§ 155—160. I. 7. des Allg. Landrechts geben dem erkennenden Richter eine von den regelmäßigen Prozeßnormen abweichende eigenthümliche, freiere Stellung. Die Besitzklage ist in den vorausgesetzten Fällen ein judicium duplex, welches bezüglich der zu treffenden Entscheidung damit abschließt, daß die eine oder aber die andere Partei in dem Besitze belassen, oder endlich die streitige Sache in gerichtliche Verwahrung genommen wird. Der Richter soll sich nicht auf ein abweisendes Erkenntniß beschränken. Auch hier, wie in anderen Fällen, ist die Einleitung des Verfahrens von der Anbringung einer förmlichen Klage abhängig; aber bei Festsetzung des interimistischen Besitzstandes ist der Richter nicht an die Parteianträge gebunden.

§§ **161**. **162**. **175**. **176**. Ermächtigung zur Klage gegen den dritten Besitzer aus § 18. des Exekutionsgesetzes vom 20. März 1854. — Vergl. A. L. R. I. **15**. § 2.; Gesetz vom 20. März 1854, betreffend einige Abänderungen der Vorschriften über die Exekution in Civilsachen § 18. (Ges.-Samml. S. 115).

Rechtsgr. **225**. — III. Senat. 14. April 1871. (**LXXXI. 274.**)

a) Wenn der Gläubiger in Folge des § 18. des Gesetzes vom 20. März 1854 ermächtigt ist, von dem dritten Besitzer die Auslieferung gewisser, seinem Schuldner gehörigen Sachen zu verlangen, so kann er in der Klage die ihm ertheilte Ermächtigung nicht willkürlich überschreiten.

b) Der Gläubiger hat in einem solchen Falle nicht nothwendig, den Nachweis des Eigenthums seines Schuldners zu führen; er kann sich auch der der Römischrechtlichen actio Publiciana verwandten dinglichen Klage aus dem Rechte zum Besitze bedienen.

§ **163**. Formelles und materielles Recht.

Rechtsgr. **226**. — III. Senat. 30. Juni 1871. (**LXXXIII. 78.**)

a) Man kann sich nicht auf formelles Recht stützen, wenn man weiß, daß die materielle Berechtigung fehlt.

b) Das Recht, in den Besitz einer Sache zu kommen, also das Recht zum Besitze, ist, wenngleich es kein Titel zu einem dinglichen Rechte ist, ein wirkliches Vermögensrecht.

§ 175. Vindikationsklage gegen Einen von mehren Mitbesitzern; Passivlegimation. — **Vergl. A. L. R. I. 15. § 1.**

Rechtsgr. 227. — **III. Senat.** 20. November 1871. (**LXXXVI.** 17.)

Der Eigenthümer kann die Vindikationsklage auch gegen Einen von mehrern Mitbesitzern anstellen, ohne daß ihm deßhalb der Einwand der mangelnden Passivlegitimation entgegengesetzt werden könnte.

§ 179. Bedeutung des § 179. I. 7. des Allgem. Landrechts.

Rechtsgr. 228. — **II. Senat.** 2. Mai 1871. (**LXXXI.** 357.)

Die Vermuthung des § 179. I. 7. des Allgem. Landrechts:

Jeder Besitzer, hat in der Regel die Vermuthung der Rechtmäßigkeit und Redlichkeit seines Besitzes für sich,

hat für sich jeder, d. h. der gegenwärtige, Besitzer, nicht etwa auch ein früherer Besitzer, der mit Eigenthumsansprüchen gegen den gegenwärtigen Besitzer auftritt.

§§ 180—182. Erfordernisse der Negatorienklage. — **Vergl. A. L. R. I. 19. § 14.; A. G. O. I. 31. § 2.**

Rechtsgr. 229. — **II. Senat.** 27. Februar 1872. (**LXXXIV.** 244.)

Zur Negatorienklage genügt allerdings ein einmaliger Eingriff, aber nicht jede vorübergehende Behelligung; die störende Handlung muß eine stetige Wiederkehr voraussetzen lassen, es muß eine dauernde Ursache vorhanden sein.

§§ 222. 241. Werthverminderung der Werthpapiere durch Kursschwankungen als Zufall. — **Vergl. Dig. 5. 3. Lex 18. § 2., Lex 25. §§ 2. 8., Lex 40. §§ 2. 54.**

Rechtsgr. 220. — V. Senat. 18. Januar 1870. (LXXIX. 3.)

Die durch Kursschwankungen eingetretene Werthverminderung von Werthpapieren ist als ein Zufall zu betrachten, für welchen der bis dahin gutgläubige und nur durch die Wirkung der Klage civiliter dem malae fidei possessor gleichgestellte Verklagte (Erbschaftsbesitzer) nicht einzustehen hat.

§ 244. Ersatzpflicht des unredlichen Besitzers.

Rechtsgr. 221. — IV. Senat. 3. November 1870. (LXXIX. 332.)

Für die Ersatzpflicht des unredlichen Besitzers bedarf es überall nicht des Nachweises eines vertretbaren Versehens.

§§ 245—250. Unvollständiger Besitz.

Rechtsgr. 222. — II. Senat. 26. Oktober 1871. (LXXXIV. 121.)

Die von dem unvollständigen Besitze handelnden §§ 245—250. I. 7. des Allg. Landrechts betreffen lediglich die Fälle, wo außer dem Eigenthümer und dem unvollständigen Besitzer noch ein vollständiger, von welchem letzterer sein Recht herleitet, vorhanden ist, und ergeben keinen Anhalt für den Fall, in welchem kein von dem Eigenthümer getrennter vollständiger Besitzer vorhanden ist.

Titel 8. Vom Eigenthum.

§ 3. Erwerb des Besitzes einer Anlage an einem öffentlichen Wege.

Rechtsgr. 223. — III. Senat. 24. April 1871. (LXXXI. 331.)

Die Eigenschaft eines Weges als eines öffentlichen oder gemeinen Weges schließt die Möglichkeit nicht aus, daß Jemand daran den Besitz einer Anlage erwerben kann, wenn die Gemeinde oder die zuständige Behörde ihm dies ausdrücklich oder stillschweigend gestattet.

§§ 3. 4. Privateigenthum am Wegekörper bei öffentlichen Wegen.

Rechtsgr. 234. — II. Senat. 19. September 1872. (LXXXVI. 193.)

Die Qualität eines Weges als eines öffentlichen schließt nicht aus, daß der Wegekörper im Privat=Eigenthume steht.

§§ 26. 102. Entschädigungspflicht des Eigenthümers, der durch eine Anlage auf seinem Grundstücke das Grundstück des Andern beschädigt.

Rechtsgr. 235. — II. Senat. 19. Mai 1870. (LXXVII. 347.)

Das Verbot des § 26. I. 8. des Allgem. Landrechts ist nicht auf die Kränkung solcher Rechte zu beschränken, welche speziell dem einen Eigenthümer für sein Grundstück gegen das des Andern zustehen, sondern es ist durch dasselbe auch ein solcher Gebrauch des Eigenthums, wodurch in den Rechtskreis eines andern Eigenthümers eingegriffen wird, untersagt, und es können daher auch unter Umständen Anlagen, durch welche der Ablauf des Wassers verändert wird, unter den Begriff dessen fallen, was der Eigenthümer nach dem § 26. a. a. O. nicht vornehmen darf; zur Annahme eines solchen Falles aber reicht nicht schon aus, daß eine vorgenommene Anlage eine Beschädigung des Nachbargrundstückes zur Folge hat, sondern es bedarf dazu des Nachweises, daß die Art und Weise, in welcher die Anlage stattgehabt hat, und der Wasser=Abfluß in Folge derselben verändert oder vergrößert worden ist, eine solche gewesen, daß durch dieselbe ein Eingriff in den Rechtskreis des Andern als vorliegend anzunehmen ist.

§ 26. Unerlaubter Gebrauch des Eigenthums, wohlerworbene Rechte eines Andern, Eingriff in den Rechtskreis eines Andern.

Rechtsgr. 236. — II. Senat. 24. März 1870. (LXXVIII 125.)

Unter den „wohlerworbenen Rechten eines Andern“ im § 26. I. 8. des Allg. Landrechts, welche der Eigenthümer durch den Gebrauch seines Eigenthums nicht kränken darf, sind nicht nur spezielle, sondern auch diejenigen Rechte, welche aus dem Eigenthum dieses Andern

fließen, zu verstehen, und ist darnach auch der Gebrauch des Eigenthums nicht ein erlaubter, durch welchen in den Rechtskreis eines Andern eingegriffen wird.

§§ 26—28. Beschädigung eines Weges durch Anlegung eines Steinbruchs; Klage auf Entschädigung. — Vergl. A. L. R. Einl. §§ 88. 94. I. 6. §§ 10. ff. 18. 36.

Rechtsgr. 237. — II. Senat. 16. September 1873. (LXXXIX. 246.)

Wenn Jemand Ersatz desjenigen Schadens beansprucht, der ihm durch die Art, wie ein Anderer sein Eigenthum benutzt, erwachsen ist, so hat er den Nachweis zu führen, daß der Andere bei Ausübung seines Rechtes die gesetzlichen Schranken überschritten habe, oder ihm mindestens ein vertretbares Versehen zur Last falle.

§§ 78—82. Entschädigungsanspruch bei Einschränkung des Eigenthums durch polizeiliche Vorschriften; Unzulässigkeit einer generellen Anordnung der Polizeibehörde, daß die Grundstücksbesitzer nicht befugt sein sollen, ihre Grundstücke mit Scheidungen zu versehen. — Vergl. Gesetz vom 11. Mai 1842 über die Zulässigkeit des Rechtsweges in Beziehung auf polizeiliche Verfügungen § 4.

Rechtsgr. 238. — II. Senat. 9. April 1872. (LXXXVI. 81.)

a) Auf Grund des § 82. I. 8. des Allg. Landrechts: Nähere Bestimmungen über die §§ 78—81. berührten Gegenstände bleiben den Polizeigesetzen eines jeden Ortes vorbehalten,

kann die Polizeibehörde andre, nicht in diesen gesetzlichen Kreis eingeschlossene Gegenstände, deren Einrichtung nach den Gesetzen erlaubt ist, nicht verbieten.

b) Insbesondere kann die Polizeibehörde, — wofern nicht etwa Straßen und öffentliche Plätze in einem konkreten Falle diejenigen Nachtheile hervorrufen, welche der § 78. a. a. O. zur Voraussetzung hat — eine generelle Verordnung nicht treffen, daß die Grundbesitzer nicht befugt sein sollen, ihre Grundstücke mit Scheidungen zu versehen.

c) Erläßt die Polizeibehörde dergleichen allgemeine Verordnungen dennoch, so entsteht zwar dadurch allein für den Eigenthümer ein Anspruch auf Entschädigung nicht. Erläßt sie aber, wenn auch auf Grund einer solchen allgemeinen Verordnung, gegen einen einzelnen Grundbesitzer eine denselben widerrechtlich einschränkende Verfügung, so berechtigt solche den Eigenthümer zum Anspruch auf Schadloshaltung.

§§ 78—82. Begriff von Bürgersteig. — Vergl. Baupolizei-Ordnung für die Stadt Berlin vom 21. April 1853 §§ 13. 14. 17. 18. 53. 100. (Amtsblatt für Berlin und Potsdam 1853 Beilage zu No. 19.)

Rechtsgr. **239.** — II. Senat. 21. Dezember 1869. (LXXVII. 142.)

Unter Bürgersteig ist ein Raum oder Stein zu verstehen, welcher sich zwischen der Straße und solchen Grundstücken befindet, welche mit Gebäuden besetzt sind, oder ihrer Beschaffenheit nach mit Gebäuden besetzt werden dürfen oder können.

§ 99. Begriff eines Privatflusses. — Vergl. Gesetz vom 28. Februar 1843 § 1. 13. No. 1. (Ges.-Samml. S. 41.)

a) Rechtsgr. **240.** — II. Senat. 20. Dezember 1870. (LXXX. 198.)

Nur ein durch die Natur hervorgebrachter fortwährender Wasserlauf kann ein Privatfluß sein.

b) Rechtsgr. **241.** — II. Senat. 24. November 1868. (LXXIII. 137.)

Unter Privatflüssen in dem § 99. I. 8. des Allgem. Landrechts und § 1. des Gesetzes vom 28. Februar 1843 sind Regenwasserläufe, welche durch das herabfallende Regenwasser entstehen und durch dieses gebildet werden, nicht zu verstehen, auch wenn dieselben mit Ufern versehen und zu einem bestimmten, in fester Richtung stattfindenden Abfluß des Regenwassers dienen.

§ 100. Bedeutung von „Gräben und Kanäle“ im § 100. I. 8. des Allgem. Landrechts.

Rechtsgr. 242. — II. Senat. 10. Oktober 1872. (LXXXVI. 234.)

Unter den im § 100. I. 8. des Allgem. Landrechts gedachten „Gräben und Kanälen" sind überhaupt künstliche Wasserabzüge, insbesondere Abzugsgräben zu verstehen.

§§ 118. 119. Miteigenthum der Nachbarn an einem Rain. — Vergl. A. L. R. I. 17. § 365.

Rechtsgr. 243. — II. Senat. 13. Januar 1870. (LXXVII. 171.)

Die bestandene faktische Breite eines Rains ist für das Miteigenthum der Nachbarn maaßgebend, sofern nicht Einer von ihnen sein alleiniges oder theilweises Eigenthum an demselben darthut.

§§ 118, 120. Gemeinschaftliches Eigenthum an den Winkeln oder Zwischenräumen zwischen den Häusern.

Rechtsgr. 244. — II. Senat. 6. Januar 1870. (LXXVII. 152.)

Der § 120. I. 8. des Allg. Landrechts:

„Auch die Winkel und Zwischenräume zwischen den Häusern werden in der Regel für gemeinschaftlich geachtet",

ist auf diejenigen Grundstücke beschränkt, zwischen denen der Winkel oder Zwischenraum belegen ist.

§§ 118—122. Untheilbarkeit der Winkel oder Zwischenräume zwischen zwei Häusern; Benutzung dieser Zwischenräume.

Rechtsgr. 245. — II. Senat. 22. April 1869. (LXXIV. 253.)

a) Die Winkel oder Zwischenräume zwischen zwei Häusern können nicht auf den einseitigen Antrag eines Miteigenthümers getheilt werden.

b) Jeder Miteigenthümer kann einen solchen Raum zu dem Zweck, zu welchem derselbe bestimmt ist, insoweit benutzen, als er die Rechte seines Miteigenthümers nicht kränkt.

§§ 120. 121. Eigenthumsvermuthung bei Winkeln und Zwischenräumen zwischen den Häusern.

Rechtsgr. 246. — II. Senat. 15. Juni 1871. (LXXXII. 208.)

Bei dem für die Eigenthumsvermuthung an Winkeln und Zwischenräumen zwischen den Häusern auf den bisherigen Zustand gelegten Werth ist es dem richterlichen Ermessen überlassen, einen solchen Besitzstand nach den vorliegenden faktischen Umständen festzusetzen.

§ 120. Nachbarrecht; Eigenthum an den Zwischenräumen zwischen den Häusern.

Rechtsgr. 247. — II. Senat. 25. September 1873. (LXXXIX. 281.)

Der § 120. I. 8. des Allgem. Landrechts:

— Auch die Winkel oder Zwischenräume zwischen den Häusern werden in der Regel für gemeinschaftlich geachtet —

betrifft an sich nur Zwischenräume von geringer Ausdehnung. Von dem erkennenden Richter ist nach der besonderen Sachlage, auch in Erwägung der Bestimmung der sogenannten Zwischenräume und der Art ihrer Benutzung, im konkreten Falle festzustellen: ob ein Winkel oder Zwischenraum im Sinne des zitirten Paragraphen anzunehmen sei.

§§ 121. 126. Nachbarrecht; Eigenthum an den Zwischenräumen zwischen den Häusern; Zweck der Vorschrift des § 126. I. 8. des Allgem. Landrechts.

Rechtsgr. 248. — II. Senat. 26. November 1872. (LXXXVII. 117.)

a) Der § 121. I. 8. des Allgem. Landrechts:

— Hat jedoch bisher nur einer der Nachbarn die Traufe dahin fallen lassen und nur allein Gossen, Privete oder offene Fenster darin gehabt, so wird vermuthet, daß der Zwischenraum ihm eigenthümlich gehöre —

stellt nur beispielsweise gewisse Thatumstände auf, aus welchen die Vermuthung für das Eigenthum eines der Nachbarn an dem Zwischenraum gefolgert werden soll, ohne damit auch weitere Merkmale für dasselbe auszuschließen.

b) Die Vorschrift des § 126. I. 8. des Allg. Landrechts:

— Auch müssen dergleichen Gruben und Behältnisse von Grund aus aufgemauert werden —

ist auch zugleich im öffentlichen Interesse gegeben.

§§ 125. 127. Lagern von Brennholz an der Gartenmauer des Nachbars.

Rechtsgr. **249.** — II. Senat. 11. Mai 1869. (**LXXIV.** 321.)

Zu den Anlagen im Sinne der §§ 125. 127. I. 8. des Allg. Landrechts ist das Lagern des zu Brennholz bestimmten Klafterholzes nicht zu rechnen.

§§ 137. 142. 143. Zweck des § 137. I. 8. des Allgem. Landrechts; Bedeutung des Wortes „Fenster" in den §§ 142. 143. I. 8. des Allgem. Landrechts.

Rechtsgr. **250.** — II. Senat. 17. Mai 1873. (**XC.** 181.)

a) Der Zweck des § 137. I. 8. des Allg. Landrechts ist nur, darauf hinzuweisen, daß der Umstand, daß Fenster und Oeffnungen eine Aussicht über benachbarte Grundstücke gewähren, deren Anlage nicht entgegengesetzt werden könne.

b) Nicht jede Oeffnung in der Wand eines Hauses, durch welche das Tageslicht hindurchdringen kann, rechtfertigt den Antrag auf Lichtschutz.

Unter „Fenstern" im Sinne der §§ 142. 143. I. 8. des Allgem. Landrechts sind nur solche Oeffnungen zu verstehen, welche die Bestimmung haben, den Raum eines Gebäudes, in dessen Wand sie sich befinden, behufs dessen Brauchbarkeit zu erhellen.

Die Frage: ob hiernach Oeffnungen als Fenster anzusehen? — ist thatsächlicher Natur.

§ 139. Bauen an der Grenze; mündliche Genehmigung der die Grenze überschreitenden Baulinie. — Vergl. A. L. R. I. **22.** § 43.

Rechtsgr. 251. — II. Senat. 10. Dezember 1872. (LXXXVII. 188.)

Die Erklärung, mittelst welcher der Nachbar die Linie genehmigt, in welcher der Bau geführt werden soll, bedarf auch dann nicht der schriftlichen Form, wenn ihm bekannt ist, daß diese Linie die wahre Grenzlinie überschreitet.

§ 139. Bauen an der Grenze, stillschweigende Einwilligung. — Vergl. A. L. R. I. 22. § 43.

Rechtsgr. 252. — II. Senat. 2. Oktober 1873. (XC. 248.)

Beim zu nahe Bauen an der Grenze ist für die Frage nach der stillschweigenden Einwilligung nicht der Zeitpunkt der Vollendung des Baues, auch nicht der Zeitpunkt, an welchem der Bau dem Andern lästig geworden ist, sondern allein der Zeitpunkt maaßgebend, an welchem der Andere bemerkt hat, daß der Bauende innerhalb des drei Fuß breiten Raumes den Bau errichtete.

§§ 139. 140. Ueberschreiten der Grenze bei einem Neubau. — Vergl. A. L. R. I. 9. § 342.. 22 § 43.

Rechtsgr. 253. — II. Senat 10. Mai 1870. (LXXVIII. 223.)

a) Anlangend die in den §§ 139. 140. I. 8. des Allgem. Landrechts vorgeschriebene gesetzliche Abstands- oder Baulinie, so kann der angrenzende Eigenthümer nicht verlangen, daß der Nachbar, der mit seinem neu errichteten Gebäude über jene Abstandslinie vorgerückt ist, in dieselbe zurücktrete, sofern ersterer den Bau und dessen Ueberschreitung der Baulinie gewußt und dem nicht widersprochen hat.

b) Der Nachbar kann das Zurücktreten des über die gesetzliche Baulinie vorgerückten Gebäudes schon dann nicht mehr, wenn er dem Bau und dessen Ueberschreitung der Baulinie, obgleich er darum gewußt, nicht widersprochen, keineswegs auch dann noch verlangen, wenn er nur vor Vollendung des Baues dagegen Widerspruch erhoben hat.

§ 140. Neubau an der Grenze.

Rechtsgr. 254. — II. Senat. 9. Februar 1871. (LXXXI. 138.)

Die Vorschrift des § 140. I. 8. des Allg. Landrechts verpflichtet den Nachbar, welcher an der Grenze ein neues Gebäude errichten will, indistincte und ohne Rücksicht darauf, ob zwischen den betheiligten Grundstücken eine Grenzmauer bestanden hat oder nicht, damit 1 ½ Fuß von der Grenzlinie zurückzubleiben.

§§ 140—142. Licht und Aussicht; Unanwendbarkeit der §§ 140—142. I. 8. des Allgem. Landrechts auf Zäune und sonstige Scheidewände.

Rechtsgr. 255. — II. Senat. 30. Januar 1873. (LXXXVIII. 74.)

Die §§ 140—142. I. 8. des Allg. Landrechts sind nur auf Gebäude, und nicht auf Zäune und sonstige Scheidewände anzuwenden.

§ 142. Recht auf Licht durch die Fenster gegen nachbarliche Gebäude; Himmelsanblick aus gebückter Stellung.

Rechtsgr. 256. — II. Senat. 22. Dezember 1870. (LXXX. 200.)

Zur Anwendung des § 142. I. 8. des Allgem. Landrechts genügt es, wenn der Himmel von dem betreffenden Fenster des Nachbars aus, aus irgend einer Stellung, also unterschiedslos und auch in gebückter Stellung, in vertikaler Richtung erblickt werden kann.

§§ 142. 143. Umfang des Lichtschutzes bei Neubauten des Nachbars.

Rechtsgr. 257. — II. Senat. 16. Juni 1870. (LXXIX. 113.)

a) Für alle Behältnisse auf der Bauseite, welche durch daselbst befindliche Fenster erhellt werden, soll ein bestimmter Lichtschutz fortdauern.

b) Unerheblich ist es, ob die Bauseite zu der Front- oder zu den Giebelseiten des Hauses gehört.

c) Der Lichtschutz erstreckt sich auf die ganze Bauseite in ihrer vollen Ausdehnung.

d) Befinden sich im Erdgeschoß (im untern Stockwerk) keine Behältnisse, welche durch daselbst befindliche Fenster ihr Licht empfangen, so muß dieser Lichtschutz dennoch den obern Behältnissen zu Theil werden. Es kommt demnach nur auf die Ausmessung des Raumes an, durch welchen der Lichtschutz gewährt werden soll. Dieser Raum ist in den Fällen der §§ 142. 143. I. 8. des Allgem. Landrechts relativ zu bemessen. Für das Maaß bilden die in dem ersten Stockwerk befindlichen Fenster den einen und der nach dem Himmel gerichtete Blick den andern Faktor.

e) Fehlen im untern Stock Lichtöffnungen, so treten für das folgende Stockwerk dieselben Bestimmungen ein, als wenn es das untere wäre.

§§ 142. 143. Fensterrecht; Bedeutung des „Licht" im § 143. I. 8. des Allgem. Landrechts.

Rechtsgr. 258. — II. Senat. 12. November 1872. (LXXXVII. 21.)

Bei der Anwendung oder Ausschließung der Vorschriften der §§ 142. 143. I. 8. des Allgem. Landrechts kann es nicht blos darauf ankommen, ob das Gebäude oder Behältniß, in welchem sich die betreffenden Fenster befinden, überhaupt von einer andern Seite her noch Licht hat, vielmehr muß dieses Licht, wenn nicht die Vorschrift des § 142., sondern die des § 143. zur Anwendung kommen soll, auch ein zur Erleuchtung des betreffenden Raumes, — ohne besondre Rücksicht auf das persönliche Verhältniß des denselben Benutzenden — genügendes, hinreichendes sein.

§ 148. Thüren im Sinne des § 148. I. 8. des Allgem. Landrechts.

Rechtsgr. 259. — II. Senat. 24. Januar 1871 (LXXX. 266.)

Die Vorschrift des § 148. I. 8. des Allg. Landrechts:

Neue Thüren, welche unmittelbar auf des Nachbars Grund und Boden führen, dürfen wider dessen Willen niemals angelegt werden,

hat die Bedeutung, daß der Nachbar solche Oeffnungen eines Gebäudes nicht zu dulden braucht, welche geeignet sind, das Betreten und die Benutzung seines angrenzenden Grund und Bodens zu vermitteln.

§ 148. Thürrecht; Anlegung einer „neuen" Thür im Sinne des § 148. I. 8. des Allgem. Landrechts.

Rechtsgr. **260.** — II. Senat. 14. November 1872. (LXXXVII. 24.)

Bei der Kassation einer schon vorhandenen und der Anlegung einer neuen Thür im Sinne des § 148. I. 8. des Allg. Landrechts kommt es darauf an, ob die neue Einrichtung im Verhältnisse zu der früheren eine wesentliche bauliche Veränderung enthält.

§§ 149. 151. 162. 169. Nichtverpflichtung zur Wiederherstellung eines Zaunes in freier Feldflur.

Rechtsgr. **261.** — II. Senat. 2. Mai 1871. (LXXXI. 353.)

Ebenso wie das Recht zum Setzen eines Zaunes auf der Feldflur ist auch die Unterhaltung und Wegnahme eines auf der Feldflur gesetzten Zaunes res merae facultatis.

§§ 149. 155. 167. Unterhaltung von Scheidungen außerhalb der freien Feldflur.

Rechtsgr. **262.** — II. Senat. 6. Juli 1871. (LXXXII. 252.)

a) Befriedigungen in der freien Feldflur sind gestattet, aber deren Erhaltung ist, wenn der Nachbar nicht ein besonderes Recht darauf erworben hat, willkürlich. Scheidungen anderer Grundstücke aber, ohne dabei einen Unterschied zwischen städtischen und ländlichen zu machen, müssen erhalten werden, und zwar, wo nicht Gesetze etwas Besonderes darüber verordnen, von dem Eigenthümer.

b) Der § 167. I. 8. des Allgem. Landrechts:

Der Quer- oder Rückzaun muß von beiden gegen einander stoßenden Nachbarn gemeinschaftlich angelegt und unterhalten werden,

enthält keine in sich abgeschlossene selbstständige Vorschrift, ist vielmehr aus den vorhergehenden §§ 154—166. zu erklären und kommt daher erst dann zur Anwendung, wenn das Eigenthum der Scheidung, folgeweise die Verpflichtung zu deren Unterhaltung, nach keinem dieser Paragraphen feststeht.

§ 187. Erniedrigung des Grund und Bodens an der Verzäunung des Nachbars.

Rechtsgr. 263. — II. Senat. 28. November 1871. (**LXXIII.** 154.)

Der § 187. I. 8. des Allg. Landrechts schränkt den Eigenthümer in Betreff vorzunehmender Bodenerniedrigungen nur dadurch ein, daß er mit denselben erst drei Fuß von der Verzäunung des Nachbars ab beginnen darf. Ein Mehreres und namentlich die Verpflichtung zur Erhaltung oder Unterhaltung eines drei Fuß breiten Walles ist in den Bestimmungen des bezogenen Gesetzes nicht zu finden.

Titel 9. Von der Erwerbung des Eigenthums überhaupt, und den unmittelbaren Arten derselben insonderheit.

Vierter Abschnitt. Vom Thierfange.

§ 176. Oeffentliche und Privatgewässer. — Vergl. A. L. R. II. **15**. § 38.

Rechtsgr. 264. — II. Senat. 24. November 1870. (**LXXI.** 73.)

Ob ein Gewässer rechtlich als ein Privat- oder als ein öffentliches Gewässer anzusehen ist, bestimmt sich nach der Art und Natur der Eigenthums- beziehungsweise Nutzungsrechte daran, nicht aber darnach, ob das Gewässer sich in dem Eigenthum des Staats oder einer Privatperson beziehungsweise einer Gemeinde befindet.

Fünfter Abschnitt. Von der Beute.

§§ 196. 197. Requisitionen einer Militairbehörde in Feindesland; unrechtmäßige administrative Exekution. — Vergl. A. L. R. I. 16. § 207.; Verordnung vom 30. Juni 1853 (Ges.-Samml. S. 909.).

Rechtsgr. 265. — IV. Senat. 23. Mai 1871. (LXXXII. 166.)

Die von einer Militärbehörde in Feindesland vorgenommene Requisition charakterisirt sich speziell als ein Zwang, und steht darin auf einer Linie mit der administrativen Exekution.

Stellt sich im Falle einer administrativen Exekution in der Folge heraus, daß die durch die Exekution beigetriebene Forderung keine rechtmäßige war, so findet der § 207. I. 16. des Allg. Landrechts Anwendung.

Sechster Abschnitt. Von der Erwerbung der An- und Zuwüchse.

§ 244. Inseln in öffentlichen Flüssen in der Kurmark Brandenburg. — Vergl. von Scholz und Hermensdorff, Provinzialrecht der Kurmark, 2. Ausg. Bd. I. Abth. I. § 12. S. 73.

Rechtsgr. 266. — II. Senat. 24. November 1870. (LXXXI. 73.)

In der Kurmark Brandenburg besteht eine Observanz oder ein Gesetz, wonach die Inseln in öffentlichen Flüssen ein Vorbehalt des Staates sind, nicht, so daß also die Besitzer des nächstgelegenen Ufers dieselben sich aneignen können.

§§ 267. 268. Eigenthum der Adjazenten an geschlossenen Landseen.

Rechtsgr. 267. — III. Senat. 2. Dezember 1872. (LXXXVII. 134.)

Bei geschlossenen Landseen bildet allein die Adjazenz die Grundlage des Eigenthums, und ist ein anderweiter Beweis nicht erforderlich.

§ 270. Alveus derelictus.

Rechtsgr. **268.** — III. Senat. 5. Mai 1871. (LXXXII. 76.)

Der alveus derelictus wird erst dadurch erworben, daß der Fluß sein Wasser verliert, das Flußbett als solches zu existiren aufhört und die Eigenschaft des festen Landes angenommen hat.

§§ 288. 350. 362. 443. Nichthaftung des verwaltenden Benefizialerben mit eigenem Vermögen. — Vergl. Konkurs-Ordnung vom 8. Mai 1855 § 338.

Rechtsgr. **269.** — IV. Senat. 25. Januar 1870. (LXXVI. 351.)

Der Benefizialerbe, welcher den Nachlaß verwaltet, kann für die in dieser Eigenschaft berechtigter Weise vorgenommenen Geschäfte nicht als haftbar aus eigenem Vermögen in Anspruch genommen werden.

§§ 300. 301. Verarbeitung, Vermengung, Vermischung fremder Sachen; „Entreißung" der Vergütung durch den Fiskus.

Rechtsgr. **270.** — III. Senat. 23. Februar 1871. (LXXX. 299.)

Im § 301. I. 9. des Allgem. Landrechts:

Auch diese Vergütung wird dem Betrüger zur Strafe durch den Fiskus entrissen,

kann nur der Sinn gefunden werden, daß der Betrüger, welcher die Sache herausgeben muß, auch die Vergütung, welche der Vindikant zu zahlen hat, nicht erhält, sondern den Anspruch auf dieselbe zur Strafe an den Fiskus verliert.

§§ 327—332. Bau auf fremdem Grund und Boden.

Rechtsgr. **271.** — III. Senat. 24. Oktober 1870. (LXXXI. 19.)

a) Gehörte der Grund und Boden, auf welchem gebaut ist, Minderjährigen, so ist es zur Anwendung des § 332. I. 9. des Allgem. Landrechts nicht erforderlich, daß das Vormundschaftsgericht von dem Bau Kenntniß gehabt.

b) Der Eigenthumserwerb aus § 332. I. 9. des Allgem. Landrechts erstreckt sich selbst dann nicht auf den unbebauten Theil des Platzes, wenn derselbe zur Benutzung für den Bauenden unerläßlich nothwendig ist.

§§ **327—332. 340—342.** Ansprüche des Grundeigenthümers bei dem Bau auf fremdem Boden.

Rechtsgr. **272.** — III. Senat. 10. Februar 1871. (LXXXI. 148.)

Gegen den neuen Erwerber des auf fremdem Boden errichteten Gebäudes kann der Grundeigenthümer, solange eine Auseinandersetzung mit dem Erbauer nicht erfolgt ist, sein Eigenthumsrecht geltend machen; die ihm nach den §§ 327—332. 340—342. I. 9. des Allgem. Landrechts gegen den Bauenden beigelegten Rechte stehen ihm jedoch nicht als etwa an dem Gebäude haftende gegen den Besitzer desselben zu.

§§ **327—332.** Bauen auf fremdem Grund und Boden. Blos persönliche Berechtigung des Eigenthümers aus den §§ 327. ff. I. 9. des Allgem. Landrechts. Böser Glaube des Besitznachfolgers des Bauenden.

Rechtsgr. **273.** — II. Senat. 7. Mai 1872. (LXXXIV. 342.)

a) Die Vorschriften der §§ 327—332. I. 9. des Allg. Landrechts gewähren dem Eigenthümer des Grundes und Bodens nur einen persönlichen Anspruch gegen denjenigen, welcher auf diesem Grund und Boden ein Gebäude errichtet hat.

b) Der Besitznachfolger des Bauenden ist selbst dann nicht verpflichtet, sich die Wegschaffung des Baues gefallen zu lassen, beziehungsweise dem Grundeigenthümer die Entschädigung für den bebauten Grund und Boden zu gewähren, wenn er darum gewußt hat, daß sein Autor auf fremdem Grund und Boden gebaut hatte.

§§ **340—342.** Bauen an der Grenze. Wirkung der unterlassenen Anzeige.

Rechtsgr. 274. — III. Senat. 11. November 1872. (LXXXVI. 363.)

Beim Bauen an der Grenze wird, wenn die Anzeige an den Nachbar unterlassen, und die Grenze überschritten ist, die auf Zurückziehung des Gebäudes gerichtete Klage nicht durch den Einwand beseitigt, daß der Nachbar um den Bau gewußt und nicht widersprochen habe.

Achter Abschnitt. Von Erwerbung der Erbschaften.

§§ 343—499. Anwendung der landrechtlichen Grundsätze über die Erwerbung der Erbschaft auf den im Auslande wohnhaften Erben des inländischen Erblassers. — Vergl. A. L. R. Einl. §§ 22. ff.

Rechtsgr. 275. — IV. Senat. 3. Juni 1869. (LXXV. 114.)

Der Grundsatz, daß die gesetzliche Erbfolge sich nach denjenigen Gesetzen richtet, welche am letzten Wohnsitz des Erblassers gelten, ergreift die ganze im achten Abschnitt des Tit. 9. Thl. I. des Allgem. Landrechts abgehandelte Lehre „von der Erwerbung der Erbschaft", also nicht allein von dem Erbanfall, sondern auch von der Deliberationsfrist, der Entsagung und von der Antretung mit und ohne Vorbehalt.

§ 350. Verpflichtung zur Leistung des Manifestationseides. — Vergl. A. G. O. I. 22. § 29. No. 3.

Rechtsgr. 276. — I Senat. 23. Januar 1871. (LXXX. 253.)

Die Pflicht zur Leistung des Manifestationseides betrifft vermögensrechtliche Verhältnisse und fällt im Allgemeinen unter die Regel des § 350. I. 9. des Allgem. Landrechts.

§§ 358. 359. Vollstreckung eines gegen den Erben ergangenen Erkenntnisses in eine vom Erblasser einem Dritten legirte Forderung. — Vergl. A. L. R. I. 12. §§ 248. 288. 294. 311. 312. 332. 408.

Rechtsgr. 277. — III. Senat. 17. Januar 1870. (LXXVII. 187.)

a) Bei Vollstreckung eines Erkenntnisses kann eine von dem Erblasser des Exequenden einem Dritten zum

Legat ausgesetzte Forderung nicht ohne Weiteres ein Vermögensobjekt für den angewiesenen Gläubiger bieten.

b) Hierin ändert, von dem Nachweise der Insuffizienz des Nachlasses abgesehen, auch der Umstand nichts, daß der Erbe, der Exequendus, zur Zahlung einer Nachlaßschuld verurtheilt worden ist.

§ 360. Druckfehler im § 360. I. 9. des Allgem. Landrechts; Rechte und Verbindlichkeiten, welche nicht zur Erbschaft gehören.

Rechtsgr. 278. — I. Senat. 23. Januar 1871. (LXXX. 253.)

a) Im § 360. I. 9. des Allgem. Landrechts muß das Allegat statt „Einleitung § 106." heißen „Einleitung § 102."

b) Die im § 360. I. 9.:

„Rechte, Verbindlichkeiten, Lasten und Strafen, welche blos an der Person des Erblassers haften, sind zu seiner Erbschaft nicht zu rechnen",

ausgedrückte Ausnahme ist hauptsächlich auf Rechte und Verbindlichkeiten aus Standes- und Familienverhältnissen zu beziehen.

§ 367. Erbanfall. Vererbung aus wechselseitigen Testamenten.

Rechtsgr. 279. — I. Senat. 14. Oktober 1870. (LXXIX. 291.)

a) Nach dem Tode des verstorbenen Ehegatten würde die Annahme der testamentarischen Erbschaft Seitens des überlebenden an sich nur die Folge haben, daß der letztere

1. den Nachlaß des ersteren mit den von diesem berufenen Miterben zu theilen, und
2. rücksichtlich seines eignen dereinstigen Nachlasses es bei der zum Besten der bezeichneten Personen im wechselseitigen Testamente seinerseits bestimmten Erbeseinsetzung zu belassen

verpflichtet sein würde.

b) In solchen Fällen kann nach allgemeinen Grundsätzen vom Erbanfalle nicht davon die Rede sein, daß die vom Ueberlebenden in seinen Nachlaß berufenen direkten Erben auf dessen ihnen erst bei seinem Tode anfallende Erbschaft bei seinen Lebzeiten schon ein wirkliches auf ihre Erben transmissibles Recht erworben haben sollten.

§§ 383. 384. 472. Beginn der Deliberationsfrist bei einem Nachlaßkurator.

Rechtsgr. **280.** — I. Senat. 26. September 1873. (XC. 231.)

Die gesetzmäßige Deliberationsfrist des Nachlaßkurators beginnt mit dem Tage, wo er verpflichtet worden und Kenntniß von dem Inhalte des Testaments, durch Anhörung der Publikation desselben, erhalten hat.

§ 384. Sechswöchentliche Ueberlegungsfrist des Erben.

Rechtsgr. **281.** — IV. Senat. 3. Juni 1869. (LXXV. 114.)

Die Kenntniß des Intestaterben vom Tode des Erblassers ist mit der Kenntniß vom Erbanfall rechtlich gleichbedeutend.

§ 402. Passivlegitimation bei der Pflichttheilsklage. — Vergl. A. L. R. I. **17.** §§ 10. 127., **II. 2.** §§ 433—435.; A. G. O. I. **5.** § 4. No. 8.

Rechtsgr. **282.** — I. Senat. 14. März 1870. (LXXVIII. 76.)

Die Pflichttheilsklage greift nur gegen denjenigen Platz, welcher dem Pflichttheilsberechtigten sein Recht vorenthält, beziehungsweise bestreitet. Ob sie gegen sämmtliche Erben, beziehungsweise sämmtliche übrigen Miterben, oder ob sie gegen einzelne derselben, oder gegen Dritte bei der Erbschaft als Miterben nicht betheiligte gerichtet werden muß, ist nach der Verschiedenheit der einzelnen Fälle und Klageanträge zu beurtheilen.

§ 412. Unstatthaftigkeit der Entsagung der Erbschaft nach erfolgter Annahme oder abgelaufener Ueberlegungsfrist den Miterben gegenüber.

Rechtsgr. **283.** — I Senat. 14. März 1870. (LXXVIII. 77.)

Nicht blos dem Erbschaftsgläubiger, sondern auch den

Miterben gegenüber kann derjenige Erbe, welcher die Erbschaft einmal angenommen oder sich innerhalb der gesetzmäßigen Frist gar nicht erklärt hat, der Erbschaft nicht mehr entsagen.

§ **422**. Anspruch des Nachlaßgläubigers gegen den Benefizialerben vor und nach der Theilung des Nachlasses.

Rechtsgr. **284**. — IV. Senat. 29. Juni 1869. (LXXV. 202.)

Der Nachlaßgläubiger, welcher die Benefizialerben wegen Berichtigung einer Nachlaßschuld in Anspruch nimmt, hat, gleichviel, ob die Theilung der Erbschaft stattgefunden hat oder nicht, den Nachweis zu führen, daß der Nachlaß zur Zeit des Todes des Erblassers zur Befriedigung aller an denselben zu machenden Forderungen ausgereicht hat.

§§ **430**. **431**. Rechtswohlthat des Inventars.

Rechtsgr. **284a**. — IV. Senat. 26. November 1872. (LXXXIX. 1.)

Nach erreichter Großjährigkeit treten in Betreff der Pflicht zur Einreichung eines Inventars und der Folgen der Versäumniß der hierzu gesetzlich bestimmten Frist für den gewesenen Kuranden die sonst bestehenden Vorschriften der §§ 423. ff. I. 9. des Allgem. Landrechts ein.

§ **463**. Verpflichtung des nicht Erbe gewordenen Ehegatten zur Legung des Nachlaß-Inventars.

Rechtsgr. **285**. — I. Senat. 26. April 1872. (LXXXIV. 311.)

Der überlebende, im Besitze des Nachlasses verbliebene Ehegatte ist zur Vorlegung eines auf Erfordern eidlich zu bestärkenden Nachlaß-Inventars selbst dann verpflichtet, wenn er der Erbschaft hinterher entsagt hat.

Neunter Abschnitt. Von der Verjährung.

§§ **503**. **504**. Servitutenerwerb durch Ersitzung; gemeinschaftliches Eigenthum an Grundstücken. — Vergl. A. L. R. I. **16**. § 492., **22**. §§ 52—54.

Rechtsgr. 286. — II. Senat. 10. und 12. Juni 1873. (LXXXIX. 82.)

Der Erwerb einer Servitut durch Ersitzung wird dadurch nicht ausgeschlossen, daß der Besitzer des berechtigten Grundstücks Miteigenthümer des dienenden ist.

§ 513.

Rechtsgr. 287. — IV. Senat. 11. November 1873. (XC. 279.)

Nach Vorschrift des § 513 I. 9. des Allgem. Landrechts:

„Daß Jemand von seinem Rechte keine Nachricht habe erhalten können",

ist es Sache des im Pflichttheil Verletzten, nachzuweisen, daß und wann er erst nach Publikation des Testaments von einer dadurch bewirkten Verletzung des Pflichttheils hat unterrichtet sein können.

§ 521. Verjährung gegen den Eigenthümer eines verpachteten Grundstücks; Bedeutung von „Gutseigenthümer" im § 521. I. 9. des Allgem. Landrechts.

Rechtsgr. 288. — II. Senat. 12. Januar 1869. (LXXIII. 233.)

a) Die Vorschrift des § 521. I. 9. des Allg. Landrechts, nach welcher zum Nachtheil des Gutseigenthümers keine Verjährung gegen dessen Pächter angefangen werden kann, ist nicht schon da als unanwendbar zu erachten, wo lediglich erwiesen ist, daß der Eigenthümer von den Seitens Dritter auf dem verpachteten Grundstück vorgenommenen Handlungen, welche Gegenstand des demnächst auf Grund der Ersitzung beanspruchten negativen Rechts geworden, Kenntniß erhalten habe.

b) Dagegen ist die Bestimmung des § 521. a. a. O. ausgeschlossen, wenn dem Eigenthümer bekannt gewesen ist, daß die während der Pachtzeit von einem Dritten vorgenommenen Handlungen als ein gegen das Grundstück und dessen Eigenthümer zustehendes Recht ausgeübt worden sind.

c) Unter „Gutseigenthümer“ im § 521. I. 9. des Allgem. Landrechts ist überhaupt der Eigenthümer des Grundstückes, gegen welches verjährt werden soll, zu rechnen.

§ 521. Beginn der Verjährung zum Nachtheil des Gutseigenthümers bei Verpachtung eines Theils des als servitutpflichtig in Anspruch genommenen Grundstücks.

Rechtsgr. 289. — II. Senat. 29. Juni 1869. (LXXV. 199.)

Der § 521. I. 9. des Allgem. Landrechts setzt, indem er verordnet:

„daß zum Nachtheil eines Gutseigenthümers keine Verjährung gegen den Pächter angefangen werden kann“,

voraus, daß überhaupt das Grundstück, gegen welches ein Recht durch Verjährung erworben sein soll, verpachtet gewesen, und es folgt aus demselben nicht, daß zu dessen Anwendung es genügt, wenn nur ein Theil des als servitutpflichtig in Anspruch genommenen Grundstücks verpachtet ist.

§ 521. Verjährung gegen Pächter und Miether.

Rechtsgr. 290. — II. Senat. 7. Juli 1870. (LXXVIII. 319.)

a) Die Vorschrift des § 521. I. 9. des Allgem. Landrechts:

Zum Nachtheile eines Gutseigenthümers kann keine Verjährung gegen dessen Pächter, wohl aber gegen den Verwalter angefangen werden,

muß auch auf andere Rechtsverhältnisse angewendet werden, in Folge deren der Eigenthümer in dieselbe Lage gebracht ist, wie bei einer Verpachtung, namentlich auf den Fall der Vermiethung eines ganzen Grundstückes.

b) Von der Anwendung des § 521. a. a. O. kann da nicht die Rede sein, wo die Verjährung nicht gegen den Pächter, Miether u. s. w., sondern gegen den Eigen=

thümer selbst durch gegen diesen gerichtete Handlungen angefangen worden ist.

§§ **531. 533. 534. 538. 539.** Wiedereinsetzung in den vorigen Stand nach abgelaufener Verjährung.

Rechtsgr. **291** — II. Senat. 13. Juli 1869. (**LXXV**. 305.)

Die im § 531. I. 9. des Allg. Landrechts festgesetzte Wiedereinsetzung in den vorigen Stand mit der demnächst, im § 534. bestimmten Wirkung ist eine Rechtswohlthat, welche lediglich dem Verhinderten, d. h. derjenigen Person eingeräumt ist, gegen welche die Verjährung während der Dauer eines erst nach dem Beginn der Verjährung eingetretenen den Fortlauf derselben nicht hemmenden Hindernisses (§ 530.) abgelaufen ist, respektive für welche ein solches Hinderniß vorlag. Keineswegs kann diese Rechtswohlthat als eine ohne weiteres auf jeden Besitznachfolger des Verhinderten übergehende Berechtigung aufgefaßt werden.

§ **535.** Nichtbeginn der Verjährung durch Nichtgebrauch gegen Kinder unter väterlicher Gewalt, denen ein Kurator bestellt ist.

Rechtsgr **292**. — I. Senat. 14. März 1870. (**LXXVIII**. 77.)

Das Benefizium des § 535. I. 9. des Allgem. Landrechts kommt dem unter väterlicher Gewalt stehenden Minderjährigen zu Statten, sobald sein Interesse durch den Vater nicht wahrgenommen werden kann, vielmehr an des letztern Stelle durch einen Kurator wahrgenommen werden muß.

§ **551.** Unterbrechung der Klageverjährung durch Anmeldung der Forderung bei dem Nachlaßrichter.

Rechtsgr. **293**. — IV. Senat. 16. April 1872. (**LXXXV**. 103.)

Auch durch die Anmeldung der Forderung bei dem Nachlaßrichter wird die laufende Verjährung unterbrochen, auch wenn dieser nicht zugleich der zuständige Prozeßrichter ist.

§§ 551. ff. **Wirkung der Anstellung einer Klage gegen eine zur Vertretung des Fiskus nicht zuständige Station, und Abweisung der Klage wegen Inkompotenz des Gerichts auf die Wahrung der für die Klageanstellung bestimmten Frist.**

Rechtsgr. **294.** — I. Senat. 13. Dezember 1872. (LXXXVII. 205.)

a) Die Anstellung der Klage gegen den richtigen Verklagten, den Militärfiskus, unter unrichtiger Bezeichnung der zu dessen Vertretung berufenen Station, kann nicht so angesehen werden, als wenn die Klage gegen den Fiskus anzustellen ganz unterlassen wäre.

b) Ist eine solche Klage gegen die fiskalische Station wegen Inkompetenz des Gerichts abgewiesen, so ist damit doch die für die Anstellung der Klage in den Gesetzen bestimmte Frist gewahrt.

§ 551. Einfluß der Anbringung der Provokation auf Ablösung bei der Auseinandersetzungsbehörde auf den Lauf der Verjährung.

Rechtsgr. **295.** — II. Senat. 25. Februar 1869. (LXXIV. 53.)

Die Provokation auf Ablösung allein unterbricht die Verjährung der bis dahin fälligen Abgaben nicht, wenn nicht zugleich der Antrag an die Auseinandersetzungsbehörde gestellt ist, die Rückstände ebenfalls vor ihr Forum zu ziehen und die Pflichtigen zur Entrichtung derselben oder zur Entschädigung anzuhalten.

§§ 568. 569. Gegenbeweis gegen die aus dem Ablauf der Verjährungsfrist entspringende Vermuthung der erfolgten Tilgung der Schuld.

Rechtsgr. **296.** — IV. Senat. 28. Januar 1869. (LXXIII. 277.)

Die aus den §§ 568. 569. I. 9. des Allgem. Landrechts entspringende Vermuthung der Tilgung einer Schuld kann nicht durch den Nicht-Nachweis oder die Widerlegung einer Tilgungsart beseitigt, und daraus, daß dem Schuldner ein solcher Nachweis mißlungen ist, kann nicht die Fortdauer der Verbindlichkeit gefolgert werden.

§ 579. Ersitzung; Beschaffenheit des Titels im § 579. I. 9. des Allgem. Landrechts.

Rechtsgr. 297. — II. Senat. 12. Dezember 1872. (LXXXVII. 201.)

Der § 579. I. 9. des Allgem. Landrechts setzt nicht einen Titel voraus, der in dem gegebenen Falle an gar keinem Mangel leidet; vielmehr setzt diese Vorschrift gerade den Fall voraus, wo Jemand im guten Glauben eine an sich dazu fähige Sache oder ein solches Recht auf Grund eines Titels überkommen hat, der zwar auf Erwerbung des Eigenthums gerichtet, aber zur Herbeiführung des Ueberganges desselben mit voller rechtlicher Wirkung deshalb nicht geschickt war, weil er nicht alle gesetzlichen Erfordernisse in sich vereinigte, d. i. ein Titel, der nach seinen äußeren erkennbaren Merkmalen für einen rechtmäßigen gehalten werden mußte.

§ 579. Ersitzung; Erforderniß eines zur Erlangung des Eigenthums geschickten Titels. — Vergl. A. L. R. I. 5. § 135.

Rechtsgr. 298. — III. Senat. 8. September 1873. (LXXXIX. 211.)

a) Ein über ein Grundstück mündlich geschlossener Kaufvertrag ist kein Titel, welcher an sich zur Erlangung des Eigenthums geschickt und zur Begründung der gewöhnlichen Verjährung geeignet ist.

b) Unter dem im § 579 I. 9. des Allgem. Landrechts gedachten, an sich zur Erlangung des Eigenthums geschickten Titel ist ein solcher zu verstehen, welcher sowohl seinem materiellen Inhalte, als seiner Form nach zur Erwerbung des Eigenthums geeignet ist.

§§ 581. 629. 630. Erwerb eines Erbbegräbnisses durch Verjährung, der Kirchengesellschaft gegenüber. — Vergl. A. L. R. II. 11. §§ 183. ff. 681. ff.; Kabinetsorder vom 14. April 1840 (Justizministerialblatt S. 143.)

Rechtsgr. 299. — I. Senat. 24. Mai 1869. (LXXV. 79.)

Der Erwerb eines Erbbegräbnisses kann auch durch

Ersitzung stattfinden, und greift die 44jährige Verjährung durch Besitz der Kirche gegenüber Platz.

§ 649. Verjährung; jura discontinua nach Allgem. Landrecht.

Rechtsgr. 300. — II. Senat. 14. Januar 1873. (LXXXVII. 311.)

a) Nach dem Allg. Landrechte sind zwei Klassen der jura discontinua, nämlich:

1. solche, deren Ausübung ganz von der Willkür des Berechtigten, nicht aber von gewissen außerhalb derselben liegenden Umständen abhängt, z. B. die Wegegerechtigkeit,
2. solche, deren Ausübung nicht völlig von der Willkür des Berechtigten abhängt, sondern nur bei gewissen durch andere Umstände herbeigeführten Gelegenheiten geschehen kann,

zu unterscheiden.

b) Der § 649. I. 9. des Allgem. Landrechts bezieht sich nur auf die zweite Klasse dieser Rechte.

§ 666. Umfang der Ersitzung der Grundgerechtigkeiten. — Vergl. A. L. R. I. 19. §§ 24. 25., 22. § 28.

Rechtsgr. 301. — II. Senat. 19. Oktober 1869. (LXXVI. 232.)

Bei Grundgerechtigkeiten reicht die Besitzergreifung eines Rechtes von geringerem Umfange nicht dazu hin, um ein umfangreicheres Recht, insofern es nur nicht den durch die Eigenschaft des herrschenden Grundstückes bedingten Bedarf überschreitet, zu ersitzen.

§ 666. Verjährung; Eigenthums-Ersitzung an einem Grundstücke, auf welchem zugleich ein Anderer servitutische Rechte ausgeübt hat — Vergl. A. L. R. I. 7. §§ 176. 181. 182., 8. §§ 1. 22. 28.

Rechtsgr. 302. — II. Senat. 27. Februar 1873. (LXXXVIII. 190.)

a) Derjenige, welcher durch Ersitzung das Eigenthum eines Grundstücks, auf welchem ein anderer während oder im Verlauf der Ersitzungszeit ein servitutisches Recht ausgeübt hat, erwirbt, erlangt dieses Eigenthum nur mit der Beschränkung, ohne Rücksicht darauf, ob der Erwerb jenes Rechts von dem dasselbe Ausübenden nachgewiesen worden.

b) Auf das Wesen und die rechtliche Natur der Ersitzung resp. des derselben zum Grunde liegenden vollständigen Besitzes bezieht sich aber jene Vorschrift nicht, und es wird darin durch dieselbe nichts geändert; vielmehr sind in dieser Beziehung die Gesetzesstellen allein maaßgebend, nach welchen für die Freiheit und Unbeschränktheit des Eigenthums resp. Besitzes die Vermuthung streitet, und selbst derjenige, welcher sich in dem Besitze des Rechts, den Eigenthümer einzuschränken, befindet, sein Recht nachweisen muß.

Titel 10. Von der mittelbaren Erwerbung des Eigenthums.

§§ 8—10. Erwerb eines Grundstücks im Vertrauen auf den öffentlichen Glauben des Hypothekenbuches. — Vergl. Hypotheken-Ordnung Tit. 2. § 92.

Rechtsgr. **303**. — III. Senat. 1. November 1868. (**LXXVI.** 262.)

Der öffentliche Glaube des Hypothekenbuches vermag nur dann den Erwerber eines Grundstückes gegen die Ansprüche der mehreren Eigenthümer zu schützen, wenn lediglich das Vertrauen auf ihn ihn bestimmt hat, den Vertrag ohne weitere Prüfung der Dispositionsberechtigung seines Gegenkontrahenten abzuschließen.

§§ 15—17. Verträge über die Bestellung eines Vorkaufsrechts und deren Eintragung.

Rechtsgr. **304**. — III. Senat. 26. Januar 1872. (**LXXXIV.** 192.)

Die Vorschriften der §§ 15—17. I. 10. des Allgem. Landrechts finden auf Verträge über die Bestellung eines Vorkaufsrechtes keine Anwendung.

§ 19. Konkurrenz des Eigenthums-Prätendenten.

Rechtsgr. **305.** — III. Senat. 16. September 1870. (LXXVIII. 366.)

Bei der Konkurrenz mehrer Eigenthums-Prätendenten nach § 19. I. 10. des Allgem. Landrechts ist die protestativische Eintragung des Rechtstitels als Eintragung im Sinne dieses Gesetzes anzuerkennen.

§ 24. Mala fides superveniens.

Rechtsgr. **306.** — III. Senat. 14. Juni 1869. (LXXV. 153.)

Der in der Zwischenzeit von der Erwerbung des Titels zum Eigenthum bis zur Uebergabe entstehende böse Glaube hindert den Eigenthumserwerb.

§ 25. Kenntniß von dem Bestehen eines frühern Titels zur Hypothek. — Vergl. A. L. R. I. **19.** §§ 5. 6., **20.** §§ 412. 413.

Rechtsgr. **307.** — III. Senat. 29. Juni 1870. (LXXVIII. 309.)

Die persönliche Beziehung des Verpfänders zu andern Gläubigern, das persönliche, durch Präsentation bei den Grundakten nicht bevorzugte Recht eines Andern auf Eintragung sind, der Thatsache der Intabulation und dem öffentlichen Glauben des Hypothekenbuches gegenüber, gleichgültige Momente und daher in ihrer Kenntniß einflußlos für denjenigen, dessen Recht durch die Eintragung dingliche Qualifikation erhalten hat.

§ 25. Nichtanwendbarkeit des § 25. I. 10. des Allgem. Landrechts bei Veräußerungen im Wege der Exekution.

Rechtsgr. **308.** — III. Senat. 10. Februar 1873. (LXXXVIII. 128.)

Der besondere Schutz, den das Allgem. Landrecht dem bloßen Eigenthumstitel gegenüber einem denselben kennenden und insofern schlechtgläubigen Prätendenten eines dinglichen Anspruches im § 25 I. 10. gewährt, kommt bei der Veräußerung im Wege der Exekution (Subhastation) nicht in Betracht.

§ 25. Kollision verschiedener Titel zu dinglichen Rechten auf dieselbe

Sache; irrthümliche Eintragung einer später angemeldeten Hypothek vor einer früher angemeldeten. — Vergl. A. L. R. I. 10. §§ 4. 5.

Rechtsgr. 309. — III. Senat. 7. Januar 1870. (LXXIX. 1.)

a) Bei einer Kollision verschiedener Titel zu dinglichen Rechten auf dieselbe Sache, sei es zum Eigenthum oder zu einem andern dinglichen Rechte, besteht ein durch Uebergabe oder durch Eintragung erlangtes dingliches Recht dem ältern Titel des andern gegenüber nur für denjenigen zu Recht, welcher die Uebergabe oder Eintragung in gutem Glauben, d. h. ohne den ältern mit seinem Titel kollidirenden Titel des Andern zu kennen, erlangt hat.

b) Trägt der Richter unrichtigerweise den jüngern und später angemeldeten Titel vor dem ältern und früher angemeldeten Titel, dessen Anmeldung stehen geblieben ist, ein, so kann der früher angemeldete Gläubiger gegen den später angemeldeten ausführen, daß der Letztere sich die Berichtigung des Hypothekenbuches, wenn die Post sich noch in dessen Hand befindet, gefallen lassen müsse.

c) Ein böser Glaube des letztern ist hierbei nicht in Rede.

Titel 11. Von den Titeln zur Erwerbung des Eigenthums, welche sich in Verträgen unter Lebendigen gründen.

Erster Abschnitt. Von Kaufs- und Verkaufsgeschäften

§§ 4. 5. 10. Entschädigungsverpflichtung bei der Expropriation

Rechtsgr. 310. — III. Senat. 3. Februar 1871. (LXXXI. 110.)

Die Entschädigungsverpflichtung des Exproprianten beruht in der Entziehung des Eigenthums; die Einleitung eines besonderen Expropriationsverfahrens ist nicht Vorbedingung.

§§ 8. 9. Expropriation; Berücksichtigung eines unter dem expropriirten Grundstücke befindlichen Lehmlagers. — Vergl. Gesetz über die Eisenbahn-Unternehmungen vom 3. November 1838 § 11.

Rechtsgr. 811. — III. Senat. 18. März 1872. (LXXXV. 55.)

Der Umstand, daß unter dem expropriirten Grundstücke ein Lehmlager sich befindet, ist nicht ohne Weiteres bei Berechnung des außerordentlichen Werthes zu berücksichtigen.

§§ 8. 9. Bemessung des außerordentlichen Werthes bei Expropriationen. — Vergl. A. L. R. I. 2. § 114. Gesetz über die Eisenbahn-Unternehmungen vom 3. November 1838 § 11.

Rechtsgr. 812. — III. Senat. 5. April 1872. (LXXXVI. 75.)

Bei der Ermittelung des außerordentlichen Werthes bei Expropriationen müssen allerdings, insoweit für die zu erwartenden Neugestaltungen bereits gegenwärtig feste Basen dergestalt gewonnen sind, daß die in Aussicht genommene Entwickelung mit Sicherheit zur Zeit bereits wohlbegründet erscheint, insoweit es sich also nicht um reine Hoffnungen, sondern um bereits gesicherte Erwartungen handelt, dergleichen Umstände mit in Anschlag kommen.

§§ 8—11. Kapitalisirung der Ertragstaxe zur Werthfeststellung überhaupt und namentlich bei Expropriation von Grundstücken zu Eisenbahn-Anlagen in der Kurmark Brandenburg. — Vergl A. L. R. I. 2. §§. 111--113.; Edikt vom 18. April 1792 (Ediktensammlung IX. S. 333.; Rabe, Sammlung Bd. 2. S. 299.)

Rechtsgr. 813. — III. Senat. 6. Februar 1871. (LXXXI. 119.)

Der Prozentsatz, nach welchem ein Ertrag zu Kapital zu berechnen, hat als eine feste Norm mit dem außerordentlichen Werthe, welcher sich nach den für jeden einzelnen Fall bestehenden besonderen Beziehungen und Verhältnissen richtet, nichts gemein.

Unabhängig von der Kapitalisirungsnorm hängt die Frage, welcher Werth bei einer Abschätzung zum Grunde zu legen, davon ab, ob in einem konkreten Falle überhaupt nach allgemeinen oder besonderen Bestimmungen ein Anspruch auf den außerordentlichen oder nur auf den gemeinen Werth zulässig ist.

Die im § 18. No. 9. des Edikts vom 18. April 1792 über die Verbindlichkeit der Unterthanen in der Kurmark in Ansehung der Chausseebauten vorgeschriebene Kapitalisirung der Ertragstaxe mit 4 Prozent findet auch Anwendung bei Expropriationen zum Zweck von Eisenbahn-Anlagen.

§ 9. Feststellung der Höhe des außerordentlichen Werthes bei der Expropriation. — Vergl. A. L. R. I. 2. § 14.

Rechtsgr. 314. — III. Senat. 1. Juli 1870. (LXXX. 25.)

Bei Feststellung des außerordentlichen Werthes der exproprirten Sache nach § 9. I. 11. des Allg. Landrechts kommt es auf den Werth an, welchen dieselbe zur Zeit der Expropriation gehabt hat, nicht auf den Werth, den sie in Folge einer möglichen künftigen Benutzungsweise würde haben gewinnen können.

§ 9. Außerordentlicher Werth bei der Expropriation. — Vergl. Gesetz über die Eisenbahnunternehmung vom 3. November 1838 § 11.

Rechtsgr. 315. — III. Senat. 25. Oktober 1872. (LXXXVI. 294.)

Es gehört zum außerordentlichen Werthe eines aus einem größeren Komplexe herausgeschnittenen und demnächst zu Eisenbahnbetriebszwecken verwendeten Landstückes, daß es bisher eine leichtere Bewirthschaftung des Ganzen, zu welchem es gehörte, ermöglichte, und daß demnächst durch das auf dem enteigneten Lande entstehende Hinderniß der ganze Komplex in dieser Beziehung leidet.

§ 9. Berechnung des außerordentlichen Werthes eines Grundstücks im Falle der Expropriation. — Vergl. A. L. R. I. 2. § 114.; Eisenbahngesetz vom 3. November 1838 § 11. (Ges.-Samml. S. 505.)

Rechtsgr. 316. — III. Senat. 13. Januar 1871. (LXXXI. 94.)

Bei der Berechnung des Nutzens, welchen ein Grundstück unter gewissen Bestimmungen oder Verhältnissen leisten kann, ist der Zustand des Grundstückes zur Zeit der Expropriation maßgebend, Speculationen und Kombinationen zu einer vortheilhafteren Benutzungsart, welche von politischen und Naturereignissen, von Konjunkturen und Zufälligkeiten abhängig sind, kommen dabei nicht in Betracht.

§ 11. Theilweise Einklagung des Expropriations-Anspruches. — Vergl. Gesetz über die Eisenbahn-Unternehmungen vom 3. November 1838 § 11.

Rechtsgr. 317. — III. Senat. 6. Januar 1873. (LXXXVII. 295.)

Den Anspruch auf den Expropriationspreis kann, wie jeder andere Theilanspruch, auch getheilt in mehreren Prozessen geltend gemacht werden.

§§ 71. 326. Simulation der Rechtsgeschäfte. Vergl. A. L. R. I. 4. §§ 52. ff.

Rechtsgr. 318. — III. Senat 24. Januar 1873. (LXXXVIII. 18.)

War ein anderes Rechtsgeschäft, als das zum Ausdruck gebrachte, gewollt, so ist nicht ohne Weiteres das ganze Geschäft, sondern nur das fingirte ungültig, während das sonst gewollte Geschäft bestehen bleibt, sofern es der dafür gegebenen Formvorschrift gerecht wird.

§§ 76. 340. 342. Vindication und Klage auf Naturalübergabe Seitens des Adjudicatars. — Vergl. A. L. R. I. 5. § 270.; A. G. O. I. 52. § 61.

Rechtsgr. 319. — III. Senat. 21. März 1870. (LXXIX. 71.)

Die Befugniß des Adjudikatars zur Vindikation schließt die Klage auf Erfüllung durch Naturalübergabe nicht aus.

§§ 95. ff. 107. Kauf; Uebergang der Lasten der Sache.

Rechtsgr. 220. — III. Senat. 18. November 1872. (LXXXVII. 43.)

Der Käufer hat den erst nach der Uebergabe fällig gewordenen Erbpachtskanon zu entrichten und kann eine Vertheilung desselben nach Verhältniß der Besitzzeit nicht fordern.

§ 109. Unzulässigkeit der analogen Anwendung des § 109 I. 11. des Allgem. Landrechts.

Rechtsgr. 221. — IV. Senat. 4. Oktober 1870. (LXXIX. 255.)

Der § 109. I. 11 des Allgem. Landrechts,

wonach beim Kauf keiner der Kontrahenten wider des Andern Willen Sache und Kaufgeld zugleich nutzen darf,

leidet als Ausnahmebestimmung keine analoge Anwendung auf andere Rechtsgeschäfte.

§§ 109. 254. Verzinsung des rückständigen Kaufgeldes bei Anfechtung des Kaufvertrages wegen Verletzung über die Hälfte.

Rechtsgr. 222. — III. Senat. 23. Januar 1871. (LXXX. 260.)

Bis zur Anfechtung des Kaufes wegen Verletzung über die Hälfte kann der Käufer Zinsrückstände der schuldig gebliebenen Kaufgelder dem Verkäufer nicht vorenthalten.

§§ 135. 136. Wirkung und rechtliche Natur der Einrede aus theilweiser Entwährung eines Grundstücks.

Rechtsgr. 223. — III. Senat. 7. Juli 1873. (LXXXIX. 163.)

a) Wenn der Käufer sich in der Lage befindet, seinen auf einen Geldbetrag zurückgeführten Evictionsanspruch sofort liquide zu stellen, so wird gegenüber der auf Zahlung des Kaufgeldes gerichteten Klage die Gewährseinrede des Käufers zu einer wirklichen Kompensationseinrede und beseitigt im entsprechenden Betrage die Klageforderung.

b) Der Umstand, daß der an sich schon durch den

Abschluß des Kaufvertrages existent werdende Anspruch des Käufers auf Gewährleistung sich erst zu einem späteren Zeitpunkte in eine Geldforderung mit einem bestimmten Betrage auflöst, entzieht der letzteren nicht die begriffliche Identität mit dem Eviktionsanspruche und beseitigt nicht diesen ursprünglichen rechtlichen Charakter derselben.

§§ 135. 136. Befreiung der verkauften Sache von den darauf ruhenden Lasten durch den Verkäufer. -- Vergl. A. L. R. I. 5. §§ 270. 317. ff. 325. 334.

Rechtsgr. **334.** — III. Senat 12. Juni 1872. (LXXXIII. 271.)

Ist die verkaufte Sache hypothekarisch und durch faktische Ausübung des entsprechenden Rechtes belastet, so gehört es zu den Rechten des Käufers, vom Verkäufer die Befreiung der Sache von derartigen in faktischer Ausübung begriffenen Prätensionen zu verlangen; keinesweges aber hat er die Pflicht, die vielleicht mögliche Beseitigung derselben in die eigene Hand zu nehmen und (unter Hinzuziehung des Verkäufers) in einem Prozeß durchzuführen.

§ 139. Vertrag, namentlich Kaufvertrag über fremde Sachen oder Rechte. — Vergl. A. L. R. I. 5. § 46.

Rechtsgr. **335.** — III. Senat. 16. Juli 1869. (LXXV. 338.)

a) Der § 46. I. 5. des Allgem. Landrechts:

„Haben beide Theile ausdrücklich über fremde Sachen oder Rechte einen Vertrag geschlossen, so ist anzunehmen, daß der eine sich nur hat verpflichten wollen, den Dritten zum Besten des Andern zu einer dem Vertrage gemäßen Handlung zu vermögen",

setzt einen ausdrücklich über ein fremdes Recht geschlossenen Vertrag voraus, dem ein bloßes Wissen der Parteien nicht gleichsteht.

b) Die bloße Wissenschaft der Kontrahenten, daß die

den Gegenstand des Kaufes ausmachende Sache einem Dritten gehöre, ist zur Anwendung des § 139. I. 11. des Allgem. Landrechts nicht genügend, sondern es bedarf der ausdrücklichen Erwähnung im Kaufkontrakt, daß die verkaufte Sache eine fremde sei.

§§ 175. ff. 183. 184. Gewährleistung des Verkäufers eines Grundstücks wegen Verpachtung desselben. — Vergl. A. L. R. I. 5. §§ 318. ff. 333. ff.

Rechtsgr. **326**. — III. Senat. 10. September 1869. (**LXXVI.** 37.)

a) Zu den Privatschulden und Verbindlichkeiten, die der Verkäufer allemal vertreten muß, wenn der Käufer dieselben nicht ausdrücklich übernommen hat, gehören die Verbindlichkeiten aus Verpachtungen nicht. Damit der Verkäufer von der Vertretung befreit bleibe, genügt es, daß dieselben vor Abschluß des Kontrakts dem Käufer bekannt gewesen sind.

b) Die Gewährleistung für ein durch Uebergabe dinglich gewordenes Pachtrecht an der verkauften Sache ist nach §§ 333. ff. I. 5. und den §§ 175. ff. I. 11. des Allgem. Landrechts zu beurtheilen.

§§ 180. ff. Ablösungsrenten und Kapitalien als Privatschulden. — Vergl. Gemeinheitstheilungs-Ordnung vom 7. Juni 1821 § 147. (Ges.-Samml. S. 53.); Ablöse-Ordnung vom 7. Juni 1821 § 24. (Ges.-Samml. S. 77.)

Rechtsgr. **327**. — III. Senat. 18. März 1870. (**LXXIX.** 67.)

Die für abgelöste Abgaben, Zehnten und Dienste festgesetzten Renten und Kapitalien stellen nicht eine dem Grundstück anhaftende, seinen Werth unmittelbar kürzende Last dar, sondern nur den kapitalisirten Kaufpreis für die Seitens des Berechtigten an den Verpflichteten veräußerte korrespondirende Gerechtsame, eine Privatgeldforderung mit einem derselben in Berücksichtigung des Entstehungsgrundes verliehenen Pfandtitel, welcher letztere den rechtlichen Charakter der Forderung selbst nicht verändert.

§ 183. Bedeutung desselben.

Rechtsgr. 328. — II. Senat. 17. Oktober 1871. (LXXXVI. 1.)

Die Vorschrift des § 183. I. 11. des Allgem. Landrechts:

Privatdienstbarkeiten, Lasten und Abgaben, welche nicht allen Grundstücken derselben Art in der Provinz gemein zu sein pflegen, ist der Verkäufer dem Käufer bei der Kaufhandlung anzuzeigen oder zu vertreten schuldig,

bezweckt und umfaßt auch die Verbindlichkeit des Verkäufers, das verkaufte Grundstück von denjenigen Realverbindlichkeiten zu befreien, welche er anzuzeigen oder zu vertreten hat.

§ 188. Lasten und Hypotheken als Eigenschaften des Grundstücks.

Rechtsgr. 329. — III. Senat. 20. März 1871. (LXXXI. 242.)

Lasten und Hypotheken, die geringere oder Mehrbelastung mit denselben, sowie die Kündbarkeit oder Unkündbarkeit derselben, sind im Sinne des § 188. I. 11. des Allg. Landrechts zu den Eigenschaften des Grundstücks zu rechnen.

§ 221. 109. Wirkungslosigkeit der Uebernahme einer Schuld in Anrechnung auf das Kaufgeld, die der Käufer schon aus anderm Rechtsgrunde übernommen; Verzinsung des Kaufgeldes. — Vergl. A. L. R. I. 5. § 270.

Rechtsgr. 330. — III. Senat. 28. Oktober 1870. (LXXXI. 39.)

a) Hat der Käufer in Anrechnung auf das Kaufgeld eine Schuld übernommen, zu deren Tilgung er schon anderweitig verpflichtet war, so ist insoweit die Kaufgelderschuld nicht getilgt und kann noch mit der Kontraktsklage geltend gemacht werden.

b) In solchen Fällen kommt wegen der Verzinsung

des Kaufgeldes § 109. I. 11. des Allgem. Landrechts in Anwendung.

§ 221. Exneruationsverpflichtung, beziehentlich Zahlungsverpflichtung des Käufers aus der Uebernahme von Hypothekenschulden; Zeitpunkt der Exneruation und Zusammenhang mit der Fälligkeit der Hypothekenforderung. — Vergl. A. L. R. I. 20. § 54.; Deklaration vom 21. März 1835 (Ges.-Samml. S. 42.)

Rechtsgr. 331. — III. Senat. 21. Oktober 1872. (LXXXV. 363.)

a) Durch die bloße Uebernahme hypothekarischer Schulden auf Abrechnung des Kaufgeldes von Seiten des Käufers wird derselbe gegen den Verkäufer persönlich verpflichtet, Zahlung der übernommenen Post zu leisten, oder die Befreiung des Verkäufers von seiner Verbindlichkeit gegen die Hypothekengläubiger zu bewirken.

b) Der Plenarbeschluß vom 14. Februar 1842 ist nicht dahin zu verstehen, daß der Käufer ohne Rücksicht auf die Fälligkeit der übernommenen Hypothekenschuld zur sofortigen Zahlung oder Befreiung verpflichtet ist; vielmehr setzt der Anspruch des Verkäufers auf Zahlung oder Befreiung immer voraus, daß die Zahlung der Schuld überhaupt gefordert werden kann.

§§ 258. ff. 266. 925. ff. Eigenthumserwerb unter einer aufschiebenden oder auflösenden Bedingung; Vertrag über ein verdungenes Werk und Vorbehalt des Eigenthums.

Rechtsgr. 332. — III. Senat. 22. Januar 1869. (LXXIII. 254.)

a) Ob die für den Eigenthumserwerb gestellte Bedingung eine auflösende oder aufschiebende sei, ist eine thatsächliche Frage, bei der es auf die Absicht und den Willen der Parteien ankommt, und ist die Ermittelung, als sei das eine oder das andere gewollt, Sache der Interpretation.

b) Auf die Verträge über ein verdungenes Werk ist eine analoge Anwendung des § 266. I. 11. des Allgem. Landrechts unzulässig.

§§ 258. ff. 266. Suspensivbedingung beim vorbehaltenen Eigenthum.

Rechtsgr. **323.** — IV. Senat. 25. Februar 1869. (**LXXIV.** 48.)

Durch § 266. I. 11. des Allgem. Landrechts ist nicht ausgeschlossen, daß die Parteien verabreden, es solle der Eigenthumsübergang betreffs der gelieferten oder verkauften Sachen von einer Suspensivbedingung abhängig sein.

§§ 266. 268. 342. Eintragung des Eigenthumsvorbehaltes des Verkäufers für den Fall nicht erfolgender Zahlung des Kaufgeldes; Hypothekenrecht für die Kaufgelder; Zuschlag des mit solchem Eigenthumsvorbehalt belasteten Grundstückes. — Vergl. Konkurs-Ordnung vom 8. Mai 1855 § 384.

Rechtsgr. **324.** — III. Senat. 2. Oktober 1871. (**LXXXIV.** 13.)

a) Durch die in das Hypothekenbuch erfolgte Eintragung des Eigenthumsvorbehaltes des Verkäufers für den Fall, daß der Käufer das kreditirte Kaufgeld oder einen gewissen Theil desselben in einem bestimmten Termine nicht bezahle, erlangt der Verkäufer nicht zugleich ein Hypothekenrecht für seine Kaufgelderforderung.

b) Solches aus dem Hypothekenbuch ersichtliche dingliche Recht braucht bei der Subhastation nicht angemeldet zu werden und geht durch Nichtanmeldung für den Berechtigten nicht verloren.

c) Es liegt jedoch im Wesen der nothwendigen Subhastation, daß das Eigenthum ohne Resolutivbedingung, wenn dieselbe nicht bei der Subhastation gestellt wird und auch nicht etwa in einer Qualität, welche dem Grundstücke selbst anklebt und fortbestehen soll, sondern nur in einem persönlichen, wenn auch eingetragenen Rechte eines Dritten auf Erlangung des Eigenthums seinen Grund hat, durch den Zahlungsbescheid auf den Adjudikatar übergeht.

§§ 308. 314. Fristablauf beim Wiederkaufsrecht; Bedeutung des § 308. I. 11. des Allgem. Landrechts.

Rechtsgr. 335. — III. Senat. 19. Mai 1873. (XC. 185.)

a) Wenn ein Wiederkaufsrecht an eine bestimmte Frist geknüpft, und damit ein obligatorischer Anspruch des Verkäufers auf Wiedererwerb der verkauften Sache innerhalb dieser Frist vorbehalten ist, so muß die Frist als gewahrt angenommen werden, wenn innerhalb derselben verkäuferischerseits Alles gethan worden ist, was von dieser Seite zur Ausübung des Rechts geschehen konnte.

b) Der § 308. I. 11. des Allg. Landrechts ist nicht dahin aufzufassen, daß die Zahlung der Wiederkaufssumme und die Erfüllung der sonstigen Bedingungen des Wiederkaufs schon mit der Erklärung des Berechtigten, von dem Rechte Gebrauch machen zu wollen, verbunden sein muß, vielmehr wird damit festgesetzt, daß der Wiederkauf selbst Zug um Zug gegen Gewährung der vollen Gegenleistung verlangt werden kann.

§ 314. Löschung eines eingetragenen Wiederkaufsrechts ohne Genehmigung des Berechtigten. — Vergl. Hypotheken-Ordnung II. § 262.; Hypothekennovelle vom 24. Mai 1853 § 33. (Ges.-Samml. S. 521.)

Rechtsgr. 336. — III. Senat. 5. März 1869. (LXXIV. 82.)

Die Löschung eines eingetragenen Wiederkaufsrechts, wenngleich dasselbe wegen Ablaufs der vorbedungenen Zeit erloschen ist, ist ohne Genehmigung des Berechtigten nicht statthaft.

§§ 321—326. Simulirter Kauf- und Rückkaufsvertrag; Klage auf Erfüllung. — Vergl. Gesetz vom 14. November 1867, betreffend die vertragsmäßigen Zinsen, § 1. (Bundesgesetzblatt S. 159.)

Rechtsgr. 337. — III. Senat. 19. Dezember 1873. (XC. 340.)

Die §§ 321—326. I. 11. des Allgem. Landrechts haben durch das Bundesgesetz vom 14. November 1867 nicht alle Bedeutung verloren, finden vielmehr dann Anwendung, wenn unter den Voraussetzungen derselben ein den Worten nach geschlossenes Kauf- und Wiederkaufgegeschäft darauf hinweist, daß ein von beiden Theilen gewolltes Darlehn- und Pfandgeschäft nur in ein Kauf- und Wiederkaufgeschäft eingekleidet, dieses letztere also nur zum Schein geschlossen ist.

§ 330. Eigener Wechsel als Schuldverschreibung.

Rechtsgr. 338. — IV. Senat. 12. September 1872. (LXXXVI. 173.)

a) Die in einem eigenen Wechsel enthaltene civilrechtlich gültige Schuldverschreibung verpflichtet den Aussteller selbst nach eingetretener Präjudizirung des Wechsels.

b) In welchem Maaße ein trockener Wechsel einem Darlehnsanspruch als Beweismittel zum Grunde gelegt werden kann, ist Sache der konkreten richterlichen Würdigung.

c) Das allgemeine Bekenntniß im Wechsel, Valuta baar empfangen zu haben, beweist nicht die Darlehnsnatur des Empfangenen.

d) Weder eine gesetzliche, noch eine faktische Vermuthung spricht für die Uebereinstimmung der Valuta mit der Wechselsumme.

§§ 333. 335. 258. Kauf auf Probe. — Vergl. Allgem. Deutsches Handelsgesetzbuch Art. 339.

Rechtsgr. 339. — IV. Senat. 7. April 1870. (LXXVII. 308.)

Die Wirkung eines Kaufgeschäftes als eines Kaufes auf Probe wird dadurch nicht ausgeschlossen, daß die vom Käufer abgelehnten Waaren sollen „umgetauscht" werden können.

§§ 338. 339. Kauf auf Probe; Gebrauch der Sache durch den Käufer und Vergütung hierfür. — Vergl. Allgem. Deutsches Handelsgesetzbuch Art. 339.

Rechtsgr. 340. — IV. Senat. 3. Oktober 1872. (LXXXV. 349.)

Kommt bei einem Kauf auf Probe der Vertrag nicht zu Stande, so hat der Verkäufer für den inzwischen gestatteten Gebrauch der Sache gegen den Käufer keinen Anspruch auf Vergütung, sofern solcher nicht ausdrücklich ausbedungen war.

§ 339. Kauf auf Probe; Nichtverpflichtung des Verkäufers zur Vergütigung wegen eines beim Probegebrauch gezogenen Vortheils. — Vergl. Allgem. Deutsches Handelsgesetzbuch Art. 339.

Rechtsgr. 341. — IV. Senat. 3. Oktober 1872. (LXXXVI. 220.)

Beim Kaufe auf Probe ist der Käufer ohne entgegenstehende Abrede nicht verpflichtet, wegen des beim gewöhnlichen Probegebrauche der Sache gezogenen Vermögensvortheils dem Verkäufer Vergütung zu leisten.

§ 342. Resubhastation als neues Verfahren. — Vergl. A. G. O. I. 52. Anh. § 408. zu § 64.; Subhastationsverordnung vom 4. März 1834 § 21. (Ges.-Samml. S. 39.); Subhastations-Ordnung vom 15. März 1869 § 59. (Ges.-Samml. S. 421.)

Rechtsgr. 342. — III. Senat. 20. Januar 1871. (LXXX. 245.)

Das Resubhastationsverfahren bildet ein ganz neues Verfahren, und der Ersteher in jenem ist Eigenthümer des Grundstücks mit allen Theilen und Pertinenzien geworden, so weit diese nicht von der Adjudikatoria in Folge der Kaufbedingungen und der Lizitationsverhandlung ausgeschlossen worden.

§ 342. Fortdauer der Rechte der Hypothekengläubiger beim gerichtlich nothwendigen Verkauf beweglicher Pertinenzien. — Vergl. A. L. R. I. 20. § 445.

Rechtsgr. 343. — III. Senat. 2. Dezember 1870. (LXXX. 132.)

Der Plenarbeschluß vom 10. Juli 1837:

Unter den Worten „getrennt werden“ im § 445. I. 20. des Allgem. Landrechts ist ein wirkliches Fortschaffen oder Wegnehmen der Pertinenzstücke von der Hauptsache, und nicht die bloße Veränderung des Eigenthümers zu verstehen,

greift auch dann Platz, wenn der Käufer das Pertinenzstück bei einem gerichtlichen nothwendigen Verkaufe erworben hat.

§ 342. Rechte der Hypothekengläubiger an den Kapitalsabfindungen durch Rentenkäufe und deren Zinsen, namentlich bei erfolgter Subhastation des Hauptguts. — Vergl. A. L. R. I. 20. §§ 443. ff.; Ablösungs-Ordnung vom 7. Juni 1821 § 39. (Ges.-Samml. S. 53.); Gesetz vom 9. Juni 1835 § 3. (Ges.-Samml. S. 135.); Rentenbankgesetz vom 2. März 1850 §§ 1. 49. 50. (Ges.-Samml. S. 112.)

Rechtsgr. 344. — II. Senat. 11. Mai 1869. (LXXIV. 324.)

a) Die als Kapitalsabfindungen angewiesenen Rentenbriefe, wenngleich sie zu dem Hauptgute nicht mehr im Verhältniß eines Pertinenzstückes stehen, werden den hypothekarischen Gläubigern gegenüber dennoch bezüglich ihrer Haftbarkeit ganz so behandelt und betrachtet, als die ehedem vorhandenen Realrechte, also als mitverpfändete Pertinenzstücke.

b) Im Falle des Zuschlages des Hauptgutes in nothwendiger Subhastation nimmt das Hypothekenrecht der Gläubiger dahin nur den Ausgang, daß das für die Realberechtigung erlangte und inzwischen zur Sicherheit der Realgläubiger deponirte Kaufgeld (das Ablösungs-Kapital) der Kaufgeldermasse ebenso hinzugerechnet wird, als wenn die Ablösung nicht erfolgt wäre, und die abgelösten Realrechte zugleich mit dem Hauptgute mitverkauft wären; mit anderen Worten: die Kapitalsabfindung stellt sich in einem solchen Fall als ein Theil des Pfandobjekts dar.

c) Die von dem Tage des publizirten Adjudikationsbescheides an laufenden Nutzungen der Rentenbriefe fallen mit den Rentenbriefen selbst den bei der Kaufgeldermasse betheiligten Subhastationsinteressenten zu und unterliegen dem Pfandrecht der Realgläubiger, soweit sie zu deren Befriedigung nöthig sind.

§§ 342. 78. 192. 194. 344. Eigenthumsübergang bei gerichtlichen

Verkäufen; Uebergabe des subhastirten Grundstückes in dem Zustande zur Zeit des Bietungstermins. — Vergl. A. G. O. I. 52. § 61.

Rechtsgr. 345. — III. Senat. 22. Januar 1869. (LXXIII. 257.)

a) Der § 342. I. 11. des Allgem. Landrechts ergiebt nur den Eigenthumsübergang mit seinen Folgen bei gerichtlichen Verkäufen; verhält sich aber nicht darüber, was verkauft ist; der Gegenstand des Verkaufes wird vielmehr durch das Bietungsprotokoll und die sich daran schließende Adjudikatoria festgestellt.

b) Das subhastirte Grundstück muß in dem Zustande, in welchem es sich im Bietungstermin befindet, dem Adjudikatar übergeben und gewährt werden — ein Ackerstück also mit den damals auf dem Halme stehenden Früchten.

§ 342. Uebergang des Altentheils bei nothwendiger Subhastation. — Vergl. A. L. R. I. 4. § 19., 11. § 183. 19., §§ 1. ff.; Allg. Hypotheken-Ordnung I. §§ 48. 50. 55., II. §§ 267. 268.; Subhastations-Verordnung vom 4. März 1834 §§ 3. 6. 16. (Ges.-Samml. S. 39.)

Rechtsgr. 346. — II. Senat. 2. Februar 1869. (LXXIII. 305.)

In den Präjudizien No. 2593. und 2520 ist zwar angenommen, daß beim Mangel entgegengesetzter Feststellungen im Zuschlagsbescheide der Adjudikatar ein auf dem in nothwendiger Subhastation erstandenen Grundstücke eingetragenes Altentheil nicht blos insofern, als es in Wohnung, sondern auch insoweit, als es in Nießbrauch oder in wiederkehrenden Lasten besteht, auch wenn ihm dessen Uebernahme weder bei der Lizitation, noch durch die Adjudikatoria zur Bedingung gemacht worden, neben dem Kaufgelde übernehmen muß; es ist jedoch dabei vorausgesetzt, daß wegen des eingetragenen Altentheils während des Subhastationsverfahrens keine besonderen Bestimmungen und Verabredungen getroffen worden sind.

§ 342. Rechte des Adjudikatars im Verhältniß zu den dinglichen Rechten der Hypothekengläubiger. — Vergl. A. L. R. I. 20. § 175.

Rechtsgr. 347. — III. Senat. 22. Mai 1871. (LXXXII. 151.)

Die Rechte des Adjudikatars haben nichts damit zu schaffen, wie weit das dingliche Recht der Hypothekengläubiger sich erstreckte, für ihn ist es ohne Interesse, ob der Extrahent der Subhastation ein Hypothekengläubiger oder ein Chirographargläubiger des Subhastaten gewesen, der Adjudikatar hat immer nur auf das Anspruch, was zur Befriedigung des Extrahenten zur Lizitation gebracht ist, aber nicht darüber hinaus auch auf solche Gegenstände, welche dem Extrahenten sonst noch haften.

§ 344. Anspruch des Adjudikatars wegen Erfüllung des Vertrages, Gewähr und Vertretung an die verkaufenden Gläubiger; Verantwortlichkeit des Subhastaten wegen Devastation des Verkaufsobjekts dem Adjudikatar gegenüber.

Rechtsgr. 348. — III. Senat. 11. Februar 1870. (LXXVIII. 17.)

a) Der Adjudikatar muß sich wegen Erfüllung des Vertrages, wegen Gewähr und Vertretung aus dem Kaufgeschäfte an seine Mitkontrahenten, nämlich die verkaufenden Gläubiger halten.

b) Der Subhastat ist wegen der in der Zeit vor Einleitung der Subhastation bis zum Abschluß der Bietungsverhandlung vorgenommenen Devastationen des Verkaufsobjekts dem Adjudikatar unmittelbar verantwortlich und regreßpflichtig.

Dritter Abschnitt. Von Abtretung der Rechte.

§§ 376. 377. 393. 394. Uebertragung einer mehren bestimmten einzelnen Personen zustehenden Forderung unter einem Gesammtnamen. — Vergl. A. L. R. I. 5. §§ 116. 450.

Rechtsgr. 349. — III. Senat. 8. Juli 1870. (LXXIX. 154.)

Eine bestimmten einzelnen, in der Schuldurkunde bezeichneten Personen, z. B. den beiden Brüdern Friedrich

Wilhelm und Karl Julius Zimmermann, zustehende Forderung, kann nicht durch die Unterzeichnung eines Gesammtnamens, z. B. Gebrüder Zimmermann, durch Giro oder Cession übertragen werden.

§§ 376. 393. Eigenthums-Uebergang bei der Cession.

Rechtsgr. **350.** — III. Senat. 28. Februar 1873. (LXXXVIII. 222.)

Bei der Cession geschieht der Uebergang des Eigenthums lediglich durch die Erklärung des Cedenten, daß das abgetretene Recht von nun an der Andre als sein Eigenthum auszuüben befugt sein solle, und durch die Annahme dieser Erklärung seitens des Andern. Eines besonderen, für sich bestehenden Cessionsvertrages bedarf es dazu nicht.

§§ 382. 602. Cessibilität des Altentheils. — Vergl. A. L. R. I. **19.** § 602.

Rechtsgr. **351.** — III. Senat. 3. Mai 1872. (LXXXVI. 94.)

Wenn auch der Auszug unmittelbar der Person des abtretenden Besitzers stipulirt wird, so folgt daraus noch nicht, daß er gleichwie Statusrechte oder Personal-Privilegien an die Person des Auszüglers in dem Sinne gebunden sei, daß er zufolge der Bestimmung des § 382. I. 11. des Allg. Landrechts nicht cedirt werden könnte.

§ 382. Cession der Ausübung unübertragbarer Rechte. — Vergl. A. L. R. Einl. § **99.**

Rechtsgr. **352.** — IV. Senat. 14. Oktober 1873. (LXXXIX. 341.)

Die Abtretung der Ausübung an sich unübertragbarer Rechte ist rechtlich möglich.

§ 382. Cession der actio exceptio; Cession des Rechts des Käufers auf Uebergabe des Grundstückes an ihn.

Rechtsgr. **353.** — III. Senat. 10. Januar 1870. (LXXVII. 166.)

a) Die actio oder exceptio kann nicht cedirt werden, sondern nur das Recht selbst.

b) Das Recht des Käufers auf Gewähr der Uebergabe ist die Folge eines Kaufvertrages, welches mit der actio emti geltend gemacht werden kann, aber es ist an sich die Uebergabe an einen Dritten gar kein selbstständiges und übertragbares Recht.

§§ 382. 602. Cessibilität der Leibgedingsrente. — Vergl. A. L. R. I. **19.** § 22., **21.** § 110.

Rechtsgr. **254.** — III. Senat. 26. April 1872. (LXXXIV. 316.)

Die Leibgedingsrente ist von der Cessibilität nicht ungedingt ausgeschlossen.

§§ 393—397. Faustpfand am Hypothekendokument und Verpfändung der Hypothekenforderung; schriftliche Cession, namentlich Parcialcession, ohne Uebergabe der Schuldurkunde; Konkurrenz der mehreren Cessionarien derselben Forderung; Besitz der Urkunde. — Vergl. A. L. R. I. **20.** § 7.; Verordnung vom 9. Dezember 1809 § 2. (Ges.-Samml. S. 621.); A. L. R. I. **2.** § 7., **10.** §§ 21-23. 25.; Hypotheken-Ordnung II. §§ 203. 206. 209.; Verordnung vom 9. Dezember 1809 §§ 1. 2.

Rechtsgr. **255.** — III. Senat. 14. Februar 1870. (LXXVII. 242.)

a) Durch die pfandweise Uebergabe eines Hypothekendokuments ohne schriftliche Verpfändung wird ein Pfandrecht an der Hypothekenforderung nicht erworben, sondern nur ein Faustpfand an dem Hypothekendokument.

b) Das Eigenthum einer cedirten Forderung, worüber briefliche Urkunden vorhanden sind, geht auch bei Partialcessionen auf den Cessionar durch die bloße schriftliche Erklärung des Cedenten, ohne Uebergabe des betreffenden Dokuments, oder der davon abzuzweigenden Urkunde, über. Ob die Forderung eine blos persönliche oder eine hypothekarische ist, macht dabei keinen Unterschied.

c) Wenn jedoch ein Aktivum, ganz oder theilweise, Mehreren cedirt worden, und diese ihren Titel insgesammt von einem und demselben Autor herleiten, so schließt Derjenige, welcher den Besitz der Schuldurkunde im guten

Glauben eingeräumt erhalten hat, auch die durch frühere Cessionen erworbenen Ansprüche der übrigen aus.

§§ 393—395. Befugniß des debitor cessus zur Deposition bei erfolgter Arrestlegung auf die Schuld; Deposition am Zahlungsort und Verweisung des Deponenten an ein anderes Gericht. — Vergl. A. L. R. I. 16. §§ 213. ff.; A. G. O. I. 24. § 101.

Rechtsgr. 356. — III. Senat. 15. Oktober 1869. (LXXVI. 214.)

a) Hat der Cessionar des Exequenden dem Schuldner des letztern von der stattgehabten Cession zwar Nachricht gegeben, jedoch solche nicht nachgewiesen, so ist der Schuldner, bei welchem von einem Gläubiger des Exequenden ein Arrest angelegt wird, der von dem Exekutionsgerichte ergehenden Aufforderung zur Einzahlung zum Depositum Folge zu leisten berechtigt.

b) War dem Schuldner dagegen zur Zeit der Arrestlegung die Cession bereits nachgewiesen, so ist die Arrestlegung gegenstandslos; die Forderung wird von dem Arrest nicht mehr betroffen.

c) Ist die Deposition der Schuldsumme bei dem Gerichte des Zahlungsortes nachgesucht, wird der Deponent an ein anderes Gericht gewiesen, und erfolgt dort die Deposition, so steht die etwaige gerichtsseitig unrichtige Behandlung der Angelegenheit der befreienden Wirkung der sonst rechtmäßigen Deposition nicht entgegen.

§§ 393. 399. Publizistische Natur der Notariatsstellung; Klage des Notars auf Zurückgabe von Urkunden. — Vergl. A. L. R. II. 10. §§ 88. 89.; A. G. O. III. 7 §§ 13. 45.

Rechtsgr. 357. — III. Senat. 3. Mai 1872. (LXXXIV. 336.)

a) Das Verhältniß des Notars als eines öffentlichen Beamten ist ein an sich publizistisches, welches nur durch hinzutretende besondere Momente eine mittelbare Quelle privatrechtlicher Rechte und Pflichten werden kann.

b) der instrumentirende Notar, welchem nach aufgenommener und vom Cessionar acceptirter Partial-Cession die Haupturkunde behufs Anfertigung des Zweiginstrumentes übergeben, aber demnächst wider sein Wissen und Willen vom Cedenten wieder abgenommen ist, ist nicht legitimirt, behufs Wiedererlangung der Urkunde die Hülfe des Richters anzurufen.

§ **395**. Mündliche Cession einer verbrieften Forderung; Zurückforderung des durch den Cessionar erhobenen Betrages.

Rechtsgr. **258**. — IV. Senat. 15. Februar 1872. (**LXXXV. 34.**)

Ist eine Forderung, über welche briefliche Urkunden vorhanden sind, nur mündlich cedirt worden, und hat der Cessionar die Forderung eingezogen, so läßt sich daraus allein eine Verpflichtung desselben zur unentgeltlichen Herausgabe des Erhobenen noch nicht herleiten.

§§ **395**—**397**. Cession; Zahlung an den Cessionar.

Rechtsgr. **259**. — IV. Senat. 16. Januar 1873. (**LXXXVII.** 318.)

Die §§ 395—397. I. 11. des Allg. Landrechts finden auf Zinszahlungen keine Anwendung.

§§ **399**. ff. Wesentliche Requisite einer Cession.

Rechtsgr. **260**. — III. Senat. 14. Februar 1870. (**LXXVIII. 24.**)

Wesentliche Requisite einer Cession sind nur

1. die Erklärung des Cedenten, daß er das Recht übertrage,
2. Annahme derselben Seitens des Cessionars,
3. rechtsbeständige Form der Erklärung des Cedenten,

wobei die Annahme der Cession voraussetzt, daß die in der Cession liegende Offerte mit dem Willen des Cedenten zur Kenntniß des Cessionars gelangt ist.

§§ **402**—**404**. **149**. **150**. Nicht-Uebergabe der Regreßrechte bei Cessionen.

Rechtsgr. **261**. — IV. Senat. 27. November 1873. (**XC.** 307.)

Die Regreßrechte des weiter cedirenden Cessionars an

seinen Autor wegen Gewährleistung, seien es gesetzliche oder kontraktliche, werden nicht zu den Eigenschaften, Vorzügen oder Neben- resp. Vorrechten gezählt, die als Annexa der Forderung durch den Cessionsakt nach den §§ 402—404. I. 11. des Allgem. Landrechts auch ohne ausdrückliche Abtretung auf jeden Erwerber übergehen.

§§ 407 ff. Wirkung der Publizität des Hypothekenbuches auf das Miteigenthumsrecht an Hypothekenforderungen; Cession des Antheils durch einen Miteigenthümer. — Vergl. A. L. R. I. **20**. §§ 422. 423. 522.; Gesetz vom 4. Juli 1822 § 6. (Ges.-Samml. S. 178.)

Rechtsgr. **262**. — IV. Senat. 21. Februar 1871. (**LXXX.** 293.)

a) Die Publicität des Hypothekenbuches schützt den Cessionar des Miteigenthümers einer Hypothekenforderung gegen die Behauptung des andern Miteigenthümers, daß der Cedent durch Zahlung Seitens des Schuldners in Ansehung seines Antheilsrechtes abgefunden sei, sowie gegen den daraus hergeleiteten Anspruch, daß ihm das Allein-Eigenthum an der Hypothekenforderung zustehe.

b) Dies gilt namentlich auch im Fall der Uebereignung der Hypothekenforderung auf Grund des § 6. des Gesetzes vom 4. Juli 1822.

§ 407. Rechte eines von mehreren Benefizialerben und des Cessionars desselben zur Geltendmachung der gegen den ungetheilten Nachlaß zustehenden Forderungen. — Vergl. A. L. R. I. **17**. § 127.

Rechtsgr. **263**. — IV. Senat. 17. November 1870. (**LXXXI.** 60.)

a) Steht einem der Benefizialerben als Gläubiger des Erblassers eine Forderung an den noch ungetheilten Nachlaß zu, so kann derselbe, so lange die Gemeinschaft dauert, solche Forderung nicht im Wege eines besonderen Prozesses gegen seine Miterben geltend machen und verfolgen.

Er muß vielmehr die Forderung bei der Nachlaßregulirung anbringen und betreffs seiner Befriedigung die Auseinandersetzung abwarten.

b) Cedirt der Miterbe nach dem Tode des Erblassers seine Forderung an einen Dritten, so muß auch der Cessionar seine Befriedigung bei der Auseinandersetzung abwarten.

§§ 407. 408. Wirkung der Zahlung einer fremden Schuld, an und für sich und insbesondere in Bezug auf die ursprünglichen Verjährungsfristen. — Vergl. A. L. R. I. **16.** **§§** 45. 46.

Rechtsgr. **364.** — IV. Senat. 29. Juni 1871. (LXXXIII. 73.)

Die Qualifizirung der Zahlung einer fremden Schuld als einer Verwendung in den Nutzen des Schuldners ändert nicht ohne Weiteres den ursprünglichen Verpflichtungsgrund, giebt folglich dem Zahlenden kein besseres Recht, als das früher bestandene, und kann die kürzeren Verjährungsfristen aus dem Gesetz von 1838 nicht ausschließen.

§§ 413. ff. Ungültigkeit der Verhandlungen zwischen Schuldner und Cedent nach Bekanntmachung der Cession. — Vergl. A. L. R. I. **16.** **§§** 214. 222. ff.

Rechtsgr. **365.** — III. Senat. 21. März 1870. (LXXVII. 287.)

Alle nach gehöriger Bekanntmachung der Cession an den Schuldner stattgefundenen Verhandlungen zwischen diesem und dem Cedenten sind ungültig zu Gunsten des Cessionars.

§§ 413. 414. Exekutions-Vollstreckung und Arrestlegung cedirter Forderungen. — Vergl. A. L. R. I. **16.** § 213.; A. G. O. I. **24.** **§§** 75. 101. 103., **29.** **§§** 81. 82.; Konkurs-Ordnung vom 8. Mai 1855 **§§** 362. ff.; Gesetz vom 4. Juli 1822 § 6. (Ges.-Samml. S. 179.)

Rechtsgr. **366.** — III. Senat. 2. Dezember 1870. (LXXX. 120.)

Der Schuldner einer cedirten, auf Antrag von Gläubigern des Cedenten im Wege der Exekution diesen Gläubigern übereigneten, beziehungsweise für dieselben mit

Beschlag belegten Forderung wird von seiner Verbindlichkeit gegen den Cessionar nicht frei und kann nicht von diesem Quittung verlangen, wenn er den Schuldbetrag in Befolgung der in den Beschlagnahmeverfügungen vom Richter an ihn erlassenen Aufforderungen zur Zahlung an das Depositorium des Exekutionsgerichts, an dieses wirklich gezahlt hat, dabei jedoch wußte, daß der Cessionar auf Grund der Cession schon vor der Uebereignung und Beschlagnahme der Forderung unbeschränkter Eigenthümer derselben war.

§§ 413. 415. Entscheidung im Diffamationsprozeß und Präklusion gegen den Cedenten in ihrer Wirkung dem ältern Cessionar gegenüber; prozessualische und nicht prozessualische Verhandlungen der Parteien über das Bestehen oder Nichtbestehen eines Rechtes.

Rechtsgr. 367. — IV. Senat. 18. Januar 1872. (LXXXIII. 281.)

a) Der Cessionar muß die nach erfolgter Cession, jedoch vor geschehener Benachrichtigung des debitor cessus, gegen den Cedenten ergangene Entscheidung im Diffamationsprozeß und die Präklusion gegen sich gelten lassen.

b) Prozessualische Verhandlungen der Parteien unterscheiden sich von nicht prozessualischen über das Bestehen oder Nichtbestehen eines Rechts oder einer Verpflichtung nur dadurch, daß jene gezwungen und diese freiwillig vorgenommen werden; in ihrer materiellen Rechtswirkung sind sie einander gleich.

§§ 425. 440.

Rechtsgr. 368. — IV. Senat. 2. Mai 1871. (LXXXII. 43.)

Ein Vertrag, durch welchen der Cedent sich verpflichtet, für den Fall, daß der Pfandschuldner die cedirte Obligation nicht bis zu einem bestimmten Tage einlösen wird, dem Cessionar den Nennwerth zu zahlen, ist rechtsgültig.

§§ 434. 435. Regreß des Cessionars gegen den Cedenten.

Rechtsgr. 369. — IV. Senat. 8. Februar 1870. (LXXVIII. 10.)

a) Dem Cessionar ist der Regreß gegen den Cedenten gestattet, wenn er nachweisen kann, daß der Schuldner in anderen Sachen zahlungsunfähig befunden worden, also Kündigung und Einklagung erfolglos gewesen sein würde, sowie ferner, daß von ihm die Subhastation des verpfändeten und auf den Antrag eines Dritten bereits zur Subhastation gezogenen Grundstücks nicht früher hätte herbeigeführt werden können.

§ 435. Regreßklage des Cessionars gegen den Cedenten; Unterlassung der Kündigung.

Rechtsgr. 370. — IV. Senat. 9. Oktober 1873. (LXXXIX. 330.)

a) Die Behauptung des mit der Regreßklage belangten Cedenten, daß der Cessionar die Aufkündigung der cedirten Forderung innerhalb der durch § 435. I. 11. des Allgem. Landrechts vorgeschriebenen dreimonatlichen Frist unterlassen habe, ist nicht als Einrede aufzufassen; es gehört vielmehr der Nachweis, daß die Forderung gehörig gekündigt ist, zur Begründung der Klage.

b) Der Regreßanspruch des Cessionars gegen den Cedenten erlischt durch Unterlassung der Aufkündigung der cedirten Forderung innerhalb der dreimonatlichen Frist ipso jure und lebt durch eine spätere mündliche Entsagung des Cedenten auf die vermeintliche Einrede aus § 435 I. 11. des Allgem. Landrechts nicht wieder auf; das untergegangene Recht des Cessionars kann vielmehr nur durch einen besonderen, in schriftlicher Form geschlossenen Vertrag neu konstituirt werden.

§ 436. Regreß des Cessionars gegen den Cedenten im Falle des Konkurses oder der Zahlungsunfähigkeit des Schuldners bis zum Verfalltage der Forderung.

Rechtsgr. 371. — IV. Senat. 13. Dezember 1870. (LXXX. 165.)

Was § 436. I. 11. des Allgem. Landrechts von dem

Verfalltage sagt, ist sowohl von denjenigen Forderungen zu verstehen, die bei der Cession schon verfallen waren, als auch von solchen, die erst, um sie verfallen zu machen, der Kündignng bedurften.

Vierter Abschnitt. Vom Erbschaftskaufe.

§§ 454—457. 393. 474. 475. 483. Uebergabe der zur Erbschaft gehörigen Sache beim Erbschaftskauf.

Rechtsgr. 372. — III. Senat. 4. Juni 1869. (**LXXV.** 120.)

Ein besonderer Uebergabeakt, welcher außerhalb der von den Kontrahenten in der Vertragsschließung abgegebenen Willenserklärung liegt, wird beim Erbschaftskauf nicht erfordert.

Sechster Abschnitt. Von gewagten Geschäften und ungewissen Erwartungen.

§ 579. Natur der Wette.

Rechtsgr. 373. — IV. Senat. 16. Mai 1871. (**LXXXII.** 120.)

Zum Begriff der Wette gehört, daß jeder Theil den Einsatz des Andern gewinnen kann, und eine Wette kann nur dann angenommen werden, wenn von jedem Theile eine Sache als Einsatz bestimmt wird, welche baar gesetzt und gerichtlich oder in die Verwahrung eines Dritten niedergelegt werden kann.

§ 581. Darlehn zum Zweck des Spiels.

Rechtsgr. 374. — III. Senat. 19. September 1873. (**LXXXIX.** 252.)

Um den Darlehnsgeber von der Klage auf Erstattung des Darlehns auszuschließen, genügt es nicht, daß Umstände oder Handlungen der Kontrahenten vorliegen, aus welchen selbst mit Zuverlässigkeit geschlossen werden kann, daß nach ihrer Absicht die geliehenen Gelder zum Spiel oder zur Bezahlung einer dabei gemachten Schuld verwendet werden sollen.

§§ **602**. ff. **1117**. Gleichstellung der Alimentationspflicht aus dem Gesetz und aus Willenserklärungen; Vortheile, welche der Uebernehmer einer Rustikalstelle dem vorigen Besitzer zu seiner Versorgung auf Lebenslang gewährt, als Alimentenforderung. — Vergl. **A. L. R.** I. **16**. §§ 61—63. 366. 413., **20**. § 581., II. **19**. § 20.; **A. G. O.** I. **2**. § 6., **14**. § 6. und Anhang § 112., **21**. § 5. No. 1., II. **3**. §§ 22. 23.; Exekutions-Verordnung vom 4. März 1834 § 4. (Ges.-Samml. S. 39.)

Rechtsgr. **375**. — II. Senat. 10. und 15. Juni 1869. (**LXXV**. 162.)

a) In den folgenden Gesetzen:

Allgem. Landrecht I. 11. §§ 603. 1117., I. 16. §§ 61. bis 63. 366. 413., I. 20. § 581., ferner II. 19. § 20.; sowie Allg. Gerichts-Ordnung I. 2. § 6., I. 14. § 6. und Anhang § 112., I. 21. § 5. No. 1., und II. 3. §§ 22. 23., und endlich Exekutions-Verordnung vom 4. März 1834 § 4.,

ist nicht unterschieden, ob die Alimentationspflicht auf dem Gesetz oder auf Willenserklärung beruht.

b) Die Vortheile, welche der Uebernehmer einer Rustikalstelle dem vorigen Besitzer zu seiner Versorgung auf Lebenslang anweist, sind den Alimentenforderungen gleich zu achten.

§ **602**. Verpflichtung des Verpächters zur Entrichtung des Altentheils. — Vergl. A. L. R. I. **21**. §§ 293. 295. 414.

Rechtsgr. **376**. — III. Senat. 6. Mai 1870. (**LXXVIII**. 220.)

Das Altentheil ist zu den aus Verträgen auf der Sache haftenden fortlaufenden Prästationen zu zählen.

§ **602**. Altentheilsbefugnisse als dingliche Rechte auf fremdes Eigenthum im Sinne des 19. Titels I. Theils des Allg. Landrechts. — Vergl. A. L. R. I. **19**. §§ 17. 18. 20.

Rechtsgr. **377**. — II. Senat. 22. April 1873. (**LXXXIX**. 48.)

Das Altentheilsrecht ist eine Beschränkung fremden Eigenthums, kein Reservatrecht, und weicht als dingliches

Recht von den im 19 Titel Theil I. des Allgem. Landrechts behandelten dinglichen Rechten nicht ab.

§§ 606. 869. 865. Vertrag über Handlungen oder Leibrentenvertrag? — Vergl. A. L. R. I. 5. § 408.

Rechtsgr. **378.** — I. Senat. 30. September 1872. (LXXXVI. 213.)

Wird in einem Vertrage über Dienstleistungen dem zu diesen Diensten Verpflichteten ein Ruhegehalt zugesichert, welches eben die Bezeichnung einer Pension führt, so nimmt dieser Lohn für bereits geleistete Dienste noch nicht die Natur einer Leibrente in dem Sinne an, daß nunmehr der Dienstvertrag, trotz seiner erwähnten speziellen Natur als Vertrag über Handlungen, sich in einen Leibrentenvertrag von selbst verwandelt.

Siebenter Abschnitt. Vom Darlehnsvertrag.

§§ 653. 853. 854. Begriff des Darlehns.

Rechtsgr. **379.** — IV. Senat. 9. Februar 1871. (LXXXI. 124.)

a) Ein Darlehn kann gegeben sein, nicht nur ohne daß der Darleiher Eigenthümer oder Besitzer des Darlehnsgegenstandes ist, sondern auch ohne daß er selbst oder durch einen Dritten die Sache dem Borger übergeben hat.

b) Es stellt auch eine Erfüllung des Darlehnsvertrages dar, wenn der Borger einseitig ohne alles Zuthun des Darleihers sich in den Besitz der versprochenen Sache, als einer ihm nach dem Vertrage zu leistenden Sache, gesetzt hat.

§§ 662. 663. Darlehne aus fremdem Gelde.

Rechtsgr. **380.** — IV. Senat. 27. Mai 1869. (LXXIV. 332.)

Die §§ 662. 663. I. 11. des Allgem. Landrechts:

Hat Jemand wissentlich fremdes Geld von einem Andern, der darüber zu verfügen nicht berechtigt war, zum Darlehn angenommen, so muß er dasselbe, insofern es noch vorhanden ist, dem wahren Eigenthümer zurückgeben.

Ist das Geld nicht mehr vorhanden, so haftet der Empfänger dem wahren Eigenthümer für das Kapital und landübliche Zinsen,

erfordern zu ihrer Anwendbarkeit, daß der Empfänger des Geldes Wissenschaft hatte nicht blos davon, daß das gegebene Geld fremdes war, sondern auch davon, daß der Geber nicht berechtigt war, darüber zu verfügen.

§§ 729. 730. Erfüllung der bei einem Darlehnsvertrage außerhalb des Schuldscheins getroffenen Abreden.

Rechtsgr. 381. — IV. Senat. 24. März 1870. (LXXVIII. 119.)

Soll bei einem abgeschlossenen Darlehnsvertrage auf die Erfüllung einzelner dabei getroffenen Verabredungen geklagt werden können, so ist nicht erforderlich, daß die Erklärung gerade die Form eines Schuldscheins hat, es genügt schon, daß über die Verabredung eine von dem Schuldner schriftlich ausgestellte Erklärung vorliegt.

§ 729. Schuldverhältnisse aus Darlehnsverträgen; Nothwendigkeit der schriftlichen Form.

Rechtsgr. 382. — IV. Senat. 9. Oktober 1873. (LXXXIX. 325.)

Der § 729. I. 11. des Allgem. Landrechts erfordert die schriftliche Form nur für den Abschluß des Darlehnsgeschäftes, ist aber auch auf diejenigen Verträge anzuwenden, durch welche ein gegebenes Darlehn ferner belassen wird. — Eine Ausdehnung auf andere Verträge über Schuldverhältnisse aus Darlehnsgeschäften, welche nicht das fernere Belassen des Darlehns betreffen, gestatten weder die Worte dieses Paragraphen, noch spricht dafür die Absicht des Gesetzes.

§§ 729. 824. Darlehnsvertrag in Handelssachen und unter Personen kaufmännischen Standes. — Vergl. Allg. Deutsches Handelsgesetzbuch Art. 271. 277. 317.

Rechtsgr. 383. — IV. Senat. 31. Januar 1871. (LXXX. 288.)

Den Bestimmungen der §§ 729. 824. I. 11. des Allg. Landrechts ist in Handelssachen und beziehungsweise unter Personen kaufmännischen Standes durch die Bestimmungen, wonach die von einem Kaufmann geschlossenen Verträge im Zweifel als zum Betriebe des Handelsgewerbes gehörig und geschlossen angesehen werden sollen, und ihre Gültigkeit durch schriftliche Abfassung oder andere Förmlichkeiten nicht bedingt ist, derogirt.

§ 732. Vermuthung des Schuldscheins für die Richtigkeit seines Inhalts. — Vergl. A. G. O. I. 10. §§ 133. 136. 158a., 13. § 10. No. 1.

Rechtsgr. 384. — IV. Senat. 9. November 1871. (LXXXIII. 91.)

Der im § 732. I. 11. des Allg. Landrechts ausgedrückte Beweisgrundsatz gilt für alle Urkunden und für alle Arten von Verbindlichkeiten, namentlich beweist der eine eigne Schuld anerkennende Schuldschein auch die aus Vertretung entstandene im Schuldschein mit aufgeführte Schuld.

§ 738. Rechte des postlozirten Gläubigers aus einer noch nicht gelöschten Protestation wegen nicht erhaltener Darlehnsvaluta. — Vergl. Hypotheken-Novelle vom 24. Mai 1853 §§ 43. 49. (Ges.-Samml. S. 521.); Konkurs-Ordnung vom 8. Mai 1855 § 392.

Rechtsgr. 385. — III. Senat. 13. Dezember 1869. (LXXVI. 331.)

Gleich dem Schnldner ist auch der postlozirte Gläubiger berechtigt, die aus der Eintragung der noch nicht gelöschten Protestation wegen nicht erhaltener Darlehnsvaluta sich ergebende Präsumtion für sich in Anspruch zu nehmen, und bezüglich der Verität den Beweis der Affirmative von dem voreingetragenen Gläubiger zu erwarten.

§§ 738. 739. Beweislast beim Einwande der nicht gezahlten Hypotheken-Darlehnsvaluta.

Rechtsgr. 386. — III. Senat. 30. Mai 1870. (LXXVIII. 282.)

Ist die Eintragung aus der hypothekarischen Schuldverschreibung erfolgt, und macht der Schuldner auf die angestellte Klage noch vor Ablauf der 38tägigen Frist den Einwand der nicht erhaltenen Darlehnsvaluta, so daß damals der klagende Gläubiger die Verpflichtung überkam, den Beweis der gezahlten Valuta zu führen, so kann diese dem Verklagten gegenüber bereits bestehende Verpflichtung durch den bloßen während des Laufes des Prozesses versäumten Ablauf der Frist nicht alterirt werden.

§§ 738. 739. Thatsächliche Vermuthung des § 738. I. 11. des Allg. Landrechts und Wiederlegbarkeit derselben. — Vergl. A. L. R. I. 20. §§ 425. 426.

Rechtsgr. 387. — III. Senat. 6. Oktober 1871. (LXXXIV. 35.)

Die durch die §§ 738. 739. I. 11. des Allg. Landrechts begründete Vermuthung aus dem Bekenntniß empfangener Valuta bei Schuld-Instrumenten, die zur Eintragung in das Hypothekenbuch bestimmt sind, auf die wirklich erfolgte Hingabe der Valuta ist eine thatsächliche Vermuthung, welche durch Gegenbeweis entkräftet werden kann.

§ 739. Gegenbeweis gegen die Vermuthung des § 739. I. 11. des Allg. Landrechts.

Rechtsgr. 388. -- IV. Senat. 3. April 1873. (LXXXVIII. 365.)

Auch im Falle des § 739. I. 11. des Allgem. Landrechts steht dem Schuldner der Gegenbeweis für den Nichtempfang der Valuta zu.

§§ 743. 744. Fälschliches Ableugnen der Unterschrift unter einem Schuldschein. — Vergl. A. G. O. I. 22. §§ 51. ff.

Rechtsgr. 389. — IV. Senat. 3. Februar 1870. (LXXVII. 222.)

Jede analoge Anwendung des § 743. I. 11. des Allg. Landrechts:

„Wer seine Unterschrift fälschlich leugnet, verliert alle

Einwendungen, die ihm sonst gegen die Schuldforderung noch zugestanden hätten",

ist ausgeschlossen, und ist die Bestimmung nur auf das wahrheitswidrige Ableugnen der Namensunterschrift wider besseres Wissen durch eine positive Erklärung zu beziehen.

§§ 769. 412. 775. Aenderung des Ortes der Rückzahlung eines Darlehns, wenn der Schuldner den Cessionar ausdrücklich für seinen Gläubiger anerkannt hat. — Vergl. A. L. R. I. 5. §§ 37. 38. 185—192.

Rechtsgr. **390**. — IV. Senat. 20. Juni 1871. (LXXXIII. 62.)

Aus dem im § 412. I. 11. des Allg. Landrechts enthaltenen Rechtsgrundsatze, daß der ursprüngliche Gläubiger gar nicht als existent, vielmehr der Cessionar so angesehen werden soll, als sei er der ursprüngliche Gläubiger, als sei das Rechtsgeschäft erst mit ihm abgeschlossen worden, folgt: daß bei einer Cession in Gemäßheit des § 769. a. a. O. für die Rückzahlung eines Darlehns derjenige Ort entscheidend sein muß, wo zur Zeit der Cession resp. der Anerkennung als Gläubiger der Cessionar gewohnt hat.

§ 818. Verzugszinsen von Verzugszinsen in Handelsgeschäften. — Vergl. Allg. Deutsches Handelsgesetzbuch Art. 289. 291.

Rechtsgr. **391**. — IV. Senat. 5. November 1868. (LXXIII. 22.)

Verzugszinsen können als fällige Forderungen aus Handelsgeschäften im Sinne des Art. 289. des Allgem. Deutschen Handelsgesetzbuches nicht betrachtet, und können, abgesehen von dem Ausnahmefall des Art. 291. a. a. O., Zinsen von Verzugszinsen nicht gefordert werden.

§§ 837—839. Kapitals-Ersetzung durch Zinszahlung bei Hypotheken.

Rechtsgr. **392**. — III. Senat. 26. September 1870. (LXXXI. 4.)

Die §§ 837—839. I. 11. des Allg. Landrechts sind nicht anwendbar, wenn die zu ersetzende Forderung für einen Andern verbrieft und eingetragen ist.

§§ **843—845**. Erforderniß der Quittung ohne Vorbehalt im Sinne dieser Paragraphen; Zahlung aus gerichtlichen Depositorien und Quittungsleistung ohne Vorbehalt.

Rechtsgr. **393**. — **IV**. Senat. 5. November 1868. (**LXXIII**. 22.)

Unter der in den §§ 843—845. I. 11. des Allgem. Landrechts gedachten, ohne Vorbehalt gegebenen Quittung über das Kapital ist nur eine solche zu verstehen, welche von dem Gläubiger dem Schuldner ertheilt worden ist.

Eine solche Quittung ohne Vorbehalt liegt daher nicht vor, wenn sie von dem Gläubiger über die Zahlung aus einer im gerichtlichen Gewahrsam befindlichen Masse, z. B. aus einer Konkurs- oder Subhastationsmasse, ertheilt wird.

§ **845**. Nachforderung von Judikatszinsen.

Rechtsgr. **394**. — **III**. Senat. 5. Februar 1872. (**LXXXV**. 29.)

Verzugszinsen, welche vom Tage des ergangenen Urtheils zu laufen anfangen, können so lange gefordert und eingeklagt werden, als nicht über das Kapital ohne Vorbehalt quittirt ist.

§ **848**. Im Urtheil übergangene Zinsen.

Rechtsgr. **395**. — **IV**. Senat. 15. Dezember 1870. (**LXXXIII**. 1.)

Der § 848. I. 11. des Allgem. Landrechts und der Rechtsgrundsatz, daß die im Vorprozesse nicht zuerkannten Zinsen nicht besonders sollen eingeklagt werden dürfen, finden nur auf solche Zinsen Anwendung, auf welche der Richter des Vorprozesses hätte erkennen können.

§§ **866**. **772**. Begriff des Kredit-Eröffnens Seitens eines Banquiers gegenüber einem Gewerbetreibenden; unrichtige Bezeichnung des Anspruches im Eintragungsvermerk. — Vergl. A. L. R. I. **20**. §§ 13. 14.

Rechtsgr. **396**. — **III**. Senat. 3. Juli 1871. (**LXXXII**. 238.)

a) Wo ein Banquier einem Gewerbetreibenden einen Kredit eröffnet hat, da ist es bei der eigenthümlichen

Natur dieses Geschäftsverhältnisses begriffswidrig, die innerhalb des Kredits „zu gewährenden Beträge" ohne Weiteres mit Darlehnen zu identifiziren. Es sind darunter Geldvortheile jeder Art zu subsumiren, welche dem Kreditnehmer durch das Eintreten des Kreditgebers zufallen.

b) Ist in der Verpfändungs-Urkunde der Anspruch richtig bezeichnet, und hat aus Mißverständniß nur der Eintragungsvermerk eine inkorrekte Fassung erhalten, so wird dadurch die Rechtsgültigkeit der Hypothek nicht beeinträchtigt.

§§ 867. 732. 733. 739. 866. Ungültige Hypothekenforderung im Verhältniß zu den Abreden zwischen Käufer und Verkäufer des verpfändeten Grundstückes bezüglich der Hypothekenforderung, namentlich bei Uebernahme derselben in partem pretii. — Vergl. A. L. R. I. **20**. §§ 12. 54. 422.

Rechtsgr. **397**. — III. Senat. 16. Dezember 1870. (LXXX. 189.)

a) Der Gläubiger einer ungültigen Hypothekenforderung kann die Ungültigkeit durch Hinweis auf Abreden zwischen dem Käufer und dem Verkäufer des verpfändeten Grundstückes nicht beseitigen.

b) Dies gilt namentlich bezüglich der Uebernahme der ungültigen Hypothekenforderung in partem pretii durch Käufer.

§ 867. Bedeutung des § 867. I. 11. des Allg. Landrechts.

Rechtsgr. **398**. — IV. Senat. 29. Februar 1872. (LXXXIV. 249.)

Durch die Bestimmung des § 867. I. 11. des Allg. Landrechts:

Daß es die Natur des ursprünglichen Geschäfts, aus welchem die Zahlungsverbindlichkeit entstanden, noch nicht ändere, wenngleich über die schuldige Summe ein Schuldschein als über ein Darlehn ausgestellt sei,

ist ein Mehreres nicht gesagt, als daß durch die mit dem wahren Vertragsverhältniß nicht übereinstimmende, also unrichtige, Bezeichnung der schuldigen Summe als Darlehn diese nicht die rechtliche Natur eines Darlehns annehmen, daß vielmehr, ungeachtet jener wahrheitswidrigen Bezeichnung, auf dasjenige Rechtsgeschäft, aus welchem die Verbindlichkeit iu der That entstanden ist, bei der Beurtheilung des aus demselben hervorgegangenen Rechtsstreits zurückgegangen werden soll.

Achter Abschnitt. Von Verträgen, wodurch Sachen gegen Handlungen, oder Handlungen gegen Handlungen versprochen werden.

§§ **869**. ff. **886**. **888**. Auftrag zur Vermittelung eines Geschäfts gegen Lohn als Vertrag über Handlungen oder Mandat. — Vergl. A. L. R. I. **13**. §§ 13. ff. 69.

Rechtsgr. **399**. — IV. Senat. 17. Februar 1870. (LXXIX. 33.)

Das Versprechen eines Proxenetikums für die Vermittelung eines Geschäfts unter der Bedingung, daß dasselbe auch zu Stande komme, ist sowohl mit einem Mandat, als mit dem Vertrage über Handlungen vereinbar.

§§ **869**—**893**. Rechtliche Natur der Verträge über Handlungen.

Rechtsgr. **400**. — IV. Senat. 14. November 1871. (LXXXIII. 122.)

Eine Absicht der Kontrahenten, daß durch die Handlung ein bestimmter Erfolg bewirkt werden soll, gehört dem Wesen der Verträge über Handlungen nicht nothwendig an.

§§ **908**. **909**. **920**—**924**. Anwendung derselben auch auf darstellende Künstler.

Rechtsgr. **400a**. — IV. Senat. 19. Dezember 1871. (LXXXIV. 164.)

Die §§ 908., 909—924. I. 11. des Allg. Landrechts finden auch auf darstellende Künstler (Schauspieler) Anwendung.

§§ 925. 981. Stempelsteuer; ob Lieferungs- oder Verdingungsvertrag? — Vergl. Gesetz wegen der Stempelsteuer vom 7. März 1822; Tarifposition „Lieferungs-Verträge."

Rechtsgr. **401.** — I. Senat. 14. Oktober 1872. (LXXXVI. 251.)

In der Pflicht zum Anfertigen besteht der Hauptunterschied des Verdingungsvertrages vom Lieferungsvertrage, während die Vertretbarkeit des Vertragsobjektes kein entscheidendes Moment ist, vielmehr der Gegenstand beider Verträge sowohl individuell bestimmt, als fungibler Beschaffenheit sein kann.

Bei der in jedem konkreten Falle nothwendigen Prüfung hat sich daher die Aufmerksamkeit vorzugsweise darauf zu richten, in welchem Maaße es den Kontrahenten auf die Anfertigung und die Art der Herstellung ankommt.

§§ 925—967. 969. Ausschließliche Anwendbarkeit der §§ 925—967. I. 11. des Allg. Landrechts auf Bau- oder Werkverständige; Bedeutung von „Baumeister" im § 969. a. a. O.

Rechtsgr. **402.** — IV. Senat. 6. Juli 1871. (LXXXII. 248.)

a) Die §§ 966. 967., sowie die Vorschriften von Verträgen über ein verdungenes Werk §§ 925—965. I. 11. des Allgem. Landrechts bleiben außer Anwendung, wenn der Uebernehmer eines Baues oder Werkes kein Bau- oder Werkverständiger ist.

b) Bei der Bestimmung des § 969. I. 11. des Allg. Landrechts:

> Wegen solcher Fehler hingegen, die in der schlechten Beschaffenheit der Materialien ihren Grund haben, kann der Baumeister zu allen Zeiten, innerhalb der gewöhnlichen Verjährungsfrist, zur Verantwortung gezogen werden,

kommt die Eigenschaft des Uebernehmers als eines Sachverständigen nicht in Betracht; mit dem Ausdruck „Baumeister" ist nur im Allgemeinen derjenige gemeint, welcher den Bau ausgeführt hat, also nicht nur ein sachverständiger Baumeister.

§§ **932. 940.** Zögerungszinsen beim verdungenen Werk. — Vergl. A. L. R. I. **16.** §§ 20. 71.

Rechtsgr. **403.** — IV. Senat. 4. Oktober 1870. (**LXXIX.** 255.)

Die allgemeinen Regeln über die rechtlichen Folgen des Verzuges sind auch bei Verträgen über ein verdungenes Werk anzuwenden.

§ **947.** Verdungenes Werk; Annahme ohne Prüfung durch Sachverständige.

Rechtsgr. **403a.** — IV. Senat. 20. April 1871. (**LXXXIII.** 15.)

Hat der Besteller das Werk ohne vorgängige Prüfung durch Sachverständige übernommen, so geht er des Wahlrechts aus § 987. 1. 11. des Allg. Landrechts verlustig, und kann nur noch entweder die versprochene Zahlung leisten oder wegen der Fehlerhaftigkeit Schadloshaltung verlangen.

Neunter Abschnitt. Von Schenkungen.

§ **1042.** Wiederlegung der aus § 1042. I. 11. des Allg. Landrechts entspringenden Vermuthung der Schenkung.

Rechtsgr. **404.** — IV. Senat. 5. Januar 1869. (**LXXIII. 204.**)

Der Umstand, daß derjenige, welcher etwas ohne Vorbehalt gegeben oder geleistet hat, ein Schuldner des Empfängers ist, ist für sich allein nicht dazu geeignet, die Vermuthung der Schenkung nach § 1042. I. 11. des Allgem. Landrechts zu beseitigen.

§§ **1048. 1049.** Bedeutung und Erfordernisse der §§ 1048. 1049. I. 11. des Allg. Landrechts.

Rechtsgr. **405.** — I. Senat. 24. März 1873. (**LXXXVIII.** 332.)

a) Es ist im einzelnen Falle nach den vorwaltenden Umständen zu ermessen, inwiefern ein Versprechen zu dem

Endzweck, eine Ehe zu Stande zu bringen, ertheilt, und in dieser Richtung der diesfällige Vertrag abgeschlossen worden, es sich also darum gehandelt habe, etwas zu geben, damit eine Ehe zu Stande komme, resp. ihre Eingehung zu befördern.

b) Der § 1049. I. 11. des Allg. Landrechts setzt nur voraus, daß die in Rede stehende Ehe zwar noch nicht vollzogen, aber deren Eingehung bereits gewiß und in der Vorbereitung begriffen sei.

§§ 1065—1068. Unzulänglichkeit der blos symbolischen Uebergabe bei formlosen Schenkungen beweglicher Sachen.

Rechtsgr. **406**. — **III.** Senat. 17. Januar 1870. (**LXXVII.** 190.)

In dem § 1068. I. 11. des Allgem. Landrechts ist das generelle, auf alle Sachen anwendbare Prinzip aufgestellt:

Der Geschenknehmer muß in die Lage versetzt sein, daß er zum Zwecke der thatsächlichen Verfügung über die geschenkte Sache mit dem Schenker nicht mehr in Konflikt kommen, vielmehr unmittelbar über sie körperlich verfügen kann. Die symbolische Uebergabe insbesondere ist ungenügend, wenn dadurch der Schenker nicht aus der körperlichen Herrschaft über die Sache gesetzt ist.

§§ 1065. 1068. Schenkung eines Sparkassenkapitals durch Uebergabe des Sparkassenbuches.

Rechtsgr. **407**. — IV. Senat. 26. Juni 1873. (**LXXXIX.** 111.)

Die Schenkung eines in einem Sparkassenbuche verbrieften Sparkassenkapitales kann zwar gültiger Weise nicht unter Aushändigung des betreffenden Sparkassenbuches in mündlicher Form geschehen, erfordert vielmehr eine schriftliche Cession; — es liegt jedoch in der auf Grund einer mündlichen Schenkung des Sparkassenkapitales und Aushändigung des Sparkassenbuches geschehenen Erhebung des geschenkten Sparkassenkapitales der Akt der Uebergabe im Sinne der §§ 1065. 1068. I. 11. des Allg. Landrechts.

§§ 1065. 393. ff. Uebergabe bei formlosen Schenkungsversprechen.

Rechtsgr. 408. — III. Senat. 24. Januar 1873. (LXXXVIII. 19.)

Das wegen mangelnder gerichtlicher Form ungültige Schenkungsversprechen kann auch nicht durch Bestellung einer Hypothek für dasselbe und Eintragung im Hypothekenbuch gültig werden, und die Aushändigung des Dokuments an die Beschenkten ist nur die Aushändigung der über das Schenkungsversprechen lautenden, mit dem Formmangel behafteten Urkunde, nicht etwa die Uebergabe der geschenkten Sache.

§§ 1068. ff. Schenkung, Mangel der gesetzlichen Form.

Rechtsgr. 409. — III. Senat. 3. November 1873. (LXXXIX. 350.)

Durch die einem Andern mündlich gemachte bloße Mittheilung einer Schenkung, von deren anderweitig erfolgtem formgerechten Zustandekommen nichts konstirt, und durch die demnächstige mündliche Annahme derselben kann den Anforderungen des Gesetzes über die für Schenkungsverträge zu beachtende Form bei einer thatsächlich nicht vollzogenen Schenkung nicht genügt werden.

§ 1090. Widerruf einer Schenkung durch den Erben des Schenkers.

Rechtsgr. 410. — III. Senat. 6. Oktober 1871. (LXXXIV. 30.)

Eine außergerichtlich geschlossene, schon durch Uebergabe vollzogene Schenkung kann auch von den Erben des Schenkgebers innerhalb sechs Monaten widerrufen werden.

§§ 1113. 1114. Widerruf der Schenkungen wegen Verkürzung des Pflichttheils.

Rechtsgr. 411. — I. Senat. 14. Oktober 1872. (LXXXVI. 262.)

Auch im § 1114. I. 11. des Allgem. Landrechts ist

dem Widerrufe keine weitere Wirkung beigelegt, als daß dem widerrufenden Notherben der Pflichttheil ergänzt, nicht aber hierüber hinaus vom Geschenknehmer etwas herausgegeben werden muß.

§§ 1169. 1163. ff. 1037. 378. Charakter der belohnenden Schenkungen lediglich als Schenkung. — Vergl. Konkurs-Ordnung vom 8. Mai 1855 § 102. Nr. 2.

Rechtsgr. **412.** — IV. Senat. 14. September 1869. (**LXXVI.** 87.)

a) Belohnende Schenkungen fallen nicht unter den Gesichtspunkt der lästigen Verträge, sondern als eine besondere Art der Schenkungen unter den Gesichtspunkt dieser letzteren.

b) Zu den im § 102. No. 2. der Konkurs-Ordnung bezeichneten Schenkungen gehören auch die belohnenden Schenkungen.

Titel 12. Von den Titeln zur Erwerbung des Eigenthums, welche aus Verordnungen von Todeswegen entstehen.

Erster Abschnitt. Von Testamenten und Kodizillen.

§§ 72. 1. 9. 10. 82. 83. 139. 621. Erforderniß der Gültigkeit eines Erbvertrages.

Rechtsgr. **413.** — I. Senat. 11. Dezember 1871. (**LXXXIV.** 146.)

Die Beobachtung der Vorschriften der §§ 72. 82. 83. I. 12. des Allgem. Landrechts, daß das Gericht gehörig besetzt sein müsse und nur dann gehörig besetzt sei, wenn dasselbe wenigstens aus einer zur Justiz verpflichteten Gerichtsperson und einem vereideten Protokollführer, oder an dessen Stelle zwei vereideten Schöppen besteht, gehört zur Gültigkeit eines gerichtlichen Testaments, also auch eines Erbvertrages, dergestalt nothwendig, daß, wenn sie verabsäumt worden, der letzte Wille nicht bestehen kann.

§ 115. Bezeugung der Handzeichen des Testators. — Vergl. A. L. R. I. 5. § 178. u. Anhang § 5.; A. G. O. §§ 68—71. u. 421. des Anhangs.

Rechtsgr. 414. — I. Senat. 3. Mai 1869. (LXXIV. 305.)

Die Bestimmung des § 115. I. 12. des Allgem. Landrechts:

„In allen Fällen, wo der Testator das Protokoll über die Erklärung seines letzten Willens, oder dessen Uebergebung, es sei aus welcher Ursache es wolle, nicht selbst unterschreiben kann, muß das Handzeichen desselben durch zwei dabei zugezogene glaubwürdige Männer bezeugt werden",

erfordert nur, daß aus der Fassung der Verhandlung und der Art und Weise der Vermerke der zugezogenen Personen beurtheilt werden kann, ob die ausreichende Gewißheit dafür vorhanden ist, daß letztere die Handzeichen des Schreibensunkundigen bezeugt haben.

§§ 115. ff. 139. Testament eines Analphabeten.

Rechtsgr. 415. — I. Senat. 9. Juni 1871. (LXXXII. 194.)

a) Das von einem Schreibensunkundigen gerichtlich errichtete Testament wird dadurch nicht ungültig, daß der Testator zwar vor den zugezogenen Zeugen erklärt hat, daß ihm dasselbe vorgelesen worden sei, und er dessen Inhalt genehmige, er aber unter das Protokoll kein Handzeichen gesetzt und auch nicht ausgesprochen hat, daß er zur Beifügung solcher Handzeichen nicht im Stande sei.

b) Ist dem gerichtlich aufgenommenen Testament eine Unterschrift oder ein Handzeichen des Analphabeten nicht beigefügt, auch im Protokoll die Unfähigkeit des Testators zur Namensunterschrift oder Beifügung des Handzeichens nicht vermerkt, so hat dies, die Zuziehung der Testamentszeugen vorausgesetzt, auf die Gültigkeit des Testaments keinen Einfluß.

§§ 117—121. 136—138. Gültigkeit des Testamentes trotz der Verwandtschaft des Testamentszeugen mit dem eingesetzten Erben, Legatar oder dem Testator und trotz der Bedenkung des Testamentszeugen mit Legaten. — Vergl. A. G. O. I. **10.** §§ 227 ff.; Notariatsordnung vom 11. Juli 1845 §§ 5. 8.

Rechtsgr. **416.** — I. Senat. 23. November 1869. (LXXVII. 60.)

a) Das Verwandtschaftsverhältniß des Testamentszeugen zu dem eingesetzten Erben, dem Legator oder dem Testator steht der Zuziehung als Schreibzeuge nicht entgegen. Das lediglich das Verfahren bei Aufnahme notarieller Verhandlungen ordnende Gesetz vom 11. Juli 1845 ist auf das Verfahren bei Aufnahme gerichtlicher Testamente gar nicht anwendbar; letzteres unterliegt vielmehr lediglich den Bestimmungen des Allgem. Landrechts Thl. I. Tit. 12.

b) Die Bestimmung des § 136. I. 12. des Allgem. Landrechts findet auch auf die bei Aufnahme eines Testamentes mitwirkenden Schreibzeugen Anwendung.

Allgem. Landrecht Anhang **§ 33.** zum **§ 139.** Anwendung des § 33 des Anhangs zum Allgem. Landrecht auch auf gerichtlich aufgenommene Testamente.

Rechtsgr. **417.** — I. Senat. 29. September 1871. (LXXXII. 354.)

Ein zum gerichtlichen Protokoll aufgenommenes Testament wird nicht ungültig, wenn es mit dem Gerichtssiegel nicht versiegelt, und ferner, wenn es nicht unterschrieben, d. h. auf dem Umschlage mit dem Vermerke der Zeit, wo es errichtet worden, in der vorgeschriebenen Form nicht versehen ist.

§§ 139. 134. Gültigkeit der Testamente; Verwandtschaft des Richters mit dem eingesetzten Erben.

Rechtsgr. **418.** — I. Senat. 16. Dezember 1872. (LXXXVII. 250.)

Es enthält keine Verletzung der nach § 139. I. 12. des Allgem. Landrechts wesentlichen Formen der Testamente, wenn im Testamente ein Angehöriger des bei der Aufnahme mitwirkenden Richters eingesetzt ist.

§ **163**. Anhang § **35**. zu §§ **164**. ff. **565**—**567**. **584** **594**. Datum des schriftlich übergebenen Testaments und Tag der Uebergabe desselben.

Rechtsgr. **419**. — I. Senat. 11. Oktober 1871. (LXXXIV. 44.)

a) Für das schriftlich übergebene Testament ist der Tag seiner gerichtlichen Uebergabe, nicht der Tag seiner Niederschreibung maaßgebend zur Fixirung der Zeit der letztwilligen Willenserklärung.

b) Ist ein in einem mit der Kodizillarklausel versehenen Testament ausgesetztes Legat durch einen zwar nach dem Datum des Testamentes, jedoch vor dessen gerichtlicher Uebergabe niedergeschriebenen Nachzettel widerrufen, so ist ein solcher Widerruf unwirksam.

§§ **277**—**279**. **627**. ff. Nichtanwendbarkeit der §§ 277—279. I. 12. des Allgem. Landrechts auf den Vertragserben, welcher dem ernannten Testamentserben gegenüber die Erbschaft erstritten hat.

Rechtsgr. **420**. — I. Senat. 1. März 1869. (LXXIV. 66.)

Die Bestimmung der §§ 277—279. I. 12. des Allg. Landrechts:

daß für den Fall, wenn der Testamentserbe oder mehrere ernannte Testamentserben sämmtlich die Erbschaft nicht annehmen können oder wollen, auch ein ernannter Substitut nicht vorhanden ist, der ganze Nachlaß an die Intestaterben fällt, und daß in beiden Fällen die Intestaterben nur an die Stelle der eingesetzten Erben treten und gleich diesen den Verordnungen des Erblassers in Ansehung der Vermächtnisse oder sonst Genüge leisten müssen,

kann auf die Vertragserben nicht angewendet werden, welche in Folge ihres vertragsmäßigen Rechts das Testament angefochten und dem ernannten Testamentserben gegenüber die Erbschaft erstritten haben.

§ 288. Vermächtniß; Erbregulirung; Einfluß derselben auf die rechtliche Natur eines Vermächtnisses.

Rechtsgr. **421**. — III. Senat. 19. September 1873. (LXXXIX. 266.)

Die rechtliche Natur der Vermächtnisse erleidet dadurch keinerlei Veränderung, daß sie bei der das Testament ausführenden Erbregulirung zur Sprache gebracht werden und einen Gegenstand der Regulirungsverhandlung bilden, sofern nicht etwa durch letztere neue Bestimmungen getroffen werden.

§§ 290. 466. 472. 479—482. Sicherstellung eines suspensiv bedingten Vermächtnisses. — Vergl. A. L. R. I. **21**. §§ 19. 20.

Rechtsgr. **422**. — I. Senat. 30. September 1870. (LXXIX. 225.)

Der mit einem suspensiv bedingten Vermächtnisse bedachte Legatar darf Sicherstellung des Vermächtnisses nicht anders fordern, als der Eigenthümer dazu gegen den Nießbraucher berechtigt ist.

§§ 311. 294. 296. Eigenmächtige Realisirung der legirten Forderung durch den Legatar.

Rechtsgr. **423**. — III. Senat. 28. Juni 1872. (LXXXV. 301.)

Im § 311. I. 12. des Allgem. Landrechts:

— Eigenmächtiger Weise darf kein Legatar den Besitz der vermachten Sache sich anmaaßen —

ist auch auf das Verbot der eigenmächtigen Realisirung eines vermachten Rechtes enthalten.

§§ 315. 575. 593. Testament; Vermächtniß; Fehlen der vermachten Sache im Nachlasse.

Rechtsgr. **424**. — I. Senat. 14 Februar 1873. (LXXXVIII. 145.).

Der § 315. I. 12. des Allg. Landrechts:

Ist die vermachte Sache zur Zeit des Erbanfalles gar nicht mehr in dem Nachlasse vorhanden, so verliert das Vermächtniß seine Wirkung,

greift Platz, auch wenn eine letztwillige Aufhebung oder

eine ausdrückliche Widerrufs-Erklärung des Vermächtnisses nicht vorliegt.

§ 328. Rechtliche Natur der im § 328. I. 12. des Allgem. Landrechts genannten Zinsen.

Rechtsgr. **425.** — I. Senat. 26. September 1873. (XC. 231.)

Die vom Erben nach § 328. I. 12. des Allg. Landrechts zu zahlenden landüblichen Zinsen haben nicht lediglich die Natur von Verzugszinsen, sind vielmehr gesetzliche Zinsen im engern Sinne, d. h. solche, deren Verpflichtungsgrund auf einer speziellen Gesetzesvorschrift beruht.

§§ 329. 288. 294. 328. 331. Verzug des Legatars bei Annahme eines nicht betagten Legats; Lauf der landüblichen Zinsen bei Beseitigung der Verpflichtung, Zögerungszinsen zu zahlen.

Rechtsgr. **426.** — I. Senat. 4. Oktober 1869. (LXXVI. 183.)

Ist bei einem nicht betagten Legat die unterlassene Zahlung bei Ablauf der Deliberationsfrist auf einen Verzug des Legatars zurückzuführen, so hat der Erbe zwar keine Zögerungs-, wohl aber landübliche Zinsen zu zahlen.

Von dieser Verpflichtung kann sich der Erbe nur durch gerichtliche Niederlegung des Legats, soweit sie überhaupt gesetzlich stattfindet, befreien.

§§ 430. 432. Legatum debiti proprii; Einwand des Erben, daß die Schuld nicht bestanden. — Vergl. A. L. R. I. 4. § 150.

Rechtsgr. **427.** — I. Senat. 16. Mai 1873. (XC. 172.)

Gegenüber der Klage auf Zahlung eines legatum debiti proprii ist der Seitens des verklagten Erben erhobene Einwand: daß die Schuld nicht bestanden, und daß lediglich der Irrthum über das Bestehen der Schuld den Erblasser zur Aussetzung des Legats bewogen habe — an sich zulässig.

§§ 466. ff. Dispositionsbefugniß des vom vorverstorbenen Ehegatten zum alleinigen Erben eingesetzten überlebenden Ehegatten unter Ernennung eines Substituten. — Vergl. A. L. R. II. 18. § 698. und Anhang § 168. hierzu.

Rechtsgr. 428. — IV. Senat. 13. April 1869. (LXXIV. 218.)

Der § 168. des Anhanges zu § 689. II. 18. des Allg. Landrechts findet für den Fall keine Anwendung, wenn ein Ehegatte den andern zum alleinigen Erben einsetzt und ihm einen Dritten substituirt; für einen solchen Fall sind vielmehr die §§ 466. ff. I. 12. des Allgem. Landrechts maßgebend.

§§ 466. 467. Eigenthumsrecht des Fiduziarerben an der Erbschaft; Einfluß der Eintragnng des Rechts des Fideikommissars in das Hypothekenbuch auf den Schuldner. — Vergl. A. L. R. I. 16. §§ 38. 39., 21. §§ 101. ff. 104.

Rechtsgr. 429. — III. Senat. 27. März 1871. (LXXXII. 8.)

a) Der Fiduziarerbe erwirbt das Eigenthum der ihm zugefallenen Erbschaft und ist Dritten gegenüber gleich einem unbeschränkten Eigenthümer zu allen Dispositionen, mithin auch zur Einziehung von Kapitalien, legitimirt.

b) Der § 466. I. 12. des Allgem. Landrechts:

„Bei der fideikommissarischen Substitution hat der eingesetzte Erbe oder Legatarius so lange, bis der Substitutionsfall eintritt, alle Rechte und Pflichten eines Nießbrauchers",

ist mit den Einschränkungen zu verstehen, welche sich aus dem Eigenthumsrechte des Erben ergeben.

c) Hat das den Fiduziar beschränkende Recht des Substituten dingliche Natur durch Eintragung in das Hypothekenbuch erhalten, so kann der Schuldner nicht angehalten werden, zu Händen des Fiduziars zu zahlen.

§ 520. Wechselseitiges Testament der Eheleute mit beschränkter Erbeseinsetzung.

Rechtsgr. 430. — I. Senat. 31. März 1873. (LXXXVIII. 359.)

In einem wechselseitigen Testamente rechtfertigt die

Erbeseinsetzung „dergestalt“, daß der Ueberlebende in lebenslänglichen Besitz und Nießbrauch des beiderseitigen Vermögens verbleiben soll, die Annahme nicht, daß hiermit eine Einschränkung der Erbeseinsetzung auf den bloßen Besitz und Nießbrauch beabsichtigt worden sei.

§§ 557. ff. Verpflichtung der Testaments-Exekutoren zur Legung eines Inventars und Ableistung des Manifestationseides. — Vergl. A. L. R. II. 18. Anh. § 157 zu § 421.

Rechtsgr. 421. — I. Senat. 4. November 1870. (LXXIX. 350.)

Testamentsvollstrecker, welche vermöge der im Testament ihnen ertheilten Ermächtigung sich selbst gleich nach dem Tode des Erblassers in den Besitz des ganzen Nachlasses gesetzt haben, sind schuldig, dem Erben auf sein Verlangen ein Verzeichniß sämmtlicher zu diesem Nachlasse gehörigen und von ihnen übernommenen Gegenstände auszuantworten.

b) Dieselben sind ferner allemal schuldig, auf Verlangen den Manifestationseid zu leisten.

c) Die Verpflichtung zur Ableistung des Manifestationseides ist nicht davon, ob die Richtigkeit der übergebenen Verzeichnisse oder Rechnungen mit oder ohne scheinbaren Grund in Zweifel gezogen worden ist, sondern allein von dem Verlangen des andern Theils abhängig.

§§ 572—574. Errichtung eines zweiten Testaments in seiner Wirkung auf die im ersten Testament ausgesetzten Legate.

Rechtsgr. 422. — I. Senat. 19. Februar 1869. (LXXIII. 345.)

Hat der Testator in einem zweiten Testament, ohne das erste Testament oder die darin ausgesetzten Legate zu widerrufen, der früheren Erbeseinsetzung eine Bedingung und eine Substitution beigefügt, so bleiben die Legate aus dem ersten Testament bestehen.

§ 612. Anerkennung eines Erbvertrages durch Annahme eines darin ausgesetzten Legats. — Vergl. A. L. R. I. 4. §§ 58—60. 5. §§ 81. 189.

Rechtsgr. 433. — I. Senat. 14. Januar 1870. (LXXVII. 181.)

Der § 612. I. 12. des Allgem. Landrechts findet auch auf Erbverträge Anwendung.

§ 612. Nichtanwendbarkeit der im § 612. I. 12. des Allgem. Landrechts für den Testamentserben gegebenen Bestimmung auf den Pflichttheilserben. — Vergl. A. L. R. II. 2. § 348.

Rechtsgr. 434. — I. Senat. 14. März 1870. (LXXVIII. 77.)

Die im § 612. I. 12. des Allgem. Landrechts rücksichtlich des Testamentserben gegebene Bestimmung, daß es einem ausdrücklichen Anerkenntniß des Testaments gleich zu achten sei, wenn er Vermächtnisse aus dem Testament ohne Vorbehalt bezahle, ist auf den Pflichttheilserben nicht auszudehnen.

Zweiter Abschnitt. Von Erbverträgen.

§§ 617. ff. Begriff und Form eines Erbvertrages, nach Gemeinem Recht.

Rechtsgr. 435. — I. Senat. 25. Juni 1869. (LXXV. 183.)

Unter Erbverträgen versteht man nach Gemeinem Recht diejenigen Verträge, welche die künftige Verlassenschaft eines noch lebenden Menschen zum Gegenstande haben. Dergleichen Erbverträge betreffen nun entweder die künftige Erbschaft einer dritten nicht kontrahirenden Person, oder den Nachlaß eines, oder mehrerer oder sämmtlicher Kontrahenten.

Die gerichtliche Verlautbarung oder Bestätigung oder auch die Testamentsform gehört nicht zum Wesen eines Erbvertrages; es genügt vielmehr die schriftliche Abfassung.

§ 628. Zulässigkeit von Vermächtnissen bis auf den zwanzigsten Theil des Nachlasses bei wechselseitigen Testamenten, die als Erbverträge zu betrachten. — Vergl. A. L. R. II. 1. §§ 492—494.

Rechtsgr. 436. — I. Senat. 10. März 1871. (LXXXI. 214.)

Wenn das wechselseitige Testament um deswillen, weil die Eheleute sich des Widerrufes ausdrücklich begeben haben, als Erbvertrag anzusehen ist, so muß auch dem überlebenden Theile die Begünstigung des § 628. I. 12. des Allg. Landrechts zu Gute kommen.

§ 656. Käufliche Gutsüberlassungen von Eltern an ein Kind mit antizipirter Erbtheilung als Verträge unter Lebenden. — Vergl. A. L. R. II. 2. §§ 378. ff.

Rechtsgr. 437. — I. Senat. 10. Dezember 1869. (LXXVI. 324.)

Die käuflichen Gutsüberlassungen von Eltern an Kinder, wobei dasjenige Kind, welchem das Gut und Vermögen bei Lebzeiten des parens abgetreten wird, zu Abfindungen an die anderen Kinder hinsichtlich ihres Antheils respektive in Anrechnung auf denselben verpflichtet wird, deren Höhe und Umfang der parens nach dem Werth des Guts und sonstigen Umständen bestimmt und mit dem Uebernehmer vereinbart, sind als Verträge unter Lebenden anzusehen.

§ 656. Verträge, durch welche die Eltern schon bei Lebzeiten ihren Kindern oder einem derselben ihr Vermögen abtreten, als Verträge unter Lebenden.

Rechtsgr. 438. — I. Senat. 2. November 1868. (LXXIII. 8.)

Die Verträge, in welchen Eltern ihr gesammtes Vermögen ihren Kindern oder einem ihrer Kinder übertragen gegen eine ihnen vorbehaltene Leibzucht resp. Nießbrauch des ganzen oder eines Theiles des Vermögens, sind lediglich als Verträge unter Lebenden aufzufassen.

Titel 13. Von Erwerbung des Eigenthums der Sachen und Rechte durch einen Dritten.

Erster Abschnitt. Von Vollmachtsaufträgen.

§§ 5. ff. Rechtsverhältniß zwischen Beauftragten und Auftraggeber bei Erwerbung gemeinschaftlichen Eigenthums ohne Vorhandensein eines gültigen Gesellschaftsvertrages. — Vergl. A. L. R. I. 17. §§ 170. 171.

Rechtsgr. 439. — III. Senat. 8. Dezember 1871. (LXXXIII. 191.)

Bei der Erwerbung zu gemeinschaftlichem Eigenthum erwirbt jeder Betheiligte einen ideellen Antheil an der Sache, welcher zu seinem besonderen Vermögen gehört. Für die Erwerbung eines solchen Idealantheils durch einen Bevollmächtigten ist es rechtlich gleichgültig, daß der Bevollmächtigte zugleich für sich und andre je einen Idealantheil erwerben sollte. Wenn aber hiernach bei einem Auftragsverhältnisse der Beauftragte durch die Erwerbung der Sache in eignem Namen der mündlichen Verabredung entsprechende Idealantheile an derselben für sich und jeden der Auftraggeber erwirbt, so stehen sie thatsächlich in dem Verhältniß von Miteigenthümern, auch wenn ein gültiger Gesellschaftsvertrag nicht geschlossen, und eine communio incidens im Sinne des § 171. I. 17. des Allg. Landrechts nicht eingetreten ist.

§§ 8. 51. 62. 63. 142—144. Genehmigung von Handlungen, die der Mandatar zum eigenen Vortheil vorgenommen hat.

Rechtsgr. 440. — IV. Senat. 8. Dezember 1870. (LXXX. 149.)

Handelt es sich um die Genehmigung von Handlungen, die der Mandatar zum eigenen Vortheil vorgenommen hat, so bedarf dieselbe der schriftlichen Form, um dem Dritten ein Klagerecht gegen das Machtgebot zu geben.

§§ 8. 9. 142. ff. Einwand des mündlich Bevollmächtigten gegen die Klage des auf Schadloshaltung klagenden Dritten, daß der Machtgeber aus dem Vertrage verpflichtet sei; Beweis dieses Einwandes.

Rechtsgr. 441. — IV. Senat. 1. Mai 1873. (XC. 119.)

Damit der mündlich Bevollmächtigte den klagenden Dritten an den Machtgeber verweisen dürfe, muß bereits feststehen, daß der Machtgeber — z. B. wegen Ratihabition des Geschäftes — aus dem Kontrakte hafte.

Der desfallsige Beweis kann nicht durch Eidesdelation hergestellt werden.

§ **50**. Beamte einer Korporation als Bevollmächtigte und Haftung derselben für Versehen. — Vergl. A. L. R. II. **6**. § 151.

Rechtsgr. **442**. — I. Senat. 13. Dezember 1869. (LXXVII. 103.)

Die Beamten der Korporationen sind nur als Bevollmächtigte derselben anzusehen, und für deren Versehen die Machtgeber nicht verantwortlich.

§ **61**.

A. Rechenschaftsablegung und Rechnungslegung durch den Bevollmächtigten. — Vergl. A. L. R. I. **14**. §§ 135. ff.

Rechtsgr. **443**. — IV. Senat. 26. Januar 1871. (LXXX. 271.)

a) Die im § 61. I. 13. des Allg. Landrechts auferlegte Verpflichtung, nach vollendetem Geschäft über dessen Ausführung „Rechenschaft abzulegen", ist darauf zu beziehen, daß der Bevollmächtigte dasjenige zu thun hat, was geeignet und erforderlich ist, dem Machtgeber eine genaue und übersichtliche Kenntniß der ausgeführten Geschäfte und ihres Resultates zu verschaffen, und nach der Verschiedenheit der Fälle, je nach dem größeren oder geringeren Umfange und der Art der ausgeführten Geschäfte, wird die dem Bevollmächtigten in dieser Beziehung obliegende Leistung eine mehr oder minder bedeutende und eine verschiedenartige sein.

b) Der Machtgeber hat vom Bevollmächtigten eine Rechnungslegung in den Fällen zu verlangen, wo ein anderes, ihn etwa weniger beschwerendes Mittel zur Rechenschaftsablegung für diesen Zweck nicht ausreicht.

B. Verpflichtung zur Rechnungslegung bei einem gemeinschaftlichen Geschäft durch den Geschäftsführer. — Vergl. A. L. R. I. **17**. §§ 53. 219.; Allg. Deutsches Handelsgesetzbuch Art. 266—270.

Rechtsgr. **444**. — IV. Senat. 19. Oktober 1871. (LXXXIV. 80.)

a) Bei einem gemeinschaftlichen Geschäft ist derjenige

Theilnehmer, welcher dasselbe führte, oder in Rücksicht des gemeinschaftlichen Geschäfts mit einem Fremden etwas verhandelte, wie ein Bevollmächtigter oder negotiorum gestor den übrigen Theilnehmern Rechenschaft zu geben oder Rechnung zu legen verpflichtet.

b) Dem Sozius, welcher das Geschäft nicht geführt, liegt eine Pflicht zur Rechnungslegung nicht ob.

c) Die Frage, wer von den Gesellschaftern als Geschäftsführer anzusehen, ist eine rein thatsächliche.

§§ 62. 63.

A. Vollmachtsauftrag; Auftreten des Bevollmächtigten im eigenen Namen. — Vergl. Allgem. Deutsches Handelsgesetzbuch Art. 52. 298.

Rechtsgr. **445**. — III. Senat. 9. Mai 1873. (XC. 157.)

Der Grundsatz des Plenarbeschlusses vom 2. Oktober 1848:

Der Machtgeber, dessen Bevollmächtigter auf Grund des erhaltenen Auftrages eine Sache von einem Dritten im eigenen Namen erkauft hat, erwirbt durch die in Folge eines Vertrages an den Bevollmächtigten geschehenen Uebergabe der Sache nicht sofort das Eigenthum derselben, sondern erlangt nur das persönliche Recht, von dem Bevollmächtigten die Uebertragung des Eigenthums an ihn zu fordern,

muß auch für ausgewonnene Forderungsrechte in gleicher Art gelten.

B. Vortheile des Mandatars bei Ausführung der ihm aufgetragenen Geschäfte; Verpfändung einer Forderung des Mandatars für eine Schuld des Mandanten.

Rechtsgr. **446**. — IV. Senat. 8. Dezember 1870. (LXXX. 149.)

a) Der Mandant kann Dritten gegenüber sich auf die Bestimmungen der §§ 62. 63. I. 13. des Allgem. Landrechts berufen.

b) Die von dem Mandatar für seine eigene Schuld

erfolgte Verpfändung der Forderung des Mandanten ist für diesen nicht rechtsverbindlich.

§ 119. Wirkung der Erklärungen des Ehemanns in einem Prozesse, in welchem nur die Ehefrau Partei ist.

Rechtsgr. 447. — III. Senat. 27. November 1871. (LXXXIII. 151.)

Tritt der Ehemann in einem Prozesse auf, in welchem allein die Frau Partei ist, so können seine Erklärungen nur als solche betrachtet werden, welche mit der Absicht, die letztere zu vertreten, abgegeben worden sind.

§§ 142. ff. Verpflichtung des Mandanten, beim Mangel einer schriftlichen Vollmacht auf Grund nachträglich ertheilter Genehmigung.

Rechtsgr. 448. — IV. Senat. 8. Dezember 1870. (LXXX. 149.)

Plenarbeschluß vom 22. April 1850: Eine vertragsmäßige Verbindlichkeit aus einem von dem Bevollmächtigten abgeschlossenen Geschäfte, wenn derselbe in Fällen, wo es eines schriftlichen Vollmachtsauftrages bedurfte, ohne schriftlichen Auftrag, jedoch in der gesetzlichen Form gehandelt hat, kann nicht nur durch eine schriftliche, sondern auch durch eine mündliche oder stillschweigend ertheilte Genehmigung des Machtgebers dem Dritten gegenüber entstehen.

§§ 149. 186. 190. Vollmachtsvertrag; Bedeutung des § 149. I. 13. des Allg. Landrechts; Anwendung der §§ 186. 190. daselbst auf die Fälle des § 149.

Rechtsgr. 449. — III. Senat. 23. Februar 1872. (LXXXIV. 226.)

a) Der durch den § 149. I. 13. des Allgem. Landrechts zum Ausdruck gebrachte Rechtsgrundsatz muß auch auf die Fälle Anwendung finden, wo Jemand nicht als Beauftragter zur Abschließung eines Geschäftes, vielmehr nur zur Empfangnahme der Zahlung einer anderweitig schon feststehenden Forderung bezeichnet worden ist.

b) Die allgemeinen das Vollmachtsverhältniß betreffenden Grundsätze der §§ 186. 190. I. 13. des Allgem. Landrechts müssen auch da eintreten, wo ein in mangelhafter Form ertheilter Auftrag dennoch — wenngleich unvollkommene — vertragliche Wirkungen äußert, und mithin auch in den Fällen einer mit rechtlichen Folgen eintretenden Präsumtion eines Auftrages zur Geltung gelangen.

§ 186. Begrenzung des Mandats durch den Tod des Mandanten.

Rechtsgr. **450**. — IV. Senat. 25. Oktober 1870. (LXXXI. 21.)

Der § 186. I. 13. des Allgem. Landrechts:

> Durch den Tod eines der beiden Kontrahenten werden in der Regel alle Aufträge geendigt, welche nicht mit auf die Erben ausdrücklich gerichtet sind,

gestattet, die ausdrückliche Ausdehnung eines Auftrages auf die Erben des Machtgebers nur zu dem praktischen Zwecke, die Vollendung eines Geschäftes durch dieselbe Person, welche bereits mit der Ausführung den Anfang gemacht, bewirken zu lassen.

§ 196. Erlöschen der von einem Abwesenden ausgestellten Vollmacht durch Einleitung der Abwesenheits-Kuratel. — Vergl. A. L. R. II. **18**. §§ 19—26.

Rechtsgr. **451**. — I. Senat. 5. Juli 1872. (LXXXVI. 130.)

Die Abwesenheits-Kuratel hat die Bedeutung einer wirklichen Vormundschaft, und mit der Einleitung derselben verliert die von dem Abwesenden ausgestellte Vollmacht von selbst ihre Wirkung.

§ 199. Einfluß der Konkurs-Eröffnung auf die vom Kridar ertheilten Vollmachten. — Vergl. Konkurs-Ordnung vom 8. Mai 1855 §§ 4. 20.

Rechtsgr. **452**. — IV. Senat. 13. Juli 1869. (LXXV. 300.)

Ist der Machtgeber in Konkurs verfallen, so bleibt der Bevollmächtigte formell zur Weiterführung der das Mandat betreffenden Geschäfte legitimirt.

Zweiter Abschnitt. Von Uebernehmung fremder Geschäfte ohne vorhergegangenen Auftrag.

§§ **228. 229. 234. 238.** Geschäftsführungsklage. — Vergl. Dig. **3**. 5. Lex 6. § 3.

Rechtsgr. **453**. — IV. Senat. 17. Januar 1871. (**LXXX**. 227.)

Der Geschäftsherr darf auch dann die sogenannte direkte Geschäftsführungsklage anstellen, wenn auf Seiten des Handelnden die Absicht, im Interesse eines Andern zu handeln und diesen zu verpflichten, nicht leitend gewesen ist.

§ **230**.

A. Natur der Bereicherungsklage.

Rechtsgr. **454**. — IV. Senat. 14. März 1871. (**LXXXI**. 219.)

Die Ansicht, daß eine Bereicherung nur in Verbindung mit der negotiorum gestio gedacht werden könne, beruht auf einer irrigen dogmatischen Auffassung.

B. Benutzung und Gebrauch fremden Eigenthums ohne Rechtsgrund. — Vergl. A. L. R. I. **14**. § 85., **20**. § 124., **21**. § 318.

Rechtsgr. **455**. — III. Senat. 14. Oktober 1872. (**LXXXV**. 361.)

Als ein allgemeiner Rechtsgrundsatz kann es nicht anerkannt werden, daß derjenige, der fremdes Eigenthum ohne Rechtsgrund benutzt und gebraucht, gerade den gezogenen Nutzen dem Eigenthümer ausantworten muß.

§§ **230. 262.** Aufhebung der Steuerfreiheit eines verpachteten Gutes; Anspruch des Gutspächters auf die Zinsen des Entschädigungskapitales.

Rechtsgr. **456**. — III. Senat. 4. Juli 1873. (**LXXXIX**. 154.)

Der Pächter eines bisher steuerfreien Gutes, welcher sich bei Abschluß des Pachtvertrages zur Tragung der dem Gute künftighin neu auferlegten Steuern verpflichtet hat, hat, wenn das Pachtgut während der Dauer der Pacht zur Steuer herangezogen wird, einen Anspruch auf die Nutzungen des für die Aufhebung der Steuerfreiheit dem Verpächter des Gutes gewährten Entschädigungskapitales.

Dritter Abschnitt. Von nützlichen Verwendungen.

§§ 262—272. Nützliche Verwendung.

Rechtsgr. **457**. — IV. Senat. 30. November 1869. (LXXVII. 69.)

Das Recht auf Rückforderung oder Werthsvergütung, welches für den Fall der nützlichen Verwendung in den §§ 262—272. I. 13. des Allg. Landrechts anerkannt ist, steht nur demjenigen zu, von welchem der Empfänger die Sache ohne anderweiten Rechtsgrund überkommen hat, und nicht auch demjenigen, von welchem der Geber sie seinerseits erworben hat.

§§ 262. ff.

A. Verpflichtung des Verarmten, die für ihn vom Armenverbande gemachte Aufwendung zu erstatten. — Vergl. A. L. R. II. **19**. § 67.

Rechtsgr. **458**. — IV. Senat. 20. September 1870. (LXXIX. 194.)

Was der Armenverband zur Unterhaltung des Verarmten aufgewendet, ist als eine zu seinem Nutzem gemachte Verwendung anzusehen.

Der Verarmte überkommt, wenn er zu Vermögen gelangt, die Pflicht, das Aufgewendete zu erstatten.

B. Nützliche Verwendung.

Rechtsgr. **459**. — IV. Senat 8. Dezember 1868. (LXXIII. 154.)

Wenn der Empfänger das ihm Geleistete von einem Andern, als dem Leistenden, vertragsmäßig zu fordern hat, so ist der Empfänger dem Leistenden aus der nützlichen Verwendung nicht verhaftet.

C. Nützliche Verwendung; Voraussetzungen derselben.

Rechtsgr. **460**. — IV. Senat. 19. Dezember 1872. (LXXXVII. 283.)

Eine nützliche Verwendung ist nur anzuerkennen, wenn ein unmittelbarer Uebergang des Verwendeten aus dem Vermögen des Einen in das des Andern stattgehabt, der Empfänger dieselbe seinem Vermögen zugewendet hat.

§§ **262. 264. 268. 269.** Anspruch des Armenverbandes auf Erstattung der Verpflegungskosten an den privatrechtlich zur Alimentation verbundenen Verwandten. - - Vergl. Armenpflegegesetz vom 31. Dezember 1842 §§ 1. 35. (Ges. Samml. 1843 S. 8.)

Rechtsgr. **461.** — I. Senat. 14. Januar 1870. (**LXXVII.** 173.)

a) Die Gemeinde, welche die Verpflegung eines Verarmten übernommen hat, kann die nothwendig aufgewendeten Kosten von den privatrechtlich zur Alimentation verbundenen Verwandten erstattet verlangen.

b) Es kann nicht der Einwand der Eigenschaft des Alimentationsrechtes des Verarmten als eines an dessen Person gebundenes entgegengestellt werden. Der Armenverband ist vielmehr das Recht sogar wider den Willen des Berechtigten auszuüben befugt, und macht es keinen Unterschied, ob derselbe inzwischen etwa verstorben ist.

§ **264.** Vergütung des Werths des in den Nutzen eines Andern Verwendeten.

Rechtsgr. **462.** — IV. Senat. 26. Oktober 1871. (**LXXXIV.** 125.)

Durch § 264. I. 13. des Allgem. Landrechts ist die Vergütung auf den Werth des wirklich in den Nutzen Verwendeten, also namentlich ohne Nebenleistungen und Zinsen, beschränkt.

§ **265.** Nützliche Verwendung durch Uebernahme von Geld; condictio indebiti; Bereicherung hierdurch; Beweislast. — Vergl. A. L. R. I. **16.** § 203.; A. G. O. I. **13.** § 28.

Rechtsgr. **463.** — IV. Senat. 20. Februar 1873. (**LXXXVIII.** 155.)

a) Aus der Bestimmung des § 265. I. 13. des Allg. Landrechts:

„Was Jemand, der über sein Vermögen frei verfügen kann, an Gelde, oder Geldeswerth übernommen hat, ist ohne ferneren Beweis fur nützlich verwendet zu achten“,

folgt allein an und für sich noch nicht, daß die darnach ursprünglich anzunehmende nützliche Verwendung zugleich den Thatbestand des § 203. I. 16. des Allg. Landrechts enthalte, und der Uebernehmer des Geldes blos aus der Uebernahme noch als wirklich reicher befunden werden müsse; dieses bedarf vielmehr einer besonderen Annahme und Feststellung.

b) Durch die nach § 265. I. 13. des Allgem. Landrechts bewerkstelligte nützliche Verwendung durch Uebernahme von Geld wird der Uebernehmer reicher. Dieser Zustand der Bereicherung ist so lange als ein fortdauernder anzusehen, bis eine Veränderung nachgewiesen wird. Die Behauptung und der Nachweis einer solchen Veränderung liegt dem Uebernehmer des Geldes ob.

Titel 14. Von der Erhaltung des Eigenthums und der Rechte.

Zweiter Abschnitt. Von der Verwaltung fremder Sachen.

§ 109. 127. 129. Rechtliche Stellung des Verwalters; Nichanwendbarkeit der §§ 91. 96. I. 13. des Allgem. Landrechts auf den Verwaltungsvertrag; Verpflichtung des Prinzipals aus Verträgen des Verwalters. — Vergl. A. L. R. I. **13**. §§ 91. 96.

Rechtsgr. **464**. — IV. Senat. 9. November 1871. (**LXXIII**. 99.)

a) Aus § 109. I. 14. des Allgem. Landrechts ist nicht zu schließen, daß die auf die Form der Vollmacht bezüglichen Vorschriften der §§ 91. und 96. I. 13. des Allgem. Landrechts auch auf den Verwaltungsvertrag Anwendung finden mußten, und ist eine solche Anwendung auch sonst aus den Gesetzen nicht abzuleiten.

b) Der § 129. I. 14. des Allg. Landrechts:

> Wie weit übrigens der Verwalter durch seine Verträge den Prinzipal einem Dritten verpflichte, ist nach den Grundsätzen von Vollmachtsaufträgen zu beurtheilen,

bezieht sich nicht auf die Fälle des § 127. daselbst und hat andere Fälle im Auge.

§§ 109. 110. **Ausschluß der kurzen Verjährung bei Forderungen des zugleich verwaltenden Handwerkers. — Vergl. Gesetz, betreffend die Einführung kürzerer Verjährungsfristen, vom 31. März 1838 § 1. No. 1.**

Rechtsgr. **465.** — IV. Senat. 17. September 1872. (LXXXVI. 190.)

Einem Verwalter von Sachen oder Gütern, welcher Handwerker ist, und zur Erhaltung des Verwaltungs-Gegenstandes Handwerker-Arbeiten ausgeführt hat, die er auch einem Andern übertragen konnte, kann der Einwand der kurzen Verjährung aus dem Gesetze vom 31. März 1831 nicht entgegengesetzt werden.

§ 109. Verwaltungsvertrag; Widerruf desselben. — Vergl. A. L. R. I. **13.** §§ 159—161.

Rechtsgr. **466.** — III. Senat. 5. Januar 1874. (XC. 358.)

Der Verwalter fremder Sachen muß die Urkunde über den widerrufenen Verwaltungsvertrag dem Prinzipal herausgeben.

§§ 172. 173. Haftung des Fiskus für seine Beamten. — Vergl. A. L. R. II. **6** §§ 82. 156., **14.** § 81.

Rechtsgr. **467.** — IV. Senat. 23. Mai 1871. (LXXXII. 166.)

Der Fiskus ist für die durch seine Beamten ihrer Instruktion gemäß vorgenommenen Eingriffe in das Eigenthum Anderer ebenso verantwortlich, wie jeder Privatmann.

Dritter Abschnitt. Von Kautionen und Bürgschaften.

§ 178. Hypothekenbestellung für eine zu leistende Handlung. — Vergl. A. L. R. I. **20.** §§ 65. 163. 164. 210. 436. 482.

Rechtsgr. **468.** — III. Senat. 7. November 1870. (LXXIX. 366.)

Die Hypothekbestellung für eine zu leistende Handlung ist eine Kaution im allgemeinen Sinne des § 178. I. 14. des Allgem. Landrechts, welche den Kautionsnehmer sichern soll, sich behufs künftiger Realisirung des versicherten Rechtes in überhaupt rechtlich möglicher Weise an das verpfändete Grundstück zu halten.

Sie gewährt ein wirkliches Pfandrecht für eine Geldforderung, sobald die Verpflichtung zur Zahlung einer solchen an die Stelle der Pflicht zur Leistung der Handlung eingetreten ist.

§§ 179. 180. Unterschied zwischen Kautionsbestellung und Hypothekbestellung. — Vergl. A. L. R. I. **20.** §§ 9. 10.

Rechtsgr. **469.** — IV. Senat. 26. September 1872. (LXXXVI. 196.)

Die Pflichten zur Kautions- oder zur Hypothekbestellung sind ganz verschieden und stehen nicht in dem Verhältnisse, wie das Mehr zu dem Geringeren.

Durch die hypothekarische Verpfändung wird der Schuldner nicht gesetzlich verhindert, das Grundstück zu veräußern. Hat der Gläubiger vor der Veräußerung von seinen Rechten keinen Gebrauch gemacht, so giebt das Gesetz dem Gläubiger in einem solchen Falle kein Recht auf Kautionsbestellung.

§ 188. Kautionshypothek; Limitirung des Betrages; Nichtanwendbarkeit des § 52. des Anhangs zum Allgem. Landrecht auf solche Hypotheken. Vergl. A. L. R. I. **20.** §§ 4. 14., Anhang § 52; Deklaration dazu vom 3. April 1824.

Rechtsgr. **470.** — III. Senat. 16. Dezember 1872. (LXXXVII. 240.)

a) Ist der Betrag der eingetragenen Kaution limitirt, so hat diese Limitirung nicht die Bedeutung einer bei der Eintragung schon existirenden und den hinterher eingetragenen Gläubigern unbedingt vorgehenden Forderung, sondern der Begrenzung derjenigen Summe, für welche das Grundstück Sicherheit gewähren soll.

b) Wie hoch letzteres dem Kautionsgläubiger verhaftet ist, ergiebt sich erst, wenn es bei Beendigung des Verhältnisses, das zu der Kautionsbestellung Anlaß gegeben, oder bei eintretender Subhastation des Grundstücks zur Realisirung der sichergestellten Verbindlichkeit kommt.

c) Die Grundsätze des § 52. des Anhangs zum Allg.

Landrecht und der Deklaration vom 3. April 1824 sind bei Kautionshypotheken nicht anwendbar.

§§ 206. ff. Kaufmännische Empfehlung „ohne Präjudiz."

Rechtsgr. 471. — IV. Senat. 8. März 1870. (LXXX. 3.)

Die in einem kaufmännischen Empfehlungsbrief, betreffend die Kreditwürdigkeit eines Dritten, gebrauchten Worte „ohne Präjudiz" sind nicht dazu angethan, einen Schutz gegen die Konsequenzen des faktisch beobachteten arglistigen Verhaltens zu bieten.

§ 206. Begriff von Schuldschein. — Vergl. A. L. R. I. 11. §§ 730. bis 732., 13. § 129.

Rechtsgr. 472. — IV. Senat. 17. Januar 1871. (LXXX. 232.)

Im § 206. I. 14. des Allg. Landrechts bedeutet das Wort „Schuldschein" die schriftliche Urkunde über den Empfang vertretbarer, der Gattung nach zu erstattender Gegenstände.

§ 206. Bürgschaft; rechtliche Natur der im § 206. I. 14. des Allgem. Landrechts enthaltenen Rechtsvermuthung; Zulässigkeit des Gegenbeweises bei derselben.

Rechtsgr. 473. — IV. Senat. 14. Dezember 1871. (LXXXIII. 214.)

Die in dem § 206. I. 14. des Allg. Landrechts aufgestellte Vermuthung stellt nur eine einfache Rechtsvermuthung dar, gegen welche ein Gegenbeweis unbedingt stattfindet; in welcher Weise dieser Gegenbeweis zu erbringen ist, das hängt lediglich von dem richterlichen Ermessen ab.

§§ 221—226. 234. 235. Intercession der Frauen nach dem Allgem. Landrecht.

Rechtsgr. 474. — IV. Senat. 17. Juni 1873. (LXXXIX. 90.)

Die landrechtlichen Vorschriften über die Beschränkung der Bürgschaften der Frauen sind keine die äußere Form des Geschäfts betreffenden Regeln, sondern Bestimmungen, welche, aus der Individualität des weiblichen Geschlechts entlehnt, die Persönlichkeit, gleichsam den Status der Frau betreffen, und durch die Beschränkung der persönlichen Handlungsfähigkeit bei der Eingehung von Intercessionen Schutz gegen die Nachtheile des bürgerlichen Lebens gewähren sollen.

§§ 228. ff. Einwilliguug der Ehefrau in die Verpfändung einer auf ihren Namen geschriebenen Forderung für die Schuld ihres Ehemannes. — Vergl. A. L. R. II. 1. § 233.

Rechtsgr. 475. — III. Senat. 22. April 1869. (LXXIV. 260.)

Wenn die Ehefrau in die Verpfändung einer auf ihren Namen geschriebenen Forderung Seitens ihres Ehemannes für dessen Schuld willigt, so ist die für die Intercession einer Ehefrau vorgeschriebene Form zu beabachten.

§ 295. Nothwendige Subhastation; Nichterlöschen des persönlichen Anspruches eines Gläubigers an den Schuldner oder dessen Bürgen durch Uebertragung eines entsprechenden Theils des Kaufgelderrückstandes.

Rechtsgr. 476. — IV. Senat. 29. Februar 1872. (LXXXIV. 255.)

Die Uebertragung eines entsprechenden Theils des Kaufgelderrückstandes an den Gläubiger bewirkt nur die Tilgung des Real=, nicht aber auch des persönlichen Anspruchs an den Schuldner oder dessen Bürgen.

§§ 297. 298. Selbstschuldnerische Bürgschaft.

Rechtsgr. 477. — IV. Senat. 24. Juni 1873. (LXXXIX. 106.)

Aus den §§ 297. 298. I. 14. des Allg. Landrechts folgt, daß die Haftbarkeit des selbstschuldnerischen Bürgen nicht durch den Nachweis einer an den Hauptschuldner selbst erlassenen Kündigung bedingt ist, vielmehr eine an den Bürgen ergangene genügt.

§ 298. Fälle, wo sich der Gläubiger sofort an den Bürgen halten kann. — Vergl. Verfassung des Norddeutschen Bundes vom 26. Juli 1867 Art. 3.; Verfassung des Deutschen Reiches vom 16. April 1871 Art. 3.

Rechtsgr. 478. — IV. Senat. 24. Januar 1871. (LXXXI. 99.)

Der Art. 3. der Norddeutschen Bundesverfassung berührt nicht den im Allgem. Landrecht I. 14. § 298. vorgesehenen Fall, wonach der Gläubiger sich sofort an den Bürgen halten kann, wenn der Hauptschuldner nicht mehr in den Königlichen Landen belangt werden kann, und beseitigt nicht die dort für diesen Fall gegebene Vorschrift.

§ 300. Anwendbarkeit der Bestimmung des § 300. I. 14. des Allg. Landrechts auch auf das Verhältniß des Bürgen zum Rückbürgen.

Rechtsgr. 479. — IV. Senat. 19. Dezember 1871. (LXXXIV. 160.)

Der nur in Bezug auf das Verhältniß des Gläubigers zum Bürgen aufgestellte Grundsatz, — daß die dem Gläubiger im § 300. I. 14. des Allgem. Landrechts eingeräumte Befugniß, sich, wenn über das Vermögen des Hauptschuldners der Konkurs eröffnet worden, mit Uebergehung des letzteren sofort an den Bürgen zu halten, dadurch, daß der Konkurs später wieder aufgehoben worden, nicht alterirt werde, — muß in gleicher Weise auf das Verhältniß des Bürgen zum Rückbürgen Anwendung finden.

Titel 15. Von der Verfolgung des Eigenthums.

§ 1. Rei vindicatio; Einflußlosigkeit eines dem Besitz des Verklagten zum Grunde liegenden Vertragsverhältnisses. — Vergl. Dig. 6. 1. Lex 9.

Rechtsgr. 480. — IV. Senat. 12. September 1871. (LXXXII. 296.)

Die Vindikation ist — wenn ihre regelmäßigen Voraussetzungen, also Eigenthum oder publizianischer Besitz auf Seiten des Vindikanten, und mindestens Detention auf Seiten des Gegners zutreffen — durch das Bestehen eines der Detention oder dem Besitz des Verklagten zu Grunde liegenden Vertragsverhältnisses nicht ausgeschlossen.

§§ 11—15. Wahlrecht des Eigenthümers, dem der Besitz seiner Sache entzogen ist, zwischen der Vindikation und Werthserstattung. — Vergl. A. L. R. I. 3. § 35., 6. §§ 10. 11.

Rechtsgr. 481. — I. Senat. 5. Juni 1871. (LXXXII. 181.)

Der Eigenthümer hat bei der Verletzung, welche er durch Entziehung des Besitzes einer zu seinem Vermögen gehörenden Sache an diesem erlitten hat, die Wahl, ob er sich an die Sache halten und deren Restitution von dem Besitzer derselben fordern, oder ob er von dem Verletzer selbst, demjenigen, welcher ihm den Besitz der Sache entzogen hat, verlangen will, daß er ihn durch Erstattung des Werthes der Sache schadlos halte.

§§ 25. 26. Erfolgreiche Vindikation gegen den redlichen Erwerber; Gegenanspruch des letzteren an den Vindikanten.

Rechtsgr. 482. — III. Senat. 9. Mai 1873. (XC. 154.)

Die wider den redlichen Erwerber mit Erfolg durchgeführte Vindikation eines Rechts führt nicht in jedem einzelnen Falle mit Nothwendigkeit zu der Verpflichtung des Vindikanten, dem Gegner alles dasjenige zu erstatten, was der letztere für das ihm evinzirte Recht gegeben hat.

§§ 25. 26. Ersatzanspruch des redlichen Besitzers bei Eviktion der an Zahlungsstatt erhaltenen Sache. — Vergl. A. L. R. I. 16. §§ 242. bis 245.

Rechtsgr. 483. — III. Senat. 14. April 1871. (LXXXI. 268.)

Derjenige, welcher redlicher Weise eine Sache von seinem Schuldner für einen bestimmten Preis an Zahlungsstatt angenommen hat, kann von dem die Sache vindizirenden Dritten diesen Preis erstattet verlangen.

§§ 28. ff. Eigenthumsklage; Leistung des Interesse im Falle der Weiterveräußerung.

Rechtsgr. 484. — III. Senat. 9. Dezember 1872. (LXXXVII. 176.)

Die §§ 28. ff. I. 15. des Allgem. Landrechts setzen

voraus, daß der redliche Erwerber früher veräußert hat, als die Vindikationsklage gegen denselben angestellt worden.

Titel 16. Von den Arten, wie Rechte und Verbindlichkeiten aufhören.

Erster Abschnitt. Von Erfüllung der Verbindlichkeiten überhaupt.

§§ 15. ff. 7. Dolus generalis des Gläubigers beim Verzuge des Schuldners. — Vergl. A. L. R. I. 4. §§ 103. ff., 5. §§ 127. ff. 361. 364.

Rechtsgr. 485. — III. Senat. 21. März 1873. (LXXXVIII. 318.)

Der Verzug führt für den Säumigen immer nur alsdann die betreffenden nachtheiligen Folgen herbei, wenn er ein verschuldeter, nicht aber auch alsdann, wenn er ein unverschuldeter, insbesondere ein vom Gegentheile selbst herbeigeführter ist.

§§ 16. ff. Beendigung des Verzuges.

Rechtsgr. 486. — IV. Senat. 16. Dezember 1869. (LXXVII. 121.)

Der Schuldner ist dem säumigen Gläubiger gegenüber zu einer positiven Handlung nicht verpflichtet, vielmehr berechtigt, das Aufhören der mora abzuwarten.

Zweiter Abschnitt. Von der Zahlung.

§ 30. Tilgung der Forderung des Gläubigers durch Zahlung an einen Dritten auf Grund mündlicher Einwilligung des Gläubigers. — Vergl. A. L. R. I. 5. § 146., 11. §§ 598. 671. ff. 729.

Rechtsgr. 487. — IV. Senat. 11. Februar 1869. (LXXIV. 24.)

Die Forderung des Gläubigers wird durch eine, wenn auch nur mit mündlich ertheilter Einwilligung desselben, anstatt an ihn an einen Dritten geleistete Zahlung ebenso getilgt, als wenn sie ihm unmittelbar geleistet wäre.

§ 43. Tilgung der Schuld eines Dritten ohne Auftrag durch Verrechnung.

Rechtsgr. 488. — III. Senat. 18. November 1870. (LXXX. 73.)

Die Vorschrift des § 43. I. 16. des Allg. Landrechts,

wonach die Bezahlung durch einen Dritten den Schuldner befreit, gilt nicht nur von Baarzahlung, sondern auch von Bezahlung durch Verrechnung.

§§ 45. 46. Eintritt des zahlenden Dritten in die Rechte des bezahlten Gläubigers; Einwendungen des Schuldners.

Rechtsgr. 489. — IV. Senat. 24. Februar 1870. (LXXIX. 56.)

a) Der Zahlende, welcher nach § 46. I. 16. des Allg. Landrechts ohne ausdrückliche Cession in die Rechte des bezahlten Gläubigers tritt, kann dieselben nur in dem Umfange, wie sie dem Gläubiger zustanden, ausüben.

b) Der Schuldner kann sich aller Einwendungen, welche ihm gegen den Gläubiger zur Seite standen, namentlich auch des Einwandes der Verjährung, gegen den Zahlungsleister bedienen.

§ 46. Bedeutung und Voraussetzung dieses Paragraphen.

Rechtsgr. 490. -- III. Senat. 5. Februar 1872. (LXXXIV. 196.)

Der § 46. I. 16. des Allg. Landrechts bedeutet, daß, wenn ein Dritter statt des Schuldners Zahlung leistet, derselbe, wenn ihm nicht aus einem erhaltenen Auftrage dazu die Vollmachtsklage oder unter den Voraussetzungen der Geschäftsführung ohne Auftrag die Geschäftsführungsklage zusteht (§ 45. daselbst), mindestens die Klage des befriedigten Gläubigers vermöge des Gesetzes erwirbt. Dies setzt voraus, daß dem bezahlten Gläubiger Rechte gegen denjenigen zustanden, für den gezahlt worden ist, in welche der Zahlungsleister wie durch Cession eintreten kann.

§ 46. Hypothek des Eigenthümers; nothwendige Cession. — Vergl. Anhang § 52. zu § 484.

Rechtsgr. 491. — IV. Senat. 17. Dezember 1872. (LXXXVII. 268.)

Bei Bezahlung einer Hypothekenschuld durch einen Dritten bleibt der Eintritt des Zahlenden in die Rechte des bezahlten Gläubigers ausgeschlossen, wenn eine vertragsmäßige Verpflichtung des Dritten bestand, den Schuldner zu liberiren und die Schuld im Hypothekenbuche löschen zu lassen.

§ 46. Einfluß der Zahlung einer Hypothekenschuld durch einen Dritten auf den Erwerb des Hypothekenrechts; Vermuthung, daß der zahlende Dritte in die Rechte des bezahlten Gläubigers tritt. — Vergl. A. L. R. Anhang § 52. zu § 484.; Deklaration vom 3. April 1824 (Ges.-Samml. S. 77.).

Rechtsgr. 492. — III. Senat. 21. Februar 1870. (LXXVIII. 26.)

a) Der Anhang § 52. zu § 484. I. 16. des Allgem. Landrechts und die Deklaration vom 3. April 1824 setzen voraus, daß die Zahlung von dem Grundbesitzer selbst geleistet ist. Die von einem Dritten, welcher in keinem Rechtsverhältniß zu dem Besitzer des Grundstücks steht und lediglich in seinem eigenem Interesse und zu dem Zwecke, um für sich die Hypothekenpost zu erwerben, geleistete Zahlung, bewirkt nicht ohne Weiteres den Erwerb der Hypothek auf Seiten des Besitzers des verpfändeten Grundstücks.

b) Sofern die durch § 46. I. 16. des Allgem. Landrechts begründete Vermuthung, daß der zahlende Dritte die bezahlte Forderung für sich habe erwerben wollen und können, mit thatsächlichen und rechtlichen Momenten nicht vereinbar erscheint, wird die Anwendbarkeit des § 46. in Frage gestellt.

§§ 47. 48. Jus subintrandi bei Immobiliar-Kaufgeldervertheilungen außerhalb des Konkurses. — Vergl. Konkurs-Ordnung vom 8. Mai 1855 § 11.

Rechtsgr. 493. — III. Senat. 27. März 1871. (LXXX. 323.)

Die Vorschriften, welche für das neben dem formellen Konkurse eingeleitete Immobiliar-Kaufgeldervertheilungs-Verfahren gelten, und nicht besonders durch die formelle Konkurs-Eröffnung bedingt sind, kommen auch bei der außerhalb des Konkurses eingeleiteten Immobiliar-Kaufgelderverteilung zur Anwendung.

Zu diesen Vorschriften ist auch der § 11. der Konkurs-Ordnung über das jus subintrandi zu zählen.

§§ 61. 62. Altentheilsforderungen als Alimentenforderungen bezüglich der Zeit der Zahlung.

Rechtsgr. **494.** — II. Senat. 19. Oktober 1871. (LXXXIV. 69.)

Beim Mangel anderer gültiger Abreden sind Altentheilprästationen praenumerando zu entrichten.

§ 86. Recht des zahlenden Hypothekenschuldners, löschungsfähige Quittung zu fordern; Uebergang dieses Rechtes auf den neuen Erwerber der bezahlten Hypothek.

Rechtsgr. **495.** — III. Senat. 19. Mai 1873. (XC. 190.)

Das Recht des Hypothekenschuldners, nach der Zahlung von dem befriedigten Gläubiger löschungsfähige Quittung zu fordern, hängt mit der bezahlten Hypothek selbst zusammen und geht, wenn ein Anderer — sei es durch freiwillige, sei es durch nothwendige Cession — die durch die Zahlung auf den Grundstückseigenthümer übergegangene Hypothek erwirbt, mit der Forderung auf den neuen Erwerber über.

§§ 86—88. Anspruch des Nachbesitzers eines Grundstücks auf Quittungsleistung über die vom Vorbesitzer bezahlte Hypothekenschuld.

Rechtsgr. **496.** — III. Senat. 24. März 1871. (LXXXII. 5.)

Der Nachbesitzer eines Grundstücks kann nicht unter dem Vorwande der Freiheit seines Eigenthums Quittung über die von dem Vorbesitzer bezahlte Hypothek vom Gläubiger fordern.

§§ 86. 92. Bedeutung des Wortes „Gläubiger."

Rechtsgr. **497.** — III. Senat. 13. Oktober 1873. (LXXXIX. 335.)

Der Ausdruck „Gläubiger" bedeutet nichts weiter als den aus einem Schuldverhältnisse Berechtigten und ist sonach auch der Schuldner einer Zahlung in Bezug auf sein Recht, nach der Zahlung Quittung zu fordern, Gläubiger des zum Zahlungsempfange Berechtigten.

§ 98.:

A. Rückgabe des Schuldscheins an den Schuldner durch den Gläubiger.

Rechtsgr. 498. — III. Senat. 4. Oktober 1869. (LXXVI. 165.)

Die exceptio doli schließt die Anwendbarkeit des § 98. I. 16. des Allg. Landrechts aus.

B. Nichtbenutzung der Rechtsvermuthung des § 98. I. 16. des Allg. Landrechts Seitens des im Besitze des Schuldscheins befindlichen Schuldners.

Rechtsgr. 499. — IV. Senat. 20. April 1871. (LXXXI. 314.)

Der im Besitze des Schuldscheins befindliche Aussteller, welcher im Interesse seiner Rechtsvertheidigung selbst von der Präsumtion des § 98. I. 16. des Allg. Landrechts:

> Erhellet jedoch, daß der Gläubiger selbst dem Schuldner das Instrument zurückgegeben habe, so wird, daß die Schuld getilgt sei, so lange vermuthet, als nicht eine andere Ursache der geschehenen Rückgabe ausgemittelt werden kann,

zurückgetreten ist, und nun auch seinerseits den Beweis der Tilgung der in Rede stehenden Verbindlichkeit zu führen hat, kann unter diesen Umständen nach Beseitigung seiner Einrede nicht wieder auf jene Präsumtion zurückgreifen.

§§ 104. ff. Beweiskraft der Quittung; bloße Prozeßvorschrift in den §§ 104. 106. 107. I. 16. des Allg. Landrechts.

Rechtsgr. 500. — III. Senat. 11. November 1872. (LXXXVI. 361.)

Die §§ 104. ff. I. 16. des Allgem. Landrechts enthalten keine Rechtsgrundsätze, sondern nur Beweisregeln.

§§ 113. 114. Schriftliche Quittung als Ersatz der Schriftform des Vergleichs. — Vergl. A. L. R. I. 5. §§ 131. ff.

Rechtsgr. 501. — III. Senat. 6. September 1872. (LXXXV. 312.)

Die schriftliche Form eines nachgewiesenen mündlichen Vergleiches wird durch die auf Grund der mündlichen Vereinbarung schriftlich als über baare Zahlung ertheilte Quittung ersetzt.

§§ 113. 114. 104. 105. Anfechtung einer Quittung wegen nicht geleisteter Zahlung.

Rechtsgr. 502. — III. Senat. 10. November 1873. (LXXXIX. 361.)

a) Wenn ein Gläubiger eine von ihm ausgestellte Quittung wegen Nichtzahlung der Summe, über welche quittirt ist, anficht, so hat er nur zu beweisen, daß die Zahlung der Quittung ungeachtet nicht erfolgt ist, während dem Gegner der Beweis obliegen würde, daß die Tilgung der Verbindlichkeit in anderer Art als durch Zahlung erfolgt sei.

b) Die §§ 113. 114. I. 16. des Allgem. Landrechts setzen voraus, daß die Quittung selbst ergiebt, daß die Aufhebung der Verbindlichkeit nicht durch Zahlung erfolgt ist.

§ 116. Erforderniß einer Generalquittung.

Rechtsgr. 503. — IV. Senat. 12. September 1872. (LXXXV. 345.)

Zum Begriff einer Generalquittung gehört, daß sich die Quittung auf eine gehaltene Berechnung bezieht, und in derselben bekannt wird, daß der Empfänger dem Aussteller nichts mehr schuldig sei. Beides muß in der Quittung ausgedrückt sein; es genügt nicht, daß die Parteien mündliche Verabredungen in dieser Beziehung getroffen haben.

§ 126. Mortifizirung einer abhanden gekommenen Urkunde.

Rechtsgr. 504. — III. Senat. 17. April 1871. (LXXXII. 16.)

Muß, sobald der Gläubiger versichert, er könne die Schuldurkunde nicht zurückgeben, und sich zur Mortifizirung bereit erklärt, der gewesene Schuldner sich hiermit begnügen, und ist ein Nachweis, daß die Urkunde wirklich abhanden gekommen sei, vom früheren Gläubiger nicht zu verlangen?

§ 143. Vermuthung der vergleichsweisen Festsetzung der Höhe einer laufenden Prästation aus der gleichmäßigen Leistung und Annahme während dreier Jahre.

Rechtsgr. **505**. — I. Senat. 11. Oktober 1869. (LXXVI. 198.)

Die Vermuthung des § 143. I. 16. des Allg. Landrechts erstreckt sich nicht auf eine vergleichsweise eingetretene Veränderung (Herabsetzung) der an sich rechtlich zur Leistung höherer jährlicher Prästationen vorhandenen Verbindlichkeit selbst, sondern greift nur hinsichtlich der in den Quittungen bezeichneten Jahresrenten und der früheren Zeit Platz.

§ 149. Nichttilgung des debiti bei Zahlung eines indebiti.

Rechtsgr. **506**. — II. Senat. 28. September 1871. (LXXXII. 337.)

Wenn der Schuldner auf ein non debitum Zahlung leistet, so erlischt dadurch das daneben bestehende debitum nicht.

§§ 160—162. Zahlung unter einer Resolutivbedingung.

Rechtsgr. **507**. — IV. Senat. 2. März 1871. (LXXXI. 199.)

Derjenige, welcher eine Zahlung unter einer Resolutivbedingung leisten will, muß die Zahlung mit einem der Bedingung entsprechenden Vorbehalt machen, welcher Vorbehalt schriftlich erklärt oder in der von dem Zahlungsnehmer ausgestellten Quittung anerkannt sein muß.

§§ 178. 166. 189—191. Gegenstand der condictio indebiti.

Rechtsgr. **508**. — IV. Senat. 12. April 1870. (LXXVII. 324.)

Zulässiger Gegenstand der condictio indebiti ist keineswegs blos eine geschehene Zahlung im Sinne des

§ 28. I. 16. des Allgem. Landrechts, sondern jedes Vermögensobjekt, welches zur Tilgung einer in Wirklichkeit nicht existenten Schuld weggegeben worden. Das Weggegebene kann bestehen in Geld, Sachen aller Art, Handlungen, Befreiungen, Forderungen. Der Empfänger hat das Empfangene zu restituiren durch Rückgabe, Werthserstattung, Rückcession ꝛc.

§§ 180. 185. Condictio indebiti. — Vergl. Dig. **12**. 6. Lex 65. § 9.

Rechtsgr. **509**. — III. Senat. 2. Juli 1869. (LXXV. 241.)

Wer nicht einen Andern von dessen Schuld, sondern sich von einer vermeintlichen eigenen Schuld durch eine Zahlung befreien will, wird durch § 180. I. 16. des Allgem. Landrechts nicht von der condictio indebiti ausgeschlossen.

§ 200. Condictio ob causam datorum.

Rechtsgr. **510**. — III. Senat. 2. Dezember 1870. (LXXX. 125.)

Wenn in der Voraussetzung eines künftigen Erfolges, ohne daß ein besonderer Vertrag zwischen Zahlungsleister und Zahlungsempfänger abgeschlossen worden, gezahlt, und dieser Erfolg ohne Schuld des Zahlungsleisters nicht eingetreten ist, so entsteht mit dem Nichteintritt oder dem Wegfallen der Voraussetzung das Recht der Rückforderung.

§ 200. Condictio causa datae, causa non secuta. — Vergl. A. L. R. I. **4**. § 152.

Rechtsgr. **511**. — III. Senat. 28. März 1870. (LXXVIII. 144.)

Der § 200. I. 16. des Allg. Landrechts setzt voraus, daß derjenige, dem die Erfüllung des Zweckes auferlegt worden, nach Absicht des Zahlenden oder Gebenden der Empfänger im eigenen Namen sei, und sein eigenes wenigstens konkurrirendes Interesse in Betracht komme.

§ 207.:

A. Verurtheilung zur Zahlung einer Geldsumme gegen Herausgabe von Sachen; exekutivische Beitreibung der Zahlung ohne Herausgabe der Sachen.

Rechtsgr. 512. — IV. Senat. 13. Dezember 1870. (LXXX. 175.)

Ist der Verklagte rechtskräftig zu einer Zahlung gegen Herausgabe bestimmter Sachen verurtheilt, und erfolgt die exekutivische Beitreibung der Geldsumme ohne Rücksicht auf die Herausgabe der Sachen, so wird dadurch das Exekutionsverfahren in keiner Weise vitiirt, und kann der Verklagte nicht auf Grund des § 207. I. 16. des Allg. Landrechts die Zurückzahlung verlangen.

Der Verklagte kann vielmehr nur die Herausgabe der Sachen gegen den Kläger in geeigneter Weise weiter verfolgen.

B. Condictio indebiti; Abnöthigung im Exekutionsverfahren.

Rechtsgr. 513. — IV. Senat. 15. Dezember 1870. (LXXXIII. 1.)

Wenn der Exequendus, nachdem ihm der Exekutions-Richter hierzu Frist bewilligt hat, die Exekution durch sofortige Absendung der von ihm beizutreibenden Summe an den Kläger und durch die noch während der Exekutionsverhandlung erfolgte Vorzeigung des betreffenden Postscheins abwendet, so kann hierin nicht eine freiwillige, vielmehr nur eine im Wege des richterlichen Zwangsverfahrens erfolgte Zahlung erkannt werden.

Dritter Abschnitt. Von der Deposition.

§§ 213. ff. 216. 86. 104. Verpflichtung des Schuldners zur Deposition überhaupt und namentlich bei hypothezirten Forderungen. — Vergl. A. L. R. I. 20. §§ 159. 521.; Hypotheken-Ordnung Tit. 2. § 242.

Rechtsgr. 514. — III. Senat. 25. Oktober 1869. (LXXVI. 245.)

a) Der § 216. I. 16. des Allgem. Landrechts, ungeachtet er, sowie der ganze dritte Abschnitt dieses Titels nur von der Depositionsbefugniß des Schuldners handelt, schließt doch an sich noch nicht das Recht des Gläubigers aus, die Zahlung zum Depositum zu verlangen.

b) Dem Grundsatze, daß Zahlung und Quittung Zug um Zug zu leisten ist, wird bei rein persönlichen Schulden und bei Hypothekenzinsen durch die Depositalquittung, wenn der Schuldner zur Deposition verstattet oder angehalten wird, vollständig genügt.

c) Der Hypothekenschuldner, welcher gegen Zahlung der Kapitalsforderung Zug um Zug löschungsfähige Quittung zu fordern berechtigt ist, ist bei mangelnder Legitimation des Zahlungsempfängers nicht verpflichtet, die Zahlung zum Depositum zu leisten, vielmehr muß der Zahlungsempfänger die der Löschung entgegenstehenden Hindernisse beseitigen.

§§ 218. 221. 223. 228. Voraussetzung der Deposition im Fall des § 218. I. 16. des Allgem. Landrechts.

Rechtsgr. **515.** — II. Senat 24. Mai 1870. (LXXVIII. 273.)

Der § 218. I. 16. des Allgem. Landrechts setzt voraus, daß der Gegner des Depositionssuchers des letzteren Gläubiger sei, und daß er in seiner Eigenschaft als Gläubiger die Annahme der zu zahlenden Summe verweigere, ohne anzuerkennen, daß er überhaupt keine Forderung habe.

§§ 222. 230. 231. Rechtmäßigkeit oder Unrechtmäßigkeit der Deposition.

Rechtsgr. **516.** — IV. Senat. 15. Juni 1871. (LXXXII. 211.)

Rechtmäßig ist die Deposition nur, wenn eine justa causa dazu vorhanden ist. Bezieht sich diese auf die Legitimation des Gläubigers, so ist darunter nicht zu verstehen, daß die Legitimation in Wirklichkeit rechtlich fehle, sondern daß ein scheinbarer Grund vorliege, welcher bei vernünftiger Ueberlegung die Legitimation des Gläubigers zu bezweifeln berechtigt und den Schuldner mahnt, durch Deposition einer doppelten Zahlung vorzubeugen. Nur wenn der Schuldner keine Veranlassung zu erheblichen Zweifeln hatte, hat die Deposition keine rechtliche Wirkung.

Ob eine derartige begründete Ursache zur Deposition vorhanden ist, dafür giebt es keinen absoluten Maaßstab, sondern ist in jedem Falle konkret zu beurtheilen.

Fünfter Abschnitt. Von Anweisungen.

§§ **254. 255. 293.** Ueberweisung im Wege der Exekution ohne Beibringung des Schuldscheins; Ueberweisung einer auf jeden Inhaber lautenden Forderung. — Vergl. Gesetz vom 4. Juli 1822 § 1. (Ges.-Samml. S. 178.)

Rechtsgr. **517.** — III. Senat. 18. Oktober 1869. (LXXVI. 220.)

a) Zur Erlangung einer Ueberweisung im Wege der Exekution bedarf es nicht der Vorlegung des über die zu überweisende Forderung ausgestellten Schuldscheins, vielmehr darf und kann der mit dem Antrage auf Ueberweisung angegangene Richter ohne Herbeischaffung des Schuldscheins die Ueberweisung ertheilen.

b) Von der Regel des § 255. I. 16. des Allgem. Landrechts, wonach die Ausantwortung des über die angewiesene Schuld vorhandenen Instruments zur Gültigkeit des Geschäfts nicht nothwendig ist, bildet der Fall der Assignation einer durch ein auf jeden Inhaber lautendes Dokument repräsentirten Forderung die einzige Ausnahme.

§ **283.** Wahrung der Rechte des Assignatars gegen den Assignanten. — Vergl. Allg. Deutsches Handelsgesetzbuch Art. 301. ff.

Rechtsgr. **518.** — IV. Senat. 4. Oktober 1870. (LXXIX. 259.)

Der Assignatar hat keine Verpflichtung, behufs Wahrung seiner Rechte gegenüber dem Assignanten die Klage gegen den Assignaten anzustellen, und eine solche Verpflichtung kann auch nicht für denjenigen entstehen, dem er seine Rechte aus der Assignation überträgt.

Sechster Abschnitt. Von der Kompensation.

§§ **300.** ff. **363.** ff. **366. 367.** Kompensation überhaupt; Erwerbung des Rechts zur Kompensation in den durch das Gesetz ausgeschlossenen Fällen; Altentheilsforderungen als Alimentenforderungen bezüglich der Bestimmungen über Kompensation. — Vergl. A. L. R. **I. 5.** §§ 133. ff.

Rechtsgr. **519.** — II. Senat. 19. Oktober 1871. (**LXXXIV.** 69.)

a) In der Regel und in gewöhnlichen Fällen entspringt das Recht des Schuldners, die Forderung seiner Gläubiger durch Anrechnung (Kompensation) zu tilgen, unmittelbar aus dem Gesetz, und bedarf der Schuldner behufs Geltendmachung dieses Rechts eines besondern Erwerbstitels nicht.

b) In den Fällen dagegen, in welchen die Gesetze dem Schuldner die Kompensationsbefugniß untersagen, bedarf der Schuldner zu deren Erwerbung eines besondern Titels, und wenn dieser Titel auf einem zwischen dem Schuldner und dem Gläubiger geschlossenen Vertrage beruht, so unterliegt die formelle Gültigkeit eines solchen Vertrages den allgemeinen Formvorschrifteu der §§ 131. ff. I. 5. des Allg. Landrechts.

c) Altentheilsleistungen gehören zu den Alimentenforderungen, hinsichts deren dem Schuldner die Berechtigung zur Kompensation entzogen ist.

§§ **300.** ff. **359.** Kompensation und vertragsmäßige Anrechnung überhaupt und namentlich in Bezug auf das Erforderniß der Liquidität.

Rechtsgr. **520.** — IV. Senat. 17. November 1868. (**LXXIII.** 102.)

Die gesetzlichen Requisite der Kompensation, namentlich die Liquidität der zur Kompensation gestellten Gegenforderung im Sinne des § 359. I. 16. des Allg. Landrechts, können für die vertragsmäßige Anrechnung nur insofern Erfordernisse bilden, als sie durch besondere Verabredung der Kontrahenten dazu gemacht sind.

§ **301**.:

A. Rückwirkende Kraft der Kompensation.

Rechtsgr. **521**. — IV. Senat. 6. Januar 1870. (LXXVII. 154.)

Für Abgabe der Erklärung, kompensiren zu wollen, ist nirgends eine bestimmte Zeit vorgeschrieben. Diese Erklärung kann vielmehr zu jeder beliebigen Zeit mit ihrer vollen rückwirkenden Kraft abgegeben, und so das durch die entstandene Gegenforderung erworbene Recht auf Kompensation mit der in dem § 301. I. 16. des des Allgem. Landrechts vorgeschriebenen Wirkung zur Geltung gebracht werden.

B. Arrest; Bedeutung des „entstanden" im § 84. I. 29. der Allgem. Gerichts-Ordnung und § 301. I. 16. des Allgem. Landrechts. — Vergl. A. G. O. I. **29**. § 84.

Rechtsgr. **522**. — IV. Senat. 17. Dezember 1872. (LXXXVII. 262.)

Das Wort „entstanden" ist in dem § 84. I. 29. der Allg. Gerichts-Ordnung und dem § 301. I. 16. des Allg. Landrechts synonym mit „erworben."

§ **317**. Kompensation einer zum Konkurse angemeldeten Forderung nach Beendigung des Konkurses durch Akkord. — Vergl. Konkurs-Ordnung 8. Mai 1855 § 95.

Rechtsgr. **523**. — III. Senat. 22. Januar 1872. (LXXXIII. 287.)

Die zum Konkurse angemeldete Forderung kann, nachdem der Konkurs durch Akkord beendet ist, in uneingeschränkter Höhe zur Kompensation gestellt werden gegen Forderungen, welche der Gemeinschuldner schon vor der Konkurseröffnung hatte.

§ **359**. Kompensation und Recht auf Betheiligung bei Ausschüttung der Masse im Konkurse. — Vergl. Konkurs-Ordnung vom 8. Mai 1855 §§ 95—98.

Rechtsgr. **524**. — IV. Senat. 17. Januar 1871. (LXXX. 224.)

Das Kompensationsrecht ist von dem Rechte auf Betheiligung bei Ausschüttung der Masse im Konkurse unabhängig, und das erstere kann ohne das letztere bestehen.

Der Schuldner des Kridars darf kompensiren, selbst wenn er seine Gegenforderung im Konkurse nicht angemeldet hat.

§ 369. Versprechen des Käufers, das Kaufgeld zur Bezahlung einer Schuld des Verkäufers an einen Dritten verwenden zu wollen, in seiner Wirkung auf die Kompensation. — Vergl. A. L. R. I. **11**. § 412.

Rechtsgr. **525**. — III. Senat. 28. Mai 1869. (LXXIV. 337.)

Die dem Versprechen des Käufers, das Kaufgeld zur Bezahlung einer Schuld des Verkäufers an einen Dritten verwenden zu wollen, — gegen den Verkäufer gesetzlich dahin beigelegte Wirkung, daß in dem gedachten Falle der Käufer zum Nachtheile eiues solchen Gläubigers des Verkäufers mit andern ihm an den letztern zustehenden Forderungen nicht kompensiren kann, — tritt zunächst als Folge einer Feststellung im Kaufvertrage nur unter den letzteren abschließenden Kontrahenten selbst ein. Der Dritte, zu dessen Vortheile das Versprechen vom Käufer dem Verkäufer geleistet worden ist, erlangt aus demselben ein Recht gegen den Käufer erst durch einen mit Bewilligung der Hauptparteien erfolgten Beitritt zum Vertrage.

Achter Abschnitt. Von Vergleichen.

§§ 405. 415. 416. Einwand des Vergleichs in Injuriensachen, namentlich in der Exekutions-Instanz. — Vergl. A. G. O. I. **24**. §§ 36. ff.; Preußisches Strafgesetzbuch §§ 50. 160.; Strafgesetzbuch des Deutschen Reichs §§ 61. 194; Exekutions-Ordnung vom 4. März 1834 § 6. (Ges.-Samml. S. 31.)

Rechtsgr. **526**. — Senat für Strafsachen, I. Abth. 2. Dezember 1870. (LXXX. 128.)

a) Der Einwand des Vergleichs ist im Injurienprozeß wie in jedem andern Civilprozeß zulässig.

b) Namentlich kann der Einwand des Vergleiches, falls sich die bezüglichen Thatsachen erst „nach geschlosse=

ner Instruktion der Sache ereignet haben", noch in der Exekutions-Instanz angebracht werden.

Neunter Abschnitt. Von Aufhebung der Rechte und Verbindlichkeiten durch deren Umschaffung.

§§ 454. 455. Wechsel-Ausstellung, ob Novation oder nicht? Anfechtungsklage wegen der ursprünglichen Forderung. — Vergl. Anfechtungsgesetz vom 9. Mai 1855 §§ 1. 9.

Rechtsgr. **527**. — IV. Senat. 25. April 1872. (LXXXIV. 307.)

a) Ob der Wechsel-Ausstellung eine Novation zum Grunde liegt oder nicht, kann nicht aus ihr allein, sondern nur in jedem einzelnen Falle nach den maaßgebenden Umständen, und namentlich den Verabredungen der Interessenten beurtheilt werden.

b) Im Falle der Novation kann unter „Forderung" in der Bedeutung des § 9. des Anfechtungsgesetzes vom 9. Mai 1855 nicht die untergegangene alte, sondern nur die neu geschaffene Wechselforderung verstanden werden, und nur auf die Zeit der Entstehung dieser neuen Forderung kann es dabei ankommen.

Wird aber nicht die alte, sondern nur die Wechselforderung geltend gemacht und erstritten, so wohnt auch nur ihr die Vollstreckbarkeit bei, welche nach § 1. des Gesetzes vom 9. Mai 1855 ein Erforderniß des Anfechtungsrechtes ist.

§§ 454. 455. 465. 466. 477. 479. 482. ff. Ob Novation oder Konfusion? Widerruf bei Novation.

Rechtsgr. **528**. — III. Senat. 8. November 1872. (LXXXVI. 349.)

a) Es liegt keine Novation vor, wenn der Schuldner dem Gläubiger das Grundstück verkauft, an dem er ihm vorher einen Titel zur Hypothek eingeräumt hatte.

b) Wenn bei der Novation die neue Verbindlichkeit eine widerrufliche ist, so hat die Ausübung des Widerrufs dieselbe Wirkung, wie das Eintreffen einer auflösenden Bedingung.

Zehnter Abschnitt. Von Aufhebung der Rechte und Verbindlichkeiten durch deren Vereinigung.

§§ 476. ff. Anhang § 52. zu § 484. Nichterlöschen der persönlichen Verpflichtung durch Konfusion bei hypothekarischen Forderungen. Vergl. Deklaration vom 3. April 1824 (Ges.-Samml. S. 77.).

Rechtsgr. 529. — III. Senat. 18. November 1870. (LXXXI. 64.)

a) Wenn der Besitzer eines Grundstückes eine auf demselben haftende Forderung, für die er selbst als der persönliche Schuldner verpflichtet ist, durch Cession erwirbt, und dieselbe ohne sie löschen zu lassen weiter cedirt, so dauert die persönliche Verbindlichkeit des Cedenten in der Eigenschaft als des ursprünglichen Schuldners gegen den neuen Inhaber der Forderung unverändert fort. Die Konfusion bleibt vollständig ausgeschlossen.

b) Das Erlöschen der persönlichen Verpflichtung durch Konfusion bleibt auch dann ausgeschlossen, wenn der für rückständige Kaufgelder persönlich Verpflichtete, welcher eine Hypothek für seine Kaufgelderschuld mit dem erkauften Grundstücke bestellt hat, — nach dessen Veräußerung die betreffende Hypothekenforderung durch Cession erwirbt, und sie demnächst ohne Beschränkung weiter cedirt.

c) Der Käufer eines Grundstücks, welcher sich verpflichtet hat, den Käufer wegen einer von ihm kontrahirten auf dem Grundstücke eingetragenen Schuld außer persönlicher Verbindlichkeit zu setzen, — wird von dieser Verbindlichkeit nicht dadurch befreit, daß der hypothekarische Schuldner nach Veräußerung des zur Hypothek von ihm bestellten Grundstücks dem eingetragenen Gläubiger gegen Cession seiner Rechte Zahlung leistet, und dann weiter cedirt.

§ 484. Anhang § 52. dazu; Deklaration vom 3. April 1824 (Ges.-Samml. S. 77). Hypothek des Eigenthümers.

Rechtsgr. 530. — III. Senat. 29. April 1870. (LXXVIII. 187.)

Die Deklaration vom 3. April 1824 zum § 52. des Anhangs zum Allgem. Landrecht beschränkt sich auf Geldforderungen.

§ 484. Anhang § 52. dazu. Nichtanwendung des letzteren bei Bezahlung des Gläubigers aus der Subhastationsmasse.

Rechtsgr. 531. — III. Senat. 14. Oktober 1870. (LXXIX. 302.)

Ein Rechtsanspruch unter dem Schutze des § 52. des Anhangs zum Allgem. Landrecht kann nur durch eigene Zahlung des Besitzers, nicht durch eine Befriedigung des Gläubigers aus der Subhastationsmasse herbeigeführt werden.

§ 484. Anhang § 52. dazu und Deklaration vom 3. April 1824 (Ges.-Samml. S. 77.):

A. Hypothek des Eigenthümers.

Rechtsgr. 532. — III Senat. 27. März 1871. (LXXX. 389.)

a) Wo im Uebrigen die Voraussetzungen des Gesetzes bestehen, kann die dem § 52. des Anhangs zum Allgem. Landrecht und der Deklaration dazu vom 3. April 1824 zum Grunde liegende Absicht des Gesetzgebers nur dahin aufgefaßt werden, daß der Grundstückseigenthümer die Rechte eines Cessionars durch jeden modus solvendi erlange, und die Hypothek auch dann auf ihn übergehe, wenn die Verbindlichkeit, wofür sie haftet, durch Kompensation, Erlaß, Vergleich u. s. w. getilgt worden ist.

b) Ist die Befriedigung des Gläubigers durch einen Dritten für den Grundstückseigenthümer vermittelt worden, so ist auf diesen letzteren das Eigenthum der ungelöscht gebliebenen Hypothek übergegangen.

B. Nichtanwendbarkeit des § 52. des Anhangs zum Allg. Landrecht auf Eintragungen für zu leistende Handlungen und insbesondere Lieferungen.

Rechtsgr. 533. — III. Senat. 20. März 1871. (LXXX. 315.)

Die Vorschriften des § 52. des Anhangs zum Allg. Landrecht und der Deklaration dazu vom 3. April 1824 sind nicht anwendbar auf eingetragene Ansprüche auf zu leistende Handlungen und insbesondere auf Lieferungen.

C. Hypothek des Eigenthümers.

Rechtsgr. 534. — III. Senat. 13. Februar 1871. (LXXXIII. 4.)

Der § 52. des Anhangs zu § 484. I. 16. des Allg. Landrechts findet auch dann Anwendung, wenn der Eigenthümer die Hypothek in Folge einer gegen seinen Besitzvorgänger eingegangenen Verpflichtung einlöst.

D. Hypothek des Eigenthümers.

Rechtsgr. 535. — III. Senat. 29. April 1870. (LXXVII. 342.)

Die durch !die Deklaration vom 3. April 1824 für Hypothekenforderungen ausgesprochene Fiktion:

> daß der Eigenthümer eines Grundstücks, welcher eine auf dasselbe hypothekarisch versicherte Geldsumme auszahlt, und die Forderung im Hypothekenbuche nicht hat löschen lassen, alle Rechte eines Cessionars dieser Hypothek genießen soll, ohne Unterschied, ob ihm bei der Auszahlung eine förmliche Cession, oder nur eine Quittung ertheilt worden ist, indem für diesen Fall die bloße Quittung so ausgelegt werden soll, als ob darin eine ausdrückliche Cession enthalten wäre,

leidet keine Ausdehnung auf andere Rechtsverhältnisse als auf wirkliche Hypotheken.

Titel 17. Vom gemeinschaftlichen Eigenthume.

Erster Abschnitt. Vom gemeinschaftlichen Eigenthume überhaupt.

§ 10. Klage auf Einräumung einer neuen Grundgerechtigkeit gegen einen der Miteigenthümer der Sache. — Vergl. A. L. R. I. **19.** § 10.

Rechtsgr. **536.** — II. Senat. 1. Juni 1869. (LXXV. 106.)

Handelt es sich um die Auferlegung einer Servitut auf ein im Miteigenthum Mehrerer sich befindendes Grundstück, so ist die Klage gegen sämmtliche Miteigenthümer zu richten.

§§ 25. 5. 9. 60–86. 216–219. Uebertragung des Mitbesitzes einer gemeinschaftlichen Sache, namentlich eines Sozietätsantheils. — Vergl. A. L. R. I. **11.** §§ 445. 447., II. **16.** §§ 258—260.; Allg. Deutsches Handelsgesetzbuch Art. 98. 183. 223.; Berggesetz vom 24. Juni 1865 §§ 101. 103. 105. 106. 110.

Rechtsgr. **537.** — IV. Senat. 7. Juli 1870. (LXXIX. 139.)

a) Die Uebertragung des Mitbesitzes an einer mehreren Personen gemeinschaftlich zustehenden Sache kann nur dadurch bewirkt werden, daß der von dem veräußernden Miteigenthümer wirklich ausgeübte Besitz dem Dritten wirklich übertragen wird, oder dadurch, daß die erfolgte Uebertragung des Miteigenthums an den Dritten zum Zwecke der Aufnahme desselben als Mitglied der Gemeinschaft und der Uebertragung des Mitbesitzes den übrigen Miteigenthümern bekannt gemacht wird.

b) Dies gilt auch bei der Uebertragung eines Sozietätsantheils.

§§ 50. 4.:

A. Klagerecht des einzelnen Gemeindemitgliedes, welches in der Benutzung eines Kommunikationsweges gestört ist.

Rechtsgr. **538.** — II. Senat. 24. Februar 1870. (LXXVIII. 41.)

Auch ein einzelnes Mitglied einer Gemeinde, welches in der Benutzung eines Kommunalweges gestört wird, ist befugt, das diesfällige Recht für sich allein im Wege Rechtens geltend zu machen; es ist nicht erforderlich, daß die ganze Gemeinde klagend auftritt.

B. Oeffentlicher Weg als Eigenthum der Gemeinde; Gebrauchsrecht des einzelnen Gemeindemitgliedes und Klagerecht desselben bei Störungen in der Ausübung. — Vergl. A. L. R. II. 8. § 72, 15. §§ 1. ff.

Rechtsgr. 539. — II. Senat. 24. Februar 1870. (LXXIX. 51.)

a) Ein öffentlicher Weg, welcher das Eigenthum einer Gemeinde ist, bildet auch einen Theil des Gesellschaftsvermögens, an welchem die Nutzungen für die einzelnen Mitglieder bestimmt sind.

b) Das von jedem einzelnen Mitgliede der Gemeinde ausgeübte Recht zur Benutzung des Weges ist als besonderes des einzelnen Mitgliedes anzusehen.

c) Auch einzelne Gemeindemitglieder können für sich allein jeden Dritten, welcher sie in der Ausübung dieses Rechts stört, dieserhalb in rechtlichen Anspruch nehmen.

Zweiter Abschnitt. Vom gemeinschaftlichen Eigenthum der Miterben.

§ 117.:

A. Rechtlicher Charakter der Auseinandersetzung der Miterben.

Rechtsgr. 540. — IV. Senat. 6. Dezember 1870. (LXXX. 144.)

Die Auseinandersetzung der Miterben stellt sich nicht als ein freiwilliger Vertragsabschluß, sondern als eine Rechtshandlung dar, welche zur Erfüllung einer vorher bestehenden Verpflichtung vorgenommen wird.

B. Rechtliche Natur des Anspruchs auf Herausgabe des Erbantheils gegen den Erbschaftsbesitzer; Auseinandersetzungsvertrag ob Novation?

Rechtsgr. 541. — III. Senat. 4. Juli 1873. (LXXXIX. 149.)

a) Der Anspruch eines Erben gegen den im Besitze des Nachlasses befindlichen Miterben auf Aufnahme in den Mitbesitz, beziehungsweise Herausgabe seines Erbantheils hat die Natur einer Forderung gegen den Erbschaftsbesitzer und wird bereits im Augenblick des Erbanfalles existent.

b) Ein Auseinandersetzungsvertrag zwischen Miterben braucht nicht nothwendig und unter allen Umständen neue Rechte zu schaffen, er kann vielmehr auch eine rein deklaratorische Wirksamkeit haben.

§ **134**.:

A. Erbe „ganz ohne Vorbehalt" im § 134. I. 17. des Allg. Landrechts; Verpflichtung des Erben ohne Vorbehalt der Armen-Anstalt gegenüber, welche den Erblasser unterstützt hat. — Vergl. A. L. R. II. **19**. § 67.

Rechtsgr. **542**. — I. Senat. 11. November 1870. (LXXXI. 54.)

a) Im § 134. I. 17. des Allg. Landrechts:

„Auf eine höhere Summe, als der erhaltene Erbtheil beträgt, kann kein einzelner Erbe, wenn er die Erbschaft nicht ganz ohne Vorbehalt angetreten hat, für das Ganze belangt werden",

ist durch die Worte „ganz ohne Vorbehalt" nur dasselbe gesagt, was die Bezeichnung „Erbe ohne Vorbehalt" ausdrückt.

b) Auch dem Erben ohne Vorbehalt kommt die Einschränkung des § 67. II. 19. des Allgem. Landrechts zu Statten.

B. Anspruch des Nachlaßgläubigers gegen den Benefizialerben vor und nach der Theilung des Nachlasses.

Rechtsgr. **543**. — IV. Senat. 29. Juni 1869. (LXXV. 202.)

Soll jeder der mehreren Benefizialerben auf die Bezahlung der ganzen Nachlaßforderung in Anspruch genommen werden, so ist dazu der Nachweis nöthig, daß der Erbtheil, den jeder der Erben empfangen hat, sich auf eine höhere Summe beläuft, als die eingeklagte Nachlaßforderung beträgt.

§§ 151—156. 4. ff. 10. ff. 115. 127. ff.:

A. Befugniß des überlebenden gütergemeinschaftlichen, mit andern als unabgefundenen Kindern konkurrirenden Ehegatten zur Einklagung eines zum Nachlaß gehörigen Aktivum. — Vergl. A. L. R. II. 1. §§ 622—645.

Rechtsgr. **544.** — I. Senat. 28. Mai 1869. (LXXV. 90.)

Der überlebende, gütergemeinschaftliche Ehegatte, welcher mit andern als unabgefundenen Kindern konkurrirt, ist befugt, ein zum Nachlaß gehöriges Aktivum einzuklagen.

B. Klagerecht der einzelnen Miterben vor erfolgter Erbschaftstheilung bei erfolgter Vornahme von Rechtshandlungen Seitens einzelner Miterben mit dem Schuldner.

Rechtsgr. **545.** — IV. Senat. 28. Februar 1871. (LXXXI. 185.)

Diejenigen Miterben, welche vor erfolgter Erbschaftstheilung mit einem Schuldner Rechtshandlungen vorgenommen haben, die auf der Annahme der Getheiltheit der Nachlaßforderungen beruhen, dürfen bei einem ferneren Verfahren gegen den Schuldner diese Handlungen nicht ignoriren und sich mit ihnen nicht in Widerspruch setzen.

C. Berechtigung eines einzelnen Miterben zur Klage auf Feststellung, Erhaltung oder Sicherstellung einer Nachlaßforderung den Nachlaßschuldnern und Miterben gegenüber vor erfolgter Theilung.

Rechtsgr. **546.** — IV. Senat. 7. Dezember 1871. (LXXXIV. 144.)

Die Vorschrift des § 151. I. 17. des Allgem. Landrechts schließt nicht aus, daß der einzelne Miterbe sein Individualrecht auf Feststellung, Erhaltung oder Sicherstellung der zum Nachlasse gehörigen Aktivforderungen durch Geltendmachung derselben den Nachlaßschuldnern gegenüber soweit verfolgt, als er hierdurch nicht das Interesse seiner Miterben beeinträchtigt oder den Nachlaßschuldner gefährdet.

D. Klagerecht des Nachlaßgläubigers aus der Ueberweisung einer dem Nachlasse gegen einen der Miterben zustehenden Forderung.

Rechtsgr. 547. — IV. Senat. 11. November 1873. (LXXXIX. 365.)

Dem Anspruche des Nachlaßgläubigers, welchem eine dem Nachlasse gegen einen der Miterben zustehende Forderung vi assignationis überwiesen ist, steht der § 151. I. 17. des Allg. Landrechts nicht entgegen.

E. Recht eines Miterben zur Verfolgung eines Nachlaßanspruchs.

Rechtsgr. 548. — III. Senat. 8. November 1869. (LXXVII. 23.)

Bezüglich des Rechts einzelner Miterben zur Verfolgung eines Nachlaßanspruches läßt sich eine feste Regel nicht aufstellen; es muß vielmehr aus den Umständen jedes konkreten Falles beurtheilt werden, ob die Klage nur die Sicherheit oder Feststellung des Nachlasses bezweckt, oder ob darin eine dem Miterben präjudizirliche Verfügung beruht.

F. Kündigung der Nachlaßforderungen durch einen der mehreren Erben.

Rechtsgr. 549. — III. Senat. 13. Oktober 1873. (LXXXIX. 335.)

a) Die Vorschriften der §§ 10. 115. 127. 151. bis 156. I. 17. des Allgem. Landrechts hindern den einzelnen Miterben nicht, sein Miteigenthum an einem ungetheilten Nachlaßgegenstande soweit geltend zu machen, als dies zur Erhaltung und Sicherstellung der Erbschaft erforderlich ist, und das Interesse der Miteigenthümer in Wirklichkeit nicht beeinträchtigt wird.

b) Derselbe kann daher auch in der Regel Nachlaßforderungen zur Erbschaftsmasse einfordern und muß umsomehr zur Kündigung solcher Forderungen berechtigt sein.

Dritter Abschnitt. Von Gemeinschaften, welche durch Vertrag entstehen.

§ 169. Vorschußvereine als Erwerbsgesellschaften.

Rechtsgr. 550. — IV. Senat. 25. März 1873. (XC. 109.)

a) Der Zweck der einzelnen Mitglieder der Vorschußvereine, sich Kredit zu verschaffen, ist ein gemeinsamer

Erwerbszweck im Sinne des § 169. I. 17. des Allgem. Landrechts.

b) Die statutenmäßige Zulassung neuer Mitglieder unter Zustimmung der Gesellschaft respektive ihrer dazu bestellten Bevollmächtigten ist nicht geeignet, der Gesellschaft den Charakter einer nach Abschnitt 3. Tit. 17. Thl. I. des Allgem. Landrechts zu beurtheilenden Erwerbsgesellschaft zu nehmen.

§§ 171. 55. 56. 234. Erwerb eines der durch mündliche Verabredung verbundenen Gesellschafter auf seinen Namen; Rechtsverhältniß der Gesellschafter zu einander und zu Dritten rücksichtlich dieses Erwerbes.

Rechtsgr. **551**. — III. Senat. 22. April 1870. (LXXIX. 87.)

a) Den Erwerb, den Einer der Gesellschafter den nur mündlich getroffenen Verabredungen gemäß mit den zusammengeschafften Mitteln Aller auf seinen Namen macht, ist nicht von selbst Eigenthum Aller.

b) Der § 171. I. 17. des Allgem. Landrechts bezieht sich nur auf das Rechtsverhältniß der Gesellschaft unter einander, dieselben müssen sich in Ansehung des fraglichen Erwerbes gegenseitig als Miteigenthümer anerkennen. Auf diese rechtliche Stellung können sie sich einem Dritten gegenüber nicht berufen.

§§ 216. ff. Cession des Antheilsrechts eines Sozius an einen Nichtsozius nach Auflösung der Gesellschaft. — Vergl. Allgem. Deutsches Handelsgesetzbuch Art 98. 144.

Rechtsgr. **552**. — IV. Senat. 16. November 1871. (LXXXIII. 125.)

Die Cession des Gewinn-Antheils und der Antheilsrechte, insbesondere des Rechts auf Rechnungslegung, eines Sozius an einen Nichtsozius ist auch nach Auflösung der Sozietät rechtsunwirksam.

§§ 230. ff. Umwandelung einer Sozietät in eine juristische Person; Passivlegitimation dieser juristischen Gesellschaft dem Gläubiger der Sozietät gegenüber.

Rechtsgr. 553. — IV. Senat. 21. September 1869. (LXXVI. 138.)

a) Wandelt sich eine bestehende Societät mit ihrem, wenn auch den jetzt vorhandenen Mitgliedern zustehenden Vermögen in activis und passivis in Fortsetzung ihres ursprünglichen Zweckes in eine juristische Person um, so ist diese Umwandelung innerhalb der Grenzen der alten Sozietät und der neuen juristischen Person als rechtsverbindlich zu betrachten.

b) Dem Gläubiger einer solchen Sozietät kann von der neuen juristischen Person der Einwand der mangelnden Passivlegitimation nicht entgegengesetzt werden.

Fünfter Abschnitt. Von Grenzscheidungen.

§§ 362 ff.:

A. Grenzregulirung bei städtischen Grundstücken.

Rechtsgr. 554. — II. Senat. 19. November 1868. (LXXIII. 114.)

Die Provokation auf Grenzregulirung ist nicht nur bei ländlichen, resp. zur Landwirthschaft bestimmten Grundstücken, sondern auch bei städtischen Gebäuden, namentlich bei Gassen zwischen Gebäuden statthaft.

B. Grenzregulirungsklage im Falle, daß ein Grenzzug überhaupt bisher nicht vorhanden war. — Vergl. A. G. O. I. 42. § 1.

Rechtsgr. 555. — II. Senat. 3. Juni 1869. (LXXV. 110.)

Die Grenzregulirungsklage ist auch in dem Falle statthaft, wo überhaupt zwischen benachbarten Grundstücken eine Grenze noch nicht vorhanden war.

§§ 372. 375. 377. ff. Grenzregulirungsklage; Zweck derselben und Klageantrag.

Rechtsgr. 556. — II. Senat. 25. Mai 1871. (LXXXII. 176.)

a) Die Grenzregulirungsklage soll zu einem positiven Resultat führen, durch welches der bis dahin obgewalteten positiven Ungewißheit der Grenzen ein Ende gemacht wird.

b) Der Klageantrag einer Grenzregulirungssache ist

nicht auf den in der Klage anzugebenden Grenzzug beschränkt, er schließt vielmehr die Ermittelung und Wiederherstellung der richtigen Grenzen nach Anhörung des Verklagten, beziehungsweise wenn diese nicht zu ermitteln, die Theilung des Grenzstückes nach Maaßgabe der prozessualischen Ermittelungen in sich.

c) Der Kläger darf, insofern er den von ihm angegebenen Grenzzug nicht nachweisen kann, dennoch nicht mit der Klage angebrachtermaaßen abgewiesen werden, vielmehr muß der Grenzzug definitiv festgestellt werden.

§§ 372. ff. 383. ff. Ob Grenzregulirungs- oder Eigenthumsklage? — Vergl. A. G. O. I. **42.** §§ 1. ff.

Rechtsgr. **557.** — II. Senat. 13. Juni 1872. (**LXXIV.** 366.)

a) Im Falle einer Kollision zwischen Grenzregulirungs- und Eigenthumsklage hängt die Entscheidung der Frage, durch welches Mittel und auf welchem Wege ein Anspruch auf Grenzregulirung geltend gemacht werden kann, allein davon ab, was als Hauptobjekt einer Klage gelten muß.

b) Der Kläger, welcher ein im unstreitigen Besitze des Nachbars befindliches Stück Land wiedererlangen will, kann durch bloßen Antrag auf Grenzerneuerung weder sich vom Beweise seines Eigenthums befreien, noch den Verklagten seiner Einwände aus dem redlichen Besitze verlustig machen.

§§ 373. 375. Rechtskräftige Entscheidung; Anstellung der Grenzregulirungsklage nach abgewiesener Vindikationsklage. — Vergl. A. L. R. Einl. §§ 65. 66.; A. G. O. I. **16.** § 1.

Rechtsgr. **558.** — II. Senat. 29. April 1873. (**LXXIX.** 55.)

Eine rechtskräftig zurückgewiesene Vindikationsklage kann nicht von Neuem dadurch zum Prozesse gestellt werden, daß sie als Grenzregulirungsklage bezeichnet wird.

§§ 380. 381. Begriff des „ruhigen Besitzstandes“ im § 381. I. 17. des Allg. Landrechts. — Vergl. A. L. R. I. **7.** §§ 146—155.

Rechtsgr. 559. — II. Senat. 5. April 1870. (LXXVII. 302.)

Im § 381. I. 17. des Allgem. Landrechts:

Ist auch kein dergleichen ruhiger Besitzstand vorhanden, so muß durch eine gerade Linie von dem letzten bis zum nächstfolgenden unstreitigen Grenzzeichen die Grenze berichtigt werden,

ist dem Worte „ruhig" nur die Bedeutung beizulegen, daß der Besitz bis zur Anstellung der Grenzscheidungsklage fortgedauert hat, von dem Besitzer nicht aufgegeben worden ist, nicht aber die Bedeutung des ruhigen Besitzes im Sinne des § 154. I. 7. des Allgem. Landrechts für die Possessorienklage.

Titel 19. Von dinglichen und persönlichen Rechten auf fremdes Eigenthum überhaupt.

§§ 4—6. Kollision der dinglichen und persönlichen Natur eines Nießbrauchsrechts. — Vergl. A. L. R. I. 21. §§ 2—5.

Rechtsgr. 560. — III. Senat. 13. November 1871. (LXXXIII. 119.)

Ein dingliches Nutzungsrecht kann gegen den dritten Besitzer eines Grundstücks nicht mehr geltend gemacht werden, wenn dieser von dem Nutzungsrechte keine Kenntniß hatte, dasselbe nicht eingetragen war, und der Nutzungsberechtigte sich nicht im Besitz zur Zeit des Erwerbes durch den Vorbesitzer des dritten Besitzers befand. Das persönliche Recht auf den Nießbrauch gegen den Verpflichteten wird hierdurch nicht berührt.

§§ 15—18. Kurze Sperrung eines Weges, an welchem eine Servitut zusteht, überhaupt, und namentlich durch Hinüberführen von Waggons auf Eisenbahnsträngen. — Vergl. A. L. R. I. 22. § 31.

Rechtsgr. 561. — II. Senat. 17. November 1870. (LXXX. 60.)

a) In der kurzen Sperrung des Weges ist ein „Hindern" der Ausübung der an dem Wege zustehenden Servitut im gesetzlichen Sinne nicht zu finden.

b) Ebensowenig ist das Hinüberführen von Waggons über den Weg auf Schienensträngen als ein „Hindern" zu erachten, vielmehr ist nur eine noch nicht einmal erhebliche Erschwerung der Ausübung der Servitut anzunehmen.

§ 17. Dingliche Rechte auf fremde Sachen; Umfang derselben.

Rechtsgr. **562.** — II. Senat. 14. September 1871. (LXXXII. 300.)

Der Eigenthümer einer Sache, die nutzbare Rechte gewährt, hat, wenn er in dinglichen Rechten darüber zu Gunsten eines Andern verfügt, niemals die Vermuthung gegen sich, daß er sich damit von dem wenn an sich möglichen Mitgebrauch der Sache habe ganz ausschließen wollen.

§§ 22. 24. 25. Untheilbarkeit der Bauholzberechtigung. — Vergl. Deklaration vom 29. Mai 1816 zum Regulirungs-Edikte vom 14. September 1811 § 51.

Rechtsgr. **563.** — III. Senat. 26. Januar 1872. (LXXXIII. 292.)

Selbst wenn die Parzellirung eines bauholzberechtigten Bauergutes die Gebäude desselben betrifft, so geht die Bauholzberechtigung auch nicht antheilweise mit über, sondern verbleibt bei der ursprünglichen Hofstelle.

Titel 20. Von dem Rechte auf die Substanz einer fremden Sache.

Erster Abschnitt. Vom Rechte des Unterpfandes.

§§ 13. 502. Wirkung einer im Wege des Arrestes erfolgten protestativischen Eintragung in das Hypothekenbuch. — Vergl. Allg. Hypotheken-Ordnung II. § 290.; A. G. O. I. **29.** §§ 81. 83. 87.; Exekutions-Verordnung vom 4. März 1834 § 22. (Ges.-Samml. S. 31); Konkurs-Ordnung vom 8. Mai 1855 § 10.

Rechtsgr. **564.** — IV. Senat. 15. Dezember 1868. (LXXIII. 175.)

Der im Wege des Arrestes erfolgten Eintragung einer

Protestation in das Hypothekenbuch ist eine gleiche Wirkung beizulegen, wie derjenigen Protestation, deren Eintragung im Wege der Exekution stattgefunden hat, und zwar tritt die Wirkung mit rückwirkender Kraft sofort ein, sobald das die Feststellung der Forderung enthaltende, den Titel zum Pfandrecht gewährende Erkenntniß ergangen ist.

Das Pfandrecht selbst tritt an diejenige Stelle, wo die Protestation eingetragen worden, so daß die Forderung allen nachher eingetragenen Posten vorgeht.

§§ **25**. ff. Pfandrecht; Veräußerung der Sachen.

Rechtsgr. **565**. — III. Senat. 13. Mai 1872. (LXXXIV. 351.)

Die in den §§ 25. ff. I. 20. des Allgem. Landrechts über die Realisirung des Pfandrechts gegebenen Vorschriften gelten nicht blos für konventionelle, sondern auch für gesetzliche Pfandrechte.

§ **33**. Lex commissoria beim Pfandrecht; § 33. I 20. des Allgem. Landrechts durch Bundesgesetz vom 14. November 1867 nicht aufgehoben. — Vergl. Gesetz vom 14. November 1867 über die Freigebung des Zinsfußes (Bundesgesetzblatt S. 159.).

Rechtsgr. **566**. — IV. Senat. 30. März 1871. (LXXX. 351.)

Das Verbot der lex commissoria bei dem Pfandrechte wird von dem Gesetze vom 14. November 1867 über die Freigebung des Zinsfußes nicht berührt.

§ **54**.:

A. Uebernahme hypothekarischer Schulden auf Abrechnung des Kaufgeldes als persönliche Verpflichtung dem Verkäufer gegenüber, die Zahlung der Post zu leisten, oder den Verkäufer außer Verbindlichkeit zu setzen. — Vergl. Deklaration vom 21. März 1835 (Ges.-Samml. S. 42.).

Rechtsgr. **567**. — III. Senat. 28. Mai 1869. (LXXIV. 337.)

Durch die bloße Uebernahme hypothekarischer Schulden auf Abrechnung des Kaufgeldes von Seiten des Käufers wird derselbe gegen den Verkäufer **persönlich** verpflichtet, Zahlung der übernommenen Post zu leisten oder die Befreiung des Verkäufers von seiner Verbindlichkeit gegen den Hypothekengläubiger zu bewirken.

B. Uebernahme von Hypothekenschulden in Anrechnung auf das Kaufgeld; Verpflichtung des übernehmenden Käufers zur Bezahlung der übernommenen Post.

Rechtsgr. 568. — III. Senat. 4. Oktober 1872. (LXXXVI. 224.)

Hat der Gläubiger der vom Käufer in Anrechnung auf das Kaufgeld übernommenen Hypothekenschuld die Bezahlung der Post verlangt und sich geweigert, in andrer Weise sich mit dem Käufer einzulassen, so muß der Käufer diese Zahlung leisten.

§§ 284. 513—515. Hypothek; Einreden gegen den Cessionar. — Vergl. Allg. Hypotheken-Ordnung Tit. II. § 212.

Rechtsgr. 569. — III. Senat. 10. November 1873. (XC. 276.)

Der Schuldner kann an den Cedenten eines Hypothekenkapitals die fälligen Zinsen so lange mit voller Wirkung zahlen, als ihm die Cession nicht bekannt gemacht ist.

§§ 399. 422. 436. Ungültigkeit der Hypothek ohne Aushändigung des Instruments.

Rechtsgr. 570. — III. Senat. 16. Mai 1873. (XC. 175.)

Die einseitig ausgestellte Schuld- und Verpfändungs-Urkunde, welche auf Antrag des Schuldners zwar eingetragen, aber von ihm nicht dem Gläubiger ausgehändigt ist, begründet kein Recht für den Gläubiger, es bleibt eine nicht zur Erscheinung nach außen und zur Kenntniß des Gläubigers gelangte, stets revokable Erklärung des Schuldners, sofern nicht durch besonderen rechtsgültigen Vertrag die Verpfändung vorher ausgesprochen, oder doch später rechtsgültig vom Gläubiger auf die Mittheilung des Schuldners, daß er für jenen die Schuldurkunde ausgestellt, acceptirt worden.

§§ 408. 411. Priorität der Hypotheken; Anmeldung zur Eintragung.

Rechtsgr. 571. — III. Senat. 20. Dezember 1872. (LXXXVII. 285.)

Eine fruchtlos gebliebene Anmeldung des Hypothekenrechts verleiht nicht die Rechte einer Hypothek und umsoweniger das im § 408. I. 20. des Allgem. Landrechts bestimmte Vorrecht von wirklichen Hypotheken.

§ 420. Vorausbezahlung des Pachtzinses gegenüber den Hypothekengläubigern.

Rechtsgr. 572. — III. Senat. 14. Oktober 1872. (LXXXVI. 269.)

Den Hypothekengläubigern gegenüber ist die Vorausbezahlung des Pachtzinses nur für dasjenige Quartal gültig, in welchem die gerichtliche Beschlagnahme der Pachtgelder erfolgt.

§§ 422. ff. Einwendungen gegen Hypothekenforderungen. Eintragung derselben. Vergl. Gesetz vom 24. Mai 1853, betreffend einige Abänderungen der Hypotheken-Ordnung § 29.

Rechtsgr. 573. — III. Senat. 22. September 1871. (LXXXII. 328.)

a) Die Vorschriften der §§ 422. ff. I. 20. des Allg. Landrechts über die Beschränkungen der Einwendungen des Schuldners gegen die Gültigkeit einer Hypothekenforderung beziehen sich nicht blos auf den Inhalt, sondern auch auf die Fälligkeit der Forderung.

b) Im § 29. der Hypotheken-Novelle vom 24. Mai 1853 — (daß in dem Eintragungsvermerke der Nebenbestimmungen über die Zahlung des Kapitals keine Erwähnung mehr geschehen soll) — sind nur solche Bestimmungen gemeint, welche sich aus der Verpfändungs-Urkunde ergeben, nicht auch besondere Abreden über die Zahlung, welche nicht aus dem Hypotheken-Dokumente ersichtlich sind.

§§ 443. 475. Anwendbarkeit der §§ 443. 475 I. 20. des Allgem. Landrechts.

Rechtsgr. **574.** — IV. Senat. 21. Dezember 1871. (**LXXXIII.** 239.)

Die §§ 443. und 475. I. 20. des Allgem. Landrechts, welche vorschreiben:

daß sich das dingliche Recht des Hypothekengläubigers auf das ganze Grundstück nebst Pertinenzien erstreckt,

und:

daß die Früchte und Nutzungen der verpfändeten Sache dem Hypothekengläubiger insofern haften, als sie sich zur Zeit der Exekutionsvollstreckung noch unabgesondert von der Substanz befinden,

betreffen lediglich den Umfang der Rechte des Hypothekengläubigers, lassen aber den Streit darüber, unter welchen Voraussetzungen ein Hypothekengläubiger vor dem andern Befriedigung aus dem verpfändeten Grundstücke zu beanspruchen hat, unberührt.

§§ 475—481. Erforderniß der Eintragung für das Recht des Hypothekengläubigers aus den §§ 475—481. I. 20. des Allg. Landrechts.

Rechtsgr. **575.** — III. Senat. 4. November 1872. (**LXXXVI.** 333.)

Das Recht des Hypothekengläubigers, Vorausverfügungen des Besitzers über künftige Früchte und Nutzungen des Grundstückes auf Grund der §§ 475. bis 481. I. 20. des Allgem. Landrechts anzufechten, steht nicht auch demjenigen Gläubiger zu, dessen Pfandtitel zwar zur Eintragung präsentirt, aber nicht wirklich eingetragen ist.

§ 497. Rechtliche Natur der vertragsmäßigen Einräumung der hypothekarischen Priorität. — Vergl. Allg. Hypotheken-Ordnung Tit. I. § 59.

Rechtsgr. **576.** — III. Senat. 5. September 1873. (**LXXXIX.** 191.)

Der Gegenstand der vertragsmäßigen Einräumung der hypothekarischen Priorität ist das Recht, Befriedigung aus dem Kaufgelde des Pfandes für die vortretende Forderung vor dem die Priorität Einräumenden, und zugleich an der dem letzteren gebührenden Stelle der hypothekarischen Gläubiger-Ordnung vor, mit oder nach anderen Gläubigern zu fordern.

§§ **498. 526. 527.** Priorität bei Realisirung der Pfandrechte. — Vergl. Subhastations-Ordnung vom 15. März 1869 §§ 66. 79.

Rechtsgr. **577.** — **III.** Senat. 17. Januar 1873. (**LXXXVII.** 326.)

a) Bei der Realisirung der Pfandrechte in Folge Verkaufs bleibt unter den nicht durch Baarzahlung befriedigten und fernerhin an das Pfand verwiesenen Gläubigern die bisherige Priorität maaßgebend.

b) Ein bei der Subhastation von dem Käufer neben dem Kaufgelde übernommenes Realrecht fällt in den Bereich dieses Prinzips.

§ **500.** Prioritätsrechte einzelner Hypothekgläubiger als Realgläubiger an dem ganzen Bergwerk und einzelnen Kuxen, nach den Grundsätzen des Allg. Landrechts. — Vergl. A. L. R. II. **16.** § 133.; Konkurs-Ordnung vom 8. Mai 1855 §§ 53. 55.

Rechtsgr. **578.** — **III.** Senat. 10. Februar 1871. (**LXXXI.** 143.)

Ist einzelnen Hypothekengläubigern als Realgläubigern das ganze Bergwerk (d. h. die Gesammtheit der 128 Kuxe) und anderen nur ein oder einzelne Kuxe verhaftet, so bestimmen sich die Prioritätsrechte unter diesen Gläubigern des ganzen Bergwerks und der einzelnen Antheile — abgesehen von besondern Werthen — lediglich nach der Ordnung der Eintragungen im Hypothekenbuch resp. nach dem Zeitpunkt der Eintragung.

Anhang § **53.** zu § **511.** Anwendbarkeit des § 53. des Anhangs zum Allg. Landrecht auf Einwendungen gegen rückständige Kaufgelder und namentlich den Einwand des von dem Verkäufer nicht erfüllten Vertrages; Begrenzung der Zulässigkeit des Einwandes der Kompensation gegen den Cessionar einer eingetragenen Forderung.

Rechtsgr. **579.** — **III.** Senat. 23. November 1868. (**LXXIII.** 128.)

a) Der § 53. des Anhangs zu § 511. I. 20. des

Allgem. Landrechts ist auch auf Einwendungen gegen rückständige Kaufgelder und namentlich gegen den Einwand des von dem Verkäufer nicht erfüllten Vertrages zu beziehen.

b) Zur Kompensation gegen den Cessionar einer eingetragenen Forderung genügt es nicht, daß der Gegenanspruch des verklagten Schuldners, beziehungsweise des Besitzers des verpfändeten Grundstückes, vor der Cession entstanden und dem Hypothekengläubiger bekannt gewesen sei; der Anspruch muß mindestens schon bestimmt als Tilgungsmittel gegen die Hypothekenforderung bezeichnet, und dies muß dem Cessionar bei Eingehung des Cessionsgeschäfts bekannt gewesen sein.

§ 520. Versprechen in einem zweiseitigen Vertrage, eine Hypothekenforderung löschen zu lassen.

Rechtsgr. **580.** — III. Senat. 7. Oktober 1872. (LXXXV. 353.)

a) Das bloße Versprechen in einem zweiseitigen Vertrage, eine Hypothekenforderung löschen zu lassen, hat nicht die Wirkung einer Tilgung der Forderung, mit welcher der Anspruch des befriedigten Gläubigers an das zur Sicherung seiner Forderung verhaftete Grundstück aufhört.

b) Solches Versprechen gewährt demjenigen gegenüber, dem es gegeben worden, ein lediglich persönliches Recht an den Gläubiger, sein Hypothekenrecht aufzugeben, auch ohne daß die durch das letztere gesicherte Forderung berichtigt worden ist.

c) Daraus folgt, daß diese Verbindlichkeit durch einen neuen Willensakt der Kontrahenten nicht aufgehoben werden kann, und daß, wenn letzteres geschieht, das Hypothekenrecht durch Eingehung und Wiederaufhebung der Verbindlichkeit in seiner rechtlichen Wirkung in keiner Art beeinträchtigt worden ist.

§ 522. Erforderniß der Bildung eines Zweigdokuments im Falle der Cession bei nicht vorhandenem Hypotheken-Instrument; Einwand der Zahlung Seitens des Realschuldners dem Cessionar der Hypothekenpost gegenüber bei Nichtbeobachtung jener Vorschrift. — Vergl. Gesetz vom 24. Mai 1853, betreffend einige Abänderungen der Hypotheken-Ordnung vom 20. Dezember 1783, §§ 15. 17. (Ges.-Samml. S. 521); Hypotheken-Ordnung vom 20. Dezember 1783 II. § 205.)

Rechtsgr. 581. — III. Senat. 11. März 1872. (LXXXIV. 272.)

a) Der § 17. der Hypotheken-Novelle vom 24. Mai 1853 erfordert die nachträgliche Bildung eines Zweigdokuments nicht nur für den Fall der Eintragung der Cession, sondern kategorisch in allen Fällen der Cession.

b) Bei Hypothekenforderungen, welche ohne Bildung eines Dokuments eingetragen sind, ist der Schuldner befugt, dem Cessionar, welcher die Cession nicht hat eintragen und sich bei Erwerbung der Forderung ein Dokument nicht hat ausfertigen lassen, den Einwand der Zahlung an den eingetragenen Gläubiger entgegenzusetzen.

Zweiter Abschnitt. Vom Zurückbehaltungsrechte.

§§ 537. 542. Retentionsrecht; Bedeutung des Inhabers einer Kapitalssumme im § 542. I. 20. des Allg. Landrechts.

Rechtsgr. 582. — III. Senat. 27. Februar 1872. (LXXXIV. 240.)

a) Unter dem „Inhaber einer Kapitalssumme" im § 542. I. 20. des Allgem. Landrechts kann nicht ohne Weiteres jeder Schuldner einer Forderung verstanden werden, mindestens muß die Verpflichtung in einem Zurückgeben bestehen, der Gegner muß wiederfordern.

b) An einer Geldsumme kann ein Retentionsrecht nur stattfinden, wenn diese die Natur einer Spezies hat.

§ 561. Entziehung des Retentionsrechts durch einen Dritten und Schadensersatzforderung gegen denselben Seitens des Gläubigers.

Rechtsgr. 583. — III. Senat. 17. September 1869. (LXXVI. 112.)

Der dritte Besitzer, welcher eine Sache, an welcher

dem Gläubiger ein Retentionsrecht zusteht, demselben entzieht, ist zum Schadensersatz erst dann verpflichtet, wenn die Zahlungsunfähigkeit des Schuldners feststeht.

Dritter Abschnitt. Vom Vorkaufs-, Näher- und Wiederkaufsrechte.

§§ 569. 573. 574. Vorkaufsrecht des Erbverpächters. — Vergl. Ablösungsgesetz vom 2. März 1850 § 4. Absatz 1. und § 2. No. 2. (Ges.-Samml. S. 77.)

Rechtsgr. 584. — II. Senat 9. Februar 1871. (LXXXI. 129.)

a) Das in Erbpachtsverträgen bedungene Vorkaufsrecht des Erbverpächters besteht noch fort.

b) Die Baubeschränkung in Verbindung mit dem vorbehaltenen Vorkaufsrecht ist im Sinne des Gesetzes vom 2. März 1850 als ein Nutzungsrecht zu betrachten, welches sich der Erbverpächter vorbehalten hat, und welches dadurch nicht untergegangen ist, daß der Erbpächter durch das Gesetz das Eigenthum der Sache erlangt hat.

§ 575. Unzulässigkeit des Vorkaufsrechts bei Cessionen obligatorischer Rechte.

Rechtsgr. 585. — III. Senat 7. März 1873. (LXXXVIII. 248.)

Unter den „wirklichen Verkäufen" im § 575. I. 20. des Allg. Landrechts sind Cessionen obligatorischer Rechte nicht mit einbegriffen; vielmehr soll der Ausdruck nur den Sachankauf im engeren Sinne kennzeichnen.

§ 584. Bedeutung von „nächsten gesetzlichen Erben" in § 584. I. 20. des Allg. Landrechts; außereheliche Kinder des Erzeugers als dessen nächste gesetzliche Erben.

Rechtsgr. 586. — III. Senat. 23. Januar 1871. (LXXX. 261.)

a) Die Vorschrift des Allg. Landrechts I. 20. § 584.: „Das Vorkaufsrecht findet nicht statt, wenn der Besitzer die Sache seinem nächsten gesetzlichen Erben noch unter Lebendigen käuflich überläßt", bezieht sich auch auf das Erbrecht der unehelichen Kinder in den Nachlaß ihres Erzeugers.

b) Mit dem Ausdruck „seinem nächsten gesetzlichen Erben“ a. a. O. ist die Person gemeint, welche, wenn in dem entscheidenden Zeitpunkte der Verkäufer stürbe, denselben ab intestato beerben würde: daß der Käufer alleiniger Erbe sein würde, ist nicht erforderlich, es genügt, daß er einer der gesetzlichen Erben wäre.

§ 615. Vorkaufsrecht; Ausübung desselben bei freiwilligen Subhastationen.

Rechtsgr. 587. — III. Senat. 13. November 1872. (LXXXVI. 367.)

Der Ausdruck bei „gerichtlichen Verkäufen“ im § 615. I. 20. des Allg. Landrechts ist auch auf freiwillige Subhastationen zu beziehen.

§§ 631. 633. 568. Vorkaufs und Rückforderungsrecht des einen Miterben gegen den Erbschaftskäufer und des andern Miterben; Voraussetzung der Uebergabe der Sache an den Käufer bei der Rückforderungsklage; Erstattung der Kaufkosten bei der Rückforderungsklage. — Vergl. A. L. R. I. 17. § 65.

Rechtsgr. 588. — III. Senat. 4. Juni 1869. (LXXV. 120.)

a) Das im § 65. I. 17. des Allgem. Landrechts vorbehaltene Vorkaufsrecht, sowie das Rückforderungsrecht findet nicht nur bei Kaufgeschäften über einzelne körperliche Sachen, sondern auch dann statt, wenn einer von mehreren Miterben sein Erbschaftsrecht, das heißt seine Erbquote, mittelst Erbschaftskaufvertrages an einen Fremden veräußert.

b) Das Rückforderungsrecht des § 631. I. 20. des Allg. Landrechts, welches die an den ersten Käufer erfolgte Uebergabe als Voraussetzung für den Verlust des eigentlichen Vorkaufsrecht verlangt, paßt nicht auf solche Fälle, wo ohne Uebergabe das Eigenthum unmittelbar durch den Vertrag auf den Käufer übergeht.

c) Der Retraktskläger ist zur Erstattung der Kaufkosten nicht verpflichtet.

Titel 21. Von dem Rechte zum Gebrauche oder Nutzung fremden Eigenthums.

§§ 2. 3. Rechtliche Natur der Forderung auf Rückzahlung der Pachtkaution.

Rechtsgr. 589. — III. Senat. 22. September 1873. (LXXXIX. 269.)

Dasjenige persönliche Forderungsrecht, welches der Pächter aus dem Pachtvertrage und aus der Thatsache der baaren Hingabe einer Kautionssumme an den Verpächter gegen diesen erworben hat, — daß er ihm die Kautionssumme nach beendetem Pachtverhältnisse zurückzahle, — gehört nicht in den Kreis des durch die Uebergabe des Pachtobjekts dinglich gewordenen Rechtsverhältnisses.

Erster Abschnitt. Vom Nießbrauche.

§§ 23. 25. 30. 39. Ususfructus maritalis; Verwandlung eines Forst- und Weidegrundstücks in eine Kiesgrube.

Rechtsgr. 590. — III. Senat. 22. September 1873. (LXXXIX. 272.)

Ein Ehemann ist nicht befugt, kraft seines ehemännischen Verwaltungs- und Nießbrauchrechts ohne Zustimmung seiner Ehefrau ein dieser gehöriges Forst- und Weidegrundstück in eine Kiesgrube zu verwandeln und den Kies fortzuschaffen, weil hierin eine Verringerung der Substanz des Grundstücks zu erkennen ist.

§§ 47—49. Haftung des Eigenthümers für die durch den Nießbraucher veranstalteten Reparaturen.

Rechtsgr. 591. — IV. Senat. 12. Mai 1870. (LXXVIII. 234.)

Hat der Ehemann als Nießbraucher des eingebrachten Vermögens seiner Ehefrau zur wirthschaftlichen Erhaltung desselben Reparaturen machen lassen, so ist die Ehefrau, wenn sie später ihr Vermögen in eigene Verwaltung erhält, Zahlung für die Reparaturarbeiten zu leisten nicht verpflichtet.

§ 82. Verfolgung eines dinglichen Rechts gegen den Nießbraucher der Sache; Klage auf Einräumung einer neuen Grundgerechtigkeit gegen den Nießbraucher der Sache.

Rechtsgr. 592. — II. Senat. 1. Juni 1869. (LXXV. 106.)

a) Können auch nach § 82. I. 21. des Allg. Landrechts dingliche Rechte gegen die dem Nießbrauch unterliegende Sache gegen den Nießbraucher verfolgt werden, so gilt dies doch nur da, wo es sich um ein dingliches Recht handelt, welches bereits konstituirt ist.

b) Handelt es sich dagegen um die Einräumung einer festzustellenden neuen Grundgerechtigkeit, so kann der Prozeß nicht gegen den bloßen Nießbraucher angestrengt werden.

§§ 82. 83. Nichtbefugniß des Pfarrers zur Führung von Prozessen über die Substanz des Kirchen- und Pfarrvermögens. — Vergl. A. L. R. II. 11. §§ 160. 170. 179. 183. 191. 629—632. 637. 646. 647. 668. 823.

Rechtsgr. 593. — I. Senat. 23. Mai 1870. (LXXVIII. 266.)

Der Pfarrer als Verwalter und Nießbraucher des Pfarrvermögens ist Prozesse, welche die Substanz desselben betreffen, allein, ohne Zuziehung der Kirchenvorsteher, als Vertreter des Proprietars des Kirchen- und Pfarrvermögens resp. des Patrons zu führen nicht berechtigt.

§§ 82. 83. ff. 140. Untersagung der das Pfandrecht schmälernden Dispositionen an den Nießbraucher; Prozeß über die Substanz der Sache mit dem Nießbraucher.

Rechtsgr. 594. — III. Senat. 9. Juni 1871. (LXXXII. 198.)

a) Das nach § 442. I. 20. des Allgem. Landrechts dem Hypothekengläubiger zustehende Recht ist, falls das verpfändete Grundstück im Besitz eines Nießbrauchers ist, gegen diesen und den Eigenthümer vereint geltend zu machen.

b) Der Nießbraucher allein ist nicht legitimirt, einen gegen ihn allein angestellten die Substanz der Sache mitbetreffenden Prozeß mit Erfolg durchzuführen.

§ 110. Abtretung des Nießbrauchsrechts durch den Nießbraucher; Einwendungen aus der Person eines Dritten; Anfechtung der eigenen Handlungen, um sich von Verbindlichkeiten zu befreien. — Vergl. A. L. R. I. **4**. § 45., **5**. §§ 58. 64. 349. 350., **11**. §§ 164. 169.; Dig. **50**. 17. Lex 49.

Rechtsgr. **595**. — IV. Senat. 8. April 1869. (LXXIV. 185.)

a) Der § 110. I. 21. des Allgem. Landrechts, wonach der Nießbraucher das Recht selbst an einen Andern nicht abtreten kann, enthält kein Verbotsgesetz.

Das sich hieraus ergebende Hinderniß kann durch das Einverständniß des Eigenthümers der dem Nießbrauch unterliegenden Objekte gehoben werden.

b) Hat der Nießbraucher sein Recht abgetreten, so hat er für Hebung des Hindernisses Sorge zu tragen, das Geschäft selbst ist aber nicht absolut unwirksam.

c) Kein Kontrahent kann auf die dem Andern oder einem Dritten zustehenden Einreden sich berufen, und darf Niemand seine eigenen Handlungen anfechten, um sich von einer übernommenen Verbindlichkeit zu befreien.

§§ 124—130. Bauten des Nießbrauchers auf dem Grundstück als Verbesserungen oder Verschlimmerungen der Sache.

Rechtsgr. **596**. — III. Senat. 6. Dezember 1872. (LXXXVII. 156.)

Was der Nießbraucher auf dem zum Nießbrauche gewidmeten Boden erbaut, das fällt unter die Kategorie der Verbesserungen oder Verschlimmerungen der Sache.

§§ 170—171. Beendigung des maritalischen Nießbrauches bei einem durch einen nothwendigen Eid bedingten Scheidungsurtheil; Nießbrauch des geschiedenen Ehemannes an den ausstehenden Kapitalien der Ehefrau. — Vergl. A. L. R. II. **1**. §§ 769. ff., **2**. § 231.

Rechtsgr. **597**. — III. Senat. 9. Oktober 1871. (LXXXIV. 39.)

a) Bei einem durch einen nothwendigen Eid bedingten Scheidungs-Urtheil endet der Nießbrauch an dem Eingebrachten der Ehefrau mit der Publikation dieses Erkenntnisses und nicht erst mit der Purifikatoria.

b) Die Vorschrift der §§ 170. 171. I. 21. des Allg. Landrechts, wonach

die Nutzungen von ausstehenden Kapitalien bis zu dem Ablaufe desjenigen Vierteljahrs, in welchem der Nießbrauch aufhört, zum Vermögen des Nießbrauchers gerechnet werden, und in dieser Beziehung das Jahr mit dem 1. Juni seinen Anfang nimmt,

findet auch auf den durch Ehescheidung beendeten maritalischen Nießbrauch Anwendnng.

§§ 173. 174. Rückgewähr rücksichtlich der von der Ehefrau eingebrachten verbrauchten Sachen. — Vergl. A. L. R. II. 1. §§ 559—561.

Rechtsgr. 598. — I. Senat. 12. September 1870. (LXXIX. 190.)

a) Die §§ 559—561. II. 1. des Allgem. Landrechts passen nicht auf die von der Frau eingebrachten Erndtevorräthe, oder überhaupt auf diejenigen Sachen, welche ohne ihre Zerstörung oder ihren gänzlichen Verlust den gewöhnlichen Nutzen nicht gewähren können.

b) Die Vorschriften der §§ 173. 174. I. 21. sind auch für den maritalischen Nießbrauch und die Vermögensauseinandersetzung nach dessen Beendigung maßgebend.

Zweiter Abschnitt. Von der Erbpacht.

§ 187. Erbpacht; Anspruch des Erbpächters auf das noch vorhandene Kaufgeld einer expropriirten Gutsparzelle; Zusammenhang der vom Erbverpächter vertragsmäßig übernommenen Verpflichtung zur Tragung von Abgaben mit dem Rechte auf den Kanon. — Vergl. Gesetz Nr. 3233. vom 2. März 1850, betreffend die Ablösung der Reallasten u. s. w. § 2. (Ges.-Samml. S. 77.)

Rechtsgr. 599. — III. Senat. 28. Februar 1873. (LXXXVIII. 206.)

a) Der Erbpächter kann das nach § 2. No. 2. des Gesetzes vom 2. März 1850 erlangte Eigenthum an dem ehemaligen Erbpachtsgute auch in Beziehung auf das noch vorhandene Kaufgeld einer Gutsparzelle an Stelle des ihm bis zu dem Gesetze als Erbpächter zugestandenen Nießbrauchs geltend machen.

b) Der begriffsmäßige Zusammenhang von Nutzungsrecht, den darauf ruhenden Abgaben und Kanon als Leistung und Gegenleistung bei dem Erbpachtsverhältniß schließt die Auffassung aus, als ob die von dem Erbpächter vertragsmäßig übernommene Verpflichtung zur Tragung von Abgaben lediglich an das demselben vorbehaltene Eigenthum gebunden sei und mit Uebertragung des letzteren folgerecht auf den dasselbe erwerbenden Erbpächter übergehe; eine solche Verpflichtung ist vielmehr an das Recht auf den Kanon gebunden und bleibt ebenso wie dieses in Kraft.

Dritter Abschnitt. Von dem eingeschränkten Gebrauchs- und Nutzungsrechte fremder Sachen.

§ 229. Leihvertrag zum Zweck der Verpfändung der geliehenen Sache. — Vergl. Dig. **13.** 6. Lex 5. § 12.

Rechtsgr. **600.** — IV. Senat. 17. Januar 1871. (LXXX. 232.)

Der Zweck der Verpfändung der geliehenen Sache ist mit dem Leihvertrage vereinbar. Eine solche Verpfändung fällt unter den Begriff des Gebrauchs der zu leihenden Sache, sie macht das Zurückgeben eben derselben Sache nicht unmöglich, für deren Einlösung vom Pfandnehmer zu sorgen dem Leiher überlassen bleibt.

§ 269. Mündlich verabredete Kündigungsfrist bei einem mündlich geschlossenen Miethsvertrage.

Rechtsgr. **601.** — III. Senat. 8. Februar 1869. (LXXIV. 19.)

Haben bei einem mündlichen, durch Uebergabe erfüllten Miethsvertrage die Parteien eine jederzeit zulässige vierteljährliche Kündigung verabredet, so ist diese Verabredung, soweit dieselbe die Dauer des Miethsvertrages nicht über das durch § 269. I. 21. des Allg. Landrechts bestimmte Jahr verlängert, rechtlich wirksam.

§§ 269. 402. 406. Pachtvertrag über ein Landgut mit jährlichem Pachtzins von mehr als 200 Rthlrn.

Rechtsgr. 602. — III. Senat. 16. Oktober 1871. (LXXXIV. 62.)

Wenn über ein Landgut ein Pachtvertrag, in welchem ein jährlicher Pachtzins von 200 Rthlrn. oder mehr vorbedungen ist, nicht gerichtlich oder notariell, sondern nur schriftlich errichtet worden, so gilt die Pacht auf ein Jahr nur dann, wenn die Uebergabe des verpachteten Landguts an den Pächter erfolgt ist.

§§ 270. 272. Vorzeitiges Verlassen der Miethsräume Seitens des Miethers; Anspruch des Vermiethers auf den Miethszins. — Vergl. A. L. R. I. 5. § 271. 285—287.

Rechtsgr. 603. — III. Senat. 7. November 1873. (LXXXIX. 354.)

a) Der Anspruch des Vermiethers auf den Miethszins ist durch die in der Gewährung des vertragsmäßigen Gebrauches der gemietheten Räumlichkeiten bestehende Vorleistung des Vermiethers bedingt, und dieser Grundsatz wird durch die Stipulation der vierteljährlich zu leistenden Pränumeration der Miethe nicht alterirt.

b) Wenn der Miether die gemietheten Räumlichkeiten vor Ablauf der Kontraktszeit verläßt, so hängt der Anspruch des Vermiethers auf den Miethspreis davon ab, daß er dem Miether die Möglichkeit offen läßt, in jedem Augenblicke den faktischen Besitz der Miethsräume wieder zu ergreifen.

§§ 272. ff. Miethe; Verzögerung des Beginns der Miethsnutzung durch den Vermiether. — Vergl. A. L. R. I. 5. §§ 393. 394.

Rechtsgr. 604. — III. Senat. 21. März 1873. (LXXXVIII. 318.)

Auch eine vom Vermiether selbst verschuldete Verzögerung des Beginnes der Miethsnutzung kann nicht ohne Weiteres die im Vertrage fixirten Zinszahlungstermine weiter hinausschieben.

§§ 272—274. Pachtvertrag; Gewährleistung Seitens des Bürgen. — Vergl. A. L. R. I. **5.** § 321.

Rechtsgr. **605.** — III. Senat. 17. Juni 1872. (LXXXV. 263.)

Läßt der Pächter die ihm in unbrauchbarem Zustande übergebene Sache selbst in brauchbaren Stand setzen, so muß er dabei mit der Sorgfalt eines guten Hausvaters zu Werke gehen, und stellt sich jede Verfehlung dagegen als ein Versehen mit der Wirkung des § 321. I. 5. des Allgem. Landrechts dar.

§§ 273—275. 383—385. Verpflichtung des Vermiethers zur Wiederinstandsetzung der unbrauchbar gewordenen vermietheten Sache und zur Entschädigung des Miethers.

Rechtsgr. **606.** — III. Senat. 15. März 1869. (LXXIV. 117.)

a) Der Vermiether hat nicht nur den durch seine schuldbare Handlung oder Unterlassung, sondern auch den durch Zufall herbeigeführten Grund der Unbrauchbarkeit der vermietheten Sache zu beseitigen.

b) Hat der Vermiether die nothwendigen Reparaturen an der vermietheten Sache nach erhaltener Kenntniß von dem entstandenen Mangel überhaupt nicht oder nicht gehörig veranlaßt, und es ist hierdurch dem Miether Schaden entstanden, so muß er dafür aufkommen.

c) Der Miether hat nicht darzulegen, daß der Vermiether durch schuldbare Handlungen oder Unterlassungen den Grund zur Unbrauchbarkeit der vermietheten Sache gelegt habe; er hat nur darzuthun, daß der Vermiether vorsätzlich oder durch schuldbares Versehen die Reparaturpflicht nach geschehener Anzeige zu erfüllen unterlassen oder mangelhaft erfüllt habe.

§§ 273. 291. 383. ff. Verpflichtung des Vermiethers zur Gewährung der Miethsräume in ununterbrochener Dauer; Entsetzung des Miethers durch den Vermiether und späteres Erbieten zur Wiederaufnahme. — Vergl. A. L. R. I **5.** §§ 270. 271., **16.** § 11.

Rechtsgr. 607. — III. Senat. 12. Dezember 1870. (LXXX. 159.)

Der Vermiether ist verpflichtet, dem Miether die vermietheten Räumlichkeiten während der ganzen Miethsdauer in ununterbrochener Zeitfolge zu gewähren.

Hat er den Miether während der Kontraktszeit aus dem Miethsbesitz entsetzt, und ihm eine Zeit lang die Miethsobjekte vorenthalten, so ist er überhaupt nicht mehr im Stande, seiner Verbindlichkeit nachzukommen; sein Anerbieten, später wieder während eines ihm beliebenden Zeitraumes, der noch in die kontraktliche Miethsdauer fällt, die gemietheten Räumlichkeiten zu gewähren, enthält eine andere Handlung als die, zu welcher er verpflichtet war, und kann dem Berechtigten nicht aufgedrungen werden.

§§ 274. 291. Nichtberechtigung des Miethers, für Reparaturen, die erst während der Dauer der Miethszeit nothwendig geworden, ohne vorherige Anzeige Ersatz zu fordern.

Rechtsgr. 608. — IV. Senat. 27. September 1870. (LXXXI. 10.)

Der § 274. I. 21. des Allgem. Landrechts und die darin allegirten Bestimmungen des Tit. 14. des Allgem. Landrechts betreffen nicht Reparaturkosten im Sinne des § 291., sondern die Instandsetzungskosten, welche nothwendig werden, um die Sache brauchbar zu überliefern und zu empfangen.

§§ 307—309. Abtretung eines Zeitpachtrechtes als Veräußerung im Sinne des Anfechtungsgesetzes. — Vergl. Gesetz, betreffend die Anfechtung von Rechtshandlungen u. s. w., vom 9. Mai 1855 § 5. No. 3.; Konkurs-Ordnung vom 8. Mai 1855 § 102.

Rechtsgr. 609. — IV. Senat. 17. September 1872. (LXXXVI. 188.)

Die Abtretung eines Zeitpachtrechtes enthält ein Aufgeben des Pachtrechtes durch Uebertragung auf einen Andern und daher eine Veräußerung.

§§ 309—312. Miethe; Anwendung der §§ 311. 312. I. 21. des Allg. Landrechts auch auf den Fall des § 309. daselbst; Unzulässigkeit der

Geltendmachung von Weigerungsgründen, die als solche nicht angeführt waren.

Rechtsgr. 610. — III. Senat. 11. Oktober 1872. (LXXXVI. 246.)

a) Die Vorschriften der §§ 311. und 312. I. 21. des Allgem. Landrechts beziehen sich nicht blos auf den Fall des § 310., sondern auch auf den des § 309. daselbst.

b) Im Falle des § 312. können andre Gründe, als die vom Vermiether bei der Weigerung angeführten, im späteren Prozesse von demselben nicht geltend gemacht werden.

§§ 324. ff. 342. 351. ff. Mündliche Zurücknahme der Kündigung einer Pacht durch den Hypothekengläubiger des zur Subhastation stehenden Grundstücks; mündliche Verlängerung eines gekündigten Pachtvertrages. — Vergl. A. L. R. I. 4. §§ 94. 95., 5. §§ 135. 154.

Rechtsgr. 611. — III. Senat. 29. April 1870. (LXXVIII. 184.)

a) Ist der Pachtvertrag im Fall einer nothwendigen gerichtlichen Veräußerung des Pachtgrundstücks dem Pächter durch einen Hypothekengläubiger gekündigt, so ist eine mündliche Zurücknahme der Kündigung wirkungslos; es bedarf vielmehr eines neuen vertragsmäßigen Abkommens in rechtsgültiger, d. h. schriftlicher Form.

b) Der § 154. I. 5. des Allgem. Landrechts:

„Mündliche Verlängerungen eines nach den Gesetzen in Schriftform abgefaßten Vertrages gelten nur insoweit, als die Gesetze die Zulässigkeit einer stillschweigenden Verlängerung, und deren Fristen, ausdrücklich bestimmen (Tit. 21. Abschn. 5.),

läßt keine analoge Anwendung auf den Fall zu, in welchem ein Pachtvertrag durch Kündigung in seiner rechtlichen Existenz aufgehoben worden ist.

§§ 324. 340. ff. Miethsvertrag auf unbestimmte Dauer; Aufhören desselben bei Untergang der Sache.

Rechtsgr. 612. — III. Senat. 27. Oktober 1873. (XC. 264.)

Hat bei Miethsverträgen auf unbestimmte Zeit der

Miethsbesitz dadurch aufgehört, daß die vermietheten Objekte nicht mehr existiren, oder doch ihr Verbleib sich nicht mehr ermitteln läßt, so hat auch das Miethsverhältniß selbst seine Endschaft erreicht, und damit die Verbindlichkeit des Miethers zur Fortzahlung des Miethzinses.

§§ **326**. **340**. **344**. Verzicht des Vermiethers auf das Exmissionsrecht bei fortdauerndem Exmissionsgrunde.

Rechtsgr. **613**. — III. Senat. 1. Juli 1872. (LXXXV. 304.)

Der Grundsatz, — daß der Vermiether, wenn er von seiner Befugniß auf Fortsetzung des Miethsverhältnisses einmal Gebrauch gemacht hat, sein Recht, die Aufhebung der Miethe zu verlangen, nicht weiter ausüben kann, — trifft auch da zu, wo die bei Vermeidung der Exmission untersagten Zuwiderhandlungen fortdauernde sind.

§ **348**. Rechtliche Existenz der Kündigung; Vollmachtsverhältniß und bloße Erklärung durch Mittelspersonen als Werkzeuge, insbesondere beim Miethsverhältnisse. — Vergl. A. L. R. I. **13**. §§ 5—8. 147. bis 149.

Rechtsgr. **614**. — III. Senat. 27. Januar 1873. (LXXXVII. 367.)

a) Die Kündigung ist rechtlich existent, wenn die Thatsache eingetreten oder zu fingiren ist, daß der Gekündigte Kenntniß davon erlangt hat.

b) Das Kriterium des Vollmachtsverhältnisses muß darin gefunden werden, daß es sich dabei um die Vornahme von Rechtsgeschäften für einen andern an dessen Stelle handelt, dergestalt, daß der Repräsentant, wenn auch im Auftrage, dennoch mit Selbstständigkeit und nach eigener Entscheidung dem Dritten gegenüber auftritt. Wo es sich aber nicht um eine derartige Repräsentation handelt, wo insbesondere der Mittelsmann nur als ein Organ, ein Werkzeug sich darstellt, dessen sich eine Person zur Kundgebung ihres Willens oder zur Ausführung ihrer Handlungen bedient, z. B. bei Ausrichtungen durch

Dienstboten: da ist ein Vollmachtsverhältniß im Sinne der §§ 5. ff. I. 13. des Allgem. Landrechts nicht vorhanden, die Anwendung des § 8. a. a. O. schon deshalb ausgeschlossen.

c) Die Entgegennahme von Mittheilungen im Interesse des Miethsverhältnisses an Stelle des abwesenden Miethers muß zu denjenigen Akten gerechnet werden, welche ein förmliches Vollmachtsverhältniß nicht als nothwendig voraussetzen, sondern auch ohne förmliche Vollmacht durch einen gehörig designirten Dritten so erfolgen können, als sei der Miether selbst unmittelbar handelnd aufgetreten.

§ 395.:

A. Pfandrecht des Vermiethers an dem Eingebrachten des Miethers; Besitzergreifung Seitens des Vermiethers.

Rechtsgr. 615. — III. Senat. 14. November 1870. (LXXXI. 57.)

Das dem Vermiether gegebene Pfandrecht bezieht sich zwar auf die noch nicht fällige Miethsforderung; allein dies Pfandrecht macht sich nur dadurch geltend, daß der Vermiether den Besitz der invecta et illata nur in dem Falle ergreifen kann, daß der Miether die inferirten Sachen, ohne seine Verpflichtungen erfüllt zu haben, aus dem gemietheten Lokal entfernen will, ermächtigt ihn aber nicht, außerhalb dieses Falles den Miether des Eigenthumsbesitzes eigenmächtig zu entsetzen.

B. Gesetzliches Pfandrecht des Vermiethers; eigenmächtige Besitznahme der eingebrachten Sachen durch den Vermiether.

Rechtsgr. 616. — III. Senat. 25. März 1872. (LXXXV. 74.)

Das gesetzliche Pfandrecht des Vermiethers giebt diesem nicht das Recht, eigenmächtig in die Wohnung des Miethers einzudringen und die eingebrachten Gegenstände ohne Weiteres eigenmächtig in Besitz zu nehmen und aus dem

Grundstück in ein anderes zu bringen. Es liegt darin eine unerlaubte Selbsthülfe.

§§ 451. 270. 603. Gesetz- oder vertragswidrige Veräußerung oder Wegschaffung von Stroh oder anderen zur Vermehrung des Düngers dienlichen Materialien Seitens des Pächters. — Vergl. A. L. R. I. 5. §§ 277—285., 6. § 79., 9. §§ 220. 221.

Rechtsgr. 617. — III. Senat. 15. April 1872. (LXXXIII. 351.)

a) Die gesetzwidrige Veräußerung oder Wegschaffung von Stroh und andern zur Vermehrung des Düngers dienlichen Materialien von Seiten des Pächters berechtigt den Verpächter nicht, den Werth des Strohs oder sonstiger Düngungsmaterialien zu fordern; er ist vielmehr nur befugt, Ersatz des aus der Verschlechterung des Kultur- und Düngungszustandes des Guts ihm erwachsenden Schadens in Anspruch nehmen.

b) Hierin tritt auch keine Aenderung ein, wenn die gesetzliche Bestimmung des § 451. I. 21. des Allg. Landrechts in den Pachtvertrag aufgenommen worden ist.

§§ 617. ff. Pachtrückgewähr bei Landgütern.

Rechtsgr. 618. — III. Senat. 10. Juli 1871. (LXXXII. 271.)

a) Die §§ 617. ff. I. 21. des Allg. Landrechts sind nicht auf den Fall zu beschränken, wenn bei der Uebergabe der Pacht kein Verzeichniß aufgenommen worden ist.

b) Die §§ 617. ff. 21. des Allg. Landrechts sind nur auf die Pacht von Landgütern zu beziehen.

c) Eine analoge Anwendung des § 619. I. 21. des Allg. Landrechts von der Pacht von Landgütern auf die Pacht von Ackergrundstücken ist unzuläſsig.

Titel 22. Von Gerechtigkeiten der Grundstücke gegen einander.

§§ 1. 2. 12. Rechtliche Natur der gesetzlichen Einschränkungen des Eigenthums. — Vergl. A. L. R. I. 8. §§ 125. 126.

Rechtsgr. 619. — II. Senat. 6. Mai 1873. (XC. 148.)

Die gesetzlichen Beschränkungen des Eigenthums haben, soweit sie Unterlassungen oder Duldungen der Besitzer zum Besten der benachbarten Grundstücke betreffen, die Natur der Grundgerechtigkeiten.

§§ 3. ff. Einreden und Beweislast des auf Einräumung eines Nothweges in Anspruch genommenen Nachbarn.

Rechtsgr. 620. — II. Senat. 27. Januar 1870. (LXXVII. 202.)

a) Sache des auf Einräumung eines Nothweges verklagten Besitzers ist es, den positiven Nachweis zu führen, daß dem Kläger schon ein anderweitiger Zugang zustehe, beziehungsweise, daß ein anderer Nachbar durch Einräumung der Servitut weniger belästigt werde.

b) Soweit es sich um den zu führenden Nachweis handelt, daß ein anderer Nachbar durch eine Einräumung einer Servitut weniger belästigt werde, cessirt das Recht des Verklagten, den Kläger an einen andern Nachbar zu verweisen, wenn die größere Beschwerung des in Anspruch Genommenen durch die höhere Entschädigung ausgeglichen wird, und die Servitut durch deren Feststellung auf den Grundstücken der andern Nachbarn für den Berechtigten erschwert werden würde.

§§ 4—6. Gewährung der Gegenleistung Zug um Zug bei Einräumung einer nothwendigen Servitut.

Rechtsgr. 621. — II. Senat. 16. Februar 1871. (LXXXI. 154.)

Bei wechselseitigen Rechtsgeschäften, wozu auch die Einräumung einer nothwendigen Servitut zu rechnen ist, gilt, sofern nicht etwas anderes vereinbart ist, als Regel, daß Leistung und Gegenleistung zu gleicher Zeit, also Zug um Zug, geschieht.

§§ 8. 71.

A. Verwandlung eines Forstgrundstückes in Ackerland als neue Anlage oder willkürliche Veränderung im Sinne der §§ 8. 71. I. 22. des

Allgem. Landrechts. — Vergl. Gemeinheitstheilungs-Ordnung vom 7. Juni 1821 §§ 141. 146. (Ges.-Samm. S. 53.); Edikt zur Beförderung der Landeskultur vom 14. September 1811 § 4. (Ges.-Samml. S. 300.)

Rechtsgr. 632. — II. Senat. 30. September 1869. (LXXVI. 158.)

Die Verwandlung eines Forstgrundstücks in Ackerland ist nicht als eine ganz neue Anlage, als eine willkürliche Veränderung in der Benutzungsart im Sinne der §§ 8. und 71. I. 22. des Allg. Landrechts anzusehen.

B. Grundgerechtigkeit; neue Anlagen oder willkürliche Veränderungen im Sinne der §§ 8. 71. I. 22. des Allg. Landrechts.

Rechtsgr. 633. — II. Senat. 12. Dezember 1872. (LXXXVII. 198.)

Die Ersitzung einer Wegegerechtigkeit zum Zwecke der ländlichen Kultur eines bestimmten Grundstückes erleidet dadurch keine Unterbrechung, daß während des Laufes der Verjährungsfrist unter Beibehaltung der landwirthschaftlichen Benutzung die Kulturart geändert, z. B. Wald in Acker, Acker in Wiesen oder umgekehrt umgewandelt wird, selbst wenn dadurch eine vermehrte Benutzung des Weges veranlaßt ist.

§§ 8. 12. Grundgerechtigkeit; Mitberechtigung der Miethswohner.

Rechtsgr. 634. — II. Senat. 6. Februar 1873. (LXXXVIII. 98.)

Die durch Vertrag konstituirte Grundgerechtigkeit kann auch von denjenigen Bewohnern des berechtigten Hauses ausgeübt werden, die nur miethsweise wohnen.

§ 9. Grundgerechtigkeit; nothwendige Servitut.

Rechtsgr. 635. — II. Senat. 13. März 1873. (LXXXVIII. 279.)

Eine bloße Erweiterung der Störung in dem bisherigen Gebrauche steht mit dem Rechtsprinzipe des § 9. I. 22. des Allg. Landrechts nicht im Widerspruch.

§§ 11—13. Anhang § 58. Erwerb von Grundgerechtigkeiten ohne Besitzergreifung; Unkenntniß des Erwerbers eines Grundstücks von der durch einen Vorbesitzer durch Willenserklärung eingeräumten Grundgerechtigkeit. — Vergl. A. L. R. I. 2. §§ 135—137., 7. § 81., 9. §§ 1—3., 20. § 8.

Rechtsgr. 626. — II. Senat. 4. März 1869. (LXXIV. 76.)

a) Der für das Eigenthum gültige Grundsatz, wonach zur Erwerbung desselben außer dem Titel auch die Besitznehmung erforderlich ist, findet auf Grundgerechtigkeit keine Anwendung.

b) Hat der Vorbesitzer eines Grundstücks durch Willenserklärung eine Grundgerechtigkeit eingeräumt, ohne daß dieselbe in das Hypothekenbuch eingetragen oder dem Besitzer des berechtigten Grundstücks übergeben ist, so kann der spätere Erwerber des belasteten Grundstücks gegen die Ausübung der Grundgerechtigkeit nicht geltend machen, daß es zur Zeit des Erwerbes von der Grundgerechtigkeit keine Kenntniß gehabt habe.

§§ 11. 12. 26. ff. 30. ff. Servitus in faciendo im Preußischen Recht; ob Grundgerechtigkeit oder objektiv- und subjektiv-dingliches Recht?

Rechtsgr. 627. — II. Senat. 30. Mai 1872. (LXXXV. 187.)

a) Aus den §§ 11. 12. I. 22. des Allg. Landrechts kann nicht hergeleitet werden, daß jedes zugleich objektiv- und subjektiv-dingliche Recht als eine Grundgerechtigkeit aufzufassen; vielmehr kommt es wesentlich auf den Inhalt der dadurch begründeten Verpflichtung des Besitzers des verpflichteten Grundstücks an, und zwar muß diese im Wesentlichen darin bestehen, daß derselbe in seinem Eigenthume etwas nicht thun darf, oder dulden muß, was er ohne die festgestellte Einschränkung seines Eigenthums thun durfte, oder nicht zu dulden brauchte.

Dieser Grundsatz des Römischen Rechts, daß eine Servitut nur in einem pati, oder einem non facere, nicht aber in einem facere bestehen könne, ist zwar im Allgem. Landrecht nicht ausdrücklich ausgesprochen, liegt aber den Vorschriften desselben in Betreff der Grundgerechtigkeit unzweifelhaft zu Grunde.

b) Die vertragsmäßig vom Grundstücksbesitzer gegen den Nachbar übernommene Verpflichtung, auf seinem Grundstücke dasselbe abzufriedigen und die Einfriedigung in wehrhaftem Stande zu unterhalten, ist eine in einem Thun bestehende Verpflichtung, und es kann die demselben entsprechende Berechtigung nicht unter den Begriff einer Grundgerechtigkeit fallen.

§ 13. Errichtung einer Grundgerechtigkeit durch mündlichen Vertrag. — Vergl. A. L. R. I. 5. §§ 135. 156. 157.

Rechtsgr. 628. — II. Senat. 26. Oktober und 4. Dezember 1873. (XC. 312.)

a) Der § 135. I. 5. und der § 13. I. 22. des Allg. Landrechts bestimmen nicht, daß mündlich bestellte und bestehende Grundgerechtigkeiten gar keine rechtliche Wirkung haben; es können vielmehr auch aus mündlichen Verträgen, wenn die Erfüllung hinzutritt, ungeachtet des Mangels der schriftlichen Form Grundgerechtigkeiten entstehen.

b) Wenn eine Grundgerechtigkeit durch mündlichen Vertrag bestellt worden ist, so besteht sie allerdings nur als widerrufliches Recht; der Widerruf ist aber an die Bedingung der Wiederherstellung des früheren Zustandes geknüpft und steht nur den ursprünglichen Kontrahenten oder deren Rechtsnachfolgern in dem mündlichen Vertrage zu.

§§ 14. 25. 80. Erwerbung der Hütungsgerechtigkeit durch Verjährung.

Rechtsgr. 629. — II. Senat. 6. Juni 1871. (LXXXII. 188.)

Beim Erwerb der Hütungsgerechtigkeit durch Verjährung bleibt es sich in Ansehung des verpflichteten Gutes völlig gleich, sofern von der Hütung mit einer bestimmten Stückzahl die Rede ist, ob diese Hütung mit dem eigenen Vieh des Berechtigten betrieben wird, oder im Namen des Berechtigten mit dem Vieh fremder Personen. Bezüglich des berechtigten Grundstückes aber ist es nach den im Allgem. Landrecht beibehaltenen Grundsätzen des Römischen Rechtes hinreichend, daß die Ausübung des Rechtes für das berechtigte Grundstück einen Nutzen oder eine Annehmlichkeit gewährt.

§ 43. Erlöschen einer Servitut durch Errichtung neuer Anstalten und Einrichtungen.

Rechtsgr. **630**. — II. Senat. 12. November 1868. (**LXXIII**. 57.)

Der § 43. I. 22. des Allgem. Landrechts setzt ein absolutes Unmöglichmachen der ferneren Ausübung der Servitut voraus.

§§ 52—54. Wiederaufhebung der Wirkung der Konfusion bei Grundgerechtigkeiten.

Rechtsgr. **631**. — II. Senat. 4. Mai 1871. (**LXXXII**. 49.)

Für alle Fälle kann sich der Verkäufer des verpflichteten Grundstücks das Wiederaufleben der durch Konfusion untergegangenen Verbindlichkeiten des Grundstückes sichern, wenn er solches in dem Veräußerungsvertrage ausdrücklich ausbedingt.

§ 62. Recht der freien Aussicht.

Rechtsgr. **632**. — II. Senat. 12. Oktober 1871. (**LXXXIV**. 53.)

Das Recht der freien Aussicht enthält die servitus ne prospectui officiatur, und das Recht, dem Besitzer des verpflichteten Grundstücks jede Veränderung, welche eine Minderung der Aussicht zur Folge haben würde, zu untersagen.

Theil II.

Titel 1. Von der Ehe.

Erster Abschnitt. Von den Erfordernissen einer Ehe.

§§ 25. 736. Nichtberechtigung der Partei in Ehescheidungssachen, eine richterliche Entscheidung über bloße Scheidungsgründe zu beanspruchen, wenn die Schuldfrage nach ihrem Antrage entschieden ist.

Rechtsgr. 633. — I. Senat. 5. Mai 1871. **(LXXXII. 69.)**

Die Partei, welche die Ehescheidung nachsucht, ist nicht berechtigt, über bloße Scheidungsgründe eine richterliche Entscheidung zu beanspruchen, wenn die Schuldfrage selbst nach ihrem Klageantrage enschieden ist.

§§ 38—41. 971. Ehescheidungsstrafe; Unwissenheit der Ehefrau vom Vorhandensein von vor der Ehe erzeugten unehelichen Kindern. — Vergl. A. L. R. I. 4. §§ 73—83.

Rechtsgr. 634. — I. Senat. 9. September 1872. **(LXXXVI. 169.)**

Ist die Ehefrau nicht davon unterrichtet, daß der Ehemann schon vor der Ehe ein uneheliches Kind erzeugt hat, so befindet sie sich in einem Irrthum, der weder die Person, noch solche persönliche Eigenschaften des verheiratheten Mannes betrifft, die sich bei Eingehung der Ehe erwarten ließen. Ein solcher Irrthum ist ein unwesentlicher und macht die Einwilligung der Frau in die Ehe nicht unwirksam.

Vierter Abschnitt. Von den Rechten und Pflichten der Eheleute in Beziehung auf ihre Personen.

§§ 185. 186. Verpflichtung des Ehemannes zur Unterhaltung der Ehefrau

Rechtsgr. 635. — IV. Senat. 1. Februar 1870. **(LXXVII. 209.)**

Die Verpflichtung des Ehemannes, seiner Ehefrau Unterhalt zu gewähren, setzt das eheliche Zusammenleben beider Eheleute als Regel voraus, und greift eine Ausnahme

hiervon insofern Platz, als die Ehefrau unter gesetzlich gerechtfertigten Umständen zeitweise, sei es mit Einwilligung ihres Ehemannes, sei es unter Autorität des Richters, getrennt von ihrem Ehemanne, respektive bei dritten Personen, Wohnung und Unterhalt zu suchen berechtigt ist.

§§ 188—190. Vertretung der Ehefrau durch den Ehemann in Injuriensachen, auch beim schiedsmännischen Sühneversuch. — Vergl. Einführungsgesetz zum Strafgesetzbuche Art. 18.; A. G. O. I. 1. § 19.; Justiz-Ministerial-Instruktion vom 1. Mai 1841, betreffend das Verfahren der Schiedsmänner, § 10. (Justiz-Ministerial-Blatt S. 230.)

Rechtsgr. 636. — Senat für Strafsachen. 4. März 1870. (LXXVII. 270.)

Der Ehemann ist seine Ehefrau in Injuriensachen zu vertreten befugt, ohne daß es ihrer Zuziehung bedarf, und ist auch für den Sühneversuch vor dem Schiedsmanne ein Anderes nicht vorgeschrieben.

§ 195. Haftung der Ehefrau, welche ohne Genehmigung ihres Ehemannes ein selbstständiges Gewerbe betrieben hat. — Vergl. Allg. Deutsches Handelsgesetzbuch Art. 7.

Rechtsgr. 637. — IV. Senat. 4. Mai 1869. (LXXIV. 313.)

Aus dem durch § 193. II. 1. des Allgem. Landrechts begründeten Untersagungsrecht des Ehemannes, daß die Ehefrau für sich selbst ein besonderes Gewerbe betreibe, kann die Ehefrau einen Einwand gegen die von ihr übernommenen Zahlungsverbindlichkeiten am wenigsteu dann herleiten, wenn der Mann die Einholung seiner Willensmeinung selbst dadurch unmöglich gemacht hat, daß er die Frau Jahre lang verlassen hat, ohne ihr von seinem Aufenthalt Kenntniß zu geben.

Fünfter Abschnitt. Von den Rechten und Pflichten der Eheleute in Beziehung auf ihr Vermögen.

§§ 205. 231. Kompensation eingebrachter Forderungen der Ehefrau gegen Ansprüche des Ehemannes.

Rechtsgr. 638. — IV. Senat. 2. November 1871. (LXXXVI. 4.)

Der Ehemann, welcher von seiner Ehefrau auf seine Forderung baare Zahlung beansprucht, kann der Kompensation mit einer zum eingebrachten Vermögen gehörigen Forderung nicht widersprechen.

§§ 211. 215. Erwerb der Ehefrau in stehender Ehe.

Rechtsgr. 639. — I. Senat. 22. November 1872. (LXXXVII. 95.)

Der Ehemann, welcher das von der Frau in stehender Ehe erworbene Geld von derselben zum Darlehne annimmt, verzichtet damit rechtsgültig auf die eigenthümliche Ueberlassung solchen Erwerbes.

§§ 221. ff. 318. 319. Generelle Einwilligung des Ehemannes zur Belastung des vorbehaltenen Vermögens der Ehefrau.

Rechtsgr. 640. — IV. Senat. 19. Oktober 1871. (LXXXIV. 74.)

Der Ehemann kann das Recht der Einwilligung zur Belastung des vorbehaltenen Vermögens der Ehefrau allgemein aufgeben und die Ehefrau zur freien selbstständigen Verfügung ohne seine Zuziehung generell berechtigen.

§ 255. Bedeutung desselben.

Rechtsgr. 641. — IV. Senat. 8. Juni 1871. (LXXXII. 190.)

Der § 255. II. 1. des Allgem. Landrechts verlangt keineswegs, daß die Frau nachweise, der Ehemann besitze nicht mehr so viel Aktivvermögen, um damit allen seinen Schuldverbindlichkeiten gerecht werden zu können; und es ist auch unerheblich, ob der Grund der Unsicherheit des Ehemanns schon zur Zeit der Illation des Vermögens vorgelegen hat, oder erst später eingetreten ist.

§§ 256 — 258. Nichtberechtigung der Ehefrau zur Zurückforderung der Illaten für den Fall, daß der Ehemann ihr den Unterhalt verweigert, ohne zur Gewährung desselben außer Stande zu sein.

Rechtsgr. 642. — I. Senat. 6. September 1872. (LXXXVI. 162.)

Der unzweifelhafte Sinn der §§ 256—258. in Ver=

bindung mit dem vorangegangenen § 235 II. 1 des Allg. Landrechts ist der folgende:

Bei wahrscheinlicher Besorgniß eines bevorstehenden Verlustes der Illata kann die Frau eine besondere Sicherstellung wegen derselben fordern. Sie kann aber, so lange ihr der Mann standesmäßigen Unterhalt gewährt, die Verwaltung und den Nießbrauch dem Manne nicht entziehen, — § 256., daher auch die Gläubiger des Mannes an den Nießbrauch sich halten können, — § 257. Wenn er dagegen seine Unterhalts-Verbindlichkeit zu erfüllen nicht mehr vermögend ist, kann die Frau die Illata zurückverlangen.

§§ 256. ff. Interventionsklage der Ehefrau bei Beschlagnahme der Zinsen ihres Eingebrachten wegen Schulden ihres Ehemannes.

Rechtsgr. 643. — III. Senat. 23. Mai 1873. (XC. 200.)

Die Ehefrau ist berechtigt, falls der Gläubiger des Ehemannes sich die Zinsen eines der Ehefrau gehörigen Kapitals hat überweisen lassen, interveniendo ihre gesetzlichen Rechte auf die standesmäßige Unterhaltung geltend zu machen.

§§ 326—328. Haftung der Ehefrau, deren Ehemann sich entfernt hat oder durch Krankheit arbeitsunfähig ist, für diejenigen Schulden, welche sie zum Unterhalte der Familie oder des Betriebes des Gewerbes hat aufnehmen müssen; Fähigkeit der Ehefrau in diesen Fällen vor Gericht aufzutreten. — Vergl. A. G. O. I. 1. §§ 16. 17.

Rechtsgr. 644. — III. Senat. 8. Oktober 1869. (LXXVI. 193.)

a) Für die von der Ehefrau in den Fällen der §§ 326. 327. II. 1. des Allg. Landrechts aufgenommenen Schulden haftet nicht allein der Ehemann, sondern auch die Ehefrau.

b) Soweit die Ehefrau ohne den abwesenden Ehemann selbstständig Schulden zu kontrahiren berechtigt ist, — soweit steht ihr auch bezüglich dieser Schulden die Fähigkeit vor Gericht aufzutreten zu.

§ 329. Haftung des Ehemannes aus den von der Ehefrau mit seiner Einwilligung geschlossenen Verträgen.

Rechtsgr. 645. — III. Senat. 25. März 1870. (LXXVIII. 132.)

Die Vorschrift, daß die Person und das Vermögen des Ehemannes wegen einer solchen Schuld der Frau, in welche er nur eingewilligt hat, dem Gläubiger verhaftet wird, ist nicht allein auf Darlehns-, Waaren- oder ähnliche Geldschulden der Frau, sondern auch auf Verbindlichkeiten anderer Art zu beziehen, welche für die Frau aus lästigen, mit Konsens des Mannes geschlossenen Verträgen hervorgehen.

Sechster Abschnitt. Von der Gemeinschaft der Güter unter Eheleuten.

§§ 352. 422. Bekanntmachung der Ausschließung der ehelichen Gütergemeinschaft.

Rechtsgr. 646. — III. Senat. 27. Oktober 1871. (LXXXVII. 1.)

a) Die im § 422. II. 1. des Allgem. Landrechts vorgeschriebene öffentliche Bekanntmachung der Ausschließung der Gütergeimenschaft hat allein den Zweck, ür die Zukunft das Publikum in Hinsicht auf neu entstehende Schulden zu sichern, deshalb auch die erfolgte, aber nicht öffentlich bekannt gemachte Ausschließung in Beziehung auf voreheliche Schulden volle rechtliche Wirkung hat.

b) Diejenige Gemeinschaft, welche nach dem § 352., wenn Eheleute von demjenigen Wohnorte, wo sie in getrennten Gütern stehen, nach einem Orte verziehen, wo Gütergemeinschaft stattfindet, dahin entsteht: daß die an diesem letzteren Orte vorgenommenen Handlungen in Beziehung auf einen Dritten nach den Regeln der Gütergemeinschaft beurtheilt werden, kann durch die Eheleute nicht anders beseitigt werden, als wenn sie nach Anleitung dieses § 422. gerichtlich erklären und bekannt machen lassen, daß sie bei den an diesem neuen Wohnorte von ihnen vorzunehmenden Handlungen auch in Beziehung auf einen Dritten nicht den Regeln der Gütergemeinschaft unterworfen sein sollen, mit andern Worten: daß auch in dieser Beziehung die Gütergemeinschaft ausgeschlossen sein soll.

§ 352. Eheliche Gütergemeinschaft; Verlegung des Wohnsitzes der Eheleute.

Rechtsgr. 647. — IV. Senat. 11. März 1873. (LXXXVIII. 274.)

Auf Grund des § 532. II. 1. des Allgem. Landrechts sind nicht auch solche Rechtsakte nach den Regeln der Gütergemeinschaft Dritten gegenüber zu beurtheilen, welche von dem neuen Wohnorte aus auch außerhalb des Rechtsgebietes desselben errichtet werden.

§§ 360. ff.:

A. Eheliche Gütergemeinschaft; Anfechtung mißbräuchlicher Verträge des Mannes durch die Ehefrau.

Rechtsgr. 648. — III. Senat. 30. September 1872. (LXXXVI. 208.)

Bei der gütergemeinschaftlichen Ehe kann die Ehefrau die durch einen Mißbrauch der Verfügungsgewalt des Ehemannes zu Stande gekommenen Verträge gegen beide Kontrahenten anfechten, ohne die Erfordernisse der Vindikation nachweisen zu brauchen.

B. Verfügungsrecht des Ehemannes nach der Minden-Ravensberger Gütergemeinschaft.

Rechtsgr. 649. — I. Senat. 2. November 1868. (LXXIII. 8.)

Nach der Minden-Ravensberger Gütergemeinschaft hat der Ehemann die Befugniß, die sämmtlichen zum gütergemeinschaftlichen Vermögen gehörenden Gegenstände zu veräußern, und steht ihm damit auch die Verfügung zu, in welcher diese Veräußerung nicht unter Aufzählung der einzelnen Vermögensbestandtheile, sondern in der Zusammenfassung des Vermögens als eines Ganzen, mithin des Vermögens-Inbegriffes, vorgenommen wird.

§§ 376. ff. 378. Eheliche Gütergemeinschaft; Verfügungsrecht des Ehemannes über die Zeitdauer der Ehe hinaus; Verpachtung und Vermiethung keine „Veräußerung" im Sinne des § 378. II. 1. des Allg. Landrechts.

Rechtsgr. **650.** — III. Senat. 31. Januar 1873. (LXXXVIII. 85.)

a) **Das Verfügungsrecht des gütergemeinschaftlichen Ehemannes ist in der Dauer seiner Folgen nicht beschränkt, also innerhalb des Kreises seiner Zuständigkeit vollkommen geeignet, Rechte an dem gütergemeinschaftlichen Vermögen und an einzelnen Bestandtheilen desselben zu begründen, welche über die Zeit des Bestehens der Ehe hinaus fortdauern.**

b) Verpachtungen und Vermiethungen fallen nicht unter die im § 378. II. 1. des Allg. Landrechts bezeichneten Veräußerungen.

§§ 377. 324. ff. Handlungsfähigkeit der gütergemeinschaftlichen Ehefrau. — Vergl. A. L. R. I. 5. § 22.

Rechtsgr. **651.** — IV. Senat. 17. November 1868. (LXXIII. 92.)

a) Die Handlungsfähigkeit der gütergemeinschaftlichen Ehefrau ist in Bezug auf den Erwerb von Sachen eine unbeschränkte und in Bezug auf Uebernahme von Verpflichtungen, welche das Vermögen verringern oder in seinen Bestandtheilen verändern, eine durch den maritalischen Konsens nur insofern bedingte, als der Ehemann dergleichen Verpflichtungen, wenn sie eine willkürliche Beeinträchtigung seiner Rechte enthalten, nicht anzuerkennen braucht, derselbe daher ihre rechtliche Wirksamkeit in seiner Gewalt hat.

b) **Es muß in jedem einzelnen Falle, wo die Ehefrau über das gütergemeinschaftliche Vermögen zur Begründung eines Rechtsverhältnisses disponirt hat, ohne daß vom Ehemanne die Genehmigung hierzu ertheilt ist, die Rechtsbeständigkeit dieser Disposition nach der Natur des in ihr ausgedrückten Rechtsgeschäfts geprüft werden, um dar-**

über entscheiden zu können: ob durch den bloßen Widerspruch des Ehemannes die fragliche Disposition mit der Wirkung annullirt werden kann, daß der andere Kontrahent zur Herausgabe des Empfangenen verpflichtet wird.

§ 377. Veräußerung von Grundstücken durch den gütergemeinschaftlichen Ehemann; Form der Einwilligung der Ehefrau.

Rechtsgr. 652. — I. Senat. 31. März 1871. (LXXX. 357.)

Der Plenarbeschluß vom 22. März 1847,

daß bei ehelicher Gütergemeinschaft die Genehmigung der Frau zur Verpfändung oder Veräußerung von Grundstücken oder Gerechtigkeiten durch den Mann der schriftlichen Form bedürfe,

findet da keine Anwendung, wo ein mündlicher Gutsüberlassungsvertrag im Sinne des Plenarbeschlusses vom 7. November 1845 vorliegt,

daß derjenige, der einem Andern eine unbewegliche Sache unter der Vereinbarung abgetreten hat, daß derselbe eine bestimmte Person heirathe, diesen Vertrag wegen Mangels der schriftlichen Form nicht mehr anfechten kann, wenn jener Andere die bezeichnete Person wirklich geheirathet hat.

§ 378. Befugniß des gütergemeinschaftlichen Ehemannes zur selbstständigen Prozeßführung, betreffend ein gütergemeinschaftliches aber nicht von der Ehefrau eingebrachtes Grundstück; Beendigung eines solchen Prozesses durch Vergleich Seitens des Ehemannes; Veräußerung im Sinne des § 378. II. 1. des Allg. Landrechts. — Vergl. A. G. O. I. 1. § 23.

Rechtsgr. 653. — II. Senat. 13. Dezember 1870. (LXXX. 170.)

a) Der gütergemeinschaftliche Ehemann ist einen Prozeß in Betreff eines zum gütergemeinschaftlichen Vermögen gehörigen, aber nicht von der Ehefrau eingebrachten Grundstücks allein zu führen befugt.

b) Er ist aber nicht berechtigt, behufs Beendigung eines solchen Prozesses mit dem Gegentheil einen Vergleich einzugehen, mittelst dessen er das betreffende Grundstück ganz oder theilweise veräußert.

c) Unter den „Veräußerungen“, welche der § 378. II. 1. des Allgem. Landrechts nebst den Verpfändungen dem gütergemeinschaftlichen Ehemann ohne Einwilligung der Frau nicht gestattet, sind nur Veräußerungen im engeren Sinne zu verstehen.

Zu den nicht verstatteten Veräußerungen sind nur solche Willenserklärungen des Ehemannes zu rechnen, welche den Zweck und die Wirkung haben, daß ein zur ehelichen Gütergemeinschaft gehörendes Grundstück, sei es ganz oder zum Theil, aus dem Vermögen der Eheleute in das eines Dritten übergeht.

§ 379. Anwendbarkeit des § 379. II. 1. des Allgem. Landrechts auf Forderungen, welche nicht im Hypothekenbuch eingetragen stehen.

Rechtsgr. **654.** — III. Senat. 17. März 1871. (**LXXXI. 233.**)

Der § 379. II. 1. des Allgem. Landrechts findet auch auf einen im Hypothekenbuch nicht eingetragenen Kaufgelderbetrag Anwendung, wenn der Kaufvertrag, die Schuldurkunde, auf den Namen beider Eheleute lautet, und darin nicht festgesetzt worden ist, daß das Kaufgeld an den Ehemann allein gezahlt werden soll.

§§ 380. 732. Eheliche Gütergemeinschaft; exekutivische Pfandtitel auf gemeinschaftliche Grundstücke; Beschränkung des ehemännlichen Verwaltungsrechtes mit dem Augenblicke der Ehetrennung.

Rechtsgr. **655.** — III. Senat. 18. November 1872. (**LXXXVII. 55.**)

a) Aus der Bestimmung des § 380. II. 1. des Allg. Landrechts:

Außerdem gelten alle von dem Manne in Ansehung des gemeinschaftlichen Vermögens auch einseitig getroffenen Verfügungen, und dies Vermögen haftet für alle während der Ehe von ihm gemachten Schulden —

folgt, daß für diese Schulden die Gläubiger auch den

im Wege der Execution zu realisirenden Pfandtitel auf gütergemeinschaftliche Grundstücke gewinnen können.

Für die nach beendigter Ehe kontrahirten Verbindlichkeiten kann ein solcher Pfandtitel überhaupt nicht ausgewonnen werden, sofern nicht etwa alle interessirenden Theile einen solchen bestellen oder im Wege der Exekution gegen sich zur Existenz gelangen lassen.

b) Mit dem Augenblicke der rechtskräftigen Scheidung der Ehe erlischt das Verwaltungsrecht des Ehemannes dergestalt, daß seine späteren Gläubiger sich an die gemeinschaftliche Masse nicht mehr halten können.

§§ 392—394. 418—420. 422. 427. 431. Vermögensabsonderung der in Gütergemeinschaft getretenen Eheleute innerhalb zweier Jahre nach vollzogener Ehe; Verkauf eines gütergemeinschaftlichen Grundstückes durch den Ehemann ohne Einwilligung der Ehefrau; Ersitzung dieses Grundstückes durch den Käufer. — Vergl. Reskript vom 7. Dezember 1815 (v. Kamptz Jahrb. Bd. 6. S. 179.) und vom 8. Dezember 1837 (ebendaselbst Bd. 51. S. 141.).

Rechtsgr. 656. — I. Senat. 1. März 1872. (LXXXIII. 325.)

a) Eine beim Vorhandensein ehelicher Gütergemeinschaft und vorehelicher Ueberschuldung des einen Ehegatten von dem anderen innerhalb zweier Jahre nach vollzogener Ehe in Antrag gebrachte und erfolgte, auch gehörig bekannt gemachte Vermögensabsonderung steht, auch wenn außer der Absonderung die Aufhebung der Gütergemeinschaft nicht ausdrücklich vereinbart worden, nicht nur den vorehelichen Gläubigern des überschuldeten Theils, sondern auch denjenigen Gläubigern desselben, deren Forderungen nach der Bekanntmachung der Absonderung ihren Ursprung genommen haben, entgegen.

b) Eine nach Maßgabe des § 392. II. 1. des Allg. Landrechts vorgenommene Vermögensabsonderung der in Gütergemeinschaft getretenen Eheleute hat nicht nothwendig und von selbst für die Ehegatten von da ab auch die Aufhebung der bis dahin unter ihnen gesetzlich bestandenen Gütergemeinschaft zur Folge; diese Vermögensabsonderung hat vielmehr nur die Wirkung, daß die Gläubiger, deren Forderungen vor der Ehe entstanden sind, an das abgesonderte Vermögen des eigentlichen Schuldners sich halten müssen.

c) Von dem Entschlusse und von der Erklärung des unverschuldeten Ehegatten hängt es ab, ob er sich blos auf den Antrag auf Absonderung des Vermögens beschränken, oder ob er zugleich die Aufhebung der Gütergemeinschaft für die Zukunft nachsuchen will.

d) Wenn der mit seiner Ehefrau in ehelicher Gütergemeinschaft lebende Ehemann, ein gemeinschaftliches Grundstück ohne Einwilligung der Ehefrau verkauft, so ist dies ein zur Erwerbung des Eigenthums an sich geschickter Titel, und der redliche Käufer kann das Eigenthum durch die ordentliche Ersitzung von zehn Jahren erwerben.

§§ 412. ff. Anfechtung eines Ehe- und Erbvertrages durch den mitkontrahirenden Ehemann.

Rechtsgr. 657. — IV. Senat. 21. März 1872. (LXXXV. 69.)

Durch die Anfechtung des Ehe- oder Erbvertrages Seitens des verklagten Ehemannes, als des Mitkontrahenten, entsteht auch bezüglich der Wirksamkeit jenes Vertrages auf die ehelichen Güterverhälnisse kein „Mittelding“, sondern es wird dadurch unbedingtes Recht konstituirt unter den Parteien.

§ 415. Gerichtlich erklärte Verschwender; Aussetzung der ehelichen Gütergemeinschaft. — Vergl. A. L. R. II. 18. §§ 736. ff. 782.

Rechtsgr. 658. — III. Senat. 28. Mai 1873. (XC. 210.)

Das Vormundschaftsrecht enthält keine Bestimmungen, welche berechtigten, der Fassung des § 415. II. 1. des

Allg. Landrechts ungeachtet anzunehmen, daß auch in den Ehen solcher Personen, welche gerichtlich für Verschwender erklärt und deshalb unter Vormundschaft gestellt sind, die Gütergemeinschaft ausgesetzt werden sollte.

§§ 422. ff. Wirkung der Ausschließung der ehelichen Gütergemeinschaft bei unterbliebener öffentlicher Bekanntmachung.

Rechtsgr. 659. — III. Senat. 9. November 1868. (LXXIII. 54.)

a) Die Ausschließung der ehelichen Gütergemeinschaft wird für die Eheleute mit der gerichtlichen Aufnahme des Aktes und der darauf folgenden Eingehung der Ehe, unabhängig von der öffentlichen Bekanntmachung perfekt.

b) Der vor der Eingehung der Ehe gerichtlich geschlossene Vertrag über die Ausschließung der Gütergemeinschaft ist nicht ein bloßes Internum unter den Eheleuten, welches sie nach Außenhin ignoriren dürfen; vielmehr ist auch der Dritte befugt, sich hierauf zu berufen.

§ 423. Ausschließung der ehelichen Gütergemeinschaft vor Einführung des Allgem. Deutschen Handelsgesetzbuches. — Vergl. Einführungsgesetz zum Allgem. Deutschen Handelsgesetzbuch vom 24. Juni 1861 Art. 20. 62—72. (Ges.-Samml. S. 449.); Ministerial-Instruktion vom 12. Dezember 1861 §§ 83. ff. (Justiz-Ministerial-Blatt. S. 346.)

Rechtsgr. 660. — III. Senat. 8. Januar 1872. (LXXXIII. 257.)

Der Art. 20. des Einführungsgesetzes zum Allgem. Deutschen Handelsgesetzbuch enthält nur, wie der § 423. II. 1. des Allgem. Landrechts, eine Bestimmung darüber, wie die Ausschließung oder Aufhebung bei der gerichtlichen Verlautbarung — seit dem Gesetz vom 20. März 1851 gerichtlichen Vereinbarung — bekannt gemacht werden soll, kann daher auf eine vor der Gesetzeskraft des Allgem. Deutschen Handelsgesetzbuches und Einführungsgesetzes vorschriftsmäßig erfolgte schriftliche Vereinbarung und Veröffentlichung der Ausschließung nicht bezogen werden und bildet nicht einen Theil der vorgeschriebenen Eintragung der Handelsfirmen und Handelsgesellschaften in das Handelsregister.

Siebenter Abschnitt. Von Trennung der Ehe durch den Tod.

§§ 481. 634. 637. Eheliche Gütergemeinschaft; Rothwendigkeit der Erklärung des in letztwilliger Verordnung eingesetzten überlebenden Ehegatten.

Rechtsgr. 661. — I. Senat. 6. November 1871. (LXXXVI. 6.)

Der überlebende gütergemeinschaftliche Ehegatte, der vom verstorbenen letztwillig zur Erbschaft berufen ist, muß sich über Antritt oder Entsagung in der im Tit. 9. Thl. I. des Allgem. Landrechts bestimmten Weise und Zeitfrist wie jeder Andre erklären, widrigenfalls er als Erbe angesehen wird, und sich die ihm auferlegten Beschränkungen gesetzlicher, auf den Todesfall des einen Ehegatten dem andern zugesicherten Vortheile gefallen lassen muß.

§§ 492. 493. Vererbung aus wechselseitigen Testamenten.

Rechtsgr. 662. — I. Senat. 14. Oktober 1870. (LXXIX. 291.)

a) Bei wechselseitigen Testamenten sind die für den Fall des Todes des Letztlebenden zu Erben des beiderseitigen Vermögens berufenen Personen — sie mögen deren Kinder sein, oder nicht — an sich nur in Betreff des Nachlasses des Erstverstorbenen als fideikommissarische Substituten des überlebenden Ehegatten, in Betreff des Nachlasses dieses zuletzt versterbenden dagegen als direkt instituirte Erben anzusehen.

b) Die von jedem der Ehegatten neben der Einsetzung des andern Ehegatten ausgesprochene Berufung von Personen der im § 493. II. 1. des Allgem. Landrechts bezeichneten Art zu Erben läßt sich beim Mangel anderer Bestimmungen der Testatoren nur dahin auffassen, daß jeder Ehegatte für seinen Todesfall mehre direkte Erben ernannt habe.

§§ 577. 578. Taxe des nach dem Tode der Ehefrau von den übrigen Erben derselben dem Wittwer zu überlassenden Nachlaßgrundstücks.

Rechtsgr. 663. — 1. Senat. 27. Juni 1873. (LXXXIX. 116.)

Wenn bei Trennung einer Ehe durch den Tod der Frau deren Erben über den dem Wittwer zu stellenden Gutsüberlassungspreis sich nicht einigen können, so ist die gerichtliche Taxe, welche nach § 577. II. 1. des Allgem. Landrechts den streitenden Erben bei Bestimmung des Gutswerthes „zur Richtschnur dienen" soll, nach den allgemeinen gewöhnlichen, nicht nach besonderen eigenthümlichen, z. B. ritterschaftlichen Abschätzungsprinzipien aufzunehmen.

§§ 632. 633. 699—702. 720. Enterbung eines Ehegatten aus einem Ehescheidungsgrunde; Wirkungslosigkeit der Verzeihung Seitens des verletzten Ehegatten; Nothwendigkeit der ausdrücklichen Zurücknahme der Enterbung. — Vergl. A. L. R. II. 2. §§ 391 ff. 410. 411. 432—436. 441.

Rechtsgr. 664. — 1. Senat. 18. März 1870. (LXXVII. 282.)

a) In den §§ 410. 441. II. 2. des Allgem. Landrechts kommt es nur auf die Gesetzmäßigkeit des Enterbungsgrundes an, und nicht darauf, daß der Enterbende die fragliche Ursache der Enterbung auch gerade genau mit denselben Worten bezeichne, deren das Gesetz sich bedient hat.

b) Bezüglich des Pflichttheils des Ehegatten ist eine bloße Versöhnung und das Zusammenleben an sich noch nicht für einen Widerruf der Enterbung zu erachten.

c) Die im Testamente geschehene Enterbung kann nur entweder durch Widerruf des Testamentes, oder durch eine deutliche, an eine bestimmte Form gebundene, also ausdrückliche Willenserklärung, — „die Enterbung wieder aufzuheben", — beseitigt werden.

§§ **648**. und Anhang § **79**. dazu, **363**. **377**—**380**. **391**. **638**. ff. Nichtaufhebung des Rechtes der Kinder aus dem Surplus-Reservat des Anhangs § 79. zum Allgem. Landrecht durch die in Folge der Wiederverheirathung des überlebenden Ehegatten eintretende Gütergemeinschaft.

Rechtsgr. **665**. — I. Senat. 8. April 1870. (LXXVII. 315.)

Die in Folge gesetzlicher Vorschrift von selbst eintretende und deshalb nicht als eine Veräußerung zu erachtende eheliche Gütergemeinschaft ist nicht geeignet, das Anrecht der Kinder aus der früheren Ehe auf das Surplus-Reservat des Anhangs § 79. zu § 648. II. 1. des Allg. Landrechts schon durch ihre Existenz aufzuheben.

§§ **656**. **434**. **435**. Eheliche Gütergemeinschaft; Besitz- und Verwaltungsrecht des überlebenden Ehegatten; Begräbnißkosten.

Rechtsgr. **666**. — I. Senat. 17. März 1873. (LXXXVIII. 294.)

a) Bei der ehelichen Gütergemeinschaft wird das Besitz- und Verwaltungsrecht des überlebenden Ehegatten aus § 656. II. 1. des Allgem. Landrechts durch letztwillige Verfügungen des Verstorbenen nicht berührt.

b) Auch bei der ehelichen Gütergemeinschaft ist der überlebende Ehegatte zunächst nur verpflichtet, das Begräbniß des andern auf Rechnung der Erben zu besorgen.

Achter Abschnitt. Von Trennung der Ehe durch richterlichen Ausspruch.

§§ **670**. **673**. **674**. Dringende Vermuthung der Verletzung ehelicher Treue als Ehescheidungsgrund.

Rechtsgr. **667**. — I. Senat. 11. Oktober 1871. (LXXXIV. 42.)

Der § 673. II. 1. des Allgem. Landrechts hat zur Voraussetzung, daß die Umstände, unter welchen ein Ehegatte durch den Umgang mit einer dritten Person den

Regeln und Geboten der Ehre, Zucht und Sitte zuwider gehandelt hat, von der Art sind, um mit Sicherheit die Annahme stattgehabten Ehebruches zu rechtfertigen.

§§ 677. ff. Klage auf Ehescheidung wegen böslicher Verlassung und mangelnder Wille des Klägers, die Ehe fortzusetzen. — Vergl. Verordnung vom 28. Juni 1844 §§ 61. ff.

Rechtsgr. 668. — I. Senat. 6. Oktober 1871. (LXXXIV. 23.)

Dem wegen böslicher Verlassung wirklich klagenden Ehemanne kann es nicht zum Nachtheil gereichen, wenn er bei Erhebung der Klage die Fortsetzung des ehelichen Lebens nicht mehr will. Vielmehr kommt es allein darauf an, ob Umstände vorliegen, aus welchen sich schließen läßt, daß er vorher und namentlich bei Extrahirung des in den §§ 61. ff. der Verordnung vom 28. Juni 1844 vorgeschriebenen Verfahrens, sowie dem an den Tag gelegten Willen der Frau zur Rückkehr gegenüber, die ernstliche Absicht der Herstellung des ehelichen Zusammenlebens nicht gehabt, vielmehr dies Verfahren nur zum Scheine, um sich einen Scheidungsgrund zu verschaffen, in Antrag gebracht habe.

§§ 677. 719. Ehescheidung; bösliche Verlassung.

Rechtsgr. 669. — I. Senat. 31. Oktober 1873. (XC. 272.)

Die Erklärung des Ehemannes, seine von ihm wegen schlechter Behandlung seines Kindes aus erster Ehe mit Recht aus dem Hause entfernte Ehefrau unter keinen Umständen wieder bei sich aufzunehmen, charakterisirt sich als bösliche Verlassung.

§§ 680. 685. 686. Ehescheidung auf Grund böslicher Verlassung. — Vergl. Verordnung vom 28. Juni 1844 § 67.

Rechtsgr. 670. — I. Senat. 25. Oktober 1869. (LXXVI. 242.)

Zur Feststellung der böslichen Verlassung genügt es nicht, daß das Rückkehrmandat an Beklagte erlassen und ohne Erfolg geblieben ist, die Umstände müssen ergeben, daß sie sich in böswilliger Absicht dem ihr durch das Mandat aufgegebenen Zusammenleben mit ihrem Manne, zu dem sie die Ehe verpflichtet, entzogen, dasselbe beharrlich verweigert hat.

Zur Begründung dieses Vorwurfes gehört, daß der Ehemann selbst eine Wohnung inne hatte, in welcher er die Ehefrau zu sich aufnehmen konnte.

§§ 685. ff. Bösliche Verlassung als Ehescheidungsgrund.

Rechtsgr. 671. — I. Senat. 5. Dezember 1870. (LXXX. 137.)

Eine bösliche Verlassung kann dann nicht angenommen werden, wenn Umstände vorliegen, welche dafür sprechen, daß es dem Manne schon bei Extrahirung des Rückkehr-Mandats gar nicht darum zu thun gewesen ist, die Frau behufs Fortsetzung der Ehe wieder bei sich aufnehmen zu können, sondern daß er dasselbe nur als ein Mittel habe benutzen wollen, um sich zu der schon damals aus andern Gründen beabsichtigten Trennung der Ehe einen formellen Scheidungsgrund zu verschaffen.

§ 698. Blödsinn kein Ehescheidungsgrund.

Rechtsgr. 672. — I. Senat. 18. November 1872. (LXXXVII. 67.)

Blödsinn ist kein Ehescheidungsgrund.

§§ 699—703. Mißhandlungen als Grund zur Ehescheidung oder zur zeitweisen Trennung von Tisch und Bett.

Rechtsgr. 673. — I. Senat. 25. Januar 1869. (LXXIII. 266.)

Mißhandlungen der Ehefrau durch den Ehemann, welche nicht als lebensgefährlich anzusehen sind, geben der Ehefrau nach Gemeinem Recht keinen Ehescheidungsgrund, sondern rechtfertigen nur ein Erkenntniß auf zeitweise Trennung von Tisch und Bett.

§ 704. Verbüßung harter und schmählicher Freiheitsstrafen als Ehescheidungsgrund.

Rechtsgr. 674. — I. Senat. 8. Februar 1869. (LXXIV. 22.)

Durch § 704. II. 1. des Allgem. Landrechts ist nicht ausgesprochen, daß die ganze Strafe, wie sie erkannt worden, vollstreckt sein müsse.

§ 704.;

A. Individuelle Beurtheilung der Fälle des § 704. II. 1. des Allg. Landrechts.

Rechtsgr. 675. — I. Senat. 7. Februar 1873. (LXXXVIII. 102.)

Bei der Beurtheilung, ob im Falle des § 704. II. 1. des Allgem. Landrechts das Verbrechen ein grobes und die Strafe eine harte und schmähliche Zuchthaus- oder Festungsstrafe sei? kommt es auf die Individualität des Falles an; es ist dies nach den Umständen und Personen zu beurtheilen.

B. Beweiskraft eines Kriminal-Urtheils für den Civilrichter. — Vergl. A. G. O. I. 10. §§ 9. ff.

Rechtsgr. 676. — I. Senat. 19. Mai 1871. (LXXXII. 130.)

Für den Fall der Ehescheidungsklage aus § 704. II. 1. des Allgem. Landrechts ist das Kriminal-Urtheil für den Civilrichter beweisend.

§ 718a. Trennung der Ehe auf Grund der in der Revisions-Instanz geltend gemachten unüberwindlichen Abneigung.

Rechtsgr. 677. — I. Senat. 27. Oktober 1871. (LXXXIV. 131.)

Aus dem erst in der Revisions-Instanz vorgebrachten neuen Ehescheidungsgrunde der unüberwindlichen Abneigung kann die Trennung der Ehe nicht ausgesprochen werden.

§§ 718a. 718b. Zusammenhang dieser Paragraphen.

Rechtsgr. 678. — I. Senat. 6. Oktober 1871. (LXXXIV. 23.)

Die §§ 718a. und 718b. II. 1. des Allgem. Landrechts stehen im untrennbaren Zusammenhang, und ist es nicht erlaubt, den ersten anzuwenden und von der Anwendung des zweiten nach Belieben abzusehen.

§§ 720. 721. Verzeihung einer Beleidigung unter Eheleuten mit Rücksicht auf die Beseitigung des Ehescheidungsgrundes. — Vergl. A. L. R. I. 4. § 60.

Rechtsgr. 679. — I. Senat. 19. April 1869. (LXXIV. 246.)

Der § 720. II. 1. des Allgem. Landrechts:

Beleidigungen, welche einmal ausdrücklich verziehen worden, können in der Folge nicht weiter als Ehescheidungsursachen gerügt werden,

verlangt zu seiner Anwendung nicht gerade eine bestimmt formulirte Erklärung; es ist aber eine ausdrücklich dem schuldigen Theile gegenüber erklärte Verzeihung vorausgesetzt.

§ 721. Fortsetzung der Ehe ein Jahr hindurch als Verzeihung des Ehescheidungsgrundes.

Rechtsgr. 680. — I. Senat. 4. November 1870. (LXXXI. 51.)

a) Im § 721. II. 1. des Allgem. Landrechts:

„Einer ausdrücklichen Verzeihung ist es gleich zu achten, wenn der beleidigte Ehegatte nach erhaltener überzeugender Kenntniß die Ehe ein Jahr hindurch fortgesetzt hat",

ist vorausgesetzt, daß die innige Gemeinschaft, in welcher Eheleute alle ihre Geschicke in ungetheiltem Umgange mit einander tragen sollen, die individua vitae consuetudo, für den Ehegatten auch wirklich möglich ist.

b) Es kann sich deshalb erst, nachdem der Zuchthaussträfling entlassen, und das Zusammenleben wieder möglich gemacht ist, zeigen, ob der Beleidigte seine Vergebung der Beleidigung durch Fortsetzung der Ehe an den Tag legen werde.

§§ 731. 732. 733. 734. 798. 799. 803. Abfindung des unschuldigen Ehegatten aus dem Vermögen des Schuldigen nach der Vermögenklage zur Zeit des publizirten und rechtskräftig gewordenen Scheidungsurtheils.

Rechtsgr. 681. — I. Senat. 4. Februar 1870. (LXXVII. 225.)

a) Die Abfindung des unschuldigen Ehegatten muß nach dem Vermögen des schuldigen Ehegatten zur Zeit des publizirten und rechtskräftig gewordenen Scheidungsurtheils erfolgen, und ist also nach dem Zustande zu berechnen, in welchem sich das Vermögen des Schuldigen an jenem Tage befindet.

b) Dies gilt auch dann, wenn die Frau standesmäßige Verpflegung bis an ihren Tod aus dem Vermögen des schuldigen Mannes fordert.

c) Der unschuldige Theil interessirt an den Veränderungen in dem Vermögen des Schuldigen, welche nach dem publizirten und rechtskräftigen Scheidungsurtheil eintreten, nicht.

§ 732. Eheliche Gütergemeinschaft; einseitige Verfügungen eines Ehegatten bezüglich der Grundstücke. — Vergl. A. L. R. I. 20. §§ 404. 405.

Rechtsgr. 682. — III. Senat. 29. November 1872. (LXXXVII. 123.)

Bei der ehelichen Gütergemeinschaft besteht an den gütergemeinschaftlichen Grundstücken für den einen oder andern Ehegatten kein Miteigenthum im gewöhnlichen Sinne, und erlangen deshalb einseitige Verfügungen des einen Ehegatten, welche nicht geeignet sind, gegen die Genossenschaft wirksam zu werden, auch keine Wirksamkeit auf einen aliquoten Antheil an den Grundstücken derselben.

Eilfter Abschnitt. Von den rechtlichen Folgen des unehelichen Beischlafes.

§ 1077. Legitimation durch nachfolgende Ehe; Einwendungen aus dem Gesetz vom 24. April 1854. — Vergl. Gesetz vom 24. April 1854 §§ 9. 15. (Ges.-Samml. S. 193.)

Rechtsgr. 683. — I. Senat. 26. September 1870. (LXXIX. 199.)

In Beziehung auf die Legitimation durch nachfolgende Ehe und auf die daraus fließenden Rechte des Kindes ist eine Beschränkung des Grundsatzes im § 1077. II. 1. des Allgem. Landrechts und § 15. des Gesetzes vom 24. April 1854 durch § 9. dieses Gesetzes nicht gegeben.

Titel 2. Von den wechselseitigen Rechten und Pflichten der Aeltern und Kinder.

Zweiter Abschnitt. Von den Rechten und Pflichten der Eltern und der aus einer Ehe zur rechten Hand erzeugten Kinder, so lange die letztern unter väterlicher Gewalt stehen.

§§ 62. 270. Väterliche Gewalt; Bestimmung über den Aufenthalt der großjährigen Tochter.

Rechtsgr. 684. — I. Senat. 10. Februar 1873. (LXXXVIII. 132.)

Es ist nicht anzuerkennen, daß dem Vater unbedingt und unter allen Umständen die alleinige Bestimmung über den Aufenthalt der großjährigen Tochter gegen deren entschiedenen Willen, wenn sie auch keine Unterstützung aus seinem Vermögen beansprucht, zusteht.

§ 63. Unvermögen der zur Alimentation hülfsbedürftiger Verwandten gesetzlich verpflichteten Personen; Erwerb derselben; Gründe des Unvermögens des gesetzlich zur Alimentation Verpflichteten. — Vergl. A. L. R. II. 3. § 19.; Deklaration vom 21. Juli 1843 (Ges.-Samml. S. 296.).

Rechtsgr. 685. — I. Senat. 16. Mai 1870. (LXXVIII. 243.)

a) Plenarbeschluß vom 4. November 1850:

Bei Entscheidung der Frage: „ob eine zur Alimentation hülfsbedürftiger Verwandten gesetzlich verpflichtete Person als unvermögend zu erachten sei?" kann zwar der von ihr zu beschaffende Erwerb von der Berücksichtigung nicht ausgeschlossen bleiben. — Ob und inwiefern aber ein solcher Erwerb zu berücksichtigen? bleibt in jedem einzelnen Falle nach Maaßgabe der obwaltenden Umstände und der Verhältnisse der Betheiligten dem richterlichen Ermessen anheim gestellt.

b) Wodurch das Unvermögen der gesetzlich zur Alimentation hülfsbedürftiger Verwandten verpflichteten Person entstanden ist, ob durch Zufall, eigene Schuld oder aus einem anderen Grunde, ist gleichgültig; lediglich die Thatsache des eigenen Unvermögens hebt, mindestens so lange letzteres besteht, die Alimentationsverbindlichkeit auf.

Dritter Abschnitt. Von dem eigenthümlichen Vermögen der Kinder.

§§ 147—150. Fähigkeit volljähriger in väterlicher Gewalt stehender Kinder, selbst vor Gericht aufzutreten; Vermuthung für die Eigenschaft des freien oder nicht freien Vermögens volljähriger Hauskinder. — Vergl. A. G. O. I. 2. §§ 13—15.

Rechtsgr. 686. — IV. Senat. 7. Dezember 1869. (LXXVII. 98.)

a) Volljährige in väterlicher Gewalt stehende Personen können in allen ihren Angelegenheiten selbst vor Gericht auftreten, ausgenommen in solchen, welche das nicht freie Vermögen betreffen, in welchen der Vater allemal beitreten muß.

b) Eine Vermuthung, wonach das Vermögen eines volljährigen Hauskindes zu dessen nicht freiem Vermögen zu rechnen sei, ist in den Gesetzen nicht aufgestellt.

§ 155. Nichtbeschränkung der testirenden Ascendenten durch das Recht der pflichttheilsberechtigten Descendenten des eingesetzten Erben.

Rechtsgr. 687. — I. Senat. 20. Januar 1873. (LXXXVII. 331.)

Einen Rechtssatz, daß ein testirender Ascendent durch das Recht derjenigen Personen, welche gegenüber den zu Erben eingesetzten Descendenten des Testatars pflichttheilsberechtigt sind, in der Verfügung über seinen Nachlaß beschränkt sei, stellt das Gesetz nirgends auf, insbesondere läßt sich ein solcher Satz aus der singulären Bestimmung des § 155. II. 2. des Allgem. Landrechts nicht herleiten.

§ 169. Beschränkung des Vaters in der Verfügung über Kapitalien seiner Kinder.

Rechtsgr. **688.** — I. Senat. 15. Juli 1870. (**LXXIX.** 158.)

Unter den Kapitalien der Kinder, über welche die Verwaltung des Vaters gesetzlich eingeschränkt ist, dergestalt, daß er darüber nicht einseitig disponiren kann, sind auch solche zu verstehen, für welche vom Vater besondere Sicherheit (Specialhypothek) bestellt worden.

Vierter Abschnitt. Von Aufhebung der väterlichen Gewalt.

§ 245. Anrechnung der vertragsmäßig versprochenen Mitgift auf das eigene Vermögen des Kindes.

Rechtsgr. **689.** — III. Senat. 26. Juni 1872. (**LXXXV.** 290.)

Haben die Eltern sich durch Vertrag verpflichtet, dem heirathenden Kinde eine Mitgift zu geben, so schließt dies die Vermuthung des § 245. II. 2. des Allgem. Landrechts und die Berechtigung der Eltern nicht aus, das etwaige eigenthümliche Vermögen des Kindes auf die versprochene Mitgift anzurechnen.

Fünfter Abschnitt. Von der Erbfolge der Kinder und anderer Verwandten in absteigender Linie.

§§ 303. 304. Kollationspflicht der Kinder rücksichtlich der ihnen gewährten Ausstattung.

Rechtsgr. **690.** — I. Senat. 9. November 1868. (**LXXIII.** 41.)

Bei der Theilung des väterlichen Nachlasses ist die den Kindern früher gewährte Ausstattung auf deren Erbtheil anzurechnen; dagegen ist ihnen der Beweis nicht abgeschnitten, daß die Ausstattung unter Umständen gegeben worden, welche die Kollationspflicht ausschließen.

§§ 383. 398. ff. 430. Recht des Pflichttheilserben, welchem mehr als der Pflichttheil, jedoch belastet, hinterlassen ist, auf Befreiung von der Last. — Vergl. A. L. R. I. 17. §§ 122. 126., II. 18. § 393.

Rechtsgr. 691. — I. Senat. 14. März 1870. (LXXVIII. 76.)

a) Dem Pflichttheilsberechtigten gebührt der Pflichttheil unter allen Umständen, mag demselben auch mehr, als der Pflichttheil beträgt, hinterlassen sein, frei und ohne Lasten oder Einschränkungen.

b) Der Pflichttheilserbe, welchem mehr als der Pflichttheil hinterlassen worden, kann die Befreiung von den auferlegten Lasten in Betreff des Pflichttheils beanspruchen.

§§ 391. 392. Wirkung des testamentarischen Erlasses einer Schuld des Erben auf die Berechnung des Pflichttheils.

Rechtsgr. 692. — I. Senat. 5. Mai 1871. (LXXXII. 65.)

Der testamentarische Erlaß einer Schuld des Erben an den Testator ist gegenüber dem Pflichtsberechtigten, und soweit er in seinem Pflichttheil dadurch benachtheiligt wird, von keiner Wirksamkeit.

§ 392. Verkürzung des Pflichttheils durch Schenkungen und Konstituirung der Nachlaßmasse dem nothwendigen Erben gegenüber. — Vergl. A. L. R. I. 11. §§ 1113. 1114.

Rechtsgr. 693. — I. Senat. 16. April 1869. (LXXIV. 237.)

Die §§ 1113. 1114. I. 11. des Allgem. Landrechts bestimmen nichts über die Art selbst, den Pflichttheil zu berechnen; es ist daselbst nur bestimmt, wie im Falle der Verkürzung des Pflichttheils durch Schenkungen die Nachlaßmasse dem nothwendigen Erben gegenüber zu konstituiren ist.

§§ 432. 436. Nichtberechtigung des auf bestimmte Summen und Sachen eingesetzten Pflichttheilsberechtigten, Behufs Berechnung der Höhe des Pflichttheils die Veräußerung der Nachlaßsachen zu verlangen.

Rechtsgr. 694. — I. Senat. 29. Januar 1872. (LXXXIII. 297.)

Der Pflichttheilsberechtigte, welchem nur bestimmte Summen oder Sachen zugewendet sind, kann nicht behufs

Berechnung der Höhe des Pflichttheils die öffentliche Veräußerung der Nachlaßsachen verlangen, sondern muß sich damit begnügen, daß der Werth des Nachlasses durch aufzunehmende Taxen bestimmt werde.

§ 440.

Rechtsgr. 695. — IV. Senat. 11. November 1873. (XC. 278.)

Die Vorschrift des § 440. II. 2. des Allgem. Landrechts:

„Wenn der Enterbte die Verfügung der Eltern zwei Jahre lang, nachdem er Kenntniß davon erhalten, gerichtlich nicht angefochten hat, so ist seine Befugniß dazu durch Verjährung erloschen",

bezieht sich nicht lediglich auf das Anfechtungsrecht gänzlich enterbter Kinder, ist vielmehr für die Geltendmachung des Pflichttheilsanspruches sowohl des vollständig mit oder ohne angegebenen Grund enterbten und des übergangenen, als des unzureichend bedachten Pflichttheilsberechtigten (und zwar des letztern auch in dem Falle, daß ihm im elterlichen Testament zunächst ein bestimmtes Erbtheil oder Vermächtniß, und im Falle der Unzufriedenheit der Pflichttheil zugewandt worden,) gegeben.

§ 453. Einfluß der nachträglichen Verfügung des Testators in Ansehung nachgeborener Kinder auf das frühere Testament.

Rechtsgr. 696. — I. Senat. 4. Juli 1870. (LXXIX. 131.)

Hat der Testator in Ansehung seiner nachgeborenen Kinder nachträglich verfügt, so handelt es sich lediglich darum, inwieweit diese das frühere Testament ergänzende oder abändernde Verfügung zu Recht besteht oder nicht. Ein Widerruf des früheren Testaments ist durch derartige Verfügungen nicht bedingt, obschon bei einseitigen Testamenten das Recht hierzu dem Erblasser zur Seite steht.

Neunter Abschnitt. Von den aus unehelichem Beischlafe erzeugten Kindern.

§§ 612. ff. 617. 637. Selbstständiges Klagerecht des unehelichen Kindes auf rückständige Alimente. — Vergl. Gesetz vom 24. April 1854 §§ 12 13. 22.

Rechtsgr. **697**. — I. Senat. 13. Mai 1872. (**LXXXVI**. 104.)

Wenn dem unehelichen Kinde ohne Zuthun des Vaters der Unterhalt zu Theil geworden ist, und dies nicht etwa von der mitverpflichteten Mutter geschehen ist, so kann dem Vater durchaus keine Befreiung von seiner Verbindlichkeit erwachsen, und dem Kinde von ihm nicht der Einwand entgegengesetzt werden, daß es ja lebe und also Alimentation empfangen habe.

§ 622. Stillschweigende Willenserklärungen; Nicht-Antworten der unehelich Geschwängerten auf die Aufforderung des Schwängerers zur Herausgabe des mehr als vierjährigen Kindes. — Vergl. A. L. R. I. **4**. §§ 58. 59.

Rechtsgr. **698**. — I. Senat. 28. Februar 1873. (**LXXXVIII**. 199.)

Wenn der uneheliche Vater die Herausgabe des Kindes von dessen Wärtern zur eigenen Pflege und Erziehung verlangt, diese die Verabfolgung des Kindes verweigern, und die von den Wärtern hiervon brieflich in Kenntniß gesetzte Mutter den Brief unbeantwortet läßt, so muß hierin eine ihrerseits stattgefundene Billigung und Genehmigung der Verweigerung gefunden werden.

§§ 626. 627.

A. Feststellung der Höhe der Alimente für ein außereheliches Kind.

Rechtsgr. **699**. — I. Senat. 4. Januar 1869. (**LXXIII**. 200.)

a) Bei Festsetzung des Betrages der Alimente für ein uneheliches Kind sind die Verhältnisse und Preise des Ortes, an welchem die Mutter zur Zeit der Anstellung der Alimentenklage ihren Wohnsitz hatte, und die mit den zunehmenden Jahren wachsenden Bedürfnisse der Regel nach ausschließlich maßgebend.

b) Daher sind die in Gelde festzusetzenden Alimente nach den durch vorstehende Andeutungen zu leitenden richterlichen Ermessen nicht blos für die gerade vorliegende Zeit, sondern zugleich für den ganzen Zeitraum, während welches die Alimente gereicht werden sollen, zu arbitriren und festzusetzen, und findet bei einem späteren Wechsel des Wohnorts der Mutter oder des Kindes eine Aenderung der Höhe der Alimente nicht statt.

B. Rechtskräftige Entscheidung; Nachforderung erhöhter Alimente in Schwängerungssachen. — Vergl. A. G. O. Einl. §§ 65. ff., I. 16. § 1.

Rechtsgr. 700. — I. Senat. 15. Juli 1872. (LXXXVI. 153.)

Ist der außereheliche Schwängerer zur Zahlung der in der Klage ohne Vorbehalt geforderten Alimente verurtheilt, so können nicht nachträglich auf Grund der §§ 626. 627. II. 2. des Allgem. Landrechts höhere Beträge eingeklagt werden.

§ 637. Anspruch unehelicher, zur Erwerbung ihres Unterhalts unfähiger Kinder gegen den unehelichen Vater; Zeitpunkt der Entstehung der Hülfsbedürftigkeit.

Rechtsgr. 701. — I. Senat. 14. Januar 1870. (LXXVII. 174.)

Bei der Anwendung des § 637. II. 2. des Allgem. Landrechts:

„Werden uneheliche Kinder durch Krankheit oder sonst fehlerhafte Leibes- oder Gemüthsbeschaffenheit außer Stand gesetzt, sich ihren Unterhalt zu erwerben, so können sie von den Eltern und Großeltern die nothwendige Verpflegung auch ferner fordern“,

kommt es nicht darauf an, wann sich die Hülfsbedürftigkeit des außerehelichen Kindes gezeigt hat.

§§ 648—650. Fortdauernde Gültigkeit der §§ 648—650. II. 2.

des Allgem. Landrechts. — Vergl. Gesetz vom 24. April 1854 §§ 12. 19.

Rechtsgr. 702. — I. Senat. 11. Juli 1870. (LXXVIII. 326.)

Die §§ 648—650. II. 2. des Allg. Landrechts sind durch den § 19. des Gesetzes vom 24. April 1854 nicht aufgehoben.

§§ 652—654. Anhang § 97. zu § 652. Erbrecht der außerehelichen Kinder in den Nachlaß ihres Erzeugers; Bedeutung von „nächsten gesetzlichen Erben" im § 584. I. 20. des Allgem. Landrechts; außereheliche Kinder des Erzeugers als dessen nächste gesetzliche Erben. — Vergl. Landes-Ordnung vom Jahre 1594 (Mylius, Corp. Const. March., Bd. 6. Abth. 3. S. 55. ff.); Nov. 18. cap. 5., Nov. 89. cap. 12. § 4.

Rechtsgr. 703. — III. Senat. 23. Januar 1871. (LXXX. 261.)

Der gesetzliche Anspruch eines unehelichen Kindes an den Nachlaß seines Erzeugers ist nach dem Allgem. Landrecht, dem Römischen Recht und dem Märkischen Provinzialrecht ein nahes Erbrecht.

Titel 3. Von den Rechten und Pflichten der übrigen Mitglieder einer Familie.

§ 15. Alimentationsverpflichtung der Geschwister in Westphalen und der Kurmark.

Rechtsgr. 704. — I. Senat. 28. März 1870. (LXXVIII. 138.)

a) Der § 15. II. 3. des Allg. Landrechts gehört in der Provinz Westphalen zu den suspendirten, und besteht dort eine Alimentationspflicht gegen hülfsbedürftige Geschwister nicht.

b) Der § 15. II. 3. des Allg. Landrechts gehört in der Kurmark Brandenburg nicht zu den suspendirten, und besteht dort eine Alimentationspflicht gegen die hülfsbedürftigen Geschwister.

Titel 4. Von gemeinschaftlichen Familienrechten.

Dritter Abschnitt. Von beständigen Familien-Fideikommissen.

§ 122. Ersitzung eines Rechts einem Fideikommißgrundstücke gegenüber; Beweislast.

Rechtsgr. 705. — II. Senat. 18. November 1873. (XC. 296.)

Wenn der Besitzer eines Grundstücks, gegen welchen eine Grundgerechtigkeit aus dem Fundamente der erwerbenden Verjährung prätendirt wird, einwendet, daß die Ersitzung durch die Fideikommiß-Eigenschaft des Grundstücks ausgeschlossen werde, so liegt ihm der Beweis ob, daß dem Grundstücke, welches dienstbar sein soll, die Eigenschaft eines Familienfideikommißgutes beiwohnt, und daß diese Eigenschaft bereits bei Beginn der auf Erwerb durch Verjährung gerichteten Handlungen entweder im Hypothekenbuche vermerkt oder dem Verjährenden bekannt war.

Nur wenn dies dargethan, hat der Prätendent den Nachweis zu führen, daß die Verjährung in einer sämmtliche Fideikommiß-Interessenten bindenden Weise begonnen habe.

Titel 5. Von den Rechten und Pflichten der Herrschaften und des Gesindes.

§§ 177. 182. 186. Momente für die Annahme eines Hausoffiziantenvertrages.

Rechtsgr. 706. — IV. Senat. 26. Oktober 1869. (LXXVI. 250.)

Die Ausschließung von der Häuslichkeit oder der Familie des Prinzipals ist ein Moment, welches bei Entscheidung der Frage, ob Jemand als Hausoffiziant zu betrachten, mit berücksichtigt werden kann.

Titel 6. Von Gesellschaften überhaupt, und von Korporationen und Gemeinen insonderheit.

§§ 22. ff.

A. Die Mobiliar-Brand-Versicherungsgesellschaft in Schwedt als privilegirte Gesellschaft. — Vergl. Statut der Mobiliar-Brand-Versicherungsgesellschaft in Schwedt §§ 6 u. 26. (Schwedt 1852); A. L. R. Einl. § 79.; A. G. O. Einl. § 1.

Rechtsgr. 707. — IV. Senat. 8. März 1870. (LXXVIII. 63.)

a) Durch die den Statuten der Mobiliar-Brand-Versicherungsgesellschaft in Schwedt mittelst Allerhöchster Order vom 29. März 1852 ertheilte landesherrliche Bestätigung hat die gedachte Gesellschaft nur die Eigenschaft einer mit juristischer Persönlichkeit versehenen privilegirten Gesellschaft, nicht aber die Rechte einer Korporation erlangt.

Der § 26. des Statuts der Mobilar Brand-Versicherungsgesellschaft in Schwedt:

„Alle von dem Direktorium in seinem statutenmäßigen Wirkungskreise ausgehenden Beschlüsse sind für sämmtliche Vereinsmitglieder verbindlich. Keinem Mitgliede steht dagegen eine Klage oder ein anderweitiges Rechtsverfahren, sondern nur eine schriftliche Beschwerde oder Berufung auf die Generalversammlung als letzte Instanz offen",

entbehrt der gesetzlichen Gültigkeit und rechtsverbindlichen Kraft und steht der Befugniß des Versicherten, seinen Anspruch auf Brandentschädigungsgelder gegen die Gesellschaft im Wege des Prozesses geltend zu machen, nicht entgegen.

B. Konzessionirte Eisenbahngesellschaften als privilegirte Korporationen; Inkompetenz der Gerichte zur Entscheidung über die Nothwendigkeit der im § 14. des Eisenbahngesetzes vom 3. November 1838 gedachten Anlagen. — Vergl. Verordnung vom 21. Juli 1849 über das Verfahren in Civilprozessen in den Bezirken des Appellationsgerichts zu Greifswald und des Justiz-Senats in Ehrenbreitstein § 43.; Gesetz über die Eisenbahn-Unternehmungen vom 3. November 1838 § 14.

Rechtsgr. 708. — V. Senat. 26. September 1871. (LXXXII. 333.)

a) Durch die mit der Konzessionirung einer Eisenbahngesellschaft verliehenen Rechte wird sie zu einer privilegirten Korporation.

b) Die Entscheidung der Frage,

ob die im § 14. des Eisenbahngesetzes gedachten Anlagen hergestellt werden müssen und ausführbar sind, ohne die Bahnanlage zu beeinträchtigen, oder sonst mit allgemeinen landespolizeilichen Interessen in Widerspruch zu treten,

ist lediglich den Regierungen überwiesen.

§§ **25**. ff. **114**. **117**. **124**. **128**. **192**. **201**. Geltendmachung von Ansprüchen gegen eine aufgelöste Korporation.

Rechtsgr. 709. — IV. Senat. 10. März 1870. (LXXVIII. 70.)

Das Auflösen der Korporation steht der Erhebung von Ansprüchen an dieselbe nicht entgegen.

Titel 7. Vom Bauernstande.

Zweiter Abschnitt. Von Dorfgemeinden.

§§ **18**. **20**. Verpflichtung der Fürsorge einer Gemeinde für den verarmten Besitzer eines bäuerlichen Grundstücks. — Vergl. Gesetz vom 31. Dezember 1842 §. 1. No. 1. über die Verpflichtung zur Armenpflege (Ges.-Samml. für 1843 S. 8.); Reskript des Ministers des Innern vom 31. Mai 1857 (Ministerial-Blatt für 1857 S. 102.).

Rechtsgr. 710. — I. Senat. 8. Dezember 1871. (LXXXIII. 197.)

Der § 1. No. 1. des Armenpflege-Gesetzes vom 31. Dezember 1842 erfordert zu seiner Anwendung nicht nothwendig und immer eine ausdrückliche Erklärung des betreffenden Ortsvorstandes: daß Jemand als Mitglied der Gemeinde aufgenommen sei; sondern es vertritt, insbesondere bei Dorfgemeinden, der Besitz eines bäuerlichen Grundstücks die Stelle der ausdrücklichen Aufnahme als Mitglied der Gemeinde.

§§ 18. ff. 28. ff. Gemeinderechte und Privatrechte der Gemeindemitglieder.

Rechtsgr. 711. — II. Senat. 1. Februar 1870. (LXXVII. 212.)

Der bloße Realverband oder die Einrichtung, daß nur die Besitzer altberechtigter Hofstätten oder Bauernhöfe als aktive Mitglieder der Gemeinde anerkannt sind, andere Einwohner aber, namentlich kleinere Besitzer (Kleinhäusler, Tagelöhner, Söldner) kein volles Genossenschaftsrecht in der Gemeinde haben, und daher auch von den nutzbaren Gemeinderechten, namentlich von den Allmenden, Gemeindehölzern und Gemeindegerechtigkeiten ausgeschlossen sind, macht diese Gemeinderechte noch nicht zu Privatrechten. Dazu ist nothwendig, daß gewisse Nutzungen von dem Gemeindeeigenthum ausgeschieden und bleibend, unabhängig von der Gemeindegenossenschaft und den damit verknüpften Rechten und Verbindlichkeiten, als Zubehör eines Gutes oder Gebäudes anerkannt werden.

§§ 21. 23. 57. Freiheit der Forensen von der Beitragspflicht zur Unterhaltung der Schulgebäude und Schulmeisterwohnungen. — Vergl. A. L. R. II. 12. § 34.; Landgemeinde-Ordnung vom 14. April 1856 §§ 11. 12. (Ges.-Samml. S. 354.)

Rechtsgr. 712. — I. Senat. 1. Februar 1869. (LXXIII. 285.)

a) Derjenige, welcher in der Feldmark eines Dorfes zwar Ackerstücke besitzt, jedoch für seine Person daselbst keine Wohnung hat, unterliegt nicht der durch § 34. II. 12. des Allgem. Landrechts geordneten Beitragspflicht zur Unterhaltung der Schulgebäude und Schulmeisterwohnungen.

b) Die Gemeinde ist nicht berechtigt durch Gemeindebeschluß den Forensen einen Antheil an der Schulbaulast aufzulegen; gegen einen derartigen Beschluß ist der Rechtsweg zuläßig.

§§ 46. 61. Polizei-Obrigkeit im Sinne des § 9. des Gesetzes vom 31. Dezember 1842; Anmeldung bei dem Ortsschulzen oder dem Gemeindevorstande. — Vergl. Gesetze No 2317. vom 31. Dezember 1842 § 8. (Ges.-Samml. für 1843 S. 5.), No 2318. vom 31. Dezember 1842 § 1. No. 2. (Ges.-Samml. für 1843 S. 8.) und vom 14. April 1856 §§ 21. 22. (Ges.-Samml. S. 354.); Reskript des Ministeriums des Innern vom 24. April 1856 (Ministerialblatt für die gesammte innere Verwaltung S. 123.).

Rechtsgr. 713. — I. Senat. 27. November 1868. (LXXIII. 140.)

a) Unter Polizei-Obrigkeit, bei welcher nach § 8. des Gesetzes über die Aufnahme neuanziehender Personen vom 31. Dezember 1842 die Meldung desjenigen geschehen muß, welcher sich an einem Orte niederlassen will, ist der Ortsschulze, Gemeindevorstand, nicht zu verstehen, und kann daher die Anmeldung eines Neuanziehenden bei dem Ortsschulzen, dem Gemeindevorstande, eines von dem Sitze des Polizeiverwalters entfernten Ortes nur dann geschehen, wenn sie mit der Annahme der Meldung neu anziehender Personen von dem Polizeiverwalter beauftragt sind.

b) In jedem einzelnen Falle ist deshalb besonders zu erörtern und festzustellen, inwieweit die Voraussetzungen vorhanden sind, unter denen die Ortsschulzen und Gemeindevorstände zur Annahme von Meldungen der Neuanziehenden befugt, als Organe der Polizei-Obrigkeit nach dieser Richtung hin anzusehen sind.

§§ 77. 79. Vertretung der Gemeinde durch die Gerichtsschöppen bei Verhinderung des Schulzen. — Vergl. Jagdpolizeigesetz vom 7. März 1860 §§ 9. 10. (Ges.-Samml. S. 165.)

Rechtsgr. 714. — II. Senat. 18. April 1871. (LXXX. 368.)

Eine Verhinderung des Schulzen im Sinne des § 77. II. 7. des Allgem. Landrecht liegt auch dann vor, wenn derselbe als Pächter der Jagd ein kollidirendes Interesse bei Abschluß des Jagdpachtvertrages hatte, und sind in diesem Falle die Gerichtsmänner den Vertrag allein abzuschließen berechtigt.

Titel 8. Vom Bürgerstande.

Dreizehnter Abschnitt. Von Versicherungen.

§§ 2064. ff. Nothwendigkeit der Schriftform für Versicherungsverträge. — Vergl. Einführungsgesetz zum Allgem. Deutschen Handelsgesetzbuch Art. 60. 61.; Allgem. Deutsches Handelsgesetzbuch Art. 271. No. 3. Art. 317. 906—911.

Rechtsgr. **715.** — IV. Senat. 29. März 1870. (LXXX. 9.)

Die nach § 2064. II. 8. des Allgem. Landrechts für die Gültigkeit der Versicherungsverträge nothwendige Form ist durch den Art. 271. N. 3. und Art. 317. des Allg. Deutschen Handelsgesetzbuches nicht erledigt.

Titel 10. Von den Rechten und Pflichten der Diener des Staates.

§§ 85. 109. Beamtenverhältniß. — Vergl. A. L. R. I. **5.** §§ 270. 271.

Rechtsgr. **716.** — I. Senat. 21. Oktober 1872. (LXXXV. 368.)

a) Das Beamtenverhältniß ist als ein quasikontraktliches aufzufassen, und ist eine wenigstens analoge Beurtheilung nach den allgemeinen Vertragsgrundsätzen gestattet.

b) Bei Nichterfüllung der Dienstfunktionen Seitens des Beamten ist eine analoge Anwendbarkeit der §§ 270. 271. I. 5. des Allgem. Landrechts statthaft.

§§ 89. 90. Vertretungsverbindlichkeit des Richters bezüglich der in streitigen Sachen getroffenen Entscheidungen überhaupt, und eines Konkurseröffnungsbeschlusses insbesondere. — Vergl. A. G. O. I. **40.** § 56., **50.** §§ 9. ff. 18.; Konkurs-Ordnung vom 8. Mai 1855 §§ 119. ff. 326. ff.

Rechtsgr. 717. — I. Senat. 18. Oktober 1869. (LXXVI. 225.)

a) Die allgemeinen gesetzlichen Vorschriften über die Verbindlichkeit der Beamten, die bei der Verwaltung ihres Amtes begangenen Versehen zu vertreten, finden auf die von einem Richter in streitigen Sachen gesprochenen Urtheile nicht Anwendung.

b) Die unterliegende Partei ist nicht berechtigt, den Spruchrichter wegen eines bei Abfassung des rechtskräftig gewordenen Erkenntnisses von ihm angeblich begangenen Versehens auf Schadensersatz in Anspruch zu nehmen.

c) Die gleichen Grundsätze finden auf alle richterlichen Entscheidungen Anwendung, durch welche von dem kompetenten Richter Streitigkeiten entschieden und Rechtsverhältnisse festgesetzt werden, sei es nun definitiv oder vorläufig.

d) Namentlich gilt dies von dem nach § 119. der Konkurs-Ordnung vom 8. Mai 1855 abzufassenden Konkurseröffnungsbeschluß.

§§ 90. 91. Reihenfolge in der Regreßpflicht verschiedener Beamtenklassen.

Rechtsgr. 718. — I. Senat. 27. Februar 1871. (LXXXI. 181.)

Die Bestimmung des § 91 II. 10. des Allgem. Landrechts gewährt nicht das Recht, ganz allgemein und losgelöst von den faktischen Einzelheiten des speciellen Falles einzelner Defekte, lediglich im Prinzip, eine besondere Stufen- und Reihenfolge der verschiedenen Beamtenklassen für die amtliche Regreßpflicht aufzustellen.

§§ 98. ff. Dienstentlassung nicht richterlicher Beamten; Begriff der Konsuln. — Vergl. Gesetz No. 3609. vom 21. Juli 1852 §§ 87. ff. (Ges.-Samml. S. 465.); A. G. O. I. 2. §§ 62. ff.; Reglement vom 18. September 1796 (C. C. M. S. 651.).

Rechtsgr. 719. — I. Senat. 9. Juli 1869. (LXXV. 277.)

a) Das Gesetz vom 21. Juli 1852, betreffend die

Dienstvergehen der nicht richterlichen Beamten, die Versetzung derselben auf eine andere Stelle oder in den Ruhestand, hält als Regel fest, daß einem Beamten die durch seine Anstellung begründeten Rechte ohne seinen Willen nicht einseitig entzogen werden können; die §§ 87. ff. dieses Gesetzes bilden nur eine strikt auszulegende Ausnahme.

b) Nach dem Völkerrecht sind Konsuln der Regel nach nicht zu den diplomatischen Beamten zu rechnen, ein diplomatischer Charakter wird ihnen nur ausnahmsweise und in gewissen Ländern beigelegt. Ein allgemeiner Unterschied zwischen consules missi und electi ist in dieser Beziehung nicht gemacht.

Dies gilt namentlich auch für die Preußischen Konsuln.

Titel 11. Von den Rechten und Pflichten der Kirchen und geistlichen Gesellschaften.

Dritter Abschnitt. Von den Obern und Vorgesetzten der Kirchengesellschaften.

§ 154. Kosten der Kirchenvisitation.

Rechtsgr. **720.** — I. Senat. 4. Juli 1873. (LXXXIX. 134.)

Weder die allgemeinen Regeln des Deutschen evangelischen Kirchenrechts noch die Vorschriften des Allgem. Landrechts berechtigen zu der Annahme,

daß die Kosten der Kirchenvisitation — also unterschiedslos alle Visitationskosten, sie mögen in Gebühren, in Diäten oder in Fuhrengestellung oder Vergütung bestehen, — aus der Kirchenkasse und nur subsidiarisch von den Eingepfarrten zu bestreiten seien.

Fünfter Abschnitt. Von Parochieen.

§§ 237. 244.

Rechtsgr. **721.** — II. Senat. 28. September 1871. (LXXXII. 338.)

Wenn in einem Pfarrbezirk ein Kirchengebäude besteht, in Ansehung dessen einem Zehntberechtigten die Baulast obliegt, und neben diesem Gebäude ein anderes errichtet wird, ist der Zehntberechtigte alsdann verbunden, zu den Kosten des neuen Gebäudes in dieser Eigenschaft beizutragen? und muß dies wenigstens dann bejahet werden, wenn das neue Gebäude in Zukunft für den regelmäßig, das alte für den ausnahmsweise abzuhaltenden Gottesdienst bestimmt ist?

§ 261. Parochiallast bei Austritt aus der Landeskirche. — **Vergl.** General-Konzession vom 23. Juli 1845 für die von der evangelischen Landeskirche sich getrennt haltenden Lutheraner § 10. (Ges.-Samml. S. 516.)

Rechtsgr. **722**. — I. Senat. **28. März 1873**. **(LXXXVIII. 345.)**

Wer aus der Landeskirche aus- und zu der mit der General-Konzession vom 23. Juli 1845 versehenen Gemeinschaft der von der evangelischen Landeskirche sich getrennt haltenden Lutheraner übertritt, demnächst aber auch aus dieser Gemeinschaft wieder ausscheidet, überkommt damit von selbst wieder die Verpflichtung zu den Abgaben und Lasten aus der früheren Parochialverbindung, auch wenn er nicht wieder zur Landeskirche zurückkehrt.

Sechster Abschnitt. Von dem Pfarrer und dessen Rechten.

§§ 324. 327. 346. 353. 143. 146. 386. 392. 398. 614. Besetzungsrecht der Konsistorien bei evangelischen Pfarrstellen nach dem Allg. Landrecht; Bedeutung des § 4. der Kirchenordnung für Rheinland und Westphalen vom 5. März 1835; Fortbestand des landesherrlichen Patronatsrechts bei evangelischen Kirchen. — **Vergl.** Kirchenordnung für Rheinland und Westphalen vom 5. März 1835 § 4. Verfassungs-Urkunde für den Preußischen Staat vom 31. Januar 1850 Art. 18.

Rechtsgr. **723**. — I. Senat. 25. Januar 1873. **(LXXXVIII. 37.)**

a) Nach dem Allg. Landrecht haben die Konsistorien das Besetzungsrecht evangelischer Pfarrstellen in allen Fällen, wo entweder überhaupt weder ein Privatpatron noch eine Gemeinde das Wahlrecht gehabt, oder wenn der Privatpatron oder die Gemeinde aus einem besonderen Grunde dasselbe bei einer einzelnen Vakanz verloren hat.

b) Unter dem Ausdruck „Privatperson“ im § 324. II. 11. des Allgem. Landrechts ist einerseits der Gegensatz von demjenigen, welchem aus kirchlichem Rechte (Bischof oder Konsistorium) das Besetzungsrecht zusteht, und andrerseits von einem Patron, der keine Privatperson ist, zu verstehen.

c) Der §. 4 der Kirchen-Ordnung für Rheinland und Westphalen vom 5. März 1835 hat unter „Kirchen, die keinen Patron haben“, solche Kirchen gemeint, die nicht blos keinen Privatpatron im Sinne des Allgem. Landrechts Th. II. Tit 11. Abschnitt 8. haben, sondern auch nach der bisherigen, namentlich der vor der Fremdherrschaft bestehend gewesenen Kirchenverfassung keinem landesherrlichen Patronat unterworfen gewesen sind.

d) Die Bestimmung des Art. 18. der revidirten Verfassungs-Urkunde läßt das zu dem dem Landesherrn in Bezug auf die evangelische Kirche zustehenden Rechte gehörende landesrechtliche Patronatrecht unberührt.

§§ 327. 587. Patronatsrecht und Befugniß des Patrons zur Berufung eines neuen Pfarrers als Gegenstand des Privateigenthums; Vokation der Pfarrer nach der Konsistorial-Ordnung für die Mark Brandenburg von 1573. — Vergl Konsistorial-Ordnung vom Jahre 1573 (Mylius, C. C. M. I. S. 274.).

Rechtsgr. 224. — III. Senat. 7. Juni 1869. (LXXV. 142.)

a) Die dem Kirchenpatron zustehende Befugniß, einen neuen Pfarrer zu berufen, bildet, wie das Patronatsrecht selbst, einen Gegenstand des Privateigenthums.

b) Die Bestimmung der Konsistorial-Ordnung für die Mark Brandenburg vom Jahre 1573:

„die Kapläne und Prediger sollen von den Pfarrern

und Räthen in den Städten zugleich vozirt und angenommen werden",

ist als eine auch für Patronatsverhältnisse Geltung habende Vorschrift des öffentlichen Rechts nicht anzusehen.

§§ 423. 937. Juristische Natur der Fuhr-Entschädigung der Pfarrer für Reisen zu Amtshandlungen.

Rechtsgr. 725. — I. Senat. 18. März 1872. (LXXXVI. 65.)

Die Fuhr-Entschädigung der Pfarrer, — als eine Entschädigung für eine baare Auslage, welche für den Pfarrer dadurch entsteht, daß er, um eine Amtshandlung in einer Ortschaft vorzunehmen, dorthin reisen muß, — gehört nicht zu den „Pfarrabgaben" des § 937 II. 11. des Allg. Landrechts, noch zu den Stolgebühren des § 423. daselbst.

Achter Abschnitt. Von Kirchenpatronen.

§ 568. Anwendung der Grundsätze des Patronats auf weniger umfangreiche Ehrenrechte.

Rechtsgr. 726. — I. Senat. 31. März 1873. (LXXXVIII. 354.)

Wenn Jemandem das Recht zusteht, im Konsistorium der Gemeinde bei der Verwaltung des Kirchen- und kirchlichen Armenvermögens, der Festsetzung der kirchlichen Abgaben und Abnahme der Kirchenrechnungen sowie bei der Pfarrwahl Sitz und Stimme auszuüben, so charakterisirt sich dies Recht als eine Art des Patronats und widerstreitet ebensowenig den Grundsätzen des Gemeinen Rechts als des Allg. Landrechts.

Neunter Abschnitt. Von der Verwaltung der Güter und des Vermögens der Pfarrkirchen.

§ 679. Vermiethung von Kirchenstellen durch öffentliche Versteigerung.

Rechtsgr. 727. — I. Senat. 21. Januar 1870. (LXXVII. 198.)

Die Nichtbefolgung der im § 679. II. 11. des Allg. Landrechts den Kirchenvorstehern ertheilten Anweisung:

Das Vermiethen der Kirchenstellen soll niemals nach Art einer öffentlichen Versteigerung geschehen,

kann für sich allein einen privatrechtlichen Anspruch, welcher sich zur Verfolgung im Rechtswege eignete, nicht verleihen.

§§ 707—709. 759. 760. Nothwendigkeit von Kirchenbauten; Unzulässigkeit des Rechtsweges darüber.

Rechtsgr. 728. — I. Senat. 7. März 1873. (XC. 96.)

Hinsichtlich des Streites über die Nothwendigkeit von Kirchenbauten ist der Rechtsweg nicht zulässig.

§§ 708. 709. 176—178. 238. ff. Bau und Reparatur der Kirchengebäude; interimistische Entscheidung der geistlichen Obern; Zulässigkeit des Rechtsweges; Nichtanwendbarkeit der provinzial- oder landrechtlichen Vorschriften über die Beitragspflicht zu Neu-, Erweiterungs- und Reparaturbauten bestehender Kirchen, auf solche Kirchen, welche lediglich auf Anordnung der kirchlichen Oberen ganz neu errichtet werden.

Rechtsgr. 729. — I. Senat 29. September und 14. Oktober 1871. (LXXXV. 10.)

a) Wenn nach der Bestimmung der §§ 708. und 709 II. 11. des Allgem. Landrechts mit der Verweisung des Streits zum Rechtswege eine interimistische oder provisorische, ohnes gerichtliches Verfahren zu exequirende Entscheidung der geistlichen Obern verbunden werden soll, so hat diese Frage zur Folge, daß derjenige Interessent, welcher mit der diesfälligen Festsetzung des Interimistikums nicht zufrieden ist, den Prozeßweg beschreiten und dabei als Kläger auftreten muß, daß aber die Ausführung des Baues selbst durch das Beschreiten des Rechtsweges nicht aufgehalten werden soll.

b) Die Vorschrift des § 709. a. a. O. macht die Zulässigkeit des Rechtsweges nicht schlechthin und unbedingt von einer vorhergegangenen provisorischen Entscheidung der kirchlichen Behörden abhängig.

a) Aus den Bestimmungen der §§ 176—178. und

238. ff. II. 11. des Allg. Landrechts läßt sich nicht herleiten, daß für solche Kirchen, welche lediglich auf Anordnung der kirchlichen Oberen ganz neu errichtet werden, die provinzial- oder landrechtlichen Vorschriften über die Beitragspflicht zu Neu-, Erweiterungs- und Reparaturbauten bestehender Kirchen uneingeschränkt maßgebend seien.

§§ **710**. ff. **772**. **780**. **790**. Verhältniß der Observanzen, betreffend die Kirchen-, Pfarr- und Küsterbauten, zu einander. — Vergl. A. L. R. II. **12**. § 37.; Gesetz No. 2742. vom 21. Juli 1846 (Ges.-Samml. S. 393.).

Rechtsgr. **720**. — I. Senat. 26. Januar 1872. (LXXXVI. 35.)

a) Es ist ein rechtlicher Schluß, wenn aus der Befreiung von Patronatsbeiträgen zu Kirchen- und Pfarrbauten hergeleitet wird, daß sich die dadurch zu erkennen gebende Observanz auch auf Küsterbauten erstrecke.

b) Die Gleichstellung der drei Arten von Bauten in dieser Anwendung ist nicht statthaft.

§§ **712**. **731**. **789**. **790**. Vertretung der Eingepfarrten in Prozessen wegen Baubeiträge. — Vergl. A. L. R. II. **12**. § 37.; Gesetz No. 2742. vom 21. Juli 1846 (Ges.-Samml. S. 343.).

Rechtsgr. **721**. — I. Senat. 14. Februar 1870. (LXXIX. 13.)

In Prozessen, in welche Eingepfarrte wegen Baubeiträge klagen oder verklagt werden, sind zu ihrer Vertretung die Kirchenvorsteher als solche nicht befugt und legitimirt.

§§ **712**. ff. Kirchenbaulast. — Vergl. Conc. Trident. Sess. 21. cap. 7.

Rechtsgr. **722**. — I. Senat. 13. Juni 1870. (LXXVII. 356.)

In der Genehmigung zur Gründung eines Kirchensystems ist nicht auch die Verpflichtung des Gründers zur Uebernahme der kirchlichen Baulast enthalten.

§§ **714**. **731**. **735**. **790**. Begriff der Pfarräcker; Pfarrhufen und Pfarrbauerhufen in Pommern; Freiheit der letzteren von der Kirchenbaulast. — Vergl. Revidirter Entwurf des Provinzialrechts des Herzogthums Alt-, Vor- und Hinterpommern (1836), Motive S. 116.

Rechtsgr. 723. — I. Senat. 21. März 1873. (LXXXVIII. 299.)

a) Unter den Pfarräckern müssen nach der gewöhnlichen Bedeutung des Wortes nicht blos diejenigen Landungen, welche zur Zeit der Reformation bei der Pfarre sich befunden haben, sondern alle zur Dotirung der Pfarre auch später derselben beigelegten Grundstücke verstanden werden.

b) Zu den zur Kirchenbaulast verpflichteten „Eingepfarrten“ kann der Pfarrer nicht mitgerechnet werden.

c) Für Pommern ist auch jetzt noch der Unterschied zwischen Pfarrhufen und Pfarrbauerhufen dahin als fortbestehend anzuerkennen, daß die ersteren die Rechte der Kirchengüter genießen und steuerfrei, die letzteren dagegen der Kontribution unterworfen sind.

d) Die Pommerschen Pfarrbauerhufen sind als Pfarräcker zur Leistung von Beiträgen zu den Kirchen- und Pfarrbauten nicht verpflichtet.

§§ 720. 731. 740. 584. Kirchenbaulast; Pflicht zur Unterhaltung der Orgel. — Vergl. A. L. R. I. **2**. §§ 42. 44. 105.

Rechtsgr. 724. — I. Senat. 29. April 1872. (LXXXVI. 88.)

Die Bauverpflichtung des Patrons erstreckt sich nicht mit auf die Unterhaltung der Kirchen-Orgel, wenn die letztere gegen seinen Willen ein Pertinenzstück der Kirche geworden ist.

§§ 761. 763. Unterhaltung der Kirchhöfe.

Rechtsgr. 725. — I. Senat. 17. Juni 1872. (LXXXVI. 114.)

a) In der bloßen Verstattung der Benutzung eines Kirchhofes zur Beerdigung kann ohne Weiteres und ohne sonstige Grundlagen der Besitz eines Rechtes nicht blos auf die einzelne Grabstelle, sondern auf den ganzen Kirchhof, wie § 761. II. 11. des Allg. Landrechts

— Die Unterhaltung der Begräbnißplätze ist gemeine Last, und liegt allen ob, die an dem Kirchhofe Theil zu nehmen berechtigt sind —

vor Augen hat, nicht gefunden werden.

a) Die Unterhaltungskosten eines Kirchhofes stehen nicht schon ohne Weiteres den Kirchenbaukosten gleich.

Zehnter Abschnitt. Von Pfarrgütern und Einkünften.

§ 776. Verpflichtung des Küsters zur Tragung von Deichlasten; Observanz.

Rechtsgr. 736. — I. Senat. 23. Juni 1873. (LXXXIX. 101.)

a) Aus § 776. II. 11. des Allgem. Landrechts läßt sich die Verpflichtung des Küsters zur Tragung der auf den Küsterländereien ruhenden Deichverpflichtungen nicht folgern.

b) In dem Rechtsverhältnisse der Pfarrgemeinde als Eigenthümerin der Küsterländereien zu dem von ihr angestellten Küster als Nutzungsberechtigten derselben ist in Ansehung der nach dem Gemeinen Rechte auf den Küsterländereien ruhenden Deichverpflichtung eine — das Gemeine Recht ausschließende, die Verpflichtung des Küsters zur Tragung der Deichlasten mit sich bringende — Observanz nicht möglich.

§§ 788—790. Observanz bei Kirchen- oder Pfarrbauten.

Rechtsgr. 737. — I. Senat. 4. November 1872. (LXXXVI. 326.)

Aus den §§ 788—790. II. 11. des Allgem. Landrechts folgt keineswegs, daß eine Observanz für Kirchenbauten unbedingt und ohne Weiteres auch für Pfarrbauten gelte.

Eilfter Abschnitt. Von Zehnten und anderen Pfarrabgaben.

§§ 857. 858. 922—924. 928. 935. Nichtzehnten-Natur nach Ackermaaß fixirter Abgaben an Küster oder Pfarrer.

Rechtsgr. 738. — I. Senat. 18. Februar 1870. (LXXVI. 361.)

Nicht jede nach Ackermaaß fixirte Abgabe von Früchten an den Küster oder Pfarrer kann ohne Weiteres auf die Eigenschaft eines Zehnten, und speziell des Sackzehnten, Anspruch machen.

§ 858. Aufhören des Zehntrechts mit dem Erlöschen der Parochie. — Vergl. A. L. R. Einl. § 99.

Rechtsgr. 739. — II. Senat. 3. April 1873. (XC. 112.)

Mit dem Erlöschen der Parochie erreicht auch das Zehntrecht sein Ende, und kann dasselbe deshalb auch nicht als herrenloses Gut auf den Fiskus übergehen.

Titel 12. Von niedern und höhern Schulen.

§§ 12. 13. Schulgemeinde; Vertretung derselben durch den gesammten Schulvorstand.

Rechtsgr. 740. — IV. Senat. 17. Dezember 1872. (LXXXVII. 274.)

Nur die Gesammtheit des Schulvorstandes kann die Rechte der Gemeinde ausüben.

§§ 31. ff. Ausschließung des Rechtsweges, betreffend die Veranlagung und Einziehung der Kirchen- und Schulabgaben, welche auf allgemeiner gesetzlicher Verbindlichkeit beruhen. — Vergl. A. L. R. II. 11 § 110.; Kabinetsorder vom 19. Juni 1836 (Ges.-Samml. S. 198.); Gesetz vom 24. Mai 1861 § 15 (Ges.-Samml. S. 241.)

Rechtsgr. 741. — I. Senat. 15. Januar 1872. (LXXXIII. 276.)

Die Bestimmung über die Veranlagung resp. Einziehung der Schulabgaben, welche auf einer allgemeinen gesetzlichen Verbindlichkeit beruhen, sind der richterlichen Kognition entzogen.

§ 36. Schulbaulast; Verpflichtung der Gutsbesitzer zu derselben.

Rechtsgr. 742. — I. Senat. 2. Mai 1873. (XC. 122.)

a) Die Vorschrift des § 36. II. 12. des Allg. Landrechts wegen der vom Gutsherrn zum Schulbau zu liefernden Materialien kann nicht dahin gedeutet werden, daß der Gutsherr mit dem eigenen Bedarf an Baumaterialien der Schule nachstehen müsse; vielmehr sind letztere nur dann für hinreichend vorhanden anzusehen, wenn nach Bestreitung der Withschaftsnothdurft des Gutsherrn noch ein Ueberschuß daran besteht.

b) Die im § 36. II. 12. des Allgem. Landrechts gedachte Ausnahmestellung kommt allein der Gutsherrschaft des Schulortes, des Besitzers desjenigen Gutes zu, in welchem sich die Schule befindet, und kann auf dieselbe von keinem andern Gutsbesitzer Anspruch gemacht werden, auch wenn dessen Gut in der Schulgemeinde belegen ist.

Titel 14. Von den Staatseinkünften und fiskalischen Rechten.

§§ 4—8. 79. Rechtsweg, betreffend die Befreiung von Kommunalabgaben, namentlich wegen Nichtzugehörigkeit zum Gemeindebezirk; wohlhergebrachte Gewohnheiten und Observanzen als Befreiungsgrund von Abgaben. — Vergl. A. L. R. I. 9. §§ 655. ff., II. 7. §§ 31. 39.; A. G. O. Einl. § 1.

Rechtsgr. 743. — II. Senat. 27. September 1870. (LXXIX. 205.)

a) Die Befreiung von Kommunalabgaben kann nur aus den im § 79. resp. den §§ 4—8. II. 14. des Allg. Landrechts vorgesehenen besonderen Gründen im Rechtswege geltend gemacht werden, und dieser ist ausgeschlossen, wo der zu den Lasten und Abgaben einer Gemeinde Herangezogene die Befreiung behauptet, weil er die Grundstücke, wegen deren Ersitzes seine Heranziehung erfolgt ist, als zum Gemeindeverbande jener Gemeinde gehörig nicht anerkennt.

b) Wohlhergebrachte Gewohnheiten und Observanzen

bilden bezüglich der Abgaben keinen Befreiungsgrund dem Staate oder der zur Abgabenerhebung berechtigten Korporation gegenüber.

§§ 24. 26. 38. Besitzerwerb an den niederen Regalien durch einseitige Besitzergreifung; Natur der öffentlichen Flüsse als res publicae. nicht res fisci. — Vergl. A. L. R. II. **15.** § 38.

Rechtsgr. **744.** — III. Senat. 17. Januar 1873. (LXXXVII. 320.)

a) Bei den niederen Regalien ist auch der Besitzerwerb durch einseitige Besitzergreifung zulässig.

b) Die öffentlichen Flüsse stehen im gemeinen Eigenthum des Staates, nicht in dessen besonderem Eigenthum. Nur die von ihnen zu ziehenden einzelnen Nutzungen sind als fiskalisches Eigenthum anzusehen.

§§ 78. 79. — Vergl. Verordnung vom 16. Dezember 1808 §§ 36. 41. ff. (Ges.-Samml. für 1817 S. 283.); Gesetz vom 23. Januar 1838 §§ 19. 56. ff. (Ges.-Samml. S. 78.); Verordnung vom 30. Juli 1853 §§ 1. 3. (Ges.-Samml. S. 909.); Gesetz vom 24. Mai 1861 §§ 9. 10. (Ges.-Samml. S. 241.)

Rechtsgr. **745.** — IV. Senat. 21. Juni 1873. (LXXXIX. 12.)

Das dem Fiskus wegen öffentlicher Steuern und Abgaben zustehende unmittelbare Exekutionsrecht ist nur ein vorläufiges, den Rechtsweg an sich und absolut nicht ausschließendes Recht.

§§ 78. 79. Einquartierungslast als „allgemeine Abgabe" im Sinne des § 78. II. 14. des Allg. Landrechts; Unzulässigkeit des Rechtsweges bei der Frage, ob Geldentschädigung an Stelle der Natural-Einquartierung bei einer Mobilmachung. — Vergl. Städteordnung für die östlichen Provinzen vom 30. Mai 1853 §§ 53. 54.

Rechtsgr. **746.** — II. Senat. 24. April 1873. (LXXXIX. 51.)

a) Die Einquartierungslast ist zu den „allgemeinen Abgaben" des § 78. II. 14. des Allgem. Landrechts zu zählen.

b) Der Rechtsweg darüber, in welcher Weise die Einquartierungslast zu reguliren, ob bei einer Mobilmachung den Einwohnern die Natural-Einquartierung aufzuerlegen, oder ob für ein von denselben zu zahlendes Geldäquivalent Quartier zu beschaffen, ist nach § 78. II. 14. des Allg. Landrechts nicht zulässig.

Titel 15. Von den Rechten und Regalien des Staates in Ansehung der Landstraßen, Ströme, Häfen und Meeresufer.

Erster Abschnitt. Von Land- und Heerstraßen.

§§ 1. ff. Gemeindewege und Kommunikationswege.

Rechtsgr. 747. — III. Senat. 8. Februar 1869. (LXXIV. 16.)

a) Gemeindewege sind solche Wege, welche nur von einer Gemeinde und ihren Mitgliedern im Bezirke dieser Gemeinde gebraucht werden.

b) Kommunikationswege sind solche Wege, welche zur Verbindung zweier Ortschaften dienen.

§§ 13. 54. Erhaltungspflicht von Kommunikationswegen.

Rechtsgr. 748. — III. Senat 11. Oktober 1869. (LXXVI. 196.)

Bei einem Kommunikationsweg, der zwei bestimmte Ortschaften mit einander verbindet, liegt die Verpflichtung zur Ausbesserung desselben und der Brücken lediglich diesen Ortschaften ob, sofern nicht ein anderes aus vertragsmäßigem Uebereinkommen, Verjährung u. s. w. hergeleitet werden kann.

§§ 17—19. Entschädigungspflicht für das entzogene Land bei Anlegung von Chausseen und Dammstraßen. — Vergl. Schlesisches Wegereglement vom 11. Januar 1767 (Korn, Edikten-Sammlung Bd. 10. S. 3.).

Rechtsgr. 749. -- III. Senat. 3. Februar 1871. (LXXXI. 110.)

Bei der Anlage von Chausseen und Dammstraßen regelt sich die Entschädigungspflicht für das entzogene Land nach dem Allg. Landrecht II. 15. §§ 17—19., und ist namentlich das Schlesische Wege-Reglement vom 11. Januar 1767 bei Anlegung von Chausseen nicht maßgebend.

Zweiter Abschnitt. Von Strömen, Häfen und Meeresufern

§§ 68. 70. 71. Eigenthum und Besitz des Bettes eines öffentlichen Flusses; Verfügungsrecht des Staates über das in Folge eines Durchstichs verlassene Flußbett.

Rechtsgr. 750. — II. Senat. 24. November 1870. (LXXXI. 74.)

a) Solange ein öffentlicher Fluß als solcher besteht, wird zwar das Eigenthum der Uferbesitzer an dem Flußbette resp. die in demselben enthaltenen Gebrauchs- und Nutzungsrechte durch das Wasser, welches das Bett bedeckt, beschränkt und gehindert; es hat jedoch der Fiskus weder das Eigenthum, noch den Besitz am Flußbett, und zwar ohne Rücksicht darauf, ob das Flußbett vom Wasser verlassen ist oder nicht.

b) Der Staat bleibt oder wird nicht Eigenthümer des in Folge eines Durchstiches verlassenen Bettes eines öffentlichen Flusses; er ist vielmehr nur berechtigt, über das Flußbett zu verfügen und sich dasselbe anzueignen.

Vierter Abschnitt. Vom Postregal.

§§ 141. ff. Begriff von Post; Befreiung der Post von Chausseegeld im Gegensatz zu den dem Postfiskus dienstbar gemachten Privattransportanstalten. Vergl. Post-Ordnung vom 1. Januar 1699 (C. C. M. IV. Abth. 1. S. 851.); Post-Ordnung vom 10. August 1712 Kap. 11. § 7. (C. C. M. IV. Abth. 1. S. 963.); Edikt vom 11. April 1766 (N. C. C. IV. S. 285.); Reglement vom 10. August 1766 §§ 1—3. (N. C. C. IV. S. 515.); Verordnung vom 12. Juni 1804 (N. C. C. XI. S. 2591.); Verordnung vom 26. Mai 1820 (Ges.-Samml. S. 71.); Kabinets-Order vom 20. Oktober 1837 (Gräff, Bd. 12. S. 89.); Kabinets-Order vom 29. Februar 1840 (Ges.-Samml. S. 94.); Postgesetz vom 5. Juni 1852 § 20. (Ges-Samml. S. 345.); Postgesetz des Norddeutschen Bundes vom 2. November 1867 § 16. (Bundesgesetzblatt 1867 S. 61.)

Rechtsgr. 751. — I. Senat. 16. Juli 1869. (LXXV. 326.)

a) Ordinäre (ordentliche) Posten im landrechtlichen Sinne sind diejenigen Transportmittel (Fuhrwerke), welche der Staat für eigene Rechnung zum gemeinen Besten behufs Ausübung seines ausschließlichen Rechts auf Beförderung von Briefen, Geldern, postmäßigen Packeten und Sachen, sowie auf Fortschaffung von Reisenden, unterhält, und bei welchem eine regelmäßige Abgangs- und Ankunftszeit nach Tagen und Stunden festgesetzt ist.

b) Dieser Begriff ist auch nach Erlaß des Gesetzes vom 5. Juni 1852 und des Postgesetzes des Norddeutschen Bundes vom 2. November 1867 maaßgebend, soweit es sich um Befreiung von Chausseegeld nach Maaßgabe der Kabinetsorder vom 29. Februar 1840 handelt.

c) Die den Zwecken des Postfiskus dienstbar gemachte Privattransportanstalt kann auf Befreiung von Chausseegeld nicht Anspruch machen.

Fünfter Abschnitt. Von der Mühlengerechtigkeit.

§§ 229. 230. 246. Gestattung der Anlage einer Wassermühle an einem öffentlichen Fluß oder Uebertragung des Eigenthums an einer solchen Mühle Seitens des Staates in seinem Erforderniß auf das Recht der Wasserbenutzung; Entziehung des zum Mühlenbetriebe erforderlichen Wassers durch den Nachbar.

Rechtsgr. 752. — II. Senat. 8. Juli 1869. (LXXV. 250.)

a) Gestattet der Staat einer Privatperson, an einem öffentlichen Flusse eine Wassermühle anzulegen, oder überträgt er die von ihm selbst angelegte Mühle dieser Art einer Privatperson, so ist damit als Substanztheil auch das Recht verbunden, das zum Betriebe der Mühle nach der Betriebsbeschaffenheit zur Zeit der Verleihung erforderliche Wasser zum Betriebe der Mühle zu benutzen, selbstverständlich in dem Maaße, als dieses Wasser vorhanden ist.

b) Unerheblich ist, ob daneben noch ein bestimmter Verleihungsakt auf die Benutzung des Wassers vorhanden oder nachgewiesen wird.

c) Bei der Anwendung des § 246. II. 15. des Allg. Landrechts:

„Einer schon vorhandenen Mühle darf ein Nachbar, durch dessen Grundstück das zu ihrem Betriebe nöthige Wasser fließt, dasselbe nicht entziehen",

kommt es nicht darauf an, ob dem Müller an dem Wasser ein dingliches Recht zustehe oder nicht.

Der Verletzende dagegen muß der Nachbar sein.

Titel 16. Von den Rechten des Staats auf herrenlose Güter und Sachen.

Vierter Abschnitt. Vom Bergwerksregal.

§§ 69. ff. 154. 155. 158. 1. 2. 6. Bergrecht; Richterforderniß der gegenwärtigen Möglichkeit der Besitznahme zur Fündigkeit. Vergl. Allg. Berggesetz vom 24. Juni 1865 §§ 14. 15.

Rechtsgr. 753. — III. Senat. 22. Januar 1872. (LXXXVI. 30.)

Auch für den Geltungsbereich des Allgem. Landrechts gehört es nicht zum Requisite der Fündigkeit, daß die Lagerstätte in dem Augenblicke der Muthung zugänglich sei, und besteht die Fündigkeit nicht in der gegenwärtigen Möglichkeit der Besitznahme.

§§ 69. ff. Rechtlicher Charakter der Gewerkschaften vor der Gesetzeskraft des Allgem. Berggesetzes vom 24. Juni 1865. — Vergl. Gesetz vom 12. Mai 1851 (Ges.-Samml. S. 265.)

Rechtsgr. 754. — III. Senat. 26. Juni 1872. (LXXXV. 280.)

Nach dem Allgem. Landrecht und dem Gesetz vom 12. Mai 1851 über die Verhältnisse der Miteigenthümer eines Bergwerks sind Gewerkschaften nicht juristische Personen.

Die einzelnen Gewerken sind Miteigenthümer und als solche die Rechtssubjekte.

§§ 69—72. Lehm als nicht regales Fossil. — Vergl. Deklaration vom 29. Mai 1816 Art. 71. (Ges.-Samml. S. 154.); Gesetz vom 2. März 1850 § 88. (Ges.-Samml. S. 77.)

Rechtsgr. **755**. — II. Senat. 10. September 1872. (LXXXV. 319.)

Der Lehm gehört zu den nicht regalen Fossilien.

§§ 109. ff. Beschädigung des Grundeigenthümers durch Bergbau; Kaution.

Rechtsgr. **756**. — III. Senat. 26. September 1873. (LXXXIX. 291.)

Das Allg. Landrecht gewährt dem Grundeigenthümer ein Recht, von dem Bergbauenden Kautionsbestellung zu fordern, weder bezüglich der Ansprüche aus der Abtretung von Grundstücken zu Bergbauzwecken, noch rücksichtlich der Ansprüche aus Beschädigungen des Grundeigenthums durch den Bergbau.

§ 118. Unzulässigkeit der Ersitzung des Erbkuxes durch den Gutsherrn. — Vergl. Kursächsische Bergordnung vom 12. Juni 1559 Art. 72.; Schlesische Bergordnung vom 5. Juni 1769.

Rechtsgr. **757**. — III. Senat. 1. November 1872. (LXXXVI. 321.)

Der provinzialrechtlich nicht zum Erbkux berechtigte Gutsherr kann — dem Verbote des § 118. II. 16. des Allgem. Landrechts entgegen — dem Grundeigenthümer gegenüber auch durch Verjährung den Erbkux nicht erwerben.

§§ 124. ff. Begriff des Mitbaurechts; Anspruch aus demselben.

Rechtsgr. **758**. — III. Senat. 8. März 1869. (LXXIV. 84.)

a) Das Mitbaurecht ist als dasjenige Recht zu charakterisiren, welches auf dem Eigenthume an einem Fundterrain eines zur Gewinnung regaler Fossilien gemutheten Grubenfeldes beruht und die Beleihung mit der Hälfte des ganzen oder eines, dem Umfange dieses Eigenthums am Fundterrain entsprechenden, ideellen Theiles des Bergwerkseigenthums zum Zwecke hat.

b) Der Anspruch aus dem Mitbaurechte geht darauf, das Miteigenthum an einem Bergwerkseigenthume zu erlangen, welches von einem anderen, — dem Finder und Muther — begehrt wird oder auch demselben bereits verliehen ist.

§§ 162. ff. Rechtsstreit über das Vorzugsrecht von Muthungen. — Vergl. Berggesetz vom **24.** Juni 1865 §§ 22. 23. 31. (Ges.-Samml. S. 705.)

Rechtsgr. **759.** — III. Senat. 5. April 1869. (LXXIV. 174.)

Bei dem Streit über das Vorzugsrecht von Muthungen, insofern seine Entscheidung von der Beantwortung der Frage abhängt, ob ein Muther seine Obliegenheiten nach den §§ 162. ff. II. 16. des Allg. Landrechts genügt habe, ist der Rechtsweg nicht ausgeschlossen.

§§ 272. ff. **310.** ff. Grubenbeamte und Oberschichtmeister als Angestellte oder Beamte des Staats. — Vergl. Kleve-Märkische Bergordnung vom 29. April 1766 Kap. 29. § 2., Kap. 45. § 3., Kap. 46. §§ 2. 3., Kap. 47. § 2., Kap. 53. § 1. (Scotti, Kleve-Märkische Verordnungen III. 1. 1697); Gesetz vom 12. Mai 1851 § 18. (Ges.-Samml. S. 265.)

Rechtsgr. **760.** — I. Senat. 30. April 1869. (LXXIV. 294.)

a) Die eigentlichen Grubenbeamten sind insofern nicht als Angestellte oder Beamte des Staates zu betrachten, als sie ausdrücklich oder vermöge gesetzlicher Bestimmung ihren Lohn von der Gewerkschaft zu fordern haben.

b) Die Oberschichtmeister sind nicht als Grubenbeamte oder als bloße Privatverwalter zu betrachten, sondern als Königliche Beamte zu bezeichnen.

Titel 18. Von Vormundschaften und Kuratelen.

Erster Abschnitt. Von den Personen, welchen Vormünder oder Kuratoren bestellt werden müssen.

§ 47. Legitimation des einem Pflegebefohlenen bestellten Kurators; Remonstration und Einwand gegen die erfolgte Bestellung.

Rechtsgr. 761. — I. Senat. 19. Dezember 1870. (LXXX. 194.)

a) Ist dem bevormundeten Pflegebefohlenen zu einer Angelegenheit ein Kurator bestellt, so steht dem Gegner, namentlich dem vom Pflegebefohlenen durch den Kurator Verklagten das Recht nicht zu, den Einwand zu erheben, daß der bestellte Kurator nicht hätte ernannt werden dürfen.

b) Ist die vorgeschriebene Form der Ernennung des Kurators gewahrt, so ist derselbe nach Außen vollständig legitimirt, so daß der mit ihm Verhandelnde ermächtigt ist, mit ihm vollständig gültige Geschäfte abzumachen.

c) Eine Remonstration gegen die Bestellung des Kurators kann nur von dem Mündel beziehungsweise denjenigen, welche dessen Interesse wahrzunehmen haben, ausgehen.

Zweiter Abschnitt. Von denjenigen, welchen die Bestellung der Vormünder und Kuratoren zukommt und obliegt.

§§ 85. 165. Weitere Kompetenz des Vormundes und der Vormundschaftsbehörde bei einem Wechsel in der Staatsangehörigkeit der Pflegebefohlenen.

Rechtsgr. 762. — IV. Senat. 16. April 1872. (LXXXIV. 297.)

Bei einem Wechsel in der Staatsangehörigkeit der Pflegebefohlenen dauert die Kompetenz des Vormundes und des vormundschaftlichen Gerichts so lange fort, bis das Gericht der neuen Heimath die Vormundschaft übernimmt.

Sechster Abschnitt. Von der Sorge für den Unterhalt und die Erziehung der Pflegebefohlenen.

§§ 521. 550. Veräußerungen unbeweglicher Güter Seitens des überlebenden Ehegatten, welcher mit seinen Kindern die allgemeine Gütergemeinschaft fortsetzt, nach Paderborner Provinzialrecht; obervormundschaftliche Genehmigung des Schichtvertrages und Anerkenntniß desselben Seitens der Kinder nach erreichter Großjährigkeit. — Vergl. A. L. R. I. **16**. § 381., **17**. § 111., Deklaration vom 26 März 1861 (Ges.-Samml. S. 169.).

Rechtsgr. **763**. — I. Senat. 20. November 1868. (LXXIII. 120.)

a) Der überlebende Ehegatte, welcher mit seinen Kindern nach dem Paderborn'schen Provinzialrecht die Gütergemeinschaft fortsetzt, übt die freie, unbeschränkte Disposition über das Gesammtgut, sowohl über die einzelnen Gegenstände, als den Vermögensinbegriff unter Lebenden, wie auch von Todeswegen, kraft eigenen Rechtes aus, selbst gegen den Widerspruch der Kinder.

b) Die Anwendbarkeit der Vorschrift des § 550. II. 18. des Allg. Landrechts, — nach welcher unbewegliche Güter der Pflegebefohlenen ohne wichtige Ursachen, ohne Untersuchung und Genehmigung des vormundschaftlichen Gerichts nicht veräußert werden sollen, — ist für derartige Veräußerungen ausgeschlossen.

c) Die von dem überlebenden Ehegatten unter Zuziehung der Kuratoren der minderjährigen Kinder über das gesammte zur fortgesetzten Gutergemeinschaft gehörende Vermögen vorgenommenen Schichtung enthält eine nach den Regeln von Vergleichen zu beurtheilende Privattheilung, welche zu ihrer Gültigkeit der obervormundschaftlichen Genehmigung bedarf.

d) Die von den Kindern nach erlangter Großjährigkeit geschehene bloße Annahme der ihnen in der von ihrem parens superstes während ihrer Minderjährigkeit ohne hinzugetretene obervormundschaftliche Genehmigung vorgenommenen Schichtung angewiesenen Abfindungen enthält keine nachträgliche Genehmigung und Anerkenntniß des Schichtungsvertrages.

Siebenter Abschnitt. Von der Vorsorge für das Vermögen der Pflegebefohlenen.

§§ 688. 691. 924. 925. Befreiter Vormund; unredliches Verfahren desselben bei Nutzung von Geld oder Vermögen des Pflegebefohlenen für sich selbst.

Rechtsgr. 764. — III. Senat. 17. Februar 1873. (LXXXVIII. 148.)

Auch der befreite Vormund macht sich eines unredlichen Verfahrens schuldig, wenn er Gelder und Vermögen des Pflegefohlenen für sich selbst nutzt.

Achter Abschnitt. Von Aufhebung der Vormundschaften.

§ 835. Provokation auf Todeserklärung als Statusklage; Wirkung der Todeserklärung eines Ausländers im Inlande. — Vergl. A. G. O. Einl. §§ 66., I. 16. § 1., 17. §§ 1. ff. 11.

Rechtsgr. 765. — IV. Senat. 19. Mai 1870. (LXXVIII. 255.)

a) Die Provokation auf gerichtliche Todeserklärung gehört zu den s. g. Präjudizial- (Status-) Klagen, deren Ergebniß nicht allein für die Parteien, sondern auch für dritte Personen maßgebend ist.

b) Ist ein Ausländer durch ein inländisches Erkenntniß für todt erklart, so kann die rechtskräftige Todeserklärung nicht in einem vom Erben des für todt Erklärten angestrengten Prozesse im Wee der Einrede durch Geltendmachung von Momenten, welche im früheren Verfahren hätten ins Gewicht fallen können, unwirksam gemacht werden.

Titel 19. Von Armenanstalten und anderen milden Stiftungen.

§§ 50. 60. ff. Erbrecht der Armenanstalten. — Vergl. A. L. R. II. 18. § 22., Hof-Reskript vom 2. Juli 1801 (Rabe, Samml. Bd 6. S. 542.; N. C. C. XI. S. 317. No 38. von 1801).

Rechtsgr. **766**. — I. Senat. 18. November 1870. (LXXX. 76.)

Für das im § 50 II. 19. des Allgem. Landrechts als ein gesetzliches bezeichnete Erbrecht der Armen-Anstalten ist die nach den §§ 60. ff. vorzunehmende Bekanntmachung eine Voraussetzung, ohne welche das Erbrecht nicht wirksam werden kann.

§§ 55. 65. 67. ff. Ersatzanspruch der Armen-Anstalten neben dem Erbrecht; Klage auf Sicherstellung wegen dieses Anspruchs; Gleichstellung der Hospitale mit den öffentlichen Armen-Anstalten in dieser Hinsicht. Vergl. A. L. R. I. **11**. § 1043.

Rechtsgr. **767**. — I. Senat. 29. Januar 1872. (LXXXVI. 42.)

a) Durch das im Th. II. Tit. 19. des Allg. Landrechts den Armen-Anstalten bewilligte Erbrecht hat der sonst im Gesetze begründete Ersatzanspruch nicht ausgeschlossen, sondern anerkannt sein sollen.

b) Diese Anstalten sind befugt, gegen Vereitelung ihrer Rechte Seitens der Unterstützten im Falle der Gefahr Sicherstellung auf gesetzlichem Wege zu verlangen.

c) Die Annahme einer Schenkung an den Verpflegten bleibt auch bei Hospitalen ausgeschlossen, bei denen die gesetzliche Verpflichtung durch den statutenmäßigen Zweck ersetzt wird.

§§ 67. 32. Recht der Armen-Anstalt, die zum Unterhalt eines außerhalb der Anstalt unterstützten Armen verwendeten Beträge aus dessen Nachlaß ersetzt zu verlangen.

Rechtsgr. **768**. — I. Senat. 11. Januar 1869. (LXXIII. 227.)

Der § 67. II. 19. des Allgem. Landrechts hat nicht lediglich die im § 32. a. a. O. bezeichneten örtlich begrenzten Armenhäuser im Sinne, derselbe enthält vielmehr eine das Rückforderungsrecht aller Armen-Anstalten und Verbände beschränkende Bestimmung.

Allgemeines Deutsches Handelsgesetzbuch.

Allgemeine Bestimmungen.

Art. **1.**:

A. Geltung von Börsen-Usancen in Handelssachen, namentlich bei Ausschließung der Kompetenz der ordentlichen Gerichte. — Vergl. Einführungsgesetz zum Allg. Deutschen Handelsgesetzbuch vom 24. Juni 1861 Art. 2. (Ges.-Samml. S. 449.); A. G. O. I. 2. § 107.

Rechtsgr. 769. — IV. Senat. 19. Oktober 1869. (LXXVI. 234.)

Auf die an der Berliner Börse geschlossenen Handelsgeschäfte finden die dortigen Börsen-Usancen, nach welchen die Austragung von Rechtsstreitigkeiten dieser Art durch Schiedsrichterspruch erfolgen soll, nur dann Anwendung, wenn eine ausdrückliche desfallsige Vereinbarung vorliegt.

B. Oertliche Begrenzung eines Handelsgebrauchs.

Rechtsgr. 770. — IV. Senat. 9. September 1869. (LXXVI. 32.)

Wenn auch die Bildung eines Handelsgebrauches nicht nothwendig auf den Bezirk eines einzelnen Ortes beschränkt ist, vielmehr Handelsgebräuche eine den Bezirk eines einzelnen Ortes überschreitende Ausdehnung erlangen können, so kann doch von der Existenz oder Entstehung eines Handelsgebrauches ohne alle Rücksicht auf ein Gebiet, innerhalb dessen derselbe zur Entstehung gekommen sein soll, keine Rede sein.

Erstes Buch. Vom Handelsstande.

Erster Titel. Von Kaufleuten.

Art. **4. 10.** Wirthe als Kaufleute.

Rechtsgr. 771. — IV. Senat. 18. November 1869. (LXXVI. 295.)

Wirthe sind zu den Kaufleuten des Art. 4. des Allg. Deutschen Handelsgesetzbuches zu rechnen.

Dritter Titel. Von Handelsfirmen.

Art. 23. 14. Veräußerung auch nur eines Theils der Geschäfts-Utensilien und der Waarenbestände mit und ohne Firmarecht.

Rechtsgr. **772.** — IV. Senat. 16. Februar 1869. (**LXXIV.** 31.)

Der Veräußerung auch nur eines Theils der Geschäfts-Utensilien und der Waarenbestände unter Mitübertragung der Firma enthält eine Veräußerung und Uebertragung des Geschäfts; wogegen selbst der Verkauf der gesammten Utensilien und Waarenbestände ohne Mitübertragung der Firma nur ein einfaches Kaufgeschäft und nicht den Verkauf eines Handelsgeschäfts enthält.

Fünfter Titel. Von den Prokuristen und Handlungsbevollmächtigten.

Art. 44. 15. 86. No. 4. Form der Firmazeichnung, namentlich einer Handelsgesellschaft.

Rechtsgr. **773.** — IV. Senat. 16. Februar 1869. (**LXXIII.** 340.)

Abgesehen von dem Falle des Art. 44. des Allgem. Deutschen Handelsgesetzbuches, nach welchem der Prokurist in der Weise zu zeichnen hat, daß er der Firma einen die Prokura andeutenden Zusatz und seinen Namen beifügt, kann die Rechtsgültigkeit der Zeichnung mit der Firma nicht davon abhängig gemacht werden, daß der Firma der Name eines oder mehrerer Eigenthümer der Handlung hinzugefügt werde.

Art. 47. Begriff eines Agenten.

Rechtsgr. **774.** — IV. Senat. 6. April 1869. (**LXXIV.** 179.)

Das Verhältniß eines Agenten zu seinem Besteller ist nicht ein solches, für welches ein in bestimmte Grenzen eingeschlossener, unter einem bestimmten juristisch-technischen Namen bestehender Vertrag vorgesehen wäre. Es kann das Verhältniß unter sehr verschiedene Rechtsgeschäfte gebracht werden, insofern der Agent sowohl Geschäfte des Mandanten als Mandatar abzumachen haben kann, als auch die vorzunehmenden Geschäfte als reine Arbeitsgeschäfte, in welchen die Leistung freier wirthschaftlicher Arbeit gegen Entgelt Gegenstand der Uebereinkunft ist, in Betracht gezogen werden können. Unter welches Rechtsgeschäft die einzelnen Thätigkeiten der Agenten resp. dessen Verpflichtung dazu eingereiht werden darf, das läßt sich erst beurtheilen, wenn die einschlägigen thatsächlichen Momente kundgegeben sind.

Art. 47. 298. 317. Form der Wechselunterschrift durch einen Bevollmächtigten.

Rechtsgr. 775. — IV. Senat. 21. September 1869. (LXXVI. 146.)

Der Grundsatz: daß der Bevollmächtigte, um seinen Machtgeber durch Unterschrift eines Wechsels zu verpflichten, seinen eigenen Namen mit einem das Vollmachtsverhältniß ausdrückenden Zusatz vollziehen müsse, bleibt auch dann maßgebend, wenn der Machtgeber ausdrücklich angeordnet hat, daß nur seine Namensunterschrift gegeben werden solle.

Art. 47—51. Verhandlungen eines Dritten mit einem Prokuristen und dem Handlungsbevollmächtigten.

Rechtsgr. 776. — IV. Senat. 16. September 1869. (LXXVI. 106.)

a) Während der Dritte in Verhandlungen mit dem Prokuristen einer Erkundigung über die Vertretungsbefugniß in ihrer Ausdehnung nicht bedarf, ist er in Beziehung auf die Verhandlungen mit einem Handlungsbevollmächtigten dazu verbunden, sofern ihm nicht gesetzliche Vermuthungen resp. Fiktionen zu Hülfe kommen.

b) Ob demnach eine Person, mit welcher ein Dritter ein Handelsgeschäft abgeschlossen hat, als Handlungsbevollmächtigter des Prinzipals angesehen werden kann, ob sie die Eigenschaft eines Handlungsbevollmächtigten hat, entscheidet allein noch nicht über die Verpflichtung des Prinzipals, mithin über das Recht des Dritten gegen diesen.

c) Diese Verpflichtung tritt erst dann ein, wenn der Handlungsbevollmächtigte innerhalb der Grenzen der ihm ertheilten Vollmacht das Geschäft abgeschlossen hat.

d) Die Frage, wieweit der Umfang der Vollmacht reicht, fällt in das Gewicht des Thatsächlichen.

Sechster Titel. Von den Handlungsgehülfen.

Art. 57—65. 271—273. 317. Kündigung des Dienstverhältnisses zwischen dem Prinzipal und dem Handlungsgehülfen; Dienstverhältniß zwischen denselben als Handelsgeschäft. — Vergl. A. L. R. I. 5. §§ 131. 168.; Einführungsgesetz zum Allg. Deutschen Handelsgesetzbuch vom 15. Februar 1850 Art. 2. No. 5., Art. 61. No. 1. (Ges. Samml. S. 140.); Gewerbe-Ordnung vom 17. Januar 1845 § 161. (Ges.-Samml. S. 41.)

Rechtsgr. **777.** — IV. Senat. 13. April 1869. (LXXIV. 202.)

a) Ein faktisch ins Leben getretenes Dienstverhältniß zwischen dem Prinzipal und dem Handlungsgehülfen kann nicht ohne Weiteres wieder aufgehoben werden; dasselbe unterliegt vielmehr, unabhängig von der Vertragsform, der Kündigungsfrist des Art. 61. des Allgem. Deutschen Handelsgesetzbuches.

b) Das Dienstverhältniß zwischen Handlungsgehülfen und seinem Prinzipal gehört unter den Begriff der Handelsgeschäfte.

Zweites Buch. Von den Handelsgesellschaften.

Erster Titel. Von der offenen Handelsgesellschaft.

Dritter Abschnitt. Von dem Rechtsverhältniß der Gesellschaft zu dritten Personen.

Art. 112. 114. Blanko-Accepte einer Handelsgesellschaft und Unterschrift des Wechselziehers nach der Auflösung der Gesellschaft.

Rechtsgr. 778. — IV. Senat. 16. Februar 1869. (LXXIII. 332.)

Dem von einem Handelsgesellschafter vor Auflösung der Gesellschaft ertheilten Blanko=Accept wird durch die spätere Auflösung die rechtliche Wirksamkeit nicht entzogen, und ist der Blanket=Empfänger berechtigt, seine fehlende Unterschrift als Wechselzieher nach der Gesellschaftsauflösung zu ergänzen.

Art. 113. 14. 22. 23. 25. 111.:

A. Gläubiger der Firma unabhängig vom Personenbestande derselben.

Rechtsgr. 779. — IV. Senat. 16. Februar 1869. (LXXIV. 32.)

Solange die Firma als solche besteht, sind ihre Gläubiger berechtigt, sich wegen ihrer Forderungen an die Inhaber der Firma zu halten. Dieses ihr Recht ist ganz unabhängig von dem jedesmaligen Personenbestande der Firma.

B. Eintritt eines Gesellschafters in das von einem Einzelnkaufmann geführte Handelsgeschäft bei Aenderung der Firma in seiner Wirkung auf die Haftung des Eintretenden für die alten Handlungsschulden.

Rechtsgr. 780. — IV. Senat. 4. November 1869. (LXXVII. 7.)

Hat ein Uebergang der Firma nicht statt, so findet in Folge des Eintritts eines Gesellschafters in eine bestehende Handlung eines Einzelkaufmanns nicht ohne Weiteres ein Uebergang der Schulden des Eigenthümers der Handlung auf den neuen Sozius in der Art statt, daß er den Gläubigern des Eigenthümers solidarisch mitverhaftet wird.

C. Nichtverhaftung des Erwerbers eines Handelsgeschäfts ohne Firmaübergang für die Handlungsschulden des Verkäufers; Einfluß der Vertragsbestimmung, daß der Käufer für die Schulden haftet, auf die Rechte des Gläubigers.

Rechtsgr. 781. — IV. Senat. 15. November 1870. (LXXX. 46.)

a) Ist eine Handlung ohne Uebergang der Firma erworben, so haftet der Erwerber nicht für die von seinem Verkäufer kontrahirten Schulden.

b) Ist in einem über den Verkauf eines Handelsgeschäfts ohne Uebergang der Firma geschlossenen Vertrage bestimmt, daß der Käufer für die Schulden verhaftet sein solle, so kann doch der Gläubiger ohne jura cessa des Verkäufers den Käufer nicht in Anspruch nehmen.

D. Uebergang der Handlungsschulden auf den neuen Firmen-Inhaber.

Rechtsgr. 782. — IV. Senat. 12. Mai 1870. (LXXVIII. 229.)

Die minorenne Ehefrau, welche die von ihrem Ehemanne auf sie übergegangene Handlung fortführt, nachdem sie für großjährig erklärt worden, ist den Handlungsgläubigern für die Schulden dieser Handlung verhaftet.

Vierter Abschnitt. Von der Auflösung der Gesellschaft und dem Austreten einzelner Gesellschafter aus derselben.

Art. 131. 97. 106. 107. 111 119. 121. 122. Rechte des Handelsgesellschafters am Gesellschaftsvermögen.

Rechtsgr. 783. — IV. Senat. 27. April 1869. (LXXIV. 275.)

Dem einzelnen Handelsgesellschafter stehen nur Rechte am Gesellschaftsvermögen als Vermögensinbegriff, nicht aber ein verhältnißmäßiger Antheil an den einzelnen Forderungen der Gesellschaft zu.

Fünfter Abschnitt. Von der Liquidation der Gesellschaft.

Art. 133. ff. Einwendungen gegen die Aktivlegitimation eines eingetragenen Liquidators.

Rechtsgr. 784. — IV. Senat. 19. Januar 1871. (LXXX. 237.)

Ist die Firma einer Gesellschaft in das Gesellschaftsregister eingetragen, und die Eintragung veröffentlicht, hat ferner die in dieser Weise als solche anerkannte Handelsgesellschaft ihre Geschäfte mit dem Publikum während eines längeren Zeitraums betrieben, so kann, nachdem sie in Liquidation getreten, ihrem Liquidator nicht Seitens eines von demselben verklagten angeblichen Gesellschaftsschuldners der Einwand mangelnder Aktivlegitimation lediglich aus dem Grunde entgegengesetzt werden, weil die Art der Geschäfte nicht geeignet gewesen sei, um behufs des Betriebes derselben die Errichtung einer Handelsgesellschaft zulässig erscheinen zu lassen.

Sechster Abschnitt. Von der Verjährung der Klagen gegen die Gesellschafter.

Art. 146. Fünfjährige Verjährungsfrist gegen den frühern Handelsgesellschafter.

Rechtsgr. 785. — I. Senat. 20. Juni 1871. (LXXX. 240.)

Die im Art. 146. Abs. 2. des Allg. Deutschen Handelsgesetzbuches vorgeschriebene Eintragung in das Handelsregister ist ein spezifisch rechtlicher Bestandtheil der fünfjährigen Verjährung gegen den früheren Handelsgesellschafter.

Zweiter Titel. Von der Kommanditgesellschaft.

Zweiter Abschnitt. Von der Kommanditgesellschaft auf Aktien insbesondere.

Art. 199. 200. 123. 127. Ausscheiden eines vollhaftenden Gesellschafters aus der Kommanditgesellschaft auf Aktien.

Rechtsgr. 786. — IV. Senat. 4. November 1869. (LXXVII. 13.)

Die Vorschrift des Art. 127. des Allgem. Deutschen Handelsgesetzbuches, welcher nicht zwischen dem freiwilligen Austritte eines Gesellschafters und seinem Ausscheiden durch den Tod unterscheidet, findet im Interesse der Kommandit-Aktionäre ihre Modifikation im Art. 199.; ein freiwilliger Austritt eines Gesellschafters wider den Willen der Kommanditisten soll der Auflösung der Gesellschaft gleichstehen. Dabei ist ihnen aber die Möglichkeit gegeben, durch ihre Zustimmung zum Austritte des persönlich haftenden Gesellschafters das Fortbestehen der Gesellschaft zu bewirken.

Viertes Buch. Von den Handelsgeschäften.

Erster Titel. Von den Handelsgeschäften im Allgemeinen.

Art. 271. No. 1.:

A. Bedeutung von „anderweiter Anschaffung“ im Art. 271. No. 1. des Allgem. Deutschen Handelsgesetzbuchs; gewerbsmäßige Anfertigung von Ziegelsteinen aus der Erde eines eigenen Grundstücks zum Verkaufe.

Rechtsgr. 787. — Senat für Straffachen, II. Abth. 8. Mai 1869. (LXXIII. 363.)

a) Unter dem in dem Art. 271. No. 1. des Allgem. Deutschen Handelsgesetzbuches gebrauchten Ausdrucke: „Anschaffung“ ist die Selbstproduktion einer Sache nicht zu verstehen; es setzt vielmehr die „anderweite Anschaffung“ eine dem Kaufe analoge, also mittelbare Erwerbsart voraus.

b) Daher ist derjenige, welcher gewerbsmäßig aus der den eigenen Grundstücken entnommenen Erde Ziegelsteine zum Verkaufe anfertigt, nicht „Kaufmann“.

B. Anderweitige Anschaffung im Gegensatz zur Selbstproduktion und Okkupation.

Rechtsgr. 788. — IV. Senat. 8. Oktober 1868. (LXXIII. 2.)

Unter anderweitiger Anschaffung in dem Art. 271. No. 1. des Allgem. Deutschen Handelsgesetzbuches ist eine mittelbare Erwerbungsart, im Gegensatz zur Selbstproduktion und zur Besitzergreifung an solchen Gegenständen verstanden, welche sich als Ganzes oder als Theile eines solchen bis dahin nicht im Besitze eines Andern befunden haben.

C. Begriff eines Handelsgeschäfts nach Art. 271. No. 1. des Allgem. Deutschen Handelsgesetzbuchs; Selbstproduktion.

Rechtsgr. 789. — IV. Senat. 20. Juli 1869. (LXXV. 348.)

Um ein Rechtsgeschäft als Handelsgeschäft zu charakterisiren, ist, außer dem Zweck der Weiterveräußerung, erforderlich: daß die Waaren oder andere bewegliche Sachen durch Kauf oder anderweite Anschaffung, gleichviel, ob von nur einer Person oder von mehreren gemeinschaftlich erworben worden; wobei unter Anschaffen eine mittelbare Erwerbungsart, wie Kauf, Tausch und ähnliche Verträge im Gegensatz zur Selbstproduktion und Besitzergreifung zu verstehen sind.

Art 273. 274. 277. Mündliche Bürgschaft eines Nichtkaufmanns gegenüber einem Kaufmann.

Rechtsgr. 790. — IV. Senat 28. April 1870. (LXXVII. 336.)

Wenn von einem Nichtkaufmanne einem Kaufmanne Bürgschaft bestellt wird, so ist die Abschließung des Bürgschaftsvertrages auch vom Standpunkte des Bürgen präsumtiv ein Handelsgeschäft.

Art. 273. 274. 277. 281. 317. Bürgschaft als Handelsgeschäft.

Rechtsgr. 791. — IV. Senat. 20. April 1871. (LXXXII. 22.)

Die Verbürgung eines Kaufmanns unter den Voraussetzungen der Art. 273. und 274. des Allg. Deutschen Handelsgesetzbuchs und die von einem Nichtkaufmann eingegangene Bürgschaft für eine Forderung eines Kaufmanns aus einem Handelsgeschäft gilt als Handelsgeschäft und bedarf der schriftlichen Form nicht.

Art. 273. 274. Verträge unter Kaufleuten.

Rechtsgr. 792. — IV. Senat. 25. September 1873. (LXXXIX. 276.)

Ein von einem Kaufmanne geschlossener Vertrag ist so lange als zum Betriebe seines Handelsgewerbes gehörig zu betrachten, als nicht der das Gegentheil Behauptende durch die bei dem speziellen Falle vorwaltenden Umstände oder in anderer Weise nachweist, daß der Vertrag zu dem Handelsgewerbe des Kaufmanns in keiner Beziehung gestanden habe.

Art. 275. Vermittelung des Verkaufs eines Grundstücks.

Rechtsgr. 793. — IV. Senat. 9. September 1873. (LXXXIX. 214.)

Die Vermittelung des Verkaufs eines Grundstückes ist kein Handelsgeschäft.

Zweiter Abschnitt. Allgemeine Bestimmungen über Handelsgeschäfte.

Art. 291. Kontokurrentverhältniß; Unzulässigkeit des Herausgreifens einzelner Posten.

Rechtsgr. 794. — IV. Senat. 12. Dezember 1872. (LXXXVII. 195.)

Bei bestehendem Kontokurrentverhältnisse ist es unzulässig, ohne Rücksicht auf die Gesammtheit der den Saldo bildenden Ansätze willkürlich Posten herauszugreifen und sie als selbstständige Ansprüche zu verfolgen.

Art. 301. 317 Uebertragung der kaufmännischen Anweisungen und Verpflichtungsscheine durch Giro; mündliche Abrede neben dem Verpflichtungsscheine. — Vergl A. L. R. I. 5. §§ 127—129.

Rechtsgr. 795. — IV. Senat. 27. April 1869. (LXXIV. 288.)

a) Die Uebertragung der im Art. 301. des Allgem. Deutschen Handelsgesetzbuches bezeichneten Anweisungen und Verpflichtungen durch Giro ist nur dann unzulässig, wenn „darin", also in dem Scheine selbst, die Leistung von Geld oder einer Quantität vertretbarer Sachen oder Werthpapiere von einer Gegenleistung abhängig gemacht worden ist.

b) Die verbindliche Kraft des kaufmännischen Verpflichtungsscheines kann nicht von einer mündlichen Nebenabrede, welche ihm zu Grunde liegt, abhängig gemacht werden; vielmehr bleiben mündliche Abreden neben dem Verpflichtungsschein außer Betracht.

Vierter Abschnitt. Erfüllung der Handelsgeschäfte.

Art. 325. Geldzahlungen im Sinne dieses Artikels.

Rechtsgr. 796. — IV. Senat. 21. April 1870. (LXXVIII. 174.)

Die Regel des Art. 325. des Allg. Deutschen Handelsgesetzbuchs rücksichtlich der Geldzahlungen greift Platz, wenn die Zahlung keine bloße numeratio, sondern eine solutio darstellt, mit andern Worten, wenn sie das selbstständige Mittel zur Lösung einer Obligation bildet.

Art. **328—331**. **1.** Handels-Usance über den Eintritt des Erfüllungstages, namentlich bei Abschlüssen per ultimo eines Monats.

Rechtsgr. 797. — IV. Senat. 5. November 1868. (LXXIII. 29.)

Eine Usance, durch welche dem von den Kontrahenten fixirten Erfüllungstag ein anderer substituirt wird, ist rechtlich unzulässig.

Deshalb kann eine für die Berliner Börse behauptete Usance, nach welcher die per ultimo eines Monats geschlossenen Geschäfte nicht am ultimo selbst, sondern jedesmal am vorletzten Monatstage erfüllt werden mußten, keine Beachtung finden, solange diese Usance nicht in die Börsen-Ordnung aufgenommen ist.

Zweiter Titel. Vom Kauf.

Art. **343**. **354**. ff. Cession der Forderungen aus Engagementsbriefen; Verkauf durch den Handelsmäkler beim Verzuge des Käufers an der Produktenbörse in Frankfurt a. M.; Ankauf der zu verkaufenden Waare durch den Verkäufer im Falle der Verkaufsselbsthülfe des Art. 343. des Allgem. Deutschen Handelsgesetzbuchs. — Vergl. die festgesetzten Handelsgebräuche (die Usancen) der Frankfurter Produktenbörse, Anmerkungen zu § 13. der Satzungen der Produktenbörse in Frankfurt a. M. von Mitte August 1862 (Goldschmidt und Laband's Zeitschrift für Handelsrecht Bd. 7. S. 135.).

Rechtsgr. 798. — V. Senat. 17. Juli 1869. (LXXV. 341.)

a) Die Engagementsbriefe über Zeitgeschäfte an der Frankfurter Produktenbörse sind durch Cession übertragbar.

b) Die nach den Satzungen der Produktenbörse in Frankfurt a. M. und den besonderen Vorschriften für die

Mäkler der Produktenbörse von Mitte August 1862 bestellten Mäkler sind als die für den Produktenverkauf geeigneten Handelsmäkler im Sinne des Art. 343. des Allg. Deutschen Handelsgesetzbuches zu erachten.

c) Bei der Verkaufsselbsthülfe nach Art. 343. des Allgem. Deutschen Handelsgesetzbuchs ist der Ankauf durch den Verkäufer selbst zulässig.

Art. **347—349.**:

A. Ablieferung und Annahme der von einem andern Ort übersandten Waare mit Rücksicht auf die Rügepflicht; freiwillige Abnahme der Waare an einem andern Orte als dem vereinbarten Ablieferungsorte. — Vergl. A. L. R. I. **11**. §§ 326. 343. 947. 953.

Rechtsgr. **799**. — IV. Senat. 13. April 1869. (**LXXIV**. 213.)

a) Im Art. 347. des Allgem. Deutschen Handelsgesetzbuches:

„Ist die Waare an einen andern Ort übersendet, so hat der Käufer ohne Verzug nach der Ablieferung, insoweit dies nach dem ordnungsmäßigen Geschäftsgange thunlich ist, die Waare zu untersuchen u. s. w.",

wird als der entscheidende Zeitpunkt der der Ablieferung hingestellt, mit welchem der Ort der thatsächlichen Empfangnahme Seitens des Käufers in jedem Falle gleichbedeutend ist.

b) Hat der Käufer einer von einem andern Orte übersendeten Waare dieselbe freiwillig an einem andern Orte als den vereinbarten Ablieferungsort angenommen und demselben solchergestalt die Eigenschaft des Bestimmungsortes beigelegt, so ist dieser Ort für die Ausübung der Rügepflicht maßgebend.

B. Rügefrist im Art. 347.

Rechtsgr. **800**. — IV. Senat. 6. Oktober 1870. (**LXXIX**. 265.)

Wenn im Falle des Art. 347. des Allgem. Deutschen Handesgesetzbuchs nach Beschaffenheit der Umstände der

Käufer die Waare nicht anders untersuchen kann, als indem er sie auch in Gewahrsam nimmt, so darf er die Annahme in Gewahrsam nicht verzögern.

C. Kauf von Waaren im Gegensatz zur Lieferung von anzufertigenden Gegenständen.

Rechtsgr. 801. — IV. Senat. 13. und 15. April 1869. (LXXIV. 219.)

Der Art. 347. des Allgem. Deutschen Handelsgesetzbuchs ist dann nicht anwendbar, wenn der eine Kontrahent von dem andern nicht Waaren gekauft, sondern die Anfertigung von Gegenständen, z. B. von Gefäßen, bei dem andern bestellt hat.

D. Begriff eines Platz- und Distanzgeschäfts; Nichtanwendbarkeit des Artikels 349. des Allgem. Deutschen Handelsgesetzbuchs auf Platzgeschäfte.

Rechtsgr. 802. — IV. Senat. 16. September 1869. (LXXVI. 95.)

a) Läßt der Verkäufer einer Maschine dieselbe nach dem Wohnort des Käufers hin transportiren, daselbst durch Zusammenstellung ihrer einzelnen Theile fertig stellen, und erfolgt hiernächst durch die Monteure des Verkäufers die Uebergabe, so liegt kein Distanzgeschäft vor, und bleibt die Anwendung des Art. 347. des Allg. Deutschen Handelsgesetzbuchs ausgeschlossen.

b) Der Art. 349. des Allg. Deutschen Handelsgesetzbuchs findet auf Platzgeschäfte keine Anwendung.

Art. 355—357.:

A. Uebergabe der Waare vom Verkäufer an den Käufer, und Möglichkeit für den letztern über die Waare zu disponiren.

Rechtsgr. 803. — IV. Senat. 15. Juli 1869. (LXXV. 320.)

Der Verkäufer, welcher die Waare zwar symbolisch oder durch faktische Besitzübertragung übergeben hat, diese Uebergabe aber dadurch wieder illusorisch gemacht hat, daß er dem Käufer die ihm vertragsmäßig zustehende Disposition über die Waare unmöglich gemacht hat, ist demjeni=

gen Verkäufer gleich zu stellen, welcher die ihm kontraktlich obliegende Uebergabe überhaupt nicht geleistet hat.

B. Schadensersatzanspruch des Käufers einer Waare gegen den Verkäufer, bei nicht festbestimmter Lieferungsfrist und Genehmigung einer Nachfrist.

Rechtsgr. 804. — IV. Senat. 17. Februar 1870. (LXXVII. 251.)

Wenn ein Kaufgeschäft vorliegt, bei welchem eine genaue festbestimmte Lieferzeit oder Frist nicht bedungen ist, wenn der Käufer von seinem Rechte, Schadensersatz wegen Nichterfüllung zu fordern, Gebrauch machen will, und wenn er in Folge dessen dem Verkäufer noch eine angemessene Frist zur Lieferung gewährt hat, so besteht, falls der Verkäufer gleichwohl nicht liefert, der Schaden des Käufers darin, daß er zur anderweiten Beschaffung der ihm verkauften, aber nicht gelieferten Waare um so viel mehr aufwenden muß, als der Marktpreis am Schlusse der dem Verkäufer gewährten Nachfrist den bedungenen Kaufpreis übersteigt. Die Differenz zwischen diesen beiden Preisen bildet daher die dem Käufer in solchem Falle gebührende Entschädigung.

Art 356. Handelskauf. Gewährung einer zweiten Nachfrist Seitens des Klägers, und Schadensklage darauf.

Rechtsgr. 805. — IV. Senat. 2. Mai 1872. (LXXXIV. 318.)

Wenn im Falle des Art. 356. des Allgem. Deutschen Handelsgesetzbuches der Käufer bereits eine angemessene Lieferungs-Nachfrist gewährt hat, so kann er das dadurch entstandene Rechtsverhältniß nicht völlig einseitig und eigenmächtig dadurch alteriren, daß er an diesem Stichtage noch eine anderweitige Lieferungsfrist bestimmt, und erst nach dem Verlaufe dieser neuen Frist mit dem Ankaufe vorgeht.

Zur Substanziirung seines Entschädigungsanspruches gehört vielmehr der Nachweis des Betrages desjenigen

Schadens, welcher ihm erwachsen sein würde, wenn er die Waare ohne Verzug nach dem von ihm selbst ursprünglich bestimmten Stichtage hätte ankaufen lassen.

Vierter Titel. Von dem Speditionsgeschäfte.

Art. **379**. **390**. **391**. Verhältniß des Spediteurs zum Frachtführer.

Rechtsgr. **806**. — IV. Senat. 12. April 1870. (LXXVII. 328.)

Gegenüber dem Anspruche des Frachtführers aus dem Frachtvertrage ist der Spediteur und nicht der eigentliche Absender als derjenige zu betrachten, der den Frachtvertrag eingegangen ist. Der Spediteur muß daher auch den Frachtbrief und die in demselben enthaltene Deklaration der zu transportirenden Waare vertreten.

Art. **382**. **410**. **412**. Rückgriff des Spediteurs an seine Vormännner.

Rechtsgr. **807**. — IV. Senat. 12. Mai 1870. (LXXVIII. 237.)

Dem Spediteur steht nur wegen der aus dem Pfanderlös des Frachtguts nicht gedeckten Forderung an Fracht, Provision, Auslage, Kosten und Verwendungen und der dem Absender auf das Gut geleisteten Vorschüsse der Rückgriff an seine Vormänner zu.

Fünfter Titel. Von dem Frachtgeschäft.

Erster Abschnitt. Vom Frachtgeschäft überhaupt.

Art. **390**. Rechtliche Natur des Frachtvertrages; Frachtgut.

Rechtsgr. **808**. — IV. Senat. 18. März 1869. (LXXIII. 359.)

a) Mit der rechtlichen Natur eines Pachtvertrages ist es vereinbar, daß der Frachtführer von dem Befrachter angewiesen wird, das Frachtgut von einem bestimmten Orte selbst zu entnehmen, und nach einem andern Orte zu transportiren und dort abzuladen.

b) Der Art. 390. des Allgem. Deutschen Handelsgesetzbuches ist auf alle Gegenstände, welche sich zu einem Transport auf dem Lande, oder auf Flüssen und Binnengewässern eignen, zu beziehen und nicht auf Güter zu beschränken, welche zum Handelsumsatz bestimmt, oder von einem als Kaufmann zu betrachtenden Versender im Geschäftsverkehr zum Transporte übergeben sind.

Art. 401. Inhalt des Frachtvertrages bei der Beförderung des Frachtguts auf verschiedenen Eisenbahnen.

Rechtsgr. 809. — V. Senat. 29. Juni 1869. (LXXV. 214.)

Uebernimmt eine Eisenbahngesellschaft von einer andern gleichen Gesellschaft ein Frachtgut mit dem ursprünglichen Frachtbrief zum Weitertransport, so ist das Vertragsverhältniß lediglich nach Inhalt des bei der Aufgabe des Frachtgutes abgeschlossenen Frachtvertrages respektive denjenigen reglementarischen Bedingungen zu beurtheilen, welche als Norm für den Güterverkehr auf der das Gut zum Transport vom Befrachter übernehmenden Bahn ein integrirender Theil jenes Frachtvertrages geworden sind.

Art. 407. Geltendmachung der Frachtforderung Seitens des Frachtführers bei behauptetem Verzuge des Destinatars.

Rechtsgr. 810. — IV. Senat. 16. Dezember 1869. (LXXVII. 121.)

Wenn ein Frachtführer unter dem Vorgeben, der im Frachtbrief bezeichnete Empfänger verweigere ohne rechtlichen Grund die Annahme des angebotenen Guts, die richterliche Thätigkeit anruft, so handelt er auf eigene Gefahr.

In einem daraus vom Destinatar erhobenen Prozeß muß der Frachtführer die Richtigkeit seiner Behauptung, das Gut gehörig angeboten zu haben, beweisen, widrigenfalls er zum Schadensersatze verpflichtet ist, während ihn umgekehrt bei Erbringnng des gedachten Beweises die mora accipiendi des Empfangsberechtigten von jeder Haftbarkeit für die Folgen der faktisch nicht rechtzeitigen Erfüllung befreit.

Allgemeine Deutsche Wechsel-Ordnung.

Zweiter Abschnitt. Von gezogenen Wechseln.

Art. 4. No. 4. Feste Zahlungszeit unter Vorbehalt einer früheren Kündigung im Wechsel.

Rechtsgr. 811. — IV. Senat. 22. Februar 1870. (LXXIX. 48.)

a) Ist in einer sich als Wechsel bezeichnenden Urkunde vom Aussteller gesagt:

ich zahle am 1. Oktober d. J. Sollte Remittent diese Summe schon früher gebrauchen, so geschieht die Zahlung nach vorgängiger achttägiger Kündigung,

so verliert die Urkunde nicht die Eigenschaft als Wechsel.

b) Hat der Aussteller eines eigenen Wechsels sich neben der Stipulirung eines Zahlungstages noch in unverbindlicher Weise eventuell einer für ihn ungünstigeren Verpflichtung in Bezug auf die Zahlungszeit unterworfen, so wird die Wechseleigenschaft hierdurch nicht entzogen.

Art. 4. 7. Klage aus einem mit einem wesentlichen Mangel behafteten Wechsel beim Nachweise der früheren Fehlerfreiheit.

Rechtsgr. 812. — IV. Senat. 11. Mai 1869. (LXXV. 34.)

Aus einem mit einem wesentlichen Mangel behafteten Wechsel findet die Wechselklage selbst dann, wenn der Beweis für das frühere Vorhandensein aller wesentlichen Erfordernisse erbracht wird, nicht statt.

Art. 4. No. 1—8., Art. 85. Alin. 2., Art. 88. Erforderniß des Art. 110. des Code de commerce und des Art. 4. No. 1. der Allg. Deutschen Wechsel-Ordnung bei französischen Wechseln; Vollendung des schriftlichen Protestes am Tage nach dessen Erhebung. — Vergl. Code de commerce Art. 110. 162. 173. 187. 188.

Rechtsgr. 813. — IV. Senat. 8. Februar 1870. (LXXVI. 353.)

a) Bei einem im Bereiche des Code de commerce gezogenen und im Geltungsbezirke der Allgem. Deutschen

Wechsel-Ordnung girirten und eingeklagten Wechsel kann der Mangel des Erfordernisses des Art. 110. des Code de commerce: „la lettre de change est tirée d'un lieu sur un autre“ nicht geltend gemacht werden.

b) Bei einem in fremdem Lande überhaupt — dessen Jurisprudenz den technischen Sprachgebrauch der Allgem. Deutschen Wechsel-Ordnung nicht kennt — in fremder Sprache ausgestellten Wechsel dieser Art kann das sprachliche Erforderniß des Art. 4. No. 1. der Allgem. Deutschen Wechsel-Ordnung nicht verlangt werden.

c) Wenn auch die Ausstellung der Protest-Urkunde erst am Tage nach der Protest-Erhebung vollendet worden, so ist darin ein Verstoß gegen die Art. 162. 173. des Code de commerce noch nicht zu finden.

Art. 9. 11. 36. Unzulässigkeit des Einwandes des verklagten Wechsel-Acceptanten, daß der Urheber des echten Indossaments aus civilrechtlichen Gründen zur Girirung nicht befugt gewesen sei.

Rechtsgr. **814.** — IV. Senat. 7. Juli 1870. (LXXVIII. 322.)

Ein echtes Indossament, dessen Urheber nur aus civilrechtlichen Gründen zur Girirung nicht befugt gewesen ist, reicht an sich zur Aktivlegitimation des Indossatars im Wechselprozeß aus.

Art. 21—23. 57. 58. 75. 81. 95. Annahme des Wechsels durch einen Andern als den Bezogenen.

Rechtsgr. **815.** — IV. Senat. 19. Mai 1870. (LXXVIII. 251.)

Abgesehen von dem Falle der Ehrenannahme kann nur der im Wechsel Bezogene sich durch die Acceptations-Erklärung wechselmäßig verpflichten.

Art. 23. 24. 31. 43. Domizilirte Sichtwechsel und deren Präsentation.

Rechtsgr. **816.** — IV. Senat. 23. März 1869. (LXXIV. 153.)

a) Domizilirte Sichtwechsel sind als Wechsel anzuerkennen.

b) Bei domizilirten Sichtwechseln hat der Acceptant die Präsentation im Domizil an ihn selbst oder an einen Stellvertreter zu ermöglichen. Hat er dies unterlassen, so genügt der Präsentationsversuch des Wechsel-Inhabers und die Protesterhebung, um die Wechselklage gegen den Acceptanten, den Aussteller und den Indossanten vorzubereiten.

c) Der Tag des Protestes ist in diesem Falle zugleich als die Zeit der geschehenen Vorzeigung anzusehen.

Art. **23. 62 — 65.** Mandatsverhältniß zwischen Trassanten und Trassaten; Deckungsklage und Beweislast bei derselben; Mandatsverhältniß zwischen Noth-Adressanten und Noth-Adressaten; Deckungsklage des letzteren.

Rechtsgr. **813.** — V. Senat. 7. September 1869. (**LXXVI.** 8.)

a) Zwischen Trassanten und Trassaten ist vermöge des vom letzteren angenommenen Zahlungsauftrages ein Mandatsverhältniß vorhanden, auch wenn durch Vermittelung der Tratte ein anderes Rechtsgeschäft in Erfüllung gehen soll.

b) Dies Mandatsverhältniß erzeugt für den Trassaten die actio mandati contraria (Deckungsklage) auf Ersatz dessen, was er in Erfüllung des Auftrages aufgewandt hat, eine Klage, zu deren Begründung lediglich der angenommene und erfüllte Auftrag, nicht der Nachweis Seitens des Bezogenen nothwendig ist, daß ein das Recht auf Deckung begründendes Rechtsverhältniß zwischen ihm und dem Aussteller besteht, die vielmehr nur mittelst der Einrede, daß und wie der Bezogene bereits Deckung erhalten habe, elidirt werden kann.

c) Diese Grundsätze übertragen sich auch auf das Verhältniß zwischen dem Nothadressaten (dem Ehrenzahler) und dem Honoraten.

d) Auch hier existirt (unbeschadet der Besonderheit, daß der Ehrenzahler die Rechte des Inhabers erwirbt und als solcher in den Kreis der Wechselberechtigung eintritt) ein neben dem Wechselverhältniß liegendes Mandats- und Deckungsverhältniß, kraft dessen der Nothadressat als zweiter Bezogener anzusehen, der Nothadressant (der der ursprüngliche Aussteller des Wechsels, oder auch ein Indossant sein kann), der Deckungsverpflichtete ist, welchem gegenüber (in gleicher Weise wie dies zwischen Trassaten und Trassanten der Fall ist) der Nothadressat, wenn er den Auftrag erfüllt, den civilrechtlichen Anspruch auf Ersatz seiner Aufwendungen erwirbt.

Art 25—29. Pflicht zur Zurückgabe der wegen Unsicherheit des Acceptanten nach Artikel 29. der Allgem. Deutschen Wechsel-Ordnung bestellten Sicherheit.

Rechtsgr. 818. — III. Senat. 20. März 1871. (LXXXI. 236.)

Auch die gemäß Art. 29. der Allgem. Deutschen Wechsel-Ordnung bestellte Sicherheit muß zurückgegeben werden:

a) wenn gegen den Regreßpflichtigen, welcher sie bestellt hat, binnen Jahresfrist vom Verfalltage des Wechsels an gerechnet, auf Zahlung aus dem Wechsel nicht geklagt worden ist,

b) wenn die Zahlung des Wechsels erfolgt, oder die Wechselkraft desselben erloschen ist.

Art. 30. und Novelle vom 27. Mai 1863 Art. 1. No. 7. (Ges.-Samml. S. 357.) Interpretationsregel im Art. 1. No. 7. der Novelle zur Allg. Deutschen Wechsel-Ordnung vom 27. Mai 1863.

Rechtsgr. 819. — IV. Senat. 14. Oktober 1869. (LXXVI. 200.)

Die Bestimmung im Art. 1. No. 7. der Novelle zur zur Allgem. Deutschen Wechsel-Ordnung vom 27. Mai 1863:

„Ist die Zahlungszeit auf Anfang oder ist sie auf Ende eines Monats gesetzt worden, so ist darunter der erste oder der letzte Tag des Monats zu verstehen“, ist eine einfache Auslegungsregel, und nicht eine praesumtio juris et de jure, welche die Parteien hinderte, in ihren Geschäften das Wort nicht anders zu gebrauchen.

Art. **36.** Sichtbarkeit einer Rasur im Indossament.

Rechtsgr. **820.** — IV. Senat. 28. Oktober 1869. (**LXXVI. 260.**)

Die nackte Thatsache der Sichtbarkeit einer Rasur im Indossament ist bedeutungslos und hindert nicht die Anwendung des Art. 36. der Allgem. Deutschen Wechsel-Ordnung.

Art. **36. 8. 74 82.** Kollision der Eigenthumsrechte des legitimirten Wechselinhabers mit außerhalb des Wechselverbandes stehenden Dritten. — Vergl. A. L. R. I. **7.** §§ 179. 181., **8.** § 23., **15.** § 1.; A. G. O. I. **29.** §§ 81. 83.

Rechtsgr. **821.** — IV. Senat. 13. Februar 1873. (**LXXXVIII. 136.**)

Die formelle Rechtsnatur der Wechsel-Transport-Akte, — wonach gegen die wechselmäßig legitimirten Wechsel-Inhaber ein Recht auf Herausgabe des Wechsels nur durch den Nachweis des dolus bei dem Erwerbe begründet werden kann, — äußert ihren Einfluß nicht allein bei der Realisation des Wechselversprechens gegen den Wechselverbundenen, sondern nach Außen hin überhaupt, also auch gegen im Wechselverbande nicht stehende Dritte.

Art. **82. 23.** Nichtaufhebung der Zahlungsverbindlichkeit des Wechsel-Acceptanten durch Erwerb des Anspruches auf Ausantwortung des Wechsels. — Vergl. A. L. R. I. **5.** §§ 435. ff., **11.** § 402., **14.** §§ 310. ff., **16.** §§ 235. 242. 456.

Rechtsgr. **822.** — IV. Senat. 10. März 1870. (**LXXVII. 272.**)

Der Wechsel-Acceptant, welchem das Recht cedirt wird, vom klagenden Wechsel-Inhaber die Ausantwortung des Wechsels verlangen zu können, wird dadurch noch nicht von seiner Verbindlichkeit befreit, aus dem Accepte Zahlung an den Wechselkläger zu leisten.

Art **82**. **17**. **36**. Einwendungen des Wechselverklagten gegen den Inkassomandatar.

Rechtsgr. **823**. – IV. Senat. 17. Juli 1869. (LXXIV. 358.)

Sobald ein uneingeschränktes Indossament auf dem Klagewechsel zur Klagelegitimation des Klägers sich befindet, ist der Verklagte aus einem behaupteten Inkassomandat nur dann einen Einwand gegen den Inkassomandatar herzuleiten befugt, wenn er einen dolus des letztern nachzuweisen im Stande ist.

Art. **82**. Verdeckung des Mangels der Wechselfähigkeit durch Datirung des Wechsels von einer Zeit, zu welcher der Wechselschreiber bereits wechselfähig war. — Vergl. A. L. R. I. **4**. § 22., **5**. §§ 10—12. 19. 31. ff., II. **18**. §§ 728—735.

Rechtsgr. **824**. – IV. Senat. 4. Februar 1869. (LXXIII. 317.)

Der Mangel der Vertrags- beziehungsweise Wechselfähigkeit des Wechselverklagten trifft jeden Wechselberechtigten und kann weder durch dessen guten Glauben noch dadurch beseitigt werden, daß das Wechselpapier zur Verdeckung der Unfähigkeit des Verklagten von einer Zeit datirt ist, zu welcher derselbe bereits wechselfähig war.

Art. **82**. Einwendungen gegen den Inkassomandatar im Wechselprozeß.

Rechtsgr. **825**. – IV. Senat. 13. Juli 1869. (LXXV. 301.)

Ist der Kläger Inkassomandatar des Trassanten, so kann von dem verklagten Acceptanten der Einwand, daß zwischen ihm und dem Trassanten die Abrede getroffen sei, daß letzterer den Wechsel weder begeben, noch gegen ihn einklagen dürfe, nur dann als zuständig anerkannt werden, wenn der Verklagte zugleich behauptet und unter Beweis stellt, daß dem Kläger beim Erwerbe des Wechsels von jener Abrede Kenntniß beigewohnt habe.

Art. **83**. Begründung der Bereicherungsklage aus verjährten oder präjudizirten Wechseln. — Vergl. A. L. R. I. **13**. § 273.

Rechtsgr. **826**. — IV. Senat. 5. Dezember 1872. (LXXXVII. 153.)

Die Bereicherungsklage aus Art. 83. der Allgem. Deutschen Wechsel=Ordnung ist durch den Nachweis zu begründen, daß zu der Zeit, in welcher die Wechselkraft aufhörte, der Verklagte sich im Besitze eines Vortheils befand, auf welchem nicht er, sondern der Kläger Anspruch hatte.

Art. **87**. **88**. No. **4**. **92**. Konkurrirende Verschuldung des Wechsel-Inhabers bei unbegründeter Ablehnung der Protestaufnahme wegen angeblicher Verspätung. — Vergl. A. L. R. I. **6**. § 21.

Rechtsgr. **827**. — I. Senat. 24. Februar 1871. (LXXXII. 1.)

Ist unter den vier Tagen vom Fälligkeitstage des Wechsels ein Sonntag, und wird die Protestirung des Wechsels erst am vierten Tage beantragt und wegen Verspätung abgelehnt, so liegt ein mäßiges Versehen des die Protestaufnahme Nachsuchenden vor, wenn derselbe nicht selbst angab, aus welchem Grunde hier die Abweichung von der gesetzlichen Bestimmung zulässig sei, welche vorschreibt:

die Erhebung des Protestes ist am Zahlungstage zulässig; sie muß aber spätestens am zweiten Werktage nach dem Zahlungstage geschehen.

Art. **95** **21**.

A. Eingehung einer Wechselverbindlichkeit durch Stellvertreter. — Vergl. Allgem. Deutsches Handelsgesetzbuch Art. 44. 48. 317.

Rechtsgr. **828**. — IV. Senat. 9. März 1869. (LXXIV. 90.)

Der in Vertretung des Machtgebers von dem Bevollmächtigten ausgestellte Wechsel resp. die Accept=Erklärung muß, um gültig und verpflichtend für den Machtgeber zu sein, nicht etwa blos mit dem Namen des angeblichen Auftraggebers, sondern auch mit dem eigenen Namen des Bevollmächtigten mit einem seine Eigenschaft als solchen ausdrückenden Zusatz beigefügt und unterschrieben sein.

B. Haftung des falschen Bevollmächtigten aus der Unterzeichnung eines Wechsels und Form dieser Unterzeichnung; Firmazeichnung auf Wechseln durch Stellvertreter. Vergl. Allg. Deutsches Handelsgesetzbuch Art. 44.

Rechtsgr. 829. — IV. Senat. 28. September 1869. (LXXVI. 153.)

a) Wenn der Art. 95. der Allgem. Deutschen Wechsel-Ordnung bestimmt, daß Bevollmächtigte, Vormünder und andere Vertreter, welche mit Ueberschreitung ihrer Befugnisse Wechselerklärungen ausstellen, daraus persönlich in gleicher Weise verhaftet sein sollen, wie der Vertreter haften würde, wenn eine gehörige Vollmacht oder sonstige Ermächtigung vorhanden wäre, so ist dabei Voraussetzung, daß der erklärende Vertreter neben dem Namen des Vertretenen auch seinen eigenen Namen beigefügt und aus dem Wechsel ersichtlich gemacht hat.

b) Eine Wechselerklärung, beziehungsweise ein Accept, wenn dasselbe von dem Prokuristen nur mit dem Namen des Prinzipals respektive seiner Firma, ohne des Prokuristen Namen und einen sein Prokuraverhältniß andeutenden Zusatz ausgestellt ist, ist ungültig und unverbindlich für den Prinzipal und dessen Firma und nicht geeignet, eine wechselrechtliche Verhaftung des Vertretenen zu begründen.

Berggesetz vom 24. Juni 1865.

(Gesetz-Sammlung S. 705.)

§§ 31. 35. 36. 221. Verleihung des Bergeigenthums; Beschränkung des Grubenfeldes.

Rechtsgr. 830. — III. Senat. 11. Juli 1873. (LXXXIX. 175.)

Sowohl nach älterem Bergrecht als nach dem Allgem. Berggesetz vom 24. Juni 1865 sind die Bergbehörden befugt, bei Verleihung des Bergeigenthums zur Vermeidung von Kollisionen die erforderlichen Einschränkungen in jeder Dimension der Verleihung — auch nach der Teufe hin — eintreten zu lassen.

§ **4**. **54**. **115**. **136**. **148**. **153**. Beweislast bei Anfechtung von Gewerkenbeschlüssen. - Bergl. Gesetz vom 12. Mai 1851 §§ 8. 9. (Ges.-Samml. S. 265.); A. L. R. I. **17**. Abschn. 1. §§ 15–17.; Dig. **8**. 5. Lex 11., **10**. 3. Lex 28.

Rechtsgr. **831**. III. Senat. 21. Mai 1869. (LXXV. 36.)

Zur Aufrechthaltung eines angefochtenen Mehrheitsbeschlusses einer Gewerkschaft gehört die positive Feststellung, daß die beschlossene Verfügung zum gemeinschaftlichen Vortheile dient.

§§ **12**. ff. **22**. ff. Muthung und Fristerstreckung.

Rechtsgr. **832**. — III. Senat. 12. April 1869. (LXXIV. 199.)

a) Als Willenserklärung enthält die Muthung das an die Bergbehörde gerichtete Begehren, eine gefundene regale Lagerstätte als Bergwerkseigenthum überwiesen zu erhalten.

b) Die Bewilligung einer erbetenen Fristerstreckung hat die Wirkungen der Approbation einer erneuerten Muthung.

§§ **12**–**15**. **17**. **19**. **20**. **24**–**28**. Entscheidender Zeitpunkt für den Umfang des zu verleihenden Feldes.

Rechtsgr. **833**. — III. Senat. 25. Februar 1870. (LXXVI. 364.)

Bei einer an sich gültigen Muthung kommt es darauf nicht an, ob das begehrte Feld vor dessen Streckung bergfrei oder überdeckt gewesen; vielmehr ist der Rechtszustand zur Zeit der Feldesstreckung allein und dergestalt entscheidend, daß letztere auf das Muthungsterrain insoweit ausgedehnt werden kann, als dieses zur Zeit ihrer Vornahme im Bergfreien liegt.

§§ **14**. No. 3., **15**. **16**. Begriff der Fündigkeit; Vorzeigung des entblößten Fundes von Seiten des Muthers; Begriff des Fundpunktes.

Rechtsgr. 824. — V. Senat. 7. September 1869. (LXXVI. 13.)

a) Zu dem Begriff der Fündigkeit gehört objektiv das Vorhandensein einer Lagerstätte und subjektiv der Wille des Muthers, sich die ihm bekannte Lagerstätte anzueignen. Das Vorhandensein der Lagerstätte muß in jeder Beziehung feststehen und der Bergbehörde überzeugend nachgewiesen werden. Dazu wird es in der Regel der Vorzeigung des entblößten Fundes von Seiten des Muthers bedürfen. Ein in allen Fällen zu erfüllendes Requisit ist dies jedoch nicht.

b) Unter Fundpunkt ist nicht ein Punkt im mathematischen Sinne zu verstehen, sondern eine örtlich genau bestimmte Stelle, an welcher man fündig geworden, also einen Punkt, der Fläche und Körper haben kann, eine Fundstelle.

§§ 15. 27. 50 ff. Bergwerke als selbstständige Rechtssubjekte; Freiheit des Feldes als Voraussetzung der Beleihung; Vierung der Lagerstätte.

Rechtsgr. 825. — V. Senat. 24. Oktober 1871. (LXXXIV. 105.)

a) Bergwerke sind, wie andere Immobilien, einschließlich der daran sich anknüpfenden mit ihrem Besitze verbundenen Rechte nicht selbstständige Rechtssubjekte, sondern nur Gegenstände des Eigenthums von Einzelnen oder Gewerkschaften.

b) Befindet sich eine Gewerkschaft im Besitze zweier Gruben oder sonstiger Gegenstände des Bergwerkseigenthums, so bilden dieselben nur Bestandtheile des Vermögens einer und derselben Person, und die letztere ist unbedenklich berechtigt, in ihrem bezüglich eines dieser Vermögensstücke gefährdeten Interesse alle diejenigen Rechte geltend zu machen, welche ihr aus irgend einem Grunde persönlich zustehen.

c) Die Freiheit des Feldes ist die stillschweigende

und selbstverständliche Voraussetzung jeder Beleihung mit Bergwerkseigenthum.

d) Die Vierung der Lagerstätten begleitet die Lagerstätte nach allen Richtungen ihres Streichens und Fallens und ist als eine, zwar bestimmte, aber mit dem veränderlichen Verhalten der Lagerstätte selbst veränderliche Begrenzung des Grubeneigenthums zu betrachten.

§§ 24. ff. Vorrecht des Finders, welcher eine Lagerstätte unter der Erde, im freien Felde oder in seiner Vierung überfährt.

Rechtsgr. **836.** — III. Senat 21. April 1871. (LXXXII. 36.)

Das Vorrecht des Finders hat — unbeschadet besserer Rechte — auch der, der eine Lagerstätte unter der Erde im freien Felde oder in seiner Vierung überfährt.

§§ 62. 148. 196. Begriff des Hülfsbaues im Bergrecht; Schadensersatz für Beschädigung des Grundeigenthums durch Bergbau.

Rechtsgr. **837.** — III. Senat. 20. November 1871 (LXXXIII. 143.)

a) Unter Hülfsbau (§ 62. des Allgem. Berggesetzes vom 24. Juni 1865) sind alle Anlagen zu begreifen, welche den Zwecken eines bergbaulichen Unternehmens in näherer oder entfernterer Weise dienlich sind.

b) Der § 148. des Allgem. Berggesetzes regulirt nur das Verhältniß zwischen Bergwerksbesitzer und Grundeigenthümer, nicht aber das Verhältniß zwischen verschiedenen Bergwerkseigenthümern.

§ 99. Haftung für Verbindlichkeiten der Gewerkschaft. Vergl. A. L. R. Einl. § 14.

Rechtsgr. **838.** — III. Senat. 26. Juni 1872. (LXXXV. 281.)

Der § 99. des Berggesetzes vom 24. Juni 1865:

„Für die Verbindlichkeiten der Gewerkschaft haftet nur das Vermögen derselben",

bezieht sich nur auf die Verbindlichkeiten, welche erst nach Eintritt der Gesetzeskraft des Allgem. Berggesetzes, also seit dem 1. Oktober 1865 entstanden sind.

§§ 107. 130. 131. Persönliche Haftung des Bergwerksgewerken für die Beiträge.

Rechtsgr. **839**. — III. Senat. 11. September 1871. (LXXXII. 291.)

Die Befreiung des Gewerken von der persönlichen Verhaftung für die Beiträge tritt nur unter den Voraussetzungen des § 130. des Berggesetzes vom 24. Juni 1865 ein,

(daß er unter Ueberreichung des Kurscheins den Verkauf seines Antheils anheimstellt)

nicht aber, wenn ohne Anerbieten des Gewerken die zwangsweise Veräußerung des Antheils erfolgt.

§§ 119. 233. Legitimation des Repräsentanten nach Einleitung der Sequestration.

Rechtsgr. **840**. — III Senat. 2. Mai 1873. (XC. 132.)

Durch die Einleitung der Sequestration des Bergwerks hört der Repräsentant nicht auf, dies zu sein.

§ 129. Absatz 2. Gerichtsstand für die Klage der Gewerkschaft auf Zahlung der Zubuße.

Rechtsgr. **841**. — III. Senat. 25. November 1872. (LXXXVII. 115.)

a) Für die Anwendung der Vorschrift des § 129. Abs. 2. des Allgem. Berggesetzes von 24. Juni 1865:

— daß die Klagen gegen den Gewerken auf Zahlung der Zubuße nur bei dem ordentlichen Richter angestellt werden können, in dessen Bezirk das Bergwerk liegt

kommt es lediglich darauf an, ob der Verklagte zur Zeit des Gewerkschaftsbeschlusses Gewerke war oder als solcher anzusehen war; daß er zur Zeit der Klageanstellung noch Gewerke ist, wird nicht erfordert.

b) In diesem Gerichtsstande wird auch dadurch Nichts geändert, daß die Klage auf Grund eines früheren Erkenntnisses als Judikatsklage angestellt wird.

§ 130. Haftung des Gewerken für die ausgeschriebenen Zubußen; Form des Antrages auf Verkauf seines Antheils.

Rechtsgr. 842. — III. Senat 21. November 1873. (LXXXIX. 369.)

Für den in Gemäßheit des § 130. des Allg. Berggesetzes vom 24. Juni 1865 gestellten Antrag des Gewerken auf Verkauf seiner Antheile ist eine besondere beglaubigte Form nicht erforderlich.

§ 148. Schadensersatzpflicht des Bergwerksbesitzers.

Rechtsgr. 843. — III. Senat. 22. September 1871. (LXXXII. 326.)

Unter dem „Bergwerksbesitzer", welchen § 148. des Allgem. Berggesetzes zum Schadensersatz verpflichtet, ist lediglich der Bergwerks-Eigenthümer zu verstehen.

§ 222. Auffassung und Anwendung dieses Paragraphen.

Rechtsgr. 844. — V. Senat. 6. Februar 1872. (LXXXIV. 200.)

a) Nach § 222. des Allgem. Berggesetzes, welcher bestimmt:

> daß, soweit das gegenwärtige Gesetz auf die bereits bestehenden Bergwerke überhaupt Anwendung finde, den Bestimmungen desselben auch diejenigen Bezirke unterliegen, welche den seitherigen gesetzlichen Vorschriften gemäß auf Mineralien berechtigt sind, die der § 1. des Gesetzes nicht mehr aufführt,

sind, da es sich im § 222. im Gegensatz zu § 250. überall nur um Beleihung auf gewisse Mineralien, also um solche Rechte handelt, welche auf dem bisherigen Regale des Staates beruhen und aus demselben geflossen sind, auch abgeleitete Rechte dieser Art für unter der neuen Gesetzgebung fortbestehend zu erachten.

b) Der § 222. a. a. O. muß auch da für entscheidend betrachtet werden, wo eine vor Erlaß des Gesetzes verliehene Berechtigung nicht durch den Betrieb eines eigentlichen Bergwerks ausgeübt wurde.

Gesetz vom 14. April 1851 über die Einführung des Strafgesetzbuches für die Preußischen Staaten.

Art. 18. Alin. 1. Fortdauernde Geltung dieses Artikels. Vergl. Einführungsgesetz zum Strafgesetzbuch für den Norddeutschen Bund vom 31. Mai 1870 § 2.

Rechtsgr. 845. — Senat für Strafsachen, Abth. I. 3. Juli 1872. (LXXXV. 309.)

Der Art. 18. Alin. 1. des Einführungsgesetzes zum Preußischen Strafgesetzbuche vom 14. April 1851:

daß in den Landestheilen, in welchen das Institut der Schiedsmänner besteht, eine Klage über Ehrverletzungen und leichte Mißhandlungen, sofern dieselben nur im Wege des Civilprozesses verfolgt werden, und die Parteien in demselben Gerichtsbezirke ihren Wohnsitz haben, nicht eher zugelassen werden soll, als bis durch ein von dem Schiedsmann des Verklagten ausgestelltes Attest nachgewiesen wird, daß der Kläger die Vermittelung des Schiedsmannes ohne Erfolg nachgesucht hat,

ist, als Prozeßvorschrift, mit der Außerkraftsetzung des Strafgesetzbuches nicht aufgehoben.

Art. 18. Beibringung des Sühneattestes im Injurienprozeß zweiter Instanz; Abweisung zur Zeit wegen nicht beigebrachten Sühneattestes.

Rechtsgr. 846. — Senat für Strafsachen, Abth. I. 12. Mai 1871. (LXXXII. 104.)

a) Der in der Nichtbeibringung eines Sühneattestes des zuständigen Schiedsmanns liegende, den Anfang des Injurienprozesses hindernde Mangel kann durch ein in zweiter Instanz beigebrachtes, erst im Laufe des Prozesses ausgestelltes Attest über eine erst jetzt unter den Parteien versuchte Sühne nicht geheilt werden.

b) Es kann jedoch in einem solchen Falle die gänzliche Abweisung der Klage wegen des Zeitablaufes seit dem der Klage zu Grunde liegenden Vorfall wegen der durch die Anstellung der Klage eingetretenen Unterbrechung der gesetzlichen Frist nicht erkannt werden.

Art. 18. Prüfung des Schiedsmanns-Attestes im Injurienprozeß durch den Richter.

Rechtsgr. 847. -- Senat für Strafsachen, Abth. I. 11. März 1870. (LXXVIII. 72.)

Die im Art. 18. des Einführungsgesetzes zum Strafgesetzbuch vorgeschriebene Prüfung des schiedsmännischen Attestes durch den Richter bezieht sich, solange keine der Parteien ein anderes behauptet, nur auf etwaige in die Augen fallende Mängel desselben in Form und Inhalt.

Strafgesetzbuch für die Preußischen Staaten vom 14. April 1851.

Erster Theil. Von der Bestrafung der Verbrechen und Vergehen im Allgemeinen.

Vierter Titel. Von den Gründen, welche die Strafen ausschließen oder mindern.

§ 50.:

A. Berechnung der Rügefrist.

Rechtsgr. 848. — Senat für Strafsachen. 13. Mai 1871. (LXXXII. 128.)

Bei Berechnung der Rügefrist im § 50. des Strafgesetzbuches vom 14. April 1851 kann der Tag des beleidigenden Vorfalls selbst nicht mit eingerechnet werden.

B. Rügefrist; Beweislast.

Rechtsgr. 849. — Senat für Strafsachen. 15. Juli 1870. (LXXVIII. 329.)

Der Einwand des Ablaufs der Rügefrist aus §. 50. des Strafgesetzbuches muß vom Verklagten nicht blos erhoben, sondern auch nachgewiesen werden.

Zweiter Theil. Von den einzelnen Verbrechen und Vergehen.

Dreizehnter Titel. Verletzung der Ehre.

§ 154.:

A. Befugniß des Injurienrichters, von Amtswegen auf die Frage einzugehen, ob eine Aeußerung zur Ausführung oder Vertheidigung von Gerechtsamen gemacht ist. — Vergl. Deklaration vom. 6. April 1839 Art. 3. (Ges.-Samml. S. 126.)

Rechtsgr. **850**. — Senat für Strafsachen, II. Abth. 12. November 1868. (LXXIII. 60.)

Der Injurienrichter kann von Amtswegen auf die Frage eingehen, ob eine zur Klage gestellte Aeußerung zur Ausführung oder Vertheidigung von Gerechtsamen gemacht ist.

B. Beleidigung bei Vertheidigung von Gerechtsamen. — Vergl. Deutsches Strafgesetzbuch § 193.

Rechtsgr. **851**. — Senat für Strafsachen, Abth. I. 7. Juli 1871. (LXXXII. 258.)

a) Die im § 154. des Preußischen Strafgesetzbuches als Regel hingestellte Straflosigkeit von Aeußerungen, die zur Vertheidigung von Gerechtsamen gemacht sind, setzt voraus, daß auch objektiv der Fall einer solchen Vertheidigung vorliegt.

b) Die Instanzrichter sind berechtigt, aber nicht verpflichtet, den desfallsigen Einwand von Amtswegen zur Geltung zu bringen.

§§ 154. 158. 133. Bedingte Strafbarkeit der Beleidigung und Verläumdung in den Fällen der §§ 154. 158.

Rechtsgr. **852**. — Senat für Strafsachen. 10. März 1870. (LXXVII. 276.)

a) Nicht das Vortragen von Thatsachen und das Aussprechen von Urtheilen stehen sich als das Erlaubte und Unerlaubte im Sinne des § 154. des Strafgesetzbuchs gegenüber, sondern die Absicht, eine Außerung, — mag sie rein thatsächlich gehalten oder mit einem Urtheil verbunden sein, — lediglich zur Vertheidigung oder Ausführung von Gerechtsamen zu thun, und die Wahl einer an und für sich verletzenden Form der Aeußerung.

b) Wenn in den Fällen der §§ 154. 158. des Strafgesetzbuchs aus der Form der Aeußerung, Behauptung oder Verbreitung, oder aus andern Umständen, unter welchen sie geschah, die Absicht zu beleidigen hervorgeht, so kann von Feststellung einer Verleumdung nicht die Rede sein, und eine Bestrafung nur wegen Beleidigung ausgesprochen werden.

§ 156.:

A. Beweis der behaupteten Thatsache bei der Verläumdung.

Rechtsgr. 853. — Senat für Strafsachen, Abth. II. 27. April 1871. (LXXXI. 334.)

Die Frage, ob eine bestimmte Aeußerung den Thatbestand der Verleumdung darstelle, ist nur nach dem festgestellten Inhalte dieser Aeußerung, nicht aber nach dem demselben in der That etwa zu Grunde liegenden wahren Sachverhalte richterlich zu prüfen und zu entscheiden.

B. Verläumdung auch bei vertraulichen Mittheilungen.

Rechtsgr. 854. — Senat für Strafsachen. 10. März 1870. (LXXXI. 211.)

Auch sogenannte vertrauliche Mittheilungen schließen an und für sich den Begriff der Verleumdung im Sinne des § 156. des Preußischen Strafgesetzbuchs nicht aus.

Sechszehnter Titel. Körperverletzung.

§§ 187. 189. 316. 56. Privatklage wegen Mißhandlung durch einen Beamten. — Vergl. Reichsstrafgesetzbuch §§ 78. 223. 340.

Rechtsgr. 855. — Senat für Strafsachen. 14. Juli 1871. (LXXXII. 278.)

Die gegen einen Beamten gerichtete Privatklage wegen Mißhandlung kann vom Richter unter Inkompetenzerklärung nicht zurückgewiesen werden, weil der Fall des § 316. des Preußischen Strafgesetzbuches vorliege.

Dritter Theil. Von den Uebertretungen.

§§ 340. 345. 19. Strafe der Konfiskation und Rechte des Eigenthümers der konfiszirten Sachen.

Rechtsgr. **856**. — I. Senat. 13. November 1868. (LXXIII. 78.)

a) Die in den §§ 340. 345. des Strafgesetzbuches angedrohte Konfiskation ist objektiv gegen die Sache selbst, ohne Rücksicht auf deren Eigenthümer, gerichtet, und bedarf es einer Ermittelung und Zuziehung des wahren Eigenthümers bei dem Strafverfahren nicht.

b) Der wahre Eigenthümer der in Gemäßheit der §§ 340. 345. des Strafgesetzbuches konfiszirten, d. h. dem Fiskus zugesprochenen Sachen kann die Konfiskation nicht rückgängig machen oder sonst anfechten; er wird geeigneten Falles, wenn er nicht zugleich Kontravenient ist, wegen der ihm durch die Konfiskation erwachsenen Nachtheile sich an den halten können, der mit seinen Sachen einen die Konfiskation herbeiführenden Mißbrauch getrieben; indeß der Fiskus, dem die Sachen als Folge einer Gesetzesübertretung zugesprochen worden, ist ihm nicht verantwortlich.

§ 345. No. 9. Nichtanwendbarkeit des § 345. No. 9. des Strafgesetzbuches vom 14. April 1851 resp. des § 367. No. 12. des Strafgesetzbuches für das Deutsche Reich, und des § 26. I. 6. des Allg. Landrechts bei Schadensfällen auf Privatwegen. Vergl. Strafgesetzbuch für das Deutsche Reich vom 15. Mai 1871 § 367. No. 12. (Reichsgesetzblatt 1871 No. 24. S. 201.); Gesetz vom 14. April 1856 (Ges. Samml. S. 218.); A. L. R. I. 6. § 26.

Rechtsgr. **857**. — I. Senat. 23. Juni 1871. (LXXXV. 1.)

Die Schlußbestimmung des § 345. No 9. des Strafgesetzbuches vom 14. April 1851:

„oder überhaupt an Orten, wo Menschen hinkommen", oder, wie es in dem entsprechenden § 367. No. 12. des Strafgesetzbuches für das Deutsche Reich heißt:

„und überhaupt an Orten, an welchen Menschen verkehren",

darf nicht auf Privatwege ausgedehnt werden, deren Benutzung der Eigenthümer berechtigter Weise dem Publikum durch Warnungstafeln untersagt hat.

Läßt der Eigenthümer eines solchen, dem Publikum auf die gedachte Weise verschlossenen Privatweges auf demselben etwa befindliche Gruben, Oeffnungen oder Abhänge ohne genügende Verdeckung oder Verwahrung, und es verunglückt dort Jemand, so kann auf einen solchen Fall der § 345. No. 9. a. a. O. nicht angewendet, und also auch der Eigenthümer nicht auf Grund des § 26. I. 6. des Allg. Landrechts für verpflichtet erachtet werden, dem Beschädigten den Schaden zu ersetzen.

Die Worte des § 345 No. 9.:

„an Orten wo Menschen hinkommen",

sowie die Worte des § 367. No. 12 des Strafgesetzbuchs für das Deutsche Reich:

„an Orten, an welchen Menschen verkehren",

dürfen nicht auf alle Orte, wohin Menschen möglicher Weise, selbst verbotswidrig, gelangen können, sondern nur auf Orte bezogen werden, wo Menschen hinzukommen pflegen, oder an welchen Menschen nach den gewöhnlichen Verhältnissen und erlaubter Weise verkehren.

Strafgesetzbuch für das Deutsche Reich.

§ 2. Anwendung des deutschen Strafgesetzes in der Appellationsinstanz auf Fälle, die unter der Herrschaft der älteren Strafgesetze in erster Instanz abgeurtheilt sind.

Rechtsgr. 858. — Senat für Strafsachen, Abth. I. 5. Juli 1872. (LXXXVI. 135.)

Wenn auch der erste Richter zu der Zeit, wo er sein

Erkenntniß abfaßte, das Preußische Strafgesetzbuch mit Recht angewendet hat, so muß doch der Appellations-Richter, dessen Urtheil unter der Herrschaft des neuen Strafgesetzbuches ergeht, immer in Erwägung ziehen, ob das neue milder sei, und bejahenden Falls dasselbe in Anwendung bringen.

§§ 61. 65. 68. 194. 195. 198.:

A. Unterbrechung der Rügefrist in Injuriensachen; Frist für den Antrag auf Bestrafung bei wechselseitigen Beleidigungen. — Vergl. Preußisches Strafgesetzbuch § 161.

Rechtsgr. 859. — Senat für Strafsachen, Abth. I. 5. Juli 1872. (LXXXVI. 121.)

a) Die im § 61. des Strafgesetzbuchs für das Deutsche Reich gestellte dreimonatliche Rügefrist bleibt bei den nach Preußischen Prozeßgesetzen zu verhandelnden Injuriensachen durch einen innerhalb dieser Frist bei dem kompetenten Schiedsmann eingebrachten Antrag auf Vornahme des Sühneversuchs gewahrt.

b) Der § 198. des Strafgesetzbuches für das Deutsche Reich und § 161. des Preußischen Strafgesetzbuches — nach welchen bei wechselseitigen Beleidigungen, wenn von einem Theile auf Bestrafung angetragen worden, der andere Theil auch nach abgelaufener Rügefrist berechtigt ist, seinerseits die Bestrafung des Gegners zu verlangen, setzen nicht voraus, daß die wechselseitigen Beleidigungen auf der Stelle erwiderte seien.

B. Strafantrag bei Beleidigung durch Militärpersonen. — Vergl. Militär-Strafgesetzbuch vom 3. April 1845 §§ 1. 2. 192.

Rechtsgr. 860. — Senat für Strafsachen, Abth. I. 7. März 1873. (LXXXVIII. 265.)

Die Verfolgung und Bestrafung einer Beleidigung durch Personen des Soldatenstandes gegen Civilpersonen tritt auch in dem vorgeschriebenen Militär-Untersuchungsverfahren nur auf den in Gemäßheit des § 61. des Deutschen Strafgesetzbuches rechtzeitig gestellten Antrag ein.

C. Injuriensachen; Wahrung der dreimonatlichen Antragsfrist.

Rechtsgr. **861**. — Senat für Strafsachen, Abth. I. 13. Dezember 1872. (LXXXIX. 5.)

Die vor dem Schiedsmanne innerhalb der dreimonatlichen Frist des § 61. des Strafgesetzbuches für das Deutsche Reich erfolgte Stellung des Antrages auf Vornahme des Sühneversuches ist geeignet, diese Frist zu wahren.

D. Unzulänglichkeit des mit dem beleidigten Haussohne allein stattgehabten Sühneversuches bei vom Vater im eigenen Namen angestellter Injurienklage. — Vergl. Preußisches Strafgesetzbuch vom 14. April 1851 §§ 54. 162.; Einführungsgesetz zu demselben Art. 18.

Rechtsgr. **862**. — Senat für Strafsachen, Abth. I. 14. Juni 1872. (LXXXV. 246.)

Ein mit dem beleidigten, noch unter väterlicher Gewalt stehenden, wenngleich großjährigen Sohne allein angestellter Sühneversuch genügt nicht, wenn der Vater des Beleidigten im eigenen Namen als Kläger vor Gericht auftritt.

§ **64**. Injurienklage; Verzicht auf Bestrafung ohne Zurücknahme der Klage.

Rechtsgr. **863**. — Senat für Strafsachen, Abth. I. 7. November 1873. (LXXXIX. 359.)

Dem Injurienkläger steht, wenn er die Klage aufrecht erhält, eine Disposition in Bezug auf die zu erkennenden, im Gesetze bestimmten Strafen nicht zu.

§§ **185**. **193**. Nichtexistenz absolut ehrverletzender Handlungen oder Schimpfworte.

Rechtsgr. **864**. — Senat für Strafsachen, Abth. I. 6. November 1872. (LXXXVI. 346.)

Es giebt keine Handlungen, welche an und für sich und ohne Rücksicht auf das Bewußtsein und den Willen des Handelnden ehrverletzend wären. Selbst von eigentlichen Schimpfworten kann dies nicht behauptet werden.

§§ **186**. **187**. Beleidigung einer Familie als solcher.

Rechtsgr. 865. — Senat für Strafsachen, Abth. II. 23. Mai 1872. (LXXXV. 166.)

Eine Familie ist weder eine physische, noch eine juristische Person, welche als solche beleidigt werden könnte.

§§ 186. 187. Verhältniß des § 156. des Preußischen Strafgesetzbuches zu diesen Paragraphen. — Vergl. Preußisches Strafgesetzbuch vom 14. April 1851 § 156.

Rechtsgr. 866. — Senat für Strafsachen, Abth. I. 5. Juli 1872. (LXXXVI. 135.)

In die Stelle des § 156. des Preußischen Strafgesetzbuches tritt nicht blos der § 187., sondern auch der § 186. des Deutschen Strafgesetzbuches, wenngleich der letztere das nicht wider besseres Wissen erfolgte Behaupten einer (nicht bewiesenen) ehrenrührigen Thatsache nicht mehr „Verleumdung“, sondern nur „Beleidigung“ nennt.

§ 186. Wortlaut der in der Klage behaupteten Ehrverletzung und abweichende Bekundung der Zeugen. — Vergl. Preußisches Strafgesetzbuch §§ 156. 343.

Rechtsgr. 867. — Senat für Strafsachen, Abth. I. 18. Oktober 1871. (LXXXIV. 66.)

In dem Privatprozeß wegen Ehrverletzung ist die von einem Zeugen bekundete Aeußerung nicht blos aus dem Grunde für ungeeignet zur Grundlage einer Bestrafung in diesem Prozesse zu erklären, weil der von den Zeugen angegebene Wortlaut der Aeußerung mit dem Wortlaut, wie ihn die Klage enthält, nicht übereinstimmt.

§ 193.:

A. Dienstliche Anzeigen und Urtheile von Seiten eines Beamten. — Vergl. Preußisches Strafgesetzbuch § 154.

Rechtsgr. 868. — Senat für Strafsachen, Abth. I. 12. Mai 1871. (LXXXII. 98.)

Ob Anzeigen und Urtheile von Seiten eines Beamten als amtliche und in den Befugnissen des Amts liegende anzusehen sind, ist nicht eine rein thatsächliche Feststellung, sondern zugleich eine rechtliche Würdigung.

B. Injurienprozeß; Vertheidigung von Gerechtsamen; Berücksichtigung des § 193. des Reichs-Strafgesetzbuches von Amtswegen.

Rechtsgr. 869. — Senat für Strafsachen, Abth. I. 15. Nov. 1872. (LXXXVII. 41.)

Der Injurienrichter kann auch in dem Falle, wo der Verklagte sich auf den Schutz des § 193. des Deutschen Strafgesetzbuches nicht berufen hat, prüfen, ob die angeblich beleidigende Aeußerung auf Grund dieser Vorschrift für straflos zu erachten sei.

§§ 195. 232.:

A. Injurienklage der Mutter für ihr minderjähriges Kind. — Vergl. Preußisches Strafgesetzbuch §§ 162. 189.

Rechtsgr. 870. — Senat für Strafsachen, Abth. I. 20 Januar 1871. (LXXX. 250.)

Die Ehefrau ist eine ihrem minderjährigen Kinde zugefügte Mißhandlung selbstständig zu rügen nicht berechtigt.

B. Transmission der Injurienklage. Vergl. A. L. R. I. 6. §§ 350. 360.

Rechtsgr. 871. — Senat für Strafsachen, Abth. I. 12. Juli 1872. (LXXXVI. 140.)

Es ist kein Grund, das Recht auf Fortsetzung eines Injurienprozesses durch die Erben anders zu behandeln, als das Recht auf die Fortführung eines andern Civilprozesses.

Allgemeine Gerichts-Ordnung.

Theil I. Prozeß-Ordnung.

Publikations-Patent zur Allg. Gerichtsordnung vom 6. Juli 1793.

Oertliche Anwendung der Prozeßgesetze.

Rechtsgr. 872. — I. Senat. 15. Mai 1871. (LXXXII. 106.)

Im Gemeinen wie nach Preußischem Rechte ist so=

wohl die Form des prozessualischen Verfahrens und der vor und von dem Gerichte vorzunehmenden Handlungen, als auch die Zulässigkeit und Beweiskraft der Beweismittel nach dem Prozeßrechte des Ortes, wo das Verfahren stattfindet, zu bestimmen.

Einleitung.

§ 1. Charakter der Bestimmung dieses Paragraphen.

Rechtsgr. 873. — IV. Senat. 22. November 1870. (LXXX. 93.)

a) Die Bestimmung des § 1. der Einleitung zur Allg. Gerichts-Ordnung:

„Alle Streitigkeiten über Sachen und Rechte, welche einen Gegenstand des Privateigenthums ausmachen, müssen, wenn kein gütliches Uebereinkommen stattfindet, durch richterlichen Ausspruch entschieden werden",

kann nicht unter den Gesichtspunkt einer Prozeßvorschrift, also einer nur das prozessualische Verfahren regelnden Vorschrift gebracht werden, sondern sie betrifft ebenso das materielle Recht der Parteien, als sie eine zwingende Vorschrift für die Richter enthält.

§§ 1. ff. Verweisung der Entscheidung einer Frage zum besondern Verfahren, namentlich bei Vernichtung eines Schiedsspruches. — Vergl. A. G. O. I. 2. § 175.; Verordnung vom 14. Dezember 1833 § 5. (Ges.-Samml. S. 302.)

Rechtsgr. 874. — IV. Senat. 24. November 1868. (LXXIII. 132.)

a) Ob die Regel eines gewissen Verfahrens es mit sich bringt, daß in demselben eine Frage entschieden werde, oder ob ein neuer Prozeß deshalb anzustellen sei, ist prozessualisch, und zwar eine Prozeßvorschrift, deren Nichtbeobachtung mit Nichtigkeit nicht bedroht worden.

b) Dies greift auch im Falle des § 175. I. 2. der Allgem. Gerichts-Ordnung Platz.

§§ 3. ff.:

A. Einklagung einer zur Zeit der Klageanstrengung noch nicht fälligen Geldschuld, welche im Laufe des Prozesses fällig wird; Klagebehändigung als Kündigung einer Geldforderung. — Vergl. A. G. O. I. 7. §§ 48c. 48d., 28. § 4.; Kabinetsorder vom 7. Oktober 1833 No. 1. (Ges.-Samml. S. 119.)

Rechtsgr. 875. — III. Senat 9. April 1869. (LXXIV. 196.)

Die auch nicht als Kündigungsklage angestellte Klage auf Zahlung einer Geldschuld ist nicht zur Zeit zurückzuweisen, wenn nur im Laufe des Prozesses vor dem Erkenntniß die bei Anstellung der Klage nicht zahlbar gewesene Forderung fällig geworden ist.

Der Insinuation der Klage ist die Wirkung der Kündigung beizulegen.

B. Ablauf der Kündigungsfrist während des Prozesses.

Rechtsgr. 876. — IV. Senat. 24. Juni 1873. (LXXXIX. 106.)

Wenn die Fälligkeit einer eingeklagten Forderung durch eine der Klageanstellung vorangehende Kündigung hätte herbeigeführt werden müssen, eine solche nicht erfolgt ist, während des Prozesses aber die die Fälligkeit des Anspruchs bedingende Frist abgelaufen ist; so liegt darin nicht eine Veränderung des Klagefundaments, sondern nur eine plus petitio bezüglich der Zeit.

§ 16. Beweislast, insbesondere bei einem modifizirten Zugeständniß.

Rechtsgr. 877. — IV. Senat. 18. September 1873. (XC. 226.)

a) Die Frage über die Beweislast ist materiellen Rechtens.

b) Wenn der Verklagte den von den Klägern behaupteten unbedingten Vertrag nur unter einer nicht eingetretenen Bedingung geschlossen haben will, der unbedingten Verpflichtung somit eine bedingte Verpflichtung entgegenstellt, so räumt er den Vertragsschluß, wie ihn die Kläger als Klagegrund dargelegt haben, nicht ein, stellt auch keine auf selbstständigen Thatsachen ruhende Einrede auf, sondern er negirt das konkrete Klagegeschäft unter Darlegung eines andern, wenngleich — abgesehen von der Bedingung — gleichlautenden Geschäfts. Die Pflicht des Beweises, im Umfang und nach Inhalt der Klage, liegt daher, selbst bei Existenz des modifizirten Geständnisses, zunächst dem Kläger ob.

§§ 65. 66. Folgen und Wirkungen rechtskräftiger richterlicher Entscheidungen.

A. Freie Beurtheilung des Nichtigkeitsrichters bei Prüfung des Einwandes der Litispendenz. — Vergl. A. G. O. I. **5.** § 4., **7.** § 48b.

Rechtsgr. **878.** — II. Senat. 14. Oktober 1869. (LXXVI. 202.)

Bei Prüfung des Einwandes der Lititspendenz tritt freie Beurtheilung ein.

B. Erklärung der Partei, den rechtskräftig auferlegten Eid leisten zu wollen, jedoch mit Fortlassung einzelner Worte; Purifikatoria für den Nichtschwörungsfall und Abänderung der Eidesnorm durch Nachtrags-Erkenntniß. — Vergl. A. G. O. I. **10.** §§ 310 ff., **16.** § 1.

Rechtsgr. **879.** — IV. Senat. 3. Oktober 1867. (LXXVI. 1.)

a) Erklärt die Partei sich zur Ableistung des ihr rechtskräftig auferlegten Eides nur mit Weglassung einiger, ihrer Meinung nach für unwesentlich zu erachtender und dem wahren Sachverhalt nicht genau entsprechender Worte bereit, so ist das Erkenntniß nur dann für den Nichtschwörungsfall zu purifiziren, wenn die Partei, nach Bedeutung über die Unzulässigkeit der Aenderuug der Eidesnorm, die Leistung des Eides gänzlich ablehnt.

b) Die Zulässigkeit der Aenderung in der Wortfassung eines rechtskräftig auferlegten Eides durch ein Nachtrags-Erkenntniß ist nicht ausgeschlossen.

C. Das Wechselseparatum, und Erhebung von Einreden Seitens des wechselmäßig Verurtheilten auf die Judikatsklage. — Vergl. A. G. O. I. **16.** §§ 1. ff., **27.** §§ 52. ff.

Rechtsgr. 880. — IV. Senat. 18. Januar 1870. (LXXVII. 195.)

Der Wechselverklagte, gegen den im Wechselprozeß seine Unterschrift in Kontumaziam für anerkannt angenommen wurde, und der darauf hin verurtheilt ist, kann seinen Schutz gegen dieses Erkenntniß darin suchen, daß er gegen den früheren Wechselkläger auf Beseitigung des Wechsel-Urtheils oder auf Rückzahlung der etwa bereits gezahlten Wechselsumme seinerseits klagend auftritt; er kann aber auch sein Widerspruchsrecht dadurch zur Geltung bringen, daß er, wenn der Kläger auf Grund des von ihm erstrittenen Wechsel-Erkenntnisses die Judikatsklage anstellt, die Echtheit seiner angeblichen Wechsel-Unterschrift bestreitet.

D. Verurtheilung einer rechtskräftig zu einem Erfüllungseide verstatteten Partei in die Ehrenstrafen. — Vergl. Strafgesetzbuch §§ 12. 21.; A. G. O. I. **10**. §§ 227. 294. 300., **13**. §§ 24. 25., **16**. § 1.

Rechtsgr. 881. — I. Senat 7. Januar 1870. (LXXVII. 160.)

Durch die spätere Verurtheilung einer Partei in die Ehrenstrafen wird sowenig in ihrer rechtskräftig gewordenen Verstattung zum Erfüllungseide, als in den festgesetzten Folgen, wenn der Eid geleistet oder nicht geleistet wird, etwas geändert.

E. Unzulässigkeit des Widerrufs eines zugeschobenen Eides, auf welchen rechtskräftig erkannt ist. — Vergl. A. G. O. I. **10**. § 301., **16**. § 1.

Rechtsgr. 882. — I. Senat. 14. Februar 1870. (LXXVII. 230.)

Der Widerruf eines deferirten Eides unter den Voraussetzungen des § 301. I. 10. der Allgem. Gerichts-Ordnung ist unzulässig, wenn auf denselben rechtskräftig erkannt ist.

F. Bedingte Rechtskraft eines Erkenntnisses, in welchem der nicht appellirenden Partei ein Eid auferlegt ist. — Vergl. A. G. O. I. **14**. § 64., **16**. § 1.

Rechtsgr. 883. — I. Senat. 17. Juni 1870. (LXXVIII. 301.)

Ist im ersten Erkenntniß dem Verklagten ein Eid auferlegt, und für den Fall, daß dieser Eid nicht geleistet wird, auf einen ferneren Eid für den Kläger erkannt, beruhigt sich der Verklagte bei dem Erkenntniß, während Kläger appellirt, erachtet sodann der zweite Richter den vom Verklagten erforderten Eid für nicht gerechtfertigt, ändert er in dieser Beziehung das Vorerkenntniß ab, so liegt rücksichtlich des zweiten Eides dem Verklagten gegenüber keine rechtskräftige Entscheidung vor. Es sind vielmehr die vom Verklagten in zweiter Instanz gemachten neuen Anführungen zu berücksichtigen, und kann auf Grund derselben eine Abänderung des dem Kläger auferlegten Eides erfolgen.

G. Rechtskräftige Entscheidung über einen Theil einer Forderung als res judicata für die Gesammtforderung. — Vergl. A. G. O. I. **13**. § 38.

Rechtsgr. 884. — III. Senat. 23. März 1871. (LXXX. 322.)

Ist in einem Vorprozeß ein Theil der Forderung rechtskräftig zurückgewiesen, so ist das damit rechtskräftig festgestellte Moment auch für den Rest der Forderung maaßgebend.

H. Res judicata; Einwand aus einem im Vorprozeß verworfenen Klagefundament. — Vergl. A. G. O. I. **16**. § 1.

Rechtsgr. 885. — IV. Senat. 27. September 1870. (LXXXI. 6.)

Ein im früheren Prozesse verworfenes Klagefundament ist auch als Einwand nicht mehr geeignet.

I. Erforderniß der Purifizirung eines Erkenntnisses für den Nichtschwörungsfall. — Vergl. A. G. O. I. **10**. §§ 310. ff. 376., **13**. § 39., **16**. § 1.

Rechtsgr. 886. — IV. Senat. 16. Mai 1871. (LXXXII. 117.)

Eine Purifizirung eines Erkenntnisses für den Nichtschwörungsfall kann nur dann erfolgen, wenn die Erklä=

rung abgegeben ist, der Eid werde nicht geleistet werden, oder wenn eine Erklärung überhaupt verweigert ist.

Wird die Eidesleistung nicht unbedingt abgelehnt, sondern, abgesehen von dem Fall des § 310. I. 10. der Allgem. Gerichts-Ordnung, unter einer Einschränkung erboten, so ist unter Vorbehalt der ordentlichen Rechtsmittel zu erkennen.

K. Abänderung der rechtskräftig festgestellten Eidesnorm durch Purifikatoria. — Vergl. A. G. O. I. **10.** § 377.

Rechtsgr. **887.** — IV. Senat. 30. November 1871. (LXXXIII. 168.)

Ueber die Zulässigkeit der Abänderung einer rechtskräftig erkannten Eidesnorm kann nicht durch bloße Purifikations-Resolution entschieden, sondern es muß darüber salvis remediis förmlich erkannt werden.

L. Anfechtungsklage; Unzulässigkeit des Einwandes der mangelnden Begründung des erstrittenen Anspruches; res judicata. — Vergl. A. G. O. I. **16.** § 1., **24.** §§ 5—9.

Rechtsgr. **888.** — IV. Senat. 7. Mai 1872. (LXXXIV. 348.)

Der mit der Anfechtungsklage in Anspruch genommene Verklagte ist nicht befugt, aus rein objektiven Rechtsgründen die von dem Kläger rechtskräftig erstrittene Forderung, wegen deren die Anfechtungklage angestellt wird, zu bestreiten, und deshalb das diese Forderung festsetzende Judikat sich gegenüber für unwirksam zu erachten.

M. Purifikatoria oder Erkenntniß? — Vergl. A. G. O. I. **16.** § 1.

Rechtsgr. **889.** — IV. Senat. 25. Juni 1872. (LXXXV. 277.)

Die Frage, ob das im Prozesse verfolgte Recht von dem Datum einer Urkunde abhängig ist, und ob die schwörende Partei dazu verstattet werden darf, den anerkannten Eid mit der gewünschten Aenderung des Datums zu leisten, kann nicht durch eine Purifikations-Resolution, sondern muß nach vorgängiger Verhandlung, resp. Beweisaufnahme durch den Richter der ersten Instanz durch förmliches Erkenntniß mit Vorbehalt der zulässigen Rechtsmittel entschieden werden.

N. Beschränkung der Wirkung der in einem Vorprozesse geführten Beweise. — Vergl. A. G. O. I **10**. § 88b. Alin. 2. § 144., **16**. § 44.

Rechtsgr. **890**. — III. Senat. 25. Oktober 1872. (LXXXVI. 300.)

a) Die in einem Vorprozesse derselben Parteien über eine neuerdings in Streit gezogene Thatsache erhobenen Beweise behalten zwar an sich ihre Beweiskraft; den Parteien bleiben aber ihre Rechtsbehelfe gegen dieselben und die Geltendmachung von Gegenbeweisen in dem neuen Prozesse unbenommen.

b) Die besonderen Wirkungen, welche das Gesetz dem de veritate abgeleisteten Parteien-Eide beilegt, müssen auch in dem späteren Prozesse vom Richter Anerkennung finden.

O. Res judicata; Nichtvorhandensein derselben bei einem früheren Erkenntnisse über einen Theil derselben Forderung. — Vergl. A. G. O. I. **13**. § 38., **16**. § 1.

Rechtsgr. **891**. — IV. Senat. 12. Dezember 1872. (LXXXVII. 191.)

Die Entscheidung derselben Rechtsfrage in den Gründen eines Erkenntnisses hindert nicht die Anstellung einer neuen Klage auf einen anderen Gegenstand, in welcher dieselbe Rechtsfrage entscheidend ist.

P. Rechtskräftige Abweisung mit dem Anspruch auf das Alleineigenthum an einen Streitfleck und spätere Geltendmachung des Miteigenthums zu einem bestimmten Theil, beziehungsweise Grenzregulirung. — Vergl. A. G. O. I. **16**. § 1.

Rechtsgr. **892**. — II. Senat. 19. November 1868. (LXXIII. 114.)

Ist in einem Vorprozeß der Kläger mit dem Anspruch, ihm das Alleineigenthum an einem Streitfleck, z. B. einer zwischen seinem und des Verklagten Grundstück liegenden Gasse, znzusprechen, rechtskräftig abgewiesen, so bleibt die

Klage auf Zuerkennung eines bestimmten Theils, beziehungsweise Grenzregulirung statthaft, wenn auch im Tenor ein bezüglicher Vorbehalt nicht gemacht ist.

Q. Rechtskräftiges Erkenntniß; Recht des Verurtheilten aus demselben.

Rechtsgr. 893. — III. Senat. 19. September 1873. (LXXXIX. 255.)

Ein Erkenntniß, welches lediglich eine Verurtheilung des Verklagten ausspricht, legt dem obsiegenden Theile nur ein Recht bei, nicht eine Verpflichtung auf.

Titel 1. Von Personen, welche vor Gericht klagen oder belangt werden können.

§ 21. Weigerung des Ehemannes, einer Klage seiner Ehefrau beizutreten.

Rechtsgr. 894. — Senat für Strafsachen, Abth. I. 26. November 1869. (LXXVII. 68.)

Verweigert der Ehemann den Beitritt zur Klage seiner Ehefrau, und kann oder will dieselbe für die Kosten eine von dem Nießbrauch des Ehemannes unabhängige Kaution nicht leisten, so darf die Klage nicht zurückgewiesen werden, vielmehr ist das im § 21. I. 1. der Allg. Gerichts-Ordnung vorgeschriebene Verfahren zu beobachten.

Titel 2. Vom Gerichtsstande.

§§ 8. ff. Gesindedienst und Wohnsitz des Gesindes; ordentlicher persönlicher Gerichtsstand eines Ausländers im Inlande.

Rechtsgr. 895. — I. Senat. 20. Oktober 1871. (LXXXIV. 83.)

a) Der Gesindedienst selbstständiger Personen ist als das Aufschlagen eines beständigen Wohnsitzes anzusehen.

b) Der ordentliche persönliche Gerichtsstand ist nicht nothwendig dadurch bedingt, daß die betreffende Person dem Preußischen Staatenverbande angehört, sondern durch ihren beständigen Wohnsitz; er ist wohl damit verträglich, daß dieselbe in einem ausländischen Unterthanenverbande steht.

§ 12. Gerichtsstand; persönlicher Aufenthalt des Pächters auf dem gepachteten Gut.

Rechtsgr. 896. — III. Senat. 4. März 1872. (LXXXIII. 344.)

Unter dem persönlichen Aufenthalt des Pächters auf dem Pachtgute ist im § 12. I. 2. der Allgem. Gerichts-Ordnung nicht blos ein zeitweiliger, besuchsweiser, sondern ein regelmäßiger Aufenthalt zu verstehen.

§§ 107—113. 154. 155. 158. Gerichtsstand der geführten Verwaltung; Unabhängigkeit der Dauer des dinglichen Gerichtsstandes von der Fortdauer des Besitzes.

Rechtsgr. 897. — III. Senat. 8. Juli 1870. (LXXIX. 149.)

a) Der außerordentliche Gerichtsstand wegen der unter demselben geführten Verwaltung trifft nur für die Klagen gegen den Verwalter, nicht für solche gegen den Geschäftsherrn zu.

b) Die Dauer des dinglichen Gerichtsstandes hängt nicht von der Dauer des Besitzes des Verklagten ab.

Abgesehen von dem Falle, in welchem die Klage aus dem Besitze des Grundstückes entlehnt wird, hängt der dingliche Gerichtsstand nur davon ab,

ob der Verklagte zur Zeit der den Klagegrund bildenden Handlung Gutsbesitzer war, und ob er die Handlung in seiner Eigenschaft als Gutsbesitzer damals vorgenommen hat?

§ 116. Rückforderung der Arrestkaution im dinglichen Gerichtsstande aus § 116. I. 2. der Allg. Gerichts-Ordnung. - Vergl. A. G. O. I. 29. §§ 30. 31.

Rechtsgr. 898. — IV. Senat. 23. Mai 1871. (LXXXII. 172.)

An der nach den §§ 31. 32. I. 29. der Allgem. Gerichts-Ordnung geleisteten Arrestkaution erwirbt der Arrestverklagte ein Pfandrecht, und begründet dies für die Klage auf Zurückgabe der Kaution den dinglichen Gerichtsstand nach § 116 I. 2. der Allg. Gerichts-Ordnung.

§§ 121. 125. 160. Anstellung der Erbschaftsklage im persönlichen Gerichtsstande des Verklagten; Bedeutung der Konvention mit Sachsen-Altenburg für diese Frage; freiwillige Prorogation des Gerichtsstandes abseiten des Klägers. — Vergl. Konvention mit Sachsen-Altenburg vom 18. Februar 1832 Art. 4. 27. (Ges.-Samml. S. 105.)

Rechtsgr. 899. — I. Senat. 14. Oktober 1870. (LXXIX. 283.)

a) Die Erbschaftsklage kann sowohl bei dem Erbschaftsforum, als bei einem andern sonst kompetenten Forum des Verklagten angestellt werden.

b) Der Art. 27. der Konvention mit Sachsen-Altenburg vom 18. Februar 1832 enthält in Betreff der Konkurenz des Erbschaftsfori mit dem persönlichen keine von der Gerichts-Ordnung abweichenden Grundsätze.

c) Nach dem Begriffe der Prorogation ist auch für den Kläger eine freiwillige Prorogation des Fori nicht untersagt.

§§ 160. 167. ff. Einlassung des Verklagten vor dem nicht zuständigen Richter als quasikontraktliche Vereinbarung mit dem Kläger; Anwendbarkeit des § 160. I. 2. der Allgem. Gerichts-Ordnung für den Fall, daß die Zulässigkeit des ordentlichen Richters durch Kompromiß ausgeschlossen war.

Rechtsgr. 900. — IV. Senat. 2. Februar 1871. (LXXX. 290.)

a) Wenn Klägerin ihre Klage bei dem von ihr für zuständig erachteten Gerichte eingereicht, und der Verklagte, ohne Bemängelung der Kompetenz desselben, die Klage beantwortet und dadurch zu erkennen gegeben hat, daß er bei diesem Gericht Recht nehmen wolle, so ist hierdurch eine quasikontraktliche Vereinbarung der Parteien erzeugt, von welcher der Verlagte nicht demnächst einseitig zurücktreten kann.

b) Der § 160. I. 2. der Allgem. Gerichts-Ordnung kommt auch in den Fällen zur Anwendung, wenn der Verklagte den Einwand, daß durch Kompromiß die Zulässigkeit des ordentlichen Richters ausgeschlossen, und an

Stelle desselben ein Schiedsgericht vereinbart sei, nicht in der Klagebeantwortung gebraucht hat.

§§ 169—176. Unzulässigkeit, die das Endurtheil über den Rechtsstreit der Parteien bedingenden Streitpunkte für sich allein schiedsrichterlicher Entscheidung zu unterwerfen.

Rechtsgr. **901**. — IV. Senat. 13. Januar 1870. (LXXVI. 348.)

Es ist unstatthaft, einzelne, das Endurtheil über den Rechtsstreit der Parteien bedingende Streitpunkte für sich allein schiedsrichterlicher Entscheidung zu unterwerfen und erst nach ergangenem laudum über diese die Beschreitung des Rechtsweges vor dem ordentlichen Richter eintreten zu lassen.

§§ 172—175. Zuständigkeit des Richters erster Instanz beim Rechtsmittel gegen einen Schiedsspruch.

Rechtsgr. **902**. — III. Senat. 18. Februar 1870. (LXXIX. 35.)

Im § 175. I. 2. der Allg. Gerichts-Ordnung, woselbst die beiden Rechtsmittel, durch welche das laudum angefochten werden kann, die Nichtigkeitsklage in den Fällen der §§ 172. und 173. und die Apellation § 174. behandelt sind, ist der ordentliche Richter erster Instanz zur Entscheidung beider Rechtsmittel bestellt.

§ 176. Judikatsklage aus einem Schiedsspruch.

Rechtsgr. **903**. — III. Senat. 1. Oktober 1869. (LXXVI. 162.)

Haben die Parteien bei Begründung eines Schiedsgerichts jede richterliche Entscheidung ausgeschlossen, so kann die Judikatsklage, weil das laudum nicht mehr exekutionsfähig ist, nicht vor dem ordentlichen Staatsgericht angestellt, sondern muß bei dem Schiedsgericht angebracht werden.

Titel 5. Von Aufnehmung und Instruktion der Klage selbst, und was dabei zu beobachten.

§ 6. Verwahrung des Klägers wegen vermuthlicher Einwendungen des Verklagten.

Rechtsgr. 904. — IV. Senat. 24. Januar 1871. (LXXX. 270.)

Die Vorschrift des § 6. I. 5. der Allgem. Gerichts-Ordnung war nur eine instruktive, mit dem inquisitorischen Verfahren der Allgem. Gerichts-Ordnung zusammenhängende Bestimmung für den Instruktionsrichter, welche auch als solche ihre Bedeutung nach den neuen Prozeßvorschriften verloren hat.

§§ 17. 18. Ergänzung der Klageschrift aus den darin Bezug genommenen und in Abschrift überreichten Urkunden.

Rechtsgr. 904a. — III. Senat. 28. Mai 1869. (LXXIV. 337.)

a) Die mit der Klage in Abschrift oder Urschrift überreichten Urkunden sind, wenn in der Klageschrift ausdrücklich darauf Bezug genommen ist, soweit sich aus ihnen der Inhalt der Klage selbst ergänzt, als ein integrirender Theil derselben anzusehen.

§§ 21—23. Alluvion und Inselbildung als wechselndes Klagefundament. — Vergl. A. G. O. I. 10. § 5a.

Rechtsgr. 905. — III. Senat. 23. Mai 1870. (LXXVII. 353.)

Die Eigenthums-Erwerbungsformen der Alluvion und der Inselbildung sind im Sinne des § 23. I. 5. der Allg. Gerichts-Ordnung als verschiedene Rechtstitel und Geschäfte anzusehen, deren Substituirung und Aenderung nach der Klage prozeßrechtlich nicht gestattet ist.

§§ 29. 30. Einwand der Verjährung als Präjudizialpunkt. — Vergl. A. G. O. I. 10. §§ 68—81b., 13. § 43.

Rechtsgr. 906. — IV. Senat. 6. Dezember 1870. (LXXX. 139.)

Die Verjährungseinrede ist prjudizieller Natur.

Titel 7. Von Abfassung und Insinuation gerichtlicher Verordnungen.

§§ 1. ff. 30. ff. 32. Klage gegen Erben ohne individuelle Bezeichnung derselben; Behändigung des Befehles an mehrere Erben im Sterbehause und an einen einzelnen Miterben. — Vergl. A. G. O. Einl. § 26., I. 4. § 2.

Rechtsgr. 907. — III. Senat. 5. Februar 1869. (LXXIII. 321.)

a) Eine Klage gegen Erben ohne deren bestimmte resp. individuelle Bezeichnung ist nicht zulässig und kann zu einer wirksamen und erfolgreichen Verurtheilung nicht führen.

b) Die in dem § 32. I. 7. der Allg. Gerichts-Ordnung enthaltene Bestimmung:

„Ist ein Befehl an mehrere Erben gerichtet und die Erbschaft noch ungetheilt, so geschieht die Insinuation im Sterbehause",

erstreckt sich nur auf den Ort der Insinuation und setzt im Uebrigen die Gewißheit der Person und des Aufenthaltes der Erben voraus.

c) Durch § 32. I. 7. der Allgem. Gerichts-Ordnung:

„Ist die Theilung schon erfolgt und der Extrahent weiß nicht genau, was und wie viel die Erben Jemand hinterlassen haben, so ist es genug, wenn nur Ein Erbe benannt und diesem die Citation zugestellt wird. Ein solcher Erbe muß, wenn er Miterben hat, denselben von der ergangenen Citation Nachricht geben, oder ihre Personen und ihren Aufenthalt dem Richter zur Besorgung der besonderen Insinuation in Zeiten anzeigen, widrigenfalls er dem Kläger für alle aus der Unterlassung entstehenden Schäden und Kosten verhaftet bleibt. Diese ihm obliegende Verbindlichkeit und die Folgen ihrer Unterlassung müssen jedoch einem solchen Erben in der Vorladung ausdrücklich bekannt gemacht werden",

gestattete Verfahren wird durch eine erfolgte Erbtheilung und dadurch bedingt, daß die Vorladung an den genannten Erben nach Vorschrift der §§ 20. ff. I. 7. der Allg. Gerichts-Ordnung behändigt wird.

§ 28. und Anhang § 37. dazu. Vertretung des Fiskus in dem zum Geschäftsbetriebe der Provinzial-Steuer-Direktoren gehörigen Angelegenheiten. — Vergl. A. G. O. I. 35. § 12.; Geschäfts-Anweisung für die Regierungen vom 31. Dezember 1825 zu II. Littr. c. (v. Kamptz, Jahrb. Bd. 27. S. 241.); Kabinets-Order vom 31. Dezember 1825 Littr. d. II. No. 3. (Ges.-Samml. für 1826 S. 5.); Publikandum vom 31. August 1827 (v. Kamptz, Annalen Bd. 11. S. 634.); Gesetze vom 5. Mai 1838 § 1. (Ges.-Samml. S. 273.) und vom 26. April 1851 (Ges.-Samml. S. 181.).

Rechtsgr. 908. — III. Senat. 4. Januar 1869. (LXXIII. 196.)

a) Nur die Provinzial-Steuer-Direktoren, nicht aber die denselben untergeordneten Behörden, sind in den zum Geschäftsbetriebe der Provinzial-Steuer-Direktionen gehörigen Angelegenheiten zur Prozeßführung für den Fiskus befugt.

b) Deshalb ist der Zustellung eines Erkenntnisses an ein Haupt-Steuer-Amt eine rechtliche Wirkung gegen den Fiskus nicht beizulegen.

§§ 42. 47a. Unterbrechung der Verjährung bei der Ediktal-Citation. — Vergl. Gesetz vom 21. Dezember 1849 §§ 1. ff. (Ges.-Samml. S. 441.)

Rechtsgr. 909. — IV. Senat. 25. Februar 1869. (LXXIII. 356.)

Bei der Vorladung des Verklagten im Wege der Edikal-Citation reicht zur Unterbrechung der Verjährung der Aushang an der Gerichtsstelle hin, und wird die an diesem bestimmten Tage eingetretene Wirksamkeit der Edikal-Citation dadurch, daß die übrigen Bekanntmachungen erst später erfolgen, nicht wieder beseitigt.

§ 48. Wirkung der Eintragung des Subhastationsvermerkes für die eingetragenen Gläubiger überhaupt und namentlich rücksichtlich der Pertinenzstücke. Vergl. A. G. O. I. 24 §§ 7—9.; Subhastations-Verordnung vom 4. März 1834 § 3. (Ges.-Samml. S. 39.); Subhastations-Ordnung vom 15. März 1869 § 10. (Ges.-Samml. S. 421)

Rechtsgr. 910. — III. Senat. 17. Dezember 1869. (LXXVI. 340.)

Die Eintragung des Subhastationsvermerkes für das

zur Subhastation gestellte Grundstück involvirt einen Arrestschlag zum Besten der eingetragenen Gläubiger, welcher die nunmehrige Eigenschaft desselben als einer res litigiosa durch die Publizität des Hypothekenbuchs zur öffentlichen Kenntniß bringt, und den Subhastaten hindert, Pertinenzstücke des Guts der Subhastation ungeachtet, also während der darin liegenden Vollstreckung der Exekution in das Grundstück von demselben wegzuschaffen und so diese Exekution zum Nachtheil seiner Gläubiger zu vereiteln.

§ **48a.** Rechtshängigkeit; Erledigung des Einwandes im Laufe des Prozesses.

Rechtsgr. **911.** — III. Senat. 2. Dezember 1872. (LXXXVII. 130.)

Wird der ursprünglich begründete Einwand der Rechtshängigkeit erst während des Verfahrens hinfällig, so ist er vom Spruchrichter zu verwerfen, als wenn er von Anfang an unbegründet gewesen wäre.

Der Prozeß über die Hauptsache ist dann als ein sistirter zu betrachten und muß in der Lage wieder aufgenommen werden, in welcher er sich bei Erhebung des Präjudizial-Einwandes befunden hat.

§ **48b.** Rechtshängigkeit der Widerklage. — Vergl. A. G. O. I. **19.** § 4.

Rechtsgr. **912.** — IV. Senat. 23. September 1869. (LXXVI. 150.)

Erst nachdem der Richter die Einleitung der Widerklage beschlossen und deren Behändigung verfügt hat, und solche bewirkt ist, tritt die Rechtshängigkeit der Widerklage ein.

§ **48c.** Verträge mit ungewisser Erfüllungszeit; Wirkung der Klagebehändigung.

Rechtsgr. **913.** — II. Senat. 2. Oktober 1873. (LXXXIX. 305.)

Wenn zur Erfüllung eines Vertrages eine gewisse Frist nicht bestimmt war, der Verpflichtete daher zur Erfüllung von dem Berechtigten erst besonders aufgefordert werden mußte, so wird doch diese Aufforderung im Falle der Klage durch die Insinuation der Vorladung an den Verklagten vertreten, und dieser dadurch in Verzug gesetzt.

Titel 10. Von der Instruktion der Sache zum Definitiv-Erkenntnisse.

§ 5a. Aenderung des Klagefundaments. — Vergl. Instruktion vom 24. Juli 1833 § 29. (v. Kamptz, Jahrb. Bd. 41. S. 452.).

Rechtsgr. 914. — IV. Senat. 31. Mai 1870. (LXXVIII. 285)

a) Rechtfertigen die der Klage zum Grunde liegenden Thatsachen den Klageantrag, so darf die Klage nicht deshalb abgewiesen werden, weil die gewählte Bezeichnung des Rechtsverhältnisses eine unrichtige ist.

b) Hat in der Klage nur die Allegirung einer nicht zutreffenden Gesetzesstelle stattgefunden, und wird demnächst, während der Klageantrag unverändert bleibt, auf das richtige Gesetz Bezug genommen, so liegt hierin keine unstatthafte Aenderung des Klagefundaments.

§ 19. Anh. § 74. Unterschrift der Vergleichsverhandlung, welche im Laufe des Prozesses von einem Deputirten des Gerichts aufgenommen ist. — Vergl. A. G. O. II. 2. § 45.

Rechtsgr. 915. — II. Senat. 15. Juli 1869. (LXXV. 312.)

a) Der Anhang § 74. zu § 19. I. 10. der Allgem. Gerichts-Ordnung findet nur auf Protokolle Anwendung, welche im Prozeßverfahren aufgenommen sind, und kann auf Protokolle über Akte der freiwilligen Gerichtsbarkeit nicht ausgedehnt werden.

b) Ein im Lauf eines Prozesses über dessen Gegenstand oder einen Theil desselben von einem Deputirten des Gerichts niedergeschriebener Vergleich ist für die Partei, wenn dieselbe demnächst die Unterschrift der Verhandlung verweigert, ohne Gründe der Weigerung angeben zu können oder zu wollen, auch das Protokoll wirklich nicht vollzogen wird, unverbindlich, wenngleich die Vorschrift des § 74. des Anhangs zur Allgem. Gerichts-Ordnung beobachtet ist.

§§ 27a. 87. Nichtwesentliche Prozeßvorschrift in den §§ 27a. und 87. I. 10. der Allg. Gerichts-Ordnung.

Rechtsgr. 916. — IV. Senat. 1. April 1869. (LXXIV. 167.)

In den §§ 27a. und 87. I. 10. der Allg. Gerichts-Ordnung, von denen der letztere es der Beurtheilung des erkennenden Richters überläßt, inwiefern der Widerruf eines im Prozesse abgelegten Geständnisses für hinlänglich begründet zu erachten sei, und was daraus in Ansehung der Hauptsache folge, sind lediglich bei der Prüfung der vorhandenen Beweise zu beachtende Instruktionen, aber keine wesentliche Prozeßvorschriften enthalten.

§ 53. Nicht wesentliche Prozeßvorschrift in diesem Paragraphen.

Rechtsgr. 917. — IV. Senat. 8. Februar 1870. (LXXVI. 353.)

Der § 53. I. 10. der Allgem. Gerichts-Ordnung enthält keine wesentliche Prozeßvorschrift.

§ 53. Ermittelung des ausländischen Rechts.

Rechtsgr. 918. — V. Senat. 18. Januar 1870. (LXXIX. 3.)

Kommt es bei Entscheidung eines Prozesses darauf an, was ein fremdes Landesgesetz bestimmt, so bedarf es einer Beweisführung der Parteien nicht, wo sich die Hülfsmittel zur Lösung der betreffenden Frage dem Richter unmittelbar und von selbst darbieten.

§§ 60. ff. **81b.** Erfordernisse der Präjudizialklagen.

Rechtsgr. 918a. — IV. Senat. 13. Mai 1873. (XC. 163.)

b) Präjudizialklagen im Gebiete des Obligationenrechts, welche allerdings unter Umständen behufs vorläufiger Feststellung eines Rechtsverhältnisses zulässig sind,

sind jederzeit an die nothwendige Voraussetzung geknüpft, daß der Kläger ein entschiedenes rechtliches Interesse bei der Sache habe und nachweise, mit andern Worten, daß er die Geltendmachung eines bestimmten, nach Grund und Umfang konkreten Anspruches durch die Präjudizialklage vorbereiten wolle.

Dritter Abschnitt. Vom Beweise durch Urkunden.

§§ 91. ff. Allgemeine Bezugnahme auf Untersuchungsakten als Beweismittel.

Rechtsgr. 919. — Senat für Strafsachen. 10. Februar 1870. (LXXVI. 360.)

Eine allgemein gehaltene Berufung auf Untersuchungsakten ohne Bezeichnung des einzelnen Schriftstückes, auf welches Bezug genommen wird, ist kein zulässiges Beweismittel.

§ 118. Nicht erhebliche Prozeßvorschrift in diesem Paragraphen.

Rechtsgr. 920. — IV. Senat. 28. Oktober 1869. (LXXVI. 260.)

Der § 118. I. 10. der Allg. Gerichts-Ordnung enthält eine nicht wesentliche Prozeßvorschrift.

§ 120. Nicht wesentliche Prozeßvorschrift in diesem Paragraphen.

Rechtsgr. 921. — IV. Senat. 11. März 1869. (LXXV. 34.)

Der § 120. I. 10. der Allg. Gerichts-Ordnung enthält nur eine unwesentliche Prozeßvorschrift.

§ 126.

A. Anfechtung öffentlicher Urkunden.

Rechtsgr. 922. — III. Senat. 29. September 1873. (LXXXIX. 299.)

Zur Substanziirung des Einwandes, ein gerichtlicher oder notarieller Vertrag sei anders niedergeschrieben, als verabredet worden, reicht die bloße Angabe der angeblich andern und wirklichen Vereinbarung nicht aus; es muß vielmehr behauptet und unter Beweis gestellt werden, daß die beurkundete Erkärung nicht die wahre Willenserklärung der Kontrahenten enthalte.

B. Anfechtung von Urkunden aus dem Grunde dieses Paragraphen oder aus materiellen Gründen.

Rechtsgr. **923.** — III. Senat. 13. Mai 1872. (LXXXV. 138.)

Die aus Gründen des materiellen Rechts geschehende Anfechtung des durch gerichtliche Urkunde erwiesenen Vertragsinhalts wird durch den § 126. I. 10. der Allg. Gerichts-Ordnung nicht verschränkt.

§§ **127. 150.** Rechtlicher Charakter der Urbarien. — Vergl. A. G. O. I. **13.** § 10. No. 1.; Verordnung vom 14. Dezember 1833 § 4. No. 1. (Ges.-Samml. S. 302.)

Rechtsgr. **924.** — I. Senat. 8. Januar 1872. (LXXXIII. 262.)

a) Urbarien sind nicht als Spezialgesetze, und ihre Bestimmungen nicht als Rechtsgrundsätze im Sinne der Verordnung vom 14. Dezember 1833 § 4. No. 1. aufzufassen.

b) Die Urbarien gehören zu den öffentlichen Urkunden im Sinne der §§ 127. 150. I. 10. und des § 10. No. 1. I. 13. der Allg. Gerichts-Ordnung.

§§ **134. 135.** Aenderung der Norm des Diffessionseides.

Rechtsgr. **925.** — IV. Senat. 13. Oktober 1870. (LXXIX. 281.)

Der Richter ist nicht befugt, die gesetzlich vorgeschriebene Norm des Diffessionseides aus Gründen des materiellen Rechts zu ändern, und den Produkten von der Leistung eines Theiles des Eides zu entbinden.

§§ **151. 82.** Echtheitsbeweis eines bei der Schriftvergleichung zu benutzenden Schriftstückes. — Vergl. Cod. **4.** 21. Lex 20., Nov. 49. Cap. 2.

Rechtsgr. **926.** — IV. Senat. 11. Juni 1872. (LXXXVI. 110.)

Zum Beweise der Echtheit eines zur Schriftvergleichung zu benutzenden Schriftstückes ist das Abfordern des

Diffessionseides unstatthaft; vielmehr ist der Echtheitsbeweis auf die darin im § 151. I. 10. der Allg. Gerichts-Ordnung angegebenen Voraussetzungen beschränkt.

§ **180**. No. **7**., §§ **194**. **245**. ff. Eideszuschiebung über Wissen oder Nichtwissen.

Rechtsgr. **926a**. — **IV**. Senat. 26. September 1872. (**LXXXVI**. 200.)

Eine Eideszuschiebung über das Wissen oder Nichtwissen einer Partei ist zulässig.

Vierter Abschnitt. Von Aufnehmung des Beweises durch Zeugen.

§ **203**. No. **4**. Nichtwesentliche Prozeßvorschrift in diesem Paragraphen.

Rechtsgr. **927**. — **III**. Senat. 31. Mai 1869. (**LXXV**. 96.)

Die Bestimmung des § 203. No. 4. I. 10. der Allg. Gerichts-Ordnung, wonach die ein für alle Mal erfolgte Vereidigung von Sachverständigen im Protokoll ausdrücklich attestirt werden soll, enthält eine nicht wesentliche Prozeßvorschrift.

§ **227**. No. **7**.

A. Einfluß der Begnadigung des wegen begangener Verbrechen für ehrlos Erklärten auf die Eidesfähigkeit. — Vergl. A. G. O. I. **13**. § 25.; Verfassungs-Urkunde vom 31. Januar 1850 Art. 49.

Rechtsgr. **928**. — **II**. Senat. 14. Februar 1871. (**LXXXI**. 150.)

Der § 227. No. 7. I. 10. der Allgem. Gerichts-Ordnung, wonach die erfolgte Begnadigung der wegen begangener Verbrechen für ehrlos Erklärten auf die Eidesfähigkeit nur dann Einfluß hat, wenn die Begnadigung wegen nachgewiesener Unschuld ertheilt worden ist, hat durch Art. 49. der Verfassungs-Urkunde keine Aenderung erfahren.

B. Nothwendiger Eid; Einfluß des Ehrverlustes in Folge Strafurtheils. — Vergl. A. G. O. I. **13**. § 25.; Preußisches Strafgesetzbuch vom 14. April 1851 §§ 12. 21.; Strafgesetzbuch für den Norddeutschen

Bund vom 31. Mai 1870 §§ 33. 34.; Strafgesetzbuch für das Deutsche Reich §§ 33. 34.

Rechtsgr. 229. — IV. Senat. 12. November 1872. (LXXXVII. 14.)

Wer nach dem Preußischen Strafgesetzbuche vom 14. April 1851 mit zeitiger Untersagung der Ausübung der bürgerlichen Ehrenrechte bestraft worden ist, hat vor Ablauf der Untersagungsfrist durch Einführung des Bundes-Strafgesetzbuches vom 31. Mai 1870 die Fähigkeit, zu einem nothwendigen Eide verstattet zu werden, nicht wieder erlangt.

§ 228. No. 5. Schwägerschaft beim Zeugenbeweis.

Rechtsgr. 230. — II. Senat. 3. April 1873. (LXXXIX. 26.)

a) Zu den Schwägern und Schwägerinnen im Sinne des § 228. No. 5. I. 10. der Allgem. Gerichts-Ordnung gehören nicht auch solche Personen, welche in einem weiteren Grade der Schwägerschaft mit der betreffenden Person stehen.

b) In Beziehung auf die Zeugenglaubwürdigkeit fallen die Folgen der Schwägerschaft mit der Auflösung der Ehe selbst fort.

§§ 234. ff. Nichtwesentliche Prozeßvorschrift in diesen Paragraphen.

Rechtsgr. 231. — Senat für Strafsachen, I. Abth. 23. April 1869. (LXXIV. 268.)

Die Vorschriften der §§ 234. ff. I. 10. der Allgem. Gerichts-Ordnung sind als nicht wesentliche Prozeßvorschriften im Sinne der Verordnung vom 14. Dezember 1833 anzusehen.

Fünfter Abschnitt. Von Aufnehmung des Beweises durch den Eid.

§§ 260. 377. 378. 379. Purifikatoria ohne vorgängige mündliche Verhandlung; nichtwesentliche Prozeßvorschrift der §§ 260. 378. 379. I. 10. der Allgem. Gerichts-Ordnung. — Vergl. Verordnung vom 14. Dezember 1833 § 5. No. 1. (Ges.-Samml. S. 302.); Deklaration vom 6. April 1839 Art. 3. No. 1. (Ges.-Samml. S. 126.)

Rechtsgr. [illegible]. — IV. Senat. 16. Juni 1870. (LXXVIII. 295.)

a) Plenarbeschluß vom 3. Januar 1870:

1. Nicht in allen Fällen der Abfassung einer Purifikations-Resolution muß eine mündliche Verhandlung mit den Parteien respektive deren Stellvertretern nothwendig vorangehen.
2. Eine durch eine, ohne vorangegangene mündliche Verhandlung abgefaßte Purifikations-Resolution sich beschwert erachtende Partei kann allein aus dem Grunde, weil sie weder zu der Eidesleistung zugezogen, noch vor Abfassung der Purifikatoria von der erfolgten Eidesleistung in Kenntniß gesetzt worden ist, eine Nichtigkeitsbeschwerde gegen diese Purifikatoria auf den Vorwurf der Verletzung wesentlicher Prozeßvorschriften im Sinne des § 5. No. 1. der Verordnung vom 14. Dezember 1833 und des Art. 3. No. 1. der Deklaration vom 6. April 1839 mit Erfolg nicht gründen.

b) Die §§ 260. 378. 379. I. 10. der Allg. Gerichts-Ordnung sind nicht aus dem Gesichtspunkt wesentlicher Prozeßvorschriften zu nehmen.

§§ 295. ff. Eventuelle Eidesdelation. — Vergl. Verordnung vom 14. Dezember 1833 § 5. No. 2. (Ges.-Samml. S. 302.)

Rechtsgr. [illegible]. — IV. Senat. 9. Januar 1872. (LXXXIII. 265.)

a) Die Erklärung einer Partei, daß sie sich über einen ihr nur eventualiter deferirten Eid dann bestimmt erklären werde, wenn derselbe ihr definitiv zugeschoben sein werde, hat für sich allein noch nicht die Folge, daß sie pro jurare nolente erachtet werden kann.

b) Ein Verstoß hiergegen stellt die Verletzung einer wesentlichen Prozeßvorschrift im Sinne des § 5. No. 2. der Verordnung vom 14. Dezember 1833 dar.

§§ 295. 297. 252.

A. Nichtberücksichtigung eines eventualissime deferirten Eides durch den Appellations-Richter. — Vergl. A. G. O. I. 13. § 10 No. 8.

Rechtsgr. 934. — IV. Senat. 9. November 1871. (LXXXIII. 94.)

Hat der erkennende Richter einen eventualissime deferirten nnd acceptirten Eid aus dem Grunde nicht berücksichtigt, weil er denselben als ein zulässiges Beweismittel nicht erachtete, so ist dieser Verstoß durch den §. 5. No. 2. der Verordnung vom 14. Dezember 1833 nicht anzugreifen und enthält keinen Widerspruch mit den §§ 252. 295. und 297. I. 10. und dem § 10 No. 8. I. 13. der Allg. Gerichts-Ordnung.

B. Eventuelle Eidesdelation

Rechtsgr. 935. — IV. Senat. 15. Mai 1873. (XC. 168.)

a) Beim eventuell zugeschobenen Eide kann eine Kontumazialfolge erst dann eintreten, wenn der Delat sich ungeachtet der an ihn durch den Richter ausdrücklich oder stillschweigend ergangenen Aufforderung, sich über den Eid zu erklären, über den Eid nicht erklärt.

b) Dies gilt auch da, wo der Eid nur für den Fall zugeschoben worden, daß dem Zuschiebenden der Beweis obliegen sollte.

§§ 297. ff. Eventuelle Eidesdelation und Auferlegung eines nothwendigen Eides über die streitige Thatfrage.

Rechtsgr. 936. — IV. Senat. 8. Februar 1870. (LXXVIII. 10.)

Hat eine Partei einen Eid vorbehaltlich anderer Beweismittel zugeschoben, und ist derselbe vom Gegner acceptirt, so kann der Richter die Eidesdelation unbeachtet lassen und nach Maßgabe des Resultats der Beweisaufnahme auf einen nothwendigen Eid erkennen.

§ 297. Eventueller Eid und Antrag des Zuschiebenden, diesen Eid in der Instanz abzunehmen.

Rechtsgr. 937. — IV. Senat. 30. März 1871. (LXXX. 347.)

In dem Antrage des Deferenten, den eventuell zugeschobenen Eid in der Instanz abzunehmen, liegt weder ein Verzicht auf die durch die eventuelle Eigenschaft des Eides begründeten Rechte, noch eine definitive, den Richter einschränkende Zuschiebung des Eides.

§§ **297**. **376**. Erklärung über einen Eid in zweiter Instanz.

Rechtsgr. **938**. — IV. Senat. 13. November 1873. (XC. 286.)

a) Plenarbeschluß vom 16. Januar 1871:

Wenn der Appellant in der Appellations-Rechfertigungsschrift dem Gegner über eine von demselben bereits früher bestrittene Thatsache den Eid zugeschoben, und der mit der Beantwortung jener Schrift präkludirte Appellant im Audienztermine den Eid angenommen hat, der Appellations-Richter aber hiernächst ausspricht, daß Appellant sich nicht rechtzeitig über den Eid erklärt habe und deshalb pro jurare nolente, jene Thatsache somit für feststehend zu erachten sei, so ist von dem Richter ein falsches Präjudiz im Sinne des § 5. No. 2. der Verordnung vom 14. Dezember 1833 zur Anwendung gebracht.

b) Nach den Bestimmungen der §§ 297. 376. I. 10. der Allg. Gerichts-Ordnung ist die Erklärung über die Annahme oder Zurückschiebung eines Eides bis zum Schlusse der Instanz zulässig und selbst noch in zweiter Instanz, wenn die Eideszuschiebung in der ersten Instanz erfolgt ist. — Abgesehen von der Erklärung des Delaten, den Eid nicht leisten zu können oder zu wollen, tritt eine Kontumaz erst ein, und sind deren Folgen erst in dem Erkenntnisse auszusprechen, wenn die Erklärung über den Eid bis zum Schlusse der Instanz verweigert wird.

§ **311b**. Abänderung rechtskräftig feststehender Eidesnormen. — Vergl. A. G. O. I. **22**. § 45

Rechtsgr. **939**. — I. Senat. 12. September 1873. (LXXXIX. 226.)

Nach § 45. I. 22. der Allg. Gerichts-Ordnung findet

die im § 311 b. I. 10. daselbst enthaltene Ausnahmevorschrift auch auf Eide, deren Formel durch rechtskräftige Erkenntnisse festgestellt ist, Anwendung.

§ 375. Nichterforderniß der Bescheinigung von Hinderungsgründen bei einem Gesuch um Verlegung eines Eidesleistungstermins. — Vergl. Verordnungen vom 14. Dezember 1833 § 5. No. 2. (Ges.-Samml. S. 303.), vom 28. März 1840 (Ges.-Samml. S. 102.) und 21. Juli 1846 § 31. Abs. 3. (Ges.-Samml. S. 291.)

Rechtsgr. 940. — I. Senat. 12. November 1869. (LXXVII. 38.)

Insoweit bei der Restitution gegen einen versäumten Schwörungstermin oder gegen eine Purifikations-Resolution die Hinderungsursachen weder erheblich noch bescheinigt zu sein brauchen, ist auch bei einem bezüglichen Prorogationsgesuch die Bescheinigung der Hinderungsgründe nicht erforderlich.

§ 376. Nachträgliche Erklärung über einen referirten Eid.

Rechtsgr. 941. — I. Senat. 18. September 1871. (LXXXII. 311.)

Der zweite Satz des § 376. I. 10. der Allgem. Gerichts-Ordnung:

Ist hingegen eine Partei blos wegen Ausbleibens im Termine zur Eidesleistung, oder verweigerter bestimmter Erklärung über die Annahme oder Zurückschiebung des Eides dafür, daß sie selbigen nicht schwören könne oder wolle, geachtet worden, so soll ihr bis zum Schlusse der Sache, und allenfalls noch in der Appellations-Instanz das Versäumte nachzuholen gestattet sein,

ist auch von zurückgeschobenen Eiden zu verstehen.

§ 377.:

A. Feststellung der Folgen der Ableistung oder Ablehnung der auferlegten Eide im Haupterkenntniß oder in der Purifikatoria. — Vergl. A. G. O. I. 13. § 43., 22. § 4.

Rechtsgr. 942. — IV. Senat. 22. November 1870. (LXXX. 94.)

a) In dem Urtheil muß festgesetzt werden, welche

Wirkung die Leistung oder Nichtleistung der Eide in Bezug auf das zwischen den Parteien streitige, zur Entscheidung des Richters gestellte Rechtsverhältniß, also auf die von den Parteien in der Sache selbst gestellten Anträge haben soll.

b) Dagegen ist es nicht nothwendig, daß bezüglich aller möglichen, durch die Leistung oder Nichtleistung mehrerer Eide entstehenden Kombinationen in dem die Eide feststellenden Erkenntniß eine Entscheidung getroffen werde, sondern es reicht aus, wenn durch das Erkenntniß die Folgen der Leistung oder Nichtleistung aller Eide festgesetzt werden.

c) Ergiebt sich nach beschrittener Rechtskraft, daß nur einige der erkannten Eide geleistet werden, andere dagegen nicht, so muß nunmehr darüber, wie in einem solchen in dem Haupterkenntnisse nicht vorgesehenen Fall die gegenseitigen Rechte und Pflichten der Parteien zu stehen kommen, nachträglich durch Erkenntniß besonders entschieden werden.

B. Purifikatoria oder Erkenntniß?

Rechtsgr. **943**. — IV. Senat. 16. Juli 1870. (LXXVIII. 331.)

Ergiebt sich erst nach der Rechtskraft des Urtheils, daß die physische Person, für welche auf einen Eid erkannt ist, als solche nicht existirt, sondern daß es sich um eine Firma handelt, und haben die Inhaber dieser Firma gegen den Widerspruch des Gegners den Eid geleistet, so ist über die Folgen der Eidesleistung nicht durch Purifikatoria, sondern durch Erkenntniß zu entscheiden.

C. Rechtskraft; ob Purifikatoria oder Erkenntniß?

Rechtsgr. **944**. — III. Senat. 10. Februar 1873. (LXXXVII. 374.)

Die Prüfung des purifizirenden Richters, welcher der beiden Fälle des hypothetischen Erkenntnisses eingetreten sei, setzt nothwendig ein Befinden darüber voraus, ob —

wenn das aus irgend einem Grunde in Zweifel gezogen wird — der zum Schwur Verstattete hinterher das Recht wieder verloren habe.

§§ 378. 379.:

A. Unbedingte Annahme eines eventuell zugeschobenen Eides und Tod des Acceptanten.

Rechtsgr. **945.** — III. Senat. 27. Januar 1870. (LXXVII. 200.)

Die Vorschrift des § 378. I. 10. der Allg. Gerichts-Ordnung trifft auch bei einem eventuell zugeschobenen aber unbedingt angenommenen Eide zu, wenn der eventus eingetreten ist.

B. Tod des Delaten nach Annahme eines eventuell zugeschobenen Eides; Annahme des Eides und Protest gegen die Zulässigkeit desselben.

Rechtsgr. **946.** — IV. Senat. 11. November 1869. (LXXVIII. 1.)

a) Der § 378. I. 10. der Allg. Gerichts-Ordnung findet auch auf eventuell zugeschobene und angenommene Eide Anwendung.

Hat der Delat den zugeschobenen Eid angenommen, jedoch hervorgehoben, daß das Thema des Eides ein prozessualisch unzulässiges sei, so ist dadurch der unbedingten Annahme keinesweges eine Modifikation beigefügt, welche die Anwendung des § 378. I. 10. der Allgem. Gerichts-Ordnung ausschlösse.

C. Purifikation eines Urtheils nach dem Tode der Partei vor Ableistung des Eides.

Rechtsgr. **947.** — III. Senat. 25. Januar 1869. (LXXIII. 263.)

Die Vorschrift des § 379. I. 10. der Allg. Gerichts-Ordnung, nach welcher die Vorschrift des vorhergehenden Paragraphen:

„daß ein unbedingt angenommener Eid, wenn der, welcher ihn schwören soll, vor der wirklichen Ableistung stirbt, für geleistet zu erachten sei",

auch bei nothwendigen von dem Richter erkannten Eiden

stattfindet, setzt voraus, daß die Erklärung, den Eid leisten zu wollen, erfolgte, nachdem die Verbindlichkeit zur Eidesleistung ausgesprochen war.

D. Ob Purifikatoria oder Erkenntniß? Instanz, in welcher der Streit zum Austrage zu bringen; Voraussetzung des § 379. I. 10. der Allg. Gerichts-Ordnung.

Rechtsgr. 948. — IV. Senat. 29. Oktober 1872. (LXXXVI. 310.)

a) Wenn nur in den Gründen erklärt, daß der einer verstorbenen Partei auferlegte nothwendige Eid für geschworen zu erachten, und der Tenor dahin gefaßt ist, daß das Erkenntniß zu „purifiziren", so benimmt dies der Entscheidung nicht den Charakter eines Erkenntnisses.

b) Die Frage, in welcher Instanz ein Streit zum Austrage zu bringen, hat der Richter zu entscheiden, ohne an die Anträge der Parteien gebunden zu sein.

c) Um einen nothwendigen Eid als geschworen anzunehmen, muß die Erklärung des Verstorbenen, daß er den Eid leisten wolle, erfolgt sein, nachdem das Urtheil, in welchem auf den Eid erkannt worden, rechtskräftig geworden ist.

Titel 13. Von Abfassung und Publikation der Erkenntnisse.

§ 24. Antrag auf Auferlegung eines nothwendigen Eides; Wegfall des Eides im Erkenntniß zweiter Instanz ohne Antrag des Appellanten. — Vergl. A. G. O. I. 14. § 2., 16. § 1.; Verordnungen vom 14. Dezember 1833 § 5. No. 10d. und vom 21. Juli 1846 §§ 18. 20.; Instruktion vom 24. Juli 1833 § 45. (v. Kamptz, Jahrb. Bd. 41. S. 437.)

Rechtsgr. 949. — III. Senat. 12. Dezember 1870. (LXXX. 154.)

a) Der Richter ist an Anträge der Parteien, auf einen nothwendigen Eid zu erkennen, nicht gebunden; er kann insbesondere, wenn auch der Gegner des Beweisführers sich dafür ausgesprochen hat, daß letzterer zum Erfüllungseide zu verstatten sei, den Beweis für ganz mißlungen erklären und von jedem nothwendigen Eide absehen, ohne daß ihn der Vorwurf träfe, über den Antrag hinaus erkannt zu haben.

b) Hat dagegen der erste Richter in Betreff einer Thatsache auf einen nothwendigen Eid erkannt, und ist in der gegen eine andere Festsetzung dieses Urtheils gerichteten Appellation hierüber nicht Beschwerde geführt, so erkennt der zweite Richter über den Antrag des Appellanten hinaus und verstößt gegen die Grundsätze der res judicata, wenn er den Eid nicht wegen Unerheblichkeit der Thatsache, sondern aus anderer Würdigung des von ihm nachgeprüften Beweises in Wegfall bringt.

§§ 27. ff. Charakter des Eides über die streitige Beischlafsvollziehung innerhalb der Empfängnißzeit. Vergl Gesetz vom 24. April 1854 § 15. (Ges.-Samml. S. 193.)

Rechtsgr. **950**. — I. Senat. 14. Februar 1870. (LXXVII. 229.)

Der im § 15. des Gesetzes vom 24. April 1854 über die streitige Beischlafsvollziehung innerhalb der Konzeptionszeit gedachte Eid hat den Charakter eines nothwendigen Eides, sobald darauf erkannt ist.

§ 28. Affirmative Feststellung einer bestrittenen und nicht erwiesenen Thatsache im Gegensatz zur Vermuthung.

Rechtsgr. **951**. — IV. Senat. 5. Oktober 1871. (LXXXIV. 17.)

Die affirmative Feststellung einer bestrittenen und nicht erwiesenen Thatsache kann nicht als eine Vermuthung aufgefaßt werden.

§§ 36. ff. Abweisung in der angebrachten Art wegen nicht substanziirter oder nicht mit gehörigen Beweismitteln unterstützter Klage.

Rechtsgr. **952**. — II. Senat. 8. Juli 1869. (LXXV. 251.)

Für das Gebiet des Preußischen Prozesses ist es als anerkannt zu betrachten, daß ein Kläger, welcher seine

Klageanträge nicht gehörig substanziirt, oder das von ihm zu erbringende thema probandum nicht mit den gehörigen Beweismitteln unterstützt hat, nicht in der angebrachten Art, sondern definitiv zurückzuweisen ist.

Diese Prozeßvorschrift gehört jedoch nicht zu denjenigen, welche die Nichtigkeit des Erkenntnisses nach sich zieht.

§ 38. Bezeichnung der Prozeßpartei; Appellation. — Vergl. A. G. O. I. 14. § 2.

Rechtsgr. 953. — IV. Senat. 24. April 1873. (XC. 117.)

Im Prozesse kommt es nicht auf die Bezeichnung, sondern auf die Person der Parteien an; eine unrichtige Bezeichnung der unzweifelhaften und erkennbar gemachten Partei ist ohne Einfluß auf die Sache.

Titel 14. Von Appellationen und wie mit der Instruktion derselben zu verfahren.

Erster Abschnitt. In welchen Fällen die Appellation zuläßig ist und von der Wirkung derselben.

§§ 1. ff.:

A. Rechtsmittel gegen eine Deklaratoria; Gegenstand der Deklaratoria und des dagegen eingelegten Rechtsmittels; Frist für das Rechtsmittel. — Vergl. A. G. O. I. 23. § 22.; Dig. 42. 1. Lex 46.; 49. 1. Lex 4. § 1.

Rechtsgr. 954. — IV. Senat. 2. Februar 1869. (LXXIII. 295.)

a) Gegen eine Deklaratoria ist an sich ein Rechtsmittel zuläßig; die Art desselben hängt von der Qualität des deklarirten Erkenntnisses ab.

b) Das gegen eine Deklaratoria zuläßige Rechtsmittel kann nur zum Gegenstande haben entweder:

daß die Deklaratoria nicht konform mit dem wesentlichen Sinne des deklarirten Erkenntnisses erfolgt sei, oder:

daß die Deklaratoria überhaupt eine ganz unstatthafte,

die Grenzen der Deklaratoria überschreitende, von dem Inhalte des deklarirten Erkenntnisses völlig verschiedene und demnach durchaus neue Verfügung enthalte, durch welche der Partei eine neue Beschwerde zugefügt worden.

c) Ob die Deklaratoria in Bezug auf ein noch nicht rechtskräftiges Erkenntniß erlassen worden, das ändert in dem eben Bemerkten überall nichts. Doch versteht es sich dabei von selbst, daß, wenn ein schon rechtskräftiges Erkenntniß deklarirt worden, durch das nur allein noch gegen die Deklaratoria Platz greifende Rechtsmittel nicht weiter das deklarirte Erkenntniß selbst, dessen Rechtsbestand und Richtigkeit angefochten werden kann, wogegen allerdings alsdann, wenn ein noch nicht rechtskräftiges Erkenntniß deklarirt worden, eine solche Anfechtung im vollen Umfange stattfindet.

d) Liegt ein wirklich dunkles, zweideutiges oder sich widersprechendes Urtheil vor, und wird dasselbe in Folge einer nachgesuchten Deklaratoria deklarirt, so beginnt der Lauf des Rechtsmittels erst mit dem Tage der Behändigung des deklarirenden Erkenntnisses.

e) Wenn es sich nur um die Verbesserung eines Irrthums in Worten, Namen oder Zahlen handelt, oder wenn in dem Erkenntnisse etwas dunkel und zweideutig ausgedrückt zu sein scheint, und deshalb von den Parteien oder einer derselben eine Erläuterung beantragt wird, so ist das zu deklarirende Erkenntniß rechtzeitig mit dem Rechtsmittel anzufechten, wenn dasselbe nicht in Rechtskraft übergehen soll, und wird der Eintritt der Rechtskraft und der Lauf der Fristen durch die Einlegung eines Deklarationsgesuches in keiner Weise gehindert.

f) Enthält die Deklaratoria eine über die Grenzen der bloßen Deklaration hinausgehende, unzulässige Abänderung, so bildet allein die Deklaratoria den Gegenstand der Anfechtung.

B. Rechtsmittel wegen nicht völliger Abweisung bei der Abweisung „angebrachtermaaßen."

Rechtsgr. **955**. — I. Senat 8. November 1869. (**LXXVII.** 31.)

Soweit es sich um die Höhe des Objektes bei Einlegung eines Rechtsmittels gegen die ausgesprochene Abweisung in angebrachter Art handelt, ist der ganze noch streitige Anspruch in Betracht zu ziehen.

§ **3**. No. **1**. Unbeschränkte Zulässigkeit der Appellation in Grenzsachen. — Vergl. A. G. O. I. **42**. § 24.

Rechtsgr. **956**. — II. Senat. 19. März 1872. (**LXXXVI.** 73.)

Gegen die in Grenzsachen ergehenden Erkenntnisse erster Instanz ist die Appellation ganz allgemein zulässig, ohne irgend eine etwa aus dem Werthe des sich aus den von den Parteien geltend gemachten Grenzzügen ergebenden Streitstückes nach der Bestimmung des § 3. Nr. 1. I. 14. der Allg. Gerichts-Ordnung zu entnehmende Einschränkung.

§ **12**. Benefizium dieses Paragraphen bei Zurückziehung der Appellation.

Rechtsgr. **957**. — IV. Senat. 14. Juni 1870. (**LXXVIII.** 293.)

Durch die Erklärung, von dem Rechtsmittel ihrerseits keinen Gebrauch machen zu wollen, geht die Partei zwar ihrer eigenen selbstständig eingewendeten Appellation, jedoch keineswegs des ihr ausnahmsweise nachgelassenen Benefizii des § 12. I. 14. der Allgem. Gerichts-Ordnung verlustig.

§ **14a**. Berechnung des Streitwerthes zur Beurtheilung der Zulässigkeit der Rechtsmittel bei Streitgenossen. — Vergl. Verordnung vom 21. Juli 1843 § 10. (Ges.-Samml. S. 297.)

Rechtsgr. **958**. — III. Senat. 27. Mai 1870. (**LXXVIII.** 277.)

a) Die in dem angefochtenen Erkenntniß nachtheilig entschiedenen Forderungen oder Leistungen mehrerer Streitgenossen müssen, soweit das Rechtsmittel von der Höhe des noch streitigen Gegenstandes abhängig ist, zusammengerechnet werden, wenn auch nur einer von ihnen das Rechtsmittel wegen seiner Forderung oder Leistung ergriffen hat

b) Die im § 14a. I. 14. der Allgem. Gerichts-Ordnung für den Einen, wenngleich theilbaren Gegenstand gegebene Vorschrift leidet auf die verschiedenen Gegenstände mehrerer Streitgenossen ebensowenig Anwendung, wie sie auf mehrere Punkte, die Einer verfolgt, bezogen werden kann.

§ 79. Wirkung der Restitution gegen einen Kontumazialbescheid, der zugleich dem Kläger nachtheilig.

Rechtsgr. 959. — I. Senat. 2. September 1870. (LXXVIII. 337.)

Wenn der Kontumazialbescheid zugleich Bestimmungen enthält, welche den Kläger in seinen prätendirten Ansprüchen beeinträchtigen, und der Verklagte gegen diesen Bescheid Restitution erhalten hat, so muß der Kläger, der sich bei der nachtheiligen Bestimmung nicht beruhigen will, nothwendig appelliren.

Titel 16. Von den Wirkungen eines rechtskräftigen Urtheils.

§§ 12. 13. Restitutionsklage der minderjährigen unter väterlicher Gewalt stehenden Kinder, welchen ein Kurator bestellt ist; Rechtsgrundsätze in den §§ 12. 13. I. 16. der Allgem. Gerichts-Ordnung; Aktivlegitimation des den Kindern wegen der Kollision ihrer Rechte mit denen ihres Vaters vom Vormundschaftsrichter bestellten Kurators — Vergl. A. L. R. II. 18. § 28.; Verordnung vom 14. Dezember 1833 § 4. No. 1. (Ges.-Samml. S. 302.)

Rechtsgr. 960. — III. Senat. 5. Februar 1869. (LXXIV. 6.)

a) Den minderjährigen Kindern unter väterlicher Gewalt, welchen wegen einer Kollision ihres Interesses mit dem des Vaters zur Führung eines Prozesses von dem vormundschaftlichen Gerichte ein Kurator bestellt, und deren Vertretung im Prozesse durch den Kurator erfolgt ist, kommen in Bezug auf die Rechtswohlthat der Restitution die Rechte der unter Vormundschaft stehenden Minderjährigen zu.

b) Die §§ 12. 13. I. 16. der Allgem. Gerichts-Ordnung stellen materielle Rechtsgrundsätze auf, deren Verletzung eine Nichtigkeit nach § 4. No. 1. der Verordnung vom 14. Dezember 1833 begründet.

c) Hat der Vormundschaftsrichter wegen einer Kollision der Rechte des Vaters und seiner Kinder über die letzteren eine Kuratel eingeleitet, so kann die Nothwendigkeit dieser Maaßregel in dem von dem bestellten Kurator geführten, den Kollisionsfall betreffenden Rechtsstreit nicht in Frage gestellt, die Legitimation des Kurators nicht angezweifelt werden.

§ 24. Wirkung des im zurückgenommenen Vorprozesse geleisteten Eides.

Rechtsgr. **961**. — III. Senat. 19. Juni 1871. (LXXXII. 225.)

Die vom Gesetze bestimmten Wirkungen eines de veritate geschworenen Eides bleiben stehen, wenn auch der Prozeß nicht bis zum Erkenntniß durchgeführt worden ist.

Titel 17. Von der Litisdenunziation, Adzitation und Nomination.

§§ 34. 35. 37. Einrede des Besitzers einer fremden Sache aus dem Recht des Eigenthümers.

Rechtsgr. **962**. — II. Senat. 27. April 1869. (LXXIV. 271.)

Der Besitzer einer fremden Sache kann das Recht dessen, für welchen er besitzt, für sich als Einrede geltend machen, wenn er in Ansehung der Sache in Anspruch genommen wird.

Titel 18. Von Interventionen.

§§ 1. 2. 4—6. Interventionsprozeß wegen Forderungen; Gerichtsstand für diesen Prozeß. — Vergl. A. G. O. I. 24. § 76.; Konkurs-Ordnung vom 8. Mai 1855 § 376.; Bundesgesetz vom 21. Juni 1869 § 8. (Bundesgesetzblatt S. 306.)

Rechtsgr. 963. — IV. Senat. 10. Oktober 1872. (LXXXV. 358.)

a) Die §§ 75. 76. I. 24. der Allgem. Gerichts-Ordnung finden auch auf Forderungen Anwendung.

Für die bezügliche Interventionsklage ist der Gerichtsstand des Hauptprozesses zuständig.

b) Die §§ 1. 2. 4—6. I. 18. der Allgem. Gerichts-Ordnung enthalten keine wesentlichen Prozeßvorschriften.

Titel 19. Von der Rekonvention oder Widerklage.

§§ 1. 5. 6. 9.:

A. Zulässigkeit der Widerklage im Injurienprozeß. Vergl. Strafgesetzbuch §§ 153. 161.

Rechtsgr. 964. — Senat für Strafsachen. Abth. II. 17. Dezember 1869. (LXXVII. 126.)

Die Frage, ob im Falle wechselseitiger Beleidigungen über einen vom Verklagten gegen den Kläger gerichteten Strafantrag zu verhandeln sei, ist nicht aus den §§ 1. und 9. I. 19. der Allgem. Gerichts-Ordnung, sondern nur aus den Gründen eines strafrechtlichen Zusammenhanges zu beantworten.

B. Verhandlung der Konvention und Rekonvention in einem Prozesse.

Rechtsgr. 965. — III. Senat. 3. November 1871. (LXXXII. 360.)

Die §§ 1. 5. und 6. I. 19. der Allgem. Gerichts-Ordnung — betreffend die Zulässigkeit der Verhandlung der Konvention und Rekonvention in Einem Prozesse — enthalten nicht Rechtsgrundsätze, sondern Prozeßvorschriften.

C.

Rechtsgr. 966. — II. Senat. 8. Juli 1869. (LXXV. 251.)

Die Vorschriften der §§ 1. 5. 6. 9. I. 19. der Allg. Gerichts-Ordnung sind lediglich prozessualischer Art, und ihre Verletzung ist mit der Nichtigkeit nicht bedroht.

Titel 20. Litisreassumtion und Renunziation.

§ 21. Entsagung des Prozesses in erster und zweiter Instanz. — Vergl. A. G. O. I. 23. § 20., 32. § 2.

Rechtsgr. 967. — IV. Senat. 8. November 1870. (LXXX. 41.)

a) Der § 21. I. 20. und der § 20. I. 23. der Allg. Gerichts-Ordnung, betreffend die Entsagung des Prozesses während des Laufes desselben, ist nur von der ersten Instanz zu verstehen.

b) Plenarbeschluß vom 3. Mai 1852:

Wenn ein Kläger im Laufe der ersten Instanz die Klage zurücknimmt, ohne zugleich dem Anspruche selbst zu entsagen, so kann der Verklagte die Entscheidung über den letztern nicht durch den Antrag auf Fortsetzung der Sache erlangen, vielmehr steht ihm nur die Befugniß zu, nach seiner Wahl entweder eine Diffamationsklage zu erheben, oder selbst in Gemäßheit des § 2. I. 32. der Allgem. Gerichts-Ordnung den Ungrund der klägerischen Forderuug auszuführen.

c) Eine Zurücknahme der Appellation und der Antrag auf Aktenreposition Seitens des Klägers kann, falls derselbe dem Anspruch selbst nicht entsagt, beim Widerspruch des Verklagten die Einstellung des Verfahrens nicht zur Folge haben.

Titel 22. Von den in einem Prozesse vorkommenden nothwendigen Eiden.

§§ 9. 10. Schätzungseid; rechtsgrundsätzliche und prozessualische Natur der Vorschriften darüber; Bedeutung der Bedingung im § 10. I. 22. der Allg. Gerichts-Ordnung.

Rechtsgr. 968. — III. Senat. 16. Dezember 1872. (LXXXVII. 259.)

a) Diejenigen Bestimmungen, welche die materiellen Erfordernisse für die Statthaftigkeit des Schätzungseides aufstellen, haben die Natur von Rechtsgrundsätzen.

Dagegen gehören die Vorschriften des Verfahrens über die vorher zu versuchende anderweitige Werthsermittelung zu den unwesentlichen Prozeßvorschriften.

b) Die Bedingung im § 10. I. 22. der Allg. Gerichts-Ordnung:

Wenn der Werth oder Betrag auf andre Art nicht ausgemittelt werden kann,

ist nicht im Sinne einer absoluten Unmöglichkeit, sondern in dem Sinne zu verstehen, daß zuvor die in den Partei-Erklärungen und vorhandenen Beweismitteln nach der Lage des konkreten Prozesses dargebotenen Mittel, den Werth zu erforschen, erschöpft werden sollen.

§§ 28. 29. No. 3. Verpflichtung zum Manifestationseid wegen Aneignung von Sachen aus einem Nachlasse.

Rechtsgr. 969. — I. Senat. 13. November 1868. (LXXIII. 64.)

Die Vorschriften der §§ 28. 29. No. 3. I. 22. der Allgem. Gerichts-Ordnung sind nicht dahin auszudehnen, daß dadurch Jeder, der sich Sachen aus einem Nachlasse angeeignet hat, zur Leistung des Manifestationseides verpflichtet werde.

§§ 28 — 32. Vorschriften über die Verpflichtung zur Ableistung des Manifestationseides als Rechtsgrundsätze.

Rechtsgr. 970. — I. Senat. 4. November 1870. (LXXIX. 350.)

Die in den §§ 28. 29. I. 22. der Allgem. Gerichts-Ordnung enthaltenen Vorschriften über die Verbindlichkeit gewisser Personen zur Ableistung des Manifestationseides sind Rechtsgrundsätze.

Titel 24. Von der Vollstreckung der rechtskräftigen Urtheile.

Erster Abschnitt. Von Nachsuchung und Verfügung der Exekution.

§ 3. Anhang § 148. Exekutionsfähigkeit eines Erkenntnisses. — Vergl. A. G. O. I. 28. § 14. Anhang § 195.

Rechtsgr. 971. — IV. Senat. 10. September 1872. (LXXXV. 340.)

Die Exekutionsfähigkeit eines Erkenntnisses ist nach den im § 3. I. 24. der Allgem. Gerichts-Ordnung und den im § 148. des Anhangs dazu enthaltenen Vorschriften zu beurtheilen und zu entscheiden, nicht aber nach § 14. I. 28. der Allgem. Gerichts-Ordnung und nach dem § 195. des Anhangs dazu, welche sich über die Prozeßform bei Klagen aus nicht mehr exekutionsfähigen Erkenntnissen verhalten.

Die Exekutionsfähigkeit ist daher nicht unbedingt unstatthaft, wenn zur Zeit der Nachsuchung derselben das Judikat vor länger als fünf Jahren ergangen ist.

§§ 5—9. Wirkung eines Judikats über einen dinglichen Anspruch Vergl. A. L. R. I. 11. §§ 383. 384.

Rechtsgr. 972. — III. Senat. 1. März 1869. (LXXIV. 72.)

a) Das Judikat in Betreff eines dinglichen Anspruchs bindet den Universal- wie den Singular-Successor.

b) Der spätere Erwerber eines Grundstücks, auf welchem eine judikatsmäßige Forderung im Wege der Exekution eingetragen ist, muß sich, sofern die Exekution aus dem betreffenden Erkenntnisse überhaupt noch zuläßig ist, auch die Subhastation jenes Grundstücks gefallen lassen und kann namentlich nicht verlangen, daß die gedachte Forderung erst noch einmal gegen ihn besonders eingeklagt werde.

c) Dies tritt auch ein, wenn der Hypothekengläubiger erst die Judikatsklage anstellen muß, weil die Exekutionsberechtigung wegen nicht rechtzeitiger Verfolgung erloschen ist, gleichviel, ob der Gläubiger den Mandatsprozeß anstellen kann, oder nicht.

§§ 7. 9.:

A. Ausschließliche Anwendbarkeit des § 7. I. 24. der Allg. Gerichts-Ordnung auf Gerechtsame, nicht auch auf Pflichten und Leistungen persönlicher Natur; Wirkung der rechtskräftigen Verurtheilung des früheren Firmen-Inhabers zur Zahlung einer Handelsschuld auf den neuen Erwerber der Firma. - Vergl. A. G. O. Einl. § 65. 66.; Allg Deutsches Handelsgesetzbuch Art. 15. 23.

Rechtsgr. 973. — IV. Senat. 24. Juni 1869. (LXXIV. 347.)

a) Die Bestimmung des § 7. I. 24. der Allg. Gerichts-Ordnung:

Derjenige, dessen Gerechtsame in Ansehung eines gewissen Gegenstandes legiglich von den Gerechtsamen eines Anderen abhängen, muß alles dasjenige gegen sich gelten lassen, was wider Jenen wegen sothanen Gegenstandes rechtlich erkannt worden ist,

bezieht sich, wie der § 9. a. a. O., nur auf Gerechtsame, nicht auf Pflichten und Leistungen persönlicher Natur, über welche in Ansehung eines gewissen Gegenstandes durch Judikat entschieden ist.

b) Eine von dem früheren Inhaber einer Firma kontrahirte Schuld wird durch ein gegen ihn ergangenes Kontumazial-Urtheil nicht auch gegen den neuen Erwerber der Firma festgestellt.

B. Legitimation des Grundstücksbesitzers zur Fortsetzung von Prozessen wegen dinglicher Rechte auch noch nach Veräußerung der Sache.

Rechtsgr. 974. — II. Senat. 23. März 1871. (LXXXI. 249.)

Bei Prozessen über dingliche Rechte ist der Besitzer der Sache durch die Veräußerung der Sache nach Behändigung der Klage nicht behindert an der Fortsetzung des Prozesses.

§ 9.:

A. Dingliches Recht in diesem Paragraphen.

Rechtsgr. 975. — III. Senat. 4. April 1870. (LXXVIII. 158.)

Der § 9. I. 24. der Allgem. Gerichts-Ordnung bezieht sich auf dingliche Rechte.

B. Verpachtung des Grundstücks nach Eintragung des Subhastationsvermerks. Vergl. Subhastations-Verordnung vom 4. März 1834 § 3. (Ges.-Samml. S. 39.); Subhastations-Ordnung vom 15. März 1869 § 10. (Ges.-Samml. S. 421.)

Rechtsgr. 976. — III. Senat. 3. September 1869. (LXXV. 352.)

Eine nach Eintragung des Subhastationsvermerkes vom Besitzer des Grundstücks vorgenommene Verpachtung desselben gehört zu den, den eingetragenen Gläubigern nachtheiligen Dispositionen.

§ 36. Einreden in der Exekutions-Instanz.

Rechtsgr. 977. — III. Senat. 27. Oktober 1873. (XC. 264.)

Die durch Erkenntniß ausgesprochene Enthörung eines Verurtheilten mit Einwendungen, die gegen Exekutionen gerichtet sind, kann ihre Tragweite nicht über Ansprüche erstrecken, bezüglich deren zur entsprechenden Zeit Exekutionen weder verfügt noch beantragt waren.

Zweiter Abschnitt. Von Vollstreckung der Exekution.

§ 54. Ausschließliches Rechtsmittel des Rekurses gegen das Urtheil über die Festsetzung der im mandatum sine clausula angedrohten Strafe. — Vergl. Exekutions-Verordnung vom 4. März 1834 § 10.

Rechtsgr. 978. — III. Senat. 21. März 1870. (LXXVIII. 104.)

Wenn das über die Festsetzung der im ersten mandatum sine clausula angedroheten Strafe befindende Erkenntniß zugleich über den Antrag auf Androhung verdoppelter Strafe befindet, sei es, daß es die im ersten Mandate angedrohte festsetzt und eine neue androht, oder die Festsetzung der erst angedrohten und die Androhung

einer neuen abschlägt, so ist ebenso wie in ersterer Beziehung auch in letzterer nur der Rekurs gegen solches Erkenntniß zulässig.

§§ 56. 57. Nicht wesentliche Prozeßvorschrift in diesen Paragraphen. Vergl. Gesetz vom 9. Mai 1855 § 12., betreffend die Anfechtung von Rechtshandlungen.

Rechtsgr. 979. — IV. Senat. 14. März 1871. (LXXXIII. 11.)

Die §§ 56. und 57. I. 24. der Allgem. Gerichts-Ordnung enthalten nur, und zwar unwesentliche, Prozeßvorschriften.

§§ 75. 101. 103. Zahlung der arrestirten Forderung an den Arrestanten oder an das Depositorium des Arrestgerichts. Vergl. A. G. O. I. 29. §§ 81. 82.; Konkurs-Ordnung vom 8. Mai 1855 §§ 362 ff. 366.

Rechtsgr. 980. — III. Senat. 21. März 1870. (LXXVII. 280.)

Wenn der Schuldner weiß, daß der bei ihm angelegte Arrest ein unrechtmäßiger ist, so muß er nach wie vor dessen Anlegung die Schuld an den Gläubiger bezahlen, und kann sich von dieser Verpflichtung nicht durch Zahlung an den Arrestanten oder an das Depositorium des Arrestgerichts befreien.

§ 85. Art der Bekanntmachung bei gerichtlichen Verkäufen von Fundsachen. — Vergl. A. L. R. I. 11. § 341.

Rechtsgr. 981. — I. Senat. 24 Februar 1873. (XC. 89.)

Aus § 341. I. 11. des Allgem. Landrechts läßt sich nicht herleiten, daß die im 24. Titel der Allg. Gerichts-Ordnung gegebenen Vorschriften, insbesondere der § 85. daselbst, welcher bei Gegenständen über 50 Rthlr. die Einrückung in die Zeitungen oder Intelligenzblätter (jetzt den Amtsblattanzeiger) für indispensabel erklärt, auf alle gerichtlichen Verkäufe von Mobilien schlechthin anwendbar sind.

§§ 101. ff. Exekutivische Beschlagnahme des Arbeitslohns. — Vergl.

Gesetz vom 4. Juli 1822 §§ 1. ff. (Ges.-Samml. S. 178.), betreffend den Verkauf ausstehender Forderungen im Wege der Exekution; Exekutions-Verordnung vom 4. März 1834 § 15.

Rechtsgr. 982. — IV. Senat. 21. Dezember 1869. (LXXVII. 136.)

Die faktische Fortdauer eines Lohnverhältnisses allein, ohne kontraktliche Grundlage, ist nicht ausreichend, um die im Allgemeinen nicht statthafte Beschlagnahme künftigen Arbeitslohnes zulässig zu machen.

Titel 25. Vom Verfahren bei Untergerichten.

§ 65. Nichtigkeitsbeschwerde gegen die Agnitoria wegen Unterbleibens der im § 65. I. 25. der Allgem. Gerichts-Ordnung vorgeschriebenen Bedeutung.

Rechtsgr. 983. — I. Senat. 18. April 1873. (LXXXIX. 44.)

Der Verklagte, welcher nach mitgetheilter Klage im Klagebeantwortungstermin erklärt,

daß er die Ansprüche des Klägers durchgehends einräume, und gegen seine Verurtheilung nach den Anträgen der Klage Nichts zu erinnern habe,

muß für einen Solchen angesehen werden, der von den Folgen seines Eingeständnisses wohl unterrichtet gewesen ist.

Titel 26. Vom Verfahren in Bagatell-Sachen.

Zweiter Abschnitt. Vom Verfahren in Bagatellsachen bei Untergerichten.

§ 18. Rekursbeschwerde. — Vergl. Verordnungen vom 28. August 1832 (Ges.-Samml. S. 199.) und vom 5. Mai 1838 § 10. (Ges.-Samml. S. 278.); Deklaration vom 6. April 1839 Art. 7. 14. (Ges.-Samml. S. 126.); Gesetz vom 20. März 1854 §§ 5. 8—10. (Ges.-Samml. S. 115.)

Rechtsgr. 984. — IV. Senat. 9. Februar 1871. (LXXXI. 140.)

Der Rekursrichter darf nur bestimmte Beschwerden des Rekurrenten berücksichtigen.

Titel 29. Von Arresten, und wie dabei zu verfahren.

Zweiter Abschnitt. Vom Verfahren bei ordentlichen und gewöhnlichen Arresten.

§ 74. Aufhebung und Erhaltung des Arrestes bei Abweisung der Hauptsache in der angebrachten Art.

Rechtsgr. **985.** — I. Senat. 7. Februar 1870. (LXXVIII. 6.)

Führt die Erörterung der Hauptsache zur Abweisung der Klage, so kann der auf dieselbe gestützte Arrest selbst dann nicht ferner bestehen, wenn die Abweisung nur angebrachter Maßen erfolgt sein sollte.

Nicht von Amtswegen, sondern nur auf Antrag ist der erkennende Richter befugt, unter Erhaltung des Arrestes dem in der angebrachten Art abgewiesenen Kläger eine Frist zur Anbringung einer besser begründeten Klage. zu suchen.

§§ 81. 83. Arrestlegung; Zeitpunkt der Dispositionsbeschränkung.

Rechtsgr. **986.** — IV. Senat. 5. Dezember 1872. (LXXXVII. 149.)

Die durch den Arrest bewirkte Dispositionsbeschränkung tritt erst mit der Behändigung, nicht schon mit dem Erlaß der Arrestverfügung ein.

§§ 81. 83. 87. Wirkung eines wegen einer persönlichen Forderung auf ein Grundstück eingetragenen Arrestes.

Rechtsgr. **987.** — III. Senat. 10. Dezember 1873. (XC. 328.)

Eine im Wege des (nachher für justifizirt erkannten) Arrestes wegen einer persönlichen Anforderung eingetragene Protestation de non amplius intabulando hat die Wirkung, daß ein erst später auf eben dieses Grundstück eingetragener Hypothekengläubiger bei eintretender Unzulänglichkeit der zur Hypothek verschriebenen Sache zum Nachtheile des Arrestanten von seinem Hypothekenrechte keinen Gebrauch machen kann.

§§ 81. 83. Rechtmäßig angelegter Arrest; Kenntniß desjenigen, welcher die mit Arrest belegte Sache zu Eigenthum oder Pfand erwirbt, von dem Arrestschlage.

Rechtsgr. **988.** — **III.** Senat. 12. April 1872. (**LXXXIV.** 283.)

a) Ein rechtmäßig angelegter Arrest im Sinne des § 81. I. 29. der Allgem. Gerichts-Ordnung ist derjenige, der nicht durch falsche Vorspiegelungen des Arrestanten herbeigeführt, namentlich für eine in sich begründete Forderung auf eine dem Schuldner gehörige und dem Arrestschlage gesetzlich nicht entzogene Sache nachgesucht und angelegt, und im verordneten prozessualischen Verfahren für gerechtfertigt erachtet worden ist.

b) Die im § 81. I. 29. der Allg. Gerichts-Ordnung zur Voraussetzung seiner Wirkung gemachte Rechtmäßigkeit des Arrestes betrifft nicht sowohl die Art und Weise oder Form der Anlegung desselben, als vielmehr dessen Statthaftigkeit in Rücksicht auf die verkümmerte Sache und seine rechtliche Begründung.

c) Die im § 83. I. 29. der Allg. Gerichts-Ordnung gemeinte Wissenschaft desjenigen, welcher die mit Arrest belegte Sache zu Eigenthum oder zu Pfand erwirbt, betrifft das Faktum, daß der Arrest angelegt worden war, bevor die verkümmerte Sache veräußert oder verpfändet wurde, und kann nicht mit der Kenntniß von der Rechtmäßigkeit und Gültigkeit des angelegten Arrestes identifizirt werden.

d) Wer das Eigenthums- oder Pfandrecht an einer Sache erwirbt, von der er weiß, daß sie für einen Andern mit Arrest belegt ist, kann die Vortheile des guten Glaubens oder redlichen Besitzes nicht für sich in Anspruch nehmen, wenn er auch dem Arrestleger entgegnen könnte, daß der Arrest nicht in der als die sicherste vorgeschriebenen Form zur Ausführung gebracht worden ist.

§§ 81. 85. 1. Wirkung einer im Wege des Arrestes erfolgten protestativischen Eintragung.

Rechtsgr. **989.** — III. Senat. 3. November 1871. (LXXXII. 360.)

Eine im Wege des Arrestes im Hypothekenbuche eingetragene Protestation hat gegen den Eigenthümer, der sein Eigenthum bereits durch Verkauf und Uebergabe des Grundstücks an einen Andern vor der Arresteintragung verloren hatte, keine Wirkung.

Titel 30. Vom Verfahren in Merkantil- oder Meß- und Handlungs-, desgleichen Assekuranz-Sachen.

§ 56. und Anhang **§ 213.** Rechtsmittel dritter Instanz bei der Klage auf Rückzahlung der dem Versicherten bereits gezahlten Brandentschädigungsgelder.

Rechtsgr. **990.** — IV. Senat. 17. November 1870. (LXXX. 50.)

a) Wird auf Rückzahlung des geleisteten Feuerversicherungsquanti gegen den Versicherten geklagt, welcher nach der Zahlung der vorsätzlichen Brandstiftung überführt wird, so ist die Revision zuläßig.

b) Gründet sich die gegen den Versicherten auf Rückzahlung der bereis empfangenen Brandentschädigungsgelder angestellte Klage nicht auf das allgemeine Fundament des dolus, sondern auf bestimmte Vertragsbedingungen, z. B. die Abrede, wonach der Versicherte wegen wahrheitswidriger Angaben jeder Entschädigung verlustig gehen soll, so ist die Revision unzuläßig.

Titel 31. Vom Verfahren impossessorio summarissimo und in Spoliensachen.

§§ 1. ff.:

A. Unzuläßigkeit des Possessorienprozesses bei im Voraus ertheilter Erlaubniß zur störenden Handlung.

Rechtsgr. 991. — III. Senat. 29. November 1872. (LXXXVII. 128.)

Der Possessorienprozeß ist unstatthaft, wenn der Kläger die als Störung gerügten Handlungen im Voraus auch nur mündlich erlaubt hat.

B. Annahme der Unredlichkeit des Besitzes im Besitzstörungsprozeß. — Vergl. Verordnung vom 14. Dezember 1833 § 5. No. 10a. (Ges.-Samml. S. 302.); Deklaration vom 6 April 1839 Art. 3 No. 1. (Ges.-Samml S. 126.)

Rechtsgr. 992. — III. Senat. 12. Dezember 1870. (LXXX. 157.)

Nimmt der Richter im Besitzstörungsprozeß die Unredlichkeit des Besitzes Seitens des Klägers an, so liegt hierin nicht die Suppeditirung einer Einrede, vielmehr nur die verneinende Feststellung des vom Kläger in Anspruch genommenen, vom Verklagten bestrittenen Besitzes.

Titel 32. Von Diffamations- und Provokations-Prozessen.

§ 1.

A. Zulässigkeit einer Klage gegen den Miterben auf Geltendmachung der Einwendungen gegen den entworfenen Erbrezeß. — Vergl. A. L. R. I. 3. § 26., 17. §§ 47 83. ff. 115.

Rechtsgr. 993. — I. Senat 7. Oktober 1872. (LXXXVI. 229.)

Dem Grundsatze des § 1. I. 32. der Allg. Gerichts-Ordnung, daß Niemand zum Klagen gezwungen werden könne, ist es keineswegs zuwider, wenn ein Erbinteressent, dem nach den §§ 115. 47. 83. ff. I. 17. des Allgem. Landrechts das Recht, die Theilung des betreffenden Nachlasses resp. die Auseinandersetzung mit den Miterben zu verlangen, zusteht, dem die Beendigung derselben aber durch Weigerung der Rezeßvollziehung von einem Miterben ohne Angabe von Gründen vereitelt resp. willkürlich verzögert wird, verlangt, daß der Weigernde binnen einer vom Richter zu bestimmenden präklusivischen Frist

die Gründe seiner Weigerung resp. seiner Einwendungen gegen den entworfenen Rezeß anbringen solle.

B. Diffamationsprozeß; einschränkende Bedeutung des § 1. I. 32. der Allgem. Gerichts-Ordnung.

Rechtsgr. 994. — II. Senat. 3. Dezember 1872. (LXXXVII. 141.)

Der Zweck der Vorschrift des § 1. I. 32. der Allg. Gerichts-Ordnung ist lediglich darauf gerichtet, den Interessenten unter gewissen besonderen Umständen einen Schutz gegen fremde Ansprüche zu gewähren und darin eine Ausnahme von der allgemeinen Regel zu treffen, nach welcher Niemand gezwungen werden kann, seine eigenen Rechte durch gerichtliche Klage zu verfolgen.

§§ 6. 10. ff. Wirkung der Präklusoria im Aufgebots- und Diffamationsverfahren.

Rechtsgr. 995. — III. Senat. 15. Januar 1872. (LXXXIV. 168.)

Der Diffamant beseitigt nicht schon dann die Bedeutung des ihm zum Nachweise des gerühmten Anspruches verurtheilenden Erkenntnisses, wenn er eine auf den Gegenstand der Diffamation nur einigermaßen bezügliche Klage anstellt. Der gerühmte Anspruch muß vielmehr in dem von dem Diffamanten anzustellenden Prozesse selbst zur Geltung gebracht und nachgewiesen werden, widrigenfalls das angedrohte Präjudiz der Auferlegung ewigen Stillschweigens in Kraft tritt. Daher ist der verurtheilte Diffamant als ungehorsam auch dann noch anzusehen, wenn er die fragliche Klage ohne genügende Begründung oder in solcher Weise angestellt hat, welche unter gewöhnlichen Verhältnissen deren Abweisung in angebrachter Art zur Folge haben würde, und die dilatorischen Einreden wirken in diesen Prozesse wie peremtorische.

Titel 40. Vom Verfahren in Sponsalien und Ehesachen.

§§ 13—18. Klage auf Ertheilung des väterlichen Konsenses zur Verheirathung eines Kindes.

Rechtsgr. **996**. — I. Senat. 7. Mai 1869. (LXXIV. 315.)

Die §§ 13—18. I. 40. der Allg. Gerichts-Ordnung sind noch fortwährend gültig.

§§ 45—49. Sofortige Abfassung des Ehescheidungs-Eekenntnisses bei Aussetzung der Publikation desselben auf ein Jahr; ausschließlicher Beweis des Sitzungsprotokolls dafür, daß das etwa unter dem Aktendeckel befindliche Erkenntniß beschlossen worden ist. — Vergl. Verordnung vom 28. Juni 1844 §§ 70. 71. (Ges.-Samml. S. 184.)

Rechtsgr. **997**. — I. Senat. 9. November 1868. (LXXIII. 46.)

a) Ist im Ehescheidungsprozeß die Publikation des Erkenntnisses auf ein Jahr ausgesetzt worden, so ist das Erkenntniß sofort formgerecht abzusetzen.

b) Soll die Gewißheit gewährt werden, daß in dem speziellen Falle demgemäß verfahren sei, so muß in dem Protokolle über die Sitzung, in welcher dies geschehen, ausgedrückt werden, daß der Gerichtshof ein Erkenntniß wirklich abgefaßt habe, und daß dessen Publikation auf ein Jahr ausgesetzt worden sei, wonächst auch das abgefaßte und zu sekretirende Erkenntniß in solcher Weise als dasjenige, welches hier gemeint ist, bezeichnet werden muß, daß darüber keinerlei Zweifel möglich bleibt.

c) Der Mangel dieses Haupterfordernisses kann auf keine andere Weise ersetzt werden; insbesondere nicht dadurch, daß unter dem Aktendeckel der Akten erster Instanz ein versiegeltes Konvolut liegt, welches äußerlich als Erkenntniß bezeichnet ist.

d) Es ist nicht zulässig, darüber Beweis zu erheben, ob das etwa in dem Konvolut befindliche Erkenntniß von denjenigen Richtern beschlossen sei, welche die Aussetzung der Publikation beschlossen haben, und kann auch nicht mit der Vermuthung für die Legalität gerichtlicher Handlungen zu Hülfe gekommen werden.

Titel 42. Von Grenz- und Bausachen.

§ 24. Grenzregulirungsprozeß; Zulässigkeit der Appellation.

Rechtsgr. **998.** — II. Senat. 4. September 1873. (XC. 320.)

Wenn in den Formen der Grenzregulirungsklage der Hauptsache nach eine rei vindicatio bezüglich eines in gewissen Grenzen beanspruchten Grundstücks geltend gemacht wurde, und lediglich in Folge dessen die Erörterung auf die Grenzen des Eigenthums sich erstreckte, so ist für die Entscheidung der Frage: ob gegen das erste Urtheil die Appellation zulässig sei — der Werth des beanspruchten Grundstücks maßgebend.

§§ 34—42. Einleitung eines Prozesses als schleunige Bausache und Fortsetzung desselben im ordentlichen Prozeß. — Vergl. Verordnung vom 14. Dezember 1833 § 3. (Ges.-Samml. S. 302.); Deklaration vom 6. April 1839 Art. 14. Littr. d. (Ges.-Samml. S. 131.); Verordnung vom 21. Juli 1846 §§ 13. 27. (Ges.-Samml. S. 291.)

Rechtsgr. **999.** — II. Senat. 5. Oktober 1871. (LXXXIV. 19.)

Ein nach den Formen des Prozesses in schleunigen Bausachen eingeleitetes Verfahren kann nicht in den Formen des ordentlichen Prozesses aus dem Grunde fortgesetzt und beendigt worden, weil der Appellations-Richter annimmt, daß der Bau bei Anstellung der Klage bereits vollendet gewesen.

Titel 51. Von Liquidationsprozessen und Aufbietungen.

§§ 110—114. Aufgebot von Hypothekenposten. - Vergl. Gesetz No. 3804 vom 24. Mai 1853, betreffend einige Abänderungen der Hypotheken-Ordnung vom 20. Dezember 1783, §§ 36—42. (Ges.-Samml. S. 521.)

Rechtsgr. 1000. — III. Senat. 15. Januar 1872. (LXXXIV. 168.)

a) Ergeht auf das Aufgebot in den Fällen der §§ 110. ff. I. 51. der Allg. Gerichts-Ordnung und des § 42. der Novelle vom 24. Mai 1853 ein Präklusions-Urtheil, und werden in dem Präklusions-Urtheil bekannten oder sich gemeldet habenden Interessenten ihre Rechte vorbehalten, so ist die rechtliche Wirkung dieses Vorbehaltes, daß die Löschung der aufgebotenen Post erst erfolgen kann, nachdem die Interessenten, zu deren Gunsten der Vorbehalt gemacht worden, in dieselbe gewilligt haben oder dazu verurtheilt worden sind.

§§ 110. ff. 115. ff. Analoge Anwendung dieser Paragraphen.

Rechtsgr. 1001. — III. Senat. 22. Dezember 1871. (LXXXIII. 251.)

Die §§ 110. ff. und 115. ff. I. 15. der Allgem. Gerichts-Ordnung enthalten keine Rechtssingularität, es haben dadurch keine Ausnahmebestimmungen gegeben werden sollen, sondern es ist vielmehr in denselben ein die Analogie zulassender Grundsatz zum Ausdrucke gebracht worden.

Theil II. Von dem gerichtlichen Verfahren in nicht streitigen Angelegenheiten.

Titel 1. Von Handlungen der freiwilligen Gerichtsbarkeit überhaupt und was dazu gehöre.

§ 122. Klage des Erbschaftsschuldners auf Quittungsleistung über die von ihm bewirkte Zahlung; forum derselben.

Rechtsgr. 1002. — III. Senat. 13. Oktober 1873. (LXXXIX. 335.)

Der Erbschaftsschuldner, welcher gezahlt hat, kann, so lange die Erbschaft ungetheilt ist, seinen Anspruch auf Quittungsleistung gegen die Erben im Gerichtsstande der Erbschaft geltend machen.

Titel 2. Von dem Verfahren bei den Handlungen der freiwilligen Gerichtsbarkeit überhaupt.

§ 3. Bestellung beständiger Gerichts-Deputationen für Testaments-Errichtungen. — Vergl. A. L. R. I. 12. §§ 88. 89. 139.

Rechtsgr. 1003. — I. Senat. 29. Januar 1872. (LXXXIII. 297.)

a) Der § 3. II. 2. der Allg. Gerichts-Ordnung, — welcher für Akte der freiwilligen Gerichtsbarkeit, besonders an größeren Orten und bei zahlreicher besetzten Gerichten, die Bestellung beständiger Deputationen gestattet, —

findet auch auf Testaments-Errichtungen Anwendung.

Titel 3. Von dem Verfahren bei Aufnehmung und Bestätigung der Verträge und anderen Verhandlungen unter Lebendigen.

§§ 14. ff. Kapitalisirung der Ertragstaxe zur Werthfeststellung überhaupt.

Rechtsgr. 1004. — III. Senat. 6. Februar 1871. (LXXXI. 119.)

Die Frage über die Kapitalisirung der Ertragstaxe zur Feststellung des Werthes der Sache ist eine rechtsgrundsätzliche, welche von den Ansichten der Parteien nicht berührt wird.

Theil III. Von den Pflichten der bei der Justiz angesetzten Personen.

Titel 7. Von dem Amte der Justizkommissarien und Notarien.

§§ 53. 64. Notarielle Verträge nach Thl. III. Tit. 7. der Allgem. Gerichts-Ordnung.

Rechtsgr. 1005. — I. Senat. 7. November 1870. (LXXX. 32.)

Die in den §§ 53. 64. III. 7. der Allgem. Gerichts-Ordnung vorgeschriebene Durchlesung des Instruments durch die Kontrahenten ist eine für die Gültigkeit notarieller Verträge unerläßliche Bedingung.

Gesetz, betreffend die Einführung der Konkurs-Ordnung vom 8. Mai 1855 in den Landestheilen, in welchen das Allgem. Landrecht und die Allgem. Gerichts-Ordnung Gesetzeskraft haben.

Art. 12. Pfandrecht wegen der Illaten der Ehefrau; Frist zur Eintragung.

Rechtsgr. 1006. — III. Senat. 14. Juli 1871. (LXXXII. 275.)

Wenn der Ehemann nach dem Beginne der Verwaltung des Eingebrachten der Frau zu verschiedenen Zeiten Grundstücke erwirbt, so läuft bezüglich der Eintragung des gesetzlichen Pfandrechts der Ehefrau für jedes Grundstück eine besondere einjährige Frist, und steht die Versäumung der für das eine Grundstück maaßgebenden Frist der rechtzeitig nachgesuchten Eintragung auf das andere nicht im Wege.

Konkurs-Ordnung vom 8. Mai 1855.

Titel 1. Von den Rechtsverhältnissen im Konkurse.

Erster Abschnitt. Gegenstand und Wirkungen des Konkurses im Allgemeinen.

§§ 1. 5. 16.:

A. Berechtigung des Gemeinschuldners aus den von ihm während des Konkurses geschlossenen Verträgen.

Rechtsgr. 1007. — IV. Senat. 11. Mai 1869. (LXXV. 30.)

Der Gemeinschuldner, welcher während des Konkurses einen Vertrag geschlossen hat, kann, sofern der Anspruch nicht für die Konkursmasse übernommen wird, seine Rechte selbstständig klageweise geltend machen.

B. Konkurs; Anspruch des Kridars auf Liberation von einer Schuld gegen einen Dritten.

Rechtsgr. 1008. — III. Senat. 15. November 1872. LXXXVII. 37.)

Der Anspruch des Gemeinschuldners, daß ein Anderer ihn aus der Verbindlichkeit gegen einen Dritten setze, gehört zur Konkursmasse.

§§ 4. 12. 280. 311. Hemmung des Zinsenlaufes durch die Eröffnung des Konkurses. — Vergl. A. G. O. I. **48.** §§ 37—39., **50.** § 152.

Rechtsgr. 1009. — IV. Senat. 5. November 1868. (LXXIII. 22.)

Durch die Eröffnung des Konkurses wird der Zinsenlauf nur zu Gunsten der Gemeinkasse, nicht auch bezüglich auf die Pflicht des Gemeinschuldners, seinen Gläubigern den Ausfall zu erstatten, gehemmt.

§ 5. Nichtigkeit der von dem Gemeinschuldner nach der Konkurseröffnung vorgenommenen Rechtshandlungen; Geltendmachung der Nichtigkeit durch einen einzelnen Gläubiger, namentlich auch nach Aufhebung des Konkurses.

Rechtsgr. 1010. — IV. Senat. 17. November 1868. (LXXIII. 99.)

In der Bestimmung des § 5. der Konkurs-Ordnung:

„Alle Verfügungen und Rechtshandlungen, welche der Gemeinschuldner nach der Konkurs-Eröffnung vornimmt, sind in Beziehung auf die Gläubigerschaft nichtig",

sind die Worte: „In Beziehung auf die Gläubigerschaft" nicht dahin zu verstehen, als habe nur allein der Gesammtheit der Gläubiger die Geltendmachung der Nichtigkeit zugestanden und eingeräumt werden sollen; vielmehr kann jeder einzelne Gläubiger, und selbst nach

Aufhebung des Konkurses, die Richtigkeit mit voller Wirkung geltend machen.

§ 10. Vor der Konkurseröffnung vom Kridar bewilligte Pfand- und Hypothekenrechte.

Rechtsgr. 1011. — III. Senat. 4. November 1870. (LXXIX. 358.)

Für die Anwendung des § 10. der Konkurs-Ordnung vom 8. Mai 1855 ist es gleichgültig, ob der Titel zum Pfandrecht aus einem einseitigen oder zweiseitigen Geschäft herrührt.

§ 11. Eintritt des Zahlenden in die Rechte des bezahlten Gläubigers eines Dritten. — Vergl. A. L. R. I. 16. §§ 46. ff.

Rechtsgr. 1012. — III. Senat. 24. Februar 1871. (LXXXI. 175.)

Der § 11. der Konkurs-Ordnung setzt ebensowohl wie die §§ 46. ff. I. 16. des Allgem. Landrechts für den Erwerb der Forderung durch den Zahlenden die auf diesen Erwerb gerichtete Absicht voraus, welche zwar, wie dies der § 46. a. a. O. zu erkennen giebt, als Regel präsumirt wird, ohne jedoch den Gegenbeweis auszuschließen.

Zweiter Abschnitt. Wirkung der Konkurseröffnung auf die vor derselben von dem Gemeinschuldner eingegangenen Rechtsgeschäfte.

§§ 17. 21. Entschädigungsforderung bei Kauf- und Lieferungsgeschäften über fungible Sachen, welche einen marktgängigen Preis haben, nach der Konkurseröffnung über das Vermögen eines der Kontrahenten. — Vergl. A. L. R. I. 5. §§ 380. 381. 384.; Gesetz vom 12. März 1869 § 17. (Ges.-Samml. S. 465.)

Rechtsgr. 1013. — IV. Senat. 23. Februar 1869. (LXXIII. 353.)

Unterliegt das zwischen dem Gemeinschuldner und dem Dritten abgeschlossene Kauf- oder Lieferungsgeschäft dem § 17. der Konkurs-Ordnung vom 8. Mai 1855, so kann, wenn der Konkurs wieder aufgehoben wird, zwar der Dritte gegen den früheren Gemeinschuldner, nicht aber dieser gegen den Dritten einen Entschädigungsanspruch erheben.

§ 18. Verlust des im Pachtvertrage dem Pächter zugesicherten Retentionsrechtes bei Aufhebung des Pachtverhältnisses auf Grund des § 18. der Konkurs-Ordnung. — Vergl. A. L. R. I. **21**. §§ 350. ff.

Rechtsgr. **1014**. — III. Senat. 7. Juni 1872. (LXXXVI. 107.)

Im Falle der Beseitigung eines Pachtverhältnisses auf Grund des § 18. der Konkurs-Ordnung kann auch ein im Pachtvertrage besonders zugesichertes Retentionsrecht von dem abgehenden Pächter nicht geltend gemacht werden.

Fünfter Abschnitt. Ansprüche der Massegläubiger.

§§ 40. 41. 57. 162. Kompetenz des Gemeinschuldners, insbesondere Wohnung in einem zur Masse gehörigen Grundstück.

Rechtsgr. **1015**. — IV. Senat. 2. Dezember 1869. (LXXVIII. 3.)

a) Die dem Gemeinschuldner bewilligte Kompetenz fällt nicht unter den Begriff der Kommunkosten nach den §§ 40. 41. und 57. der Konkurs-Ordnung, sondern sie ist eine in das Ermessen des Gerichts gestellte Verfügung über einen Theil des den Gläubigern verhafteten Vermögens.

b) Hat das Gericht in Anwendung des § 162. a. a. O. dem Gemeinschuldner die Wohnung in einem zur Masse gehörigen Grundstück gestattet, so besteht keine Verpflichtung für die Kommunmasse, den Miethswerth der Realmasse zu vergüten.

§ 41. No. **2**. Einquartierungslast als Kommunkosten.

Rechtsgr. **1016**. — III. Senat. 24 Februar 1871. (LXXXI. 175.)

Zu den Kommunkosten des § 41. No. 2. der Konkurs-Ordnung vom 8. Mai 1855 ist die Einquartierungslast zu rechnen.

§ 42. No. 1. § 338. Massegläubiger im Konkurse; condictio indebiti.

Rechtsgr. 1017. — IV. Senat. 22. Juni 1871. (LXXXII. 228.)

Ist eine Zahlung indebite mit Bezug auf den Nachlaß an den Erben geleistet, und dann über den Nachlaß der Konkurs eröffnet, so hat der Zahlende seinen Anspruch auf Rückzahlung als Konkursgläubiger geltend zu machen.

§ 42. No 3.

A. Bedeutung dieses Paragraphen.

Rechtsgr. 1018. — IV. Senat. 13. Juni 1872. (LXXXV. 220.)

a) Der § 42. No. 3. der Konkurs-Ordnung ist, soweit es sich um einen Vertrag des Gemeinschuldners handelt, nicht blos auf die von ihm dem Mitkontrahenten gegenüber daraus entstandenen Rechtswirkungen zu beziehen.

B. Verbindlichkeit der in den Pachtvertrag des Kridars eingetretenen Gläubigerschaft, für die Defekte bei dem Inventarium und für Deteriorationen bei der Rückgewähr aufzukommen, als Masseschuld.

Rechtsgr. 1019. — III. Senat. 1. März 1872. (LXXXVI. 59.)

Ist die Gläubigerschaft in den bestehenden Pachtvertrag des Kridars eingetreten, so haftet sie auch bei der Rückgewähr für die gezogenen Defekte bei den Inventarien und die früheren Deteriorationen als Masseschulden.

§ 44. Alin. 2. Ansprüche der Massegläubiger im Konkurse; Bedeutung des § 44. Alin. 2. der Konkurs-Ordnung.

Rechtsgr. 1020. — IV. Senat. 9. Januar 1872. (LXXXVI. 25.)

Der § 44. Alin. 2. der Konkurs-Ordnung setzt zu seiner Anwendung voraus, daß der „eingezogene“ Erlös zur Zeit der Konkurs-Eröffnung noch rückständig war.

§ 45. Voraussetzung dieses Paragraphen.

Rechtsgr. 1021. — IV. Senat. 21. März 1872. (LXXXV. 59.)

Der § 45. der Konkurs-Ordnung setzt für die volle

Befriedigung eines Massegläubigers voraus, daß die Konkursmasse zur Befriedigung aller Massegläubiger ausreicht.

Sechster Abschnitt. Rangordnung der Realgläubiger in Beziehung auf Immobilien.

§§ 46--55. Rangordnung eingetragener nicht auf den Adjudikatar übergegangener Reallasten in Konkurrenz mit Hypotheken. Vergl. Hypotheken-Ordnung vom 20. Dezember 1783 §§ 49. 50. Tit. 1.

Rechtsgr. **1022.** — III. Senat. 4. Dezember 1871. (LXXXIII. 174.)

Die Kategorie der im § 51. der Konkurs-Ordnung benannten Lasten begreift im Sinne dieses Gesetzes nicht blos die im § 49. der Hypotheken-Ordnung Tit. I. erwähnten Reallasten engeren Sinnes — Dienste, Zinsen, Zehnten u. s. w. — sondern auch die anderen ihrer Natur nach dinglichen Verpflichtungen, die nach § 50. der Hypotheken-Ordnung einzutragen und wirklich eingetragen sind.

Demgemäß gehören auch Wohnungs-, Auszugs-, Nutzungs- und andere dingliche Rechte, sofern sie eingetragen sind und vom Ersteher nicht übernommen werden sollen, zu den nach § 51. der Konkurs-Ordnung aus den Kaufgeldern in Konkurrenz mit den Hypotheken (§ 55. daselbst) abzulösenden Reallasten.

§§ 51. 52. 55. 59. Nichtanwendbarkeit des § 59. der Konkurs-Ordnung vom 8. Mai 1855 auf Laudemialabgaben; Nichtberücksichtigung solcher Abgaben bei der Subhastation.

Rechtsgr. **1023.** — III. Senat. 2. Mai 1870. (LXXVIII. 199.)

a) Laudemialabgaben gehören an sich nicht zu den „laufenden Abgaben“ u. s. w. des § 9. der Konkurs-Ordnung vom 8. Mai 1855.

b) Die Rechtsverhältnisse, aus denen die einzelnen Laudemialforderungen entspringen, sind nicht ausschließlich auf den Primordialvertrag zurückzuführen, beruhen vielmehr wesentlich auch auf den Veräußerungsfällen. Sind daher die einzelnen Laudemialforderungen nicht eingetragen, sondern nur der Primordialvertrag, so läßt sich nicht behaupten, daß dies Intabulat dennoch im Sinne des § 51. der Konkurs-Ordnung die Rechtsverhältnisse in sich schließe, aus denen die geltend gemachten Laudemien entspringen.

§ 51. Laudemien als Reallasten.

Rechtsgr. 1033a. — III. Senat. 8. Mai 1871. (LXXXII. 80.)

Der Ausdruck „Reallasten" im § 51. der Konkurs-Ordnung umfaßt auch die Laudemien.

§§ 53—62. 251. 398. Subhastation; Konkurrenz der Hebungsberechtigten im Kaufgelderbelegungsverfahren, namentlich bei Ansprüchen auf Hebungen von ungewisser Dauer.

Rechtsgr. 1034. — III. Senat. 25. März 1872. (LXXXV. 77.)

a) Der zu einer früheren Stelle rangirende Hebungsberechtigte hat stets das Recht, das für ihn nach § 62. a. a. O. bei der Subhastation ermittelte Bedeckungskapital, möge dasselbe nun im vollen Umfange aus den Kaufgeldern gewonnen werden, oder möge es wegen Unzulänglichkeit derselben einen Ausfall erlitten haben, stets bis zu seiner vollen Befriedigung für sich zu absorbiren, ehe der nach ihm rangirende Hypothekengläubiger an dieses Bedeckungskapital einen Anspruch erheben könne.

b) Rangiren zu gleicher Stelle ein dinglich Berechtigter auf fortlaufende Hebungen von unbestimmter Dauer und ein Hypothekenkapitalgläubiger, so steht dem ersteren das für ihn ausgeworfene reduzirte Bedeckungskapital insoweit zur Entnahme seiner uneingeschränkten ihm von vornherein zuständigen Hebungsbeträge und insoweit zur vollen Absorbirung zu, als dadurch der neben ihm stehende Hypothekarius wegen seiner vollen Befriedigung noch gar nicht gefährdet erscheint.

§ 56.:

A. Conjunctim eingetragene Forderungen bei der nothwendigen Subhastation; Anwendbarkeit des Gesetzes vom 12. März 1869. — Vergl. Gesetz, betreffend die Abänderungen einiger Bestimmungen der Konkurs-Ordnung vom 8. Mai 1855, vom 12. März 1869 Art. I. II. (Ges.-Samml. S. 465.); Subhastations-Ordnung vom 15. März 1869 § 115.

Rechtsgr. 1025. — III. Senat. 15. Dezember 1871. (LXXXVI. 19.)

Für die Anwendbarkeit des Gesetzes vom 12. März 1869 ist der 1. Juli 1869 der allein entscheidende Zeitpunkt, und kommt dabei auf den Tag der Einleitung der Subhastation Nichts an.

B. Korrealhypothek nach diesem Paragraphen.

Rechtsgr. 1026. — III. Senat. 24. März 1873. (LXXXVIII. 322.)

In Gemäßheit des § 56. No. 3. (ältere Fassung) der Konkurs-Ordnung erwerben die ausgefallenen Gläubiger nicht unmittelbar den Regreßanspruch des zahlenden Schuldners, beziehungsweise Grundstückes, und treten auch nicht unmittelbar in die Rechte der ganz befriedigten Gläubiger ein; sie suchen vielmehr wegen ihrer eigenen Forderungen ihre Befriedigung aus den mitverhafteten Grundstücken.

C. Anspruch des Grundstücksbesitzers aus diesem Paragraphen.

Rechtsgr. 1027. — III. Senat. 14. Oktober 1870. (LXXIX. 302.)

Aus dem im § 56. der Konkurs-Ordnung im Interesse der Hypothekengläubiger gegebenen Regreßrechte kann der Besitzer der conjunctim verhafteten Grundstücke für sich eine Ausgleichung nicht herleiten.

§ 57. Nothwendige Subhastation; Anspruch der Kaufgeldermasse und eines Hypothekengläubigers auf die bei der Sequestration eines später subhastirten Grundstückes erzielten Revenüenüberschüsse.

Rechtsgr. 1028. — III. Senat. 8. März 1872. (LXXXIV. 267.)

Die Vorschrift, daß Revenüenüberschüsse zur Kaufgeldermasse fließen, legitimirt den Hypothekengläubiger, sofern er bei der Vertheilung der übrigen Kaufgeldermasse nicht befriedigt wird, allerdings, einen gegen die Revenüen erhobenen Zinsanspruch zu bestreiten, aber nur aus dem Gesichtspunkte, daß Zinsen aus dem betreffenden Hypothekenkapitale überhaupt nicht zu zahlen seien, sei es nun, weil das Kapital unverzinslich, oder weil die Kapitalforderung gar nicht besteht, oder weil die Hypothek nicht wirksam bestellt worden, oder aus irgend einem andern den gesammten Zinsanspruch beseitigenden Grunde. Besteht aber eine rechtsgültige, verzinsliche Hypothekenforderung, so können die auf die laufenden Zinsen dieser Forderung fallenden Revenüenbeträge nicht mehr zur Kaufgeldermasse fließen, und der Streit, ob diese Zinsen dem liquidirenden Hypothekengläubiger oder einem Dritten, der ein Recht darauf erworben, gebühren, berührt andere Hypothekengläubiger in keiner Weise.

§ 58. Anwendbarkeit dieses Paragraphen; Bedeutung des Ausdruckes „lediglich aus den Revenüen" in demselben.

Rechtsgr. **1039**. — IV. Senat. 21. Dezember 1871. (LXXXIII. 239.)

a) Bei der Anwendbarkeit des § 58. der Konkurs-Ordnung vom 8. Mai 1855 kommt es nur auf dasjenige Sach- und Rechtsverhältniß an, welches zur Zeit besteht, wo die Liquidanten sich behufs Geltendmachung des rechtlichen Vorzuges der einen Forderung vor der andern als streitende Parteien gegenüberstehen; solche Rechtsverhältnisse, welche möglicherweise in Zukunft zu einer Zeit, wo von der Anwendbarkeit des § 58. überhaupt nicht mehr die Rede ist, in Bezug auf ein Liquidat entstehen können, sind nicht zu berücksichtigen.

b) Der Ausdruck des § 58. „lediglich aus den Revenüen" soll nur den Gegensatz zwischen Revenüen einer- und der Substanz andererseits hervorheben, nicht aber andeuten, daß es sich um eine Forderung handle, welche zu keiner Zeit, auch nicht nach dem Eintritt veränderter thatsächlicher Umstände, Befriedigung aus der Substanz erlangen kann.

§§ 62. 85. 251. 398. Liquidation fortlaufender Hebungen im Konkurse und im Kaufgelderbelegungsverfahren. — Vergl. Subhastations-Ordnung vom 11. März 1869 §§ 60. 77. 116.

Rechtsgr. **1030**. — III. Senat. 20. Februar 1871. (LXXXI. 164.)

a) **Aus der Konkursmasse dürfen die von fortlaufenden Hebungen jährlich fällig werdenden Beträge nicht zur vollen Höhe, sondern nur zu demselben Verhältnisse, in welchem die nicht privilegirten Forderungen aus der Konkursmasse zur Perzeption gelangen, aus dem für solche Hebungen angelegten Kapitale und den davon auflaufenden Zinsen ausbezahlt werden.**

b) **Dasselbe gilt beim Immobiliar-Kaufgeldervertheilungsverfahren, wenn der zur vollständigen Tilgung unzureichende Kaufgelderbestand unter mehre an derselben Stelle ausgesetzte Forderungen vertheilt werden muß, und unter diesen sich auch fortlaufende Hebungen befinden.**

c) **Fortlaufende Hebungen aber, die nicht zu gleichen Rechten mit den andern Forderungen eingetragen sind, müssen aus dem nach § 62. der Konkurs-Ordnung für die angelegten Kapitale und den davon auflaufenden Zinsen, so oft sie fällig werden, voll ausgezahlt werden, bis sie ihre Endschaft erreichen, oder bis das für sie angelegte Kapital erschöpft worden ist.**

Achter Abschnitt. Rangordnung der Konkursgläubiger.

§§ 72—82. Konkurs; Wirkung des Akkordes auf die Alimentations-Ansprüche unehelicher Kinder.

Rechtsgr. **1031**. — I. Senat. 17. Oktober 1873. (XC. 254.)

Nach der Konkurs-Ordnung vom 8. Mai 1855 sind Alimentations-Ansprüche unehelicher Kinder von den Wirkungen des Akkordes nicht ausgeschlossen.

§ 78. zu 3. Einschränkende Auslegung dieses Paragraphen; nicht analoge Anwendung desselben bei Konkurrenz der Salarienkasse und des Verwalters als Massegläubiger einer insuffizienten Masse gegenüber.

Rechtsgr. 1032. — IV. Senat. 21. März 1872. (LXXXV. 58.)

Das im § 78. der Konkurs-Ordnung dem Fiskus gegebene Vorrecht bezieht sich nur auf Kostenforderungen an den Kridar, in Betreff deren die Salarienkassen nur zu den Konkursgläubigern gehören, womit sie allen Massegläubigern nachstehen. Der § 78. gewährt also keine Analogie für den Fall, daß die Salarienkasse und der Verwalter als Massegläubiger mit ihren Forderungen an eine insuffiziente Masse konkurriren.

§ 79. Rechtliche Natur der Frage, ob Sachen zum Vermögen eines bestimmten Rechtssubjekts gehören; Sparkasse der Stadt Witten. — Vergl. Statut für die Sparkasse zu Witten vom 4. November 1868 (7. März 1870).

Rechtsgr. 1033. — IV. Senat. 21. Januar 1873. (LXXXVII. 342.)

a) Die Frage, ob Gelder oder sonstige Gegenstände zum Vermögen eines bestimmten Rechtssubjekts gehören, ist rechtlicher, nicht thatsächlicher Natur.

b) Die Bestände der Sparkasse der Stadt Witten gehören nicht zum Vermögen der Stadt.

§ 80. Abs. 2. Vorzugsrecht der Ehefrau im Konkurse. — Vergl. Einführungsgesetz zum Allg. Deutschen Handelsgesetzbuch vom 24. Juni 1861 Art. 31

Rechtsgr. 1034. — IV. Senat. 18. November 1869. (LXXVI. 295.)

Ob der Ehefrau des Gemeinschuldners das im § 80. Abs. 2. zugesicherte Vorzugsrecht wegen ihres gesetzlich in die Verwaltung und Nutznießung des Ehemannes gekommenen Vermögens zusteht, ist nicht davon abhängig, ob der gemeine oder kaufmännische Konkurs vom Konkursgericht eröffnet ist, sondern lediglich davon, ob der Ehemann als Kaufmann zu erachten ist oder nicht.

Neunter Abschnitt. Ansprüche der Ehefrau des Gemeinschuldners.

§ 88. No. 2. § 90. Konkurs-Ansprüche der Ehefrau des Kridars. — Vergl. A. L. R. II. 1. §§ 209. 212.

Rechtsgr. 1025. — **III. Senat.** 17. Juni 1872. (**LXXXV. 254.**)

Verwendet die Ehefrau des Kridars das ihr von einem Dritten geschenkte Geld, ohne daß dasselbe in die ehemännliche Verwaltung gelangt ist, dazu, um das Kaufgeld eines von ihr gekauften Grundstückes zu bezahlen, so tritt dieses Grundstück an die Stelle des Geldes und kann von der Ehefrau des Kridars der Gläubigerschaft gegenüber als ihr Eigenthum in Anspruch genommen werden.

§ 90. Einfluß der Konkurs-Eröffnung auf Hypothekenforderungen, welche die Ehefrau des Kridars in stehender Ehe erworben hat; Zweck der Ueberweisung derselben an die Konkursmasse.

Rechtsgr. 1026. — **III. Senat.** 19. Februar 1872. (**LXXXV. 39.**)

a) Die Konkurseröffnung über das Vermögen des Ehemannes hat die Wirkung, daß die in stehender Ehe von der Ehefrau erworbenen Hypothekenforderungen zur Konkursmasse gehören.

b) Die im § 90. Abs. 2. der Konkurs-Ordnung vom 8. Mai 1855 vorgeschriebene gerichtliche Ueberweisung der Hypothekenforderung an die Konkursmasse ist nur angeordnet, um diese Dritten gegenüber zu legitimiren.

c) Die Schlußbestimmung im § 90. der Konkurs-Ordnung:

„Durch die gegenwärtigen Bestimmungen wird in den bestehenden gesetzlichen Vorschriften über die Rechte dritter Personen nichts geändert“,

hat nur den Sinn, daß durch die im Eingange dieses Pharagraphen ausgesprochene gesetzliche Vermuthung für das Eigenthum des Gemeinschuldners die Rechte Dritter nicht geändert werden sollen, welche diese vor der Konkurseröffnung auf Grund der Annahme erworben haben, daß die Ehefrau Eigenthümerin sei. Es wird aber durch diesen Zusatz die Präsumtion für das Eigenthum des Gemeinschuldners alsdann nicht ausgeschlossen, wenn die Ehefrau nach bereits eröffnetem Konkurse mit Dritten Vereinbarungen über die fragliche Sache getroffen hat.

Zehnter Abschnitt. Kompensation.

§§ 96. 101. Tilgung einer Schuld des Kridars im Wege der Kompensation mit einer zum Zweck derselben erst begründeten Forderung.

Rechtsgr. **1037.** — IV. Senat. 6. Januar 1870. (LXXVII. 148.)

Dem § 101. der Konkurs-Ordnung gegenüber ist es nicht zulässig, eine Schuld des Kridars auf dem Wege zu tilgen, daß zur Erreichung dieses Zweckes erst eine Forderung für den Kridar geschaffen wird.

Elfter Abschnitt. Befugniß der Gläubiger zur Anfechtung der vor der Konkurs-Eröffnung vorgefallenen Rechtshandlungen.

§§ 100—102. 107. 113. 114. 116.

A. Zahlungseinstellung; Kenntniß von der Zahlungsunfähigkeit und Kenntniß von der Eigenschaft als Kaufmann Seitens des Gemeinschuldners im Gegensatz zur Unbekanntschaft mit dieser Eigenschaft.

Rechtsgr. **1038.** — IV. Senat. 11. März 1869. (LXXIV. 96.)

a) Von einer Zahlungseinstellung kann nur bei einem Kaufmann (Handelsmann, Schiffsrheder, Fabrikbesitzer) die Rede sein.

b) Sobald einmal definitiv über das Vermögen einer Person der kaufmännische Konkurs eröffnet worden, dann ist auch dadurch zugleich rechtlich als festgestellt anzusehen, daß der Gemeinschuldner ein Kaufmann gewesen ist, und daß auf seiner Seite eine Zahlungseinstellung mit der Wirkung stattgefunden hat, daß die von ihm in der Zeit zwischen der Zahlungseinstellung und der Konkurs-Eröffnung vorgenommenen Rechtshandlungen der Anfechtung unterworfen sind, insofern der andere Theil von dieser Zahlungseinstellung bei den Rechtshandlungen Kenntniß gehabt hat.

c) Die im § 100. der Konkurs-Ordnung erforderte „Kenntniß, daß bereits der Gemeinschuldner die Zahlungen eingestellt hatte", ist nicht schon dann vorhanden, wenn dem andern Theil blos die Thatsache der Zahlungsunfähigkeit des Gemeinschuldnes bekannt ist, sondern es muß hinzukommen, daß der andere Theil auch die Qualität des Gemeinschuldners als eines Kaufmanns (Handelsmanns ꝛc.), und daß von demselben als solchem die Zahlungen eingestellt worden, gekannt hat.

d) Weiß der andere Theil nicht, daß der Gemeinschuldner ein Kaufmann ist, hält er denselben im Gegentheil für einen Nichtkaufmann, und hat er hierzu eine gegründete Veranlassung, dann kann ihm kein Vorwurf daraus gemacht werden, daß er, seiner Kenntniß von dem Zustande der Zahlungsunfähigkeit ungeachtet, den Gemeinschuldner noch für völlig dispositionsfähig angesehen und mit ihm in Verkehr zu treten sich für befugt erachtet hat.

B. Anfechtung von Zahlungen und Rechtsgeschäften des Gemeinschuldners auf Grund des § 100. der Konkurs-Ordnung; Absicht, die Gläubiger des Gemeinschuldners zu bevortheilen.

Rechtsgr. **1029**. — IV. Senat. 11. März 1869. (LXXIV. 110.)

a) Zur Anwendung des § 100. der Konkurs-Ordnung genügt nicht, daß derjenige, welcher das anzufechtende Rechtsgeschäft mit dem nachmaligen Gemeinschuldner abgeschlossen hat, nur Kenntniß von dessen materieller Vermögensunzulänglichkeit hatte; es ist vielmehr Voraussetzung, daß der Dritte die formelle Zahlungseinstellung, die Anzeige der Vermögensunzulänglichkeit bei Gericht oder den Antrag eines Gläubigers auf Konkurseröffnung gekannt hat.

b) Liegt die Anfechtung eines Rechtsgeschäftes auf Grund des § 100. der Konkurs-Ordnung vor, so ist damit nicht ausgeschlossen, daß hierbei die Absicht der Benachtheiligung der Gläubiger beabsichtigt sein kann, und der Thatbestand des Alinea 2. des § 107. a. a. O. nicht vorhanden ist.

c) Hat eine Rechtshandlung nur die Befriedigung eines Gläubigers zum Gegenstand, so kann die Anfechtung nicht deshalb allein erfolgen, weil dieser Gläubiger die materielle Vermögensunzulänglichkeit seines Schuldners, des späteren Kridars, kannte; es kann aber dennoch bei einem solchen Akte die Absicht, andere Gläubiger zu bevortheilen, obwalten. Ob dies der Fall ist, hängt in jedem einzelnen Falle von den thatsächlichen Verhältnissen ab.

§ 100. Abs. **2.** Rückforderung der Wechselzahlung des Kridars aus § 100. Abs. 2. der Konkurs-Ordnung bei gezogenen Wechseln.

Rechtsgr. **1040.** — IV. Senat. 27. Oktober 1870. (LXXXI. 27.)

Nach § 100. Absatz 2. der Konkurs-Ordnung ist bei gezogenen Wechseln die Rückforderungsklage nur gegen den Aussteller, und auch gegen diesen nur dann zulässig, wenn er von der Zahlungseinstellung des nachmaligen Gemeinschuldners bereits bei Ausstellung oder Begebung des Wechsels Kenntniß gehabt hat.

§§ 100. ff. **106.** Passivlegitimation bei der Actio Pauliana, rei vindicatio und der Anfechtungsklage nach der Konkurs-Ordnung und dem Gesetz vom 9. Mai 1855. — Vergl. Inst. **4.** 6. § 6.; Dig. **42.** 8. Lex 10. § 22.; Gesetz vom 9. Mai 1855 §§ 5. ff. 12. 13. (Ges.-Samml. S. 429.)

Rechtsgr. **1041.** — IV. Senat. 28. Juni 1870. (LXXIX. 122.)

a) Die actio Pauliana ist wie die rei vindicatio nur gegen den Besitzer der Sache zu richten.

b) Dies findet auch in Betreff der auf die Bestimmungen der Konkurs-Ordnung vom 8. Mai 1855 und das Gesetz vom 9. Mai 1855 gestützten Anfechtungsklagen Anwendung.

c) Ist der mit der Anfechtungsklage in Anspruch Genommene nicht mehr im Besitz der Sache, so kann nicht ein eventueller Klageantrag auf den Werth der Sache in Betracht kommen, vielmehr steht nur ein Anspruch auf Schadensersatz zu.

§§ 101. 110. 222. No. 3. Nichterforderniß der Genehmigung oder Ermächtigung des Verwaltungsrathes oder des Kommissars des Konkurses zur einwandsweisen Anfechtung von Rechtshandlungen des Gemeinschuldners durch den Konkursverwalter. — Vergl. A. L. R. II. **18.** §§ 501—504.

Rechtsgr. **1042.** — IV. Senat. 18. Oktober 1870. (LXXIX. 306.)

Der Konkursverwalter, welcher im Wege der Einrede Rechtshandlungen des Gemeinschuldners anficht, bedarf hierzu nicht der Ermächtigung oder Genehmigung des Verwaltungsrathes oder des Kommissars des Konkurses.

§ 102. Eröffnung des Konkurses über das gütergemeinschaftliche Vermögen des Ehemannes in seinem Einfluß auf die Ehefrau.

Rechtsgr. **1043.** — IV. Senat. 17. Dezember 1868. (LXXIII. 185.)

Die Eröffnung des Konkurses über das gütergemeinschaftliche Vermögen eines Ehemannes hat nicht zur Folge, daß auch die Ehefrau als Gemeinschuldnerin im Sinne des § 102. der Konkurs-Ordnung vom 8. Mai 1855 anzusehen wäre, und können deshalb ihre Verfügungen aus dem § 102. nicht angefochten werden.

§ 103. No. 1. Rechtshandlungen im Sinne dieses Paragraphen und des § 7. No. 1. des Gesetzes vom 9. Mai 1855. — Vergl. Gesetz vom 9. Mai 1855 § 7. No. 1. (Ges.-Samml. S. 429.); A. L. R. I. **20.** §§ 442. 477.

Rechtsgr. 1044. — III. Senat. 21. Oktober 1870. (LXXIX. 317.)

Der § 103. No. 1. der Konkurs-Ordnung vom 8. Mai 1855 und der § 7. No. 1. des Gesetzes vom 9. Mai 1855 ist nicht auf einzelne Klassen von Rechtsgeschäften, namentlich nicht auf Veräußerungen einzuschränken, sondern umfaßt alle von einem insolventen Schuldner vorgenommenen Rechtshandlungen ohne Unterschied.

§§ 109. 393. No. 4. Anfechtung der vom Ehemann der Ehefrau für eingebrachtes Vermögen ohne gesetzliche Verpflichtung bestellten Hypothek; Cession der Illatenforderung an einen Dritten und hiernächst erfolgten Bestellung einer Hypothek. — Vergl. Subhastations-Ordnung vom 15. März 1869 § 71. No 4. (Ges.-Samml. S. 421.)

Rechtsgr. 1045. — III. Senat. 18. November 1870. (LXXX. 67.)

Plenarbeschluß vom 20. Juni 1870: In dem Verfahren über die Vertheilung der Kaufgelder eines in nothwendiger Subhastation veräußerten Grundstücks unterliegt die Anfechtung einer von dem Ehemanne der Ehefrau ohne gesetzliche Verpflichtung für eingebrachtes Vermögen bestellten Hypothek durch andere Gläubiger des Mannes auf Grund des § 393. No. 4. der Konkurs-Ordnung vom 8. Mai 1855 und des § 71. No. 4. der Subhastations-Ordnung vom 15. März 1869 einem dritten Besitzer gegenüber den Beschränkungen des § 109. der Konkurs-Ordnung. Dagegen findet dieser § 109. zu Gunsten desjenigen Dritten keine Anwendung, dem die Frau eine Illatenforderung cedirt, und dem der Mann nachher dafür eine Hypothek bestellt hat.

Titel 2. Von dem Verfahren im kaufmännischen Konkurse.

Erster Abschnitt. Einleitende Bestimmungen.

§§ 113. ff. 118. ff. 124. 125. 330. Thatsächliche Feststellung der Eigenschaft als Kaufmann oder Händler; Unstatthaftigkeit des prozessualischen Verfahrens über die Frage, ob ein kaufmännischer oder gemeiner Konkurs zu eröffnen sei. Vergl. Allg. Deutsches Handelsgesetzbuch Art. 4.

Rechtsgr. 1046. — IV. Senat. 12. April 1870. (LXXVIII. 172.)

a) Die Frage, ob Jemand zu den Kaufleuten resp. Handelsleuten im Sinne des Art. 4. des Allg. Deutschen Handelsgesetzbuches und des § 113. der Konkurs-Ordnung vom 8. Mai 1855 gerechnet werden darf, ist lediglich thatsächlicher Natur.

b) Ueber die Frage, ob der kaufmännische oder der gemeine Konkurs einzuleiten sei, ist ein prozessualisches Verfahren nicht zulässig; ein solches ist vielmehr nur über die Frage statthaft, ob überhaupt der Konkurs zu eröffnen, oder im kaufmännischen Konkurs der Tag der Zahlungseinstellung anderweit festzustellen.

Vierter Abschnitt. Von der Verhaftung des Gemeinschuldners, sowie von der Siegelung, dem offenen Arrest und der Beschlagnahme der Immobilien.

§§ 137. 145. 148. Rechtsmittel der dritten Instanz gegen die von dem Konkursgericht ausgesprochene Beschlagnahme vermeintlicher Forderungen des Gemeinschuldners. — Vergl. A. G. O. I. 29. § 61.; Instruktion vom 6. August 1855 § 12. (Justiz-Ministerialblatt S. 207.)

Rechtsgr. 1047. — IV. Senat. 17. Dezember 1868. (LXXIII. 185.)

Gegen die von dem Konkursgericht auf Grund der §§ 137. 145. 148. der Konkurs-Ordnung vom 8. Mai 1855 ausgesprochene Beschlagnahme einer vermeintlichen Forderung des Gemeinschuldners ist die dritte Instanz nicht ausgeschlossen.

Siebenter Abschnitt. Von dem Akkorde.

§§ 197. 201. Vollstreckbarkeit des Akkordes gegen den selbstschuldnerischen Akkordbürgen. — Vergl. Gesetz vom 12. März 1869 Art. 10. (Ges.-Samml. S. 470.)

Rechtsgr. 1048. — IV. Senat. 7. Dezember 1869. (LXXVI. 321.)

Die Bestätigung des Akkordes im Konkurse bringt den exekutivischen Titel auch gegen den selbstschuldnerischen Akkordbürgen hervor.

Elfter Abschnitt. Von den Vertheilungen an die Konkursgläubiger.

§§ 240. 241. Analoge Anwendung dieser Paragraphen, im Fall eine insuffiziente Masse nicht zur Deckung der Ansprüche aller Massegläubiger ausreicht.

Rechtsgr. 1049. — IV. Senat. 21. März 1872. (LXXXV. 59.)

Die §§ 240. und 241. der Konkurs-Ordnung kommen auch zur Anwendung, wenn die insuffiziente Masse nicht einmal zur Deckung der Ansprüche aller Massegläubiger genügt.

Titel 3. Von dem Verfahren im gemeinen Konkurse.

Erster Abschnitt. Von der Eröffnung des Konkurses.

§§ 330. 124. Klage auf Aufhebung des gemeinen und des kaufmännischen Konkurses; Beweis der Vermögenszulänglichkeit. — Vergl. A. G. O. I. 50. § 33.; Reskript vom 7. August 1835 (Ergänzungen zur A. G. O., Breslau 1843, S. 205.).

Rechtsgr. 1050. — IV. Senat. 8. April 1869. (LXXIV. 190.)

a) Zur Begründung der Klage des Kridars auf Wiederaufhebung des gemeinen Konkurses ist lediglich der Nachweis der Vermögenszulänglichkeit erforderlich; sonstige Angriffspunkte und Angriffsarten ermangeln des gesetzlichen Fundaments, namentlich die Frage:

ob das Konkursgericht der persönliche Gerichtsstand der Kridare gewesen,

ob ein Gläubiger derselben die Konkurseröffnung beantragt,

ob wirklich ein concursus creditorum bei Eröffnung des Konkurses stattgefunden habe.

b) Bei der Klage auf Wiederaufhebung des gemeinen Konkurses wegen Vermögenszulänglichkeit liegt die Frage, ob die tabellarisch angemeldeten Forderungen rechtsgültig sind oder nicht, außerhalb der Kompetenz des Richters; es ist vielmehr der Nachweis der Vermögenszulänglichkeit zur Befriedigung aller nicht präkludirten und nicht rechtskräftig bei der Masse abgewiesenen Forderungen nothwendig.

c) Die für den gemeinen Konkurs gegebene Vorschrift, daß die Klage auf Wiederaufhebung des Konkurses durch den Nachweis der Vermögenszulänglichkeit begründet werden muß, hat für den kaufmännischen Konkurs keine Geltung.

Titel 4. Von dem erbschaftlichen Liquidationsverfahren.

§§ 352—355. 360. Konkurseröffnung im Laufe des erbschaftlichen Liquidationsprozesses; Unzulässigkeit einer Präklusion der Gläubiger nach derselben.

Rechtsgr. **1051.** — IV. Senat. 21. Dezember 1869. (LXXVI. 345.)

a) Erfolgt die Konkurseröffnung im Laufe des erbschaftlichen Liquidationsverfahrens, so absorbirt sie dasselbe gänzlich, und es bleibt für ein Präklusions-Erkenntniß überall kein Raum mehr.

b) Ausgeschlossen kann ein Gläubiger nur sein durch ein Präklusions-Erkenntniß, das in einem anhängigen Präklusionsverfahren erlassen, insinuirt und zur Rechtskraft gelangt ist.

Titel 5. Von dem Prioritätsverfahren in der Exekutions-Instanz.

§§ 362 ff. Begrenzung des Begriffs prioritätischer Rechte.

Rechtsgr. 1052. — IV. Senat. 16. Juli 1872. (LXXXVI. 158.)

Von prioritätischen Rechten eines Gläubigers kann überhaupt nur dann die Rede sein, wenn es sich um die Vertheilung einer zur Befriedigung mehrerer Kreditoren unzulänglichen entweder körperlich vorhandenen, oder durch den Werth einer bestimmten Sache in Ansehung der Realisirbarkeit begrenzten Summe handelt.

Dritter Abschnitt. Von der Vertheilung der Kaufgelder bei nothwendigen Subhastationen.

§§ 383. ff. 401. 80. 362. Ansprüche der persönlichen Gläubiger des Subhastaten an den Kaufgelderrest; Konkurrenz derselben.

Rechtsgr. 1053. — III. Senat. 22 April 1870. (LXXVIII. 180.)

a) Der Subhastations-Kaufgelderrest gebührt denjenigen persönlichen Gläubigern des Subhastaten, von denen im Wege der Exekution derselbe in Beschlag genommen oder die Subhastation ausgebracht worden ist.

b) Nur zwischen solchen Gläubigern kann, wenn der Kaufgelderrest zu ihrer vollständigen Befriedigung nicht ausreicht, eine Konkurrenz eintreten, und nur im Falle solcher Konkurrenz kommt nach Abs. 2. § 401. der Konkurs-Ordnung in Frage, ob und welches Vorzugsrecht den betreffenden Forderungen zusteht.

§§ 385. 386. 389. 392. 394. 400. Erstattung des ohne Widerspruch des Subhastaten von einem Hypothekengläubiger bei der Kaufgelderbelegung zu viel erhobenen Liquidats.

Rechtsgr. 1054. — IV. Senat. 2. März 1871. (LXXXIII. 7.)

a) Die Wirkung der Kaufgelderbelegungs- und Vertheilungsverhandlung als gesetzlichen Schluß-Aktes für das Subhastationsverfahren und dessen Zweck kann für den gesammten Kreis seiner Interessenten — des Subhastaten, Adjudikatars und der Realgläubiger — durch den nachträglichen Widerspruch eines derselben nicht mehr in Frage gestellt werden.

b) Niemals kann aber mit diesem Akte und durch denselben dem Betheiligten, resp. dem Kläger und dem Subhastaten, seines nicht erhobenen Widerspruchs ungeachtet, das Recht verloren gehen: nachträglich im Separatprozesse mit dem Verklagten seinen ihm zustehenden Rechtstitel auf Herausgabe resp. Erstattung des von demselben ohne Rechtsgrund zum Nachtheile des Klägers aus den Kaufgeldern Erhobenen geltend zu machen.

§§ 387. 388. 392. 393. Nothwendige Subhastation; Unabhängigkeit des Anfechtungsrechtes des Hypothekgläubigers aus dem Gesetze vom 9. Mai 1855 von dem Subhastationsverfahren. — Vergl. Subhastations-Ordnung vom 15. März 1869 §§ 70. ff. 115.; Gesetz, betreffend die Anfechtung der Rechtshandlungen u. s. w., vom 9. Mai 1855 § 7. No. 4., § 9.

Rechtsgr. **1055**. — IV. Senat. 9. November 1871. (LXXXVI. 12.)

Die §§ 387. 388. 392. 393. der Konkurs-Ordnung vom 8. Mai 1855 binden das Anfechtungsrecht des Hypothekengläubigers aus dem Anfechtungsgesetze vom 9. Mai 1855 keineswegs an das Subhastationsverfahren.

§ 388. Wirkung der Ueberweisung des Kaufgelderrückstandes nach § 388. der Konkurs-Ordnung vom 8. Mai 1855; Vorbehalt dabei.

Rechtsgr. **1056**. — IV. Senat. 23. Mai 1871. (LXXXII. 156.)

Es ist unzulässig, die Vorschrift des § 388. der Konkurs-Ordnung dahin auszudehnen, daß sogar ungeachtet des ausdrücklich ausgesprochenen entgegengesetzten Willens ein Gläubiger sich den Untergang seines persönlichen Anspruches unbedingt gefallen lassen müßte.

§§ 392. 394. 405. ff. Anfechtung der Aktivlegitimation des Liquidanten durch die postlozirten Gläubiger im Kaufgelderbelegungstermin und im Aufgebotsverfahren nach den §§ 405. ff. der Konkurs-Ordnung.

Rechtsgr. **1057**. — III. Senat. 31. Oktober 1870. (LXXXI. 45.)

Weder im Kaufgelderbelegungstermin noch im Aufgebotsverfahren nach den §§ 405. ff. der Konkurs-Ordnung hat der postlozirte Gläubiger das Recht, die Aktivlegitimation des Liquidanten anzufechten.

§§ 392—394. Begriff von „Forderungen" in den §§ 392—394. der Konkurs-Ordnung

Rechtsgr. 1058. — III. Senat. 11. Januar 1869. (LXXIII. 218.)

In den §§ 392—394. der Konkurs-Ordnung vom 8. Mai 1855 umfaßt der Ausdruck „Forderungen" den Anspruch des liquidirenden Gläubigers nach dessen dreifachen, bei dem Kaufgelderbelegungs-Verfahren in Betracht kommenden Richtungen, nämlich der Richtigkeit, dem Hypothekenrecht und dem Vorrecht, und gestattet der § 393. die Anfechtung, soweit die Natur der einzelnen Anfechtungsgründe dies nicht ausschließt, in Betreff jedes einzelnen dieser drei Momente.

§ 392. Nothwendige Subhastation; Folgen des Ausbleibens des zum Kaufgelderbelegungstermin vorgeladenen Interessenten.

Rechtsgr. 1059 — III. Senat. 5. Juli 1872. (LXXXVI. 127.)

Wer auf erhaltene Vorladung im Kaufgelderbelegungstermine nicht erscheint und deshalb oder sonst von der im § 392. der Konkurs-Ordnung gedachten Befugniß, ein Liquidat zu bestreiten, durch welches seinem Rechte Eintrag geschieht, keinen Gebrauch macht, kommt, wenn nun nach dem § 389. Absatz 2. ein solches Liquidat aus den Kaufgeldern berichtigt wird, dadurch in eine veränderte rechtliche Stellung zu jenem Liquidanten, in die rechtliche Nothwendigkeit, die auf vorschriftsmäßigem Wege erfolgte Zahlung oder andere Berichtigung gegen den befriedigten Liquidanten rückgängig machen zu müssen.

§ 393. Beweiskraft der gegen den Subhastaten ergangenen Erkenntnisse im Falle der Anfechtung durch Subhastations-Interessenten. — Vergl. Subhastations-Ordnung vom 15. März 1869 § 71. (Ges.-Samml. S. 421.)

Rechtsgr. 1060. — III. Senat. 8. Mai 1871. (LXXXII. 80.)

Wird auf Grund des § 393. der Konkurs-Ordnung eine Forderung angefochten, so dienen die gegen den Subhastaten ergangenen Judikate dem Liquidanten als genügende Beläge, und es ist Sache des Anfechtenden, Umstände darzuthun, aus denen sich die Unrichtigkeit der Forderung ergiebt.

Titel 6. Von der gerichtlichen Zahlungsstundung und von der Rechtswohlthat der Kompetenz.

Zweiter Abschnitt. Von der Rechtswohlthat der Kompetenz.

§ 434. Testamentarische Zuwendungen an Pflichttheilsberechtigte als Freigebigkeit, welche zur Kompetenz berechtigt.

Rechtsgr. 1061. — IV. Senat. 12. Januar 1871. (LXXX. 212.)

Zuwendungen in einem Testament an einen Pflichttheilsberechtigten, gleichviel, ob ihm nur das Pflichttheil oder sein volles Erbtheil vermacht worden ist, stellen einen Akt der Fürsorge und Freigebigkeit dar, welcher zur Kompetenz berechtigt.

Kriminal-Ordnung vom 11. Dezember 1805.

§ 528. Reformatio in pejus in Strafsachen. Vergl. Verordnung vom 3. Januar 1849 §§ 157. ff. (Ges.-Samml. S. 209.)

Rechtsgr. 1062. — Senat für Strafsachen, Abth. II. 8. Juli 1869. (LXXV. 268.):

Eine reformatio in pejus liegt nicht vor, wenn der Appellations-Richter die Strafthat als ein schwereres Vergehen charakterisirt, als es vom ersten Richter geschehen, dagegen aber das Strafmaaß unverändert bleibt.

§§ 563. 604. 620. Detentions- und Verpflegungskosten eines Zuchthäuslers als Gerichtskosten. — Vergl Einführungsgesetz zur Konkurs-Ordnung vom 8. Mai 1855 Art. 11. No. 1. (Ges.-Samml. S. 317.); Deklaration vom 20. Oktober 1822 (Ges.-Samml. S. 216.); Gesetze vom 10. Mai 1851 (Ges.-Samml. S. 622.) und vom 3. Mai 1853 (Ges.-Samml. S. 170.); Erlaß vom 7. Juli 1858 (Justiz-Ministerial-Blatt S. 266.).

Rechtsgr. **1063.** — III. Senat. 15. Januar 1869. (**LXXIII. 249.**)

Die in Vollstreckung eines richterlichen Straf-Erkenntnisses durch die Haft des Verurtheilten in einem Zuchthause entstehenden Detentions- und Verpflegungskosten gehören zu den Gerichtskosten im Sinne der Gesetze vom 10. Mai 1851 und 3. Mai 1853.

Allgemeine Hypotheken-Ordnung.

Titel 1. Von der Form und Einrichtung der Hypothekenbücher überhaupt.

§ 48. Gemeine Lasten und Pflichten, welche der Eintragung in das Hypothekenbuch nicht bedürfen.

Rechtsgr. **1064.** — II. Senat. 27. Februar 1873. (**LXXXVIII. 179.**)

Die Kriterien für solche Realverbindlichkeiten, deren Eintragung in das Hypothekenbuch es nicht bedarf, sind folgende:

1. **daß dieselben auf der Verfassung des Orts, des Kreises oder der Provinz beruhen müssen, aber nicht auf einen speziellen Titel gegründet sein dürfen,**
2. **daß ferner ihre Oeffentlichkeit durch die Eigenschaft der Berechtigten bedingt werden müsse, indem sie an den Landesherrn, die Obrigkeit, — welche auch zur Zeit der Abfassung der Hypotheken-Ordnung nach**

Verfassung und Sprachgebrauch, in Uebereinstimmung mit § 357. I. 20. der Allg. Gerichts-Ordnung, die Gutsherrschaft vorstellte, — die Kirche oder die Geistlichkeit zu entrichten sind,

2. daß sie auf allen Grundstücken derselben Art im Bereiche der Verfassung, aus welcher sie stammen, lasten.

Titel 2. Von Verwaltung des Hypothekenwesens und Führung der Bücher bei den Ober-Kollegiis.

§ 234. Hypothek; Einfluß der Arrestanmeldung auf den Cessionar.

Rechtsgr. 1065. — III. Senat. 22. Dezember 1873. (XC. 355.)

Einem gutgläubigen Cessionar einer Hypothekenforderung kann nur die wirklich geschehene Eintragung und nicht schon die Anmeldung eines Arrestes zur Eintragung entgegengesetzt werden.

Verbessertes Landrecht für das Königreich Preußen von 1721.

Theil II. Buch 4. Tit. 9. Art. 3.

A. § 3. Laudemialpflicht der Descendenten und nahen Freunde.

Rechtsgr. 1066. — II. Senat. 28. Januar 1869. (LXXIII. 270.)

Der § 3. Art. 3. Buch 4. Tit. 9. des Preußischen Landrechts von 1721 ist dahin auszulegen, daß Descendenten und die ihnen gleichgestellten nahen Freunde allerdings dann, wenn sie titulo universali das Gut erhielten, von der Errichtung des Laudemium frei sein sollten, nicht aber auch dann, wenn sie das Gut unter Lebenden erkauften.

B. Laudemialpflicht des Erbzinsmannes.

Rechtsgr. 1067. — II. Senat. 14. Mai 1872. (LXXXV. 147.)

Der Sinn der im Art. 3. Thl. II. Buch 4. Tit. 9. des Preußischen Landrechts von 1721 gebrauchten Ausdrücke geht dahin:

daß der Erbzinsmann bei Veräußerungen an Fremde die Lehnwaare zu entrichten hat, und zwar, wo es observanzmäßig ist, 10 Prozent, wo dies nicht der Fall ist, gemäß den Bestimmungen des Gemeinen Rechts, 2 Prozent, auch wenn in dem Verleihungsbriefe hierüber Nichts ausgemacht ist.

Revidirtes Lübisches Recht von 1586.

Buch I. Tit. 5. Art. 1. ff. — Vergl. Buch II. Tit. 2. Art. 1. ff.

Rechtsgr. 1068. — IV. Senat. 19. März 1869. (LXXIV. 136.)

Eheleute, welche nach dem Rechte ihres ersten Wohnsitzes nicht in Gütergemeinschaft, sondern in getrennten Gütern gelebt haben, sind, wenn sie demnächst ihren Wohnsitz nach einer mit Lübischem Rechte bewidmeten Neuvorpommerschen Stadt verlegen, der dort geltenden Gütergemeinschaft unterworfen, insofern sie nicht zu den eximirten Personen gehören, und sie auch nicht bei dieser ihrer dortigen Niederlassung die Ausschließung der Gütergemeinschaft unter ihnen in vorschriftsmäßiger Weise öffentlich haben bekannt machen lassen.

Buch II.

A. Tit. 1. Art. 12. Namentliche Einsetzung oder Enterbung der Descendenten nach Lübischem Recht.

Rechtsgr. 1069. — I. Senat. 25. Juni 1869. (LXXV. 183.)

Art. 12. Tit. 1. Buch II. des Lübischen Rechts bezieht sich nicht auf Descendenten, welche namentlich eingesetzt oder enterbt werden müssen.

B. Tit. 2. Art. 33. Präsumtion für das revidirte Statut von 1586 für alle Städte Pommerschen Rechtes; „abgesonderte" Kinder nach Lübischem Rechte.

Rechtsgr. 1070. — I. Senat. 4. April 1873. (LXXXIX. 32.)

a) Es ist als Regel zu betrachten, daß nur das revidirte Statut von 1586 in allen mit dem Lübischen Rechte bewidmeten Pommerschen Städten zur Anwendung kommt, ohne Rücksicht auf die Zeit der stattgefundenen Verleihung.

b) Kinder, welche von dem Vermögen des Einen ihrer Eltern nur dadurch abgefunden worden, daß der Ueberlebende der Erbschaft entsagt und ihnen den ganzen Nachlaß überlassen hat, haben hierdurch nicht die Eigenschaft „abgesonderter" Kinder im Sinne des Lübischen Rechtes erlangt.

Buch III. Tit. 8. Art. 2. Erlöschende und erwerbende Verjährung.

Rechtsgr. 1071. — II. Senat. 30. November 1869. (LXXVII. 73.)

Der Art. 2. Tit. 8. Buch 3. des revidirten Lübischen Rechts:

Wenn über Jahr und Tag ein Gebäude unangesprochen gestanden, das kann nach Jahr und Tag nicht mehr angefochten werden,

enthält nicht blos eine erlöschende Verjährung gegen das Widerspruchsrecht des Nachbars, sondern auch eine erwerbende Verjährung zu Gunsten des Bauenden.

Tit. 12.

A. Art. 8. Erkenntniß; Requisit der exekutivischen Erzwingbarkeit; Gerechtigkeit des Abzuges nach Lübischem Recht. — Vergl. Dig. Lib. 43. Tit. 23. (de cloacis.)

Rechtsgr. 1072. — II. Senat. 19. November 1872. (LXXXVII. 83.)

a) Auch nach Gemeinem Rechte muß der Endzweck einer jeden richterlichen Entscheidung darauf gerichtet sein, dasjenige, wozu der Verklagte verurtheilt wird, dergestalt deutlich, bestimmt und genau auszudrücken, daß es demnächst im Wege der Exekution auch erzwungen werden kann.

b) Für die Gerechtigkeit des Abzuges nach Lübischem Rechte gelten die Grundsätze des Römischen Rechtes über die servitus cloacae.

B. Art. 13. Anlage von Wohnkellern.

Rechtsgr. 1073. — II. Senat. 30. November 1869. (LXXVII. 73.)

Der Art. 13. Tit. 12. Buch 3. des revidirten Lübischen Rechts ist nur auf Wohnkeller, d. h. zu Wohnungen von Menschen bestimmte unterirdische Räume zu beziehen.

Provinzialrecht der Kurmark Brandenburg.

(Dr. v. Scholtz und Hermensdorff, das bestehende Provinzialrecht der Kurmark Brandenburg, II. Ausgabe, Entwurf und Motive, Berlin 1854.)

Band **I.** **§§ 69.** ff. Beitragspflicht zu den Kirchen- und Pfarrbauten in der Kurmark. — Vergl. Verordnungen vom 3. Januar und 8. Februar 1699 (C. C. M. I. 1. S. 421. No. 66.; Rabe, Samml. Bd. I. 1. S. 193.); Verordnungen vom 11. Dezember 1710 und 7. Februar 1711 (C. C. M. I. S. 443. No. 78.; Rabe, Samml. Bd. I. 1. S. 299.); Entscheidungen der Gesetzkommission vom 13. September 1782 (Rabe, Samml. Bd. I. 7. S. 163-169.); A. L. R. II. **11.** **§§** 710. ff. 736—738.

Rechtsgr. 1074. — I. Senat. 4. März 1870. (LXXVIII. 50.)

a) In der Kurmark erfolgt die Repartition der (außer den dem Patron obliegenden Lieferungen der Haupt-Baumaterialien) zu den Kirchen- resp. Pfarr- und Küstereibauten erforderlichen Kosten zunächst nach der Qualität der Höfe, von welchen zu den Gemeindelasten beigetragen wird, ohne Rücksicht auf die Hufenzahl, dergestalt, daß auf einen Bauer zwei Kossäthen gerechnet werden, oder aber eine Bauernahrung noch einmal so viel beiträgt als ein Kossäthenhof.

b) Müller und Krüger werden einem Kossäthen, und Schmiede einem Büdner oder Häusler, auch Grundbesitzer schlechthin genannt, gleich gerechnet.

c) In der Kurmark kommt das Dezisum der Gesetzkommission vom 13. September 1782, wonach vier Grundbesitzer auf einen Ackersmann (Bauer) und zwei Grundbesitzer auf einen Kossäthen zu rechnen, und das dadurch festgesetzte Beitragsverhältniß eines Büdners zu geistlichen Bauten nicht zur Anwendung, dieses Beitragsverhältniß wird vielmehr in Ermangelung erwiesener Spezial-Observanz nach der Vorschrift des Allg. Landrechts regulirt.

d) In der Kurmark trägt ein Rittergutsbesitzer des Ortes, der nicht zugleich Patron ist, wo nicht durch Lokalverfassung etwas Anderes festgesetzt ist, in der Art bei, wie derjenige Besitzer einer Dorfstelle, der am meisten leistet.

§§ 259. 314. 314a. 353—355. Selbstständiges Erbrecht der Descendenz vorverstorbener Kinder gegen die Ascendenten, nach dem Erbrecht der Kurmark Brandenburg.

Rechtsgr. **1075.** — I. Senat. 14. Februar 1870. (LXXIX. 22.)

a) Die Abkömmlinge der vor dem Erblasser bereits verstorbenen Kinder gehören zu den Descendenten, welchen die Gesetze ein vollkommenes gesetzliches Erbrecht in den Nachlaß des Erblassers beilegen.

b) Die Ascendenten können solchen Descendenten dieses Erbrecht nur aus den bestimmten Enterbungsgründen ganz entziehen, und wo solche nicht vorhanden, ihnen in allen Fällen, wo ihr Erbrecht in Wirksamkeit treten würde, als Erbtheil den Pflichttheil hinterlassen.

c) Ascendenten müssen, wenn sie ihren nächsten Descendenten enterben, selbst den entfernteren Descendenten, zwischen denen und dem Erblasser der Enterbte noch in der Mitte steht, insofern den Pflichttheil hinterlassen, als bei vorausgesetzter Gültigkeit der Enterbung und dadurch bewirktem Fortfallen des Enterbten dessen Descendenten bei der Intestaterbfolge zur Erbschaft gelangt sein würden.

d) Ist ein posthumus nur dadurch zur unmittelbaren Erbfolge berechtigt worden, daß sein im Testamente zum Erben eingesetzter parens vor dem Testator gestorben war, so tritt er ganz an die Stelle des eingesetzten parens, sowie überhaupt, wenn ein im Testamente eingesetztes Kind vor dem Erblasser verstirbt, dessen Abkömmlinge ganz an seine Stelle treten, wenn auch ihrer im Testamente nicht ausdrücklich gedacht wäre, und das Testament daher gültig bleibt.

§§ 309. 310. Wahlrecht des Ueberlebenden zwischen der Erbschaft aus dem Testament und Theilung nach dem Statut.

Rechtsgr. 1096. — I. Senat. 27. Mai 1870. (LXXIX. 95.)

Ist der überlebende Ehegatte in dem Testamente des Erstverstorbenen unter ausdrücklicher oder in Gemäßheit der Vorschriften der §§ 309. 310. des Entwurfes des Provinzialrechts für die Kurmark Brandenburg, 2. Ausgabe, anzunehmender Befreiung von der ihm als statutarischen Erben obliegenden Einwerfung seines Vermögens zum Erben eingesetzt, oder hat er ein wechselseitiges Testament mit dem Erstverstorbenen errichtet, und die Erbschaft aus einem solchen Testamente angetreten, so hat es dabei sein Bewenden, und wird dann der Ueberlebende nach den Gesetzen der allgemeinen Landesgesetze beurtheilt, auch findet eine Zurücknahme dieser Erklärung nur innerhalb der gesetzlichen Ueberlegungsfrist statt.

§§ 391. Wirkung der Erklärung des überlebenden Ehegatten und der

Miterben, nach dem Statut Theilung halten zu wollen, in seiner Wirkung auf den Nachlaßgläubiger des verstorbenen Ehegatten nach dem Erbrecht der Kurmark Brandenburg. — Provinzialrecht, 2. Aufl., Bd. 2. S. 212.; Verordnung vom 30. April 1765 §§ 6-9. (N. C. C. Tom. III. S. 689.; Rabe, Samml. Bd. 1. Abth. 3. S. 102.; Schering, Nachtrag zum A. L. R. S. 8.)

Rechtsgr. 1077. — IV. Senat. 29. Juni 1869. (LXXV. 203.)

Nach dem in der Kurmark Brandenburg geltenden Erbrecht ist in Bezug auf den Nachlaßgläubiger die Erklärung des überlebenden Ehegatten und seiner Miterben, über den Nachlaß statutarische Theilung halten zu wollen, hinsichtlich der Verhaftung dieser Erben, sobald dieselben Benefizialerben sind, ohne allen Einfluß. Ihre Verhaftung erstreckt sich nie über die Kräfte des Nachlasses und über dasjenige hinaus, was sie aus demselben als Erbtheil erhalten haben, und wird deshalb den Nachlaßgläubigern gegenüber der Nachlaß immer als eine von dem eigenen Vermögen des überlebenden Ehegatten und der Erben abgesonderte, besondere Masse betrachtet, aus welcher allein die Nachläßgläubiger nur ihre Befriedigung zu suchen berechtigt sind.

§§ 404. 432. 438. 445. Verhältniß des Patrons und der Gespann haltenden Einwohner rücksichtlich der Hergabe und der Anfuhr der Baumaterialien zum Kirchenbau, nach Kurmärkischem Provinzialrecht; Aktivlegitimation beim Streit über die Verpflichtung zur Anfuhr der Baumaterialien.

Rechtsgr. 1078. — I. Senat. 23. Oktober 1871. (LXXXIV. 93.)

a) Nach Kurmärkischem Provinzialrecht besteht zwischen dem Patron und den Gespann haltenden Eingepfarrten und Ortseinwohnern rücksichtlich der Verpflichtung des erstern, die Hauptbaumaterialien zu beschaffen, und der Verbindlichkeit der letztern, Spanndienste zu leisten, weder ein obligatorisches, noch ein durch das Vorhandensein einer gemeinschaftlichen Verpflichtung begründetes gegenseitiges Rechtsverhältniß.

b) Liefert der Patron die Materialien nicht selbst am Bauorte, sondern fordert er ausdrücklich oder durch deren Anweisung an einem dritten Orte stillschweigend die Abfuhr derselben von diesem auf jenen Ort, so ist die Kirche, beziehentlich Kirchengemeinde befugt, den Patron im Rechtswege dazu anzuhalten, daß er seiner gesetzlichen Pflicht zur Beschaffung der Materialien in der Weise, wie nach dem Herkommen, nach der Natur der Sache oder nach allgemeinen Rechtsgrundsätzen vermeintlich geschehen soll, genüge.

c) Dasjenige, was zwischen Beiden (Kirche, beziehentlich Kirchengemeinde und Patron) judikatmäßig oder vergleichsweise festgesetzt wird, ist für jede Klasse der Gemeinde bindend.

d) Ist die Kirche, beziehentlich Gemeinde, mit dem Orte, wo der Patron die Materialien zu liefern bereit ist, zufrieden, und verlangt sie von der zur Leistung von Spanndiensten verpflichteten Masse von Gemeindemitgliedern die Anfuhr der Materialien zum Bauorte, so kann jede einzelne Klasse, wenn sie zum Widerspruch gegen dieses Verlangen sich berechtigt glaubt, denselben gegen die Kirche, beziehentlich Kirchengemeinde, im Rechtswege geltend machen.

Entwurf des Provinzialrechts der Neumark Brandenburg.

(Von v. Kunow, Berlin 1836.)

§§ 608. 622. Beitragspflicht zu den Kirchen- und Pfarrbauten in der Neumark Brandenburg. — Vergl. Verordnungen vom 17. Juni und 14. Juli 1718, A. L. R. II. **11.** §§ 710. ff.

Rechtsgr. **1079.** — I. Senat. 4. März 1870. (LXXVIII. 49.)

a) In der Neumark sind die Beiträge zu den Kirchen-

und Pfarrbauten nur von den Besitzern kontribuabler Hufen und nach Maßgabe der Zahl solcher Hufen zu leisten.

b) In der Neumark hat, insoweit durch Verträge, rechtskräftige Erkenntnisse und ununterbrochene Gewohnheit nicht ein anderes bestimmt ist, ein Rittergutsbesitzer, wenn er nicht zugleich Patron ist, zu dem Bau der Kirchen und Pfarrgebäude nur insofern beizutragen, als er kontribuable Hufen besitzt.

Entwurf des Statutar- und Gewohnheitsrechts des Herzogthums Westphalen.

Dispositionsbefugniß des überlebenden Ehegatten, nach Rüthener Statutarrecht; Verletzung der Kinder durch den Uebertragungsvertrag im Schichttheil; Ergänzung desselben. — Vergl. Rüthener und Gesecker Statutarrecht von 1310 Art. 41. (Seibertz, Statutar- und Gewohnheitsrechte des Herzogthums Westphalen S. 357.); A. L. R. I. 11. § 646. Anh. § 19.

Rechtsgr. 1060. — I. Senat. 10. September 1869. (LXXVI. 57.)

a) Der überlebende Ehegatte, welcher nach Rüthener Statutarrecht während der fortgesetzten Gütergemeinschaft das gesammte gemeinschaftliche Vermögen durch Uebertragungsvertrag an eines seiner Kinder, unter einseitiger Bestimmung der Abfindungen der übrigen Kinder, überträgt, ist bei der Bestimmung dieser Abfindung an die Beschränkung gebunden, daß die Kinder dadurch in ihrem Schichttheil, seinem Werthe nach, nicht verletzt werden dürfen.

b) Liegt eine solche Verletzung vor, so steht den Kindern ein Anspruch auf Ergänzung des Schichttheils zu und zwar gegen den Uebernehmer des Vermögensinbegriffes, als den Nachfolger in die Verbindlichkeiten des übertragenden, an und für sich bei Auflösung der Gütergemeinschaft zur Gewährung des Schichttheils verpflichteten parens.

Kirchenbaulast des Zehntberechtigten im Herzogthum Westphalen. — Vergl. Ordinatio Clementina vom 28. August 1715 (Schlüter, Westphälisches Provinzialrecht Bd. 3. S. 168.; Scotti, Kölnische Verordnungen I. Abth. 1. S. 603.); Synodal-Statuten für das Erzbisthum Köln vom 20. März 1762 (Scotti, a. a. O. S. 283.); Concil. Trid. sess. 21. de reform. cap. 5. 74.

Rechtsgr. 1081. — II. Senat. 28. September 1871. (LXXXII. 338.)

Für das Herzogthum Westphalen ist anzunehmen, daß bei Stiftung ganz neuer Kirchen neben den bestehenden die Baulast in Beziehuug auf die alten Kirchen nicht erlischt, noch ohne Weiteres auf die neuen Kirchen übergeht, auch wenn die letzteren dieselbe Bestimmung haben, zur Ausübung des Gottesdienstes in dem Pfarrbezirk zu dienen, und wenn auch in Zukunft wesentlich in der neuen Kirche der Gottesdienst verwaltet wird.

Revidirter Entwurf des Provinzialrechts des Fürstenthums Minden, der Grafschaft Ravensberg und des Amts Reckenberg.

(Berlin, 1841.)

Wirkung der Schicht und Theilung nach der Minden-Ravensbergischen ehelichen Gütergemeinschaft. — Vergl. Wiegand, Minden-Ravensberger Provinzialrechte, Bd. I. S. 88. § 74; A. L. R. II. 2. §§ 368. 369.

Rechtsgr. 1082. — I. Senat. 21. Oktober 1870. (LXXIX. 325.)

Die Schicht und Theilung, welche der in Minden-Ravensberger ehelicher Gütergemeinschaft lebende Ehegatte nach Auflösung der Ehe mit den darin erzeugten Kindern zur Zeit, wann er zur anderweiten Ehe schreiten will, behufs Abschichtung dieser Kinder von den in der communio prorogata befindlichen Gesammtgut zulegt, hat die Wirkung der Todtheilung, —

die darin besteht, daß in Beziehung auf den schichtenden parens die Erbrechte aufhören, die Kinder mithin, wenn es sich um die Beerbung desselben handelt, pro mortuis angesehen werden sollen —

nur dann, wenn in der zweiten Ehe, welche der schichtende parens eingeht, die eheliche Gütergemeinschaft unter den Eheleuten stattfindet.

Entwurf des Provinzialrechts des Herzogthums Schlesien und der Grafschaft Glatz.

(Berlin, 1841.)

§§ 45. 71. 74.

A. Auenrecht an den Grenzrainen, nach dem Schlesischen Provinzialrecht.

Rechtsgr. **1083**. — II. Senat. 14. September 1869. (LXXVI. 73.)

Nach dem Schlesischen Provinzialrecht sind die Grenzreviere, welche die Felder der Gutsherrschaft und der ehemaligen Gutsunterthanen von einander scheiden, dem Auenrecht der Herrschaft nicht unterworfen.

B. Feststellung der Auenqualität.

Rechtsgr. **1084**. — III. Senat. 22. November 1869. (LXXVII. 50.)

Die Frage, ob und inwieweit die Präsumtion, daß die Au zum Dominium gehöre, zur Anwendung zu bringen, ist immer eine faktische und in keiner Richtung rechtsgrundsätzliche, wie überhaupt die Frage über das Vorhandensein oder Nichtvorhandensein der Auenqualität durchaus thatsächlicher Natur ist.

§ 45. No. 3.
C. Eigenthum an der Au, nach Schlesischem Provinzialrecht. — Vergl. A. L. R. I. 7. §§ 179. 187

Rechtsgr. 1085. — III. Senat. 7. November 1870. (LXXIX. 363.)

Wenn nach dem Schlesischen Provinzialrecht die Nichtzugehörigkeit zu bäuerlichen Stellen ein Kriterium für die in der Feldmark belegenen Auen ist, und sich daraus von vornherein eine Vermuthung für die Gutsherrschaft ergiebt, so ist das Gewicht dieser Vermuthung doch nicht derartig, daß sie nur durch den strikten Eigenthumsbeweis eines Dritten widerlegt werden könnte.

Es ist vielmehr die für die Rechtmäßigkeit des Besitzes sprechende Vermuthung gegenüber jener allgemeinen, aus einem negativen Merkmale herzuleitenden überwiegend, und muß die von einem redlichen Besitzer vindizirende Gutsherrschaft ihr Eigenthum an der Au beweisen.

§ 177 Schlesisches Auenrecht. Vergl A. L. R. II. 7 §§ 28. ff.

Rechtsgr. 1086. — II. Senat. 7. März 1872. (LXXXIV. 259.)

Der Wentzel'sche Entwurf zum Schlesischen Provinzialrechte beruht bei den Bestimmungen über das Auenrecht auf dem von den ständischen Deputirten einstimmig anerkannten Gewohnheitsrecht, die rechtlichen Folgen daraus aber unterliegen, abgesehen davon, wie sie im Entwurfe ausgesprochen sind, dem richterlichen Urtheile.

Entwurf des Pommerschen Provinzialrechts.

(Von Zettwach.)

§§ 47. 65. Pommersches Provinzialrecht; Pfarrhufen und Pfarrbauerhufen; Pfarrbaulast mit Bezug auf dieselben. — Vergl. Kirchen-Ordnung für Pommern von 1535 S. 101., A. L. R. II. 11. §§ 784—790.

Rechtsgr. 1087. — I. Senat. 21. Februar 1873. (LXXXVIII. 163.)

a) Nur in Bezug auf die Abgabenfreiheit an öffentlichen Staats- und Kommunal-Abgaben ist im Pommerschen Provinzialrecht zwischen Pfarrhufen, welche sie genießen, und Pfarrbauerhufen, welche sie nicht genießen, unterschieden; die Pfarrbaulast, als Parochiallast, wird hierdurch nicht berührt.

b) Aus der Gleichstellung der eigentlichen Pfarrhufen mit den Kirchengütern im § 65. des Pommerschen Provinzialrechts folgt nicht, daß die Leistung von Hand- und Spanndiensten für Bauten auf Pfarrbauerhufen von den Eingepfarrten nicht gefordert werden könnte.

c) Aus dem ausnahmsweisen Vorkommen von abgabenpflichtigen Kirchen- und Pfarrgütern ist noch nicht die Folgerung zu begründen, daß der etwa steuerpflichtige Besitz einer Pfarre nicht Kirchen- oder Pfarrgut, sondern ein Pfarrbauerhof sei.

Revidirter Entwurf des Provinzialrechts der Grafschaft Mark, Stadt und Grafschaft Dortmund.

(Berlin, 1836.)

§ 59. Verfügungsrecht des hinterbliebenen Ehegatten in der fortgesetzten Gütergemeinschaft, nach Dortmunder Statutarrecht.

Rechtsgr. 1088. — I. Senat. 15. September 1871. (LXXXII. 305.)

Nach Dortmunder Statutarrecht hat der hinterbliebene Ehegatte das Recht, in der mit den Kindern fortgesetzten Gütergemeinschaft auch über das ganze mit dem verstorbenen Ehegatten besessene Vermögen zu verfügen.

Landes-Ordnung der Grafschaft Werden.

(Revidirter Entwurf des Provinzial-, Kirchen- und Schulrechtes des Herzogthums Kleve ostseits Rheins und der Grafschaften Essen, Werden und Elten, der Herrschaft Broich und der Dorfschaft Klein-Netterden. [Berlin, 1841].)

Erbrecht unehelicher Kinder bei beerbter gütergemeinschaftlicher Ehe nach der Landes-Ordnung der Grafschaft Werden. — Vergl. A. L. R. II. 2. § 656., Anh. § 99.

Rechtsgr. 1089. — I. Senat. 15. Juli 1872. (LXXXVI. 144.)

Das landrechtliche Intestaterbrecht unehelicher Kinder eines in beerbter gütergemeinschaftlicher Ehe nach der Landes-Ordnung für die Grafschaft Werden gestandenen Ehegatten ist durch die in dieser Landes-Ordnung statuirte Erbfolge des hinterbliebenen Ehegatten und der ehelichen Kinder nicht ausgeschlossen.

Code Napoléon.

Art. 2. Aenderung der Prozeßgesetzgebung in ihrem Einfluß auf die Behandlung der bereits eingelegten Rechtsmittel. — Vergl. Code de procedure Art. 1041; A. L. R. Einl. § 14; Verordnung vom 13. Mai 1867 § 2. (Ges.-Samml. S. 700.)

Rechtsgr. 1090. — V. Senat. 1. Juni 1869. (LXXV. 99.)

Werden durch ein neues Prozeßgesetz die Rechtsmittel geändert, und ist diesem Gesetz nicht ausdrücklich rückwirkende Kraft beigelegt, so sind die bereits früher eingelegten Rechtsmittel nach der älteren Gesetzgebung zu erledigen.

Dies gilt namentlich rücksichtlich der im vormals Hessen-Homburgischen Oberamt Meisenheim anhängigen Prozesse, in denen vor dem 1. Juli 1867 ein Rechtsmittel eingelegt ist.

Art. 334. 338. 762. 1200. 1202. 1203. 1214. Anerkenntniß der außerehelichen Vaterschaft Seitens eines minorennen Schwängerers; Alimentationspflicht der Mutter und des außerehelichen Vaters, welcher das Kind anerkannt hat, nach Französischem Rechte — Vergl. A. L. R. Einl. § 23.

Rechtsgr. **1091.** — I. Senat. 21. März 1870. (**LXXVIII.** 108.)

a) Die Fähigkeit des minorennen Schwängerers, ein außerehelich erzeugtes Kind anzuerkennen, ist nach seinen Heimathgesetzen zu beurtheilen.

b) Eltern sind den von ihnen anerkannten natürlichen Kindern im Falle des Bedürfnisses Alimente schuldig.

c) Das anerkannte Kind ist berechtigt, diese Alimente zu fordern, die Verbindlichkeit beider Eltern ist eine solidarische, und muß der natürliche Vater dem Vormunde des Kindes für den ganzen Betrag aufkommen.

d) Die Mutter kann von dem unehelichen Vater nur die Hälfte der bestrittenen Kosten für das von ihr ernährte und erzogene, vom natürlichen Vater anerkannte Kind erstattet verlangen.

Art. 538. Eigenthum an dem Wasserlauf der Privatflüsse und possessorischer Schutz des Besitzstandes an dem Wasserlauf, nach Rheinischem Recht. — Vergl. Gesetz vom 28. Februar 1843 §§ 1. 9. (Ges.-Samml. S. 41.)

Rechtsgr. **1092.** — V. Senat. 24. November 1868. (**LXXV.** 15.)

a) Die nicht schiffbaren Flüsse gehören nicht zu denjenigen Gegenständen, welche Art. 538. des Civilgesetzbuches als Bestandtheil des öffentlichen Vermögens bezeichnet.

b) Der Wasserlauf eines Privatflusses ist dem Privateigenthum unterworfen, und kann durch Vertrag und Ersitzung erworben werden; ebenso kann an demselben ein civilrechtlicher Besitzstand stattfinden, der auf die dem Eigenthumsbesitze verliehenen possessorischen Schutzmittel Anspruch hat.

Art. 544. 545. Recht des Adjazenten einer öffentlichen Straße auf Fortdauer des bisherigen Zustandes der an sein Eigenthum angrenzenden Straße, nach Rheinischem Rechte.

Rechtsgr. 1093. — V. Senat. 27. April 1869. (LXXIV. 278.)

a) Das Recht des Adjazenten einer öffentlichen Straße auf Fortdauer des bisherigen Zustandes der an sein Eigenthum angrenzenden Straße ist kein unbedingtes; dasselbe findet vielmehr seine Grenze in demjenigen Maaße der Belastung des öffentlichen Eigenthums, welches, indem es die unerläßliche Voraussetzung der Bewohnbarkeit und Brauchbarkeit des Hauses bildet, auch als von der Verwaltung stillschweigend übernommen betrachtet werden muß.

b) Das Recht des Adjazenten erstreckt sich daher keinesweges auf die Befugniß, den unveränderten und ungeschmälerten Fortgenuß auch der in der bisherigen Lage des Hauses an der Straße liegenden Annehmlichkeiten und Bequemlichkeiten, sowie der durch dessen bisherige Umgebung bedingten Vortheile zu verlangen und deshalb allen Anlagen im Gebiete der bisherigen Strase zu widersprechen, welche, ohne das angrenzende Haus durch Absperrung der Eingänge und Entziehung des nothwendigen Lichtes, sowie der Luft oder in anderer Weise geradezu unbewohnbar oder für seine sonstige Bestimmung unbrauchbar zu machen, dasselbe in der Richtung eines seiner bisherigen Vorzüge schädigen und seinen Werth vermindern mögen.

Art. 688. Ersitzung des Rechts zur Benutzung eines Stauwerks als einer servitude discontinue, nach Französischem Recht.

Rechtsgr. 1094. — II. Senat. 20. Februar 1872. (LXXXIV. 220.)

Wenn nach Art. 688. des Code Napoléon nicht fortwährende Servituten solche sind, die ohne jedesmalige Handlung eines Menschen nicht ausgeübt werden können, und demnach ein Stauwerk dahin zu rechnen ist, weil die Schließung desselben durch Schütten vorzunehmen ist, so verliert die Servitut doch ihren Charakter als einer discontinua dadurch nicht, daß nach der Schließung das Wasser von selbst und ohne weitere Handlung des Berechtigten nach den Grundstücken des Nachbars steigt.

Art. 697. 698. Störung im Besitz einer dinglichen Servitut nach französischem Recht.

Rechtsgr. 1095. — V. Senat. 1. Juni 1869. (LXXV. 100.)

Die Störung des Besitzes einer dinglichen Servitut als solcher kann nicht in einer bloßen Unterlassung bestehen.

Art. 882. Bedeutung von opposition in diesem Artikel.

Rechtsgr. 1096. — V. Senat. 13. April 1869. (LXXIV. 207.)

Die im Art. 882. des Code Napoléon zur Charakterisirung der Stellung der Gläubiger im Theilungsverfahren gebrauchte Ausdruck "opposition" weist nicht auf eine Beschlagnahme mit der Bedeutung einer saisse-arrêt ou opposition, sondern nur auf die Nothwendigkeit der Zuziehung des Gläubigers zu dem Theilungsverfahren hin.

Art. 1166. Kompensation im Falle dieses Artikels.

Rechtsgr. 1097. — V. Senat. 13. April 1869. (LXXIV. 207.)

Macht der Gläubiger auf Grund des Art. 1166. des Code Napoléon ohne Weiteres und ohne vorherige Cession die Rechte seines Schuldners geltend, so kann er nicht verhindern, daß sich zwischen letzterem und dessen Schuldner da, wo die gesetzlichen Voraussetzungen dazu vorhanden sind, eine Kompensation vollzieht.

Art. 1355. 1358. 1582. Französisches Recht; Kaufverträge über einen Werth von mehr als 150 Francs; Beweisbeschränkung dabei.

Rechtsgr. 1098. — IV. Senat. 15. Oktober 1872. (LXXXVI. 275.)

a) Im Französischen Recht erzeugt ein mündlicher Kaufvertrag über einer Werth von mehr als 150 Francs unter den Parteien eine volle Civil-Obligation, und ist also auch gegen den Verpflichteten klagbar.

Nur der Zeugenbeweis ist für die Geltendmachung der Obligation, also für das Klagerecht, ausgeschlossen, nach jeder andern Richtung hin hat sie civilrechtliche Wirkung.

b) Der Effekt der Erfüllung wird durch die Beweisbeschränkung nicht beeinträchtigt, und kann die Obligation in Ansehung des Klagerechtes durch gerichtliches Geständniß (aveu judiciaire) sowohl, wie auch Eidesdelation in volle Rechtswirksamkeit gesetzt werden.

Art. **1641**. Aufhebung eines Kaufvertrages wegen Fehler der verkauften Sache.

Rechtsgr. **1099**. — V. Senat. 29. November 1870. (**LXXX**. 114.)

Die Klage auf Resiliation eines Kaufvertrages wird dadurch nicht ausgeschlossen, daß der zur Zeit der Ueberlieferung der verkauften Sache und der Klageanstellung vorhandene Mangel zur Zeit der Erlassung des Urtheils nicht mehr vorhanden war.

Art. **1691**. Französisches Recht; Erlaß der Schuld durch den Cedenten vor bekannt gemachter Cession.

Rechtsgr. **1100**. — IV. Senat. 13. Juni 1872. (**LXXXV**. 224.)

Der Zahlung im Sinne des Art. 1691. des Code civil steht auch jeder andere Akt der Liberation, namentlich auch Erlaß oder Schenkung gleich.

Art. **2272**. **2274**. Eintritt der kurzen Verjährungsfrist nach Französischem Recht.

Rechtsgr. **1101**. — IV. Senat. 8. Juli 1873. (**LXXXIX**. 166.)

Die Klage des Dienstboten auf Zahlung des Dienstlohnes aus einem nach Ablauf der einjährigen Verjährungsfrist unter Anerkennung des Fortbestehens der Forderung mündlich abgegebenen Zahlungsversprechen verjährt innerhalb eines Jahres.

Corpus juris civilis.

1. Institutiones.

Lib. **2**. Tit. **7**.:

— § **2**. Perfektion der Schenkung durch Annahme.

Rechtsgr. **1102**. — V. Senat. 28. Februar 1871. (LXXXI. 192.)

Zur Perfektion der Schenkung gehört die Annahme derselben, also die Willensäußerung des Beschenkten, die offerirte Gabe als Geschenk annehmen zu wollen.

Lib. **3**. Tit. **26**.:

— § **13**. Aufträge verschiedener Personen mit kollidirendem Interesse, nach Gemeinem und Französischem Recht. — Vergl. Dig. **17**. 1. Lex 1. § 4., **19**. 1. Lex 1. § 1., **44**. 4. Lex 1. § 2., **44**. 7. Lex 2. § 3.; Code Napoléon Art. 1134. 1135. 1984. ff.; Allg. Deutsches Handelsgesetzbuch Art. 82. 83.

Rechtsgr. **1103**. — V. Senat. 22. Juni 1869. (LXXV. 174.)

a) Sowohl nach Gemeinem, als nach Französischem Recht darf ein Bevollmächtigter Aufträge verschiedener Personen, deren Interessen einander entgegen laufen, nicht annehmen.

b) Dies gilt namentlich auch für gewerbsmäßige Vermittler von Geschäften.

Lib. **4**. Tit. **6**.:

— § **35**. Klagebehändigung und Ablauf der Kündigungsfrist während des Prozesses als Kündigung. — Vergl. Dig. **13**. 7. Lex 9. § 5., **16**. 3. Lex 1. § 21.

Rechtsgr. **1104**. — IV. Senat. 15. Juni 1871. (LXXXII. 220.)

Ist seit Behändigung der Klage ein längerer Zeitraum als die Kündigungsfrist verstrichen, so ersetzt solcher Zeitablauf das Moment der Kündigung.

2. Digesta.

Lib. **4**. Tit. **1**.:

— Lex **2**. Restitution wegen entschuldbaren Irrthums in Thatsachen nach Gemeinem Prozeß.

Rechtsgr. **1105**. — V. Senat. 21. September 1869. (LXXVI. 129.)

Wegen entschuldbaren Irrthums ist gegen die Unterlassung einer Handlung, zu welcher die Kenntniß der nicht gewußten Thatsache veranlaßt haben würde, die Restitution zu ertheilen.

Lib. **8**.:

A. Tit. **1**. de servitutibus:

— Lex **9**. Fixirung einer Wegegerechtigkeit durch den Berechtigten. — Vergl. Tit. **3**. Lex 13. § 1.

Rechtsgr. **1106**. — V. Senat. 1. Februar 1870. (LXXVII. 220.)

Derjenige, welchem die Wegegerechtigkeit einfach und ohne Beschränkung eingeräumt ist, hat die Stelle, wo er solche ausüben will, auszurichten und kann von der einmal getroffenen Wahl nicht wieder abgehen.

B. Tit. **5**. si servitus vindicetur vel ad alium pertinere negetur:

— Lex **10**. Erwerbende Verjährung der Servituten nach Gemeinem Recht. — Vergl. Dig. **18**. 1. Lex 76. § 1., Lex 78. § 1., **43**. 20. Lex 1. § ult.; Cod. **3**. 34. Lex 1. 2. 7., **7**. 33. Lex 12.

Rechtsgr. **1107**. — V. Senat. 17. November 1868. (LXXIII. 105.)

Zur erwerbenden Verjährung der Servituten bedarf es nach Gemeinem Recht weder eines justus titulus, noch der scientia domini; der Erwerb ist vielmehr lediglich davon abhängig, daß die Servitut während 10 beziehungsweise 20 Jahren weder vi, noch clam, noch precario ausgeübt wurde, und nur da, wo das dienende Grundstück selbst der praescriptio longi temporis entzogen ist, ist der der Eigenthumsverjährung entsprechende Zeitraum als maßgebend anzusehen.

Lib. **9**. Tit. **2**.:

— Lex **7**. **12**. **21**. **23**. § **3**., Lex **29**. **33**. Schadensersatz bei der aquilischen Klage.

Rechtsgr. 1108. — V Senat. 22. Mai 1869. (LXXV. 77.)

a) Bei der aquilischen Klage kommt nicht blos der wahre Werth der vernichteten Sache, sondern auch das erweisliche Interesse in Anschlag; nur ein ganz ungewisser Gewinn, eine vage Hoffnung, ein Affektionswerth, bleibt außer Betracht.

b) Bei der nach den Grundsätzen der Lex aquilia zu beurtheilenden Vermögensentschädigung ist der zur Ausgleichung der widerrechtlichen Vermögensverringerung herzugebende Gegenstand immer nur Geld.

Lib. 17. Tit. 1. Mandati vel contra:

— Lex 58. Theilbarkeit der Pflicht des Mandatars zur Rechnungslegung mehreren Erben des Mandanten gegenüber; Klage des Mandanten gegen den Untermandatar auf Rechnungslegung, nach dem Gemeinen Recht. - Vergl. Cod. 3. 36. Lex 6.

Rechtsgr. 1109. — V. Senat. 28. November 1868. (LXXIII. 143.)

a) Gemeinrechtlich ist die Pflicht des Mandatars zur Rechnungslegung mehreren Erben des Mandaten gegenüber keine absolut untheilbare; es darf nur die Lage des Mandatars durch das alleinige Auftreten des einzelnen zur Rechnungslage berechtigten Miterben wesentlich nicht erschwert, und dadurch nicht in Kollision mit seinen den übrigen Miterben schuldigen Pflichten gebracht werden.

b) Dem Mandaten steht die actio mandati utilis gegen den gebilligten Untermandatar seines Mandatars zu, so lange der Untermandatar die Pflichten seines Mandatars noch nicht erfüllt hat.

Lib. 30. Tit. 1.:

— Lex 78. § 1. Erwerbung einer Servitut gegen Stadt- und Dorfgemeinden durch Verjährung. — Vergl. Dig. 41. 3. Lex 9.; Cod. 1. 2. Lex 23., 2. 59. Lex 2.; Nov. 111. 131. cap. 1.

Rechtsgr. 1110. — V. Senat. 3. November 1868. (LXXIII. 16.)

Gegen Stadt- und Dorfgemeinden kann eine Servitut in 30 Jahren durch Verjährung erworben werden.

Lib. 39. Tit. 2.:
— Lex 6. 13. § 6., Lex 18. §§ 4—9., Lex 32. Cautio damni infecti.

Rechtsgr. 1111. — V. Senat. 19. Juli 1870. (LXXVIII. 333.)

Die gemeinrechtliche cautio damni infecti, die Befugniß, Kaution für noch ungeschehenen Schaden zu fordern, findet da nicht statt, wo für den eingetretenen Schaden gewöhnliche Schutzmittel gewährt sind.

Lib. 39. Tit. 5.:
Lex 2. § 6. Tod des Geschenkgebers vor der Annahme der Schenkung.

Rechtsgr. 1112. — V. Senat. 28. Februar 1871. (LXXXI. 192.)

Die vor dem Tode des Geschenkgebers nicht acceptirte Schenkung läßt nur den einseitigen Willen des Schenkers als Thatsache zurück; eine vertragsmäßige Schenkung ist nicht zu Stande gekommen.

Lib. 50. Tit. 17. de diversis regulis juris antiqui:
— Lex 28. Gesetzliches Veräußerungsverbot als Verbot der Verjährung überhaupt, und namentlich Verbot durch Triersches Landrecht. — Vergl. Triersches Landrecht Tit. VI. §§ 13. 21.

Rechtsgr. 1113. — V. Senat. 28. Februar 1871. (LXXXI. 192.)

a) Die gesetzliche Ausschließung der Veräußerung enthält jedesmal stillschweigend das Verbot der Verjährung.

b) Die Bestimmung des Trier'schen Rechts, wonach die Eltern die den Kindern eigenthümlichen Immobilien, woran ihnen die Leibzucht zusteht, nicht veräußern dürfen, macht diese Immobilien für die Dauer des Veräußerungsverbots usukapionsunfähig.

Gemeines Recht.

Entschädigungsanspruch wegen grundlosen Rücktritts von einem Eheversprechen.

Rechtsgr. 1114. — I. Senat. 8. September 1873. (LXXXIX. 209.)

Bezüglich der Entschädigungsklage wegen grundlosen

Rücktritts von einem Ehesprechen besteht im Gemeinen Recht kein Unterschied, ob der klagende Theil die Braut oder der Bräutigam ist.

Fideikommiß-Substanz-Schulden nach Gemeinem Recht; Zinsen davon.

Rechtsgr. 1115. — I. Senat. 6. Januar 1873. (LXXXVII. 290.)

a) Nach Gemeinem Rechte können dem Fideikommiß, und zwar auf dessen Substanz, wegen nothwendiger Impensae Schulden auferlegt werden.

b) Die Konventionalzinsen solcher Schulden können aus dem Fideikommißgut gefordert werden, gleichviel, in welchem Zeitpunkt sie fällig geworden sind.

3. Codex.

Lib. 4. Tit. 1.:

— Cap. 11. Natur des Eides im Gemeinen Recht; Widerruf des Eides.

Rechtsgr. 1116. — I. Senat. 15. Mai 1871. (LXXXII. 106.)

a) Im Gemeinen Rechte gehört nur der außergerichtliche Eid dem Civilrecht, der gerichtliche Eid aber dem Prozeßrechte an.

b) Im Gemeinen Rechte ist die Vergleichsnatur des Eides dem Widerrufe eines angetragenen und angenommenen gerichtlichen Eides nicht hinderlich.

Lib. 4. Tit. 10.:

— Lex 7.

Lib. 4. Tit. 21. defide instr.

— Lex 17. Konventionalstrafe bei formlosen Verträgen nach Gemeinem und Kurhessischem Recht. — Vergl. Althessische Kontrakten-Ordnung vom 9. Januar 1732 §§ 1—4.

Rechtsgr. 1117. — III. Senat. 20. Januar 1873. (XC. 82.)

a) Nach Gemeinem und Kurhessischem Rechte kann auch bei einem sonst ungültigen Vertrage die Conventionalstrafe mit Wirksamkeit und Klagbarkeit stipulirt werden.

b) Das Abgehen von einem solchen Vertrage im Sinne der Zulässigkeit der Reugeldsklage wird schon durch eine dahin gehende Erklärung bewirkt, selbst durch schlüssige Handlungen, aus denen der Rücktritt zu folgern ist.

Lib. 4. Tit. 30.:

— Lex 1. Legitimation des Eigenthümers eines Grundstückes zur Klage auf Löschung einer darauf eingetragenen Hypothek, nach Gemeinem Recht; Aktenwidrigkeit nach gemeinrechtlichem Prozeß; Mangel der Beweiskraft der eigenen Urkunde für den Aussteller, nach Gemeinem Prozeßrecht. — Vergl. Cod. Tit. 8. Lex 33.; Nov. 48. cap. 1. § 1.; Verordnungen vom 14. Dezember 1833 § 5. No. 10b. (Ges.-Samml. S. 302.) und vom 21. Juli 1849 § 60. No. 2. (Ges.-Samml. S. 307.)

Rechtsgr. 1118. — V. Senat. 30. November 1869. (LXXVII. 78.)

a) Der Eigenthümer eines Grundstücks als solcher ist zur Klage auf Löschung einer auf dem Grundstücke eingetragenen Hypothek legitimirt.

b) Wenn der aus einer bestimmten Erklärung einer Partei entnommene Entscheidungsgrund dem wörtlichen Inhalte dieser Erklärung entgegen ist, oder wenn eine Thatsache, im Falle eine Beweisaufnahme stattfand, gegen den wörtlichen Inhalt der beigebrachten oder aufgenommenen Beweismittel festgestellt worden ist, so liegt nach dem gemeinrechtlichen Prozeß die Verletzung einer wesentlichen Prozeßvorschrift vor.

c) Urkunden, welche Behauptungen eines dem Aussteller nützlichen Thatumstandes enthalten, ermangeln für den Aussteller der Beweiskraft.

d) Wird gegen den Aussteller einer Urkunde aus derselben ein Beweis geführt, so wird dadurch nicht dieselbe Urkunde auch für den Aussteller wegen seiner Behauptungen beweiskräftig.

Lib. 6. Tit. 23.:

— Lex 15. Fideikommissarische Substitution des Pflichttheilserben und namentlich Zuwendung eines dem Pflichttheil gleichkommenden Betrages in Gelde. — Vergl. Nov. 115.

Rechtsgr. 1119. — I. Senat. 2. Juli 1869. (LXXV. 235.)

Der Pflichttheilserbe, welcher, nach dem Tode des eingesetzten Erben, fideikommissarischer Erbe auf den Ueberrest sein soll und, wenn er damit nicht zufrieden ist, durch eine Zuwendung in Geld abgefunden werden soll, welche, dem Betrage nach, dem nach der Taxe der Grundstücke zu ermittelnden Pflichttheil gleichkommt, ist als gesetzlicher Erbe gegen das Testament aufzutreten befugt.

Lib. 8. Tit. 42.:

— Lex 1. und Lex ult. Begriff der Delegation; Novation. — Vergl. Dig. 46. 2. Lex 11. princ. § 1.

Rechtsgr. 1120. — IV. Senat. 15. Juni 1871. (LXXXII. 219.)

a) Die Umschaffung eines bestehenden obligatorischen Rechtsverhältnisses durch den Wechsel der Rechtssubjekte erfordert, wie die Novation überhaupt, einen neuen Vertragswillen, den gemeinsamen animus novandi, gerichtet auf die Aufhebung der alten und die Bildung einer neuen Obligation.

b) Die Absicht der Novation wird nicht vermuthet; und wenn auch nicht in ausdrücklichen Worten eine Erklärung nothwendig ist, so muß dieselbe doch in bestimmter und unzweifelhafter Weise abgegeben sein.

4. Novellae.

Nov. 18.:

— Cap. 2.

Nov. 89.:

— Cap. 12. §§ 4 5. Erbrecht der außerehelichen Kinder nach Gemeinem Recht.

Rechtsgr. 1121. — I. Senat. 18. Februar 1870. (LXXIX. 41.)

Nach Gemeinem Recht haben uneheliche Kinder ein Intestaterbrecht auf ein Sechstheil des Nachlasses des ohne

Hinterlassung einer Ehefrau und ehelicher Descendenz verstorbenen natürlichen Vaters auch in dem Falle nicht, wenn der Erblasser seine Vaterschaft ausdrücklich anerkannt hat.

Nov. 108.

– Cap. 1. 2. Fideicommissum in id, quod supererit; Eigenschaft des Fiduziars als Substanz-Erbe, nach Gemeinem Recht.

Rechtsgr. 1122. – I. Senat. 24. Mai 1872. (LXXXV. 172.)

Beim gemeinrechtlichen fideicommissum in id, quod supererit ist die Eigenschaft des Fiduziars als Substanz-Erbe nicht zu bezweifeln.

Nov. 115.:

A. Cap. 3—5. Präterition des Notherben nach der Novelle 115.; Begriff und Form eines Erbvertrages, nach Gemeinem Recht.

Rechtsgr. 1123. – I. Senat. 25. Juni 1869. (LXXV. 182.)

Nach der Novelle 115. Kap. 3. begründet die Präterition von Notherben die Nichtigkeit des Testaments in Beziehung auf die Erbeseinsetzung, und es tritt Intestaterbfolge ein, welche allen Intestaterben zu Statten kommt.

B. Cap. 5. Actio ad supplendam legitimam.

Rechtsgr. 1124. – I. Senat. 31. Januar 1870. (LXXIX. 9.)

Die Novelle 115. cap. 5. weist durch die Worte: secundum nostras alias leges ab heredibus impleri nicht auf die Prinzipien eines wirklichen Theilungsverfahrens, auf Naturaltheilung durch Versilberung der Masse, sondern auf die Pflichttheils-Ergänzungsklage nach dem Werthe des Nachlasses hin.

Einzelne Gesetze und Verordnungen.

Dispositio Achillea von 1473, der Gera'sche Vertrag von 1599 und 1603 und das Edikt Friedrich Wilhelms I. vom 13. August 1713. — Hausobservanz des brandenburgisch-preußischen Fürstenhauses betreffs der noviter acquisita; Kammergutsbegriff; Einfluß des Allg. Landrechts auf die landesfürstlichen Güter; Begriff von „Land" nach dem älteren Deutschen Recht; rechtlicher Charakter der dispositio Achillea und des Gera'schen Vertrages; Wirkung des letzteren; Bedeutung des Edikts vom 13. August 1713; Begriff des Warterechts; Bestimmung der Succesions-Ordnung als Erforderniß einer Fideikommißstiftung. — Vergl. A. L. R. I. **18.** §§ 444. ff., II. **2.** §§ 17. ff., **13.** § 17., **14.** §§ 11—15.

Rechtsgr. **1125.** — I. Senat. 24. und 28. Juni 1872. (XC. 1.)

a) Eine Hausobservanz, kraft deren alle neuen Erwerbungen die Domänen- (Kammerguts-) Eigenschaft erlangten, sofern der erste Erwerber sie in Erbgang kommen ließ, besteht für das Brandenburgisch-Preußische Fürstenhaus nicht.

b) Der Begriff Domäne in der Bedeutung von Staatsdomäne (Kammergut) läßt sich nur nach der Verfassung jedes Landes definiren.

c) Nach älterem Deutschen Recht erhielt ein landesherrliches Gut die Eigenschaft eines Kammergutes durch die ihm vom Landesherrn gegebene Bestimmung, außer für die Hofhaltungs- auch für die Regierungsunkosten zu dienen.

Es bildet hiernach für die Begriffsbestimmung des Kammerguts der Wille des Landesherrn, nicht seine Verpflichtung in der Zeit, als die Steuerpflicht der Unterthanen nur eine subsidiäre war, die Regierungsunkosten zu bestreiten, das charakteristische Moment.

d) Der § 11. II. 14. des Allgem. Landrechts enthält nur eine Definition des Staatsdomänenbegriffs und erklärt weder den damaligen gesammten großen Grundbesitz des Königshauses für Staatsdomänen, noch giebt er ein

Kennzeichen für die Staatsdomänen-Eigenschaft des einzelnen Guts oder irgend ein Merkmal des vorlandrechtlichen Domänenbegriffs an.

e) Bei der Sonderung der Staatsgüter von den landesherrlichen Domänen, die vornehmlich seit 1848 in fast allen deutschen Staaten stattfand, wurde auf das Erschöpfendste ermittelt, daß bis dahin das Eigenthum der Domänen nicht dem Lande, sondern dem Herrscherhause zustand.

f) Unter „Land" im Sinne des älteren Deutschen Rechts ist nicht blos ein geographischer Begriff, auch nicht ein Inbegriff von Rechten, die an der Totalität des Territoriums denkbar sind, sondern es ist darunter der Inbegriff von Hoheits- und Vermögensrechten des Territorialherrn zu verstehen, der nach Aussonderung der Rechte des Kaisers und Reichs und der Landstände bleibt.

g) Die dispositio Achillea von 1473 und der Gera'sche Vertrag von 1599 und 1603 sind Hausgesetze, abgefaßt für die Regelung der Erbfolge in der zeitgemäßen Form, die sich aus den Bestimmungen des Deutschen Rechts über die Rechte des nächsten Erben und aus dem ausgedehnten Autonomierechte des Adels ausbildete, so daß die mit Zuziehung des nächsten Erben getroffene letztwillige Verordnung als Stammeinigung galt, — nicht aber Rechtsnormen, die von der gesetzgebenden Gewalt des Staats ausgingen.

h) Der Gera'sche Vertrag unterwarf nicht nur den ganzen damaligen Besitzstand des hohenzollern-brandenburgischen Fürstenhauses den Bestimmungen der Achillea über die Unveräußerlichkeit der Territorien und Güter, — so daß zweifellos alle damals vorhandenen kurfürstlichen Güter Fideikommiß waren, — sondern er ordnet sogar die fortwährende Inkorporation an, durch welche das Neuerworbene, im Falle darüber nicht verfügt wurde, ebenfalls Fideikommiß wurde.

i) Das Edikt König Friedrich Wilhelms I. vom 13. August 1713 ordnet nichts weiter an, als ein durch das Recht auf unentgeltliche Rückforderung der Sache verstärktes Veräußerungsverbot in Betreff der neuen Erwerbungen des Gesetzgebers und seines Vaters, verbunden mit der konsequenten Verwaltungsvorschrift, die für diese neuen Erwerbungen den Unterschied zwischen Chatullgütern und Domänen aufhebt; es giebt aber kein Generalprinzip für das Domänenrecht und überweist die Stammgüter des Königshauses keiner neuen Bestimmung.

k) Der Ausdruck „Warterecht" bedeutet nicht die Anwartschaft, sondern das feste, vom ersten Erwerber abgeleitete Successionsrecht, welches beim Fall den unmittelbaren Uebergang der Gewere zur Folge hat, deren Bestandtheile die Wart und den Fall bilden. Das Warterecht ist ein Eigenthumsrecht, kein bloßer Rechtstitel.

l. Die Anordnung einer bestimmten Successions-Ordnung ist kein wesentliches Erforderniß der Fideikommißstiftung, weil sie aus der Hausverfassung, event. aus dem Gemeinen Recht sich ergänzen läßt.

Constitutio Joachimica vom Mittwoch nach Francisci 1527 (C. C. M. Thl. II. Absch. I. S. 19. No. 3.).

— Berechnung des Pflichttheils der Descendenten nach dem Provinzialrechte der Kur- und Neumark. — Vergl. Erbschafts-Edikt vom 30 April 1765 (N. C. C. M. Thl. I. S. 689. No. 42.).

Rechtsgr. **1126**. — I. Senat. 25. November 1872. (LXXXVII. 99.)

Nach dem Kur- und Neumärkischen Provinzialrechte ist bei der Berechnung des von dem eigenthümlichen Nachlasse des überlebenden Ehegatten allein zu berechnenden Pflichttheils der Descendenten außer Acht zu lassen, ob der überlebende Ehegatte in Ausübung seines statutarischen Erbrechts sein Vermögen in die Erbmasse mit einwirft oder nicht.

Gerichts-Ordnung des Grafen Ludwig von Wittgenstein d. d. Berleburg den 27. Juni 1569 Tit. XVa. § 11.

— Verpflichtung des überlebenden Ehegatten zur Bezahlung der vom Verstorbenen während der Ehe gemachten Schulden nach der Wittgensteinschen Gütergemeinschaft.

Rechtsgr. **1127**. — I. Senat. 26. Februar 1872. (LXXIV. 234.)

Nach der Wittgensteinschen Gütergemeinschaft hat der überlebende Ehegatte bei beerbter Ehe, sofern er nicht der Erbschaft des verstorbenen Ehegatten entsagt, alle von dem Verstorbenen während der Ehe gemachten Schulden zu tragen.

Nassau-Katzenellnbogen'sche Landes-Ordnung vom 1. Mai 1618 Thl. IV. Kap. 10. §§ 1—3.

— Preußische Staatsschuldscheine als unbewegliche Sachen im Sinne der Nassau-Katzenellnbogen'schen Landes-Ordnung. — Vergl. A. L. R. I. 2. §§ 6—10.

Rechtsgr. **1128**. — I. Senat. 11. Oktober 1872. (LXXXVI. 237.)

Preußische Staatsschuldscheine sind im Sinne der Nassau-Katzenellenbogen'schen Landes-Ordnung den Gülten gleichzustellen und wie diese zu den unbeweglichen Sachen zu rechnen.

Kurkölnische Rechts-Ordnung vom 16. März 1663 Tit. XII. §§ 2. 3. (Schlüter, Provinzialrecht Bd. 3. S. 149.).

— Verpfändung des Immobiliarvermögens durch den Ehemann allein, nach Gütergemeinschaft der Kurkölnischen Rechts-Ordnung.

Rechtsgr. **1129**. — III. Senat. 2. Mai 1870. (LXXVIII. 196.)

Im Gebiet der Kurkölnischen Rechts-Ordnung vom 16. März 1663 ist der Ehemann auch ohne Einwilligung der Frau das Immobiliarvermögen gültig zu verpfänden berechtigt.

Bau-Ordnung für die Stadt Breslau vom 30. Mai 1668 (Korn, Ediktensammlung Bd. 15. S 256.).

— Geltungsgebiet der Breslauer Bau-Ordnung vom 30. Mai 1668.

Rechtsgr. **1130**. — II. Senat. 14. Januar 1869. (LXXIII. 247.)

Die in der Breslauer Bau-Ordnung vom 30. Mai 1668 enthaltenen, auf Gegenstände des Privatrechts, namentlich Nachbarrechts, bezüglichen Vorschriften finden in den Vorstädten keine Anwendung, sondern lediglich auf den von den jetzt kassirten Festungswerken begrenzten innern Theil der Stadt.

Kurkölnische Bergordnung vom 2. Januar 1669 (v. Wagnern, corp. juris metall.).

A. Nießbrauch an Bergeigenthum, nach der Kurkölnischen Bergordnung vom 2. Januar 1669. — Vergl. A. L. R. I. **21**. § 37.; Publikations-Patent vom 21. Juni 1825; (Ges.-Samml. S. 153.).

Rechtsgr. **1131**. — I. Senat. 4. Januar 1869. (LXXIII. 190.)

Dem Nießbraucher eines Bergeigenthums gebührt auch in dem Bereiche, in welchem die kurkölnische Bergordnung vom 2. Januar 1669 Geltung hat, nur die Nutzung der Ausbeute, nicht die Ausbeute selbst.

— Thl. **3**. Art. **3**.

B. Ununterbrochener Grubenbetrieb Seitens des Beliehenen, namentlich auch des Erbstöllners; Einziehung einer Zeche nach der Kurkölnischen Bergordnung vom 2. Januar 1669.

Rechtsgr. **1132**. — III. Senat. 7. Juni 1872. (LXXXV. 214.)

a) Der Beliehene hat das ihm verliehene Werk bei Verlust seines Bergeigenthums in ununterbrochenem Betriebe zu erhalten.

b) Dies gilt auch vom Erbstöllner. Er muß den Erbstollen, der ihm in einer bestimmten Richtung hin verliehen ist, auch wirklich weiter ins Feld bringen.

c) Zeigen sich Hindernisse, durch welche der Betrieb aufgehalten oder ganz unmöglich gemacht oder doch so erschwert wird, daß weder der Eigenthümer noch der Staat einen Nutzen haben, so ist der Bergwerkseigenthümer verpflichtet, daß Hinderniß der Bergbehörde anzuzeigen und

von dieser die Erlaubniß zur zeitweiligen Einstellung des Betriebes zu erbitten.

d) Der im Thl. III. Art. 9. der Kurkölnischen Bergordnung vom 2. Januar 1669 für den Fall des unterlassenen Grubenbetriebes während eines ganzen Quartals angedrohte Verlust des Bergwerkseigenthums kann nicht durch den Nachweis eines erheblichen Betriebshindernisses allein, sondern nur durch Hinzutritt einer ausdrücklichen Fristbewilligung von Seiten der Bergbehörde und der vierteljährigen Verschreibung der auflässigen Zeche abgewendet werden.

— Thl. 6. Art. 1.

C. Erbstollen; Verpflichtung des Erbstöllners, für die Beseitigung der Schädlichkeit des Wassers zu sorgen. — Vergl. A. L. R. II. 16. §§ 221. 387. 423. 424. 450.; Allg. Berggesetz vom 24. Juni 1865 §§ 196. 198. 202.

Rechtsgr. **1133.** — III. Senat. 6. Januar 1873. (LXXXVII. 297.)

Der Erbstöllner muß für die Beseitigung der Schädlichkeit des Wassers sorgen, welches er aus der Grube fortschafft, und der Besitzer der gelösten Grube kann für die Schädlichkeit dieses Wassers nicht verantwortlich gemacht werden.

Stralsunder Gerichts-Ordnung vom 7. Oktober 1670 Kap. 32. § 5. — Pfandrecht des Exekutionssuchers an den abgesonderten Sachen des Exequenden, nach der Stralsunder Gerichts-Ordnung vom 7. Oktober 1670. — Vergl. Lübisches Recht Buch 3. Tit. 4. Art. 5.

Rechtsgr. **1134.** — IV. Senat. 5. April 1870. (LXXVIII. 161.)

Die Bestimmung im Kap. 32. § 5. der Stralsunder Gerichts-Ordnung vom 7. Oktober 1670, daß die dem Beklagten abgenommenen beweglichen Güter dem Kläger als ein gerichtliches Unterpfand zuzustellen sind, hat keine andere Bedeutung, als daß der Exekutionssucher an den abgepfändeten und ihm zugestellten Sachen ein s. g. pignus judiciale erwirbt, und steht dieselbe mit der Konstituirung eines handhabenden Pfandes nach Lübischem Recht in keiner Beziehung.

Königliche Resolution vom 30. November 1723 über einige Punkte, betreffend das Thalwesen zu Halle, worüber die Magdeburg'sche Regierung und Kammer, wie auch die zur Besatzung 1722 verordnete Kommission berichtet haben, No. V. XI. XII. XVIII. XIX. — Rechtsverhältniß der Erbsälzer zu Halle aus der Königlichen Resolution vom 30. November 1723.

Rechtsgr. **1135**. — II. Senat. 30. April 1872. (LXXXV. 118.)

a) Die in den Nummern V. XI. XII. XVIII. XIX. der Königlichen Resolution vom 30. November 1723 enthaltenen allgemeinen Bestimmungen sind als statutargesetzliche Normen der Stadt Halle in Beziehung auf das zu derselben gehörige Salzwerk zu erachten.

b) In den Worten unter No. XII. dieser Resolution:

Es wollen aber Seine Königliche Majestät vom Besitz eines eigenen Hauses Niemand, als wirkliche Bediente, so ihres Dienstes halber ander Orts wohnen müssen, dispensiren,

ist keineswegs eine Bestimmung zu finden, daß die Königlichen Diener, um von der in Rede stehenden Verpflichtung frei zu werden, noch erst einer Dispensation bedürften und dafür eine Gebühr zu zahlen verpflichtet wären.

Visitationsrezeß des Hofgerichts zu Greifswald von 1737 No. 82. — Diskussions-Prozeß in seinem Verhältniß zum Konkurse.

Rechtsgr. **1136**. — IV. Senat. 16. März 1869. (LXXIV. 136.)

Der in No. 82. des Hofgerichts-Visitationsrezesses vom Jahre 1737 angeordnete Diskussions-Prozeß ist nicht als ein solches Verfahren anzusehen, welches unbedingt jeder Konkurseröffnung nothwendig voraufgehen muß.

Patente vom 23. April 1743 und vom 10. September 1748; Reskripte des Ministers des Innern vom 8. August 1822 und 11. Dezember 1823; Instruktion für die Klassifikations-Haupt-Kommission vom

27. Juli 1742; Verordnung No. 430. vom 20. Juni 1817 wegen Organisation der General-Kommissionen und der Revisions-Kollegien zur Regulirung der gutsherrlichen und bäuerlichen Verhältnisse, ingleichen wegen des Geschäftsbetriebes bei diesen Behörden, § 43. zu 4. (Ges.-Samml. S. 161.)

— Vertheilung der Grundsteuer nach der bis zum 1. Januar 1865 in der Provinz Schlesien bestandenen Steuerverfassung.

Rechtsgr. **1137**. — II. Senat. 14. Dezember 1871. (LXXXIII. 219.);

Nach der bis zum 1. Januar 1865 in der Provinz Schlesien bestandenen Steuerverfassung wurde die Grundsteuer von dem Gesammtreinertrage der Güter im Ganzen einschließlich der Nutzung aus Diensten, baaren Gefällen, Zinsen, Ehrungen, Holzungs- und Hütungsberechtigungen erhoben, ohne daß die einzelnen zum Gute gehörigen Grundstücke als solche mit der Grundsteuer belastet wären.

Edikt vom 20. Dezember 1746 (Korn, Schlesische Edikten-Samml. Bd. 2. S. 392.).

A. Gültigkeit des Schlesischen Vorfluths-Edikts vom 20. Dezember 1746; Verpflichtung der Grundbesitzer, nicht der Adjazenten, zur Räumung der Gräben. — Vergl. Schlesische Mühlen-Ordnung vom 28. August 1777 (Korn, Schlesische Edikten-Samml. Bd. 15. S. 278.); Vorfluths-Edikt vom 15. November 1811 (Ges.-Samml. S. 352.); A. L. R. I. 8. § 100.

Rechtsgr. **1138**. — II. Senat. 4. Februar 1869. (LXXIV. 1.)

a) Die im Schlesischen Vorfluths-Edikte vom 20. Dezember 1746 enthaltenen Vorschriften über die Verpflichtung zur Räumung von Gräben und Bächen sind durch das Edikt vom 15. November 1811 nicht aufgehoben.

b) Es müssen daher in Schlesien Gräben, Bäche und Flüsse, sofern es die Polizeibehörde für erforderlich achtet, von den Grundbesitzern, über deren Gründe sie laufen, geräumt werden.

c) Weder nach dem Schlesischen Vorfluths-Edikt vom 20. Dezember 1746, noch nach der Schlesischen Mühlen-

Ordnung vom 28. August 1777, dem Vorfluths-Edikt vom 15. November 1811 und dem Allg. Landrecht I. 8. § 100. sind die Adjazenten zur Räumung eines Mühlengrabens verpflichtet; die Unterhaltungspflicht haben nur diejenigen, über deren Eigenthum der Graben das Wasser leitet.

B. Ausschließung des Rechtsweges in Vorfluthssachen. Vergl. Gesetz vom 15. November 1811 § 18. (Ges.-Samml. S. 352.)

Rechtsgr. 1139. — II. Senat. 30. Juni 1870. (LXXVIII. 314.)

Ueber die Frage, ob der obwärts liegende Grundbesitzer auf keinem andern Wege als über ein bestimmtes abwärts liegendes Grundstück das Wasser ableiten könne, ist der Rechtsweg ausgeschlossen.

Wegereglement im Herzogthum Pommern und den Herrschaften Lauenburg und Bütow vom 25. Juni 1752 § 9. (Rabe, Sammlung Bd. 1. Abth. 2. S. 310.)

— Wegebaulast nach dem Pommerschen Wegereglement.

Rechtsgr. 1140. — III. Senat. 3. Oktober 1873. (LXXXIX. 309.)

Der § 9. des Pommerschen Wegereglements vom 25. Juni 1752 kann nur dahin verstanden werden, daß die Besitzer der Fluren, welche an den Weg grenzen (Grenzfluren), zur Unterhaltung verpflichtet sind. Haben mehrere an einer angrenzenden Flur Antheil, so vertheilt sich unter sie die Wegebaulast nach dem Hufenstande.

Hamburger Falliten-Ordnung vom 31. August 1753.

— Protesterhebung gegen den Güterverwalter des in Konkurs verfallenen Gemeinschuldners. — Vergl. Konkurs-Ordnung §§ 129. ff. 211 ff.; Allgem. Deutsche Wechsel-Ordnung Art. 41.

Rechtsgr. 1141. — II. Senat. 5. Oktober 1869. (LXXIII. 366.)

a) Vertritt nach dem Konkursrecht, welchem der Acceptant unterworfen ist, der Güterpfleger (Konkursverwalter) vollständig den Gemeinschuldner, und ist letzterem jede Disposition über sein Vermögen entzogen, so kann der

Protest Mangels Zahlung bei dem Güterpfleger erhoben werden.

b) Nach der Hamburger Falliten-Ordnung vom 31. August 1753 ist die Protesterhebung bei dem Güterpfleger des Acceptanten statthaft.

Kabinets-Order vom 3. März 1758 (Suarez, Sammlung Schlesischer Prov.-Gesetze Bd. 3. S. 828.).

– Befreiung der evangelischen Eingesessenen in Schlesien von Zehnten und andern Abgaben an katholische Kirchenbediente. — Vergl. A. L. R. II. 11. § 800.

Rechtsgr. 1142. — II. Senat. 16. November 1871. (LXXXIII. 129.)

Von der Kabinets-Order vom 3. März 1758 werden nur diejenigen zehntartigen Abgaben betroffen, welche lediglich im Parochialverbande ihren Ursprung haben, wogegen dergleichen Abgaben, welche auf besondern Titeln der Fundation, Dotation u. s. w. beruhen, davon unberührt geblieben sind.

Pommersche Bauer-Ordnung vom 30. Dezember 1764 (gedruckt Cöslin 1854 Tit. IV. § 2.).

– Erbfolge nach der Pommerschen Bauer-Ordnung; Verpflichtung des überlebenden Ehegatten zur Legung des Inventars; Nichtverpflichtung desselben zur Kautionsbestellung.

Rechtsgr. 1143. — I. Senat. 3. Mai 1873. (XC. 140.)

a) Die Bestimmung des § 2. Tit. IV. der Pommerschen Bauer-Ordnung, welche dem überlebenden Ehegatten die Pflicht auferlegt, innerhalb 4 Wochen nach dem Ableben des andern Ehegatten ein Inventarium über das gütergemeinschaftliche Vermögen zu entrichten, findet ebensowohl bei der testamentarischen, wie bei der Intestat-Erbfolge Anwendung.

b) Nach der Pommerschen Bauer-Ordnung steht dem überlebenden Ehegatten, so lange er nicht zu einer fernerweiten Ehe schreitet, die freie Disposition über das gütergemeinschaftliche Vermögen zu, und ist er den Miterben

gegenüber zur Kautionsbestellung gesetzlich nicht verpflichtet.

Erbschafts-Edikt vom 30 April 1765 Abth. II. (N. C. C. III. S. 689. No. 42.; Rabe, Sammlung Bd. L. 3. S. 121. ff.)
— Erbschaftsantritt des Märkischen Ehegatten aus einem einseitigen Testament des Verstorbenen; Zurücknahme der Erbschafts-Antrittserklärung. - Vergl. A. L. R. I. 9. §§ 390. ff., II. 1. § 661.

Rechtsgr. 1144. — I. Senat. 27. Mai 1870. (LXXIX. 94.)

a) In dem Falle, wo der überlebende Märkische Ehemann gleich anderen Personen aus dem vom verstorbenen Ehegatten einseitig errichteten Testamente Erbe genommen und nach dessen Bestimmungen, nicht aber statutarische Theilung gehalten hat, kommen die Grundsätze des Erbschafts-Edikts vom 30. April 1765 über die Verhaftung der Erben den Erbschaftsgläubigern gegenüber nicht zur Anwendung.

b) Hat der überlebende Märkische Ehegatte nach den Bestimmungen des Testaments des Erstverstorbenen Erbe genommen, so greifen die allgemeinen gesetzlichen Vorschriften über die Erbesantretung aus Testamenten Platz, und finden die Vorschriften des Erbschafts-Edikts vom 30. April 1765, welche blos den Fall betreffen, wo von einer statutarischen Theilung des Nachlasses die Rede ist, nicht Anwendung.

c) Nach dem Erbschafts-Edikt vom 30. April 1765 Abth. II. §§ 1. 2. steht dem Märkischen Ehegatten frei, der Erbschaft aus dem Testamente zu entsagen und die Auseinandersetzung mit den Miterben nach dem Statut (der Joachimica von 1527) zu beantragen, und bleibt ihm dies Wahlrecht nach § 3., auch wenn er schon im Allgemeinen sich für Benefizialerben erklärt hat, oder wegen unterlassener Erklärung dafür zu erachten gewesen ist. So lange er nicht das Testament rechtsgültig anerkannt, braucht er in Beziehung

auf die ihm zustehenden statutarischen Rechte sich demselben nicht zu unterwerfen, sondern kann von den Testamentserben Theilung nach dem Statut unter Einwerfung seines Vermögens verlangen.

d) In der Kur= und Neumark ist der überlebende Ehegatte in Ermangelung eines Ehepakts oder „Testaments" ipso jure nicht Erbe des zuerst verstorbenen, sondern er wird es nur durch seinen ausdrücklich erklärten, oder bei unterlassener Erklärung binnen der im Gesetze bestimmten Frist stillschweigend vorausgesetzten Willen, durch welchen eine Gütergemeinschaft zur Zeit des Todes entsteht ꝛc. und es steht nach den Vorschriften der Abtheilung II. des Edikts vom 30. April 1765 dem überlebenden Ehegatten, so lange er nicht pure für Erben sich erklärt hat oder dafür rechtskräftig erkannt worden, immer noch frei, der Erbschaft des zuerst verstorbenen Ehegatten zu entsagen.

e) Diese Befugniß zur Entsagung hat an sich auch beim Vorhandensein eines Testaments Geltung, sofern durch dessen Inhalt das Eintreten der statutarischen Erbfolge nicht schlechthin ausgeschlossen wird, was dann anzunehmen ist, wenn in einem einseitigen oder wechselseitigen Testamente der eine Ehegatte den überlebenden von der Verpflichtung der Einwerfung seines eignen Vermögens befreit hat.

Kleve-Märkische Bergordnung vom 29. April 1766 Kap. X. § 1. (N. C. C. Tom. 4. Kol. 317. ff.; Rabe, Sammlung Bd. 1. Abth. 3. S. 168.)

— Rechte des Gewerken und Erbstöllners aus dem beim Ueberfahren gemachten Fund, nach der Kleve-Märkischen Bergordnung vom 29. April 1766. Vergl. A. L. R. II. 16. § 234.

Rechtsgr. 1145. III. Senat. 19. Februar 1869. (LXXIV. 42.)

a) Durch die Bestimmung des Kap. X. § 1. der Kleve-Märkischen Bergordnung vom 29. April 1766:

„Wenn Gewerken in ihren Maaßen mit Stollen, Strecken, Querschlägen oder anderen Gebäuden Gänge oder Klüfte überfahren, so soll denen Gewerken zum Nutzen darauf ausgelänget werden; wo aber dieselbe verlassen und von anderen mit Nutzen gesuchet werden, so soll sie der Bergmeister nicht verleihen, sondern dieselben deren Gewerken oder ihren Vorstehern, welche sie überfahren haben, durch einen Geschworenen anbieten lassen",

ist das Recht nicht dem Gewerken für seine Person, sondern in seiner Eigenschaft als Gewerken verliehen.

b) Dieses Recht geht auf den neuen Besitzer des Bergwerkseigenthums über und hört mit dem Untergange des Bergwerkseigenthums auch insofern und insoweit auf, als es keine Selbstständigkeit anderweit erlangt hat.

c) Ist der Erbstöllner, welcher einen Fund beim Ueberfahren gemacht hat, durch Untergang (oder Uebertragung) seines Erbstollenrechts außer Stand gesetzt, die ihm vermöge desselben obgelegenen Verpflichtungen fernerweit zu erfüllen, so kann er für seine Person auch nicht mehr das Angebot zur Belegung der überfahrenen Gänge und Klüfte gewärtigen; es muß vielmehr die Frage: ob er noch zur Realisirung des Rechts aus der Ueberfahrung für befugt zu erachten? für den Fall des Unterganges des Erbstollenrechts nach den allgemeinen Bestimmungen der Gesetze über die Wahrnehmung der Rechte des ersten Finders entschieden werden.

Schlesische Bergordnung vom 5. Juni 1769 (Nov. Corp. Const. Tom. 4. alte Aufl. Kol. 5837. No. 43., neue Aufl. Kol. 5449.; Korn'sche Edikten-Samml. Bd. 11. S. 89.; v. Wagnern, corp. jur. met. S. 1332.; Brassert, Bergordnungen S. 935.)

— Zweck der Schlesischen Bergordnung vom 5. Juni 1769.

Rechtsgr. 1146. — II. Senat. 10. September 1872. (LXXXV. 318.)

Der Zweck der Bergordnung für das Herzogthum

Schlesien und die Grafschaft Glatz vom 5. Juni 1769 ist dahin gegangen, das Verhältniß des Staats zu den Eigenthümern des Grund und Bodens, wo sich Mineralien befinden, zu fixiren und festzustellen; außerhalb des Zweckes des Gesetzes liegt dagegen das Verhältniß der verschiedenen Besitzer der Grundstücke, und namentlich der Gutsherrn zu ihren Unterthanen.

Westpreußisches Landschafts-Reglement vom 19. April 1787 Thl. 1. Kap. 1. § 2., Thl. 3. Kap. 6. §§ 20. 23. 24. (Rabe Samml. Bd. 12. S. 243.).

— Kündigung eines Westpreußischen konvertirten Pfandbriefes durch die Direktion der General-Landschaft; Anspruch des Pfandbrief-Inhabers auf Baarzahlung. — Vergl. Kabinets-Order vom 24. Februar 1838 (Ges.-Samml. S. 94.).

Rechtsgr. 1147. — IV. Senat. 22. Februar 1872. (LXXXIII. 321.)

Den Inhabern eines konvertirten Westpreußischen Pfandbriefes steht das den Inhabern eines alten Pfandbriefes zugestandene Recht, im Falle der Kündigung Seitens der Landschaft die Zahlung des Pfandbriefswerthes zu fordern, nicht mehr zu.

Edikt über die Verbindlichkeit der Untherthanen in der Kurmark Brandenburg in Ansehung des Chausseebaues, wie sie deshalb zu entschädigen sind, und was sonst dabei beobachtet werden soll, vom 18. April 1792 (N. C. C. Tom. 9. Kol. 934.; Rabe, Samml. Bd. 2. S. 299.).

— Expropriationsrecht der Eisenbahnen; Anwendung des Märkischen Chausseebau-Ediktes vom 18. April 1792; Einflußlosigkeit der Frage nach der Planirbarkeit auf den Ersatz der enteigneten Nutzungen; gewöhnlicher Verkaufspreis des enteigneten Kieses als positiver Schade.

Rechtsgr. 1148. — III. Senat. 10. Februar 1873. (LXXXVIII. 119.)

a) Bei Anwendung der Bestimmung des Märkischen Chausseebau-Ediktes vom 18. April 1792 im § 18. No. 10. ist die Planirbarkeit oder Nichtplanirbarkeit des Grundstücks allerdings ohne Einfluß auf die Frage, ob der Expropriat den Ersatz der enteigneten Nutzungen neben dem zurückzugebenden Grundstücke fordern könne, nicht aber ist dieses Forderungsrecht dergestalt davon bedingt, daß der Berechtigte die Ausnutzung des Grundstücks und den demnächstigen Beschluß, ob nicht auch das Grundstück selbst expropriirt werden solle, abwarten müsse.

b) Wenn das enteignete Kieslager zur Zeit der Enteignung verkäuflich gewesen ist in dem Sinne, daß dasselbe von jedem Besitzer beliebig zu einem bestimmten Preise verkauft werden konnte, so ist damit dem Kläger auch dieser dem gemeinen Werthe des Kieses gleichzustellende Preis entzogen, und in solcher Höhe ein positiver Schaden im Sinne des Ediktes zugefügt.

Städte-Ordnung vom 19. November 1808.
— **§ 157.** Pensions-Anspruch der Magistrats-Unterbedienten. — Vergl. A. L. R. II. 6. § 169; Städte-Ordnung vom 30. Mai 1853 § 84.

Rechtsgr. **1149.** — I. Senat. 15. September 1873. (**XC. 220.**)

Den Unterbedienten des Magistrats, die nach der Städte-Ordnung vom 19. November 1808 § 157. auf Lebenszeit zu wählen sind, gebührt nach ihrer Entlassung aus dem verwalteten Amte eine lebenslängliche Pension, auch wenn sie nur auf Kündigung angestellt sind.

Gesinde-Ordnung für sämmtliche Provinzen der Preußischen Monarchie vom 8. November 1870 (Ges.-Samml. S. 101.). Von den Rechten und Pflichten der Herrschaften und des Gesindes.
— **§ 1.**:
A. Wesen des Gesindeverhältnisses überhaupt und namentlich mit Rücksicht auf das Lohn in Geld und Naturalien.

Rechtsgr. **1150.** — I. Senat. 21. Mai 1869. (**LXXV.** 53.)

Das Wesentliche des Gesindeverhältnisses beruht in der Art der übernommenen Dienste, nicht aber in der Art der Belohnung dafür, und ist es allein nicht entscheidend, wenn das Lohn für die Dienste nicht baar, sondern in Naturalien gegeben wird.

B. Markthelfer und Komtoirboten kein Gesinde.

Rechtsgr. 1151. — I. Senat. 28. Februar 1873. (LXXXVIII. 217.)

Markthelfer und Komptoirboten als solche gehören, obwohl sie häusliche Dienste leisten, ebensowenig zum Gesinde, wie Laufburschen, Stiefelputzer und Aufwartefrauen.

— §§ 57. ff. Voraussetzungen des Gesindeverhältnisses. Vergl. A. L. R. I. 1. § 4.

Rechtsgr. 1152. — I. Senat. 28. Februar 1873. (LXXXVIII. 217.)

Wesentlich nothwendige Voraussetzungen, ohne welche ein Gesindeverhältniß im gesetzlichen Sinne durch Leistung häuslicher oder wirthschaftlicher Dienste gegen Lohn nicht begründet wird, sind, daß die betreffende Person zur häuslichen Gesellschaft des Andern gehört und seiner Zucht und Hausordnung unterworfen ist.

— § 77. Fortdauernde Geltung dieses Paragraphen.

Rechtsgr. 1153. — Senat für Strafsachen, Abth. I. 18. Oktober 1872. (LXXXVI. 284.)

Die Vorschrift des § 77. der Gesinde-Ordnung:

Reizt das Gesinde die Herrschaft durch ungebührliches Betragen zum Zorn und wird in selbigem von ihr mit Scheltworten oder geringen Thätlichkeiten behandelt, so kann es dafür keine gerichtliche Genugthung fordern,

ist durch das Preußische und durch das Deutsche Strafgesetzbuch weder aufgehoben noch modifizirt.

§ 88. Verpflichtung der Dienstherrschaft aus diesem Paragraphen; Nützliche Verwendung. - Vergl. A. L. R. I. 13. §§ 262. 268. 269.

Rechtsgr. 1154. — I. Senat. 15. März 1872. (LXXXV. 51.)

a) Die Verpflichtung der Herrschaft aus § 88. der Gesinde-Ordnung ist allein an die Thatsache der Erkrankung des Dienstboten während bestehenden Dienstes geknüpft und nicht davon abhängig, daß das Gesinde ein ausdrückliches Verlangen nach der Vorsorge stellt.

b) Hat ein Dritter in diesem Falle die Fürsorge für den Dienstboten übernommen, so kann sich die Herrschaft gegen den Erstattungsanspruch nicht mit dem Einwande schützen, daß sie das Dienstverhältniß hätte auflösen und damit die Verpflichtung beseitigen können.

— **§§ 94. 95.** Verpflichtung der Herrschaft, für das in ihrem Dienste oder bei Gelegenheit desselben zu Schaden gekommene Gesinde zu sorgen — Vergl. A. L. R. I. **13**. §§ 80. 81

Rechtsgr. **1155**. — I. Senat 13. Oktober 1871. (LXXXIV. 56.)

a) Die Herrschaft ist schuldig, für das in ihrem Dienste oder bei Gelegenheit desselben zu Schaden gekommene Gesinde auch über die Dienstzeit hinaus zu sorgen,

1. wenn die Herrschaft zu einem solchen Unglücksfalle auch nur durch ein geringes Versehen Anlaß gegeben hat, und
2. auch bei dem blos zufälligen Schaden, wenn das Gesinde die bestimmte Vorschrift der Herrschaft nicht hat befolgen können, ohne sich der Gefahr einer solchen Beschädigung auszusetzen.

b) Die Verpflichtung der Herrschaft erstreckt sich in jedem Falle nur auf den nothdürftigen Unterhalt des Gesindes, solange bis dasselbe sich sein Brod selbst zu verdienen wieder in den Stand kommt.

— **§§ 117. 160. 161.** Aufhebung des Dienstvertrages innerhalb der Miethszeit. — Vergl. A. L. R. I. **5**. §§ 408—410.

Rechtsgr. **1156**. — I. Senat. 3. April 1871. (LXXXI. 262.)

Eine ausdrückliche Erklärung des Rücktritts vom Dienstvertrage liegt auch in einer innerhalb der Dienstzeit zum Zwecke der v o r deren Ablauf erfolgenden Auflösung des Dienstverhältnisses ausgesprochenen Kündigung nicht minder, als in einer innerhalb der Dienstzeit geschehenen Entlassung, sofern in dem einen wie in dem andern Falle auch nur im Allgemeinen Unzufriedenheit mit den bisherigen Leistungen als Grund des Rücktritts zu erkennen gegeben wird.

— § 118. Beharrlichkeit: beharrlicher Ungehorsam als Entlassungsgrund dem Gesinde gegenüber.

Rechtsgr. 1157. — I. Senat. 12. Juni 1871. (LXXXII. 201.)

a) Beharrlichkeit drückt nur ein festes Verbleiben bei dem einmal erklärten Willen, Thun oder Unterlassen, trotz der Gründe, welche eine Aenderung dieses Beharrens anräthig machen und dem Ungehorsamen zum Bewußtsein gebracht werden, aus: ohne daß dies in einer größeren Zahl von Fällen hervorgetreten zu sein braucht, wenn auch nicht schon ein einziger Ungehorsam genügen kann, denselben zu einem beharrlichen zu machen.

b) Es ist nicht nothwendig, daß die Beharrlichkeit sich bei mehreren durch die Zeit von einander getrennten Gelegenheiten gezeigt haben müsse, sie tritt vielmehr auch in ganz gleicher Weise hervor, wenn sie durch die wiederholte Verweigerung des Gehorsams bei einer und derselben Gelegenheit gezeigt und durch Nichtbefolgung des wiederholt ertheilten Befehles an den Tag gelegt wird.

— §§ 160—163. Anspruch des ohne Grund entlassenen und später wieder aufgenommenen Gesindes auf Lohn und Kost für die Zwischenzeit. — Vergl. A. L. R. I. 5. § 277., 11. § 894.

Rechtsgr. 1158. — I. Senat. 2. September 1870. (LXXIX. 166.)

Hat der Dienstherr das Gesinde ohne rechtmäßigen Grund entlassen und nimmt dasselbe später wieder auf, so ist er für die Zwischenzeit Lohn und Kost zu gewähren verpflichtet.

— §§ 160—162. Gesindedienstvertrag; Aufhebung desselben Seitens der Herrschaft ohne Anführung des rechtmäßigen Grundes. — Vergl. A. L. R. I. 5. §§ 408—410.

Rechtsgr. 1159. — I. Senat. 28. Februar 1873. (LXXXVIII. 213.)

Die Rechtmäßigkeit der Aufhebung eines Dienstvertrages Seitens der Herrschaft hängt nur davon ab, daß zur Zeit der Entlassung ein gesetzlicher Grund dazu vorgelegen hat, nicht auch davon, daß der gesetzliche Entlassungsgrund vor der Geltendmachung im späteren Prozesse dem Dienstboten gegenüber erklärt worden ist.

Edikt No. 52. vom 14. September 1811 (Ges.-Samml. S. 281.).
— § 31. Zeitpunkt der Eigenthumsverleihung.

Rechtsgr. 1160. — II Senat. 29. März 1870. (LXXVIII. 147.)

Im § 31. des Regulirungsediktes vom 14. September 1811 ist die Vollziehung der Auseinandersetzung, nicht des Rezesses, als Zeitpunkt der Eigenthumsverleihung bezeichnet.

Gesetz vom 15. November 1811 wegen des Wasserstaues bei Mühlen und Verschaffung von Vorfluth (Ges.-Samml. S. 352.).
— § 10.:
A. Räumung von Privatflüssen, Gräben oder Wasserabzügen; Kompetenz der Polizeibehörde. — Vergl. Gesetz über die Benutzung der Privatflüsse vom 28. Februar 1843 § 7. (Ges.-Samml. S. 41.)

Rechtsgr. 1161. — II. Senat. 20. April 1871. (LXXXI. 318.)

a) Den Polizeibehörden ist eine Verpflichtung zur fortlaufenden Bestimmung, ob und wie die Räumung von Privatflüssen, Gräben und Kanälen vorzunehmen, weder durch § 10. des Gesetzes vom 15. November 1811, noch durch den § 7. des Gesetzes vom 28. Februar 1843 auferlegt, vielmehr ist denselben durch diese Gesetze nur die Ermächtigung ertheilt, in gegebenen Fällen einzuschreiten und eventuell die säumigen Räumungsverpflichteten zur Räumung anzuhalten.

b) Der Räumungsverpflichtete muß, wenn durch Vernachlässigung in der Erfüllung seiner Verpflichtung ein Schaden entstanden, denselben ersetzen, wenngleich ein Einschreiten der Polizeibehörden noch nicht stattgefunden gehabt, und kann darüber, ob eine zu vertretende Vernachlässigung vorliegt, nur der Richter, nicht aber die Polizeibehörde, entscheiden.

B. Zulässigkeit des Rechtsweges, betreffend die Räumung der Gräben und Wasserabzüge. — Vergl. A. G. O. Einl. § 1.; Gesetz vom 11. Mai 1842 § 4. (Ges.-Samml. S. 192.)

Rechtsgr. 1162. — II. Senat. 30. Mai 1872. (LXXXIV. 361.)

a) Durch den § 10. des Vorfluth-Edikts vom 15. November 1811 ist nur über das Wann und Wie der Räumung der Gräben und Wasserabzüge der Rechtsweg absolut ausgeschlossen.

b) Beim Streit über die Verpflichtung zur Räumung kann die Polizeibehörde zwar über die Verpflichtung interimistisch entscheiden, dagegen kann derjenige Grundbesitzer, der sich dadurch verletzt findet, gegen den Extrahenten der polizeilichen Anordnungen auf gerichtliche Feststellung seiner Rechte antragen.

— §§ 15—20. Bedeutung des § 15. des Vorfluth-Edikts vom 15. November 1811; Rechtsweg in Betreff der Entwässerungsfrage. — Vergl. Gesetz über die Zulässigkeit des Rechtsweges gegen polizeiliche Verfügungen vom 11. Mai 1842 § 2.

Rechtsgr. 1163. — II. Senat. 23. Mai 1871. (LXXXIV. 1.)

a) Der Grundbesitzer, welcher sich des Wassers von seinen Ländereien entledigen will, kann sich nicht blos gegen die Stauungsberechtigten allein, sondern auch gegen andre Grundbesitzer, welche dabei überhaupt ein Interesse haben, auf den § 15. des Vorfluth-Edikts vom 15. November 1811 berufen.

b) Die Bestimmung darüber, ob zu entwässern, und unter welchen Modalitäten die Entwässerung auszuführen, steht, — unter Ausschließung des Rechtsweges — stets der Provinzial-Polizeibehörde zu, und nur die Streitigkeiten über den Umfang der Rechte der Interessenten sind der richterlichen Entscheidung vorbehalten.

Gesetz über die Verpflichtung zum Kriegsdienste vom 3. September 1814. — §§ 1. 2. Begriff der Kriegsdienste, namentlich der Landwehr, betreffend die Pensionsverhältnisse.

Rechtsgr. 1164. — I. Senat. 13. Dezember 1872. (LXXXVII. 205.)

a) Diejenigen Dienste, welche die Landwehr ersten und zweiten Aufgebots, wenn sie bei resp. nach entstehendem Kriege berufen wird: „zur Unterstützung des stehenden Heeres im Auslande“ oder „nach dem augenblicklichen Bedürfnisse zu Besatzungen und Verstärkungen des Heeres zu dienen“, zu leisten hat, gehören nicht zu den ihr „im Frieden“ oder „in Friedenszeiten“ obliegenden, sondern sind Dienste „im Kriege“, Kriegsdienste im engeren Sinne des Wortes.

b) Die im Auslande zur Unterstützung resp. Verstärkung des stehenden Heeres von der Landwehr geleisteten Kriegsdienste sind im Sinne des Gesetzes vom 3. September 1814 über die Verpflichtung zum Kriegsdienste schlechterdings und unbedingt keine „im Frieden“ geleisteten, gehören vielmehr auch dann zu den „im Kriege“ geleisteten, wenn die Landwehr „nach dem augenblicklichen Bedürfnisse zu Besatzungen“ und nicht schon „zur unmittelbaren Aktion gegen den Feind“ gebraucht zu werden bestimmt wird.

Patent vom 15. November 1816 (Ges.-Samml. S. 233.). — § 2. Aufhebung des Sächsischen Mandats vom 26. Juli 1732. — Vergl. A. L. R. II. 16. § 65.

Rechtsgr. 1165. — I. Senat. 21. November 1870. (LXXX. 84.)

Das Sächsische Mandat vom 26. Juli 1732 gehört zu den durch das Patent vom 15. November 1816 aufgehobenen allgemeinen Landes- und subsidiarischen Gesetzen.

Verordnung vom 20. Juni 1817 wegen Organisation der General-Kommissionen und Revisions-Kollegien zur Regulirung der gutsherrlichen und bäuerlichen Verhältnisse und wegen des Geschäftsbetriebes bei diesen Behörden (Ges.-Samml. S. 161.).

— §§ 91. 158. 169. 170.:

A. Wirkung des Auseinandersetzungs-Rezesses und der während des Auseinandersetzungs-Verfahrens ausgesprochenen Präklusion der Auseinandersetzungs-Interessenten. — Vergl. Verordnung vom 30. Juni 1834 wegen des Geschäftsbetriebes in den Angelegenheiten der Gemeinheitstheilungen, Ablösungen und Regulirung der gutsherrlich-bäuerlichen Verhältnisse, als Anhang zu der Verordnung vom 20. Juni 1817 und dem Gesetze vom 7. Juni 1821 §§ 25—27. (Ges.-Samml. S. 96.)

Rechtsgr. 1166. — III. Senat. 5. September 1873. (LXXXIX. 201.)

a) Ein von der General-Kommission bestätigter Auseinandersetzungs-Rezeß schafft kein Eigenthum in dem Sinne, wie es bei einer originären Erwerbungsart geschieht, sondern überträgt dasselbe nur — soweit es der Zweck der Gemeinheitstheilung erfordert — von dem einen Theilnehmer auf den andern und äußert insofern seine Wirkung nur unter den zur Sache zugezogenen Interessenten.

b) Die in Gemäßheit der §§ 25—27. der Verordnung vom 30. Juni 1834 wegen des Geschäftsbetriebes in den Angelegenheiten der Gemeinheitstheilungen ꝛc. ausgesprochene Präklusion von Auseinandersetzungs-Interessenten erstreckt sich nicht auf das Eigenthum an einem betheiligten Grundstücke, und die öffentliche Bekanntmachung — weit entfernt, eine absolute Feststellung der Eigenthums-Legitimation der Interessenten zu bezwecken, — hat nur die Bestimmung, die Resultate der Auseinandersetzung vor nachträglichen Anfechtungen zu sichern.

— § 169.:

B. Verpflichtung der Besitznachfolger zur Erfüllung der von ihren Vorgängern rezeßmäßig übernommenen fortwährenden Leistungen. — Vergl. A. G. O. I. 24. § 9.; Kabinets-Order vom 18. Dezember 1841 (Ges.-Samml. für 1842 S. 17.)

Rechtsgr. 1167. — II. Senat. 27. Februar 1873. (LXXXVIII. 180.)

Bei einem im amtlichen Wege gepflogenen Auseinandersetzungsverfahren und bei der erfolgten Vollziehung und Bestätigung des Rezesses sind die Besitznachfolger den rezeßmäßig berechtigten Interessenten gegenüber verpflichtet, die übernommenen fortwährenden Leistungen zu erfüllen, und können diesen nicht den Einwand entgegensetzen, daß sie beim Erwerbe ihrer Grundstücke den Inhalt des Rezesses nicht gekannt hätten.

— **§§ 205. 159. 169. 170. 196. 201.**:

C. Vollstreckung des Auseinandersetzungs-Rezesses. Vergl. Reskript vom 5. Juli 1639 (v. Kamptz, Annalen Bd. 38. S. 361.).

Rechtsgr. 1168. — II. Senat. 9. November 1869. (LXXVI. 281.)

a) Die im § 205. der Verordnung vom 20. Juni 1817 wegen Organisation der Generalkommissionen und Revisionskollegien zur Regulirung der gutsherrlichen und bäuerlichen Verhältnisse, ingleichen wegen des Geschäftsbetriebes bei diesen Behörden:

„Das Recht der Vollstreckung gebührt der Generalkommission und der von ihr in der Sache beauftragten Spezialkommission, nicht blos wegen ihrer und der Entscheidungen des Revisionskollegii, sondern auch der unter ihrer Dazwischenkunft vollzogenen oder von ihr blos bestätigten Auseinandersetzungs-Rezesse. Wird darauf jedoch innerhalb Jahresfrist nach eingetretenem Realisationstermine nicht angetragen, so können die Interessenten dieselbe nur bei den ordentlichen Gerichten nachsuchen",

und namentlich in dessen Schlußsatz enthaltene Bestimmung ist nicht nur auf die wegen Nebenpunkte nachzusuchende, sondern auch auf die Ausführung der Auseinandersetzung in der Hauptsache zu beziehen.

b) Die Exekution aus dem bestätigten Auseinandersetzungs-Rezesse steht innerhalb Jahresfrist von der bewirkten Auseinandersetzung, d. h. von dem Termine an gerechnet, mit welchem das früher bestandene Rechtsverhältniß wenigstens im Wesentlichen aufhört, und das neue durch die Auseinandersetzung begründete Verhältniß eintritt, ausschließlich der Auseinandersetzungsbehörde zu, und kann nur auf deren Requisition von den Gerichten vollstreckt werden.

c) Die einmal eingeleitete Exekution kann die Auseinandersetzungsbehörde auch über die Jahresfrist hinaus fortsetzen.

d) Nach Ablauf der Jahresfrist steht die Exekution wegen der später fällig werdenden Zahlungen und Leistungen lediglich den Gerichten zu.

Instruktion zur Geschäftsführung der Regierungen vom 23. Oktober 1817 (Ges.-Samml. S. 248.).
— §§ 1. 2. Vertretung des Fiskus durch die Central- oder Territorialbehörden in Prozessen.

Rechtsgr. 1168a. — I. Senat. 7. Februar 1873. (LXXXVIII. 107.)

In der Vorschrift der Instruktion zur Geschäftsführung der Regierungen vom 23. Oktober 1817:

Die bei Anordnungen der Ministerien, für welche die Mitwirkung einer Territorialbehörde mit räumlich begrenztem Amtskreise nothwendig werde, mitwirkende Behörde solle die betreffende Regierung sein,

liegt nicht die Uebertragung der prozessualischen Vertretung in Prozessen, welche sich wegen Anordnung einer der im § 1. der Instruktion bezeichneten Ober-(Central-) Behörden entspinnen.

Gemeinheitstheilungs-Ordnung vom 7. Juni 1821 (Ges.-Samml. S. 53.).
— § 16. Auseinandersetzung auf Grund des § 16.

Rechtsgr. 1169. — II. Senat. 24. November 1870. (LXXXI. 74.)

Der § 16. der Gemeinheitstheilungs-Ordnung vom 7. Juni 1821, wonach bei Gegenständen des gemeinschaftlichen Eigenthums jeder Miteigenthümer die Auseinandersetzung zu verlangen befugt ist, bezieht sich nur auf die Auseinandersetzung der Miteigenthümer unter sich, nicht

aber auch zwischen gemeinschaftlichen Eigenthümern und Dritten.

— §§ 50. 52. 55. Auseinandersetzung wegen Brennholzgerechtigkeiten; Anrechnung der auf dem berechtigten Gut vorhandenen Feuerungsmittel. — Vergl. Gesetz No. 3235 vom 2. März 1850 Art. 4. (Ges.-Samml. S. 139.)

Rechtsgr. 1170. — II. Senat. 29. September 1870. (LXXIX. 219.)

Bei Gelegenheit der Auseinandersetzung wegen einer Brennholzgerechtigkeit in einem fremden Walde, welche auf das Bedürfniß beschränkt ist, muß das berechtigte Gut sich auf die Abfindung auch dann die eigenen Feuerungsmittel anrechnen lassen, wenn dieselben zur völligen Deckung des Bedürfnisses hinreichen, und hernach von dem Besitzer des verpflichteten Waldes eine Abfindung nicht zu gewähren bleibt.

— §§ 158. 159. Rechte des Pächters bei erfolgter Ablösung einzelner ihm pachtweise überlassener Rechte überhaupt, und namentlich bei Entschädigung des Grundeigenthümers zugleich wegen anderer abgelöster Rechte. — Vergl. Deklaration vom 29. Mai 1816 Art. 112. ff. (Ges.-Samml. S. 154.)

Rechtsgr. 1171. — III. Senat. 18. November 1870. (LXXX. 63.)

a) Hat bei der Aufhebung von Gemeinheiten sich die Abfindung des Grundeigenthümers noch auf andere Grundstücke oder Gerechtigkeiten, als das Pachtobjekt, bezogen, oder ist sie für das letztere und andere Grundstücke und Gerechtigkeiten in einem zusammenhängenden Plane ausgewiesen worden, so findet ebenfalls die Bestimmung Anwendung, daß der Pächter eines von der Separation betroffenen Grundstückes sich mit der für dasselbe angewiesenen Entschädigung auf die Dauer der Pachtzeit begnügen oder die Pacht kündigen muß.

b) Wählt der Pächter nicht die Kündigung, so ist die ihm zu gewährende Entschädigung nach dem Verhältnisse

des Pachtobjekts zu dem ganzen von der Separation erfaßten Besitzstande zu ermitteln.

Gesetz vom 1. Juli 1821, die Verleihung des Bergeigenthums auf Flötzen betreffend (Ges.-Samml. S. 106.)

— § 3. Einflußlosigkeit der Vermessungsart auf die von der Fundgrube abhängigen gesetzlichen Rechte Dritter.

Rechtsgr. 1172. — III. Senat. 2. Mai 1873. (XC. 132.)

Wenn auch das Gesetz vom 1. Juli 1821 die Wahl der Vermessungsart (ob Längen- oder Geviertfeld) und bis zu einem gewissen Maximum den Umfang des zu gewährenden Feldes dem sachverständigen Ermessen der Bergbehörde anheimgiebt, so kann doch durch die Bergbehörden der gesetzlich bestimmte Umfang der Fundgrube zum Nachtheile Dritter, deren Rechte, z. B. auf den Erbkux oder auf das Mitbaurecht, von der Fundgrube abhängig sind, nicht geändert werden.

Gesetz vom 7. März 1822 wegen der Stempelsteuer (Ges.-Samml. S. 57.). Steuerbefreiung der Städte in städtischen Angelegenheiten. — Vergl. Instruktion für sämmtliche Staatsverwaltungsbehörden zur Anwendung der Vorschriften der Stempelgesetze vom 20. November 1810 und 27. Juni 1811, vom 5. September 1811 § 12. No. 3.

Rechtsgr. 1173. — I. Senat. 20. Januar 1873. (LXXXIX. 7.)

Die durch § 12. zu 3. der Instruktion vom 5. September 1811 gewährte Steuerbefreiung in städtischen Angelegenheiten ist durch das Stempelgesetz vom 7. März 1822 aufgehoben.

— §§ 4. 5. Tarifposition „Kaufverträge“:

A. Stempelpflichtigkeit bedingter und solcher Verträge, bei denen die Gegenleistung von einer Bedingung abhängig ist.

Rechtsgr. 1174. I. Senat. 4. Oktober 1869. (LXXVI. 188.)

a) Ist nicht die Gültigkeit des ganzen Vertrages, sondern nur die Höhe der Leistung von dem Eintreten gewisser Ereignisse abhängig, so ist der Stempel von der bedingungsweisen höheren Leistung zu entrichten.

b) Ist also bei einem Kaufvertrage über ein Grundstück das Kaufgeld auf 6000 Rthlr. festgesetzt, jedoch verabredet, daß der Käufer weitere 4000 Rthlr. zahlen solle, wenn er bei Lebzeiten des Verkäufers das Grundstück anderweitig verkaufe, so ist der Kaufstempel von 10,000 Rthlrn. zu entrichten.

B. Gebäude als Grundstücke; Kaufverträge über Gebäude und deren Stempelsteuer.

Rechtsgr. 1175. — I. Senat. 20. Oktober 1871. (LXXXIV. 88.)

a) Gebäude auf fremdem Grund und Boden können, wenn nicht eine Superfizies oder ein Recht auf eine dauernde Verbindung vorliegt, als ein Grundstück nicht angesehen werden.

b) Die Kaufverträge über derartige Gebäude unterliegen nicht dem Stempelbetrage mit Eins vom Hundert, sondern nur dem mit $\frac{1}{3}$ vom Hundert.

C. Stempelpflichtigkeit der von Inländern im Auslande geschlossenen Kauf- oder Lieferungsverträge.

Rechtsgr. 1176. — I. Senat. 22. Mai 1871. (LXXXII. 142.)

Die von einem Inländer im Auslande abgeschlossenen Kaufverträge oder Lieferungsverträge über inländisches bewegliches Vermögen sind stempelflichtig; derartige Verträge sind stempelfrei, wenn sie über im Auslande befindliche Sachen abgeschlossen sind.

D. Stempelpflichtigkeit der bedingten Kaufverträge. — Vergl. A. L. R. I. 4. § 101., 11. §§ 67. 257. ff. 272. ff. 333. ff.

Rechtsgr. 1177. — I. Senat 22. November 1869. (LXXVII. 44.)

Ein über einen stempelpflichtigen Gegenstand schriftlich abgeschlossener Kaufvertrag, dessen Erfüllung von einer Suspensivbedingung abhängig gemacht ist, unterliegt unbedingt der Stempelsteuer.

— § 5. Littr. e. Stempel bei Tauschverträgen.

Rechtsgr. 1178. — I. Senat. 31. Mai 1872. (LXXXV. 193.)

Bei Berechnung des Stempels für Tauschverträge über Grundstücke und Gerechtigkeiten ist nicht lediglich auf den absoluten Werth der verschiedenen Tauschobjekte Rücksicht zu nehmen, vielmehr kommt es dabei nur auf den höheren Werth oder Werthstheil des einen oder des andern der vertauschten Grundstücke an, wie derselbe bei Berechnung der Stempelsteuer in Betracht kommt.

Tarifposition „Leibrentenverträge:"
— Stempelpflichtigkeit der Verträge, durch welche die dem Altsitzer zu gewährenden Naturalleistungen in Geldzahlungen umgesetzt werden.

Rechtsgr. 1179. — I. Senat. 22. November 1869. (LXXVI. 300.)

Ein zwischen dem Ausgedingeberechtigten und dem verpflichteten Grundstücksbesitzer getroffenes Abkommen, wodurch vereinbart wird, daß an Stelle der Verbindlichkeit Naturalleistungen zu gewähren, die Verpflichtung Geldzahlungen zu leisten treten soll, ist nicht ohne Weiteres und nicht in allen Fällen ein Leibrentenvertrag im Sinne des Stempeltarifs.

— Tarifposition „Assekuranzpolicen:"
— Stempelpflichtigkeit der Versicherungspolicen

Rechtsgr. 1180. — I. Senat. 19. März 1869. (LXXIV. 146.)

Bei Versicherungsverträgen auf unbestimmte Zeit ist der Werthstempel zur Police nach der Prämie des ersten Versicherungsjahres anzusetzen.

— §§ 9a. 16. Berechnung des Erbschaftsstempels.

Rechtsgr. 1181. — I. Senat. 24. Mai 1872. (LXXXV. 172.)

Für die Berechnung des Erbschaftsstempels beim fideicommissum in id, quod supererit ist nicht derjenige Betrag, über welchen der Fiduziar zu seinen Gunsten wirklich disponirt, sondern derjenige, welcher seiner Dispositionsbefugniß als Eigenthümer durch die Erbschaft zuwächst, in Betracht zu ziehen.

— § 9a. Stempelpflichtigkeit der Legate; Legat des Nießbrauchs an Kapitalien.

Rechtsgr. 1182. — IV. Senat. 30. September 1870. (LXXIX. 231.)

Es enthält kein Vermächtniß eines Nießbrauchs von Kapitalien, und keine Bereicherung um die Zinsen im Sinne des § 9a. des Stempelgesetzes vom 7. März 1822, wenn Jemandem durch Testament die Verpflichtung auferlegt ist, seinen Kindern bei ihrer Großjährigkeit eine bestimmte Summe zu zahlen und diese durch Eintragung auf ein ihm vermachtes Grundstück sicher zu stellen, und dabei ausdrücklich festgesetzt ist, daß er bis zur Großjährigkeit seiner Kinder die vermachten Beträge nicht zu verzinsen habe.

— Tarifposition „Fideikommisse:"
— Stempelpflicht bei Fideikommissen.

Rechtsgr. 1183. — I. Senat. 24. Oktober 1873. (XC. 258.)

Die Vergrößerung eines bestehenden Fideikommisses durch Inkorporation allodialen Vermögens vermittelst eines Willenaktes unterliegt in gleicher Weise dem Fideikommißstempel von 3. Prozent, wie die ursprüngliche Errichtung eines Fideikommisses, nicht aber der Austausch von Fideikommiß- und Allodialvermögen von gleichem Werthe.

Gesetz vom 4. Juli 1822, betreffend den Verkauf ausstehender Forderungen und Kurs habender Schuldpapiere im Wege der Exekution (Ges.-Samml. S. 178.)

— §§ 1—5:

A. Konkurrenz mehrerer im Wege der Exekution geschehener Ueberweisungen.

Rechtsgr. 1184. — IV. Senat. 13. Juni 1872. (LXXXV. 238.)

Ist dieselbe Forderung zu verschiedenen Zeiten verschiedenen Personen im Wege der Exekution überwiesen, so ist die Zulässigkeit und Wirksamkeit der späteren Uebereignungen blos aus dem Grunde noch nicht zu bezweifeln, weil der Gläubiger, welcher die erste Beschlagnahme aus-

gebracht hatte, nur dem Vorzugsrechte eines dieser Beschlagnahme beigetretenen andern Gläubigers hat weichen müssen.

§§ 1. 6.:

B. Gewährleistung bei exekutionsweise überwiesenen Forderungen; Anspruch auf Erstattung der Prozeßkosten bei Nicht-Existenz der überwiesenen eingeklagten Forderung. — Vergl. A. L. R. I. 11. §§ 156. 323. 324. 444.

Rechtsgr. 1185. — IV. Senat. 30. Mai 1872. (LXXXV. 181.)

a) Was die Frage der Gewährleistung bei im Wege der Exekution erfolgten Cessionen anbelangt — §§ 1. und 6. des Gesetzes vom 4. Juli 1822 — so stehen sie den auf einem Vertrage beruhenden Cessionen ganz gleich, und findet auf sie die Ausnahme des § 444. I. 11. des Allgem. Landrechts keine Anwendung.

b) Der Exekutionsschuldner ist in diesem Falle an sich, und ohne daß es auf eine culpa seinerseits ankommt, auch die Kosten des wegen der überwiesenen Forderung geführten Prozesses dem Gläubiger zu erstatten verpflichtet.

— §§ 1. ff.:

C. Verpflichtungen des Miterben, welcher eine zum Nachlaß gehörige Forderung einklagt; Stellung des Gläubigers des Miterben, welcher eine Nachlaßforderung in vim assignationis sich hat überweisen lassen; Wirkung des von ihm auf Zahlung zum Depositum erstrittenen Erkenntnisses den Miterben gegenüber; rechtskräftige Abweisung des Gläubigers. — Vergl. A. L. R. I. 13. §§ 120. 257. 17. §§ 4. ff. 54.; A. G. O. Einl. §§ 65. 66., I. 16. § 1.

Rechtsgr. 1186. — IV. Senat. 24. November 1870. (LXXX. 99.)

a) Der Miterbe, welcher eine zum Nachlaß gehörige Forderung einklagt, ist zur Fortsetzung dieses damit übernommenen Geschäfts bis zur gänzlichen Vollendung verpflichtet, und kann von den Miterben angehalten werden, die Vollstreckung des gegen den Schuldner erzielten Urtheils im Wege der Exekution zu beantragen.

b) Der Gläubiger eines Miterben, welcher sich eine Nachlaßforderung in vim assignationis überweisen ließ und gegen den Schuldner ein Erkenntniß, wonach derselbe die Schuld zum Depositum zahlen solle, erstritt, steht zu dem Miterben nicht in dem Verhältniß eines mandatarius praesumptus oder negotiorum gestor.

Er kann nicht von den Erben genöthigt werden, das erstrittene Judikat zwangsweise zu vollziehen.

c) Ist der Gläubiger rechtskräftig abgewiesen worden, so steht dieses Erkenntniß den Erben nicht entgegen.

D. Exekutivische Ueberweisung; Unzulässigkeit des Einwandes der Tilgung der der Ueberweisung zu Grunde liegenden Forderung. Vergl. A. L. R. I. 16. §§ 149. 242.

Rechtsgr. 1187. — III. Senat. 5. Mai 1873. (XC. 146.)

Bei der exekutionsweisen Ueberweisung einer ausstehenden Forderung steht dem verklagten überwiesenen Schuldner der Einwand nicht zu, daß der Kläger wegen der der Ueberweisung zum Grunde liegenden Forderung an den Exekutionsschuldner von diesem befriedigt sei.

— §§ 3. 4.:

E. Konkurrenz des mit schriftlicher Anweisung für eigne Rechnung versehenen und im Besitz des Hypothekendokuments befindlichen Assignatars mit dem ältern Cessionar. — Vergl. Gesetz vom 24. Mai 1853 § 15.

Rechtsgr. 1188. — III. Senat. 14. Februar 1870. (LXXVII. 244.)

a) Wenn der eingetragene Gläubiger unter Aushändigung des Hypotheken-Instrumentes, auf welchem von einer Cession Nichts vermerkt worden, Jemanden schriftlich anweist, für seine eigene Rechnung die eingetragene Post zu erheben, so kann Derjenige, welchem er schon früher die Post ohne Aushändigung des Hypotheken-Instruments cedirt hat, dem Assignatar, welcher zur Zeit der Annahme der Assignation von dieser Cession keine Kenntniß hatte, nicht entgegenstellen: daß der Gläubiger zur

Zeit der Assignation, weil er ihm, dem Cessionar, die Post vorher cedirt habe, nicht mehr berechtigt gewesen sei, die Assignation zu ertheilen. Er kann die früher erhaltene, nicht aus der Urkunde und nicht aus dem Hypothekenbuche erhellende Cession gegen den Assignatar nicht geltend machen, diesen nicht hindern, die Post, welche er, der Cessionar, wegen des ihm fehlenden Hypotheken-Instruments gegen den Schuldner nicht verfolgen kann, von diesem einzuziehen.

b) Dies gilt ebenso alsdann, wenn nicht der eingetragene Gläubiger selbst die Assignation ertheilt, sondern der Richter im Wege der Exekution wegen einer von seinem Gläubiger gegen ihn rechtskräftig erstrittenen Forderung behufs deren Berichtigung diesem die Hypothekenpost in vim assignationis überwiesen hat.

Gesetz vom 8. April 1823 (Ges.-Samml. S. 49.).

— §§ **15—17. 75. 76. 112.** Zeitpunkt der Eigenthumsverleihung nach diesem Gesetz.

Rechtsgr. **1189.** — II. Senat. 29. März 1870. (LXXVIII. 147.)

Im Präjudiz No. 1961.:

„Wenn sich bei der Regulirung nach dem Gesetz über die Regulirung der gutsherrlichen und bäuerlichen Verhältnisse im Großherzogthum Posen vom 8. April 1823 die Interessenten wegen eines früheren Termins zur Ausführung der Auseinandersetzung vereinigen, so tritt doch das Eigenthum der bäuerlichen Wirthe erst in volle Wirksamkeit, wenn die betreffenden Verträge und Rezesse vorschriftsmäßig vollzogen und von der General-Kommission bestätigt worden sind",

ist nicht von einer mit Genehmigung der General-Kommission erfolgten vorzeitigen Ausführung die Rede.

Militärpensions-Reglement vom 13 Juni 1825:

— §§ **1 2**. Charakter der auf Grund des § 2 gewährten Pension.

Rechtsgr. 1190. — I. Senat. 12. Januar 1872. (LXXXV. 26.)

Die auf Grund des § 2. des Militärpensions-Reglements gewährte Pension ist keine reglementsmäßige.

Kabinetsorder vom 30. Juni 1828 (Ges.-Samml. S. 86.).

— Freie Beurtheilung des Nichtigkeitsrichters beim Einwande der Unzulässigkeit des Rechtsweges. — Vergl. Verordnung vom 14. Dezember 1833 § 5. No. 8., § 16. (Ges.-Samml. S. 302.); Gesetze vom 8. April 1847 (Ges.-Samml. S. 170.) und vom 13. Februar 1854 (Ges.-Samml. S. 86.).

Rechtsgr. 1191. — II. Senat. 3. Juni 1869. (LXXV. 117.)

Dem Nichtigkeitsrichter steht über den Einwand der Unzulässigkeit des Rechtsweges eine freie, von den faktischen Voraussetzungen des erkennenden Richters nicht abhängige Beurtheilung zu.

Verordnung vom 1. Juni 1833 über den Mandats-, summarischen und Bagatellprozeß (Ges.-Samml. S. 37.).

— § 1. Bedingungsweise Zulässigkeit der Kapitalskündigung; Substanzirung der Mandatsklage. — Vergl. A. L. R. I. 4. §§ 100. 101.

Rechtsgr. 1192. — III. Senat. 15. Januar 1872. (LXXXVI. 28.)

a) Ist die Zulässigkeit der Kündigung der eingeklagten Forderung von einer Bedingung (nicht pünktlicher Zinszahlung) abhängig gemacht, so gehört zum Nachweis der Fälligkeit des Kapitals auch der Nachweis, daß diese Bedingung eingetreten sei.

b) Für den Mandatsprozeß muß nicht nur die Höhe der Forderung, sondern auch die gegenwärtige Zahlungsverbindlichkeit des Verklagten nach ihrem ganzen Inhalt und Umfang durch öffentliche Urkunden belegt werden.

— §§ 1—3. Aktiv- und Passivlegitimation im Mandatsprozeß. — Vergl. Instruktion vom 24. Juli 1833 §§ 6. 7. 11. 12. (v. Kamptz, Jahrb. Bd. 41. S. 454.)

Rechtsgr. 1193. — III. Senat. 21. November 1870. (LXXX. 89.)

Die in der Mandatsklage nicht bereits erbrachte Aktiv- und Passivlegitimation kann später nicht ergänzt werden.

— §§ 1—4. Nichtwesentliche Prozeßvorschrift der §§ 1. 3. und 4. der Verordnung vom 1. Juni 1833; Einredefrist im Mandatsprozeß.

Rechtsgr. 1194. — III. Senat. 22. Mai 1871. (LXXXIII. 32.)

a) Die §§ 1. 3. und 4. der Verordnnng vom 1. Juni 1833 enthalten nur Grundsätze des Verfahrens, mithin nichtwesentliche Prozeßvorschriften.

b) Die nach § 2. der Verordnung vom 1. Juni 1833 dem im Mandatsprozesse Verklagten zu stellende Frist zur Geltendmachung seiner Einwendungen ist kein gesetzlicher Präklusivtermin, sondern eine richterliche Frist.

— §§ 3. 4. Litisdenunziation im Mandatsprozeß; Unzulässigkeit von Einreden des Litisdenunziaten nach Ablauf der Mandatsfrist. — Vergl. Instruktion dazu vom 24. Juli 1833 § 15.

Rechtsgr. 1195. — III. Senat. 10. Mai 1872. (LXXXVI. 102.)

Im Mandatsprozesse sind die in Folge der Litisdenunziation von dem Denunziaten nach der Mandatsfrist vorgebrachten Einreden, selbst wenn sie liquide sind, nicht zu berücksichtigen und dürfen nicht zum Gegenstande der Verhandlung unter den Hauptparteien gemacht werden.

— §§ 44. 45. 49. Annahme eines in der Appellations-Rechtfertigungsschrift über eine bereits bestrittene Behauptung zugeschobenen Eides im Audienztermin. — Vergl. Verordnungen vom 14. Dezember 1833 § 5. No. 2. (Ges.-Samml. S. 302.) und vom 21. Juli 1846 §§ 9. 20. 22. (Ges.-Samml. S. 291.)

Rechtsgr. 1196. — IV. Senat. 28. Februar 1871. (LXXXI. 189.)

Schiebt der Appellant in der Appellations-Rechtfertigungsschrift dem Appellaten über eine von diesem bereits früher bestrittene Thatsache den Eid zu, läßt der Apellat die Rechtfertigung unbeantwortet und nimmt den Eid erst im Audienztermin an, so ist im Sinne des § 5. No. 2. der Verordnung vom 14. Dezember 1833 ein falsches Präjudiz zur Anwendung gebracht, wenn der zweite Richter annimmt, daß, weil Appellat nicht rechtzeitig sich über den Eid erklärt habe, er pro jurare nolente, und jene Thatsache in Kontumaziam für zugestanden anzunehmen sei.

— § 61. Schriftliche Klagebeantwortung im schleunigen Verfahren. Vergl. Gesetz vom 21. Juli 1846 § 13.

Rechtsgr. 1197. — III. Senat. 7. März 1873. (LXXXVIII. 260.)

Der zur mündlichen Beantwortung der Klage und weiteren Verhandlung der Sache vorgeladene Verklagte wird durch Einreichung einer schriftlichen Klagebeantwortung von dem Erscheinen im angesetzten Termin entbunden und hat die Folgen der Kontumaz nicht zu gewärtigen.

Justiz-Ministerial-Instruktion für die Gerichte vom 24 Juli 1833 (v. Kamptz, Jahrb. Bd. 11. S. 437.).

— § 29. Hinzuziehung der mehreren Miteigenthümer zu dem nur gegen einen derselben angestrengten Prozeß.

Rechtsgr. 1198. — II. Senat. 14. September 1869. (LXXVI. 70.)

Der § 29. der Instruktion vom 24. Juli 1833, wenngleich derselbe verordnet, daß durch die Klage und Klagebeantwortung die Grenzen bestimmt werden, innerhalb deren sich der Rechtsstreit bewegen soll, schließt nicht aus, sobald sich aus der letzteren ergiebt, daß noch mehrere Miteigenthümer vorhanden, auf den Antrag des Klägers, diese unter Mittheilung der Klage ebenfalls zum Prozesse zuzuziehen.

— §§ 29. 45. Anbringung neuer Einreden in der Appellations-Instanz. Vergl. A. G. O. I. 7. § 48.

Rechtsgr. 1199. — I. Senat. 3. November 1871. (LXXXII. 369.)

Die im § 29. der Instruktion vom 24. Juli 1833 enthaltenen Festsetzungen, daß das Klagefundament nicht geändert werden dürfe, daß später keine neuen Forderungen und keine neuen Gegenforderungen stattfinden, daß durch die Klage und Klagebeantwortung die Grenzen des Verfahrens bestimmt werden u. s. w., sowie auch die daran sich anschließenden Anordnungen des § 48. I. 7. der

Allgem. Gerichts-Ordnung über die Folgen der Insinuation der Klage sind auch für die Appellations-Instanz maaßgebend.

Verordnung vom 14. Dezember 1833 über das Rechtsmittel der Revision und Nichtigkeitsbeschwerde (Ges.-Samml. S. 302.).

— Wirkung der Rechtskraft eines vernichteten Urtheils bei Zurückweisung der Sache in die Instanz.

Rechtsgr. 1200. — III. Senat. 24. Juni 1870. (LXXX. 21.)

Wenn auf die von einer Partei eingelegte Nichtigkeitsbeschwerde das angefochtene Urtheil vernichtet, die Sache selbst aber zur nochmaligen Entscheidung in die Instanz zurückgewiesen wird, so kann der Instanzrichter kein Erkenntniß fällen, welches die Partei, die von dem Rechtsmittel Gebrauch gemacht hat, ungünstiger stellt, als das früher angefochtene und vernichtete Urtheil.

§ 2.:

A. Unzulässigkeit der Revision bei bloßer Verschiedenheit in der Begründung der Vorerkenntnisse.

Rechtsgr. 1201. — III. Senat. 1. März 1872. (LXXXVI. 59.)

Die bloße Verschiedenheit der Vorerkenntnisse in den Motiven ist für die Frage nach der Zulässigkeit der Revision ohne Bedeutung.

B. Revision gegen eine reformatio in pejus.

Rechtsgr. 1202. III. Senat. 8. November 1869. (LXXVII. 23.)

Ist das erste Erkenntniß zum Nachtheil des Appellanten abgeändert, so ist hiergegen die Revision auch dann zulässig, wenn die Abänderung zum Nachtheile des Appellanten nur bei einem Punkte erfolgt ist, im Ganzen aber die Abänderung des ersten Erkenntnisses zu seinem Vortheile stattgefunden hat.

C. Zulässigkeit processualischer Rechtsmittel nach dem Interesse der Partei überhaupt; insbesondere bei der Widerklage. — Vergl. Verordnung vom 21. Juli 1843 (Ges.-Samml. S. 297.).

Rechtsgr. **1303.** – IV. Senat. 19. Mai 1870. (LXXVIII. 259.)

a) Die Zulässigkeit prozessualischer Rechtsmittel in den einer Schätzung nach Gelde fähigen Sachen ist nach dem Interesse der das Rechtsmittel ergreifenden Partei zu bestimmen.

b) Zur Bestimmung der Zulässigkeit der Rechtsmittel ist bei Klage und Widerklage der Gegenstand der Beschwerden zusammenzuzählen.

D. Uebereinstimmende Angabe der Parteien über den Streitwerth als maaßgebend für das Rechtsmittel. — Vergl. Verordnung vom 21. Juli 1843 über die Grundsätze, wonach der Werth des Streitgegenstandes in Civilprozessen zu berechnen ist, §§ 5. 6.; Gesetz vom 10. Mai 1851 über den Ansatz und die Erhebung der Gerichtskosten.

Rechtsgr. **1304.** – III. Senat. 14. März 1873. (LXXXVIII. 288.)

Wenn die Parteien einen zum Vermögen gehörigen Gegenstand des Prozesses, welcher nicht durch besondere gesetzliche Vorschriften von der Revision ausgeschlossen ist, als unschätzbar bezeichnet, zugleich aber diesen Werth in einer bestimmten Summe angegeben haben, so ist diese Werthangabe nicht blos auf den Ansatz der Kosten zu beziehen, sondern gilt auch für die Entscheidung der Frage über die Zulässigkeit des Rechtsmittels der Revision und der Nichtigkeitsbeschwerde.

E. Verminderung des Streitwerthes nach zugelassener und eingeleiteter Revision.

Rechtsgr. **1305.** – II. Senat. 23. Mai 1871. (LXXXII. 164.)

Ist die angeführte Revision zugelassen und eingeleitet, so ist es nicht zulässig, durch eine spätere im Laufe der Verhandlung eingetretene Verminderung des Streitobjekts den Revidenten des Rechtsmittels der Revision verlustig zu machen und auf die eventualiter eingelegte Nichtigkeitsbeschwerde zu verweisen.

— § 3. Zusammentreffen von Revision und Nichtigkeitsbeschwerde in nicht revisiblen Schwängeruugssachen. — Vergl. Deklaration dazu vom 6. April 1839 Art. 4. (Ges.-Samml. S. 126.)

Rechtsgr. **1206**. — I. Senat. 28. April 1871. (LXXXI. 344.)

Beim Zusammentreffen von Revision und Nichtigkeitsbeschwerde in Schwängerungssachen und den darauf gegründeten Alimentenforderungen steht der § 3. der Verordnung vom 14. Dezember 1833 (welcher die Zulässigkeit der Revision ausschließt) der Anwendung des Art. 4. der Deklaration vom 6. April 1839 (wonach die Revision die Nichtigkeitsbeschwerde nach sich zieht) an sich nicht entgegen.

— § 4. Beweisregeln inwiefern Rechtsgrundsätze. — Vergl. A. G. O. Einl. § 16., I. **13**. § 28.; Instruktion vom 7. April 1839 No. 11. (Ges.-Samml. S. 133.)

Rechtsgr. **1207**. — II. Senat. 27. Januar 1870. (LXXVII. 203.)

Nicht jeder Irrthum in Anwendung der Beweisregeln ist als Verletzung eines Grundsatzes des materiellen Rechts aufzufassen.

— § 4. No. 1.

A. Nichtigkeitsbeschwerde wegen unrichtiger Gesetzes-Citation.

Rechtsgr. **1208**. — II. Senat. 27. März 1873. (LXXXVIII. 337.)

Es kann nicht zur Vernichtung der angegriffenen Entscheidung führen, wenn dieselbe unter Anwendung eines richtigen Grundsatzes eine dafür nicht passende Gesetzesstelle allegirt hat.

B. Nichtigkeitsbeschwerde wegen Verletzung von Grundsätzen des ausländischen Rechts. — Vergl. A. G. O. I. **10**. §§ 1. 53.

Rechtsgr. **1209**. — III. Senat. 13. November 1868. (LXXIII. 72.)

Wenn in einem vor einem Preußischen Gerichtshofe schwebenden Rechtsstreite Rechtsgrundsätze des Auslandes zur Anwendung oder Berücksichtigung kommen, so begründet die Verletzuug derselben eine Nichtigkeit nach § 4. No. 1. der Verordnung vom 14. Dezember 1833.

— § 4. No. 2. Prozessualische Natur der Frage über die Zulässigkeit der Eideszuschiebung über ein gegebenes Beweisthema. Vergl. A. G. O. I. 10. § 252.

Rechtsgr. 1310. — IV. Senat. 24. Oktober 1872. (LXXXVI. 293.)

Die Frage, ob über ein gegebenes Beweisthema der Eid zugeschoben werden darf oder nicht, ist eine prozessualische, und handelt es sich dabei um keine wesentliche Prozeßvorschrift.

— § 5. No. 1. 2. Irrthümliche Angabe der Terminsstunde in einer Ladung zu einem Eidesleistungstermin. Vergl. A. G. O. I. 7. § 1.

Rechtsgr. 1311. — IV. Senat 9. September 1869. (LXXV. 366.)

Lautet die Ladung der Partei zu einem Eidesleistungstermin auf eine spätere Stunde, als der Termin anstand, während in dem Behändigungsschein die richtige Terminsstunde angegeben ist, nimmt sodann der Richter die ausbleibende Partei für eidesweigernd an, so liegt die Verletzung einer wesentlichen Prozeßvorschrift im Sinne des § 5. No. 1. oder No. 2. der Verordnung vom 14. Dezember 1833 nicht vor.

— § 5. No. 8.:

A. Einwand der Inkompetenz des Gerichts erster Instanz.

Rechtsgr. 1312. — I. Senat. 7. Februar 1873 (LXXXVIII. 106.)

Wenn der in erster Instanz erhobene Einwand der Inkompetenz des Gerichtes von dem jedenfalls in zweiter Instanz zuständigen Appellationsgerichte verworfen wird, so liegt der Fall des § 5. No. 8. der Verordnung vom 14. Dezember 1833 überhaupt nicht vor.

— § 5. No. 10a. Thatsächliche Feststellung gegen den wörtlichen Inhalt der beigebrachten oder aufgenommenen Beweismittel in Injuriensachen. — Vergl. Gesetz vom 11 März 1850 § 6. (Ges.-Samml. S. 174.)

Rechtsgr. 1313. — Senat für Strafsachen, II. Abth. 9. Juni 1870. (LXXVIII. 291.)

Im Injurienprozeß kann die Nichtigkeitsbeschwerde

nicht darauf gegründet werden, daß eine Thatsache gegen den wörtlichen Inhalt der beigebrachten oder aufgenommenen Beweismittel festgestellt sei.

— § 5. No. 10a.:

A. Alternativer Klageantrag; Erkenntniß ultra petitum.

Rechtsgr. 1214. — III. Senat. 13. Mai 1872. (LXXXV. 144.)

Wo ein alternativ gestellter Klageantrag es dem Verklagten gestattet, bei einer entsprechenden Verurtheilung nach seiner Wahl entweder dem einen oder aber dem andern Verlangen des Klägers zu genügen, da beruht, wenn nur einer der gestellten Anträge begründet, der zweite aber an sich unbegründet ist, in einer durch den Richter mit diesem zweiten erkannten Abweisung im Vergleiche mit einer dem ungetheilten Klageantrage entsprechenden Verurtheilung für den Verklagten eine Erschwerung, die über den Klageantrag hinausgeht.

B. Erhöhung des Klageantrages in zweiter Instanz. Verurtheilung des Verklagten demgemäß und Erkenntniß über den Antrag des Klägers hinaus.

Rechtsgr. 1215. — II. Senat. 19. Oktober 1871. (LXXXIV. 77.)

Es ist nicht als über den Antrag des Klägers hinaus erkannt anzusehen, wenn der Kläger seine Forderung in der zweiten Instanz erhöht, und der Appellations-Richter dem Kläger das Geforderte in dem erhöhten Maaße zugesprochen hat.

— § 10. Eigenthum an der auf Grund eines Erkenntnisses zweiter Instanz vor Entscheidung der Nichtigkeitsbeschwerde im Wege der Exekution beigetriebenen und von dem Schuldner deponirten Summe. — Vergl. Konkurs-Ordnung § 362.

Rechtsgr. 1216. — IV. Senat. 11. Februar 1869. (LXXIV. 28.)

Der Grundsatz:

daß die zur Abwendung der Exekution von dem Schuldner im Falle erhobener Nichtigkeitsbeschwerde zum gerichtlichen Depositum gezahlte Summe auf erfolgte Verwerfung der Nichtigkeitsbeschwerde ohne besondere Uebergabe sofort Eigenthum des Gläubigers werde,

bleibt außer Anwendung, wenn die Streitsumme exekutivisch beigetrieben und erst dann gerichtlich deponirt ist, nachdem bereits ein anderer Gläubiger der Beschlagnahme für beitretend erklärt ist.

— § 17. Abänderung eines provisorisch vollstreckbaren und inzwischen bereits vollstreckten Erkenntnisses; Wiederherstellung eines früheren Zustandes; Schadensersatz. - Vergl. Instruktion vom 7. April 1839 No. 39. (Ges.-Samml. S. 133.); A. G. O. I. **14**. § 8., **44**. § 63. Anh. § 304.

Rechtsgr. **1217**. — III. Senat. 23. Juni 1871. (LXXXIII. 68.)

a) Die Vollstreckung eines noch nicht rechtskräftigen provisorisch vollstreckbaren Erkenntnisses geschieht immer auf Gefahr dessen, auf dessen Antrag sie erfolgt.

b) Bei einer eintretenden Abänderung des provisorisch vollstreckbaren Erkenntnisses ist soviel als möglich Alles in denjenigen Zustand zurückzuversetzen, welcher bestanden haben würde, wenn keine Exekution vollstreckt worden wäre.

c) Die Wiederherbeiführung dieses Zustandes ist Pflicht desjenigen, auf dessen Antrag die Vollstreckung erfolgt ist, und soweit dieser Zustand nicht unmittelbar wieder aufleben kann, tritt an die Stelle das Interesse desjenigen, welcher durch die vorzeitige Vollstreckung in seinen rechtskräftig erstrittenen Rechten verletzt worden ist.

— § 17. Nichtigkeitsbeschwerde wegen unrichtiger Rechtsausführungen. — Vergl. Deklaration vom 6. April 1839 Art. 11. (Ges.-Samml. S. 126.); Instruktion vom 7. April 1839 No. 35. (Ges.-Samml. S. 133.)

Rechtsgr. **1218**. — II. Senat. 28. Oktober 1869. (LXXVII. 1.)

Um eine Vernichtung der durch die Nichtigkeitsbeschwerde angefochtenen Entscheidung herbeizuführen, genügt es nicht, daß die Rechtsdeduktion des Richters wider die berufenen Gesetze verstößt, sondern es müssen, abgesehen von dieser Rechtsdeduktion, bei dem von dem Richter festgestellten und nicht mit Erfolg, oder gar nicht angefochtenen Thatbestande die als verletzt allegirten Vorschriften auch in Wirklichkeit verletzt sein.

— § 21. Einlegung eines Rechtsmittels nach Eröffnung, jedoch vor Behändigung desselben. Vergl. Deklaration vom 6. April 1839 Art. 13. 14

Rechtsgr. 1219. — III. Senat. 25. Juni 1869. (LXXV. 180.)

Es ist zulässig, das Rechtsmittel nach der Eröffnung des Erkenntnisses, wenn auch die Behändigung desselben noch nicht erfolgt ist, anzumelden.

Verordnung vom 4. März 1834 über die Exekution in Civilsachen.

— § 9.:

A. Liquidation des Interesse; zuständiges Forum dafür. Vergl. A. G. O. I. 22. §§ 20. ff., 24. § 53.

Rechtsgr. 1220. — IV. Senat. 28. November 1871. (LXXXIII. 163.)

Die Geltendmachung des Interesse nach § 9. der Exekutions-Verordnung vom 4. März 1834 gehört als Bestandtheil der Exekution vor denjenigen Richter, welchem die Vollstreckung der Exekution gebührt.

B. Rechtsgrundsatz dieses Paragraphen.

Rechtsgr. 1221. — III. Senat. 30. Oktober 1871. (LXXXIV. 133.)

Der § 9. der Exekutions-Verordnung vom 4. März 1834, insoweit er die Wirkung rechtskräftiger Erkenntnisse auf die Leistung einer Handlung bestimmt, enthält einen Rechtsgrundsatz.

C. Untheilbarkeit des Exekutions-Mandats ad faciendum.

Rechtsgr. 1222. — IV. Senat. 21. März 1871. (LXXXI. 245.)

Das Exekutions-Mandat nach § 9. der Exekutions-Verordnung vom 4. März 1834 ist als ein untheilbares

30*

Ganzes aufzufassen, so daß eine nur theilweise Vernichtung des Appellations-Erkenntnisses, durch welches dasselbe aufgehoben ist, nicht stattfindet.

— § 22. Wirkung der Eintragung im Wege der Exekution in Betreff der erst in Zukunft fällig werdenden Alimente.

Rechtsgr. 1223. — III. Senat. 10. November 1871. (LXXXIII. 106.)

Die Vorschrift des § 22. der Exekutions-Verordnung vom 4. März 1834, welche nur eine Bestimmung darüber treffen will, wie im Wege der Exekution ein Pfandrecht entsteht, setzt die Vollstreckbarkeit des Erkenntnisses voraus und findet keine Anwendung auf künftige Alimente, zu deren Zahlung Jemand verurtheilt ist.

Subhastations-Verordnung vom 4. März 1834 (Ges.-Samml. S. 39.)
— § 3. Verfügungsrecht des Subhastaten über die Kaufgelder. — Vergl. Konkurs-Ordnung vom 8. Mai 1855 § 401.

Rechtsgr. 1224. — III. Senat. 21. November 1870. (LXXXI. 71.)

Der Subhastat kann über die Kaufgelder mit Vorbehalt der Rechte der Realgläubiger und derjenigen persönlichen Gläubiger, welche die Subhastation beantragt haben, als Eigenthümer verfügen, bis der Kaufgelderüberschuß im Wege der Exekution in Beschlag genommen ist.

— § 19. Art der Vertheilung der im früheren Subhastationsverfahren bestellten Bietungskaution des Meistbietenden bei folgender Resubhastation.

Rechtsgr. 1225. — IV. Senat. 23. Juni 1870. (LXXX. 17.)

Bei der in Folge unterbliebener Zahlung des Meistgebotes eingeleiteten Subhastation ist die von dem früheren Meistbietenden bestellte Bietungskaution unter die nicht zur Hebung kommenden Realgläubiger nicht tributarisch, sondern nach der Priorität zu vertheilen.

Kabinetsordre vom 15. März 1834 (Ges.-Samml. S. 61.).
Zulässigkeit der dritten Instanz in Sachen der General-Kommissionen

Rechtsgr. **1326**. — II. Senat. 2. Juni 1870. (**LXXVIII**. 289.)

Der Fall des Plenarbeschlusses vom 16. Dezember 1839: Das Rechtsmittel der Revision und das der Nichtigkeitsbeschwerde ist in den zum Ressort der General-Kommissionen gehörigen Sachen unzulässig, wenn die Existenz oder Gültigkeit eines Vergleiches streitig wird, über dessen Gegenstand nach der Kabinets-Order vom 15. März 1834 die Revision oder die Nichtigkeitsbeschwerde nicht stattfindet,

liegt vor, wenn es sich unter Separations-Interessenten um die Frage handelt, ob ein Vertrag über die Anlage einer Einhegung auf beiden Seiten eines Triebweges für eine der Parteien rechtsverbindlich sei.

Kabinetsordre vom 14. Juni 1834 No. 3.

— Exekutivische Einziehung von Stempelbeträgen durch die Notare.

Rechtsgr. **1327**. — IV. Senat. 23. Januar 1873. (**LXXXVII**. 350.)

Das Recht des Notars, gemäß der Kabinets-Order vom 19. Juni 1834 die exekutivische Einziehung des Stempels von den Interessenten zu beantragen, ist nicht an die unter No. 3. daselbst festgesetzte vierzehntägige Frist gebunden.

Verordnung vom 30. Juni 1834 wegen des Geschäftsbetriebes in den Angelegenheiten der Gemeinheitstheilungen, Ablösungen und Regulirung der gutsherrlichen und bäuerlichen Verhältnisse (Ges.-Samml. S. 96.).

— **§ 7.**:

A. Besitzstreitigkeiten bei schwebendem Auseinandersetzungsverfahren.

Rechtsgr. **1328**. — III. Senat. 16. Juni 1873. (**LXXXIX**. 86.)

Der § 7. der Verordnung vom 30. Juni 1835 wegen des Geschäftsbetriebes in den Angelegenheiten der Gemeinheitstheilungen, Ablösungen u. s. w. verweist in den Angelegenheiten, welche bei den General-Kommissionen anhängig sind, vor die letzteren auch alle anderweitigen Rechtsverhältnisse, welche bei vorschriftsmäßiger Ausführung der Auseinandersetzung in ihrer bisherigen Lage nicht verbleiben können, namentlich auch die hierbei vorkommenden Streitigkeiten, insbesondere nach der ferneren Bestimmung des § 7. die Grenzstreitigkeiten nicht blos unter den Interessenten der Auseinandersetzung, sondern auch derselben mit den Nachbarn, insoweit dies zur Feststellung des Gegenstandes der Auseinandersetzung erforderlich ist.

B. Zuständigkeit der Auseinandersetzungsbehörden in Betreff der vor Anbringung der Provokation fällig gewordenen Abgaben. — Vergl Verordnuug vom 2. März 1850 § 99. (Ges.-Samml. S. 77.)

Rechtsgr. 1229. — II. Senat. 25. Februar 1869. (LXXIV. 53.)

Die Auseinandersetzungsbehörden sind zwar auch bezüglich der vor Anbringung der Provokation fällig gewordenen Abgaben zuständig; doch kann bis zu dem Zeitpunkt, wo die Auseinandersetzungsbehörde den Streit wegen Abgabenrückstände vor sich zieht, der Berechtigte wegen der Rückstände den ordentlichen Richter angehen.

— §§ 65. 66. Beitragsverhältniß der einander nachfolgenden Besitzer eines Gutes zu den Kosten in Auseinandersetzungs- und Ablösungssachen.

Rechtsgr. 1230. — III. Senat. 3. November 1871. (LXXXIII. 86.)

Der § 65. der Verordnung vom 30. Juni 1834 bestimmt nur, daß die Kosten in Auseinandersetzungs- und Ablösungssachen nach der Natur einer dinglichen Last von Demjenigen zu bezahlen sind, welcher das Gut zur Zeit der Einziehung besitzt.

Der § 66. dagegen — welcher das Beitragsverhältniß in Betreff der Auseinandersetzungskosten für den Fall des Konkurses und der Subhastation regelt, — stellt hiermit zugleich ein allgemein gültiges materielles Prinzip über die Beitragspflicht der einander nachfolgenden Besitzer auf.

Kabinets-Order vom 11. Januar 1835 (Ges.-Samml. S. 9.)
— Verlust der Rittergutsqualität durch Zerstückelung.

Rechtsgr. 1331. — I. Senat. 30. September 1872. (LXXXV. 347.)

Der Verlust der Ritterguts qualität tritt nicht schon durch die Thatsache der Zerstückelung oder Substanzverminderung eines Guts ohne Weiteres ein, vielmehr kann über die Frage:

ob ein solcher Verlust eingetreten sei?

nur durch eine Erklärung der Staatsregierung entschieden werden.

Gesetz wegen Einführung kürzerer Verjährungsfristen vom 31. März 1838 (Ges.-Samml. S. 249.)

§ 1. No. 1.:

A. Zweijährige Verjährung der Forderungen aus einem Werkverdingungsvertrage. Vergl. A. L. R. I. 11. §§ 925. ff.

Rechtsgr. 1332. — IV. Senat 14. März 1872. (LXXXIV 275.)

Der Werkverdingungsvertrag im Sinne der §§ 925. ff. I. 11. des Allgem. Landrechts — conductio operis — ist der kurzen Verjährung nicht entzogen. Er steht in dieser Beziehung dem bloßen Arbeitsverdingungsvertrage eines Handwerkers — conductio operarum — gleich.

B. Kurze Verjährungsfrist nach § 1. No. 1. des Gesetzes vom 31. März 1838; Bezug auf den Gewerbebetrieb.

Rechtsgr. 1333. — IV. Senat. 21. September 1871. (LXXXII. 322.)

Für die Frage, ob Jemand Etwas auf seinen Gewerbebetrieb erhalten, ist es unerheblich, ob er das Empfangene zu seinem Privatgebrauch, oder zu seinem Gewerbe verwandt hat. Es entscheidet allein, ob die Bestellung in Ausübung seines Gewerbes erfolgt ist.

§ 1. No. 1., § 2. No. 5.:

A. Verjährung der Schauspieler-Gage.

Rechtsgr. 1334. — IV. Senat. 15. September 1870. (LXXVIII. 358.)

Die Gage der Schauspieler ist in Ansehung der Verjährung als Besoldung im Sinne des § 2. No. 5., und

nicht als Forderung der Künstler nach § 1. No. 1. des Verjährungsgesetzes vom 31. März 1838 zu betrachten.

B. Rechtliche Natur der Gage eines Schauspielers; Verjährung derselben.

Rechtsgr. **1235**. — IV. Senat. 19. Dezember 1871. (LXXXIV. 165.)

Die Gage eines Schauspielers ist als Besoldung anzusehen und fällt daher unter die vierjährige Verjährung des § 2. No. 5. des Gesetzes vom 31. März 1838.

— **§ 1**. No. **4**. Zweijährige Verjährung der Honorare der öffentlichen und Privatlehrer.

Rechtsgr. **1236**. — IV. Senat. 24. September 1868. (LXXIII. 1.)

Die Bestimmung des § 1. No. 4. des Gesetzes vom 31. März 1838, — nach welcher die Forderungen der öffentlichen und Privatlehrer hinsichtlich der Honorare mit dem Ablauf von zwei Jahren verjähren, — greift auch dann Platz, wenn das Honorar erst nachträglich festgesetzt wird.

— **§ 2**. No. **5**. **§ 10**. Beurtheilung der Verjährung einer Forderung lediglich nach der Beschaffenheit derselben; Einfluß der Anerkennung einer Forderung auf die kurzen Verjährungsfristen des Gesetzes vom 31. März 1838; Zuständigkeit der Auseinandersetzungsbehörden in Betreff der vor Anbringung der Provokation fällig gewordenen Abgaben; Verjährung der zu bestimmter Zeit wiederkehrenden Leistungen. Vergl. A. L. R. I. **9**. § 564., **11**. §§ 742. 866—868.

Rechtsgr. **1237**. — II. Senat. 25. Februar 1869. (LXXIV. 52.)

a) Die Bestimmung des § 10. der Verordnung vom 31. März 1838, — daß, den einen Fall der rechtskräftigen Verurtheilung ausgenommen, auch bei Unterbrechung der Verjährung für die neue Verjährung die kürzeren Fristen des Gesetzes vom 31. März 1838 Anwendung finden sollen, — enthält nichts weiter, als den allgemeinen Grundsatz, daß die Frage von der Verjährung einer Zahlungsverbindlichkeit lediglich nach der Beschaffenheit der Forderung beurtheilt werden soll; wobei es dann

unerheblich bleibt, ob mündliche oder schriftliche Anerkenntnisse die laufende Verjährung unterbrochen oder die Wirkung der vollendeten Verjährung aufgehoben haben.

b) Auch im Falle des Anerkenntnisses im § 564. I. 9. des Allgem. Landrechts, insofern durch dasselbe nicht statt der ursprünglichen Verbindlichkeit eine neue geschaffen worden, behalten die kurzen Verjährungsfristen des Gesetzes vom 31. März 1838 ihre Geltung.

c) Darauf, in welchen wiederkehrenden Terminen die im § 2. No. 5. der Verordnung vom 31. März 1838 erwähnten Zahlungen zu leisten sind, nimmt das Gesetz keine Rücksicht, dasselbe verlangt nur in der Unterstellung einer bestehenden Hauptverbindlichkeit die fortlaufende Fälligkeit der aus derselben entspringenden einzelnen Leistung zu bestimmter Zeit.

Gesetz vom 5. Mai 1838 (Ges.-Samml. S. 273.).

§ 3a. Behändigung des Erkenntnisses an Litiskonsorten, welche durch einen Sachverwalter vertreten werden, im Gegensatz zu dem Falle der Vertretung durch einen Deputirten aus ihrer Mitte.

Rechtsgr. **1238.** — III. Senat. 14. Dezember 1868. (LXXIII. 163.)

a) Sind Litiskonsorten von einem und demselben zur Empfangnahme des Erkenntnisses ausdrücklich beauftragten Sachwalter vertreten worden, so ist dem letzteren für Einen der Theilnehmer die Ausfertigung des Erkenntnisses, für Jeden der übrigen Theilnehmer aber eine Abschrift des Tenors der Entscheidung zuzustellen.

b) Haben dagegen die Litiskonsorten zur Verhandlung des Prozesses einen Deputirten aus ihrer Mitte bestellt, so genügt die Zustellung der Ausfertigung des Erkenntnisses an diesen, und bedarf es der Abschrift des Tenors an die Uebrigen nicht.

Gesetz über die Eisenbahnunternehmungen vom 3. November 1838 (Ges.-Samml. S. 505 ff.).

— §§ 1. ff. 35. Eisenbahn-Unternehmungen, welche Eigenthum des Staats sind, beziehungsweise sich unter seiner Leitung befinden in ihrer Unterordnung unter das Gesetz über die Eisenbahn-Unternehmungen vom 3. November 1838 überhaupt und namentlich rücksichtlich der sich aus diesem Gesetz regelnden Verhältnisse zum Publikum und den Befrachtern.

Rechtsgr. 1339. — IV. Senat. 8. Juli 1869. (LXXV. 270.)

a) Bei Eisenbahn-Unternehmungen, welche Eigenthum des Staats sind, beziehungsweise sich unter seiner Leitung befinden, sind die Sanktionen des Gesetzes über die Eisenbahn-Unternehmungen vom 3. November 1838 ebenso zu befolgen, wie bei andern Eisenbahn-Unternehmungen.

b) Namentlich unterliegt das aus diesem Gesetz sich regelnde Verhältniß zum Publikum resp. Befrachtern den dort gegebenen allgemeinen Bestimmungen, ohne daß es gestattet ist, dabei einen Unterschied zwischen Staats- und Privat-Eisenbahnen zu machen.

— §§ 8. 11. Kollision des Erzförderungsrechtes mit dem Eisenbahnbetriebe; Expropriation; ausschließliche Kompetenz der Regierungen betreffs der Frage nach Einstellung der Erzförderung; Legitimation des Erzförderungsberechtigten zur Extrahirung des Verfahrens. Vergl. A. L. R. Einl. §§ 74. 75. 89., I. 8. § 31., 11 §§ 8—11.

Rechtsgr. 1340. — III. Senat. 11. November 1872. (LXXXVI. 353.)

a) Kann die Ausübung des Erzförderungsrechtes ganz oder theilweise mit dem ungestörten Bestande und Betriebe der Eisenbahn nicht ferner bestehen, und will die Bahn den ferneren Abbau der Erze nicht dulden, so beruht darin eine Art oder doch Analogie der Expropriation eines dem Erzförderungsberechtigten zustehenden Vermögensobjektes.

b) Nur die Regierungen können darüber bestimmen, ob und in welchem Umfange die Eisenbahn die Einstellung der Erzförderung beanspruchen kann.

c) Auch der Erzförderungsberechtigte ist legitimirt, das betreffende Verfahren bei der kompetenten Behörde zu extrahiren.

§§ 9. 11. 13. Expropriationsrecht der Eisenbahnen; Zulässigkeit des Rechtsweges; Benutzung zur „Materialiengewinnung." — Vergl. A. L. R. I. 11 §§ 8—11.

Rechtsgr. 1241. — III. Senat. 3. Februar 1873. (LXXXVIII. 92.)

a) Wenn die expropriationsberechtigte Eisenbahn, ohne die nach § 9. des Gesetzes vom 3. November 1838 vorgeschriebene Entscheidung der Regierung herbeizuführen, zunächst eigenmächtig in das Eigenthum der Grundbesitzer eingreift, so können diese hiergegen den Schutz der Gerichte anrufen.

Auch wenn dann im Laufe des Prozesses die Eisenbahn das Expropriationsverfahren veranlaßt hat, so beseitigt dies nicht den bei Anstellung der Klage zulässig gewesenen Rechtsweg.

b) Unter „Materialiengewinnung" im § 9. des Gesetzes über die Eisenbahn-Unternehmungen vom 3. November 1838 ist nicht nur die vorübergehende Benutzung des vorgefundenen Materials, sondern die definitive Aneignung und Wegnahme desselben zu verstehen.

§ 11. Uebernahme des zum Straßenbau expropriirten Grundstückes durch die an Stelle des Expropriirenden zwangsweise vorgehende Behörde; Widerspruch des Expropriirenden gegen die Auszahlung der deponirten Summe bis zur rechtskräftigen Entscheidung des Streites über deren Höhe; Voraussetzung der Deposition der Entschädigungssumme bei Expropriation der Eisenbahngesellschaften.

Rechtsgr. 1242. — III. Senat. 17. März 1871. (LXXXI. 224.)

a) Wenn die zum Straßenbau expropriirte Parzelle durch die gegen den Exproprianten zwangsweise vorgehende, statt seiner handelnde Behörde und ihre Organe übernommen und ihrem Zwecke gewidmet ist, so hat der Expropriirende das erhalten, wofür er dem Expropriirten die festgesetzte Summe zu bezahlen hatte.

b) Die Befugniß des Expropriirenden, die richterliche Entscheidung über die Höhe der Expropriationssumme anzurufen, berechtigt ihn nicht, der Auszahlung der deponirten resolutmäßigen Expropriationssumme an den Expropriaten bis zur rechtskräftigen richterlichen Entscheidung über die Höhe derselben zu widersprechen.

c) Auch im § 11. des Eisenbahngesetzes vom 3. November 1838:

Der Eigenthümer ist verpflichtet, gegen Empfang oder gerichtliche Deposition des Taxwerthes das Grundstück der Gesellschaft zu übergeben u. s. w., ist die gerichtliche Deposition der Zahlung nicht ohne Weiteres gleichgestellt worden.

— **§§ 11. 12.** Expropriation eines Grundstücks; rechtliche Natur der Deposition des Expropriationspreises. Vergl. A. L. R. I. **16.** §§ 213. ff. 232.

Rechtsgr. **1343.** — III. Senat. 6. Oktober 1873. (LXXXIX. 322.)

Die Deposition des durch das Expropriations-Resolut festgesetzten Preises eines im Interesse einer Eisenbahn-Gesellschaft zur Expropriation gezogenen Grundstücks gilt dem Expropriaten gegenüber der erfolgten Zahlung gleich, so daß derselbe den deponirten Taxpreis aus dem Depositorium sich auszahlen lassen mag, nicht aber verlangen kann, daß die Eisenbahn-Gesellschaft diesen Betrag noch einmal an ihn zahle.

— **§ 14.**:

A. Verpflichtung der Eisenbahngesellschaften zur Errichtung und Erhaltung von Anlagen behufs Schutzes der Grundstücke benachbarter Eigenthümer; Schadensersatzanspruch; Rechtsweg.

Rechtsgr. **1344.** — V. Senat. 20. Juni 1871. (LXXXIII. 57.)

Die Eisenbahngesellschaften sind nach § 14. des Gesetzes über die Eisenbahn-Unternehmungen vom 3. November 1838 nur zur Errichtung der von der Regierung für nothwendig erachteten Anlagen, aber auch nur dieser verpflichtet; die Erzwingbarkeit derartiger Anlagen durch gerichtliche Klage, falls das Recht dazu nicht auf einem besonderen Privattitel beruht, ist ausgeschlossen, und der Rechtsweg nur für die Geltendmachung etwaiger Schadensansprüche, sowohl wegen einer in einem einzelnen Falle eingetretenen Beschädigung, als wegen eines allgemein erwachsenen Nachtheils gegeben.

B. Verpflichtung des Eigenthümers einer Eisenbahn zur Erhaltung des Ueberganges einer öffentlichen Straße; Bedeutung der Schlußworte des § 14.

Rechtsgr. 1245. — I. Senat. 11. Dezember 1871. (LXXXIV. 151.)

a) Die Verpflichtung zur Erhaltung des Ueberganges, als einer öffentlichen Straße, liegt dem Eigenthümer der Eisenbahn in dieser seiner Eigenschaft als Eigenthümer ob, und es folgt hieraus, daß der Eigenthümer des Eisenbahn-Unternehmens als solcher die Verpflichtung zur Unterhaltung des Pflasters auf dem den Bahnkörper einnehmenden Straßen-Uebergang überkommen hat.

b) Die im ersten Absatz des § 14. des Gesetzes über die Eisenbahn-Unternehmungen, vom 3. November 1838, enthaltenen Schlußworte:

„Damit die benachbarten Grundbesitzer gegen Gefahren und Nachtheile in Benutzung ihrer Grundstücke gesichert werden“

geben nur den Zweck an, welchen die Regierung bei der Bestimmung der nöthigen Anlagen in's Auge zu fassen hat, und enthalten nur eine Direktion für die Thätigkeit der Regierung, deren Festsetzung bindende Kraft hat und der Kontrolle einer andern Behörde, namentlich der Gerichte, nicht unterliegt.

C. Verpflichtung der Eisenbahngesellschaften aus § 14

Rechtsgr. 1246. -- I. Senat. 13. Dezember 1869. (LXXVII. 104.)

a) Der § 14. des Eisenbahngesetzes vom 3. November 1838:

„Außer der Geldentschädigung ist die Gesellschaft auch zur Einrichtung und Unterhaltung aller Anlagen verpflichtet, welche die Regierung an Wegen, Ueberfahrten, Triften, Einfriedigungen, Bewässerungs- und Vorfluthsanlagen ꝛc. nöthig findet, damit die benachbarten Grundstücke gesichert werden“,

findet nicht nur auf solche Anlagen Anwendung, deren Bedürfniß von der Regierung besonders festgesetzt worden, vielmehr ist dort nur noch besonders vorgeschrieben, daß die Eisenbahngesellschaft außer solchen selbstverständlich nothwendigen Anlagen auch solche herstellen und unterhalten müsse, welche die Regierung für nothwendig erachtet, und über deren Einrichtung Streit entsteht.

b) Dasjenige, was im § 14. des Eisenbahngesetzes vom 3. November 1838 im Interesse der benachbarten Grundbesitzer angeordnet ist, gilt noch im höheren Grade von der allgemeinen öffentlichen Sicherheit.

— **§§ 29. 30. 32. 35.**:

A. Feststellung des Bahngeld- und Frachttarifs nach § 35. des Eisenbahngesetzes vom 3. November 1838.

Rechtsgr. **1348**. — IV. Senat. 7. September 1869. (LXXVI. 26.)

a) Der Bahngeld- oder Frachttarif des § 35. des Eisenbahngesetzes vom 3. November 1838 umfaßt nicht nur die für einzelne Bahnstrecken oder besondere Fälle gegebenen Regeln, vielmehr generell die Gesammtheit der Normeu, welche für die Eisenbahngesellschaft rücksichtlich der Erhebuug des Bahngeldes oder der Fracht bei einem übernommenen Personen- oder Waarentransport maaßgebend sind.

b) Die Kompetenz der Regierung tritt ohne Einschränkung in den Fällen des § 35. des Eisenbahngesetzes vom 3. November 1838 immer ein, wenn über die Anwendung des Bahngeld- oder Frachttarifs sich zwischen der Eisenbahngesellschaft und Privatpersonen Streit erhebt.

c) Eine Einschränkung der gedachten Bestimmung auf den Fall, wo die Privatperson Beschwerde über den geforderten Frachtsatz führt, findet nicht statt, und ist die Privatperson nicht verpflichtet, die von der Eisenbahnverwaltung liquidirten Frachtsätze, beziehungsweise deren Angabe über das Gewicht des transportirten Guts gegen sich gelten zu lassen, so lange durch die vorgesetzte Administrativbehörde nicht eine Aenderung bewirkt ist.

B. Streitigkeiten zwischen Eisenbahngesellschaften und Privatpersonen über die Anwendung des Bahngeld- oder Frachttarifs; Entfernung zwischen zwei Eisenbahnstationen; Vereinbarungen der Preußischen mit Außerpreußischen Eisenbahngesellschaften über den Eisenbahnverkehr; Zulässigkeit des Rechtsweges.

Rechtsgr. 1248. — IV. Senat. 16. März 1869. (LXXIV. 127.)

a) In dem § 55. des Gesetzes über die Eisenbahn-Unternehmungen vom 3. November 1838:

„Wenn über die Anwendung des Bahngeld- oder des Frachttarifs zwischen der Gesellschaft und Privatpersonen Streitigkeiten entstehen, so kommt die Entscheidung hierüber, mit Vorbehalt des Rekurses an das Handelsministerium, der Regierung zu“,

sind unter „Bahngeld- oder Frachttarif“ nicht nur die für die einzelnen Bahnstrecken als besondere Fälle gegebenen Regeln zu verstehen, sondern die Gesammtheit der Normen, welche für die Gesellschaft bei Erhebung des Bahngeldes maaßgebend sind.

b) Der im § 35. des Gesetzes über die Eisenbahn-Unternehmungen vom 3. November 1838 bestimmten Kompetenz zur Entscheidung von Streitfällen zwischen der Eisenbahngesellschaft und Privatpersonen über die Anwendung des Bahngeld- oder Frachttarifs unterliegt auch der Feststellung der Entfernung zwischen zwei Eisenbahnstationen; und ebenso die Kognition über die Innehaltung der zwischen Preußischen und auswärtigen Eisenbahngesellschaften über den Eisenbahn-Verkehr getroffenen Vereinbarungen.

c) Die im § 35. des Gesetzes über die Eisenbahn-Unternehmungen vom 3. November 1838 vorgeschriebene Entscheidung der Regierung über die Streitfälle zwischen den Eisenbahngesellschaften und Privatpersonen über die Anwendung des Bahngeld- oder Frachttarifs ist, abgesehen von dem, beiden Theilen zustehenden Rekurse an das Handelsministerium, für den einen ebenso verbindend, wie für den andern. Durch sie wird in jeden einzelnen Falle vollgültig festgestellt, was die Gesellschaft an Bahngeld tarifmäßig zu fordern hat, während die weiteren Konsequenzen dieser Entscheidung allerdings sich nach der Verschiedenheit der betreffenden Fälle anders gestalten, und sobald danach die Frage entsteht: ob nach dem von der Regierung bestätigten Frachtsatze die Privatperson, oder die Gesellschaft noch etwas zu fordern hat, die richterliche Kognition hierüber nicht ausgeschlossen ist.

d) Die Eisenbahngesellschaft hat nicht das Recht, ohne Weiteres wegen des von ihr beanspruchten höheren Frachtsatzes eine juristische Klage gegen den Befrachter anzustrengen, sondern sie muß zuvor eine Entscheidung der Königlichen Regierung resp. des Handelsministeriums darüber extrahiren, ob der von ihr berechnete Frachtsatz der richtige ist, oder nicht; und lediglich in dem Falle, daß diese Entscheidung zu ihren Gunsten ergeht, und Befrachter dann sich nicht zur Zahlung der im Verwaltungswege festgesetzten Summe bereit finden sollte, darf sie deshalb vor Gericht Klage erheben.

Kabinetsorder und Regulativ vom 31. Dezember 1838, betreffend die Anlegung und Unterhaltung neu entstehender Straßen in Berlin.

A. Kosten der Straßenpflasterung in Berlin; das Regulativ vom 31. Dezember 1838 als statutarische Satzung; Verpflichtung der Adjazenten zur Straßenpflasterung als dingliche Last der Grundstücke.

Rechtsgr. 1249. — II. Senat. 4. Oktober 1870. (LXXIX. 248.)

a) Die Bestimmung in No. 4. und No. 7. des Allerhöchst verordneten Regulativs vom 31. Dezember 1838,

nach welcher bei der Anlage neuer Straßen oder Straßenverlängerungen in Berlin die Kosten der Legung des ersten Straßenpflasters entweder von dem Unternehmer der neuen Anlage oder von den angrenzenden Eigenthümern getragen werden müssen,

ist eine statutarische Satzung.

b) Die den angrenzenden Eigenthümern auferlegte Verpflichtung ist eine auf den Grundstücken haftende dingliche Last.

B. Pflicht zur Unterhaltung veränderter oder neuer Straßen in Berlin.

Rechtsgr. 1250. — II. Senat. 6. Juni 1872. (LXXXV. 205.)

a) Die Verpflichtung des Fiskus, eine zu Berlin bestehende alte Straße zu unterhalten, kann auf den Fall nicht ausgedehnt werden, wenn die Stadtgemeinde zu demselben Zwecke eine neue Straße anlegt, gleichviel, ob sie die alte dabei bestehen läßt oder kassirt.

b) Eine Straße, welche gegen die frühere einen veränderten Anfangs- und Endpunkt hat, und welche zum größten Theil über einen andern Wegekörper hinweggeht, ist eine andre Straße.

Deklaration vom 6. April 1839 (Ges.-Samml. S. 126.).

Art. 1. No. 1. Nichtigkeitsbeschwerde gegen Kontumazial-Erkenntnisse im Possessorienprozeß. — Vergl. A. G. O. I. 31. § 18., Anh. § 214. dazu.

Rechtsgr. 1251. — III. Senat. 7. März 1873. (LXXXVIII. 260.)

Wider die im Possessorienprozeß ergangenen Kontumazial-Erkenntnisse ist die Nichtigkeitsbeschwerde in allen Fällen zuzulassen, in welchen nicht etwa der zufolge § 214. des Anhangs zur Allg. Gerichts-Ordnung (zu § 18 I. 31.) eine Restitution zulassende besondere Fall vorgelegen hat.

— Art. 3. No. 1.:

A. Unrichtige Bezeichnung des Klagefundaments.

Rechtsgr. 1252. — IV. Senat. 14. März 1871. (LXXXI. 219.)

Die formale Bezeichnung der Klage hindert den erkennenden Richter nicht, das Rechtsverhältniß in anderer Weise zu konstruiren, insofern der Prozeßgang dafür die erforderlichen thatsächlichen Momente an die Hand giebt.

B. Verletzung wesentlicher Prozeßvorschriften durch Nichthören der Partei über eine in den Akten vorgebrachte Thatsache.

Rechtsgr. 1253. — I. Senat. 24. November 1871. (LXXXIII. 148.)

Die rechtliche Qualifikation, die der Richter einer in den Akten vorgebrachten Thatsache für die Entscheidung der Sache geben will, braucht nicht zuvor der Partei mitgetheilt zu werden, enthält mithin keine Suppeditirung von Thatsachen und Einreden und daher auch keinen prozessualischen Verstoß gegen Art. 3. No. 1. der Deklaration vom 6. April 1839.

— Art. 3. No. 2.:

A. Freie Beurtheilung der Sachlage im Falle des Art. 3. No. 2.

Rechtsgr. 1254. — III. Senat. 25. Juni 1869. (LXXV. 180.)

Der aus Art. 3. No. 2. der Deklaration vom 6. April 1839 entlehnte Nichtigkeitsgrund gestattet und erfordert freie Beurtheilung der Sachlage.

B. Einfluß der Motivirung der Appellation auf die Zulässigkeit dieses Rechtsmittels. — Vergl. Verordnung vom 21. Juli 1846 §§ 15. ff. (Ges.-Samml. S. 291.)

Rechtsgr. 1255. — III. Senat. 27. November 1871. (LXXXIII. 150.)

Die Motivirung einer Appellation kann nur bei der sachlichen Beurtheilung, niemals bei der Frage über die Zulässigkeit des Rechtsmittels in Erwägung kommen.

C. Freie Beurtheilung des Nichtigkeitsrichters bei Prüfung der Frage über Zulässigkeit der vom zweiten Richter für nicht statthaft erklärten Appellation. — Vergl. Verordnung No. 2370. vom 21. Juli 1848 § 1. (Ges.-Samml. S. 297.)

Rechtsgr. 1356. — III. Senat. 19. Juni 1871. (LXXXIII. 51.)

Ist die Appellation rechtzeitig angemeldet und gerechtfertigt, solche aber vom Appellations-Richter wegen Mangels eines appellabeln Streitgegenstandes für nicht devolvirt erachtet, so tritt bei Prüfung der Frage über die Zulässigkeit des Rechtsmittels freie Beurtheilung sowohl in Ansehung des Sachverhältnisses, als der gesetzlichen Vorschriften ein.

— Art. 3. No. 4. Verletzung einer wesentlichen Prozeßvorschrift durch Nichterwähnung aufgenommener oder vorgeschlagener Beweismittel.

Rechtsgr. 1357. — IV. Senat. 19. März 1872. (LXXXIV. 280.)

Ueber die Verletzung des Art. 3. No. 4. der Deklaration vom 6. April 1839 kann sich nur diejenige Partei beschweren, welche den angeblich omittirten Beweis vorgeschlagen hat.

— Art. 11. Absatz 3. Charakter der bei Vernichtung eines Erkenntnisses und Zurückweisung der Sache zum Behuf einer neuen Ausmittelung von dem Ober-Tribunal durch sein Erkenntniß festgestellten Rechtsgrundsätze und Normen. — Vergl. Verordnung No. 1989. vom 14. Dezember 1833, betreffend das Rechtsmittel der Revision und der Nichtigkeitsbeschwerde.

Rechtsgr. 1358. — III. Senat. 23. Februar 1872. (LXXXIV. 223.)

Wenn der Art. 11. der Deklaration vom 6. April 1839 bestimmt, daß die Gerichte der untern Instanzen nach einer dahin erfolgten Zurückweisung einer Sache sich nach den durch das Ober-Tribunals-Erkenntniß festgestellten

Rechtsgrundsätzen und Normen

richten sollen, so muß zu diesen Normen auch eine solche Vertrags-Interpretation gerechnet werden, welche zu den

Voraussetzungen einer angeordneten, für erheblich erachteten Beweisaufnahme gehört.

Instruktion vom 7. April 1839.

— No. 9. Zahlung kein Rechtsgeschäft im Sinne der No. 9. der Instruktion vom 7. April 1839.

Rechtsgr. 1259. — IV. Senat. 13. Oktober 1870. (LXXIX. 279.)

Zahlung und Anrechnung einer Zahlung sind keine Rechtsgeschäfte, wie No. 9. der Instruktion vom 7. April 1839 sie voraussetzt.

— No. 12. Berücksichtigung des Inhalts der den Parteien nicht vorgelegten Bei-Akten.

Rechtsgr. 1260. — IV. Senat 28. November 1871. (LXXXIII. 161.)

Gründet der Richter seine Entscheidung auch auf den Inhalt der den Parteien nicht vorgelegten Bei-Akten, so begeht er eine Nichtigkeit im Sinne der No. 12. der Instruktion vom 7. April 1839.

Gesetz vom 11. Mai 1842 über die Zulässigkeit des Rechtsweges in Beziehung auf polizeiliche Verfügungen (Ges.-Samml. S. 192.).

— § 5. Rechtsweg gegen Festsetzungen der Polizeibehörde bei Streitigkeiten über die Verpflichtung zur Räumung eines Grabens.

Rechtsgr. 1261. — II. Senat. 3. Oktober 1871. (LXXXI. 366.)

Bei Streitigkeiten über die Verpflichtung zur Räumung eines Grabens darf die im § 5. des Gesetzes vom 11. Mai 1842 (über die Zulässigkeit des Rechtsweges in Beziehung auf polizeiliche Verfügungen):

Gebührt der Polizei nur die Befugniß zu einer vorläufigen Anordnung mit Vorbehalt der Rechte der Betheiligten, oder behauptet derjenige, welchem durch eine polizeiliche Verfügung eine Verpflichtung auferlegt worden ist, daß diese Verpflichtung ganz oder theilweise einem Andern obliege, so ist zur Feststellung der Rechte unter den Betheiligten die richterliche Entscheidung zulässig,

nachgelassene richterliche Entscheidung sich nicht darauf beschränken, blos die Nichtverpflichtung der Kläger zu der Grabenräumung auszusprechen, vielmehr muß sie definitiv festsetzen, daß und welcher Andre zu dieser Räumung verpflichtet ist.

Gesetz über die Verpflichtung zur Armenpflege vom 31. Dezember 1842. — § 1. No. 1. Armendomizil der Naturalisirten. — Vergl. Gesetz über die Aufnahme neu anziehender Personen vom 31. Dezember 1842 § 1.; Gesetz über die Erwerbung und den Verlust der Eigenschaft als Preußischer Unterthan, sowie über den Eintritt in fremde Staatsdienste vom 31. Dezember 1842 § 12.; Kabinets-Order vom 10. Januar 1848, betreffend das Verfahren bei der Aufnahme von Ausländern in den diesseitigen Unterthanenverband (Ges.-Samml. S. 25.).

Rechtsgr. 1362. — I. Senat. 12. April 1872. (LXXXV. 92.)

a) Die behufs der Naturalisation eines Ausländers erklärte Aufnahme desselben als Gemeindemitglied tritt mit der Naturalisation selbst in Wirksamkeit.

b) Diese ausdrückliche Erklärung der Gemeinde ist ausreichend, um die Armenfürsorge derselben zu begründen, ohne daß es darauf noch ankommt, ob der Naturalisirte wirklich seinen Wohnsitz oder Aufenthalt in jener Gemeinde genommen hat oder nicht.

— § 1. No. 1—3. Nichterlangung des Unterstützungswohnsitzes durch verarmte Ausländer. — Vergl. Bundesgesetz über den Unterstützungswohnsitz vom 6. Februar 1870.

Rechtsgr. 1363. — I. Senat. 12. Mai 1871. (LXXXII. 91.)

Die gesetzlichen Vorschriften über die Erwerbung des Unterstützungswohnsitzes finden auf Ausländer keine Anwendung.

— § 1. No. 1., §§ 9 20. Armenpflege für Kinder; Nichtvorhandensein einer Gemeinde oder Gutsherrschaft, welcher die Fürsorge für den Verarmten obliegt.

Rechtsgr. 1364. — I. Senat. 21. Mai 1869. (LXXV. 52.)

a) Wenn nach § 20. des Armenpflegegesetzes vom

31. Dezember 1842 für Kinder der Armenverband des Vaters zu sorgen verpflichtet ist, so setzt dieses doch voraus, daß die Kinder entweder noch minorenn sind, oder sich nach erlangter Großjährigkeit im elterlichen Hause befinden; auf Kinder dagegen, welche nach diesem Zeitpunkte das elterliche Haus verlassen haben, bezieht sich jene Bestimmung nicht, immer vorausgesetzt die allgemeine Regel, daß jeder Armenverband zur Armenfürsorge noch drei Jahre nach der Entfernung verhaftet bleibt, sofern nicht früher schon ein Armendomizil nach § 1. No. 1. oder 2. begründet worden.

b) Durch § 9. des Armenpflegegesetzes vom 31. Dezember 1842:

„Ist keine Gemeinde oder Gutsherrschaft (örtlicher Armenverband) vorhanden, welcher nach den Bestimmungen der §§ 1—7. die Fürsorge für den Verarmten obliegt, so ist diese Fürsorge eine Provinziallast, welche von den Landarmenverbänden getragen wird",

ist nicht die Beweislast einer Negative auferlegt. Es ist vielmehr die Behauptung, daß ein örtlicher Armenverband zur Verpflegung eines bestimmten Armen nicht verpflichtet sei, nur die Schlußfolgerung aus gewissen Thatsachen.

— § 34.:

A. Legitimation des Armenverbandes zur Klage auf Abnahme der Fürsorge eines Hülfsbedürftigen nach ergangener Entscheidung der Landespolizeibehörde.

Rechtsgr. 1865. — I. Senat. 15. April 1872. (LXXXV. 96.)

Ist zwischen zwei Armenverbänden wegen Uebernahme der Fürsorge für einen Armen die gesetzlich erforderliche Entscheidung der Landespolizeibehörde ergangen, so hat der durch dieselbe für verpflichtet erklärte Armenverband, welcher nun einen dritten Armenverband auf Abnahme der Fürsorge in Anspruch nehmen will, vor Anstellung der Klage keine abermalige Entscheidung der Landespolizeibehörde zu erwirken.

B. Prozeßweg über die Erstattung bereits verwendeter Pflegekosten für einen Verarmten. — Vergl. A. G. O. Einl. § 1.

Rechtsgr. 1266. — I. Senat. 20. Mai 1870. (LXXVIII. 263.)

Die Frage darüber, welcher Armenverband die für die Vergangenheit aufgewendeten Pflegekosten eines Hülfsbedürftigen zu erstatten habe, gehört vor den ordentlichen Prozeßrichter.

C. Ausschließung und Zuläßigkeit des Rechtsweges über die Verpflegungskosten eines Hülfsbedürftigen. — Vergl. A. G. O. Einl. § 1.

Rechtsgr. 1267. — I. Senat. 17. Dezember 1869. (LXXVII. 129.)

Nur in denjenigen Fällen, in denen die Verwaltungsbehörde eine vorläufige Entscheidung zu treffen hat, welcher Armenverband die Armenpflege übernehmen soll, ist über den Betrag der Verpflegungskosten der Rechtsweg nicht zuläßig.

In den Fällen dagegen, in denen es sich gar nicht um Uebernahme der Pflege eines Hülfsbedürftigen handelt, somit gar kein Bedürfniß vorliegt, eine schleunige vorläufige Entscheidung zu treffen, vielmehr nur Erstattung früherer Kosten gefordert wird, hat die Verwaltungsbehörde sowenig über die Verpflichtung zu dieser Erstattung, als über die Höhe der Kosten zu entscheiden.

Diese Entscheidung steht vielmehr ausschließlich dem Prozeßrichter zu.

Gesetz über die Benutzung der Privatflüsse vom 28. Februar 1843. — §§ 1. 13. Possessorienschutz bei Benutzung von Privatflüssen.

Rechtsgr. 1268. — III. Senat. 2. Dezember 1872. (LXXXVII. 137.)

Zur Begründung des Possessoriums bezüglich der Benutzung der Privatflüsse genügt es nicht, nachzuweisen, daß der bisherige Zustand des Flusses sich in Folge von

Maaßnahmen des Verklagten zum Nachtheile des Klägers verändert hat, sondern es bedarf des Nachweises, daß diese Maaßnahmen den beschränkenden Bestimmungen des Gesetzes vom 28. Februar 1843 zuwiderlaufen.

— § 12. Nichtberechtigung des Müllers zur schädlichen Hemmung des Wasserabflusses in Privatflüssen. — Vergl. A. L. R. I. 8. § 99.

Rechtsgr. 1369. — II. Senat. 4. Mai 1871. (LXXXII. 49.)

Auch der Besitzer eines Triebwerks ist, wofern er hierzu nicht ein spezielles Recht erworben hat, nicht befugt, den Uferbewohnern und Nachbarn eines Privatflusses durch Hemmung des Wasserablaufs Schaden zu bereiten.

— § 16. Privatfluß; wirthschaftliche Veränderungen an demselben; ordnungswidriger Betrieb von Berieselungs-Anstalten.

Rechtsgr. 1370. — II. Senat. 23. Januar 1873. (LXXXVIII. 1.)

a) Es liegt nicht in der Absicht des Gesetzes, dem an einen Privatfluß grenzenden Besitzer solche wirthschaftlichen Veränderungen zu untersagen, welche mittelbar auf die Wassermenge von Einfluß sind, jedoch keine unmittelbare Bemächtigung des im Flußbette angesammelten Wassers enthalten.

b) Das unvermeidliche Einsickern und Verdampfen eines Theiles des Berieselungswassers gehört nicht zum ordnungswidrigen Betriebe der Berieselungs-Anstalt.

— § 16b. Privatfluß; Entziehung des Betriebswassers.

Rechtsgr. 1371. — II. Senat. 10. Juli 1873. (LXXXIX. 170.)

Die temporäre Aufstauung eines Privatbachs auf eigenem Grunde, wonach das Wasser den unterhalb gelegenen Besitzern nicht gänzlich zurückgehalten, sondern unregelmäßiger zugeführt wird, ist für eine Entziehung im Sinne des § 16b. des Gesetzes vom 28. Februar 1843 nicht zu achten.

Verordnung vom 5. März 1843 über die Ausübung der Waldstreuberechtigung in den sechs östlichen Provinzen der Monarchie (Ges.-Samml. S. 105.).

— §§ 3. 7. Waldstreuberechtigung; verweigerte Ausstellung eines Legitimationszettels. — Vergl. A. L. R. I. 3. § 35., 7. §§ 96. 97.

Rechtsgr. 1372. — III. Senat. 7. Juli 1873. (LXXXIX. 158.)

Der Waldeigenthümer, der dem Streuberechtigten die Ausfertigung der Legitimationszettel lediglich nach eigenem Ermessen verweigert, kann durch eine solche Verweigerung das Streuholen ohne Zettel, obgleich dasselbe nach § 7. der Verordnung vom 5. März 1843 mit einer dem Waldeigenthümer zufallenden Geldbuße geahndet werden soll, nicht im Sinne des § 35. I. 3. und der §§ 96. 97. I. 7. des Allgem. Landrechts zu einer solchen unerlaubten Handlung stempeln, durch deren Ausübung Rechte, insbesondere auch Besitzrechte, nicht erworben werden können.

Verordnung vom 21. Juli 1843 über die Grundsätze, wonach der Werth des Streitgegenstandes in Civilprozessen zu berechnen ist.

— §§ 1. ff. Streitwerth im Interventionsprozeß.

Rechtsgr. 1373. — III. Senat. 19 Juni 1871. (LXXXIII. 51.)

In Interventionsprozessen ist bei Beurtheilung der Zulässigkeit des Rechtsmittels nicht die Höhe derjenigen Forderung, weswegen die Beschlagnahme erfolgt ist, als das eigentliche Streitobjekt anzusehen, vielmehr ist nach Verschiedenheit der Fälle der Kaufpreis als Taxwerth der mit Beschlag belegten Sachen maaßgebend.

— § 1. Irrthümliche Angabe des Streitwerthes Seitens der Partei in seinem Einfluß auf die Zulässigkeit des Rechtsmittels. — Vergl. Gesetz vom 10. Mai 1851 § 12. No. 2. (Ges.-Samml. S. 622.)

Rechtsgr. 1374. — III. Senat. 4. Oktober 1868. (LXXV. 1.)

Der wirkliche Werth des Streitobjekts ist selbst dann für die Zulassung eines Rechtsmittels entscheidend, wenn diejenige Partei, welche dasselbe einwendet, selbst den Betrag aus Irrthum zu niedrig angegeben hat.

— § 2. Berechnung des appellablen Objekts zur Zeit der Anmeldung des Rechtsmittels. — Vergl. Verordnung vom 21. Juli 1846 § 16. (Ges.-Samml. S. 291.)

Rechtsgr. 1275. — III. Senat. 25. Juni 1869. (LXXV. 181.)

Für die Berechnung des appellablen Objekts ist der Zeitpunkt der Einlegung des Rechtsmittels, d. h. dessen Anmeldung, entscheidend.

— § 8. Appellation bei Prozessen über Grundgerechtigkeiten.

Rechtsgr. 1276. — II. Senat. 16. Mai 1871. (LXXXII. 123.)

Im § 8. der Verordnung vom 21. Juli 1843 (über die Berechnung des Werthes des Streitgegenstandes) ist nicht zu finden, daß Grundgerechtigkeiten an sich nicht nach Gelde zu schätzen seien, sondern in Ansehung ihrer die Appellation immer erlaubt sein solle.

Verordnung über das Verfahren in Ehesachen vom 28. Juni 1844.
— § 10. Ehescheidung; „Annahme“ der Klage nach § 10.

Rechtsgr. 1277. — I. Senat. 7. Februar 1873. (LXXXVIII. 101.)

a) Wenn der § 10. der Verordnung vom 28. Juni 1844 vorschreibt:

„daß die Ehescheidungsklage erst dann angenommen werden soll, wenn durch ein Attest des kompetenten Geistlichen die fruchtlose Sühne nachgewiesen wird“,

so kann man unter „Annehmen der Klage“ nur das Einleiten derselben oder doch höchstens eine solche Verfügung verstehen, welche materiell über die Klage befindet.

— §§ 10. 11. 62. 64. Ehescheidung; bösliche Verlassung; Sühneversuch dabei.

Rechtsgr. 1278. — I. Senat. 27. Januar 1873. (LXXXVII. 360.)

Der Charakter der Böswilligkeit wird durch die unterlassene Rückkehr nicht konstatirt, wenn die Sühneversuche nicht in der Art, wie es das Gesetz vorschreibt, stattgefunden haben.

— §§ 10. ff. Geistlicher Sühneversuch im Ehescheidungsprozeß zwischen Ehegatten, von denen der eine in einer Strafanstalt detinirt wird. — Vergl. Verordnung vom 30. März 1847 § 18. (Ges.-Samml. S. 125.); Cirkularverfügung vom 5. Juli 1847.

Rechtsgr. 1279. — I. Senat. 19. Mai 1871. (LXXXII. 130.)

Befindet sich der eine Ehegatte in einer Strafanstalt, so ist es zur Anstrengung der Ehescheidungsklage ausreichend, wenn der geistliche Sühneversuch vom Geistlichen der Strafanstalt und dem kompetenten Geistlichen des anderen Ehegatten abgesondert vorgenommen ist.

— § 67. Selbstständige Beurtheilung der Schuldfrage bei der Ehescheidung in zweiter Instanz.

Rechtsgr. 1280. — I. Senat. 30. Juni 1871. (LXXXII. 230.)

Wenn es sich nur um die Schuldfrage handelt, so ist es für den Appellations-Richter zuläßig und geboten, dieselbe frei zu prüfen nnd ohne Rücksicht auf den in die Rechtskraft übergegangenen Theil des ersten Erkenntnisses darüber zu entscheiden, ob der Scheidungsgrund, der für die Schuldfrage in diesem für bestimmend angenommen ist, in der That für bewiesen und für rechtlich zulänglich erachtet werden könne, und, wenn dies zu verneinen sei, jene Frage demgemäß anderweit der wahren Sachlage nach zu bestimmen.

Gesetz vom 3. Januar 1845, betreffend die Zertheilung von Grundstücken und die Gründung neuer Ansiedelungen.

— §§ 16. 18. Uebernahme des auf dem parzellirten Lehnschulzengute haftenden Schulzenamtes als dingliche Last. — Vergl. A. L. R. Einl. § 89 und Anh. § 58. zu § 18. I. 22.

Rechtsgr. 1281. — II. Senat. 28. März 1871. (LXXXI. 258.)

Hat der Erwerber der Stammparzelle des parzellirten Lehnschulzengutes das auf dem letzteren haftende Amt eines Dorfschulzen im Vertrage übernommen, so ist diese Verpflichtung dinglicher Natur, und es wird hierin für das Verhältniß der Parteien, dadurch Nichts geändert, daß die Verwaltungsbehörde jene nicht schlechthin unzulässige Verabredung nicht bestätigt, sondern auf Kosten der sämmtlichen Parzellenbesitzer einen Schulzen bestellt hat.

Gesetz vom 11. Juli 1845 über die Lehns- und Successionsregister in Altvorpommern und Hinterpommern.

— § 4. Revokationsrecht und beneficium taxae nach Pommerschem Lehnrecht. — Vergl. Verordnung über das Verfahren bei Subhastation Pommerscher Lehngüter vom 11. Mai 1839 § 7.

Rechtsgr. 1382. — I. Senat. 25. Januar 1873. (LXXXVIII 26.)

a) Nach Pommerschem Lehnrechte kann beim Aufgebote der Agnaten zur Ausübung des Revokationsrechtes jeder Agnat das Revokationsrecht sofort geltend machen, einerlei, ob er schon zur Succession berufen ist oder nicht.

b) Ebenso kann dem subhastirten Lehnsbesitzer und seinen Gläubigern gegenüber das beneficium taxae sofort von jedem Anwärter, unbeschadet der Rechte näher zur Lehnsfolge stehender Agnaten, geltend gemacht werden.

Notariats-Ordnung vom 11. Juli 1845.

— §§ 8. 41. Begriff der bei einer Notariatsverhandlung betheiligten Personen.

Rechtsgr. 1383. — III. Senat. 3. Mai 1869. (LXXIV. 311.)

a) Ein entfernteres Interesse, als das im § 5. der Notariats-Ordnung vom 11. Juli 1845 angegebene, gefährdet die Sicherheit der Notariatsverhandlung nicht.

b) Namentlich ist der Umstand, daß einer der Notariatszeugen der Mäkler und Rathgeber einer Partei gewesen sei, die Aufnahme des notariellen Vertrages veranlaßt und Zahlung dafür erhalten habe, unerheblich.

— § 14. Vermerk im Notariatsattest, weshalb der Interessent nicht unterschrieben, sondern Handzeichen beigefügt habe.

Rechtsgr. 1384. — IV. Senat. 15. Juli 1869. (LXXV. 316.)

Es ist für die Gültigkeit eines notariellen Instruments nicht wesentlich, daß in dem durch § 14. der Notariats-

Ordnung vom 11. Juli 1845 vorgeschriebenen Attest der Grund, weshalb der Interessent nicht seinen Namen unterschrieben habe, besonders angegeben wird, wenn in dem Attest durch die Worte „wie vorsteht" auf die Verhandlung selbst, in welcher der Grund angegeben ist, Bezug genommen ist.

— § 14. No. 3., §§ 41. 42. Inhalt des Schlußattestes in einem Notariatsprotokoll; „eigenhändig unterzeichnet".

Rechtsgr. 1385. — III. Senat. 7. März 1870. (LXXVIII. 61.)

a) Nicht jedes einzelne, mit Beziehung auf den Inhalt des Schlußattestes eines Notariatsprotokolls im § 14. der Notariats-Ordnung vom 11. Juli 1845 vorkommende Wort ist aus dem Gesichtspunkte einer absolut wesentlichen Solennität aufzufassen.

b) Wenn § 14. No. 3. der Notariats-Ordnung vom 11. Juli 1845 bestimmt, daß das Schlußattest des Notariatsprotokolls enthalten solle, die Verhandlung sei von den Betheiligten „eigenhändig unterzeichnet", so ist das Fehlen des Wortes „eigenhändig" noch nicht geeignet, dem Instrumente die Kraft einer Notariatsurkunde zu entziehen.

Gemeinde-Ordnung vom 23. Juli 1845 (Ges.-Samml. S. 520.).
— § 64. Alin. 2. Ergänzung des Beschlusses des Gemeinderathes nach § 64. Alin. 2. der Gemeinde-Ordnung vom 23. Juli 1845.

Rechtsgr. 1386. — V. Senat. 6. Februar 1872. (LXXXIV. 208.)

Die Vorschrift im Alin. 2. des § 64. der Gemeinde-Ordnung vom 23. Juli 1845:

Wenn der Gemeinderath, nachdem er zur Berathung ein und desselben Gegenstandes vorschriftsmäßig zusammenberufen ist, beide Male nicht in beschlußfähiger Zahl erscheint, so ergänzt der Landrath seinen Beschluß,

hat die Bedeutung, daß die landräthliche Behörde den nicht zu Stande gekommenen Beschluß des Gemeinderaths ersetzen, d. h. selbstständig einen Beschluß fassen soll.

Gesetz, betreffend den Bau und die Unterhaltung der Schul- und Küsterhäuser vom 21. Juli 1846 (Ges.-Samml. S. 392.).

— **§§ 2—6.** Verpflichtung der Kirchengesellschaft, beziehentlich der Schulgesellschaft, zum Bau und zur Unterhaltung des mit der Küsterwohnung verbundenen Schullokals.

Rechtsgr. **1287**. — I. Senat. 5. April 1872. (LXXXV. 85.)

Die Kirchengesellschaft hat das ganze Küster- und Schulhaus in seinem bisherigen Umfange und seiner Eigenart, und zwar einschließlich des damit verbundenen Schullokals oder der Schulstube zu unterhalten, und zwar trotzdem, daß die bisherige Schulstube oder das bisherige Schullokal lediglich dem „Schul-Interesse" dienen; und nur erst, wenn die Bauten diesen bisherigen Status körperlich überschreiten, und wenn sie zugleich nur die Schul-Interessen bezwecken, tritt die Verpflichtung der Schulgesellschaft ein.

Verordnung vom 21. Juli 1846 über das Verfahren in Civilprozessen. Ges.-Samml. S. 291.)

— **§ 16.** Form der Anmeldung eines Rechtsmittels; fehlende Unterschrift des Anmeldenden. — Vergl. Verordnung vom 21. Juli 1849 § 42. (Ges.-Samml. S. 307.), vom 20. März 1854 § 7. (Ges.-Samml. S. 115.) und vom 24. Juni 1867 **§ 44.** (Ges.-Samml. S. 885.)

Rechtsgr. **1288**. — II. Senat. 14. Oktober 1869. (LXXVI. 205.)

a) Wenn die Partei die Schrift, in welcher sie das Rechtsmittel rechtzeitig anmeldete, nicht selbst unterschrieben hat, das Rechtsmittel aber von einem legitimirten Mandatar eingeführt, und von ihm die Genehmigung der Anmeldungsschrift erklärt ist, so ist das Rechtsmittel gewahrt, selbst wenn die Ratihabition erst nach der Einführungsfrist erklärt worden.

b) Die Anmeldung eines Rechtsmittels braucht nicht von der Partei selbst oder von einem bei den Akten legitimirten Bevollmächtigten, sondern sie kann auch von einem Andern für die Partei und in deren Namen ge- und unterschrieben sein.

c) Die Einreichung der schriftlichen Anmeldung eines Rechtsmittels genügt, sofern nur feststeht, daß diese mit Wissen und Willen von dem Erklärenden beigebracht ist, selbst wenn auch unter der schriftlichen Erklärung die Unterschrift des Erklärenden fehlt.

— §§ 16—18. Rekursgesuch als Appellations-Anmeldung; Bezugnahme auf die Gründe und Beschwerdepunkte desselben in der Appellations-Rechtfertigungsschrift.

Rechtsgr. 1289. — I. Senat. 22. November 1869. (LXXVI. 300.)

Ist gegen ein Erkenntniß erster Instanz Rekurs eingelegt, während die Appellation das zuläßige Rechtsmittel ist, und sodann rechtzeitig eine Appellations-Rechtfertigung eingereicht mit dem Antrage, das Rekursgesuch als Appellationsschrift ansehen zu wollen, aus den darin vorgetragenen Gründen das angegriffene Erkenntniß abzuändern und den Verklagten zu verurtheilen, so ist damit die Appellation ausreichend eingeführt und gerechtfertigt.

— §§ 16. 18. 20. 23. Bezeichnung des Rechtsmittels in der Anmeldungsschrift und in der Rechtfertigungsschrift; Rechtfertigung der eingelegten Nichtigkeitsbeschwerde in einer revisiblen Sache.

Rechtsgr. 1290. — IV. Senat. 8. Juli 1869. (LXXV. 274.)

a) Die Bestimmung im § 16. der Verordnung vom 21. Juli 1846, wonach „es auf den Namen, mit welchem das Rechtsmittel bezeichnet wird, nicht ankommt“, gilt lediglich für die Anmeldung des Rechtsmittels.

b) Ist die Revision das zuläßige Rechtsmittel, dagegen aber die Nichtigkeitsbeschwerde eingelegt und eingeführt, so bleibt die Nichtigkeitsbeschwerde unstatthaft, wenn der Schriftsatz auch im Uebrigen hinreichendes Material für die Revision enthält.

— §§ 20. 22. Grenzen der schriftlichen Rechtswahrung in der zweiten Instanz.

Rechtsgr. **1291**. — I. Senat. 16. September 1870. (LXXVIII. 362.)

Die schriftliche Rechtswahrung der Parteien für die zweite Instanz wird durch die Einführungs- und Rechtfertigungsschrift des Appellanten und durch die Beantwortung des Appellaten abgeschlossen; die Zulassung fernerer Prozeßschriften findet nicht statt, und neue prozessualische Erklärungen und Anträge der Parteien können nur noch in der mündlichen Sachverhandlung vor dem Richter ihre Stelle finden.

— § **27**. Schleuniges Verfahren im Sinne des § 129. des Berggesetzes vom 24. Juni 1865. — Vergl. Allg. Berggesetz vom 24. Juni 1865 § 129. (Ges.-Samml. S. 705.)

Rechtsgr. **1292**. — III. Senat. 6. September 1869. (LXXV. 353.)

Die Bestimmung im § 129. des Allgem. Berggesetzes vom 24. Juni 1865:

„Das Verfahren über beide Klagen richtet sich nach den für schleunige Sachen bestehenden Vorschriften",

ist nicht dahin zu verstehen, daß in Gemäßheit des § 27. der Verordnung über das Verfahren in Civilprozessen vom 21. Juli 1846 die Rechtsmittel der Appellation, Revision und Nichtigkeitsbeschwerde binnen drei Tagen bei dem Richter erster Instanz angebracht und gerechtfertigt werden müssen.

Verordnung vom 5. Juli 1847, betreffend das Spielen in auswärtigen Lotterieen (Ges.-Samml. S. 261.).

— Theilungsklage gegen die Mitspieler in auswärtigen Lotterieen. — Vergl. A. L. R. I. **3**. § 367. **5**. §§ 50 68., **17**. § 75.

Rechtsgr. **1293**. — IV. Senat. 27. Juni 1872 (LXXXV. 293.)

Aus dem Umstande, daß das Spielen in auswärtigen Lotterieen bei Strafe verboten ist, kann nicht gefolgert werden, daß Einem der mehren gemeinschaftlich Spielenden die Klage auf Theilung des Gewinnes nicht zustehe.

Feldpolizei-Ordnung vom 1. November 1847 (Ges.-Samml. S. 376.).

— §§ 4—8. 41. No. 1., § 44. Befahren eines abgesteckten, durch Warnungszeichen nicht geschlossenen Privatweges; Pfandgeld. — Vergl. Strafgesetzbuch § 347. No. 10.; Gesetz vom 13. April 1856 § 347. No. 10. (Ges.-Samml. S. 210.)

Rechtsgr. 1294. — III. Senat. 17. September 1869. (LXXVI. 112.)

Das Befahren eines abgesteckten, durch Warnungszeichen nicht geschlossenen Privatweges ist mit Pfandgeld nicht bedroht.

— §§ 8. 43. Nichtanwendbarkeit der Feldpolizei-Ordnung auf die Forsten und das unerlaubte Hüten in denselben.

Rechtsgr. 1295. — II. Senat. 20. Februar 1873. (LXXXVIII. 159.)

Die Feldpolizei-Ordnung vom 1. November 1847 bezieht sich nicht auf Forsten, beziehungsweise das unerlaubte Hüten in denselben.

Kabinets-Order vom 10. Januar 1848 (Ges.-Samml. S. 25.).
— Armendomizil Naturalisirter.

Rechtsgr. 1296. — I. Senat. 2. September 1870. (LXXVIII. 348.)

Die in der Allerhöchsten Kabinets-Order vom 10. Januar 1848 als Bedingung der Niederlassung eines Naturalisirten vorausgesetzte Zustimmung der Gemeinde ist als bestimmt und ausdrücklich erklärte Zustimmung zu verstehen.

Gesetz über das Deichwesen vom 28. Januar 1848.
— Legitimation der einzelnen Deich-Interessenten zur Vertretung ihres Interesses. — Vergl. Statut für den Deichverband des Ober-Oderbruches vom 19. April 1869.

Rechtsgr. 1297. — II. Senat. 23. Januar 1873. (LXXXVII. 352.)

Die einzelnen Deich-Interessenten erscheinen wohl befugt, gegen die Handlungen Anderer auf Untersagung oder Beseitigung klagend aufzutreten, wenn dieselben — lediglich im Privat-Interesse vorgenommen und von der Deichbehörde im Gemein-Interesse weder veranlaßt noch genehmigt — zu einer Erhöhung der Deichpflicht führen,

es sei hinsichtlich der Unterhaltung und Räumung selbst oder der zu diesem Zweck zu entrichtenden Geldbeiträge.

Verordnung vom 21. Juli 1849 über das Verfahren in Civilprozessen in den Bezirken des Appellationsgerichts zu Greifswald und des Justizsenats zu Ehrenbreitstein (Ges.-Samml. S. 307.).

— §§ 41. 43. Anmeldung der Appellation in Konkursprozessen.

Rechtsgr. **1298**. — III. Senat. 15. Dezember 1871. (LXXXIII. 230.)

Die Vorschrift des § 43. der Verordnung vom 21. Juli 1849 — wonach die Anmeldung (der Appellation, Revision und Nichtigkeitsbeschwerde) bei Verlust des Rechtsmittels binnen sechs Wochen vom Tage der Zustellung des Erkenntnisses an die Partei oder deren Stellvertreter, oder des die Zustellung vertretenden Aktes (nach § 41. Verzicht auf die Ausfertigung bei der Publikation) an gerechnet erfolgen soll — ist eine generelle und gilt auch für den Konkursprozeß.

— §§ 47—49. Deckung der Kontumaz erster Instanz in der zweiten.

Rechtsgr. **1299**. — V. Senat. 16. November 1869. (LXXVI. 292.)

Der gemeinrechtliche Grundsatz contumax non appellat gilt nach der Verordnung vom 21. Juli 1849 nur in Beziehung auf Kontumazial-Erkenntnisse.

Verfassungs-Urkunde vom 31. Januar 1850 (Ges.-Samml. S. 17.).

— Art. 45. 62. 63. 106. Prüfung der Rechtsgültigkeit gehörig verkündeter Königlicher Verordnungen.

Rechtsgr. **1300**. — III. Senat. 3. Februar 1871. (LXXXI. 110.)

Nur die Prüfung der Rechtsgültigkeit gehörig verkündigter Königlicher Verordnungen steht nach Artikel 106. der Verfassung den Behörden nicht zu. Die gehörige Verkündigung derselben ist aber immer Vorbedingung ihrer Gültigkeit.

Gesetz vom 2. März 1850, betreffend die Ablösung der Reallasten und die Regulirung der gutsherrlichen und bäuerlichen Verhältnisse.

— § 2. No. 1 Thronlehne.

Rechtsgr. 1801. — I. Senat. 7. März 1873. (LXXXVIII. 236.)

Die Ausnahme, welche im § 2. No. 1. des Gesetzes vom 2. März 1850, betreffend die Ablösung der Reallasten und die Regulirung der gutsherrlichen und bäuerlichen Verhältnisse, rücksichtlich der Thronlehne gemacht ist, erstreckt sich auch auf Afterlehne, wenn sie einen Bestandtheil des Thronlehns ausmachen.

— § 2. No. 2., § 5. Revokationsrecht des Erbverpächters.

Rechtsgr. 1802. — III. Senat. 10. Mai 1869. (LXXIV. 318.)

Das in einem Erbpachtsvertrage dem Erbverpächter vorbehaltene eventuelle Revokationsrecht ist durch das Gesetz vom 2. März 1850 aufgehoben.

Gesetz vom 2. März 1850, betreffend die Ergänzung und Abänderung der Gemeinheitstheilungs-Ordnung vom 7. Juni 1821 und einiger anderen über Gemeinheitstheilungen ergangenen Gesetze (Gräsereigesetz). (Ges.-Samml. S. 139.)

— Art. 8. Rechtliche Natur der Gräsereiberechtigung.

Rechtsgr. 1803. — II. Senat. 5. Dezember 1871. (LXXXIII. 180.)

Die Gräsereiberechtigung ist als ein Surrogat der Weideberechtigung zu betrachten und nach den für diese angenommenen Grundsätzen zu behandeln.

— Art. 12. Ausübung der im Art. 1. aufgeführten Berechtigungen. — Vergl. Gemeinheitstheilungs-Ordnung vom 7. Juni 1821 § 164. (Ges.-Samml. S. 53.)

Rechtsgr. 1804. — III. Senat. 1. Februar 1869. (LXXIII. 283.)

a) Der Art. 12. des Gesetzes vom 2. März 1850, betreffend die Ergänzung und Abänderung der Gemeinheitstheilungs-Ordnung vom 7. Juni 1821 und einige andere über Gemeinheitstheilungen ergangenen Gesetze, enthält kein Verbot, bei dem Mangel eines schriftlichen Titels die in dem Art. 1. a. a. O. aufgeführten Berechtigungen auszuüben.

b) Daher braucht derjenige, welcher Schutz in dem Besitze eines Schilfnutzungsrechts auf fremden Grund und Boden beansprucht, sein Recht nicht nachzuweisen.

Jagdpolizeigesetz vom 7. März 1850 (Ges.-Samml. S. 165.).

— § 2. Zusammenhang der Jagdgrundstücke nach § 2. des Jagdpolizeigesetzes vom 7. März 1850.

Rechtsgr. 1205. — II. Senat. 23. Juni 1870. (LXXX. 13.)

Die bloße Trennung der Grundstücke durch „Wege oder Gewässer“ im § 2. des Jagdpolizeigesetzes vom 7. März 1850 setzt einen Zusammenhang der Grundstücke voraus, welche der Weg oder das Gewässer trennt, und welche ohnedem unmittelbar aneinander grenzen würden.

Gesetz vom 11. März 1850 über die Polizeiverwaltung.

— §§ 2 3. Verpflichtung der Gemeinden zur Zahlung der Pensionen der für die örtliche Polizeiverwaltung bestellten Staatsbeamten; Pensionsbeiträge dieser Beamten. — Vergl. Pensions-Reglement vom 30. April 1825 § 21. No. 14.

Rechtsgr. 1206. — II. Senat. 5. April 1870. (LXXIX. 77.)

a) Ist in Gemeinden die örtliche Polizeiverwaltung besonderen Staatsbeamten übertragen, so sind die Pensionen der Polizeibeamten von den Gemeinden zu entrichten.

b) Hat die Staatskasse diesen Beamten von ihrem Gehalt Pensionsabzüge gemacht, so gebühren diese Pensionsbeiträge der Gemeinde, welche die Pension zu zahlen hat.

— § 3. Kosten der Polizeiverwaltung bei Parzellirung der damit behafteten Güter. — Vergl. Gesetz vom 14. April 1856, betreffend die ländlichen Obrigkeiten in den sechs östlichen Provinzen der Preußischen Monarchie, §§ 1—3. 6.

Rechtsgr. 1207. — II. Senat. 16. April 1872. (LXXXIV. 293.)

Wenn bei der Parzellirung eines mit der Verwaltung der Ortspolizei behafteten Gutes der Staat die Polizeigewalt nicht übernimmt, so folgt daraus nicht, daß die

Parzellenbesitzer von den Kosten dieser Verwaltung befreit werden.

— § 11. Rückwirkende Kraft der Gesetze; Erforderniß der Gültigkeit der Polizeiverordnungen nach § 11. des Gesetzes vom 11. Mai 1850. — Vergl. Reskript des Ministers des Innern vom 6. Juni 1850, betreffend die Erfordernisse zur Gültigkeit der von den Bezirksregierungen erlassenen polizeilichen Vorschriften (Ministerialblatt für die innere Verwaltung S. 176.); Polizeiverordnung der Königlichen Regierung zu Breslau zur Ergänzung der Baupolizei-Ordnung für die Städte des Regierungsbezirks Breslau vom 1. Mai 1857 (Amtsblatt No. 51. S 292.); A. L. R. I. 8. § 139.

Rechtsgr. 1208. — II. Senat. 16. Mai 1872. (LXXXV. 155.)

Polizeiverordnungen, welche auf Grund des Gesetzes über die Polizeiverwaltung vom 11. März 1850 erlassen worden, sind nur dann gültig, wenn sie ausdrücklich auf den § 11. dieses Gesetzes Bezug nehmen.

Gesetz, betreffend einige Abänderungen des Gesetzes über den Ansatz und die Erhebung der Gerichtskosten, vom 10. Mai 1851 (Ges.-Samml. S. 622.).

§ 12. No. 3. 4. Feststellung des Werthes des Streitgegenstandes rücksichtlich der Berechnung der Gebühren der Rechtsanwalte. — Vergl. Gesetz vom 12. Mai 1851 §§ 2. 5. (Ges.-Samml. S. 656.); A. G. O. I. 23. § 25. No. 9., §§ 26--28.; Gebührentaxe vom 23. August 1815 §§ 5. 6.

Rechtsgr. 1209. — IV. Senat. 20. Oktober 1868. (LXXV. 3.)

a). Sobald von dem betreffenden Gericht in den bei ihm anhängigen Sachen die Werthsbestimmung des Objekts im geordneten Wege erfolgt war, ist diese Werthsbestimmung auch für die Gebühren der Rechtsanwalte unbedingt maaßgebend.

b) Eine anderweitige Kognition darüber, ob die getroffene Werthsbestimmung in einer richtigen, den Vorschriften des Gesetzes vom 10. Mai 1851 entsprechenden Weise erfolgt ist, kann dann nicht mehr eintreten, insbesondere einem anderen Gericht, als dem in der Sache selbst kompetent gewesenen, es nicht zuständig sein, eine solche Kognition nachträglich vorzunehmen.

Tarif zu diesem Gesetze (Ges.-Samml. S. 685.).
— § 10. Berechnung des Streitwerths bei uneigentlichen Rekonventionen.

Rechtsgr. 1210. — IV. Senat. 11. Oktober 1870. (LXXIX. 276.)

Die Bestimmung des § 7. des Tarifs zum Kostengesetze vom 10. Mai 1851:

nach welchem die Gerichtskosten bei uneigentlichen Rekonventionen nur nach dem höchsten Objekte anzusetzen sind,

setzt voraus, daß die Konvention und die Rekonvention Forderungen verfolgen, die sich ganz oder theilweise paralisiren, so daß die Wirkung der Sentenz für die unterliegende Partei nicht die ihr aberkannte und die dem Gegner zuerkannte Forderung als neben einander bestehende Objekte trifft.

Gesetz vom 11. Mai 1851 (Ges.-Samml. S. 651.).
— § 2. Festsetzung des Streitwerthes nach beendetem Prozeß und Berechnung der Anwaltsgebühren.

Rechtsgr. 1211. — IV. Senat. 14. Dezember 1869. (LXXVII. 118.)

Eine erst nach Beendigung des Prozesses ergangene Bestimmung, wonach die Gerichtskosten nach einem bestimmten Streitwerth zu berechnen seien, ist für den Ansatz und die Erhebung der Gebühren der Rechtsanwalte nicht maaßgebend.

Gesetz vom 11. Mai 1851 wegen der Kriegsleistungen und deren Vergütigung (Ges.-Samml. S. 362.).
— § 12. Vertretung des Fiskus durch die Central- oder Territorialbehörden in Prozessen, insbesondere bei Ansprüchen auf Ersatz der Kosten der kommissarischen Abschätzung bei Kriegsleistungen.

Rechtsgr. 1212. — I. Senat. 7. Februar 1873. (LXXXVIII. 107.)

Daraus allein, daß eine Betheiligung resp. Mitwirkung der Civilbehörde bei der Beschaffung und Vergütigung der Kriegsleistungen stattfindet, folgt nicht, daß die Civilbehörde (die Regierung), und nur diese, auf Zahlung der durch die im § 12. des Gesetzes wegen der Kriegsleistungen vom 11. Mai 1851 angeordnete kommissarische Feststellung entstandenen Kosten verklagt werden könne oder müsse.

Gesetz vom 12. Mai 1851 über den Ansatz und die Erhebung der Gebühren der Rechtsanwalte (Ges.-Samml. S. 656.).

— § 2. Streitwerth bei der Berechnung der Gebühren der Rechtsanwalte.

Rechtsgr. 1213. — V. Senat. 25. Juni 1872. (LXXXV. 271.)

Die Feststellung des Streitwerthes durch den Prozeßrichter, mag sie auf der Einigung der Parteien oder auf den stattgehabten Ermittelungen beruhen, ist für die Berechnung der Anwaltsgebühren unbedingt maaßgebend.

— § 20. Gebühren eines Anwaltes für die ihm übertragene Erhebung und Ablieferung von Geldern.

Rechtsgr. 1214. — IV. Senat. 10. Dezember 1868. (LXXIII. 158.)

Der § 20. des Gesetzes vom 12. Mai 1851, betreffend den Ansatz und die Erhebung der Gebühren der Rechtsanwalte, findet auf die Erhebung und Ablieferung von geldwerthen auf jeden Inhaber lautenden Papieren keine Anwendung.

Tarif zu diesem Gesetze (Ges.-Samml. S. 656.).

— §§ 12. 15. Gebühren der Rechtsanwalte für Anfertigung der Liquidationsberichte im Konkurse.

Rechtsgr. 1215. — IV. Senat. 28. September 1869. (LXXX. 1.)

Für Anfertigung der Liquidationsberichte im Konkurse können die Rechtsanwalte wie für eine ausgearbeitete Prozeßschrift nach § 12. des Tarifs vom 12. Mai 1851 liquidiren.

Preßgesetz vom 12. Mai 1851 (Ges.-Samml. S. 273.).

— §§ 23. 24. 37. Der Redakteur eines Blattes als Thäter oder

Theilnehmer hinsichtlich einer durch einen abgedruckten Artikel begangenen strafbaren Handlung.

Rechtsgr. 1216. — Senat für Strafsachen, II. Abth. 4. November 1869. (LXXVI. 277.)

Es besteht keine rechtliche Vermuthung dafür, daß der Redakteur eines kautionspflichtigen Blattes, als solcher, Thäter oder Theilnehmer der durch einen darin enthaltenen Artikel begangenen strafbaren Handlung sei.

Gesetz vom 3. Mai 1852, betreffend die Zusätze zu der Verordnung vom 3. Januar 1849 über die Einführung des mündlichen und öffentlichen Verfahrens mit Geschworenen in Untersuchungssachen (Ges.-Samml. S. 209.).

— Art. 31. 101. Thatsächliche Feststellung einer beleidigenden Aeußerung.

Rechtsgr. 1217. — Senat für Strafsachen, II. Abth. 7. Januar 1869. (LXXIII. 209.)

Hält der Richter für eine im Injurienprozeß gemachte Aeußerungen zwei Deutungen für möglich, kennzeichnet dieselben aber beide als beleidigende und unter dasselbe Strafgesetz fallend, so mangelt es nicht bezüglich der thatsächlichen Feststellung an der nöthigen Bestimmtheit.

— Neue Beweisaufnahme in der Appellations-Instanz in Injuriensachen.

Rechtsgr. 1218. — Senat für Strafsachen, II. Abth. 23. Mai 1872. (LXXXV. 166.)

Die bloße Verlesung der Injurienklage kann als eine wiederholte oder neue Beweisaufnahme in der Appellations-Instanz nicht angesehen werden.

— Art. 101—103. Abweichung des zweiten Richters von der thatsächlichen Feststellung des ersten Richters in Injuriensachen.

Rechtsgr. 1219. — Senat für Strafsachen, I. Abth. 5. Februar 1869. (LXXIV. 13.

Der Art. 101. des Gesetzes vom 3. Mai 1852 verpflichtet den Appellations-Richter, wenn er von der thatsächlichen Schlußfeststellung erster Instanz abweichen will, einen neuen oder wiederholten Beweis aufzunehmen. Beharrt er dagegen bei jener Feststellung, dann ist er zur

Aufrechterhaltung derselben befugt, auf die Beweisresultate der vorangegangenen Instanz, ohne die diesfällige Beweisaufnahme von Neuem zu veranlassen, zurückzugehen, und seine Entscheidung hiernach zu begründen, wobei er an die thatsächlichen Annahmen und Folgerungen des ersten Richters nicht gebunden ist.

Revidirtes Feuersocietäts-Reglement des platten Landes der Provinz Schlesien, der Grafschaft Glatz und des Markgrafenthums Ober-Lausitz vom 1. September 1852 (Ges.-Samml. S. 621.).
— §§ 11. 54. Anmeldung der Hypothekenforderung bei der Feuerversicherungssozietät; Rechtsgrundsätze in den §§ 11. und 54. des Reglements für die Feuersozietät der Provinz Schlesien vom 1. September 1852. — Vergl. A. L. R. I. 5. §§ 74. ff.; Verordnung vom 14. Dezember 1833 § 4. No. 1. (Ges.-Samml. S. 302.)

Rechtsgr. 1390. — III. Senat. 4. Oktober 1869. (LXXVI. 167.)

a) Die Bestimmung des § 11. des revidirten Reglements für die Feuersozietät des platten Landes der Provinz Schlesien, der Grafschaft Glatz und des Markgrafenthums Ober-Lausitz, vom 1. September 1852:

„Jeder Hypothekengläubiger, für dessen Forderung ein Grundstück mit dessen bei der Feuersozietät versicherten Gebäuden verhaftet ist, soll berechtigt sein, sofern er solches sich ausbedungen, oder des Schuldners ausdrückliche Einwilligung dazu beibringt, sein Hypothekenrecht im Feuersozietäts-Kataster vermerken zu lassen .....
Ein solcher Vermerk kann alsdann nicht anders gelöscht werden, als wenn der Beweis über geschehene Tilgung der Schuld oder die ausdrückliche Einwilligung des Gläubigers beigebracht wird, und bis dahin ist in Bezug auf ein also verpfändetes Grundstück kein Austritt der bei der Feuersozietät versicherten Gebäude von Seiten des Schuldners zulässig,

ist so aufzufassen, als wenn der Versicherungsvertrag selbst nicht blos zum Vortheile des Versicherten, sondern zugleich im Interesse des Hypothekengläubigers geschlossen, und letzterer dem Vertrage mit Bewilligung der Hauptparteien beigetreten wäre.

b) Die Bestimmungen der §§ 11. und 54. des Feuersozietäts-Reglements vom 1. September 1852 enthalten Rechtsgrundsätze im Sinne des § 4. No. 1. der Verordnung vom 14. Dezember 1833.

Baupolizei-Ordnung für Berlin vom 31. April 1853 und abändernde Bestimmung dazu vom 12. März 1860.

— § 31. Berliner Baupolizei-Ordnung; Bauen an der Grenze.

Rechtsgr. 1321. — II. Senat. 30. Januar 1873. (LXXXVIII. 71.)

Der Nachbar, welcher in Berlin nicht dicht an der Grenze bauen will, muß mit seinem neuen Gebäude siebzehn Fuß von der Grenze zurückbleiben.

Gesetz vom 24. Mai 1853, betreffend einige Abänderungen der Hypotheken-Ordnung vom 20. Dezember 1783 (Ges.-Samml. S. 521.)

— § 15. Bedeutung dieses Paragraphen.

Rechtsgr. 1322. — III. Senat. 14. Februar 1870. (LXXVII. 244.)

Die Worte:

„sich eingelassen hat“

im § 15. der Hypotheken-Novelle vom 24. Mai 1853 beziehen sich auf jedes mit dem eingetragenen Gläubiger über die eingetragene Post abgeschlossene Rechtsgeschäft.

— § 30. Vermerke in der Kolonne „Veränderungen“ Rubr. III. des Hypothekenbuches. — Vergl. Instruktion vom 3. August 1853 Art 17.

Rechtsgr. 1323. — III. Senat. 22. Dezember 1871. (LXXXIII. 246.)

Es steht nichts entgegen, die Kolonne „Veränderungen“ im Hypothekenbuche auch zu Vermerken über eine Ermäßigung des Zinsfußes, eine Beschränkung der Zinsobligation, eine Vorausbezahlung der Zinsen zu benutzen.

Gesetz vom 24. Mai 1853 zur Ergänzung des Gesetzes vom 3. Januar

1845, betreffend die Zertheilung von Grundstücken ꝛc. (Ges.-Samml. S. 241.)

— § 4. Richtigkeit der Parzellirungsverträge.

Rechtsgr. 1334. — III. Senat. 10. März 1871. (LXXX. 308.)

Die Vorschrift des § 4. des Gesetzes vom 24. Mai 1853, betreffend die Zerstückelung von Grundstücken:

Die Aufnahme des Vertrages darf erst dann erfolgen, wenn der Veräußernde entweder 1. seinen Besitztitel bereits in das Hypothekenbuch hat eintragen lassen, oder 2. schon ein Jahr lang sich im Besitze des Grundstückes befindet und bei Aufnahme des Vertrages gleichzeitig die Berichtigung seines Besitztitels beantragt. Der Hypothekenrichter hat alsdann diese Berichtigung für den Veräußernden erforderlichen Falls nach der Vorschrift der Order vom 6. Oktober 1833 zu betreiben,

kann keineswegs als ein Verbotsgesetz aufgefaßt werden, sondern nur als eine Anweisung für den Realrichter.

— § 5. Richtigkeit der Parzellirungsverträge.

Rechtsgr. 1335. — III. Senat 28. April 1871. (LXXXI. 348.)

Ueberall, wo durch die konkrete Sachlage sich nicht die Annahme begründen läßt, daß der den beiden zukünftigen Eheleuten zur gemeinschaftlichen Erwerbung verheißenen Abtretung ungeachtet die letztere sich dem Wesen nach als eine solche an die Tochter charakterisire, würde die Anwendung des § 5. No. 4. des Parzellirungsgesetzes vom 24. Mai 1853 auf solche Fälle, bei denen Schwiegersöhne, oder bei denen Verlobte der Tochter als Miterwerber konkurriren, sich nur aus dem Gesichtspunkte der Analogie rechtfertigen lassen, deren Zulassung jedoch bei einer gesetzlichen Ausnahmebestimmung grundsätzlich unzulässig ist.

Städte-Ordnung vom 30. Mai 1853

— §§ 10. 35 ff. 56. 66. 67. 78. Haftung des Magistrats für nicht bewilligte oder nicht genehmigte Ausgaben. — Vergl. A. L. R. I. 13. §§ 49—52. 228. ff., 14. §§ 109. 113. 115.

Rechtsgr. 1326. — I. Senat. 4. April 1870. (LXXVII. 295.)

Sowenig aus der Nichtgenehmigung einer Post Seitens der Stadtverordneten-Versammlung ohne Weiteres auf Schädigung des Gemeindevermögens durch die Zahlung geschlossen werden kann, ebensowenig ist die Vertretungspflicht des Magistrats von vornherein mit der Verpflichtung zur Erstattung der verausgabten Post in die Gemeindekasse zu identifiziren; vielmehr regelt sich die Vertretungsverbindlichkeit der Magistratsmitglieder nach den allgemeinen Vorschriften über die Versehen der Staatsbeamten.

— §§ 35. 49. 56. No. 8. Vertretung der Stadt durch den Magistrat; Verpflichtung des Verarmten, die für ihn vom Armenverbande gemachte Aufwendung zu erstatten.

Rechtsgr. 1327. — IV. Senat. 20. September 1870. (LXXIX. 193.)

Bei Verhandlungen nach Außen, also auch beim Abschluß von Verträgen mit Privatpersonen, vertritt der Magistrat die Stadt und verpflichtet dieselbe durch seine Handlungen dem Dritten gegenüber. Ob die städtischen Körper bei der Berathung oder Beschlußfassung über das vom Magistrat zu Verhandelnde die in der Städte-Ordnung deshalb gegebenen Vorschriften gehörig beobachtet haben, haben dieselben untereinander abzumachen; dies ist eine innere Angelegenheit, dem Dritten gegenüber kann die Stadt aus diesen Angelegenheiten kein Recht geltend machen. Die Verhandlungen desselben mit dem Magistrat sind hier allein maßgebend.

— § 58. Verhaftung der Stadtgemeinde aus Besitzstörungen durch den Bürgermeister und den Vorsitzenden der städtischen Bau-Deputation. — Vergl. A. L. R. I. 13. §§ 742—144.

Rechtsgr. 1228. — III. Senat. 14. April 1871. (LXXXI. 280.)

Der Vorsitzende der städtischen Bau-Deputation und der Bürgermeister befinden sich im Verhältnisse zur Stadtgemeinde in einer derjenigen eines Bevollmächtigten mindestens analogen Stellung. Um die Stadtgemeinde für Besitzstörungen dieser Personen verantwortlich zu machen, bedarf es nicht erst einer Verpflichtung durch rechtsgültigen Beschluß des Magistrats und der Stadtverordneten-Versammlung; vielmehr kann eine solche Verantwortlichkeit schon durch die Art der Einlassung in der Beantwortung der Besitzstörungsklage begründet werden.

Allgemeine Bestimmungen für Deichstatute vom 14. November 1853 (Ges.-Samml. S. 935.).

— § 23. Anmeldung der Klage als Wahrung der Frist zur Beschreitung des Rechtsweges. — Vergl. A. G. O. I. 4. §§ 2. ff.

Rechtsgr. 1229. — III. Senat. 9. September 1872. (LXXXV. 316.)

Die im § 23. der durch Erlaß vom 14. November 1853 genehmigten Allgemeinen Bestimmungen für künftig zu erlassende Deichstatute bestimmte Frist von vier Wochen zur Beschreitung des Rechtsweges ist durch Anmeldung der Klage gewahrt.

Gesetz vom 20. März 1854, betreffend einige Abänderungen der Vorschriften über das Civilprozeßverfahren und die Exekution in Civilsachen (Ges.-Samml. S. 115.).

— § 2. Rückforderungsrecht aus § 2. des Gesetzes vom 20. März 1854, betreffend einige Abänderungen der Vorschriften über das Civilprozeßverfahren und die Exekution in Civilsachen.

Rechtsgr. 1230. — IV. Senat. 5. Dezember 1871. (LXXXIII. 185.)

a) Dem § 2. des Gesetzes vom 20. März 1854 liegt das im materiellen Recht niedergelegte Prinzip zu Grunde, wonach das, was auf eine Nichtschuld weggegeben ist, in Gemäßheit der Bestimmungen der §§ 166. ff. I. 16. des Allgem. Landrechts zurückgefordert werden kann.

b) Bei Anwendung des § 2. des Gesetzes vom

20. März 1854 ist kein Unterschied zu machen zwischen einer *völligen* und einer Abweisung *zur Zeit*.

c) Dies Rückforderungsrecht wird auch dadurch nicht ausgeschlossen, daß auf die vermeintliche Schuld nicht das geleistet, was ihr ursprünglicher Gegenstand war, sondern etwas anderes dafür hingegeben worden.

d) Es ist auch gleichgültig, ob ein Unterschied zwischen dem Werthe des Hingegebenen und dem Betrage der Nichtschuld obwaltete, und in dieser Beziehung zum Zwecke des Ausgleichs auch noch andere Stipulationen in derselben Art getroffen sind, sobald nur die *ganze* Forderung, deren Tilgung der *alleinige* Grund des Weggebens oder Eingehens des neuen Rechtsgeschäfts war, sich demnächst als eine Nichtschuld herausstellt.

— § 18. Klage des Extrahenten der Exekution gegen den Dritten wegen Herausgabe der bereits abgepfändet gewesenen Sachen.

Rechtsgr. 1221. — III. Senat. 28. November 1870. (LXXX. 106.)

Ist gegen den Exequenden selbst die Vollstreckung der Exekution erfolgt, und handelt es sich um hinterher entfremdete Gegenstände, so bedarf es keiner richterlichen Autorisation für den Extrahenten der Exekution, um von dem Dritten die Sachen durch eine Klage abzufordern.

Gesetz vom 24. April 1854, betreffend die Abänderungen des Abschn. 11. Tit. I. Thl. II. des Allg. Landrechts.

— § 8. No. 1. Brautstand nach § 8. No. 1. des Schwängerungsgesetzes vom 24 April 1854.

Rechtsgr. 1222. — I. Senat. 18. Oktober 1872. (LXXXVI. 282.)

Bedurfte von den Verlobten nur Ein Theil der elterlichen oder vormundschaftlichen Zustimmung, so ist ohne solche auch für den andern Theil kein Brautstand konstituirt, diese Einwilligungs-Ertheilung aber ebenfalls für ihn ausreichend, wenn sie zu seiner Kenntniß gelangt ist.

— § 9. Beischlafsvollziehung der Geschwächten vor der Konzeptionszeit mit einem Dritten als Vorwurf der Bescholtenheit.

Rechtsgr. 1333. — I. Senat. 18. Juni 1868. (LXXV. 171.)

Unbedingt und in allen Fällen ist der Beischlaf mit einem andern Manne, als dem im Schwängerungsverfahren in Anspruch Genommenen, nicht als Grund der Bescholtenheit der Geschwächten anzusehen; vielmehr kann ein solcher Fehltritt nur mit dem ganzen Verhalten und Lebenswandel der Geschwächten und allen ermittelten Umständen für die Beurtheilung in Betracht gezogen werden, ob die Geschwächte eine solche Unsittlichkeit an den Tag gelegt habe, um im allgemeinen Sinne des § 9. No. 2. des Gesetzes vom 24. April 1854 für bescholten erachtet zu werden.

— § 9. No. 1. Uneheliche Schwängerung; immissio seminis.

Rechtsgr. 1334. — I. Senat. 13. Januar 1873. (LXXXVII. 310.)

Als unter den § 9. No. 1. des Schwängerungsgesetzes vom 24. April 1855 fallend muß auch eine Beischlafsvollziehung erachtet werden, welche ohne eine immissio seminis konsumirt worden ist.

— § 9. No. 2. Begriff der Bescholtenheit.

Rechtsgr. 1335. — I. Senat. 29. November 1869. (LXXVI. 315.)

Das Heraustreten der geschlechtlichen Leichtfertigkeit in die Oeffentlichkeit, ihr Bekanntwerden in weiteren Kreisen gehört nicht zu den Erfordernissen der geschlechtlichen Bescholtenheit im Sinne des § 9. No. 2. des Gesetzes vom 24. April 1854.

— § 9. No. 2c., § 13. Restitution wegen neu aufgefundener Urkunden; Taufschein über ein früher geborenes Kind als solche Urkunde in Schwängerungssachen. — Vergl. A. G. O. I. 16. § 17. No. 3.

Rechtsgr. 1336. — I. Senat. 14. Juni 1872. (LXXXV. 241.)

Der Taufschein über ein von der außerehelich Ge=

schwängerten früher geborenes Kind ist an sich für eine Urkunde zu erachten, die ihrem Inhalte nach so beschaffen, daß dadurch die Lage der Hauptsache verändert, und eine von dem verurtheilenden Erkenntnisse im Schwängerungsprozesse abweichende Entscheidung begründet werden kann.

— § 9. No. 2e. Verführung zum Beischlaf des noch nicht volle zwanzig Jahre alten Schwängerers durch die ältere Geschwängerte.

Rechtsgr. 1237. — I. Senat. 14. Dezember 1868. (LXXIII. 166.)

Der § 9. No. 2e. des Gesetzes vom 24. April 1854 setzt nicht als nothwendig voraus, daß die Verführung zum Beischlafe mit demjenigen Beischlafsakte, der nach der gesetzlichen Präsumtion die Schwängerung zur Folge gehabt hat, zusammentreffen muß, vielmehr kommt die Verführung auch dann in Betracht, wenn sie zum Beispiel kurz vor der Konzeptionszeit eines Kindes stattgefunden hat, sofern der durch dessen Mutter Verführte demnächst auch innerhalb dieser Zeit die Beischlafsvollziehung mit ihr fortgesetzt hat.

— § 16. Nichtwesentliche Prozeßvorschrift in diesem Paragraphen.

Rechtsgr. 1238. — I. Senat. 16. September 1870. (LXXVIII. 362.)

Die Vorschrift des § 16. des Gesetzes vom 24. April 1854 — daß der Richter über die Frage, ob ein Eid über den Klagegrund überhaupt zuzulassen, und welcher Partei er aufzuerlegen sei, nach den Umständen erkennen soll — enthält keinesweges einen Rechtsgrundsatz, sondern eine Prozeßvorschrift, welche überdies nicht zu den wesentlichen gehört.

Gesetz vom 9. Mai 1854, betreffend einige Abänderungen des Gesetzes über den Ansatz und die Erhebung der Gerichtskosten vom 10. Mai 1851 (Ges.-Samml. S. 273.)

— Art. 1. Wirkung der Beschlagnahme des Vermögens der in Untersuchung befindlichen Personen aus Art. 1. des Gesetzes vom 9. Mai 1854.

Rechtsgr. 1339. — III. Senat. 10. März 1871. (LXXX. 311.)

Durch die im Art. 1. des Gesetzes vom 9. Mai 1854 in Untersuchungssachen den Gerichten ertheilte Ermächtigung, sobald die Einleitung der Untersuchung oder die definitive Versetzung des Beschuldigten in den Anklagestand beschlossen worden ist, dessen Vermögen, soweit es zur Deckung der Kosten des Verfahrens erforderlich erscheint, mit Beschlag zu belegen, ist ein Titel zum Pfandrechte nicht geschaffen worden; eine hiernach erfolgende Beschlagnahme hat nur die rechtliche Wirkung einer Arrestanlegung.

Gesetz, betreffend die Befugniß der Gläubiger zur Anfechtung der Rechtshandlungen zahlungsunfähiger Schuldner außerhalb des Konkurses für die Landestheile, in welchen das Allgem. Landrecht und die Allg. Gerichts-Ordnung Gesetzeskraft haben, vom 9. Mai 1855 (Ges.-Samml. S. 429.).

— § 1. Wirkung der rechtskräftigen Verurtheilung des debitor excussus auf den im Anfechtungsprozeß verklagten Dritten.

Rechtsgr. 1340. — IV. Senat. 15. Juni 1869. (LXXV. 169.)

Der Gläubiger, welcher gegen seinen Schuldner ein vollstreckbares Erkenntniß ausgewonnen hat, und nunmehr auf Grund des Gesetzes vom 9. Mai 1855 eine Rechtshandlung anfechten will, kann sich dem Dritten gegenüber lediglich auf dieses Erkenntniß stützen.

— §§ 1. 7. No. 1. Anfechtung einer Hypothekbestellung. — Vergl. Konkurs-Ordnung vom 8. Mai 1855 § 393.

Rechtsgr. 1341. — IV. Senat. 7. April 1870. (LXXVIII. 167.)

Die bloße Möglichkeit, daß bei dem Verkaufe eines dem Schuldner gehörigen Grundstückes der exekutionsberechtigte Gläubiger vielleicht keine Befriedigung erlangen werde, berechtigt diesen nicht, einen Vertrag, wodurch der Schuldner einem Dritten Hypothek bestellt, auf Grund des § 7. No. 1. des Anfechtungsgesetzes vom 9. Mai 1855 anzufechten.

— §§ 1. 5. No. 3d., § 7. No. 1. Wirkliche Benachtheiligung des Gläubigers als Voraussetzung des Anfechtungsrechtes aus dem Gesetze vom 9. Mai 1855, insbesondere mit Bezug auf den Verkauf eines dem Schuldner gehörigen Grundstückes. — Vergl. Konkurs-Ordnung vom 8. Mai 1855 § 108. No. 1., §§ 392. 393.

Rechtsgr. 1342. — IV. Senat. 7. April 1870. (LXXVII. 310.)

a) Erst dadurch, daß eine Benachtheiligung des Gläubigers durch die von dem Schuldner vorgenommene Rechtshandlung eintritt, erlangt der Gläubiger das Recht, das ihm an sich zustehende Recht der Anfechtung nach § 1. des Anfechtungsgesetzes vom 9. Mai 1855 im Wege der Klage oder Einrede geltend zu machen.

b) Insbesondere kann die bloße Möglichkeit, daß bei dem Verkaufe eines dem Schuldner gehörigen Grundstückes der exekutionsberechtigte Gläubiger vielleicht keine Befriedigung erlangen werde, denselben nicht berechtigen, einen Vertrag, wodurch der Schuldner einem Dritten Hypothek bestellt, auf Grund des § 7. No. 1. jenes Gesetzes anzufechten.

— §§ 1. 6. Anfechtungsklage wegen judikatmäßig in Raten zu leistender Zahlungen und wegen noch nicht fälliger Raten.

Rechtsgr. 1343. — III. Senat. 27. Januar 1871. (LXXX. 282.)

Es ist nicht erforderlich, daß bei Forderungen, deren Zahlung judikatmäßig in laufenden Monatsraten erfolgen soll, die Anfechtungsklage wegen solcher Forderung auf die bei der Klageanstellung fälligen Raten beschränkt wird.

— § 3. No. 1. 3. Beweislast des Anfechtungsklägers, betreffend die fruchtlose Exekutionsvollstreckung innerhalb eines Jahres vor Anstellung der Klage; Gegenbeweis gegen die Annahme der Vermögensunzulänglichkeit im Anfechtungsprozeß.

Rechtsgr. 1344. — III. Senat. 28. November 1870. (LXXX. 108.)

Der Anfechtungskläger muß beweisen, daß seit der fruchtlos vollstreckten Exekution bis zur Anstellung der Klage noch kein Jahr verflossen ist, nicht aber braucht von dem Gegentheile eingewendet und bewiesen zu werden, daß dieser Zeitraum verstrichen sei.

— §§ 3. 4. Substanziirung der Anfechtungsklage; Gegenbeweis gegen die Annahme der Vermögens-Unzulänglichkeit aus dem § 3. des Anfechtungsgesetzes vom 9. Mai 1855.

Rechtsgr. 1845. — III. Senat. 3. Oktober 1870. (LXXIX. 237.)

a) Die Anfechtungsklage aus dem Gesetze vom 9. Mai 1855 ist nicht schon deshalb als unsubstanziirt zurückzuweisen, weil die Unzulänglichkeit des dem Exekutionsschuldner gehörigen Grundstückes nicht schon in der Klage behauptet ist.

b) Die §§ 3. und 4. des Gesetzes vom 9. Mai 1855 enthalten materielle Gesetzesvorschriften.

c) Plenarbeschluß vom 20. Juni 1870: Gegen die Annahme der Vermögens-Unzulänglichkeit auf Grund des § 3. des Gesetzes vom 9. Mai 1855 kann in dem Prozesse über die Anfechtung einer Rechtshandlung des Schuldners durch Nachweisung geeigneter Vermögens-Objekte desselben ein Gegenbeweis geführt werden.

— §§ 3. 4. No. 3. Beweis der Vermögensunzulänglichkeit eines Grundstücksbesitzers.

Rechtsgr. 1846. — III. Senat. 21. Oktober 1870. (LXXIX. 317.)

Der § 4. No. 3. des Gesetzes vom 9. Mai 1855 findet auch auf solche Grundstücksbesitzer Anwendung, gegen welche die Mobiliar-Exekution fruchtlos vollstreckt, oder deren Vermögens-Unzulänglichkeit nach den Vorschriften des § 3. des Gesetzes als nachgewiesen angenommen werden darf.

§ 4. No. 3., § 5. No. 3. Anfechtungsklage; Vermuthung im § 4. No. 3.

Rechtsgr. 1847. — IV. Senat. 26. September 1872. (LXXXVI. 200.)

Im § 4. No. 3. des Anfechtungsgesetzes vom 9. Mai 1855 ist die Vermuthung aufgestellt, daß der Besitzer eines

Grundstücks nicht unpfandbar sei, daß vielmehr der Gläubiger aus der Substanz oder — und zwar binnen Jahresfrist — aus den Revenüen befriedigt werden könne.

— § 5. No. 3.:

A. Veräußerung im Sinne des Anfechtungsgesetzes vom 9. Mai 1855 § 5. No. 3.; Nichtanfechtbarkeit eines Erbrezesses und Ueberlassung des Erbtheils an einen Miterben auf Grund des § 5. No. 3. des Gesetzes vom 9. Mai 1855. — Vergl. A. L. R. I. 17. § 117.

Rechtsgr. 1848. — IV. Senat. 6. Dezember 1870. (LXXX. 144.)

a) Die Anfechtung aus § 5. No. 3. des Anfechtungsgesetzes vom 9. Mai 1855 ist nur auf freiwillig, nicht aus einem rechtlich zwingenden Grunde vorgenommene Veräußerungen zu beziehen.

b) Ein Erbrezeß und insbesondere die Ueberlassung des Erbtheils an einen Miterben ist der Anfechtung auf Grund des § 5. No. 3. des Anfechtungsgesetzes vom 9. Mai 1855 nicht unterworfen.

B.

Rechtsgr. 1849. — III. Senat. 12. Mai 1871. (LXXXII. 95.)

Handelt es sich um die Anfechtung einer bedingten Veräußerung an eine der im § 5. No. 3. des Gesetzes vom 9. Mai 1855 bezeichneten Personen, so ist die Rechtshandlung, durch welche dieselbe vorgenommen wird, der Vertrag, nicht das Ereigniß, durch welches die Erwerbung vollendet wird oder dauernden Bestand erhält.

— § 5. No. 3., Littr. b. c. d. Anfechtung der Veräußerungsverträge aus § 5. No. 3. des Gesetzes vom 9. Mai 1855.

Rechtsgr. 1850. — IV. Senat. 7. September 1871. (LXXXII. 287.)

Der § 5. No. 3. des Anfechtungsgesetzes vom 9. Mai 1855 setzt in den Fällen unter Littr. b. c. und d. eine zur Zeit der Veräußerung bereits bestandene Ehe voraus, und findet in diesen Fällen selbst dann keine Anwendung, wenn die Veräußerung nur unter der Bedingung der noch abzuschließenden und später geschlossenen Ehe geschehen ist.

— § 5. No. 3., §§ 9. 10.

Rechtsgr. 1351. — III. Senat. 16. Dezember 1870. (LXXX. 186.)

Selbst eine Veräußerung zum wahren Werthe fällt unter die die Gläubiger benachtheiligenden Rechtshandlungen, wenn sich ihnen nicht der Kaufpreis ebenso sicher, wie die verkaufte Sache, als Befriedigungsgegenstand darbietet.

— § 5. No. 3., § 13.:

A. Anfechtung der Veräußerungen des Schuldners an seine nahen Verwandten und Anspruch derselben auf Erstattung ihrer Gegenleistung.

Rechtsgr. 1352. — III. Senat. 19. Februar 1869. (LXXIV. 38.)

Können die im § 5. No. 3. des Gesetzes vom 9. Mai 1855 bezeichneten nahen Angehörigen nicht die Anfechtung selbst durch den ihnen zugelassenen Nachweis von Umständen, aus denen zu entnehmen ist, daß sie um die Absicht des Schuldners, seinen Gläubiger zu bevortheilen, nicht gewußt haben, abwenden, so fällt für sie auch der Anspruch, daß sie nur gegen Erstattung des von ihnen an den Schuldner Geleisteten das Empfangene behufs Befriedigung des mit Erfolg anfechtenden Gläubigers zurückgewähren müßten.

B. Anfechtung einer Veräußerung, welche nur theilweise zum Zweck der Tilgung einer bestehenden Schuld erfolgt.

Rechtsgr. 1353. — IV. Senat. 21. September 1869. (LXXVI. 182.)

a) Wenn auch davon ausgegangen wird, daß eine Veräußerung, welche zum Zwecke der Tilgung einer bestehenden Schuld erfolgt, der Anfechtung auf Grund des § 5. des Gesetzes vom 9. Mai 1855 nicht unterliegt, so kann doch dieser Grundsatz dann keine Anwendung finden, wenn die Veräußerung nur theilweise zu dem Zwecke erfolgt, eine bestehende Schuld zu tilgen, theilweise aber eine unter den Gesichtspunkt des § 5. No. 3. a. a. O. fallende Veräußerung vorliegt.

b) In einem solchen Falle unterliegt die Veräußerung vielmehr der Anfechtung, und soweit durch die Veräußerung eine Zahlung bewirkt war, tritt die Forderung, deren Tilgung durch die Veräußerung bezweckt war, wieder in Kraft.

— § 10. Anfechtungsklage; Ablauf der zweijährigen Anfechtungsfrist.

Rechtsgr. 1354. — IV. Senat. 20. November 1873. (XC. 303.)

Wenn vermittelst der Judikatsklage auf Grund eines rechtskräftigen, nicht mehr exekutionsfähigen Erkenntnisses ein neues exekutionsfähiges Erkenntniß erstritten wird, so ist damit zwar das Recht auf Exekution, nicht aber das Recht auf Anfechtung eines in der Zwischenzeit von dem Schuldner abgeschlossenen Veräußerungsvertrages wieder neu erstanden.

— §§ 12. 13. Anfechtung der Rechtshandlungen aus dem Gesetze vom 9. Mai 1855; Verbindung der Entschädigungsklage mit der Anfechtungsklage. — Vergl. Konkurs-Ordnung § 106.

Rechtsgr. 1355. — IV. Senat. 19. November 1872. (LXXXVII. 74.)

Mit der auf die Ungültigkeits-Erklärung des abgeschlossenen Rechtsgeschäftes gerichteten einfachen Anfechtungsklage kann eine Entschädigungsklage gegen den schlechtgläubigen ersten Erwerber in dem Falle kumulirt werden, wenn dieser die vom Schuldner empfangene Sache weiter veräußert hat und sich deshalb zu deren Rückgewähr in das Vermögen des Schuldners außer Stande befindet.

— §§ 12—16. Gerichtsstand bei der Anfechtungsklage aus dem Gesetze vom 9. Mai 1855 bei Anfechtung eines über ein Grundstück abgeschlossenen Kaufvertrages; Charakter des bei Anfechtung eines Geschäfts nach dem Gesetz vom 9. Mai 1855 zwischen Gläubiger einerseits und dem Schuldner und dessen Kontrahenten andererseits hervortretenden Rechtsverhältnisses. — Vergl. A. G. O. I. 2. §§ 12—16.

Rechtsgr. **1356**. — IV. Senat. 29. Oktober 1868. (LXXV. 10.)

a) Die Klage aus dem Gesetze vom 9. Mai 1855, wenn sie auf Anfechtung eines über ein Grundstück geschlossenen Kaufvertrages gerichtet ist, kann gegen den Schuldner und gegen dessen Mitkontrahenten, den Besitzer des Grundstücks, nicht in dem Gerichtsstande des letzteren angestellt werden.

b) Das bei Anfechtung eines Geschäfts nach dem Gesetze vom 9. Mai 1855 zwischen dem Gläubiger einerseits und dem Schuldner und dessen Kontrahenten andererseits hervortretende Rechtsverhältniß hat die Natur eines rein persönlichen; es ermangelt der Anfechtungsanspruch selbst, nach Grund, Zweck und Erfolg, der wesentlichen Kriterien der Vindikation.

— §§ **16**. und **16**. No. **2**. Anfechtungsklage gegen einen dritten Besitzer, namentlich Ehegatten, nahe Verwandte oder Verschwägerte als dritte Besitzer.

Rechtsgr. **1357**. — IV. Senat. 10. September 1872. (LXXXV. 334.)

a) Voraussetzung für die Anwendung des § 16. des Anfechtungsgesetzes vom 9. Mai 1855 ist, daß aus dem Vermögen des zahlungsunfähigen Schuldners durch eine der Anfechtung unterliegende Rechtshandlung ein Objekt veräußert worden, und daß dieses Vermögensobjekt in den Besitz des Dritten unter solchen Umständen gelangt ist, daß auch gegen den letzteren das Anfechtungs- und Rückforderungsrecht des Gläubigers Platz greifend ist.

b) Zur Begründung der Anfechtungsklage im Falle des § 16. No. 2. des Anfechtungsgesetzes vom 9. Mai 1855 ist unbedingt der Nachweis erforderlich, daß das Rechtsgeschäft, durch welches die Sache aus dem Vermögen des Schuldners fortgegeben worden, ein fraudulöses gewesen, und wenn hierbei auch der Gläubiger von dem Beweise befreit ist, daß der dritte Besitzer particeps fraudis des Schuldners ist, so kann doch der dritte Besitzer zur Führung des die desfallsige Vermuthung widerlegenden Gegenbeweises immer nur dann erst verpflichtet sein, wenn ihm bewiesen worden, daß die Sache, deren Herausgabe von ihm gefordert wird, durch ein frauduloses Rechtsgeschäft aus dem Vermögen des Schuldners herausgegangen ist.

— § 17. Bedeutung dieses Paragraphen.

Rechtsgr. 1858. — IV. Senat. 13. Mai 1873. (LXC. 163.)

Der § 17. des Anfechtungsgesetzes vom 9. Mai 1855 sanktionirt zwar die freie richterliche Beweiswürdigung, bringt aber in Ansehung der Pflicht einer Prozeßpartei, das einem erhobenen Anspruche oder Einwande zu Grunde liegende thatsächliche Material unter Angabe von Beweismitteln klar und bestimmt vorzutragen, keine Aenderung hervor.

Ergänzungsgesetz über die Verpflichtung zur Armenpflege und Aufnahme neu anziehender Personen, vom 21. Mai 1855 (Ges.-Samml. S. 312.). — Feststellung des Zeitpunktes der Verarmung nach Art. 1. des Gesetzes vom 21. Mai 1855.

Rechtsgr. 1859. — I. Senat. 28. Februar 1870. (LXXIX. 59.)

a) Zur Anwendung des Art. 1. des Ergänzungsgesetzes über die Verpflichtung zur Armenpflege und der Aufnahme neu anziehender Personen vom 21. Mai 1855 kommt es nicht lediglich auf die Gewährung einer öffentlichen Unterstützung an, vielmehr wesentlich nur, ein äußerlich erkennbares deutliches Merkmal des Bedürfnisses der öffentlichen Unterstützung festzustellen.

b) Als ein solches Merkmal ist das ausdrücklich ausgesprochene Anerkenntniß der kompetenten Behörde und die Anordnung der Fürsorge zu betrachten, und kommt es in einem solchen Falle nicht wesentlich darauf an, wenn aus irgend einem Zufall oder einem Versehen die wirkliche Gewährung unterblieben oder erst später erfolgt sein sollte.

Landgemeinde-Ordnung für die Provinz Westphalen vom 19. März 1856 (Ges.-Samml. S. 265.).

— §§ 78. 79. Berechnung der Schulbeiträge in der Gemeindesteuer und Beitreibung derselben; Ausschließung des Rechtsweges dagegen, — nach der Landgemeinde-Ordnung für die Provinz Westphalen.

Rechtsgr. 1360. — II. Senat. 7. Januar 1869. (LXXIII. 213.)

a) Nach der Landgemeinde-Ordnung für die Provinz Westphalen ist die Gemeindevertretung befugt, mittelst besonderen, durch die Regierung genehmigten Beschlusses die Verpflichtung zur Bestreitung der Schulbedürfnisse auf den Haushaltsetat der politischen Gemeinde zu übernehmen und die zur Erfüllung dieser Verpflichtung erforderlichen Beträge in die den sämmtlichen Kommunalsteuerpflichtigen zu berechnende und von denselben einzuziehende Gemeindesteuer mit aufzunehmen.

b) Gegen diese Art der Besteuerung findet Seitens der Beitragspflichtigen, namentlich auch Seitens der herangezogenen Forensen, die Beschreitung des Rechtsweges nicht statt.

Gesetz, betreffend die Landgemeinde-Verfassungen in den sechs östlichen Provinzen der Preußischen Monarchie, vom 14. April 1856 (Ges.-Samml. S. 359.).

— § 10. No. 2. Form der Gemeinde-Jagd-Verpachtungsverträge nach der Landgemeinde-Ordnung vom 14. April 1856.

Rechtsgr. 1361. — II. Senat. 22. Oktober 1872. (LXXXVI. 289.)

Zur Rechtsverbindlichkeit eines von einer ländlichen Gemeindebehörde abgeschlossenen Jagdverpachtungs-Vertrages ist in den sechs östlichen Provinzen der Monarchie außer der Unterschrift des Schulzen auch die der sämmtlichen Gemeinde-Schöppen sowie die Beidrückung des Amtssiegels erforderlich.

— § 10. No. 3. Erfordernisse einer Gemeindevollmacht.

Rechtsgr. 1362. — II. Senat. 20. Mai 1873. (XC. 193.)

Eine Gemeindevollmacht, welche thatsächlich den Erforderniſſen des § 10. No. 3. des Geſetzes vom 14. April 1856 entſpricht, iſt für eine legale und jedem Dritten gegenüber verbindliche zu achten.

Geſetz vom 4. Juni 1856, betreffend die Abſchätzung von Landgütern zum Behufe der Pflichttheilsberechnung in der Provinz Weſtphalen. — § 1.

Rechtsgr. 1363. — I. Senat. 27. Juni 1873. (LXXXIX. 124.)

Das Geſetz vom 4. Juni 1856, betreffend die Abſchätzung von Landgütern zum Behufe der Pflichttheilsberechnung in der Provinz Weſtphalen, iſt nicht nur in dem Falle anzuwenden, daß die Zuwendung des Beſitzers wegen Verletzung im Pflichttheile angefochten wird, ſondern in allen Fällen, wo gegenüber d. i. beim Vorhandenſein einer Verfügung des Beſitzers ein Pflichttheilsberechtigter auf ſeine Abfindung wegen des ihm geſetzlich zuſtehenden Pflichttheilsrechtes Anſpruch macht.

Geſetz vom 16. April 1860 (Geſ.-Samml. S. 165.). — §§ 1. 2. Eheliche Gütergemeinſchaft in Weſtphalen aus dem Geſetze vom 16. April 1860; unzuläſſige Aufſtellung einer Vermuthung dafür. — Vergl. A. G. O. I. 13. § 28.

Rechtsgr. 1364. — IV. Senat. 27. Februar 1873. (LXXXVIII. 175.)

Die Annahme, daß nach den §§ 1. 2. des Geſetzes vom 16. April 1860 alle in der Provinz Weſtphalen außerhalb des Herzogthums Weſtphalen wohnenden Eheleute als in der durch jenes Geſetz eingeführten Gütergemeinſchaft lebend anzuſehen ſeien, ſo lange nicht das Gegentheil erwieſen, enthält die unzuläſſige Aufſtellung einer Vermuthung.

— § 3. Befugniß der gütergemeinſchaftlichen Ehefrau, der hypothekariſchen Eintragung von rechtskräftig gegen den Ehemann feſtgeſtellten Schulden, welche vom Manne dem Zwecke der Ehe zuwider und zur Vernichtung der Gütergemeinſchaft gemacht ſind, zu widerſprechen und die Löſchung ſolcher Hypotheken zu begehren.

Rechtsgr. 1365. — III. Senat. 2. Juli 1869. (LXXV. 230.)

Die unter der Herrschaft des Gesetzes vom 16. April 1860 lebende gütergemeinschaftliche Ehefrau ist befugt, der hypothekarischen Eintragung von rechtskräftig gegen den Ehemann festgestellten Schulden, welche von dem Manne dem Zwecke der Ehe zuwider und zur Vernichtung der Gütergemeinschaft gemacht sind, auf die gütergemeinschaftlichen, respektive von ihr eingebrachten Grundstücke zu widersprechen und die Löschung solcher Hypotheken zu begehren.

Gesetz No. 5381. vom 21. Mai 1861, betreffend die für die Aufhebung der Grundsteuer und Bevorzugungen zu gewährende Entschädigung. (Ges.-Samml. S. 327.)

— **§§ 1. ff. 21.** Beginn der Gesetzeskraft des Gebäudesteuergesetzes vom 21. Mai 1861; Berechtigung zur Entschädigung nach § 21. dieses Gesetzes. — Vergl. Gesetz No. 5379 vom 21. Mai 1861 § 3. (Ges.-Samml. S. 253.)

Rechtsgr. 1366. — I. Senat. 2. Mai 1870. (LXXVIII. 190.)

a) Das Gesetz No. 5380. vom 21. Mai 1861, betreffend die Einführung einer allgemeinen Gebäudesteuer, ist erst mit dem 1. Januar 1865 in Kraft getreten.

b) Für die Berechtigung zu der im § 21. des Gebäudesteuergesetzes vom 21. Mai 1861 festgesetzten Entschädigung ist der 1. Januar 1865 maaßgebend.

— **§§ 1—23. 29. 30.** Rechtliche Natur des Anspruches auf Entschädigung für die Aufhebung der Grundsteuerbefreiung; Person des Berechtigten. — Vergl. Gesetz vom 21. Mai 1861, betreffend die anderweitige Regelung der Grundsteuer, §§ 1. 3 — 5. 11. (Ges.-Samml. S. 252.); Anweisung des Finanzministers vom 17. März 1867 §§ 3. 31—33. (Beilage zum 16. Stücke des Amtsblattes der Königlichen Regierung zu Potsdam von 1867); Gesetz vom 21. Mai 1861, betreffend die Einführung einer allgemeinen Gebäudesteuer, § 2. zu 5., § 21. zu 2. (Ges.-Samml. S. 317.); A. L. R. Einl. §§ 70. 75. 100., I. 2. §§ 42. ff. 107. 125., 6. §§ 1. ff. 10. ff., 11. § 393., 13. §§ 230. 262., 16. § 381.

Rechtsgr. 1367. — III. Senat. 4. März 1870. (LXXVII. 256.)

a) Die im § 4. des Entschädigungsgesetzes vom 21. Mai 1861 bewilligte Entschädigung hat lediglich die rechtliche Natur einer persönlichen Forderung desjenigen Gutsbesitzers, welcher genöthigt wurde, dem Staate sein bisheriges Recht oder den bisher genossenen Vortheil zum Opfer zu bringen. Nur diejenigen, welche bis zum 1. Januar 1865 und um diese Zeit im Eigenthumsbesitze der bezüglichen Güter sich befanden, hat das Gesetz entschädigen wollen.

b) Hat der Singular-Successor eines solchen Besitzers als legitimirter Gutsbesitzer die Entschädigung aus der Staatskasse erhoben, so würde er sich mit dem Schaden seines Vorbesitzers bereichern, wenn er das Objekt der Entschädigung lediglich deshalb, weil das Gesetz ihn zu dessen Erhebung bei der Staatskasse ermächtigt hat, behalten und dadurch dem Vorbesitzer entziehen wollte.

— §§ 2. 3. 23. 24. Gerichtsstand des Fiskus bei Geltendmachung des Entschädigungsanspruches wegen der entzogenen Grundsteuerbefreiung, nach § 2. des Gesetzes vom 21. Mai 1861. — Vergl. A. G. O. I. 2. §§ 111. ff.

Rechtsgr. 1368. — I. Senat. 16. April 1869. (LXXIV. 224.)

Die in dem § 2. des Gesetzes No. 5381. vom 21. Mai 1861, betreffend den für die Aufhebung der Grundsteuerbefreiung und Bevorzugungen zu gewährende Entschädigung, den Besitzern ländlicher oder städtischer Grundstücke zugesicherte Entschädigung ist nur ein persönlicher Anspruch des derzeitigen Besitzers gegen den Fiskus und kann nur bei demjenigen Gerichte erster Instanz, in dessen Bezirk die den Fiskus vertretende Behörde ihren Sitz hat, geltend gemacht werden.

— § 3. Grundsteuer der mit Abgaben an den Domänen- oder Forstfiskus belasteten Grundstücke.

Rechtsgr. 1369. — I. Senat. 5. September 1870. (LXXIX. 170.)

Das Alinea 5. des Gesetzes, betreffend die für die Aufhebung der Grundsteuerbefreiung und Bevorzugung zu gewährende Entschädigung, vom 21. Mai 1861 bestimmt über die Fälle der Alinea 2—4., wenn in den Domänen-Abgaben des Grundstücks eine Grundsteuer enthalten gewesen ist, mag letztere auch später ausgesondert sein.

— §§ 4. 23. Berechtigung zur Grundsteuer-Entschädigung bei dem Lehnsherrn gegenüber allodifizirten Lehngütern. — Vergl. A. L. R. I. 18. § 17.

Rechtsgr. 1370. — I. Senat. 28. Juni 1872. (LXXXV. 295.)

Bei Lehngütern, die dem Lehnsherrn gegenüber allodifizirt sind, ist als der durch Heranziehung des Gutes zur Grundsteuer Beschädigte nicht der einzelne Lehngutsbesitzer, in dessen Besitzzeit der 1. Januar 1865 getroffen hat, sondern die ganze lehnsberechtigte Familie anzusehen.

— § 13. Wirkung der Eintragung des Anspruches auf Grundsteuerbefreiung in's Hypothekenbuch auf die im § 13. des Gesetzes No. 5381. vom 21. Mai 1861 angedrohte Präklusion.

Rechtsgr. 1371. — I. Senat. 4. November 1870. (LXXIX. 336.)

Gegen die im § 13. des Gesetzes vom 21. Mai 1861 (betreffend die für die Aufhebung der Grundsteuerbefreiung und Bevorzugungen zu gewährende Entschädigung) angedrohte Präklusion mit den Ansprüchen auf Entschädigung kann sich der Grundstücksbesitzer durch Berufung auf den in einer in das Hypothekenbuch des berechtigten Gutes eingetragenen Kontraktbestimmung sich gründenden Rechtstitel seines Anspruches auf Grundsteuerbefreiung nicht schützen.

Gesetz vom 24. Mai 1861, betreffend die Erweiterung des Rechtsweges. (Ges.-Samml. S. 241.)

— § 2. Bedeutung der „Entscheidung des Verwaltungschefs“ im § 2. des Gesetzes vom 24. Mai 1861, betreffend die Erweiterung des Rechtsweges; Beamten-Pension.

Rechtsgr. 1372. — I Senat. 21. Mai 1869. (LXXV. 64.)

a) Im § 2. des Gesetzes vom 24. Mai 1861, betreffend die Erweiterung des Rechtsweges:

„Die Entscheidung des Verwaltungschefs muß, mit Ausnahme des Falles, wo ein Beamter durch eine von der Oberrechnungskammer getroffene Festsetzung verkürzt zu sein glaubt, der Klage vorhergehen, und letztere sodann, bei Verlust des Klagerechtes, innerhalb sechs Monaten, nachdem dem Beamten die Entscheidung des Verwaltungschefs oder die Festsetzung der Oberrechnungskammer bekannt gemacht worden, angebracht werden",

ist unter „Entscheidung" nicht nur diejenige Verfügung des Verwaltungschefs zu verstehen, welche nach Anhörung des Betheiligten über seine Beschwerde erfolgt ist.

b) Nach der wörtlichen Bedeutung dieses Ausdruckes ist bei demselben nur an diejenigen Verfügungen des obersten Vorgesetzten zu denken; durch welche definitiv, d. h. mit voller Bestimmtheit, so daß kein Zweifel aufkommen kann, daß hierdurch die Höhe des vermögensrechtlichen Anspruches des Staatsbeamten aus seinem Dienstverhältniß fortgesetzt sein soll, der Betrag desselben in einer gewissen Summe Geldes ausgedrückt worden ist.

— §§ 11—14. Rechtsweg bei Stempelabgaben; Bedeutung des § 14. des Gesetzes vom 24. Mai 1861.

Rechtsgr. 1373. — I. Senat. 3. März 1871. (LXXXI. 201.)

Bei der Schlußbestimmung des § 14. des Gesetzes über die Erweiterung des Rechtsweges vom 24. Mai 1861:

— andernfalls ist das im Civilprozesse ergangene Endurtheil für die Untersuchung maaßgebend —

ist als selbstverständlich vorausgesetzt, daß der Prozeßrichter gleichfalls für die Beurtheilung seiner Kompetenz wie des Klagerechts den § 14. als maaßgebend anzusehen hat, also auch die in demselben enthaltene Vorschrift, daß, wenn der zur Untersuchung Gezogene die ihm vom Strafrichter gestellte Frist nicht inne hält, oder ausdrücklich oder stillschweigend von der Klage absteht, deren Wiederaufnahme oder wiederholte Anstellung unstatthaft ist.

Feuersozietäts-Reglement für die Provinz Posen vom 9. September 1863 (Ges.-Samml. S. 577.).

— Im Allgemeinen und §§ 42. ff. Grundsätze des materiellen Rechts im revidirten Reglement für die Feuer-Sozietät der Provinz Posen vom 9. September 1863; Wirkung der Verurtheilung des Versicherten wegen vorsätzlicher Brandstiftung auf die Verpflichtung zur Rückzahlung bereits empfangener Brandentschädigungsgelder nach diesem Reglement. — Vergl. Verordnung vom 14. Dezember 1833 § 4. No. 1. (Ges.-Samml. S. 302.); A. G. O. Einl. § 1., I. 13. §§ 9. ff., 16. § 24., 35. § 73.; A. L. R. I. 6. §§ 25. ff.; Strafgesetzbuch § 6.; Kriminal-Ordnung § 392.; Verordnung vom 3. Januar 1849 § 22. (Ges.-Samml. S. 14.); Gesetz vom 3. Mai 1852 Art. 95. (Ges.-Samml. S. 209.)

Rechtsgr. 1374. — IV. Senat. 1. April 1869. (LXXIV. 159.)

a) Das durch Allerhöchsten Kabinets-Erlaß vom 9. September 1863 genehmigte, durch die Gesetz-Sammlung publizirte revidirte Reglement für die Feuersozietät der Provinz Posen enthält Grundsätze des materiellen Rechts, deren Verletzung nach § 4. No. 1. der Verordnung vom 14. Dezember 1833 einer Nichtigkeitsbeschwerde zu Grunde gelegt werden kann.

b) Nach den Grundsätzen des Feuersozietäts-Reglements für die Provinz Posen vom 9. September 1863 §§ 42. ff. fällt bei der Verurtheilung der Versicherten durch den Kriminalrichter wegen vorsätzlicher Brandstiftung nicht nur die Verbindlichkeit der Sozietät zur Zahlung der noch rückständigen Brandschadenvergütigung fort, vielmehr ist der Versicherte auch zur Rückzahlung der bereits empfangenen Versicherungsgelder verpflichtet, ohne daß die

Gesellschaft hier im Kriminalprozeß darzuthun hätte, der Versicherte habe den Brandschaden vorsätzlich veranlaßt.

Gesetz vom 3. Februar 1864.
— Art. 15. No. 3. und 4. Charakter des Ausbietens einer Sache zur Lizitation; Recht des Meistbietenden auf Ertheilung des Zuschlages nach dem Verfahren im Bezirk des Justiz-Senats zu Ehrenbreitstein. — Vergl. Subhastations-Ordnung vom 15. März 1869 §§ 32. ff. (Ges.-Samml. S. 428.)

Rechtsgr. 1375. — V. Senat. 12. Januar 1869. (LXXIII. 242.)

a) Das Ausbieten einer Sache zur Lizitation bildet nur eine Einladung zur Mitbetheiligung bei der Subhastation, und es stellt, dem entsprechend, das Bieten nur eine Offerte dar, die der Annahme bedarf, ehe von einem zweiseitigen Vertrage die Rede sein kann. Diese Annahme ist der Zuschlag, die, sei es von dem kraft gesetzlicher Ermächtigung als Verkäufer auftretenden Extrahenten der Subhastation, sei es von dem den Zwangsverkauf dirigirenden Richter, ertheilte Erklärung, daß das Meistgebot angenommen und der Verkauf abgeschlossen sei.

b) Das Recht des Meistbietenden auf Ertheilung des Zuschlages ist seiner Natur nach nur ein relatives, bedingtes; es bezieht sich auf den Abschluß des Verfahrens und schützt den Meistbietenden gegen unbefugte Weiterungen und Widersprüche des Subhastaten und Dritter, sowie gegen Beanstandungen, die an das Verhältniß zwischen dem Meistgebote und dem Taxwerthe geknüpft werden können. Keineswegs hat dieses Recht aber die Tragweite, daß daraus dem Extrahenten gegenüber ein Zwang auf Ertheilung des Zuschlages unter allen Umständen sich begründen ließe.

Gesetz vom 27. April 1867 (Ges.-Samml. S. 501.).
— § 5. Umwandlung einer Sozietät in eine juristische Person; Passivlegitimation dieser juristischen Person dem Gläubiger der Sozietät

gegenüber; Umwandlung bestehender Genossenschaften in die Form der eingetragenen Genossenschaften.

Rechtsgr. 1376. — IV. Senat. 17. November 1870. (LXXX. 54.)

a) Sowohl für das Gemeine als das Preußische Recht gelten folgende Rechtsgrundsätze:

„Wandelt sich eine bestehende Sozietät mit ihrem, wenn auch den jetzt vorhandenen Mitgliedern zustehenden Vermögen in activis und passivis in Fortsetzung ihres ursprünglichen Zweckes in eine juristische Person um, so ist diese Umwandlung innerhalb der Grenzen der alten Sozietät und der einer juristischen Person als rechtsverbindlich anzuerkennen.

Dem Gläubiger einer solchen Sozietät kann von der neuen juristischen Person nicht der Einwand der mangelnden Passivlegitimation, und vom Schuldner nicht der Einwand der mangelnden Aktivlegitimation entgegen gestellt werden.

b) Dies gilt auch für Genossenschaften, welche vor dem Gesetz vom 27. April 1867 sich gebildet und sodann auf Grund des Gesetzes die Rechte eingetragener Genossenschaften erlangt habe.

Verfassung des Norddeutschen Bundes.

— Art. 3. Aufhebung des Unterschiedes zwischen Staatsangehörigen und anderen Personen in Betreff prozessualischer Behandlung von Rechtsstreitigkeiten und des Gerichtsstandes.

Rechtsgr. 1377. — IV. Senat. 24. Januar 1871. (LXXXI. 99.)

Durch Art 3. der Norddeutschen Bundesverfassung sind die Unterschiede aufgehoben, welche nach den Gesetzen einzelner Bundesstaaten von deren Gerichten bei der prozessualischen Behandlung der Recht nehmenden Parteien zwischen Staatsangehörigen und anderen Personen gemacht werden sollen, und es fallen namentlich die Unterschiede fort, welche nach Partikulargesetzen in dieser Richtung für die Bestimmung des Gerichtsstandes gelten.

Gesetz, betreffend die subsidiarische Haftung des Brennerei-Unternehmers für Zuwiderhandlungen gegen die Branntweinsteuergesetze durch Verwalter, Gewerbsgehülfen und Hausgenossen, vom 8. Juli 1868 (Bundesgesetz-Blatt S. 404.).

— §§ **2. 3.** Branntweinsteuerdefraudation; subsidiarische Haftung des Brennerei-Unternehmers.

Rechtsgr. **1378.** — IV. Senat. 21. Januar 1873. (**LXXXIX.** 11.)

Die Berechnung der Branntweinsteuer nach dem steueramtlich festgestellten Inhalt der Brennereigefäße enthält keine Vermuthung im Sinne der §§ 2. und 3. des Gesetzes vom 8. Juli 1868 über die subsidiarische Haftung des Brennerei-Unternehmers.

Subhastations-Ordnung vom 15. Mai 1869 (Ges.-Samml. S. 421.).

— §§ **9. 10.** Wirkung der Einleitung der Subhastation auf die Befugniß des Subhastaten, über das Grundstück zu verfügen, namentlich dasselbe zu verpachten. — Vergl. A. L. R. I. **20.** §§ 443. ff. 475.; A. G. O. I. **7.** § 48c., **24.** § 9.

Rechtsgr. **1379.** — III. Senat. 2. Oktober 1871. (**LXXXIV.** 8.)

a) Die mit der Einleitung der Subhastation verbundene Beschlagnahme des Grundstückes zielt auf den Schutz der Gläubiger gegen alle ihnen nachtheiligen, ihre Sicherheit schmälernden, ihre Befriedigung aus dem zu erwartenden Erlöse beeinträchtigenden Dispositionen ab.

b) Zu solchen Dispositionen gehören die gewöhnlichen Verwaltungs- und Wirthschaftsmaaßregeln nicht, vielmehr darf der Besitzer des Grundstücks nach Einleitung der Subhastation, ohne Hinzutritt der Sequestration, die ihm die Verwaltung entzieht, die Früchte und Nutzungen zum eigenen Unterhalte, zur Fortsetzung der Wirthschaft, zur Bezahlung der Abgaben und Zinsen der Hypothekenschulden fortbeziehen.

c) Verpachtungen, welche nach Einleitung der Subhastation vom Besitzer vorgenommen worden, sind dagegen zu den den Hypothekengläubigern nachtheiligen und deshalb ihnen gegenüber unwirksamen Dispositionen zu zählen.

— §§ 9. 65. Unzulässigkeit der Ueberweisung des Anspruches auf die vorausbezahlten Pachtgelder an die ausgefallenen Hypothekengläubiger von Seiten des Subhastations-Richters; Beschlagnahme des Grundstückes mit der Einleitung der Subhastation. — Vergl. Konkurs-Ordnung vom 8. Mai 1855 § 57.

Rechtsgr. 1380. — III. Senat. 14. Oktober 1872. (LXXXVI. 269.)

a) Es steht nicht in den Befugnissen des Subhastationsrichters, dem ausgefallenen Hypothekengläubiger den Anspruch auf die vorausbezahlten Pachtgelder zu überweisen.

b) Die Beschlagnahme des Grundstücks liegt schon in der Einleitung der Subhastation, nicht erst in der Eintragung des Subhastationsvermerkes.

— § 13. No. 7. Subhastation; Einfluß der Präklusoria auf Gebrauchs- und Nutzungsrechte.

Rechtsgr. 1381. — III. Senat. 18. November 1872. (LXXXVII. 46.)

Bei der nothwendigen Subhastation werden mit dem Besitze der Sache verbundene Gebrauchs- und Nutzungsrechte, die nicht eingetragen und nicht angemeldet sind, selbst dann von der Präklusion betroffen, wenn dem Ersteher ihre Existenz bei Abgabe des Gebotes bekannt gewesen ist.

— §§ 60 ff. Das Verfahren über das Aufgebot von Spezialmassen und der Prioritätsstreit als ein Prozeß mit dem zum Grunde liegenden Subhastationsprozeß. — Vergl. Subhastations-Verordnung vom 4. März 1834 §§ 16. 17. (Ges.-Samml. S. 39.); Verordnung vom 21. Oktober 1838 (Ges.-Samml. S. 498); Konkurs-Ordnung vom 8. Mai 1855 §§ 383. ff.

Rechtsgr. 1382. — III. Senat. 16. Februar 1872. (LXXXIV. 213.)

Das Verfahren über das Aufgebot von Spezialmassen, das sich in und aus einer Subhastation entwickelt, und der sich anschließende Rechtsstreit zwischen den Prätendenten ist als innerhalb des Rahmens und der Grenzen des Subhastationsverfahrens liegend, und deshalb in formeller

Beziehung mit diesem einen und denselben Prozeß bildend anzusehen.

— §§ 64. ff. Geltendmachung der Forderungen im Kaufgelderbelegungstermin; Folgen der Nichtgeltendmachung.

Rechtsgr. 1383. — IV. Senat. 27. Februar und 6. März 1873. (LXXXVIII. 233.)

Nur solche Ansprüche sind zu berücksichtigen, welche im Kaufgelderbelegungstermine geltend gemacht werden. Einer Entsagung bedarf es nicht, sondern wer im Kaufgelderbelegungstermine Ansprüche an die Kaufgelder nicht erhebt, ist nicht berechtigt, dieselben nach vollständig und unbedingt erfolgter Vertheilung der Kaufgelder geltend zu machen.

— § 66. Alinea 2. Nothwendige Subhastation; Uebernahme und Berechnung des auf dem subhastirten Gute haftenden Pfandbriefskapitals.

Rechtsgr. 1384. — III. Senat. 24. Mai 1872. (LXXXV. 168.)

Den Subhastations-Interessenten gegenüber, welche unverkürzte Belegung des in Kurant bedungenen Meistgebots zu beanspruchen haben, kann der Adjudikatar für das übernommene Pfandbriefskapital nur denjenigen Betrag als Zahlung anrechnen, mit welchem die zur Tilgung desselben erforderlichen Pfandbriefe beschafft werden konnten.

— § 68. Nothwendige Subhastation; nachträgliche Anfechtung der Kaufgeldervertheilung.

Rechtsgr. 1385. — III. Senat. 26. Mai 1873. (XC. 203.)

Wenn bei der Subhastation eines Grundstücks die Ansprüche eines Realgläubigers auf Zinsrückstände und Kosten wegen seines Ausbleibens im Kaufgelderbelegungstermine nicht berücksichtigt worden sind, so ist es ihm nicht schlechthin gestattet, die im Kaufgelderbelegungstermine erfolgte Vertheilung gegen die Betheiligten nachträglich anzufechten.

Das Gesetz hat nur die Frage, ob nach den allgemeinen Grundsätzen, insbesondere unter den Voraussetzungen der condictio indebiti oder der Bereicherungsklage, ein Rückforderungsrecht Statt habe, offen gelassen.

— **§ 72.** Anfechtung von Liquidaten im Subhastationsverfahren; Frist des § 72. der Subhastations-Ordnung.

Rechtsgr. **1386.** — III. Senat. 5. September 1873. (LXXXIX. 195.)

Die Frist des § 72. der Subhastations-Ordnung präkludirt nur für das Subhastationsverfahren; die Kaufgelderbelegung und Vertheilung mit ihrer Wirkung entzieht dem Betheiligten nicht das Recht, nachträglich im Separatprozesse den Anspruch auf Herausgabe, beziehungsweise Erstattung des zu seinem Nachtheile von einem andern Subhastations-Interessenten aus den Kaufgeldern Erhobenen geltend zu machen.

— **§§ 112. 113.** Nothwendige Subhastation theilungshalber; Berechtigung des Käufers zur Deposition eines Theiles der Kaufgelder. — Vergl. A. L. R. I. **11.** § 222.

Rechtsgr. **1387.** — III. Senat. 15. November 1872. (LXXXVII. 27.)

a) Bei der nothwendigen Subhastation theilungshalber stehen sämmtliche Miteigenthümer gleichmäßig als Verkäufer dem Käufer gegenüber.

b) Die Hypotheken, deren Stehenbleiben auf dem Grundstücke im Kaufgelderbelegungstermin sich ergiebt, sind als Ansprüche Dritter an die Sache im Sinne des § 222. I. 11. des Allgem. Landrechts zu erachten, deren Hervortreten vor der Bezahlung des Kaufgeldes den Käufer berechtigt, einen verhältnißmäßigen Theil des Kaufgeldes zurückzubehalten und gerichtlich niederzulegen.

— **§§ 115. 66.** Bedeutung des § 115.

Rechtsgr. **1388.** — IV. Senat. 29. Februar 1872. (LXXXIV. 255.)

Die Wortfassung des § 115. der Subhastations-Ordnung vom 15. März 1869, welcher vorschreibt:

„Das gegenwärtige Gesetz tritt mit dem 1. Mai 1869 in Kraft. Ist jedoch zu diesem Zeitpunkte eine Subhastation bereits eingeleitet, so ist dieselbe nach den bisherigen Vorschriften zu Ende zu führen“,

spricht dafür, daß die Beibehaltung der bisherigen Vorschriften für die vor dem 1. Mai eingeleiteten Subhastationen sich nur auf die formelle Behandlung derselben bezieht.

Gesetz vom 21. Juni 1869, betreffend die Beschlagnahme des Arbeits- und Dienstlohnes.

— § 1. Beschlagnahme des Arbeitslohnes; Beweislast bezüglich der geschehenen Einforderung.

Rechtsgr. **1389**. — IV. Senat. 17. Dezember 1872. (LXXXVII. 278.)

Die Beweislast dafür, daß die bereits fällige Vergütung rechtzeitig eingefordert worden, liegt dem Vergütungsberechtigten ob.

Bundesgesetz vom 21. Juni 1869, betreffend die Gewährung der Rechtshülfe (Bundesgesetzblatt S. 305.).

— §§ 1. 8. 37. Bedeutung des „verboten“ im § 37. des Bundesgesetzes über die Gewährung der Rechtshülfe vom 21. Juni 1869.

Rechtsgr. **1390**. — IV. Senat. 21. März 1871. (LXXX. 318.)

Der § 37. des Bundesgesetzes vom 21. Juni 1869, betreffend die Gewährung der Rechtshülfe, unterstellt, daß die Ausführung der nachgesuchten Handlung in den Gesetzen des requirirten Gerichtes schlechthin prohibirt sei; und der dort gebrauchte Ausdruck „verboten“ ist nicht etwa mit dem Ausdruck „unzulässig“ gleichbedeutend.

Reichsgewerbe-Ordnung vom 21. Juni 1869.

— Verträge zur Beschränkung der Gewerbefreiheit. — Vergl. A. L. R. I. 4. § 6.; Kabinets-Order vom 19. April 1813, betreffend die Verträge, welche die gesetzliche Gewerbefreiheit beschränken.

Rechtsgr. **1391**. — III. Senat. 14. Februar 1873. (LXXXVIII. 139.)

Die Gewerbe-Ordnung vom 21. Juni 1869 hat an

dem Grundsätzlichen, an dem Begriffe der Gewerbefreiheit nichts geändert und enthält keinerlei Bestimmungen, aus welchen unmittelbar oder mittelbar die Unzulässigkeit von Veräußerungsverträgen hergeleitet werden könnte, vermittelst welcher der Erwerber das Vertragsobjekt mit der Einschränkung erwirbt, sich der Verwendung desselben zum Zwecke eines bestimmten Gewerbebetriebes zu enthalten.

— **§ 24.** Begriff von Dampfkesseln. — Vergl. Gewerbe-Ordnung vom 17. Januar 1845 § 27. (Ges.-Samml. S. 41.); Gesetz vom 1. Juli 1861 § 1. (Ges.-Samml. S. 749.); Bekanntmachung vom 29. Mai 1871 (Reichsgesetzblatt S. 122); Gesetz vom 3. Mai 1872 (Ges.-Samml. S. 515.).

Rechtsgr. **1392.** — I. Senat. 30. Oktober 1871. (LXXXIV. 137.)

Unter Dampfkesseln sind nicht lediglich solche Kessel zu verstehen, welche zur Entwickelung von Wasserdämpfen dienen.

Die Stoffe, aus denen die Dämpfe entwickelt werden, und die Verschiedenheit der Verwendung derselben ist einflußlos auf die Beurtheilung eines Dampfkessels als solchen.

— **§§ 39. 45. 46.** Ueberlassung der Kehrbezirke Seitens der Wittwe eines Schornsteinfegers an ihren Stellvertreter gegen Vergütung. — Vergl. Gewerbe-Ordnung vom 7. September 1811 § 103. (Ges.-Samml. S. 263.); Gewerbe-Ordnung vom 17. Januar 1845 §§ 45. 46. 56. 71—74. (Ges.-Samml. S. 41.); Bundes-Nothgewerbegesetz vom 8. Juli 1868 § 5. (Bundesgesetzblatt S. 407.);

Rechtsgr. **1393.** — IV. Senat. 14. September 1869. (LXXVI. 82.)

Die Einigung der Wittwe eines Schornsteinfegers, wonach dieselbe mit ihrem Stellvertreter dahin übereinkommt, daß derselbe ihr eine bestimmte Vergütung für die Ausübung der von ihrem Manne auf sie gediehenen Gewerbsbefugniß rücksichtlich der Kehrbezirke zu zahlen hat, ist zulässig und rechtsverbindlich.

— § 108.

Rechtsgr. 1394. — IV. Senat. 17. Juni 1873. (LXXXIX. 95.)

Nach § 108. der Gewerbe-Ordnung vom 21. Juni 1869 bilden die mit der Entscheidung der gewerblichen Streitigkeiten betrauten administrativen Behörden eine obligatorische Vorinstanz für die gerichtliche Entscheidung in Ansehung aller Streitigkeiten, die sich auf den Antritt, die Fortsetzung oder Aufhebung des Arbeits- oder Lehrverhältnisses und auf die gegenseitigen Leistungen während der Dauer desselben u. s. w. beziehen.

— §§ 108. 121. Kompetenz der ordentlichen Gerichte bei Streitigkeiten zwischen selbstständigen Gewerbetreibenden und ihren Gesellen, Gehülfen und Lehrlingen. — Vergl. Gewerbe-Ordnung vom 17. Januar 1845 §§ 137. 153. (Ges.-Samml. S. 41.)

Rechtsgr. 1395. — IV. Senat. 18. November 1869. (LXXXI. 1.)

Handelt es sich bei Streitigkeiten zwischen selbstständigen Gewerbetreibenden und ihren Gesellen, Gehülfen oder Lehrlingen über Antritt, Fortsetzung oder Aufhebung des Arbeits- oder Lehrverhältnisses nur um einen Entschädigungsanspruch, so steht die Entscheidung den ordentlichen Gerichten zu.

— § 122. Vorzeitiges Ausscheiden des Lehrlings; Entschädigung des Lehrherrn.

Rechtsgr. 1396. — IV. Senat. 22. April 1873. (LXXXVIII. 371.)

Auf Grund des § 122. der Gewerbe-Ordnung vom 21. Juni 1869:

Wider den Willen des Lehrherrn kann das Verhältniß vor Ablauf der Lehrzeit aufgehoben werden, wenn der Lehrling zu einem anderen Gewerbe oder zu einem anderen Berufe übergeht. Dem Lehrherrn ist in diesem Falle, wenn nicht ein Anderes verabredet worden, das weiterlaufende Lehrgeld noch bis zu einem halbjährigen Betrage zu zahlen, kann der Lehrherr außer dem Theile des Lehrgeldes nicht auch noch Ersatz der Beköstigungskosten verlangen.

Bundesgesetz, betreffend die Einstellung der Prozesse, vom 21. Juli 1870. — § 4. Zeitpunkt der eintretenden Sistirung des Prozesses nach dem Bundesgesetze vom 21. Juli 1870.

Rechtsgr. **1397**. — I. Senat. 9. Dezember 1872. (LXXXVII. 165.)

Wenn in Gemäßheit des § 4. des Bundesgesetzes vom 21. Juli 1870:

— Ist die Militärperson durch einen Prozeßbevollmächtigten vertreten, oder ist ein andrer zur Wahrung ihrer Rechte berufener Vertreter vorhanden, so ist nur auf Antrag des Vertreters das Verfahren einzustellen —

der Antrag auf die Sistirung des Prozesses vom Vertreter gestellt wird, so muß auch das Recht hierauf schon für erworben erachtet werden, und nicht erst von dem Zeitpunkte an, wo der Nachweis geführt wird, daß der Machtgeber zu den Militärpersonen im Sinne des Sistirungsgesetzes gehört.

Verfassung des Deutschen Reiches vom 16. April 1871. — Art. 3. Außereheliche Schwängerung; Gerichtsstand des Verklagten.

Rechtsgr. **1398**. — I. Senat. 14. Juli 1873. (LXXXIX. 188.)

Die durch Art. 3. der Deutschen Reichs-Verfassung vom 16. April 1871 begründete Gleichberechtigung aller Reichsangehörigen in Betreff der Rechtsverfolgung und des Rechtsschutzes begreift nicht die Verpflichtung in sich, in einem anderen Staate Recht zu nehmen, und hat auf die Bestimmung des Gerichtsstandes keinen unmittelbaren Einfluß.

Gesetz über den Eigenthumserwerb und die dingliche Belastung der Grundstücke, Bergwerke und selbstständigen Gerechtigkeiten vom 5. Mai 1872.

— §§ 8. 70. Löschung eingetragener Vormerkungen.

Rechtsgr. 1399. — III. Senat. 14. Juli 1873. (LXXXIX. 182.)

Wenn der Prozeßrichter die Eintragung einer Vormerkung zur Erhaltung eines Eigenthums- oder sonstigen Realanspruches auf ein Grundstück in Gemäßheit des § 70. des Gesetzes über den Eigenthumserwerb 2c. vom 5. Mai 1872 bei dem Grundbuchrichter nachgesucht hat, und die Eintragung demnächst erfolgt ist, so kann deren Löschung — abgesehen von einem eigenen neuen Antrage des Antragstellers — nur auf Grund eines den Anspruch selbst zur endgültigen Entscheidung bringenden richterlichen Urtheils, nicht aber vermittelst einer nach Vorschrift der §§ 63. ff. I. 29. der Allgem. Gerichts-Ordnung anzubringenden sogenannten Relarationsklage beansprucht werden.

— § 30. Anspruch der Hypothekengläubiger auf die Feuerversicherungsgelder; nicht deklaratorische Bestimmung des § 30. des Gesetzes vom 5. Mai 1872 über den Eigenthumserwerb u. s. w. für die älteren Gesetze. — Vergl. A. L. R. I. 20. §§ 443. ff.

Rechtsgr. 1400. — IV. Senat. 20. Februar 1873. (LXXXVIII. 163.)

Die Bestimmung im § 30. des Gesetzes vom 5. Mai 1872 über den Eigenthumserwerb u. s. w.:

Für das eingetragene Kapital, für die eingetragenen Zinsen und sonstigen Jahreszahlungen und für die Kosten der Eintragung, der Kündigung, der Klage und Beitreibung haften die dem Eigenthümer zufallenden Versicherungsgelder für Früchte, bewegliches Zubehör und abgebrannte oder durch Brand beschädigte Gebäude, wenn diese Gelder nicht statutenmäßig zur Wiederherstellung der Gebäude verwendet werden müssen oder verwendet worden sind,

hat nicht die Natur einer Deklaration für das ältere Recht.

Feuerversicherungs-Police der Berliner Feuerversicherungs-Gesellschaft.

— § 5. Anzeige des gegen Feuersgefahr Versicherten von eingetretenen Veränderungen an die Versicherungsgesellschaft, namentlich nach den Versicherungsbedingungen der Policen der Berlinischen Feuerver sicherungs-Anstalt; unterbliebene Gegenerklärung des Versicherten. — Vergl. A. L. R. II. 8. §§ 2137. 2157—2159.; Allg. Deutsches Handelsgesetzbuch Art. 319. 322.

Rechtsgr. **1401**. — IV. Senat. 1. Dezember 1868. (LXXV. 20.)

a) Der § 5. der Police-Versicherungs-Bedingungen der Berlinischen Feuer-Versicherungs-Gesellschaft zu Berlin:

„Wenn im Laufe der Versicherung die Feuergefährlichkeit sich vermehrt, oder wenn ein Wechsel des Eigenthümers der versicherten Gegenstände in andern als Erbschaftsfällen stattfindet; oder wenn die versicherten Gegenstände translozirt werden, oder wenn sie anderswo noch versichert werden: so ist die Versicherung vom Augenblick der geschehenen Veränderung an, und zwar so lange aufgehoben, bis die Anstalt auf geschehene Anzeige des Versicherten ihre schriftliche Zustimmung zur Fortsetzung der Versicherung gegeben hat.

Erfolgt die Zustimmung der Anstalt zur Fortsetzung der Versicherung nicht, so wird der Prämien-Antheil für die noch nicht abgelaufene Zeit der Versicherung, jedoch mit Wegfall des etwaigen Freijahres und Diskonto, zurückgezahlt",

hebt den Vertrag zu Gunsten des Versicherers so lange auf, bis derselbe auf geschehene Anzeige schriftlich die Fortsetzung bewilligt; bis zu dieser Erklärung ruhen seine kontraktlichen Pflichten, während seine kontraktlichen Rechte wachen, dem Versicherten aber seine Pflichten, unter Verlust seiner Rechte, bleiben.

b) Bezüglich der Frist zur Erklärung Seitens der Versicherungsanstalt und der Folgen einer unterbliebenen Erklärung ist eine auch nur analoge Anwendung der Art. 319—323. des Allgem. Deutschen Handelsgesetzbuchs nicht berechtigt.

Register.

A.

B.

C.

D.

E.

F.

G.

H.

J.

K.

L.

M.

N.

O.

P.

Q.

R.

S.

T.

U.

V.

W.

Z.

Inhalts-Anzeige.

FSC
www.fsc.org
MIX
Papier | Fördert
gute Waldnutzung
FSC® C083411

Kolibri 360 GmbH
Ferdinand-Jühlke-Straße 7
99095 Erfurt, Deutschland
produktsicherheit@kolibri360.de